히브리서

바이블 코어 성경 주석 강해 시리즈

BIBLE CORE SERIES

Hebrews

Yu Dong Keun (Th.D)

Korean Edition

420-867 | 123, Buil-ro, Wonmi Gu, Bucheon City, Gyeonggi Do, Korea

히브리서

Hebrews

유동근

IMC

서문

누가 나에게 성경 가운데 어떤 책이 가장 넓은가를 묻는다면 창세기와 계시록이라 할 것이고, 어떤 책이 가장 깊은가를 물으면 레위기와 요한복음이라고 할 것이다. 그리고 어떤 책이 가장 높은가를 묻는다면 단연 히브리서라고 답변할 것이다. 그것은 히브리서가 하늘을 가장 많이 말하고 있기 때문이다. 초기에 나의 믿음을 확정해주었던 가장 귀한 책이 로마서와 갈라디아서라는 것은 분명하지만, 나를 하늘로 인도해주는 책은 아무래도 계시록과 히브리서가 아닌가 한다. 어떤 사람이 개인적으로 당신은 어떤 말씀에서 가장 깊은 인상을 받았느냐고 묻는다면 히브리서라고 할 것이고, 가장 좋아하는 성경을 말해보라고 해도 주저 없이 히브리서라고 할 것이다. 그만큼 히브리서는 나에게 크나큰 도움을 주었다. 나는 이 말씀을 통해서 나 자신이 받은 도움을 많은 이들과 함께 나누고자 한다.

히브리서는 성경 지식이 많은 유대인들을 향해서 성경 지식에서 가장 탁월한 사도가 쓴 것임에 틀림없다. 그렇기 때문에 이 책은 상상을 초월한 출중한 계시를 담고 있다. 과연 어떻게 사람이 그런 글을 쓸 수 있을까? 어떻게 사람이 그런 계시를 볼 수 있을까? 그러니 히브리서를 쓴 저자는 성령님이시라고 하는 것이 옳다. 그리고 글을 쓴 사람은 마땅히 가려져야 할 것이다. 그래야 바울의 말처럼 사람들이 그 기자(記者)에 대해 보는 바와 듣는 바에 지나치게 생각하지 않을 것이다(고후 12:6). 어쨌든 모든 성경은 다 귀하고 깊으며 우리 주님 또한 참으로 깊으신 분이다. 그러기에 우리는 모든 성경을 복되신 하나님의 말씀으로 여겨 사랑해야 한다.

이 강해서는 그 동안 국제선교신학원(IMC) 학생들에게 가르친 내용을 녹취 편집한 것이다. 본인은 이 책을 강해하기 위해 국내외 성경학자들이나 앞서간 영적 인물들의 서적을 두루 참고하였다. 어떤 참고 서적의 문장은 깊이 '아멘'이 되고 감격스러운 나머지 복창하는 마음으로 그대로 인용하기도 했다. 주석가 벵겔(Bengel)의 것과 아더 핑크의 책과 국내의 선배 학자 이상근, 박윤선 주석을 참고했으며, 히브리서 주석 가운데 앤드류 머레이의 '지성소(The Holiest of All)'는 가히 추천할 만한 책이고(가장 많이 참고했다), 다비(J. N. Darby)나 오스틴 스팍스(T. A. Sparks)의 서적들도 나에게 귀한 지침서들이 되었다. 다비의 서적은 한글로 번역 출판된 것이 아직은 적다. 나는 그들에게서 얼마나 큰 도움을 받았는지 이루 말할 수 없다. 그렇지만 나는 또한 사람이 아니라 하나님께로부터 직접 도움을 얻었음을 고백한다. 성령께서 조명해주시지 않으면 아무리 귀한 책들이 있어도 혈육으로서는 도저히 깨달을 수 없는 것이 영적인 일들이기 때문이다(마 16:17, 갈 1:12). 그러니 독자들도 성경이나 참고 서적들을 대할 때 진리의 영이신 성령의 도우심을 받아 말씀을 이해해야 할 것이다.

나는 이 책을 저술할 때 한 문장이나 단어에 대한 깊이 있는 해설보다는 성경 한 장 한 장에 들어 있는 저자의 심정과 전달하고자 하는 내용의 중점 파악에 역점을 두었다. 로마서나 갈라디아서 등이 신약의 믿음을 중시하여 말했지만 히브리서의 믿음은 또 다른 특징을 지닌다. 이 책은 성도들이 완전한 데 나아가도록 격려하는 데 있어서 믿음을 많이 말한다. 그것은 곧 멜기세덱의 반차를 따른 승천하신 그리스도의 사역에 관한 것이다. 이 책이 없다면 승천하신 그리스도의 사도직과 제사장직에 대하여, 성도들이 온전함에 이르는 비결에 대하여 완전하고도 충분한 지식을 가질 수 없다. 나는 이 책이 신약의 정수라고 말해도 과언이 아니라 믿는다.

너무나 심오하고 높은 계시를 전달해주는 책이기에 이 책을 강해하면서 나는 어린 신자들이라도 쉽게 말씀을 이해하고 사랑할 수 있도록 될 수 있는 대로 쉬운 말로 표현하고자 했다. 이 책은 여러 번 강해한 후 맨 나중 것을 편집한 것이지만 아직도 부족한 부분이 많다고 느낀다. 그렇지만 나로서는 진정 최선을 다했다고 고백할 수 있다. 오늘 이 책을 내기까지 13년이라는 세월이 걸렸다. 올해, 2013년 해외 8개국 선교지 지도자들이 2

주간 세미나를 하는 중 다시 한번 말씀의 조명을 얻게 되었다(2013년 5월 4-18일). 말씀보다 귀한 것이 없음은 말씀을 상고할 때마다 느끼는 고백이다. 이런 강해서를 내어 성도들과 함께 나눌 수 있게 해주신 주님께 감사와 찬미를 드리지 않을 수 없다. 이 말씀을 통해 우리 구주 예수께서 더욱 영광을 얻으시고 그분의 아름다움이 더욱 드러날 수 있기를 간절히 기도한다. 혹 잘못된 문장이나 해석이 있더라도 너그러이 양해하시기 바라며 다만 하나님의 말씀을 사랑하는 성도들 간의 교통으로 여기고 피차 도움이 되기 바란다. 하나님께서 이 책을 읽는 독자들을 축복하시기를!

2000. 5. 초판
2007. 3. 재판
2013. 1. 부천에서 보완개정

차 례

히브리서 강해

수신인

히브리서를 공부할 수 있게 하신 하나님께 감사드린다. 히브리서는 그렇게 이해하기 쉬운 책이 아니다. 5장 14절을 보면, "단단한 식물은 장성한 자의 것이니 저희는 지각을 사용하므로 연단을 받아 선악을 분변하는 자들이니라"고 했다. 히브리서에는 다른 어떤 책보다도 단단한 말씀들이 많이 들어 있으므로, 이 단단한 말씀들을 이해하기 위해서는 합당하게 지각을 사용할 필요가 있다. 먼저 히브리서의 수신인을 보겠다.

1. 히브리인

히브리서의 수신인은 히브리인이다. 히브리인이라는 말은 '강을 건넌 자'라는 뜻이다. 창세기 14장 13절에서 '히브리인'이라는 말이 처음 사용되었다. "도망한 자가 와서 히브리 사람 아브람에게 고하니". '히브리'라는 말의 어원은 '강을 건너다'를 뜻한다. 아브라함은 갈대아 우르, 바벨론에서 살았는데 그가 가나안으로 들어가기 위해서는 유브라데 강을 건너야 했다. 그래서 아브라함이 가나안 땅에 도착했을 때 가나안 사람들은 아브라함을 '강을 건넌 사람'이라는 뜻으로 '히브리인'이라고 불렀던 것이다. 여호수아 24장 2-3절을 읽어보면, 분명하게 그를 강을 건너온 자라고 말하고 있다. 아브라함은 강을 건넌 사람이다. 그러므로 '히브리인'이란 '강을 건넌 사람'이라는 뜻임을 알 수 있다.

바벨론은 우상의 땅으로 하나님이 창조하신 사람들이 하나님을 버리고 혼돈과 분열 속에서 우상들을 섬기며 자기의 생활에만 파묻혀 살던 땅이었다. 아브라함도 그곳에서 그렇게 살던 사람이었는데, 하나님께서 그를 불러 하나님이 지시하신 땅으로 가라고 하셨으며, 아브라함은 하나님의 음성을 듣고 가나안으로 들어가기 위해 강을 건넜다. 그러므로 아브라함은 분명히 히브리인이다.

히브리서는 이렇게 강을 건넌 사람들에게 주신 책이다. 성경에서 우리는 하나님께서 그분의 백성을 인도하실 때 항상 강을 건너게 하신 것을 볼 수 있다. 아브라함만이 아니라 노아도 침례의 강을 건넜다고 할 수 있다. 이스라엘 백성도 하나님께서 그들을 광야로 인도하실 때 홍해를 건너야 했고 또 요단을 건너야 했다.

강을 건넌다는 것은 한 영역에서 또 다른 영역으로 옮기는 것을 의미한다. 아브라함이 바벨론에 있을 때 우상을 섬겼으므로, 하나님께서는 아브라함이 그곳에서 하나님을 발견하기를 원치 않으시고 그가 강을 건너서 다른 영역으로 옮겨지기를 원하셨다. 또 이스라엘 백성이 있었던 애굽은 세상의 향락과 물질적인 것으로 충만한 땅이었는데, 하나님은 그들이 그곳을 떠나 홍해를 건너 광야로, 가나안으로 들어가기를 원하셨다. 하나님께서는 이스라엘 백성이 모세의 인도를 따라 물질과 세상적인 쾌락으로 가득한 애굽을 떠나 강을 건너 다른 영역에서 하나님을 섬기기 원하셨다.

그들은 애굽에서 바로의 학정 아래 있을 때 너무 고통스러웠으므로 탄식하며 하나님께 부르짖었다. 그때 하나님께서는 그들을 불러내기 위해 모세를 준비시키셨고, 모세는 이스라엘이 홍해를 건너 하나님을 섬기는 백성이 되게 하는 일에서 하나님께 쓰임받은 사람이 되었다. 하나님의 백성은 애굽에 있을 때 하나님을 섬기지 못하고, 대신에 사단을 상징하는 바로에게 고통을 당했다. 그러므로 그들에게 필요한 것은 강을 건너는 것이었다. 이스라엘 백성들은 모세의 인도를 따라서 애굽에서 나와 강을 건넜고, 광야에 도착했을 때 그들은 너무 기뻐서 모세의 노래와 어린양의 노래를 불렀다. 그들은 홍해에서 애굽 병사들의 참사를 보았고, 자신들이 하나님의 놀라우신 행사로 말미암아 광야로 구원받게 된 것을 깨닫고 다 함께 즐거워하며 하나님께 찬미를 드렸다. 그로 인해 그들에게 새로운 생활이 시작되었다. 그들은 함께 소망을 가지고 강을 건너 광야의 생활을 시작했다.

우리는 새로운 영역 안으로 들어가기 위해 강을 계속 건너야 할 필요가 있다. 이러한 강을 건넘과 새로운 시작을 가질 때 그리스도인의 시각이 달라진다. 광야에서의 40년이 다 되었을 때 그들은 매우 달라졌다. 그때 하나님은 이스라엘 백성이 다시 한 번 강을 건너기를 원하셨다. 처음에 그들은 아주 영광스럽고 소망이 가득한 상태로 애굽에서 홍해를 건너 광야에 도착하여 새로운 문화, 새로운 생활 가운데서 하나님과 함께 하는 것을 아주 좋고 신선하고 놀랍게 여겼지만 얼마 가지 않아 그들은 다시 낡아졌으며, 그들의 생활 가운데서 신선함이 사라지기 시작했다. 그럴 때 그들은 다시 하나의 강을 건너야 했는데, 그것이 바로 요단이다.

요단은 또 하나의 새로운 시작이다. 요단 강 건너편에 있는 가나안은 하나님께서 약속하신 땅으로서 하나님께서 원하시고 지정하신, 하나님의 백성이 살아나가야 할 땅이다. 그러므로 구약의 그림에서 볼 수 있는 것은 하나님의 백성은 계속 강을 건너야 한다는 것이다.

주 예수님이 이 땅에 오시기 전, 선주자 세례 요한이 먼저 와서 이스라엘 백성이 또 한 번 강을 건너도록 도왔다. 그것은 바로 침례의 강이다. 이스라엘 백성이 요단에서 모든 죄를 자백하고 과거의 잘못을 회개함으로 새로운 왕국, 천국을 시작하도록 전파한 것이다. 하나님께서는 이스라엘 백성이 요한의 침례를 받음으로 새로운 경륜 안으로 들어가도록 하셨다. 그러므로 하나님의 자녀들이 반드시 알아야 할 것은, 성실하게 때를 따라서 강을 건너고 또 건너야 한다는 것이다. 왜냐하면 그렇게 큰 잘못이 없을지라도 시간이 지나면서 많은 다른 것들, 하나님 이외의 것들이 우리 안에 들어오기 때문이며, 또 우리는 땅에 속하고 정착하기를 좋아하므로 우리에게 세상이 많이 달라붙기 때문이다. 이런 것들을 정리하고 청산하여 새로운 영역 안으로 들어가기 위해서는 우리에게 강을 건너고 또 건너는 생활이 필요하다. 강을 건너는 것을 사모하는 사람이 바로 히브리인이다. 만일 우리가 "나는 강을 건너지 않겠다. 나는 이제 좋은 곳에 도착했으니 계속 이곳에서 살겠다"라고 한다면, 우리는 강을 건너는 자, 히브리인이 아니다. 오히려 거주자, 정착자가 된다.

강을 건너는 자가 되기 위해서는 항상 옮겨갈 준비가 되어 있어야 한다. 히브리서에는 아브라함, 이삭, 야곱의 이야기가 많이 나오는데, 특히 아브라함의 이야기가 많이 나온다. 아브라함은 이 땅에서 외인으로 장막을 치고 살았던 사람이다. 장막을 치고 사는 사람은 이 땅을 영원히 거할 거처로 생각하지 않고 언제든지 하나님이 옮기라고 명하실 때 옮겨가는 사람들이다. 강을 건너며 움직이는 사람들이다. 이것이 히브리인이다. 우리도 동일하게 몇 번씩 강을 건넜다. 한 번 강을 건너고 두 번 강을 건넜을지라도 다시금 이전에 좋았던 것들을 뒤로 하고 강을 건너야 한다.

과거에 좋았던 모든 것을 뒤로 하고 새로운 영역 안으로 들어가는 것이 강을 건너는 것이다. 예를 들어, 우리 가운데 교사인 한 형제가 병에 걸려 병원에 입원했다가 퇴원했는데, 우리는 그의 간증을 들으며 형제가 병을 통해서 강을 건넜다는 것을 알 수 있었다. 그는 과거의 많은 습관과 자기의 방향을 포기하고 새로운 영역 안으로 들어갈 준비를 하고 있었다. 이것이야말로 실제적인 의미에서 히브리인의 가는 길이다.

나도 최근에 하나의 강을 건너기 위해 준비하고 있다. 나에게 많은 생활의 변화, 마음의 변화, 사고(思考)의 변화, 봉사와 사역의 변화가 있었다. 주님 앞에서 내가 하지 않아도 될 것들을 점검하고 또 주님 앞에서 해야 할 것을 다시 한 번 생각해보면서 내 손에서 비워져야 할 것을 비우고 새롭게 주님 앞에 나아가려고 준비하고 있다. 이것이 바로 강을 건너는 히브리인이라고 생각한다. 구약의 아브라함, 이삭, 야곱을 보면, 그들은 한 곳에 머물다가 그곳을 떠나 다른 곳으로 장막을 옮겼는데, 그 모든 옮겨간 지명들—아이, 벧엘, 세겜, 헤브론 등—이 각각 의미가 있다. 영적인 길을 가는 사람들이 강을 건너는 것이 없이 모압과 같이 항상 있던 자리에만 머물며 늘 똑같은 상태에 있는 것은 문제가 있다(렘 48:11). 항상 강을 건너는 것, 이전 단계에서 새로운 단계로 옮겨지는 것이 있어야 한다. 이러한 사람이 바로 히브리인이다.

2. 하늘의 부르심을 입은 거룩한 형제들

3장 1절에서는 수신자에 대해 "함께 하늘의 부르심을 입은 거룩한 형제들아"라고 말한다. 히브리서는 겉으로는 유대인들, 즉 히브리인들이 수신자들이지만 내면적으로 말해서 수신자들은 하늘의 부르심을 입은 형제들이다. 이것은 구약과 신약을 구분하는 말이기도 하다. 왜냐하면 구약에서 이스라엘 백성들을 불렀을 때, 어떤 의미에서 그 부르심은 땅에 속한 부르심이요, 그것은 신약의 그림자이기 때문이다. 구약의 축복은 물질적인 것이다. 예를 들어, 야곱의 약대나 양떼가 많아진 것, 하나님이 아브라함에게 약속하신 가나안 땅, 젖과 꿀이 흐르는 땅, 풍성한 땅을 주신 것이 구약에서 말하는 축복들이다. 이것은 어디까지나 하나의 예표이다. 구약에서 하나님이 그들을 부르셔서 물질적이고 육신적인 축복을 허락하신 것은 하나님께서 구약의 육신에 속한 이스라엘을 얻으신 것을 말한다. 그러나 신약에서 하나님의 부르심을 받은 사람들은 어떠한 사람들인가? 육신에 속한 부르심이 아닌 하늘에 속한 부르심을 받은 사람들이다. 히브리서에는 다른 성경에 비해 특히 하늘이라는 단어가 많이 나온다. 로마서에는 죄, 칭의, 성화에 대한 이야기가 있는데, 이것도 매우 귀한 것이다. 그러나 히브리서가 없이는 하늘 높이 이끄시는 주님의 음성을 들을 수가 없다. 히브리서는 하늘에 속한 거룩한 형제들에게 주어진 것이다.

3. 주님을 믿되 여전히 유대 종교 안에 있는 자들

또한 히브리서는 주님을 믿기는 하지만 여전히 유대 종교에 붙어 있는 사람을 거기에서 벗어나도록 하려는 목적으로 주어진 말씀이다. 원래 유대인들에게는 유대교가 있었다. 유대교는 하나님께서 모세를 통해 율법을 주고, 예배 의식을 주고, 많은 것들을 주심으로 형성된 것이다. 하나님의 말씀은 사람이 고안하여 만든 종교와 다르다. 율법은 구약의 경륜으로서 그림자와 모형이었지만, 이제 실제가 왔고 하나님이 새로운 역사를 시작하셨다. 그러나 원래 하나님에 의해서 시작된 율법과 예배 의식 등 모든 것이 땅에 고착된 종교가 되어 버렸기 때문에, 정작 실제가 왔을 때 유대교는 이스라엘 백성이 그 실제의 역사를 받아들이는 데 있어서 막강한 방해 요소가 되었다.

히브리서를 자세히 읽어보면, 유대인들이 '이같이 큰 구원'에 대해, 그리스도를 생명으로 받아들이고 하나님의 아들을 받아들이는 것에 대해, 영생에 대해 소홀히 여겼다는 것을 알 수 있다. 그들은 이같이 큰 구원을 등한히 여기고 간절히 사모하지 않았다. 사모하고 갈망하는 마음이 사라지게 되었다. 우리도 이러한 상태에 있지 않은지 점검해 보아야 한다. 처음에 주님을 믿었을 때는 생명이신 주님을 체험한 것에 대해서 아주 기뻐하고 귀히 여기고 신기해하며, 만나는 사람마다 이 귀한 그리스도를 전해주고 싶은 마음이 있었는데, 지금은 그것을 등한히 여기며 간절히 사모하고 갈망하는 마음이 줄어든 것은 아닌가? 6장 12절에 있는 게을러진다는 말에서 알 수 있듯이 그 당시 그리스도인들은 구원과 주님에 대해서, 신약 경륜을 이루는 데 있어서 게을러졌다. 이러한 성도들을 격려하여 앞으로 나가도록 부추기기 위해서 씌여진 책이 히브리서이다. 3장 12절에서는 살아계신 하나님에게서 떨어지지 않도록 조심하라고 했는데, 이것은 히브리서가 살아 계신 하나님의 생명에서 떨어질 위험에 처한 믿는이들을 향해 씌여진 것임을 암시하는 말이기도 하다.

히브리서의 저자

히브리서에 저자는 언급되어 있지 않지만, 많은 사람들이 바울이 저자일 것이라고 생각한다. 바울은 이방인의 사도로서 그가 쓴 대다수의 서신이 이방인을 위한 것이다. 로마서, 고린도 전후서, 갈라디아서, 에베소서, 빌립보서, 골로새서 등이 모두 그렇다. 그러나 히브리서는 유대인을 위한 것이다. 우리는 바울이 잡혀 죽을 것도 두려워하지 않고 예루살렘에 간 것으로 보아 그에게 유대인을 위한 강한 부담이 또한 있었다는 것을 알 수 있다.

또 베드로 후서 3장 15절 하반절에서는, "우리 사랑하는 형제 바울도 그 받은 지혜대로 너희에게 이같이 썼고"라고 말하고 있다. 여기에서 '너희'는 누구인가? 베드로 전후서는 유대인들을 향해 기록된 서신이다. 베드로는 여기서 바울이 유대인들에게 뭔가를 썼다고 말하고 있다. 이 모든 정황을 미루어 볼 때 바울이 유대인들에게 뭔가를 쓴 것은 분명하다. 바울은 베드로도 읽어본 그 무언가를 유대인을 위해 썼다. 그 쓴 것이 곧 히브리서를 가리키는지는 분명하지 않지만 바울이 썼다는 그 글은 매우 무게가 있는 글임에 분명하다. 16절에서는 "그 중에 알기 어려운 것이 더러 있으니 무식한 자들과 굳세지 못한 자들이 다른 성경과 같이 그것도 억지로 풀다가 스스로 멸망에 이르느니라"고 했다. '다른 성경'이라고 한 것은 바울보다 먼저 사도된 베드로가 바울의 글을 읽어본 후에 그것을 성경에 준하는 내용으로 인정했다는 것이며, 그 내용이 어린 신자들에게는 이해하기가 쉽지 않다고도 한 것이다.

이것만이 아니다. 사도 바울이 유대인에 대한 부담이 있었다는 것은 그가 예루살렘에 들어간 것 뿐 아니라, 그가 동족을 위한 열심이 굉장히 컸던 사람이었다는 사실로도 짐작할 수 있다. 로마서에서 우리는 이것을 볼 수 있다. 로마서의 전반부(1-8장)에서 전 인류에 대한 구원에 대해 말하다가 9장부터 다시 유대인을 위한 말로 돌아가는 것을 볼 수 있다. 그는 마음에서 유대인을 버리지 않았다. 바울만큼 유대인을 향한 부담과 갈망이 큰 사람도 없다. 이러한 사실로 보아 히브리서가 바울의 부담으로 씌여진 것임을 짐작할 수 있다. 적어도 바울이 쓴 많은 신약의 서신 중에 유대인을 위한 한 권의 서신이 있음직한 것이다.

또 히브리서의 저자가 바울일 것이라고 짐작하게 하는 한 가지는 그 문체인데, 다른 사도들은 하나님의 자녀들에 대해서 많은 아들들이라는 말을 쓰지 않았는데, 바울은 그렇게 했다. '자녀들'이라는 말은 헬라어로 '아들들'과 다르다. 또한 "은혜가 너희와 함께 할지어다"라는 인사말로 서신을 마치는 것도 다른 서신과는 차별되는 바울 서신의 특징이라고 할 수 있다. 또 한 가지를 본다면, 13장 19절에서 "내가 더 속히 너희에게 돌아가기를 위하여 너희 기도함을 더욱 원하노라"고 했는데, 성도들에게 기도해 달라고 부탁하는 것은 바울이 즐겨 쓰는 어투이다. 이러한 점을 살펴볼 때 히브리서는 바울이 쓴 것으로 보여진다.

바울이 히브리서의 저자임을 짐작할 수 있는 또 한 가지는 13장 22절과 로마서 15장 15절의 비교이다. 13장 22절은 "형제들아 내가 너희를 권하노니 권면의 말을 용납하라 내가 간단히 너희에게 썼느니라"고 하면서 히브리서를 '간단히 썼다'고 하는데, 히브리서는 결코 간단한 말이 아니다. 로마서 15장 15절에서도 "그러나 내가 너희로 다시 생각나게 하려고 하나님께서 내게 주신 은혜를 인하여 더욱 담대히 대강 너희에게 썼노니"라고 말한다. 로마서를 16장이나 쓰고도 '대강 썼다'고 하는 것이 히브리서의 어투와 아주 비슷하다.

또 다른 증거는 히브리서 13장 23절이다. 히브리서 13장 23절에서 "우리 형제 디모데가 놓인 것을 너희가 알라 그가 속히 오면 내가 저와 함께 가서 너희를 보리라"고 말하고 있다. 우리는 성경에서 디모데가 바울 외에 다른 사도와 동역한 것을 찾기 어렵다. 어떤 이들은 아볼로(Luter, Wette 등) 혹은 바나바(Weiss, Zahn 등)가 히브리서의 저자일 것이라고 주장하지만, 우리는 성경에서 아볼로나 바나바가 디모데를 데리고 사역한 흔적을 찾지 못한다. 히브리서의 저자는 디모데를 데리고 함께 사역한 사람임에 틀림없으며, 그렇다면 그는 디모데의 영적인 아비인 바울일 것이다(Meyer, Hoffmann, Darby 등 주장).

1장

이 모든 날 마지막에 아들로 말씀하심

1절, 옛적에 선지자들로 여러 부분과 여러 모양으로 우리 조상들에게 말씀하신 하나님이

원문 성경은 '하나님'(God)으로 시작된다. 하나님은 말씀하시는 하나님이시다. 하나님에게는 목적과 계획과 뜻이 있기 때문에 반드시 말씀하시며, 말씀하심으로 그분의 뜻을 이루신다. 아무 할 일이 없고 부담과 계획이 없는 사람은 말이 없지만 뜻과 계획이 충만한 사람은 말을 하게 되어 있다. 하나님이 말씀하시는 방법에는 옛적에 말씀하신 과거의 방법이 있고, 오늘날 말씀하시는 방법이 있다. '옛적에'는 그분이 자신을 직접 나타내신 때 이전을 말하는 것이다. 그때는 다른 이들을 통해서 메시지가 전달되었던 것이다. 2절의 '이 모든 날 마지막'은 '오늘날'이다. 하나님께서는 옛적에 말씀하셨을 뿐 아니라 오늘날에도 말씀하신다. 우리는 하나님이 오늘 말씀하신다는 것을 알아야 한다. 오늘, 이 마지막 시대에 하시는 말씀이 중요하다는 것이다. 옛적에는 선지자들로 여러 부분과 여러 모양으로 우리 조상들에게 말씀하셨다. 이는 구약의 계시가 불완전하고 부분적이며, 여러 사람을 동원해서 여기서 조금 저기서 조금 나타내셨다는 것을 말한다. 이것은 주로 구약 시대에 하신 말씀의 방식을 말하는 것이다. 그러나 신약의 계시는 아들로 말미암아 단번에 종합적이고 완전한 방식으로 나타내었다.

2절, 이 모든 날 마지막에 아들로 우리에게 말씀하셨으니 이 아들

을 만유의 후사로 세우시고 또 저로 말미암아 모든 세계를 지으셨느니라

히브리서는 비교의 책이다. 첫 구절부터 비교한다. 히브리서의 저자는 '유대교는 끝났으니 이제 거기서 떠나라'고만 말하지 않고 비교를 통해 무엇이 더 좋은가를 보여 준 다음 더 좋은 편을 취하도록 격려했다.

하나님께서 옛적에는 선지자를 통해 여러 부분과 여러 모양으로 말씀하셨지만, 이 모든 날 마지막에는 아들로 말씀하신다. 오늘 우리는 그분 자신의 나타남을 소유하고 있다. 마지막이라는 말은, 하나님이 많은 선지자들을 통해서 구약 경륜을 말씀하신 후 때가 찼을 때에 최종적으로 아들을 통해서 말씀하신다는 것을 의미한다. 그럼으로써 하나님의 말씀은 지극히 높임을 받았다. 구약의 선지자들을 통해서는 여러 부분과 여러 모양으로 말씀하셨기 때문에 한 선지자가 하나님의 말씀을 온전히 다 말할 수 없었다. 선지자들마다 한 부분을 말하고 있지만 무엇을 말하는지 모를 수도 있었다. 그 모든 선지자들의 여러 부분들을 합해야 하나님이 하시고자 하는 말씀을 온전히 알 수 있었다. 예를 들어, 모세가 말한 것과 다윗이 말한 것, 이사야가 말한 것과 예레미야가 말한 것, 에스겔이 말한 것과 다니엘이 말한 것 등을 합할 때 어느 정도 하나님이 하시려고 하는 말씀의 뜻을 알 수 있게 된다. 그렇기 때문에 여러 부분과 여러 모양으로 말씀하신 것이다.

그러나 이 마지막 때에 아들을 통해서 말씀하실 때는 그 말씀하심이 완전하다. 아들 자체가 완전한 말씀이다. 요한복음 1장 1절은 "태초에 말씀이 계시니라"고 했다. 그분은 하나님의 말씀(logos), 정의(definition), 설명(explanation), 표현(expression)이다. 예수 그리스도는 하나님의 말씀인 것이다. 그분은 완전한 방식으로의 하나님의 말씀하심이다. 과거 구약 시대에 그분의 나타남은 하나님의 영원하심(여호와)으로, 전능하심(엘로힘)으로 나타나셨지만 신약에서 그분은 그분의 말씀(logos)으로 자신을 나타내신 것이다. 그분의 말씀으로의 나타남이야말로 그분 자신에 대한 참된 계시이다. 하나님은 언제나 그리스도를 통하여 말씀하신다. 그분이 없이는 하나님이 말씀하실 통로가 없다. 그리스도께서 이 땅에 계실 때 행하신 모든 것은 하나님의 나타나심이요, 말씀하심이다. 하나님 외에 누가 문둥병자를 고칠 수 있는가? '내가 원하노니 깨끗함을 받으라'는 것은 하나님의 말씀인 것이다. 우리는 이제 하나님께 인도될 뿐 아니라 자신을 계시하신 하나님, 육신으로 나타내신 하나님께로 인도되었다. 아버지 품속에 계셨던 그리스도는 육신을 입고 오셔서 하나님을 선포한 것이다(요 1:18). 그럴 뿐 아니라 이 보배로운 말씀은 이제 가까워져서 우리의 입에 있고 마음에 있다(롬 10:8). 우리는 오늘 육신 되신 하나님을 만나지는 못하지만 기록된 하나님의 정의와 설명과 표현을 갖고 있다.

그런데 사람들에게는 예로부터 공통적인 약점이 있다. 그것은 한 때 좋았던 옛 것에 매달리는 것이다. 신약 시대가 열리고 하나님이 아들을 통해 직접 말씀을 하셔도, 옛 것으로 전향하여 새롭고 완전한 것을 받지 못하는 성향이 있는 것이다. 이렇게 좋은 것이 왔어도 이전에 선지자들을 통해서 하나님이 말씀하셨고 그 말하는 선지자가 매우 좋았었기 때문에 그들에게는 선지자들에 대한 특별한 관념이 있었다. 아들이 이 땅에 오셨지만 사람들은 놀라웠던 선지자들에 대한 관념으로 가득했다. 그렇기 때문에 하나님은 히브리서를 통해 하나하나 비교를 해야 했다. 모세, 아론, 여호수아 등을 아들과 비교해야 했다.

하나님이 옛적에는 선지자들을 통해서 말씀하셨지만, 이 모든 날 마지막에는 아들을 통하여 말씀하시므로 이제는 아들의 말씀을 들으면 된다. 선지자들이 여러 부분과 여러 모양으로 말한 것은 결국 이 아들에 관하여 말한 것이며(요 5:39), 이제는 선지자들이 말한 이 아들이 온 것이다. 그러나 유대교는 아직도 여러 부분과 여러 모양으로 말한 선지자들에게 빠져 있었기 때문에 그들은 응당 아들에게로 돌이켜져야 했다. 유대인들은 그 중간에서 머뭇거리면서 완전한 전환을 갖지 못했다. 히브리서는 아들의 말씀하심을 통해 믿는이들을 유대교에서 아들의 말씀으로 돌이키게 한다. 먼저 나오는 비교는 선지자들과 아들이다. '선지자들로'와 '아들로'는 차이가 크다. 과거에는 선지자들로 조상들에게 말씀하셨지만, 지금은 아들로 우리에게 말씀하신다. 이 아들은 대단한 존재이다. 그분이 하나님의 본체이시며 말씀 자체이시다(요 1:1). 구약의 유대인들은 하나님에 대해 아주 많이 말했다. 그들은 하나님을 믿었고, 인정하고, 높였다. 반면 히브리서 기자는 아들을 많이 이야기한다. 아들이 없으면 아버지가 없다. 아들 안에 아버지가 계시기 때문이다. 성경이 우리에게 말해주는 것은 모든 세계가 아들로 말미암아 지은 바 되었다는 것이다(요 1:3, 골 1:16).

하나님의 사랑

하나님께서 선지자들과 여러 모양으로 말씀하시고 마지막에 아들로 말씀하신 것은 하나님께서 사람을 사랑하신 것을 나타낸다. 누구든지 마음에 없고 사랑하는 마음이 없다면 말하지 않는다. 하나님은 사람을 사랑하시므로 구약에서 신약까지 계속해서 말씀하신다. 많은 선지자들을 보내서 말씀하신 것도 사랑이요 마지막에 아들로 말씀하신 것도 아버지의 사랑에서 나왔다. 아들은 아버지의 완전하신 말씀하심이다. 그 말씀의 중심은 무엇인가? 사랑이요 구원이다. 구약에서 하나님은 그분의 사랑을 율법과 선지자들을 통해 사람에게 나타내셨다. 실상 율법과 선지자들의 말도 자세히 연구하면 그 안에 하나님의 사랑이 중심이다. 그러나 그 아들이 마지막에 나타나기 전에는 온전한 방식으로 그분을 나타내지 못했다. 그러나 그 아들이 오셔서 행하시며 말씀하신 모든 것에서 우리는 하나님이 과연 사랑이심을 본다. 아들을 통해 하나님은 그분 자신을 온전히 나타내신 것이다.

예수께서 이 땅에 오셔서 행하신 모든 것을 생각해보라! 그분이 대하신 병자들이나 죄인들, 어린 아이들까지 그분은 모든 사람을 사랑과 용서로 대하셨다. 이것이 바로 하나님의 완전하신 표현이요, 설명이요, 정의이다. 예수께서 이 땅에 오신 것은 하나님이 이처럼 세상을 사랑하셨다는 것을 보이신 것이요, 십자가는 그 사랑이 최대한으로 표현된 곳이다. 하나님은 사람을 사랑하심으로 말씀하시며 모든 사람이 구원받는 것을 기뻐하시며 그 지으신 사람에게 아들과 함께 모든 것을 기업으로 주시고자 하시며 상급을 얻게 하기 원하셨다(딤전 2:4, 히 11:6, 12:17, 28). 이 사랑을 알고 믿는 것이 예수를 믿는 것이요 구원을 받는 것이다. 그러나 히브리서는 구원에서 그치지 않고 구원받은 사람들이 상급을 받도록 가르치고 있다. 히브리서는 그리스도를 믿은 후에 길을 잘못 가면 어떤 문제가 있는지, 길을 잘 가면 어떤 상급이 있는지에 대하여 자세히 기록한다(히 6, 11장 참조). 그 모든 것이 사람에 대한 하나님의 지극히 크신 사랑이다.

만유의 후사

우리는 히브리서 1장에서 먼저 만물의 후사가 되심으로서 나타난 그리스도의 영광을 보게 된다. 이 아들은 나타난 하나님이시다. 보이지 않는 하나님이 구체적으로 우리에게 나타난 하나님인 것이다. 하나님은 그 아들을 만유의 후사로 세우셨다. '만유의 후사', 곧 만유를 유업으로 받을 주인이 될 상속자는 바로 이 아들이시다. 이 우주가 하나의 기업이라면, 그 소유자, 상속자가 될 분은 곧 아들 그리스도이시다. 하나님은 우리를 불러서 이 아들과 함께 만유의 후사가 되게 하셨다(롬 8:17). 하나님은 그 아들을 만유의 후사로 세우셨을 뿐 아니라 또한 그로 말미암아 모든 세계를 지으셨다. 아들이 없이는 만유를 지을 수 없고, 아들이 없이는 아무것도 된 것이 없다(요 1:1-3, 골 1:16). 하나님은 근원이시며, 하나님께서 뭔가를 하실 때는 다 아들을 통해서 하셨다. 나타나셔서 역사하고, 만유를 소유하고 상속받는 이 모든 것은 아들과 관계된다. 보이지 않는 하나님은 근원이시며, 우리에게 실제로 오셔서 공급되고 누려지고 함께 하시는 이 모든 것은 아들 하나님과 관계가 있다. 하나님은 그 아들로 말미암아(by Him) 모든 세계를 지으셨다.

3절, 이는 하나님의 영광의 광채시요 그 본체의 형상이시라 그의 능력의 말씀으로 만물을 붙드시며 죄를 정결케 하는 일을 하시고 높은 곳에 계신 위엄의 우편에 앉으셨느니라

영광의 광채요 본체의 형상

"영광의 광채". 영광은 해와 같고 광채는 그 햇빛과 같다. 태양은 근원이고, 광채는 우리에게 도달하는 태양의 전달이다. 태양이 우리에게 올 때, 광채 즉 그 빛을 통해서 온다. 하나님이 우리에게 오시고 우리가 이 하나님을 누리고 공급받으며 만지려면 반드시 아들이 있어야 한다. 영광이 있는데 광채가 없다면 우리는 그 영광을 누릴 수 없다.

"본체의 형상". 아들이 없으면 만물이 없고, 만물을 기업으로 받을 사람이 없고, 본체의 형상이 없다. 형상은 아들이다. '본체의 형상'이라는 말은 도장에 비유할 수 있다. 도장을 찍었을 때, 도장은 볼 수 없을지라도 그 찍힌 형상은 볼 수 있다. 이것이 볼 수 없는 도장의 나타난 형상이다. 우리가 하나님을 볼 수 없지만, 아들이 나타났을 때 우리는 그 형상을 볼 수 있는 것이다. 우리가 직접 하나님을 볼 수는 없지만, 아들을 통해서 영원히 빛 가운데 거하시는 하나님을 볼 수 있다. 아들을 통해서 하나님을 보는 것이다. 아들이 없으면 그 영광을 볼 수 있는 광채가 없게 된다. 유대인들이 이야기하는 하나님은 추상적이다. 하나님은 이제 실제적으로 본체의 형상으로, 영광의 광채로 우리에게 오셨다. 과거에는 하나님이 선지자들을 통해서 말씀하셨지만 이제는 아들 안에서 직접 우리에게 말씀하신다. 이것이 신약이다.

복음은 예수 그리스도의 얼굴에 있는 하나님의 영광을 아는 빛을 사람들의 마음에 비추는 것이다(고후 4:4,6). 우리는 어떻게 보이지 않는 하나님을 볼 수 있는가? 그 영광의 광채이신 예수를 통해서 볼 수 있다. 그분은 짧은 인생이지만 그분의 인생과 죽음과 부활을 통해서 하나님의 영광을 나타내신 분이다.

만물을 붙드시는 분

"그의 능력의 말씀으로 만물을 붙드시며". 만물을 붙드는 것은 아들의 말씀이다. 이 우주를 경영하고 붙드는 분도 아들이다. 하나님은 이 모든 것을 아들에게 맡기셨다. 만유인력이 모든 것을 붙들고 있는 것이 아니라 아들의 말씀, 능력의 말씀이 붙들고 있다. 만유인력은 기껏해야 아들의 붙들고 있는 힘을 역학적으로 연구하여 이름을 붙인 것에 불과하다. 그 붙들고 있는 힘의 근원은 아들이다. 누가 우주를 운행할 수 있는가? 그분이 없이는 참새 한 마리도 땅에 떨어지지 않는다. 그분은 만물의 질서를 정하셨을 뿐 아니라 친히 만물을 운행하신다. 만물을 실제로 붙들고 움직이고 계신 분은 그리스도시다. 여기서 우리는 만물 안에서 아들의 영광을 보며 하나님이 만물을 아들에게 맡기신 것을 볼 수 있다. 여기서 우리는 우주의 비밀을 볼 수 있다. 만유는 그리스도에게 붙들려 있고 그 중심축에 그리스도가 계시다. 그분이 없으면 만물은 다 흩어져버린다.

죄를 정결케 하신 분

그런 다음에 아들은 죄를 정결케 하는 일, 곧 구속의 일을 하셨다. 이것이 아들 하나님이 땅에서 하신 일이다. "죄를 정결케 하는 일을 하시고 높은 곳에 계신 위엄의 우편에 앉으셨느니라"(3절). 만물을 붙드시는 그분이, 만유의 후사이신 그분이, 하나님의 영광의 광채이신 그분이, 하나님의 본체의 형상이신 그분이 이 땅에서 죄를 정결케 하는 일을 하셨다. 죄를 정결케 하시는 일은 어떤 의미에서 세상을 창조하는 일보다 더 어려운 일이다. 창조는 바라보시면서 한 마디 한 마디 하시면 되었다. 그러나 죄를 정결케 하시는 일은 그렇게 간단한 일이 아니었다. 이것이 그분이 말씀이신 하나님이 육신을 입은 이유이며 성육신하시어 십자가에 죽으셔야 했던 이유인 것이다. 하나님은 우리를 그분의 면전에 세우시기 위해서 반드시 거룩하신 그분의 눈 앞에서 가증한 악을 제하셔야 했다. 그러므로 그분은 대단한 대가를 치루어야만 했던 것이다. 죄를 정결케 하는 일은 그분이 친히 하셔야만 했다. 아무도 그 일을 도울 수 없었다. 그분은 죄를 허용할 수 없는 분이시기에 친히 그 죄를 제거하셔야만 했던 것이다.

그분은 우리의 죄들을 차마 보실 수가 없으셔서 친히 그 더러운 죄들을 제거하셨다. '예수 그리스도의 피가 모든 죄에서 우리를 깨끗케 했다'(요일 1:7). 그리고 지금은 높은 곳에 계신 위엄의 우편에 앉아 계신다. 그분은 다시 그분의 원래의 자리에 돌아가 앉으실 만큼 너무도 완전하게 속죄의 일을 끝내셨다(요 6:62, 19:30). 지금 하늘에 앉아 계신 그분은 사람이자 하나님이시다. 앉으셨다는 것은 죄를 정결케 하는 속죄의 사역을 완전하게 이루셨다는 것을 의미한다. 사람이 일을 하고 있는 동안에는 앉을 수 없다. 일을 다 마쳤기에 앉을 수 있는 것이다. 히브리서에는 '앉으셨다'는 표현이 여러 번 나온다(히 1:3, 8:1, 10:12, 12:2). 보좌에 앉으셨다는 것은 그분이 이 땅에서의 속죄의 사역을 완전히 마치셨다는 것을 의미한다. 그분은 지금 인자로서 하늘에 앉아계신다.

히브리서 1장을 시작하면서 보아야 할 것은, 우리의 눈이 하늘을 향해야 한다는 것이다. 그리스도는 이제 하늘의 참 장막에서 섬기는 분이시며 하나님의 집을 다스리는 대제사장이시다. 그분은 지금 하늘에 계시다. 히브리서를 마칠 때에는 우리의 눈이 온전히 땅에서 하늘로 향할 수 있게 되기를 바란다.

히브리서의 배경

히브리서의 배경에 대해 말한다면, 히브리서는 당시 히브리 믿는이들에게 주어진 서신으로서 그들은 원래 유대교 안에 있었다. 구약 시대에 선지자들과 하나님의 많은 종들을 통하여 많은 말씀과 예법과 제사와 율법 등 많은 것들이 하나님으로부터 주어졌고, 그것에 따라서 하나님은 그림자와 모형으로 역사하셨다. 그것이 구약이었다. 히브리 믿는이들은 과거에 구약 경륜을 위하여 역사했던 그것을 그들의 종교로 형성하고 조직화했기 때문에, 신약에서 주 예수 그리스도께서 하나님이 영원 전에 계획하신 실제를 성취하기 위해 이 땅에 오셨을 때 오히려 그것은 이스라엘이 새로운 주님의 역사를 받아들이는 데 있어서 많은 장애와 제한적인 요소가 되었다.

오늘날 많은 그리스도인들에게도 동일한 원칙이 적용된다고 본다. 시작할 때는 하나님의 진리와 계시 속에서 시작하지만 나중에는 형식만 남게 되고 종교의 형태만 남게 된다. 하나님이 운행하셨고 역사하셨던 것은 사라지고 이제 과거의 틀만을 유지하게 되는 것이다. 실제와 내용은 없이 과거의 모양만 소유하게 되는 상태에 이르게 되는 것이다. 바로 그때에 하나님이 새로운 움직임을 일으키시면 과거의 전통과 형식에 머물러 있던 사람들은 하나님의 새로운 역사에 대해 매우 인색하게 된다. 그리고 매우 두려워하며 심지어 대적하게 된다. 이와 같은 원칙으로, 히브리 그리스도인들은 당시에 유대인들이었고 율법을 갖고 있으며 유대교의 틀 안에 존재하고 있었기 때문에, 유대교의 영향력을 떨쳐버리기는 매우 어려웠을 것이다. 그들에게 속속들이 들어와 있던 유대교의 영향력이란 그렇게 쉽게 떨쳐버릴 수 있는 간단한 것이 아니었기 때문이다.

히브리서를 계속 연구하다 보면 당시에 히브리 그리스도인들이 유대교 사람들로부터 박해와 고난을 받고 있었던 것을 읽을 수 있다. 그들이 비록 예수 그리스도를 믿어 구원을 받음으로 하나님의 생명을 얻고 하늘에 속한 은사를 맛보고 내세의 능력을 맛보아 새롭게 되었을지라도, 다시금 유대교의 영향 아래로 떨어지기 쉬운 상태에 놓여 있었다. 그들은 신약의 역사 안에 과감하게 뛰어들어서 하나님께서 영원 전부터 원하셨던 경륜 안으로 들어가 완전한 데에 이르도록 성장하기까지 나아가지 아니한 채 있던 자리에서 머뭇거리고 방황하고 있었으며, 게으른 데 빠져 있었고, 심지어 뒤로 돌아가는 위험스런 상황 가운데 있었다. 이것이 히브리서의 배경이라고 말할 수 있다. 그러므로 히브리서의 저자는 히브리 믿는이들에게 반드시 전진해야 하며 강을 건너야 한다고 격려하고 있다.

내면적으로 저들은 유대교 사람들의 교리적인 공세에 밀려 그리스도의 절대성에 대한 믿음이 약화되었다(3:1-6). 교회의 타락은 그들 가운데 그리스도의 지위가 약화되는 데 있다. 반면 교회의 부흥은 교회 안에 그리스도의 지위가 높아지는데 있다. 우리는 우리의 교회생활 가운데 그리스도의 지위가 높아지기를 사모해야 한다. 모든 성도들이 그리스도를 중심과 으뜸과 전체로 삼을 때 부흥이 오는 것이다. 그러나 사탄은 교묘한 가르침을 주어 성도들 가운데 그리스도의 지위를 약화시키는 것이다. 이 서신에서 기자는 비교를 통하여 그리스도의 뛰어남을 나타내며 그분의 영광을 나타냄으로써 그들의 신앙을 회복하려 했다.

천사보다 뛰어나신 하나님의 아들 그리스도

4-5절, 저가 천사보다 얼마큼 뛰어남은 저희보다 더욱 아름다운 이름을 기업으로 얻으심이니 5 하나님께서 어느 때에 천사 중 누구에게 네가 내 아들이라 오늘날 내가 너를 낳았다 하셨으며 또다시 나는 그에게 아버지가 되고 그는 내게 아들이 되리라 하셨느뇨

이제 4절부터는 천사와 하나님의 아들 그리스도와의 비교를 말하고 있다. 히브리서 기자는 하나님의 아들 그리스도께서 천사보다 훨씬 우월하시고 뛰어나시다는 것을 말하기 위해서 하나님의 아들 그리스도와 천사를 비교하고 있다. 그렇다면 왜 이러한 비교가 필요한가? 초대 교회 시대 당시에 천사숭배가 있었다는 기록이 성경의 다른 곳에도 있다. 골로새서에서도 천사숭배가 있었다고 말한다. 유대교 안에서는 천사를 매우 높이고 있었다. 어느 정도로 천사를 높였는가? 그들이 천사를 하나님의 아들과 대치할 정도로 높이지 않았다면, 히브리서 기자가 이렇게 비교하면서 하나님의 아들의 뛰어나심을 증명할 필요가 없었을 것이다. 응당 하나님의 아들이 가져야 할 지위와 위치를 아들에게 다 드리지 않고 천사에게 할애했기 때문에 히브리서의 기자는 그 문제를 반드시 교정하기 원했던 것 같다.

오늘 우리가 "천사가 무엇이 그렇게 뛰어난가?"라고 생각할지 모르지만, 사실 우리는 천사에 대해서 별로 들어보지도 않았고 천사숭배에 관하여 가르침 받은 것도 없으니 실감하기 어렵다. 그러나 당시에는 이 문제가 심각했던 것 같다. 그 당시의 분위기를 정확하게 추정하기는 어렵지만, 예를 들어 천주교에는 마리아, 교황 등 사람에 대한 숭배의식이 있다. 내가 이탈리아에 가서 복음을 전했을 때 알게 된 사실은 그들이 예수를 믿지만 그들 마음속에는 마리아의 지위가 상당히 높다는 것이다. 교황, 성인(聖人)들에 대한 지위도 매우 높다. 그들은 마치 마리아에게 기도하면 원하는 것이 이루어질 수 있는 것처럼 생각한다. 교황도 마찬가지이다. 그래서 그들에게 복음을 전하면 잘 듣기는 하지만, 말씀을 다 들은 후에는 교황에 대한 생각을 한두 가지 묻곤 한다. 그들이 주 예수를 믿지만 그들에게는 교황의 지위가 상당히 높기 때문에 교황에 대한 태도가 틀리면 얼굴을 다시 보려고 하지도 않는다. 그리스도의 이름 안에서 서로 교제하고 사랑할 수 있어야 하는데도 그것이 이루어질 수 없었다. 그들에게는 그리스도 외에 해결되어야 하는 문제가 또 있는 것같이 보였다. 그 문제가 해결되지 않으면 그들과 지속적으로 교제하기 어렵다. 그러므로 우리가 그들에게 그리스도가 만유시요, 모든 것이며 전체가 되신다고 이야기해도 그들에게는 그것이 통하지 않는다.

바울 당시에 천사를 숭배했던 사상이 얼마나 뿌리 깊게 유대의 믿는이들에게 있었는지는 말씀을 통해서 알 수 있다. 성경에는 천사들에 대한 기록이 많이 나온다. 마태복음 28장 2-3절에서 기록되었듯이, 주님이 부활하셨을 때 사람들은 천사와 그 형상의 위엄을 보았다. 성경을 살펴볼 때 천사들의 모습과 그들의 능력과 힘과 지위 등이 아주 상당한 것처럼 보인다. 우리는 구약에서 하나님이 율법을 주실 때 모세에게 직접 말씀하신 것으로 생각할지 모르지만, 갈라디아서 3장 19절은 "그런즉 율법은 무엇이냐 범법함을 인하여 더한 것이라 천사들로 말미암아 중보의 손을 빌어 베푸신 것인데 약속하신 자손이 오시기까지 있을 것이라"고 말하여 하나님이 율법을 주실 때 천사들을 중보 삼아서 주셨다는 것을 나타낸다. 스데반이 설교한 사도행전 7장 38절의 '시내 산에서 말하던 천사'와 53절의 '천사의 전한 율법을 받고도 지키지 아니하였도다'라는 구절에서 볼 수 있듯이 하나님이 천사를 통하여 율법을 주신 것이 분명하다. 그러므로 구약에서 천사의 지위는 매우 상당했다.

그리고 구약에서 많은 경우 천사가 나타나서 구조도 하고 어려운 사람들을 살려 주기도 했다. 유월절에 애굽 사람들을 벌한 것도 천사이고, 아브라함에게 나타난 것도 천사이고, 롯을 재앙 중에서 구한 것도 천사이다. 성경에 천사의 많은 활동이 있었다. 천사들은 하늘의 능력을 표적으로 보일 수도 있고 천상의 진리를 말로 전할 수도 있었지만 피조물인 까닭에 하나님 자신의 생명을 가져올 수 없었고 사람의 생명 안에 실제로 들어올 수 없었다. 천사들은 '하나님의 아들들'이란 존귀한 칭호들을 가질 수 있었지만(욥 38:7), "너는 내 아들이라 내가 오늘 날 너를 낳았도다"라는 말을 듣지는 못했다. 예수 한 분 만이 우리를 무한하신 하나님의 생명에 참여케 하시며, 하나님을 우리 가까이 오시도록 하며, 우리를 하나님 가까이 인도하실 수 있다.

구약이나 신약에서 천사들이 한 활동을 보면 천사에게 어떤 위치가 있었다는 것을 알 수 있다. 유대교도들이 이유 없이 천사를 높인 것이 아니다. 따라서 사람들을 유대교로부터 신약의 교회, 그리스도에게로 전환시키고 강을 건너게 해주기 위해서는 반드시 천사와 아들 그리스도를 비교하고 대비해서 하나님의 아들이 얼마나 뛰어난가를 알려 주어야 했다.

아들—하나님의 이름의 뛰어남

천사들의 이름은 종, 사역자, 바람, 불꽃이지만 그리스도의 이름은 하나님의 아들이다. "하나님께서 어느 때에 천사 중 누구에게 네가 내 아들이라 오늘날 내가 너를 낳았다 하셨으며"(5a절). 예수 그리스도는 하나님의 아들이시다. 하나님의 아들 예수 그리스도는 가장 아름답다. 하나님의 아들, 유일한 아들, 독생자가 가장 아름다운 이름이다. 그는 하나님이 낳은 아들이시다. 아버지와 아들의 관계이므로 아름다운 이름이다. 천사들은 부리는 종, 사역자, 불꽃, 사자이지만 그리스도는 하나님의 아들이시다. 천사도 하나님과 그 많은 비밀의 말들을 할 수 있고 그 생명에 대하여도 말할 수는 있을 것이다. 그러나 아들은 하나님의 생명을 가지셨고 하나님의 생명 자체이시므로 원하시는 모든 사람에게 생명을 주시는 분이다(요 5:26, 6:33). 아들을 가진 자는 생명을 가진 것이다(요일 5:12).

"너는 내 아들이라 오늘 내가 너를 낳았도다"라는 말씀은 시편 2편 7절의 말씀이며, 사도행전 13장 33절에서 그리스도의 부활을 설명할 때 사용된 말씀이다. 히브리서 1장 6절의 맏아들이란 말도 부활에 관계된 말이다. 아들은 영원 안에서 아버지에 의해 나셨고, 육신적으로 마리아에게서도 나셨으며, 부활 안에서 다시 나셨다. 마리아에게서 태어나신 성육신은 신성과 인성의 연합의 시작이며, 부활 안에서 능력으로 하나님의 아들로 인정되셔야 했다(롬 1:4). 신성만이 아니라 인성에서도 완전히 아들의 온전한 형상과 영광 안으로 태어나셔야 했다는 것이다. 실상 마리아에게서 태어나서 아직 부활되시지 않은 그분의 인성 부분은 죄는 없으셨으나 여전히 우리와 같은 혈육을 지니시고 시간과 공간의 제한을 받을 뿐 아니라 피곤하고 배고프며 여러 면에서 완전한 아들되심에 이르지 못했다. 그분의 부활은 그분의 신성만이 아니라 인성 부분도 더 이상 어떤 제한도 없이 영광스럽고 강하며 신적인 거룩함으로 충만케 되신 사건이다. 그러므로 그 때의 그리스도도 태어나신 것이라고 표현하는 것이다. 아들이 하나님이신 것은 영원한 출생에 의한 것이고, 맏아들로의 출생은 그분의 죽음과 부활로 말미암은 것이다.

부활의 날에 맏아들로 출생하심으로

6절, 또 맏아들을 이끌어 세상에 다시 들어오게 하실 때에 하나님의 모든 천사가 저에게 경배할지어다 말씀하시며

여기의 맏아들은 예수이다. 5절의 "네가 내 아들이라 오늘날 내가 너를 낳았다"의 부분은 그리스도의 성육신, 마리아로부터 된 출생이라기보다는 부활로 말미암은 출생을 말한다. 이것은 사도행전 13장 33절에 의하여 증명될 수 있다. 하나님은 부활의 날에 그를 낳으셨다. 하나님이 부활의 날에 그를 낳으셨을 때에 그는 맏아들로 출생하셨고 우리는 그의 많은 아들들이 되었다. 이는 요한복음 12장 24절 말씀에 의해서도 증명된다. 그분은 한 알의 밀알이고 우리는 그분의 죽음과 부활로 말미암은 많은 밀알들인 것이다. 그러므로 그분은 부활의 날 아침에 마리아에게 "너는 내 형제들에게 가서 이르되 내가 내 아버지 곧 너희 아버지, 내 하나님 곧 너희 하나님께로 올라간다 하라"고 하셨다. 그분이 십자가로 가시기 전, 그분은 그분의 제자들에 대하여 형제라고 부르신 적이 없다. 그러나 그분은 하나님의 맏아들로 출생하셨기에 그분의 부활의 날에 제자들을 형제들이라고 부르신 것이다. 당시 베드로, 야고보, 요한은 언제 주의 형제로 태어났는가? 바로 부활의 날인 것이다. 부활의 날에 그들은 모두 그리스도와 함께 태어난 것이고 그리스도의 형제들이 된 것이다. 주님은 그 날 아침에 새로 태어나 한 가족이 된 형제들에게 안부를 전한 것이다. 우리는 언제 태어났는가? 우리도 마찬가지로 그리스도의 부활의 날이다. 우리 모두는 그리스도의 부활의 날에 그리스도의 형제들로 태어난 것이다.

"또 맏아들을 이끌어 세상에 다시 들어오게 하실 때에 하나님의 모든 천사가 저에게 경배할찌어다 말씀하시며". 이것은 주님의 재림과 왕국을 언급하는 것으로서 구약에서 인용한 말씀이다. 그분은 하나님이신 동시에 왕이시다. 그분의 보좌는 영영한 보좌이다. 그리스도는 하나님 안에 계시니 아버지의 왕국은 또한 아들의 것이기도 하다. 그분이 맏아들로서 세상에 다시 들어오게 될 때는 아들이 왕국을 이루실 때이다. 구약에 의해서 유대교의 관념이 형성되었기 때문에 히브리서 기자는 한 가지 한 가지 구약에 있는 말씀들을 인용해서 비교한 것이다. 맏아들 그리스도는 이 세상에 다시 오실 것인데 그때에 천사들은 그 아들에게 경배하게 되어 있다. 그분은 아들이시고 천사들은 그 맏아들이 들어오실 때 그분에게 경배하게 되어 있는 존재다. 그러니 비교할 수 없는 것이다.

7절, 또 천사들에 관하여는 그는 그의 천사들을 바람으로, 그의 사역자들을 불꽃으로 삼으시느니라 하셨으되

시편 104편 4절의 인용이다. 히브리 원전은 개역 성경처럼 "바람으로 자기 사자를 삼으시며 화염으로 자기 사역자를 삼으시며"이다. 하나님은 천사들을 바람이나 불꽃을 일으키도록 부리신다는 뜻이기도 하다. 천사의 지위는 그리스도와 대등하지 않고 시종자(侍從者)에 불과함을 말한다. 천사들은 바람이나 불꽃이다. 그들은 다만 주님이 사용하시는 도구일 뿐이다.

아들은 하나님이심

8절, 아들에 관하여는 하나님이여 주의 보좌가 영영하며 주의 나라의 홀은 공평한 홀이니이다

그러나 아들에 관하여는 '하나님이여'라고 했다. 천사들은 하나님이 사용하시는 존재이지만 아들은 하나님이시다. 이것은 시편 45편 6절, "하나님이여 주의 보좌가 영영하며 주의 나라의 홀은 공평한 홀이니이다"에서 인용한 말씀이다. 천사들은 바람과 불꽃이지만 아들에게는 보좌가 있다. 보좌는 영원한 왕이 앉는 자리이다. 영원한 왕은 바로 하나님이시다. 히브리서 1장은 천사와 비교하여 아들의 신성에 대하여 다룬 것이다. 그리스도의 신성, 하나님의 아들의 하나님인 면을 다룬 것이다. 예수 그리스도는 하나님이자 사람이시다.

오늘날 많은 그리스도인 중에도 예수 그리스도가 하나님이시라는 것을 잘 모르는 사람이 있다. 아들은 하나님이시다. 하나님 아버지, 예수 그리스도, 아들이 하나이다. 차이가 있다면 아버지는 근원으로서 볼 수 없는 분이시고, 아들은 볼 수 있는 분이시라는 것이다. 볼 수 없는 하나님을 나타낸 것이 아들이다. 그러므로 요한복음 14장 8절과 9절에서, "빌립이 가로되 주여 아버지를 우리에게 보여 주옵소서 그리하면 족하겠나이다 예수께서 가라사대 빌립아 내가 이렇게 오래 너희와 함께 있으되 네가 나를 알지 못하느냐 나를 본 자는 아버지를 보았거늘 어찌하여 아버지를 보이라 하느냐"라고 한다. '나를 본 자는 아버지를 보았다'고 하신 것으로 보아 예수 그리스도는 나타난 하나님이심을 알 수 있다. 아들은 하나님의 나타난 측면이다. 아버지를 말할 때는 나타나지 않는 근원이신 하나님을 의미하고, 아들을 말할 때는 그분이 바로 보이지 않는 하나님의 나타나심을 의미한다.

그러므로 아들과 천사의 차이는 창조주와 피조물의 차이이다. 그러나 어리석은 사람들은 피조물을 창조주로까지 높였다. 그것은 모순이요, 실수요 착오이다. 아들에 관하여는 '하나님이여'라고 했다. 홀은 왕이 가지고 있는 것으로 에스더서에서 홀은 왕권을 의미한다. 아들 하나님은 영원토록 왕 노릇을 하실 하나님이시다. 만물과 우주를 통치할 왕권이 그에게 주어져 있다.

즐거움의 기름이 부어지신 분

9절, 네가 의를 사랑하고 불법을 미워하였으니 그러므로 하나님 곧 너의 하나님이 즐거움의 기름을 네게 부어 네 동류들보다 승하게 하셨도다 하였고

그리스도는 기름부음을 받으신 왕이시다. 그분은 의를 사랑하고 불법을 미워하셨으므로 하나님으로부터 기름부음을 받으셨다. "즐거움의 기름을 네게 부어". 그리스도는 승천하시어 하나님 우편에 앉으셨을 때, 인자로서 자기 백성들에게 나눠주기 위해 아버지로부터 성령을 한량없이 받으셨다. 그 성령이 바로 즐거움의 기름이다. 그리스도는 교회의 머리로서 자신의 동류들, 자신이 구속하신 자들을 기름부음에 동참케 하시어 자기의 몸의 지체를 만드셨다. 우리는 그리스도와 함께 그분의 즐거움의 기름을 함께 나누어 받은 것이다. "우리를 너희와 함께 그리스도 안에서 견고케 하시고 우리에게 기름부으신 이는 하나님이시니"라고 하신다(고후 1:21). 우리의 왕이시며 하나님이신 그리스도는 한 면에서 우리에게도 즐거움의 기름을 부어주시기 위하여 기름부음을 받으신 것이다. 함께 기름부음을 받은 우리는 모두 그리스도의 몸의 지체가 되었다(고전 12:12-13).

이 구절은 또한 시편 45편에서 그대로 인용한 것으로 왕에 대한 찬미, 그리스도에 대한 찬미이다. 이곳에는 왕후도 나오는데 왕후는 바로 교회를 상징한다. '동류들'에 대해서는 성경학자마다 의견이 분분하여 어떤 이는 천사들이라고 하고 또 하나님의 많은 자녀라고도 하지만 그것이 천사들이든 자녀들이든 하나님이 동류들보다 승하게 하신 자는 바로 아들이란 말이다. 다비(J.N. Darby)는 동류(同類)를 우리 믿는이들이라고 했다. 그분은 우리 가운데 계실 때 의를 사랑하고 불법을 미워하셨으며 우리를 불법에서 건져 그분의 동류로 높이셨다. 스가랴 13장 6절은 그분이 다시 오셔서 친구의 집에서 받은 상처를 말씀하신다고 예언되어 있는데, 여기서 친구가 바로 동류이다. 아무리 뛰어난 신자도 그분의 영광에 비할 수 없으리라! 구약에서 기름은 왕에게 붓는 것이다. 다윗에게 사무엘이 기름을 부었다. 하나님의 그리스도는 하나님으로부터 영원히 기름 부어져 세워진 영원한 왕이시다. 그리스도에게 즐거움의 기름이 부어졌기 때문에 아무리 지위가 있는 천사라 하더라도 그리스도는 그들보다 승한 분이시다.

창조자이시며 영존자이심

10절, 또 주여 태초에 주께서 땅의 기초를 두셨으며 하늘도 주의 손으로 지으신 바라

이는 시편 102편 25-27절에서 인용되었다. 히브리서 기자는 이 시편의 '주'라는 호칭이 하나님의 아들임을 어떻게 알았는가? 이는 19-20절에 근거했을 것이다. 그는 이 시편이 이스라엘의 구속에 관한 것임을 깨닫고, 시온의 건설과 영광중에 나타나실 하나님이 바로 아들일 것이라고 본 것이다. 높은 성소에서 하감(下鑑)하시는 분(19절)과 죽이기로 정한 자를 해방하시는 분(20절)이 다 아들에게 초점을 맞추고 있는 것으로 본 것이다(앤드류 머레이). 하나님은 전능하시고 영존하시다. 이것이 우리의 구원이 맡겨진 분의 속성인 것이다. 우리의 구속주이신 그리스도는 전능하신 분이다. 당신을 지으신 자가 당신의 구속자이다. 그분은 우리의 삶의 순간순간 모든 것이 되실 수 있고, 무한한 능력으로 우리를 붙들고 계시다. 많은 그리스도인은 어려운 환경을 당하며 연약과 타락에 휩싸인다. 그럴 때마다 그분이 우리의 창조주이며 전능자임을 믿으라! 그분은 우리의 환경을 조성하시는 능력을 가지신 분이므로 어떠한 난관이든지 그것이 하늘의 연단이며 도움과 축복이 되게 하실 수 있는 분이다. 그리스도는 우리의 구속주로서 우리를 구속하시고 변화시키어 그분의 많은 아들들이 되도록 많은 환경들을 조합하신다(롬 8:28-29).

여기의 주는 바로 아들이시다. 그가 아름다운 이름을 얻었다고 했는데 아들, 하나님, 주, 이것은 모두 아들에게 속한 이름이다. 천사들보다 훨씬 높고 탁월하며 아름다운 기업, 이름을 얻으신 것이다. 이것은 아들의 창조주 신분을 말한다. 우리가 믿는 그 그리스도, 하나님의 아들이 창조자이며 만물을 지으신 그 하나님이라는 것이다. 9절에서는 그가 기름부음 받은 왕이라고 말하고, 10절에서는 그가 창조자라고 말하고 있다. 그가 땅의 기초를 두셨고 하늘은 그의 손으로 지어졌다고 말하고 있다.

11절, 그것들은 멸망할 것이나 오직 주는 영존할 것이요 그것들은 다 옷과 같이 낡아지리니

하늘과 땅은 다 없어질 것이나 아들은 영원하다. 8-9절에서는 아들의 왕권을 말하고, 10절에서는 아들의 창조를 말하고, 11절에서는 아들의 영원성을 말해 준다. 온 천지 만물은 다 사라져도 아들은 영원히 존재하신다. "오직 주는 영존할 것이요"

12절, 의복처럼 갈아입을 것이요 그것들이 옷과 같이 변할 것이나 주는 여전하여 연대가 다함이 없으리라 하였으나

이사야 34장 4절, "하늘의 만상이 사라지고 하늘들이 두루마리같이 말리되 그 만상의 쇠잔함이 포도나무 잎이 마름 같고 무화과나무 잎이 마름 같으리라". 우리가 보는 하늘이 영원할 것 같지만 다 사라진다. 베드로 후서 3장 10절, "그러나 주의 날이 도적같이 오리니 그날에는 하늘이 큰 소리로 떠나가고 체질이 뜨거운 불에 풀어지고 땅과 그 중에 있는 모든 일이 드러나리로다". 이 구절은 하늘이 언젠가는 사라진다고 한다. 모든 것이 다 끝나버린다. 11절은 아들의 불변성을 말해 주고 있다. 아들은 변하지 않지만 다른 것들은 다 변한다. 우리들조차 지금 변하고 있고 늙고 있다. 피조물의 가변성과 창조자이신 그리스도의 불변성을 대조하는 것이다.

하나님 보좌 우편에 앉으신 분

13절, 어느 때에 천사 중 누구에게 내가 네 원수로 네 발등상 되게 하기까지 너는 내 우편에 앉았으라 하셨느뇨

우리는 이 말씀이 시편 110편에 있음을 본다. 하나님께서는 어떤 천사에게도 이러한 말을 하지 않았다. 에스겔 28장 12-14절, "인자야 두로 왕을 위하여 애가를 지어 그에게 이르기를 주 여호와의 말씀에 너는 완전한 인이었고 지혜가 충족하며 온전히 아름다왔도다 네가 옛적에 하나님의 동산 에덴에 있어서 각종 보석 곧 홍보석과 황보석과 금강석과 황옥과 홍마노와 창옥과 청보석과 남보석과 홍옥과 황금으로 단장하였었음이여 네가 지음을 받던 날에 너를 위하여 소고와 비파가 예비되었었도다 너는 기름부음을 받은 덮는 그룹임이여 내가 너를 세우매 네가 하나님의 성산에 있어서 화광석 사이에 왕래하였었도다". 이 말씀에서 그룹, 천사들은 하나님의 지음을 받은 존재임을 알 수 있다. 천사들이 아름다운 많은 것들로 단장하였지만 하나님께서 천사에게는 "내가 네 원수로 네 발등상 되게 하기까지 너는 내 우편에 앉았으라"고 말씀하시지 않았다. 그러나 아들에게는 이렇게 말씀하고 있다. '내 우편'은 위엄의 보좌 우편을 말한다. 이는 두 가지의 개념을 전달하는데 하나는 이제 그분이 신적이고 우주적인 능력의 소유자임을 선포하는 것이고, 또 하나는 그분이 하나님과의 동등한 교제권에 들어가셨다는 것이다. 십자가에 죽으시고 부활하신 인자 예수께서 높은 곳에 계신 위엄의 우편에 앉으신 것은 그가 오직 하나님의 유일한 아들이기 때문이다. 그분이 하나님 우편에 앉으셨다는 것은 그분이 시간 안에서 모든 원수들을 발아래 두시고 나라를 아버지께 바칠 때까지, 하나님의 완전한 구원의 역사를 완전하고 충만한 정도까지 이끌도록 하나님의 능력과 섭리가 아들의 손에 있다는 것을 확인해주는 것이다. 하나님 보좌 우편에 앉아 있을 수 있는 아들은 바로 하나님이시요, 하나님의 아들이기 때문이다. 구주 예수 그리스도의 신성을 밝히 계시하여 천사와 비교하면서 뛰어난 그리스도를 우리에게 알려 주는 것이 1장의 내용이다.

우리는 히브리서 1장에서 그리스도의 신성한 인격에 대하여, 그분의 구속의 죽음(3절), 부활(5절), 승천(3절), 재림하여 왕국을 이루실 왕(6, 8-9절), 창조주이시며 만유의 후사(2, 10절), 영원한 하나님이심을 본다(3, 11-12).

천사들은 부리는 영임

14절, 모든 천사들은 부리는 영으로서 구원 얻을 후사들을 위하여 섬기라고 보내심이 아니뇨

모든 천사들은 부리는 영이다. '부린다'는 것은 '섬긴다'는 것이다. 히브리서 기자는 이 말씀을 통해 천사들의 존재를 한층 더 알려 주었다. 천사들은 하나님의 아들과 비교할 수도 없는 존재일 뿐 아니라 심지어 구원 얻을 후사들을 위하여 그들을 섬기도록 보내어진 존재이다. 우리에게도 보내어진 천사가 있다. 성경을 주의 깊게 읽어본다면 아무리 어린 성도라 하더라도 그의 천사가 있다는 것을 볼 수 있다. 사도행전 12장 13-15절, "베드로가 대문을 두드린대 로데라 하는 계집아이가 영접하러 나왔다가 베드로의 음성인 줄 알고 기뻐하여 문을 미처 열지 못하고 달려 들어가 말하되 베드로가 대문 밖에 섰더라 하니 저희가 말하되 네가 미쳤다 하나 계집아이는 힘써 말하되 참말이라 하니 저희가 말하되 그러면 그의 천사라 하더라". 이것은 구원받은 구원의 후사에게는 보내심을 받아 섬기는 천사가 있다는 증거이다.

또한 마태복음 18장 10절은, "삼가 이 소자 중에 하나도 업신여기지 말라 너희에게 말하노니 저희 천사들이 하늘에서 하늘에 계신 내 아버지의 얼굴을 항상 뵈옵느니라"고 말하고 있다. 그러므로 천사들은 하나님의 아들보다 열등할 뿐만 아니라 심지어 구원받은 우리 후사들을 섬기도록 보내심 받은 존재임을 알 수 있다. 시편 34편 7절은, "여호와의 사자가 주를 경외하는 자를 둘러 진 치고 저희를 건지시는도다"라고 했다. 여호와의 사자는 천사이다. 우리에게도 우리를 섬기는 천사들이 있다는 것을 기억해야 한다.

나에게도 그러한 체험이 있다. 인도 델리에서 정말 죽을 뻔한 일이 있었다. 델리의 집회 장소에서 혼자 자는데 밤에 전기가 나가서 냉장고의 얼음물이 바닥으로 흘러내린 것을 몰랐다. 화장실에 가려고 고무 슬리퍼를 신고 나가다 바닥에 흐른 물에 미끄러져 넘어지는 순간, '죽는구나'하는 생각이 들었다. 그러나 기묘하게도 머리가 시멘트 바닥에 닿지 않았다. 사람은 어떤 일을 당할 때 자신이 죽을 수도 있다는 것을 직감적으로 알 수 있다.

어떻게 해서 머리가 바닥에 닿지 않았을까를 생각할 때 그 상황에서 도저히 이해가 가지 않는다. 나는 다만 천사가 와서 도왔다는 것을 알 수 있었다. 그때 마음이 주님 앞에서 많이 부서졌다. 그 이튿날 화장실에서 또 그런 일이 생겼는데, 큰 일이 일어났을 수도 있었지만 다리의 인대만 늘어났다. 비록 오랜 시간 다리 때문에 깁스하고 고생을 했지만, 나는 그런 순간들에 천사의 도움이 있었던 것으로 믿는다. "모든 천사들은 부리는 영으로서 구원 얻을 후사들을 위하여 섬기라고 보내심이 아니뇨"(14절).

덧붙이는 말

히브리서 1장 1절은 "옛적에 선지자들로 여러 부분과 여러 모양으로 우리 조상들에게 말씀하신 하나님이"라고 한다. 그러나 2절은 '이 모든 날 마지막에 아들로 우리에게 말씀하셨으니'라고 한다. 1장 1절과 2절에도 히브리서의 다른 곳에서처럼 비교의 원칙이 들어 있다. 1절은 '옛적'을 말하고, 2절은 '이 모든 날 마지막'을 말한다. 1절에는 '선지자들'이 있고, 2절에는 '아들'이 있다. 1절에는 '우리 조상들에게'가 있고, 2절에는 '우리에게'가 있다. 이러한 비교는 구약과 신약의 하나님의 말씀하시는 원칙의 차이라고 말할 수 있다. 1절에서는 '선지자들로' 말씀하셨고, 2절에서 '아들로' 말씀하셨다고 한다.

먼저 선지자들로 말씀하신 것과 아들로 말씀하신 것의 차이를 보겠다. 선지자들을 통해 말씀하신다는 것은 중보자적인 매개체를 통해서 말씀하시는 것을 가리킨다. 그러나 아들 안에서 말씀하시는 것은 하나님의 직접적인 말씀하심이다. 신약은 어떠한 매개체와 중보를 통해서 말하는 시대가 아니다. 신약은 하나님이 아들 안에서 직접적으로 말씀하시는 시대이다.

마태복음 17장 1-5절은 "엿새 후에 예수께서 베드로와 야고보와 그 형제 요한을 데리시고 따로 높은 산에 올라가셨더니 저희 앞에서 변형되사 그 얼굴이 해같이 빛나며 옷이 빛과 같이 희어졌더라 때에 모세와 엘리야가 예수로 더불어 말씀하는 것이 저희에게 보이거늘 베드로가 예수께 여짜와 가로되 주여 우리가 여기 있는 것이 좋사오니 주께서 만일 원하시면 내가 여기서 초막 셋을 짓되 하나는 주를 위하여, 하나는 모세를 위하여, 하나는 엘리야를 위하여 하리이다 말할 때에 홀연히 빛난 구름이 저희를 덮으며 구름 속에서 소리가 나서 가로되 이는 내 사랑하는 아들이요 내 기뻐하는 자니 너희는 저의 말을 들으라 하는지라"고 말한다. 여기서 베드로는 모세와 엘리야를 주 예수님과 같은 위치에 두었지만 하나님은 오직 아들의 말만 들으라고 하셨다. 이것이 구약의 원칙에 입각한 자들과 신약의 아들의 말씀하시는 음성을 듣는 자들과의 큰 차이라고 할 수 있다. 오늘도 많은 사람들은 직접 아들 안에서 말씀하시는 하나님의 음성을 들을 수 없고 중보자적인 매개체를 통해서 들어야 한다고 생각하지만 이것은 커다란 오류이다. 그것은 구약의 원칙에 입각한 것이다. 오늘 우리는 신약 시대에 살고 있다는 것을 알아야 한다. "오직 너희는 그의 말을 들으라".

마태복음 17장 후반부에 나오는 베드로를 살펴보자. 24-26절, "가버나움에 이르니 반 세겔 받는 자들이 베드로에게 나아와 가로되 너의 선생이 반 세겔을 내지 아니하느냐 가로되 내신다 하고 집에 들어가니 예수께서 먼저 가라사대 시몬아 네 생각은 어떠하뇨 세상 임금들이 뉘게 관세와 정세를 받느냐 자기 아들에게냐 타인에게냐 베드로가 가로되 타인에게니이다 예수께서 가라사대 그러하면 아들들은 세를 면하리라". 여기에서 베드로는 자기의 관념을 가지고 말을 했다. 그러나 베드로는 응당 주님의 말씀을 들었어야 했다. 우리는 주님의 말씀만 들어야 하는 시대에 살고 있다. 이것이 첫 번째로 선지자적인 말씀과 아들의 말씀하심의 차이이다.

두 번째, 선지자들로 말씀하실 때는 여러 부분과 여러 모양으로 말씀하셨다. 여러 부분과 모양이란 많은 상징과 모형과 그림자와 같은 것이다. 그리스도는 측량할 수 없는 분이시고 말로 다 할 수 없는 분이시기 때문에 그분을 설명하기 위해서는 여러 부분과 여러 모양이 필요했다. 그것이 구약의 시대이다. 그러나 신약에서는 하나님 자신, 곧 본체가 오셨다. 그러므로 여러 부분과 모양으로 설명하는 시대는 지나갔고, 이제 그분 자신이 오셔서 말씀하시는 것이다. 아들은 아버지의 표현이다. 그는 영광의 광채시요 본체의 형상이라고 하셨다. 영광은 태양과 같고 광채는 빛과 같다. 그러므로 아들의 말씀하심은 하나님 그분 자신의 직접적인 말씀하심이다. 그리스도 안에서 우리에게 말씀하실 때 하나님은 아들 안에 거하시는 아버지로서 말씀하시는 것이다. "내가 너희에게 이르는 말이 스스로 하는 것이 아니라 아버지께서 내 안에 계셔 그의 일을 하시는 것이라"(요 14:10). 따라서 오늘 우리는 구약의 그분에 대한 많은 모형적인 설명으로 돌아가지 말고 오직 하나님께서 아들로 말미암아 말씀하시는 그 음성을 들어야 한다.

히브리서에서는 여러 부분과 여러 모양으로 말씀했던 많은 기록들이 나온다. 예를 들어, 모세, 여호수아, 아론 등은 사도들로 또는 대제사장으로 그리스도를 한 방면씩 예표하는 것이다. 또는 많은 예법, 제사들과 같은 예표들을 통해서 여러 방면의 아들의 직무를 설명했다. 결국은 아들의 인격에 대해서, 아들의 역사에 대해서 설명하기 위해 구약의 많은 사람들이 동원되고 많은 형태의 사건들이 있어야만 했다. 그러나 불행하게도 이스라엘 백성들은 그런 그림자를 붙잡았고 하나님의 선지자를 통해서 말해진 여러 부분과 여러 모양의 일들을 유대교로 조직화하여 땅에 속한 종교로 만들었다. 결국 하나님이 아들 안에서 말씀하시기 위해서 오셨고 또 그분의 계획과 경륜을 시작하셨지만, 그들은 받지 않았고 오히려 배척하고 거역했다. 그러므로 긍휼을 입은 자들이 신약의 축복과 말씀을 받게 되는 것이다.

아들 안에서 하시는 말씀은 모형이나 또는 많은 그림자에 비할 수 없다. 그분은 실체이기 때문에 그분이 오셔서 하나님께서 영원 전에 계획하시고 원하셨던 것들을 이루신다. 그분은 하나님의 본체의 형상이다. 또는 그분은 영광의 광채이시다. 그분은 만물을 붙들고 계시고 만유의 후사이며 이 땅에 오신 예수였다.

신약은 그분의 인격과 역사에 대해서 우리에게 말해주고 있다. 그것이 바로 아들의 음성이다. 오늘 우리가 받아들여야 하는 말씀은 신약의 이 모든 날 마지막에 아들 안에서 주시는 하나님의 말씀이어야 한다. 이것이 바로 신약의 아들의 말씀이다. 이것은 그림자의 시대와 다르다. 이것을 신약성경에서(물론 구약도 포함할 수 있다) 성령 안에 계시된 하나님의 신약의 경륜이라고 말할 수 있다. 이것이 신약의 계시이다. 결국 아들 안에서 하신 말씀이다. 오늘 우리는 이 말씀을 받아들여야 한다. 이것이 우리에게 큰 구원이 되고 하나님께는 영원한 계획을 성취하시는 것이다.

아들의 말씀하심

사람이 무엇을 마음에 두든지 그것이 그의 삶에 지대한 영향을 미치게 된다. 허영을 따라가는 사람은 일생이 허무로 끝나게 마련이다. 어떤 사람이 성실하게 일해서 돈을 벌고 생계를 꾸려나가려고 할 때 비록 늦더라도 이루어지는 것이 있다. 그러나 어떤 사람은 언젠가 일확천금을 할 마음만 갖고 동분서주한다. 그런 사람은 대부분 항상 그렇게 다닐 뿐 결과는 없다. 오늘날 지식적이고 공상적인 신앙을 갖는 사람들이 많다. 이들은 항상 새로운 지식이나 신기한 것들을 깨닫는 재미로 신앙생활을 하지만 그 결과가 망상적이고 허무한 상태로 끝나게 된다. 구약의 것들은 다 그림자였다. 그러한 그림자적인 신앙을 붙잡은 결과는 아무것도 없다. 그야말로 그림자 같은 것이 남을 뿐이다. 그러나 우리 신약의 성도들은 아들 안에서 말씀하시는 살아 계신 하나님을 가지고 있다. 이렇게 우리가 살아 계신 하나님, 아들 안에서 말씀하시는 하나님을 마음에 소유한 신앙생활을 할 때 그분은 우리 안에서 마음껏 말씀하시고 기름부으시며 살아 계신 하나님에 대한 체험으로 우리를 충만케 한다. 그러니 우리가 아들 안에서 말씀하시는 하나님을 소유한다는 것은 얼마나 큰 일인지 모른다.

하나님은 그 아들을 만유의 후사로 세우셨으며 저로 말미암아 모든 세계를 지으신 분이다. 아들이 없으면 만유도 세계도 없는 것이다. 또한 그분은 하나님의 영광의 광채요 본체의 형상이시다. 아들은 아론보다 뛰어나고 여호수아보다 뛰어나시다. 그는 구원의 원수요, 하나님의 집을 다스리는 아들이요, 또 우리의 사도시요, 우리의 대제사장이시다. 그는 참 아론이시다. 오늘 우리를 안식 안으로 이끄시려고 먼저 휘장 가운데로 들어가셨으며, 우리가 소망의 닻을 가지고 휘장 안에 따라 들어오기를 원하시는 분이시다. 이 모든 것은 아들의 말씀하심이다. 그분 또한 많은 역사를 이루신 분이시다. 염소와 송아지의 피는 부분과 모양에 불과하고, 실제는 그리스도 안에서 이루어졌다. 그분의 보혈이 영 단번에 우리의 죄를 해결하신 것이다. 그리고 그분은 지성소 안에 들어가셨다. 이 모든 것들은 다 아들의 역사를 우리에게 알려 준다. 그러므로 오늘 우리는 아들의 음성을 들어야 한다. 또 한 면에서 아들의 음성은 오늘날 우리 안에서 내적으로 말씀하신다. 우리는 밖에 말씀을 가지고 있고 또 안에 성령을 가지고 있다.

밖의 말씀과 안의 영

하나님께서 우리에게 말씀하시는 것은 그 아들로 말미암아서이다. 이는 양면이 있다. 기록된 아들의 말씀이 있고 우리 안에 사시면서 말씀하시는 주님이 있다. 오늘 아들은 우리 안에 들어오셔서 내주하시며 우리의 머릿속에서가 아니라 마음과 생명 안에서 아버지를 계시하며 말씀해주신다. 즉 아들은 성경 말씀과 계시를 통해서 그분의 뜻을 알려 주고 또 그분은 우리 안에 들어오셔서 성령으로 우리 안에 거하신다. 히브리서 8장을 보면 그는 생명의 법이 되어 우리 안에 하나님의 뜻을 기록하며 하나님 자신을 기록하신다. 그러므로 우리는 우리 마음속에 기록한 하나님의 아들의 말씀을 들을 수 있고 읽을 수 있다. 히브리서에서 우리가 들을 수 있는 아들의 음성은 기록된 말씀에서 받을 수 있는 계시요 빛이다. 이것은 신약의 계시이다.

또 한 면에서 우리에게는 내적으로 말씀하시는 아들의 음성도 있다. 우리는 밖에 말씀이 있고, 안에 영이 있다는 것을 기억해야 한다. 그러므로 우리가 신약 안에서 아들의 음성을 잘 듣기를 원한다면 이 양면을 주의하지 않을 수 없다. 우리의 밖에는 말씀이 있고 안에는 영이 있다. 우리는 옛적에 조상들에게 말하는 그러한 언약 시대에 살고 있지 않다. 지금은 그분의 법을 우리의 마음에 새겨 주셨다. 그러므로 우리 속에서 그분의 말씀을 읽을 수 있다. 우리는 하나님과 우리 속의 생명 안에서, 우리 속에 있는 말씀 안에서 관계를 갖게 된다. 그는 우리의 아버지가 되고 우리는 그의 자녀가 된다. 그는 우리의 하나님이 되고 우리는 그의 백성이 되는 것이다. 그러므로 우리는 하나님을 알 수 있고 그분의 뜻을 읽을 수 있다. 그분은 어제도 오늘도 항상 우리 안에서 말씀하시는 하나님이시다. 그는 아들 안에서 우리에게 끊임없이 말씀하신다. 하나님은 우리의 마음을 강퍅하게 하지 말고 이러한 아들의 음성을 들으라고 하신다. 하나님은 우리의 마음을 하나님의 말씀과 연합하여 믿고 순종하는 길을 가기를 원하신다.

선지자의 기능이 바뀜

구약에 선지자들이 있고 고린도 전서 14장을 읽어보면 신약에도 선지자가 있음을 알 수 있다. 물론 사도행전 13장에도 안디옥 교회에 선지자와 교사가 있었다고 하였다. 구약에는 많은 대선지자, 소선지자들의 사역이 있었다. 선지자들에게는 사람들에게 어떻게 행할 것을 알려 주는 기능이 있고, 장래 일을 알려 주는 기능이 있으며, 하나님의 마음을 알려 주는 기능이 있다.

이스라엘 백성들이 어떠한 상황에 처해 있을 때, 하나님은 그의 백성들을 관심하시기 때문에 그들에게 선지자들을 통해서 하나님의 마음, 심정, 뜻을 알려 주실 필요가 있었다. 그런데 신약에 왔을 때, 장래 일을 알려 줄 수 있는 선지자적인 사역이 있는가 없는가는 단정하여 말하기 어렵다. 왜냐하면 사도행전에서 아가보와 같은 선지자들이 언급되기 때문이다. 아가보는 "흉년이 들리라"(행 11:28)는 예언을 하였다. 바울에게 "예루살렘으로 들어가지 말라, 들어가면 이 띠 임자를 결박해서 이방인에게 넘겨주게 될 것이라"(행 21장 참조)고 예언한 것도 선지자들이 한 일이다. 이것으로 보아 신약에 장래 일을 말해주는 선지자들의 사역이 있는가 없는가는 말하기 어렵다.

그러나 우리가 한 가지 기억해야 할 것은 히브리서 8장과 요한 일서 2장 27절에서처럼 이 시대는 참 선지자인 그리스도께서 우리 안에 들어온 시대라는 것이다. 그분이 우리에게 알려 주어야 한다. 예를 들어, 내가 어느 곳으로 이사를 가야 하느냐 가지 말아야 하느냐, 머리를 짧게 깎아야 하느냐 길게 깎아야 하느냐, 치마를 길게 입어야 하느냐 짧게 입어야 하느냐 이 모든 것들을 선지자에게 물으러 갈 필요가 없다. 이제는 기름부음을 통해서 하나님이 각 사람 속에 직접 말씀하신다. 구약에는 송아지를 잃어버렸을 때 어디에서 송아지를 찾아야 하는지를 선지자에게 물어보아야 했다. 전쟁을 해야 하는지, 이길 것인지 질 것인지를 선지자에게 물어보아야 했다. 구약에서 신약으로 바뀌었다는 것은 이런 선지자의 기능이 밖에서 안으로 바뀌었다는 것을 의미한다.

신약의 사역—그리스도의 몸을 건축함

그러면 신약에도 이러한 선지자가 필요한가? 신약의 사역의 중점은 하나님의 집이요, 그리스도의 신부인 그리스도의 몸을 건축하는 사역이다. 신약에도 구약처럼 장래 이스라엘의 운명, 또는 에돔의 운명, 애굽의 운명과 같은 것을 알려 주는 선지자들이 필요하다고 생각지 않는다. 모든 것은 그분의 신약의 경륜과 목적에 초점이 맞추어지고 있다. 이 시대는 몸의 시대이다. 신약은 그리스도의 몸을 얻기 위해 역사하고 있다. 우리가 고린도전서를 읽어볼 때, 하나님이 각 사람에게 은사와 직분을 주신 것은 하나님의 역사를 위한 것임을 알 수 있다. "또 역사는 여러 가지나 모든 것을 모든 사람 가운데서 역사하시는 하나님은 같으니"(고전 12:6). 이것은 하나님의 역사이다.

고린도 전서 12장은 주로 그리스도의 몸을 얻기 위한 내용이다. 온 땅에 그리스도의 몸을 얻어야 한다. 그러므로 하나님의 신약의 사역은 그리스도의 몸을 얻기 위한 것과 관계가 있다. 어떤 선지자적인 사역이 있다면 이를 위해서 있다고 말할 수 있다. 그러나 오늘날 많은 그리스도인들이 신약과 구약을 혼돈하고 있다. 그것이 선지자적인 사역이라 할지라도 신약의 선지자적인 사역은 기적적인 것이라기보다는 보다 더 생명적인 것이어야 한다. 왜냐하면 그리스도의 몸은 그리스도의 부활한 생명으로 인하여 건축되기 때문이다.

새 언약

우리는 사도행전에서 선지자들이 한 말을 읽을 수 있을 뿐, 그 외의 서신서에서 장래를 알려 주는 예언의 성질을 지닌 선지자들의 사역이나 다른 사람들을 지시하는 사역을 신약에서 보지 못한다. 다음은 어떤 분의 서적에서 읽은 것인데 나 역시 공감한다. "바울이 만일 선지자들의 말을 듣고 예루살렘에 가지 않았다면 그것은 신약의 원칙을 깨버리는 것입니다. 신약에는 그러한 선지자가 필요없습니다." 신약에는 다른 사람이 우리를 대신해서 방향을 설정해 주는 성격을 지닌 선지자적인 기능이 필요없다. 우리는 각 사람 안에서 성령의 인도함을 받아서 주님을 따라가는 시대에 살고 있다. 그러므로 오늘 이 시대에 우리에겐 다른 선지자가 필요 없다. 또한 다른 사람을 위해서 선지자 노릇을 할 필요도 없다.

히브리서 8장에서는 "작은 자로부터 큰 자까지 다 나를 앎이니라"(11절)고 했다. 어떤 사람이든 다 그들의 마음속에 하나님의 법이 새겨져 있기 때문에 그들에게는 하나님을 알 수 있는 기능과 알 수 있는 역량이 부여되어 있다. 그러므로 다른 사람들에게 가르칠 필요가 없다는 것이다. 이것이 신약, 새 언약이다. 요한 일서 2장 27절에서도 "너희는 주께 받은 바 기름부음이 너희 안에 거하나니 아무도 너희를 가르칠 필요가 없고 오직 그의 기름부음이 모든 것을 너희에게 가르치며 또 참되고 거짓이 없으니 너희를 가르치신 그대로 주 안에 거하라"고 했다. 그러므로 우리는 신약이 무엇인지 알아야 한다. 여기 커다란 전환이 있다. 신약은 하나님이 어떤 중보적인 매개체를 통해서 우리에게 말씀하시는 것이 아니라, 하나님은 우리 각 사람에게 직접 성령을 통하여 말씀하시기를 원하신다.

신약의 선지자—몸의 건축을 위한 하나의 은사

성경에 선지자적인 사역이 있다는 것을 인정한다. 이것은 고린도 전서 12장에 기록되어 있다. 신약의 교회를 위하여 하나님은 이러한 은사를 주신다. "하나님이 교회 중에 몇을 세우셨으니 첫째는 사도요, 둘째는 선지자요, 셋째는 교사요"(28a절). 이렇게 주님이 세우신 은사에 속한 사람들이 있어야 한다. 에베소서 4장 11절, "그가 혹은 사도로, 혹은 선지자로, 혹은 복음 전하는 자로, 혹은 목사와 교사로 주셨으니". 이렇게 말한 것으로 보아서 신약에도 선지자는 있다.

그러면 신약의 선지자는 무엇을 위한 것인가? 주로 몸을 위한 것이다. 우리는 선지자들이 그리스도의 몸을 위해서 무엇을 하는 자인지 조금 알 수 있다. 선지자는 그리스도의 몸을 위한 은사이므로 비교적 교회에 대한 하나님의 뜻과 하나님의 백성들에 대한 하나님의 마음을 보다 더 잘 읽을 수 있다. 이것은 몸의 건축을 위한 하나의 은사이다. 그러나 각 사람 속에 하나님의 백성들에 대한 성령의 느낌이 전혀 없다고 말하지 말라. 그것은 분명히 있다. 그러나 그것을 보다 더 분명하게 깨닫고 말해낼 수 있는 사람들이 선지자이다. 그러므로 신약의 선지자의 사역은 하나님의 영감을 부여받은 선지자가 아무것도 모르는 구약의 이스라엘 사람들에게 가르치는 것과는 다르다.

신약에서는 사도 바울조차도 많은 경우에 '알지 못하느뇨'라는 말을 많이 사용하였다. 로마서 6장 6절에서 '우리가 알거니와'라고 쓰고 또 다른 곳에서도 "알지 못하느냐 … 그럴 수 없느니라"(고전 6:15)는 말을 쓴 것은 이미 성도들 속에 아는 것이 있다는 것을 의미하는 것이다. 이것이 바로 은사에 속한 것이다. 하나님이 선물로 이러한 은사들을 교회에 주셨다. 이들이 있을 때 하나님의 성령의 음성을 분명히 발하여 각 사람들 속에 있는 성령의 미약한 인식을 강화시켜서 주님을 순종할 수 있게 해준다. 이러한 은사의 원칙은 다른 것에도 적용할 수 있다. 고린도 전서에는 믿음이라는 은사가 있다. "다른이에게는 같은 성령으로 믿음을"이라고 말한 것은 모든 사람에게 믿음이 없고 어떤 특별한 사람에게만 믿음이 있다는 뜻이 아니라, 어떤 사람에게는 특별한 은사적인 믿음이 있다는 것이다. 복음 전하는 자도 마찬가지이다. 복음 전하는 자만 복음 전하여 사람을 구원시킬 수 있는 것은 아니다. 교사도 마찬가지이다. 그 사람만 사람을 가르칠 수 있다는 것이 아니라 가르치는 은사가 있다는 것이다. 선지자도 마찬가지이다. 선지자만 가르칠 수 있다고 확대 해석하면 큰 오류를 범하게 된다. 모든 하나님의 자녀들도 알 수 있는 역량이 있다. 이것이 신약 시대의 보배이다. 그러나 어떤 은사가 아주 예리하며 선명하게 하나님의 뜻을 이해하여 말할 때 모든 성도들은 들을 때 알게 된다. "저것이다. 내가 말하고 싶었던 것이 저것이다"라고 이해하게 된다. 이것이 바로 선지자적인 은사이다.

신약의 보배—우리 속에 생명의 법을 새김

그러므로 우리는 구약과 신약을 혼동할 필요가 없다. 신약 시대는 아들이 직접적으로 우리 안에서 말씀하는 시대이다. 그러므로 우리 모두는 영적 지각력이 속에서 증가되어 하나님을 알 수 있는 능력이 많아져야 한다. 이것이 하나님이 원하시는 것이다. 아무리 어린 성도라 하더라도 모두가 하나님을 충만히 아는 데 이르기를 힘써야 한다. 하나님의 뜻을 알도록 분별하는 것을 배워야 한다. 하나님을 직접적으로 접촉하여 하나님의 말씀을 깨닫기를 배우고 하나님을 더 알도록 힘써야 한다. 이것은 에베소서 1장에서 사도 바울이 기도한 내용에도 나와 있다. 하나님은 특별한 몇몇만이 아니라 모든 사람이 하나님을 알기를 원하신다. 사도 베드로도 베드로후서 3장 마지막에서 "하나님을 아는 지식에서 자라가라"고 말하였다. 성도들은 마땅히 하나님을 아는 것에서 자라가야 하며 진보해야 한다.

그러므로 오늘 우리는 신약의 보배를 알고 있어야 한다. 신약의 보배는 우리 속에 하나님의 생명의 법을 새긴 데 있다. 지금은 간접적으로 중개자가 있어야 하나님을 알 수 있는 시대가 아니다. 신약은 각 사람 모두가 주님을 알 수 있는 시대이다. 우리 대신 하나님의 뜻을 알아 전달해 주는 구약적인 선지자는 더 이상 필요 없다. 사도 바울은 사도행전에서 선지자의 말을 듣지 않고 예루살렘에 갔다. 왜 그렇게 했는가? 선지자도 나름대로 바울에 대한 하나님의 뜻을 성령 안에서 성령을 접촉한 결과로 알았을 것이다. 그러나 사도 바울 속에도 아는 것이 있었다. 그는 선지자가 무엇을 말하고 있는지에 대해서 알았다. 자신 앞에 결박과 환난이 기다리는 것을 모르지 않았고 자신이 무엇을 하는지도 알았다. 그도 그것을 부인하지 않았다. 이것이 신약의 아름다움이다. 그들은 서로 알았다. 그러나 바울은 하나님의 뜻을 위한 더 강한 열망이 있었다. 사도 바울이 예루살렘에 간 것은 보다 더 깊은 충성이었던 것이다. 그들이 다 하나님의 길을 몰랐다고 할 수 없다. 우리는 그림자 시대에 살지 않고 실제의 시대에 살고 있다. 이는 아들이 우리 안에서 말씀하고 계시는 아들의 시대인 것이다.

2장

1절, 그러므로 모든 들은 것을 우리가 더욱 간절히 삼갈지니 혹 흘러 떠내려갈까 염려하노라

2장 1절부터 4절까지는 경고이다. 1장은 그리스도의 신적 영광을 보여주고 2장은 인성의 낮아지심을 보여주려 한다. 그러기 전에 기자는 아들 안에서 말씀하시는 하나님의 말씀에 유의할 것을 경고하기 위해 잠시 멈춘다. 천사숭배 같은 것들이 아들의 말씀을 소홀하게 하는 데 하나의 요소가 될 수 있다. 오늘날 마리아를 숭배하는 사람들에게는 성경의 말씀을 변개하려는 영이 있다. 그들이 마리아의 족보나 마리아가 그저 평범한 여자임을 말하는 많은 부분들을 변개하려는 영을 갖고 있다 보니, 자연히 다른 말씀까지도 그 권위를 상실한다. 당시 천사숭배자들에게도 동일한 것이 있었을 것이다. 그래서 사도는 아들의 말씀에 대하여 들은 것들이 흘러 떠내려갈 위험이 있다고 경고한다. 이러한 천사숭배 사상 같은 것들이 들어올 때 하나님의 아들을 간절히 삼가고 사모하고 찾음으로 그 믿음 안에 붙어 있어 그를 향해서 나아가고 전진하는 것이 아니라, 아들에게 들은 말씀으로부터 흘러 떠내려갈 수 있다는 것이다.

'흘러 떠내려갈까'라는 말은 문자적으로 '미끄러져 흘러가는 것'이라고 번역할 수 있다(Bengel). 그 원뜻이 반지가 손에서 빠져 나가는 것이나 병사의 몸이 눈에서 미끄러져 나가는 것을 의미했다. 그러므로 부주의함으로 중요한 것이 흘러 나가지 못하게 하라는 의미이다. 어떤 중요한 것들은 주의하지 않는 사이에 슬며시 미끄러져 흘러나가기 때문이다. 간절히 삼가야 할 이유가 여기에 있다. 여기에서의 경고는 단순히 죄에 대한 것이 아니라 진리를 흘러 떠내려 보내는 것에 관련된 것이다. 구원을 등한히 여기는 것은 그것을 멸시하는 것이다. 오늘날 많은 그리스도인들이 죄를 짓는 것은 크게 하나님을 노여워하게 하는 것으로 여기지만 진리를 등한히 하는 것에는 별 느낌이 없다. 그리스도인으로서 모든 들은 것을 간절히 삼가지 않는 것도 큰 해를 가져온다는 것을 아는 것은 매우 중요하다. 히브리서는 유대교적인 것들에 대한 복음의 예수 그리스도와 비교가 있지만 거기에 더하여 복음을 소홀히 하고 배교하는 위험에 대하여도 심판과 징계의 비교를 한다. 구약적인 말씀을 소홀히 한 것에 비하여 하나님의 구원의 큰 역사를 소홀히 한 것에 대한 심판과 징계는 훨씬 크다고 말씀한다!

2절, 천사들로 하신 말씀이 견고하게 되어 모든 범죄함과 순종치 아니함이 공변된 보응을 받았거든

천사들로 하신 말씀이란 결국 율법을 의미한다. 갈라디아서에는 율법이 천사의 손을 빌어 주어졌다고 말한다(갈 3:19). 구약의 기록을 통해서 우리는 율법을 어기는 사람들도 공변된 보응을 받고 하나님의 심판을 면하지 못한 것을 볼 수 있다. 사사 시대의 형벌들, 이스라엘과 유다의 멸망과 심판 등은 율법을 떠난 이스라엘에 대한 보응이었다. 율법 시대에 율법이 실제가 아니고 그림자였을지라도 그것을 어긴 사람들에 대하여 그 불복종의 성격과 정도에 따라서 응분의 보응을 하셨다는 말이다. 우리는 구약에서 수많은 사건들과 이스라엘과 유다의 멸망의 과정들을 보면서 하나님은 그분의 율법에 불순종하고 떠난 것에 대하여 공정한 응분의 대가를 치루게 하신 것을 볼 수 있다.

이같이 큰 구원은 아들임

3절, 우리가 이같이 큰 구원을 등한히 여기면 어찌 피하리요 이 구원은 처음에 주로 말씀하신 바요 들은 자들이 우리에게 확증한 바니

이같이 큰 구원은 '아들'이다. 이 구원의 위대성은 이 구원이 하나님의 아들을 통해 오기 때문에 그러하다는 것이다. 옛적 그림자 시대에 선지자들과 천사들을 통해 주신 율법이 아니라 마지막 실제의 시대에 아들을 통하여 우리에게 주신 구원의 도인데 이것을 등한히 하면 하나님의 진노를 피할 수 없다는 말이다. 구약의 천사들로 하신 율법이 견고하게 되어서 범죄하고 순종치 않았을 때 그들이 보응을 받았는데, 오늘 이 아들 안에서 주신 복음의 도를 순종치 않는 사람들, 아들을 소홀히 하는 사람들이 받아야 할 보응은 얼마나 크고 위험한 것이겠는가? 결코 복음이란 사람들이 생각하는 것처럼 심판의 위험을 감소시키지 않는다. 복음은 오히려 그것을 등한히 여기는 자의 형벌을 가공할 만큼 증가시킨다. 그러므로 우리는 이 복음을 전해야 할 뿐 아니라 이 경고도 크게 전해야 한다. 이같이 큰 구원을 등한히 여겨서는 안 된다. 하나님의 아들에 관한 믿음과 신뢰와 사랑을 등한히 여길 수 없다. 이 복음을 성실히 붙들지 않는 것과 무의식 중에 세속적인 물결과 냉담한 종교로 떠내려가는 것, 즉 등한히 여기는 것에 큰 형벌이 있음을 알아야 한다.

히브리서 기자는 이 복음을 굳게 붙들어야 한다는 것을 무엇으로 동기부여를 하는가? 그것은 곧 '이같이 큰 구원'이다. 이 큰 구원이 구약의 율법의 그림자적인 것이 아니라 아버지의 영광의 광채요, 본체의 형상이요, 죄를 정결케 하신 분이요, 아들이란 이름을 기업으로 얻으신 분이요, 나라를 갖고 왕으로 오실 분이요, 창조자로서 영원히 변치 않으실 하나님이시다. "이는 한 아기가 우리에게 났고 한 아들을 우리에게 주신 바 되었는데"(사 9:6a). 그분은 하나님, 창조주, 영원한 왕이시다. 하나님은 영원히 불변하는 그분의 아들을 우리에게 구원으로 주셨다. 이 아들이 구원인데 만약 이 아들을 소홀히 한다면 어떻게 되겠는가? 과거에 천사들을 통해서 그림자적인 율법을 지키지 않은 자들에게도 공변된 보응으로 심판하셨는데, 그림자가 아닌 실제의 아들을 통한 이같이 큰 구원을 등한히 여긴다면 우리가 어떻게 심판을 피할 수 있겠는가?

오늘날 우리가 믿는 하나님은 사람이시다. 도마는 주님이 부활하신 후에 처음에는 믿지 못하다가 주님의 손과 옆구리를 보고 난 후에, "나의 주시요 나의 하나님이십니다"라고 선포했다. 당신은 예수 그리스도를 어떤 분으로 알고 있는가? 오늘 우리의 하나님은 사람이시다. 유대교에 있는 사람들은 당시에 하나님을 높였을 것이다. 그러나 실제로 육신이 되셨으며 나타나신 광채, 본체의 형상으로 오신 하나님은 받아들이지 않았다. 그러므로 그들에게는 하나님이 실제가 되지 않았다. 오늘 우리는 유대인과 같은 사람이 되어서는 안 된다. 오늘 우리가 믿는 하나님은 사람이 되어 우리에게 오신 바 된 그 하나님이시다. 나는 이 사실을 깨닫고 많이 운 적이 있다. 나도 이전에 기본적으로 '아들은 하나님이시다. 예수 그리스도는 하나님이시다'라고 말은 했지만, 어느 날 주님이 나의 마음을 여셔서 예수 그리스도가 우리 하나님이라는 것을 보여 주셨을 때 나는 하염없이 울었다. 내가 과거에도 예수가 하나님이시라는 것을 말했고 이해하는 줄 알았었지만, 어느 날 영의 눈이 열렸을 때 이분이 바로 하나님이시라는 것을 비로소 알게 되었다. 그때 나는 자신을 주님께 드리기 원했다. 하나님이 세우신 사람 그리스도, 하나님의 아들 그분을 믿을 때 우리는 영생을 얻게 된다. 그분(아들)을 받아들일 때 하나님을 받아들이는 것이다.

그러나 우리가 히브리서를 읽을 때 잊지 말아야 할 것이 있다. 그것은 히브리서의 내용 속에 왕국이 뼈대처럼 들어 있다는 사실이다. 1장 6-7절의 "맏아들을 이끌어 세상에 들어오게 하실 때에 하나님의 모든 천사가 저에게 경배할지어다"라고 하는 구절이나 2장 5절의 "우리의 말한 바 장차 오는 세상을 천사들에게는 복종케하심이 아니라" 하신 구절이나 모두가 그리스도께서 재림하여 이루실 왕국을 표현한 것이다. 물론 이 구절의 '이같이 큰 구원'도 결국 왕국을 포함한 개념으로 이해해야 한다. 그리스도의 구원은 우리를 왕국으로 이끌어 들이는데 까지 역사하는 것이기에 '이같이 큰 구원'이라고 한 것이다(많은 아들을 이끌어 영광에 들어가게 하시는 일-10절).

4절, 하나님도 표적들과 기사들과 여러 가지 능력과 및 자기 뜻을 따라 성령의 나눠주신 것으로써 저희와 함께 증거하셨느니라

하나님께서도 사도들이 전파할 때 표적들과 기사들을 따르게 하였고 여러 가지 능력과 성령의 나눠주신 은사로써 저희와 함께 증거하였다고 했다. 이것은 이같이 큰 구원을 설명하는 구원의 말씀이다. 이 큰 구원은 먼저 주님이 전파하셨고 주님으로부터 받은 사람들이 확증하였다고 했다. 사도들이 말씀을 전할 때 말만이 아니라 성령의 나눠주심이 있었다. 말씀을 받을 때 그들은 성령을 얻었다. 우리는 이러한 모든 역사들을 사도행전에서 읽을 수 있다. 사도행전에서 사도들이 주님에게서 들은 복음을 전파할 때, 하나님이 표적과 기사와 능력으로 역사를 함께 해주셨고 하나님의 뜻을 따라서 성령의 나눠주신 것으로써 전파하는 자들과 함께 증거하시는 일을 하셨다고 했다. 그러므로 이 큰 구원을 우리가 등한히 여길 수 없다는 것이다. 구원 자체가 아들의 말씀이고 아들 자신이시기 때문에 클 뿐 아니라, 이 큰 구원을 전파하신 역사가 주님 자신의 역사이기 때문에 그렇다. 그분이 말씀하셨고 그에게서 들은 자들이 말했고 하나님께서 그것을 전파하는 자들과 함께 하셔서 능력과 표적으로 역사하시고 그들이 전파할 때 말씀과 더불어 성령을 나눠주신 것으로 보아서 이것은 매우 중대한 하나님 편의 역사라는 것을 히브리서 기자는 말하고 있다.

자기 뜻을 따라 역사하심

여기에서 하나님은 특별히 자기 뜻을 따라 이러한 일을 하실 때 사람과 상의하시지 않으신다. 그분은 그분의 뜻을 따라서 역사하시고 성령을 나눠주신다. 우리가 복음을 전하지만 그 복음 전파에 성령께서 역사하심은 그분의 뜻이다. 베드로가 오순절날 말씀을 증거할 때도 그러했고, 그가 고넬료 집에서 전할 때도 그러했다(베드로가 이 말할 때에 성령이 말씀듣는 모든 사람에게 내려오시니, 행 10:44). 성령은 전도자의 전파에 따라 역사하셨지만 어디까지나 그것은 하나님 자신의 뜻이다. 베드로는 그에 대해 예루살렘 사도들에게 변명한 적이 있다(내가 말을 시작할 때에 성령이 저희에게 임하시기를 처음 우리에게 하신 것과 같이 하는지라, 행 11:15).

복음은 예루살렘에서 시작되었고 교회도 예루살렘에서 시작되었다. 그러나 하나님께서 그 이후에 이방 세계에 복음을 전파하기 위해서 사람들을 택할 때, 예루살렘에서 택하지 않으시고 안디옥에서 택했다. 사도행전 13장에 보면 안디옥에서 선지자와 교사들이 기도하고 전적으로 주님을 섬길 때, 성령께서 두 사람을 따로 세우셔서 그들로 하여금 이방 세계에서 복음을 전하도록 안배하셨다. 그때 하나님께서는 이러한 역사를 하심에 있어서 사람들과 상의하지 않으시고 하나님의 뜻대로 역사하셨다. 물론 이방의 사도로 부르심 받은 바울은 예루살렘의 먼저 된 사도들과의 교통에 힘썼다. 그렇다고 해서 이 땅에 그리스도의 몸이 둘이라는 뜻이 아니며 또 성령의 흐름이 둘이라는 뜻이 아니다. 오직 한 흐름이다. 그러나 하나님께서는 이러한 일을 오직 그분의 뜻에 따라서 역사하신다는 것을 알아야 한다. 따라서 사람은 순종할 수 밖에 없다. 순종이 없을 때 분열과 거역이 있게 된다.

5절, 하나님이 우리의 말한 바 장차 오는 세상을 천사들에게는 복종케 하심이 아니라

이제 이같이 큰 구원에 대해서 말씀하신 후에 다시 그리스도께서 천사들보다 뛰어나신 분임을 비교로써 증명하고 있다. 1장에서는 하나님이시고 창조자이시며, 아들이시며, 주이시라는 그리스도의 신성을 언급하여 그리스도가 천사보다 뛰어난 것을 증명했다. 히브리 그리스도인들은 하나님의 아들이 천사보다 뛰어나다는 신성의 면을 구약 성경에 의거하여 설명한다면 인정할 것이다.

그러나 인성의 면에서도 그리스도는 천사보다 뛰어나다. 히브리 그리스도인들이 믿었던 그리스도는 나사렛 예수 그리스도, 나사렛에서 사셨던 인성의 면에서의 그리스도를 의미한다. 따라서 히브리 그리스도인에게 그분이 신성의 면에서 확실히 천사보다 뛰어날 뿐 아니라 인성의 면에서도 천사들보다 뛰어나다는 것을 증명하지 않는다면, 천사를 높이는 관념을 가지고 있었던 그들에게 바울이 확실한 도움을 주지 못했을 것이다. 그렇기 때문에 2장에서는 그리스도의 인성에 있어서 천사들보다 뛰어남을 증명하고 있다. 당시에 히브리인들은 아브라함이나 모세 등 많은 선지자들보다도 천사들이 더 뛰어나다는 생각을 가졌을지 모른다. 그러므로 히브리인들을 돕기 위해서는 그리스도가 천사들보다 얼마나 뛰어나신가를 증명할 필요가 있었던 것이다. 이 땅에 사람으로 오셔서 초라해 보이고 풍채도 외모도 훌륭해 보이지 않으며, 마른 땅에서 사시고 또 십자가에서 연약한 모습으로 죽으셔야 했던 하나님의 아들, 그리스도의 인성을 대할 때 과연 그분이 천사들보다 뛰어나신 분인가에 대해 의문을 가졌을지도 모른다.

그러므로 히브리서 2장에서, 구약 성경을 근거로 해서 그분이 인성을 가지신 인자 예수일지라도 그분이 천사보다 뛰어나심을 알려주는 동시에 왜 잠깐 동안 천사보다 못하게 된 모습으로 나타나게 되었는가를 분명히 밝혀주고 있다. 5절에서는 장차 오는 세상을 언급했다. 이것은 분명히 천년왕국을 의미할 것이다. 왕국을 천사들에게는 복종케 하심이 아니라고 했다. 하나님은 오는 세상과 만물을 천사들이 아니라 사람에게 주시고자 그렇게 하신 것이라고 말한다. 이런 식의 복음 전파(구약의 말씀을 들어 예수의 그리스도이심을 증명함)가 1세기 사도들의 복음 전파의 특징이다.

6절, 오직 누가 어디 증거하여 가로되 사람이 무엇이관대 주께서 저를 생각하시며 인자가 무엇이관대 주께서 저를 권고하시나이까

6절은 시편 8편의 말씀이다. 시편 8편 1-5절에서 다윗이 말한다. "여호와 우리 주여 주의 이름이 온 땅에 어찌 그리 아름다운지요 주의 영광을 하늘 위에 두셨나이다 주의 대적을 인하여 어린 아이와 젖먹이의 입으로 말미암아 권능을 세우심이여 이는 원수와 보수자로 잠잠케하려 하심이니이다 주의 손가락으로 만드신 주의 하늘과 주의 베풀어 두신 달과 별들을 내가 보오니 사람이 무엇이관대 주께서 저를 생각하시며 인자가 무엇이관대 주께서 저를 권고하시나이까 저를 천사보다 조금 못하게 하시고 영화와 존귀로 관을 씌우셨나이다". 여기서 '사람'이라는 말이 나오고 '인자'라는 말이 나오는데 이것은 그분의 인성, 사람되신 그리스도를 가리킨다. 시편이 내다본 것은 메시야의 왕국이고 지상에 있게 될 천국(天國)이었다. 이 부분의 구절들에서 기자가 말하려고 하는 것은 하나님이 인간을 향하신 목적이 그를 만물 위에 두시려고 한다는 것이다. 그러나 다음 구절부터 그 목적이 아직 성취되지 않은 것에 대하여 말하고 있다.

7-8절, 저를 잠깐 동안 천사보다 못하게 하시며 영광과 존귀로 관 씌우시며 8 만물을 그 발 아래 복종케 하셨느니라 하였으니 만물로 저에게 복종케 하셨은즉 복종치 않은 것이 하나도 없으나 지금 우리가 만물이 아직 저에게 복종한 것을 보지 못하고

이 시편의 말씀에서 만물을 그 발아래 복종케 하시는 때는 장차 오는 세상이라고 말했다. 이는 다니엘서와 요한계시록에서 말씀하고 있는 장차 이 땅을 성도들이 다스리는 천년왕국을 말한다(단 7:13-14, 18, 계 2:26-27, 3:21, 20:4-6). 장차 오는 세상을 사람에게 준다고 했으며 그때 사람에게 만물을 그 발 아래 복종케 한다고 했다. 지금은 세상이 천사들에게 복종하고 있다. 그러나 하나님은 인자 곧 사람에게 이러한 축복을 주셨다고 해서 시편 기자는 감동 어린 말로 "사람이 무엇이관대 주께서 저를 생각하시며 인자가 무엇이관대 주께서 저를 권고하시나이까 저를 천사보다 조금 못하게 하시고"(시 8:4-5a)라고 한 것이다. 천사보다 못하게 하신 것은 잠깐이며 그 다음에는 영광과 존귀로 관 씌우셨다고 했다. 이것은 왕이 된 것이며 승리하신 것이다. 그런 다음에 만물을 그 발 아래 복종케 하셨다고 했다. 이 짧은 시편을 인용함으로써 히브리서 기자는 사람이 천사보다 뛰어나다는 것을 말하고 있다. 하나님이 어떤 말씀에서도 천사에게는 오는 세상을 복종케 한다고 말한 적이 없다는 것이며, 사람에게 그러한 말을 했다고 했다. 그 사람은 바로 주 예수, 아들을 가리킨다.

또한 나중에 왜 그분을 천사보다 잠깐 동안 못하게 하셨는가에 대한 설명이 나온다. 그분이 천사보다 못한 분이 아니라는 뜻이다. 1장에서 그분은 하나님이시고 창조자이시며, 주이시며, 영원히 불변하시는 아들이심을 말한다. 그가 잠깐 동안 천사보다 못하게 하심을 입었으나 하나님은 이 사람에게 영광과 존귀로 관 씌우시고 만물을 복종케 하신다. 그러므로 그는 사람이었지만 천사보다 뛰어나다. 이 말씀에서 인자는 그리스도를 의미하는 동시에 인자이신 그리스도는 사람의 대표로서 승리를 얻으셨으므로 우리를 대표하시는 분이다. 이 구절에서 시편 기자는 예수 그리스도를 사람의 대표로 보고 있으며 하나님이 어찌 사람을 이같이 생각하시며 권고하시냐고 말한다. 이 말씀은 매우 기이하다. 그러므로 우리는 하나님이 사람을 얼마나 존귀하게 여기시는가, 긍휼히 여기시는가를 알 수 있다. 결국은 그분이 인류의 대표로 그렇게 영광을 얻으셨으니 그분을 따르고 믿는 우리도 동일한 영광과 존귀를 얻을 수 있다는 말이다.

오늘 이 시대에 하나님은 천사들을 통하여 우리를 보호하신다. 천사들은 그분의 섭리 가운데 쓰임받는 종들이다. 그러나 오는 세상에 있게 될 존재는 사람이다. 창조 안에서 하나님은 사람에게 만물에 대한 지배권을 주셨지만 사람은 타락으로 말미암아 그것을 상실하였다. 그러나 그 타락이 하나님의 목적을 좌절케 하지 않았다. 머리이신 주님이 이미 영광을 얻으셨고 관을 쓰셨지만 아직 지체들은 아래서 고난을 당하고 있다. 우리는 장래 예수 그리스도의 왕권에 굴복할, 그러나 지금은 굴복하지 않는 세상을 통과하고 있다. 그리스도께서는 이미 통과하셔서 하나님 우편에 앉아 계시다. 그리고 원수가 그 발등상이 될 때까지 기다리신다. 그분이 그렇게 천사보다 잠깐 못하게 되셨던 목적은, 천사들의 돌봄을 받으시며 이 세상을 통과하신 목적은, 시험받는 지체들을 친히 돕기 위해서라고 하신다.

천사들보다 잠깐 동안 못하게 되신 목적

1. 만물을 구속하기 위해

9절, 오직 우리가 천사들보다 잠깐 동안 못하게 하심을 입은 자 곧 죽음의 고난 받으심을 인하여 영광과 존귀로 관 쓰신 예수를 보니 이를 행하심은 하나님의 은혜로 말미암아 모든 사람을 위하여 죽음을 맛보려 하심이라

죽으셨지만 결국 사흘 만에 부활하셨고 승천하셔서 영광과 존귀로 관 쓰신 예수를 오늘날 우리가 보고 있다는 것이다. 그리스도는 인류의 대표자로 죽음의 고난을 받으셨다는 것을 설명하고 있다. 왜 그리스도는 잠깐 동안 천사보다 못하게 하심을 입었는가, 왜 죽음의 고난을 받으셨는가에 대한 설명이다. 9절을 통해, 이를 행함은 하나님의 은혜로 말미암아 모든 사람을 위하여 죽음을 맛보려 하심이라는 것을 말한다. 여기서 하나님의 은혜란 하나님이 죄인을 구원하시려고 그분의 아들을 이 땅에 보내시고 십자가에 죽게 하신 것이 그분의 은혜로 인한 것이라는 뜻이다. 모든 사람이란 '판토스'로서 '모든 것' 혹은 '각 사람'(everyone)을 의미한다. 즉 모든 만물을 위하여 죽으셨다는 뜻도 되고 각 사람을 위하여, 즉 한 사람 한 사람을 위하여 죽으셨다는 뜻도 된다. 헬라어로 '판토스'가 관사 없이 사용되었다는 것은 모든 사람이라는 뜻이 아니라 각 사람이라는 뜻이다. 이 말씀에 근거할 때 주님이 나 한 사람을 위해, 당신 한 사람을 위해 죽으셨다고 말할 수 있는 것이다. 크리소스톰의 해석에 의하면 죽음을 맛보셨다는 것은 의사가 환자에게 약을 마시게 하기 위하여 마시지 않아도 될 약을 먼저 마셨다는 것이다. 그분이 잠깐 동안 고난 받으신 것이 죽음을 맛보신 것이라고 하면서, 모든 사람이 죽음을 두려워하고 있으므로 그분 자신은 죽을 필요가 없는 분이신데 그리스도께서 죽음을 맛보심으로 그분 안에 속한 자들이 용감히 죽음에 대면할 수 있게 한 것이라고 하였다.

맛보았다는 표현은 죽음이라는 외적 사실보다 내적인 죽음의 고통의 체험을 묘사한 것이다. 죽음을 맛보신 것에 대하여 우리는 시편 22편을 음미할 필요가 있다. "나는 물같이 쏟아졌으며 내 모든 뼈는 어그러졌으며 내 마음은 촛밀 같아서 내 속에서 녹았으며 내 힘이 말라 질그릇 조각 같고 내 혀가 잇틀에 붙었나이다 주께서 또 나를 사망의 진토에 두셨나이다 개들이 나를 에워쌌으며 악한 무리가 나를 둘러 내 수족을 찔렀나이다 내가 내 모든 뼈를 셀 수 있나이다 저희가 나를 주목하여 보고 내 겉옷을 나누며 속옷을 제비 뽑나이다 여호와여 멀리하지 마옵소서 나의 힘이시여 속히 나를 도우소서 내 영혼을 칼에서 건지시며 내 유일한 것을 개의 세력에서 구하소서"(시 22:14-20).

그리스도는 죽기 위해 출생하셨다고 말할 수 있다. 그 놀라운 출생이 없이는 그분의 죽음도 별 도움이 되지 않는다. 그의 죽음의 의미는 무엇인가? 첫째는 그분은 우리의 죄들을 위하여 죽으셨다. 그것은 복수의 죄, 죄들(sins)이다. 이는 그분이 우리의 죄의 저주를 지시고 죄에 대한 하나님의 의로우신 심판을 담당하신 것이다. 이러한 우리 죄를 대신하신 예수의 죽으심은 우리를 위하여 하나님께로 가는 길을 여셨다. 이는 우리가 할 수 없고 하려고 해서도 안 되는 것으로서 주님이 완성하신 것이다(요 19:30). 그것은 우리가 다만 받아들이고 신뢰해야 할 어떤 것이다.

그 다음은 그분이 우리의 단수의 죄(sin)를 위해 죽으신 것이다. 우리는 이를 죄를 위하여(for sin)와 죄에 대하여(to sin)로 설명할 수도 있다. 주님이 죽으신 또 하나의 방면은 죄와 그 유혹에 대한 저항의 증거이며 죄에게 항복하기 보다는 차라리 생명을 버리겠다는 마음가짐의 증거였다. 즉 죄로부터 자유를 얻기 위해서는 죽음 이외에 다른 길이 없다는 것과 새로운 생명을 하나님으로부터 받기 위해서는 옛 생명을 죽음에 넘겨야 한다는 것이기도 하다. 이러한 죄를 위한 죽으심은 우리를 필히 죄에 대한 죽음으로 인도한다. 전자의 관점은 내가 할 수 없는 것을 주님이 해주신 것이고, 후자는 내가 그리스도 안에서 보는 것을 그가 내 안에서 이루신다는 교제의 관점이다. 전자는 완성된 일로서 영단번에 하나님을 신뢰하도록 담력을 주고 후자는 그리스도의 죽음과 생명이 내 안에서 역사할 때 갖는 성결의 능력이 된다. 많은 그리스도인들이 죽음의 고통을 맛보지 않고 죽는데, 이는 예수께서 죄의 저주인 쓴 잔을 맛보고 죽으셨기 때문에 주어진 것이다.

히브리서는 우리에게 주님의 죽으심이 "모든 사람을 위해 죽음을 맛보셨고, 그 저주의 잔을 비우셨고, 마귀를 없이 하셨으며, 죄를 속하셨다"고 기록한다. 사망과 마귀와 죄는 죽었고, 멸해졌다. 완전한 구속이 이뤄진 것이다. 그리스도의 고난과 죽음은 죄와 상관없이 하나님께 나아갈 수 있도록 큰 가치와 능력을 우리에게 부여한다. 그것은 하나님을 만족케 하였고 죄와 죽음과 지옥을 정복했고 인류를 대속하여 구원하셨다. 그분의 죽음이 우리의 마음에 살게 해야 한다. 그러면 그 큰 능력이 우리 안에서 역사할 것이다. 그렇게 되면 영단번에 완성된 그리스도의 죽음이 성결로 나아가도록 우리를 인도하심을 체험할 것이다. 그리스도의 죽음은 대속의 죽음으로서 이러한 축복의 기초를 마련하신 것이다. 이로서 우리는 하나님께 나아가는 새롭고 산 길을 얻는다.

히브리서는 왜 하나님의 아들이 천사보다 조금 못하게 하심을 입으셨는가하는 비밀을 우리에게 설명하려 하고 있다. 이는 하나님의 은혜로 말미암아 그분이 모든 사람을 위하여 죽음을 맛보고 그렇게 함으로써 우리도 영광 안으로 들어가는 길을 마련하려 했다고 설명한다. 첫째는 고난과 죽음으로서 그리스도 자신도 구원의 주로서 온전케 될 필요가 있으셨고, 그렇게 되셔야 인도자의 입장에서 우리를 인도하는 길을 얻으신 것이며, 둘째는 사망으로 죽음의 공포 아래 있는 우리를 건져내려 했다는 것이며, 아브라함의 자손을 붙들어주려 하심이요, 우리를 위한 자비하고 충성된 대제사장이 되어 백성의 죄를 구속하시려 하심이다. 종합적으로 자신이 시험을 받아 고난을 당하셨으니 시험받는 자들을 능히 도우실 수 있다.

사람의 운명은 영광스러운 것이다. 예수 안에서 이루어진 것은 사람에게 다 참이 될 것이다. 하나님의 형상으로 창조된 사람은 또한 이 형상 안에 하나님의 성품을 나타내며 왕으로서 만물의 통치자가 되어야 했다. 오는 세상 전체는 사람에게 복종시키기 위하여 만들어졌다. 사람은 하나님의 생명과 본성과 영을 받아서 그분을 닮고 그분과 교통하며 그분의 보좌에 앉고 그분과 함께 만물을 다스리는 것이 그 운명이라고 말한다. 아담이 철저하게 죄성을 우리에게 나누어준 것이라면, 예수 그리스도는 더욱 그분 자신의 성품을 우리에게 나누어 줄 것이다(Jesus Christ can dispense His nature into us).

"영광과 존귀로 관 쓰신 예수를 보니". 아직은 만물이 사람에게 복종치 못하지만 예수는 영광과 존귀로 관 쓰셨다. 이는 그분이 어느 날 우리를 영광과 존귀로 이끄신다는 보증인 것이다. 우리는 만물의 복종을 보지 못하지만 예수께서 영광과 존귀로 관 쓰신 것을 보는 것은 복된 대조이다. 우리는 우리 자신에게서 발견되는 불완전과 실패에서 눈을 돌려 예수께서 영광과 존귀로 관 쓰신 것을 보아야 한다(앤드류 머레이).

2. 구원의 대장이 되기 위해

10절, 만물이 인하고 만물이 말미암은 자에게는 많은 아들을 이끌어 영광에 들어가게 하시는 일에 저희 구원의 주를 고난으로 말미암아 온전케 하심이 합당하도다

'만물이 인하고 만물이 말미암은 자'라는 것은 만물의 원인과 최종목적을 의미한다. 즉 그리스도로 말미암아 만물이 생겨났고 그리스도를 위하여 존재한다는 뜻이다. 만물은 그분에게서 나와서 그분에게로 돌아간다(롬 11:36). 그리스도가 없으면 만물도 없고 당신도 없고 나도 없다. 그리스도가 그러하신 분이기에 만물이 그분에게 욕이 되지 않고 영광이 되게 하기 위해 인간의 구속을 이루신 것이라는 뜻이다. 이는 이해하기 쉬운 개념이 아니다. 만물과 하나님의 관계는 그분이 창조자시므로 그로 인하여 영광을 받으시는 것이 합당한 것이다(계 4:11). 만물은 하나님으로 말미암았기 때문에 하나님께로 돌아가야 한다. 유일한 만물의 근원이신 하나님께 돌아가지 않는 만물이나 생명은 아름답지 않다는 뜻이다. 이로서 바울은 하나님의 구원의 의미를 설명하고 있다. 예수께서 오신 것은 인간의 타락으로 말미암아 생겨난 죄와 자아로부터 인간을 구속하여 하나님께 돌리려 함이다. 하나님께서 고난으로 말미암아 그리스도를 온전케 하신 것은 바로 이러한 특성으로 인한 것이다. 그분이 고난으로 말미암아 하나님을 계시하고 그분께 영광돌린 것이 그 뜻에서이다. 즉 예수 그리스도는 우리로 하여금 만유가 하나님을 위해 있으며, 하나님으로 말미암았다는 것을 알 수 있도록 사셨고 고난받으셨고 온전케 되셨다. 여기에 대적하게 된 것이 인간의 자아이고 죄인 것이며 예수는 이러한 우리를 구속하여 하나님께 돌리신 것이다.

이처럼 그리스도가 천사보다 잠깐 동안 못하게 하심을 입은 첫 번째 이유는 만물을 구속하기 위한 것이며, 두 번째 이유는 많은 아들을 이끌어 영광에 들어가게 하시는 일에 구원의 대장이 되기 위해서이다. 하나님께는 하나님의 아들을 구원의 대장으로 만들기 위해서 그를 고난으로 말미암아 온전케 하시는 것이 합당하다고 말씀하셨다. 이 말씀의 깊이를 다 헤아릴 수 없지만 지금 하나님은 많은 아들들을 이끌어 영광으로 들어가게 하시는 일을 하신다는 것이다. 우리가 아는 바와 같이 지금 우리는 영광으로 들어가는 노정에 있고 우리를 이끄시는 분은 구원의 대장이신 예수 그리스도시다. 그가 결국 우리를 종착지인 영광으로 이끌고 계시는데 그러한 구원의 대장을 고난으로 말미암아 온전케 하심이 마땅하다고 했다. 이것은 마치 모세가 이스라엘을 이끌어 가나안에 들어가도록 하기 위해 40년 동안이나 미디안에서 고난과 훈련으로 예비된 것을 연상케 한다. 우리의 구원의 대장이 되시도록 하나님은 그리스도를 사람이 되게 하시고 천사보다 잠깐 동안 못하게 하심을 입게 하셔서 고난의 인생을 살게 하셨다는 말이다. 그로 슬픔의 사람, 질고를 아는 자가 되게 하셨다. 10절은 왜 하나님이 아들을 그렇게 되게 하셨는가에 대한 변증이다. 그것은 그리스도가 구원의 대장이 되셔서 많은 아들들을 영광으로 이끌고 가도록 만들기 위해서이다. 우리를 영광으로 이끄시도록 그리스도를 대장으로 세우신 분은 하나님이시다. 하나님은 그리스도를 대장으로 세우셔서 그를 따르는 자들로 영광에 들어가도록 하는 계획을 세우신 것이다.

좀 더 설명해보자. 그분은 그분이 구원의 주가 되시기 위해 자신이 직접 그 모든 고난과 위험을 통과하여 영광으로 가신 후, 따라오는 제자들에게 그 가야 할 길을 알려주시고 보여주시기 위해 시범적으로라도 그 길을 먼저 가셔야 했다. 즉 그분은 인도자로서 제자들이 가야 할 길을 친히 가야 했다는 말이다. 또한 그분이 우리로 그 길을 가는데 장애가 되는 죄책과 사망에 대한 두려움들을 치워주셔야 했다. 그리고 그분은 '많은 아들을 이끌어 영광에 이르게 하는 구원의 주'이시므로 우리를 잘 가도록 인도하고 계신다. 그분은 세상에 계실 때 가지셨던 미쁘심과 동정으로 그분을 신뢰하는 모든 사람으로 끝까지 이 길을 걷도록 도와주신다. 우리는 고난과 죽으심에 대하여 온유와 복종으로 온전케 되신 영광의 길의 인도자를 가진 것으로 기뻐해야 한다. 그분이 하나님의 아들이시며 창조자이시고 오늘 성령으로 우리 안에 사시는 분이다.

우리를 영광의 길로 이끄시는 분

우리의 노정은 영광의 노정이다. 그런데 이 영광은 고난과 매우 관계가 있다. 성도들은 육신의 질병과 생활의 어려움으로 고난당하며 환경의 어려움으로 고난당하기도 한다. 많은 사람들이 몸이 약하고 피곤하며 기력이 없으므로 고난을 받는다. 그런데 성경에 의하면 영광은 고난과 매우 관계가 있다. 우리가 처음부터 갑자기 충만한 영광 안에 있게 되는 것이 아니다. 우리 안에 계신 그리스도가 바로 영광의 소망이시라고 했는데, 그 영광의 소망이신 그리스도가 우리 안에 들어오셨다. 그리고 우리 안에서 점점 자라고 꽃이 피게 된다. 우리는 고난을 통과할 때 우리 속에 영광이 더해진다는 것을 알아야 한다. 로마서 8장에서는 우리가 영광을 받기 위하여 그리스도와 함께 고난을 받아야 할 것이라고 했다. 고린도 후서에도 같은 말씀이 있다. 잠시 받은 환난의 경한 것을 영원한 영광의 중한 것과 비교할 수 없다고 했다. 우리가 이 땅에서 받는 고난은 영광으로 가는 지름길이다. 그러므로 우리를 이러한 영광으로 인도하는 구원의 원수가 되시기 위해서는 아들이 먼저 고난을 받아서 온전케 되게 하는 것이 합당하다. 따르는 우리가 고난을 통해서 영광 안에 들어가야 하기 때문에 그분이 먼저 고난을 받으시어 구원의 대장이 되게 하신 것이다. 이를 통해 그리스도는 우리의 구원의 대장이 되셨고 우리를 영광의 길로 이끄시는 분이 되신 것이다. 그리스도인의 길이 고난의 길임을 아는 것은 매우 중요하다. 고난이 없이는 영광이 있을 수 없기 때문이다. 따라서 많은 환난과 고통이 임할 때 사도 야고보의 말씀에 따라 온전히 기뻐해야 할 이유가 있는 것이다(약 1:2-3).

사람 되신 그리스도가 천사보다 뛰어나심

11절, 거룩하게 하시는 자와 거룩하게 함을 입은 자들이 다 하나에서 난지라 그러므로 형제라 부르시기를 부끄러워 아니하시고

그리스도와 우리는 다 형제들이다. 이 사실은 시편 22편에 있는 말씀에 나와 있다. "내가 주의 이름을 형제에게 선포하고 회중에서 주를 찬송하리이다"(22절). 우리가 아는 바대로 시편 22편은 메시야, 그리스도의 고난의 장면을 잘 묘사해 주는 말씀이다. 12-14절, "많은 황소가 나를 에워싸며 바산의 힘센 소들이 나를 둘렀으며 내게 그 입을 벌림이 찢고 부르짖는 사자 같으니이다 나는 물같이 쏟아졌으며 내 모든 뼈는 어그러졌으며 내 마음은 촛밀 같아서 내 속에서 녹았으며". 이렇게 메시야의 고난의 장면을 말한 후에 20절에서 "내 영혼을 칼에서 건지시며 내 유일한 것을 개의 세력에서 구하소서"라고 하는데 이것은 그분의 부활의 갈망일 것이라고 생각된다. 21절, "나를 사자 입에서 구하소서 주께서 내게 응락하시고 들소 뿔에서 구원하셨나이다". 죽음과 부활을 거친 다음에 22절에서는 "내가 주의 이름을 형제에게 선포하고 회중에서 주를 찬송하리이다"라고 언급했다.

그리스도께서 부활하시기 전에는 사람들에게 형제라고 말씀하신 적이 없다. 그러나 고난과 죽음과 부활을 통과한 뒤에 그리스도는 그의 믿는이들을 '형제'라고 부르셨다. 이는 이미 구약의 시편에서 예고된 것이다. 구약의 예언의 말씀대로 우리 주 예수님은 죽은 자 가운데서 부활하신 후에 처음 마리아를 만난 자리에서 제자들을 '형제들'이라고 부르셨다. 이는 그리스도의 부활의 날 그분의 생명을 나누어주심으로 많은 형제들이 생겨난 것을 의미하는 말씀이다. 이는 이미 구약에 예언되어 있고 요한복음에서 실제로 이루어진 것이다. "예수께서 이르시되 나를 만지지 말라 내가 아직 아버지께로 올라가지 못하였노라 너는 내 형제들에게 가서 이르되 내가 내 아버지 곧 너희 아버지, 내 하나님 곧 너희 하나님께로 올라간다 하라 하신대"(요 20:17).

11절 앞에는 헬라어로 '가르'(왜냐하면, for)가 있어서 10절의 이유를 밝힌다. 왜 하나님은 많은 아들들을 영광으로 인도하는 일에 구원의 주를 고난으로 말미암아 온전케 하셔야 했는가? 그 답은 거룩하게 하는 자와 거룩하게 함을 입은 자들이 다 하나에서 났기 때문이라고 한다. 이를 증거하기 위해서 예수께서 우리를 형제라고 부르셨다는 것과 하나님을 믿는 일에 있어서 주님은 우리와 그 입장을 같이 하셨다는 것과 우리를 하나님이 그분에게 주신 자녀라고 선포하셨기 때문이라고 하였다. 즉 그분이 우리를 인도하기 위해 고난으로 말미암아 온전케 되셔야 함은 우리와 그분의 출생이 같기 때문이라는 것이다. 그분이 우리와 같은 혈육에 참여하게 된 것도, 고난으로 온전케 되셔서 우리의 구원의 대장이 된 것도 다 예수와 우리는 그 생명의 뿌리가 하나이기 때문이다. 여기서 거룩하게 하시는 자는 주님, 그리스도이시다. 그는 우리를 영광으로 인도하시는 분이고 또한 거룩하게 하시는 분이다. 우리는 영광으로 인도를 받는 자이고 그는 영광으로 인도하는 대장이시며, 그는 거룩하게 하시는 자이고 우리는 거룩함을 입는 자들이다. 그러나 그분과 우리의 근원(origin)은 하나이다. 이 구절에서 히브리서 기자의 설명은 매우 깊다. 인간의 이해를 초월한다. 그는 그리스도의 고난에 대한 해석을 이렇게 한다. 그는 구원의 대장이 되기 위함인데 그 이유는 모든 형제들이 다 한 근원을 갖고 있기에 그러하다. 장래 영광으로 들어가는 자들은 그리스도를 필두로 하여(그분은 이미 들어갔다), 모두 고난에 참여하게 된다.

또한 여기서 형제들이라는 말은 그가 부활하심으로 맏아들이 되셨고, 우리는 많은 아들들이 되었으며 그리스도의 많은 형제들이 되었다는 뜻이다(요 20:17, 벧전 1:3). 부활하신 주 예수, 마지막 아담이신 그리스도는 생명주는 영으로서(고전 15:45), 그 생명을 그분 안에 있는 모든 자들에게 분배하심으로 말미암아 우리는 하나님의 생명을 얻어 그리스도와 같은 생명을 가졌기 때문에, 그분은 맏아들이 되시며 우리는 그분의 동생들이 된 것이다. 그러므로 맏아들이신 그리스도는 우리를 바라보시면서 내 형제라 부르기를 부끄러워하지 않는다고 하신 것이다(히 2:11). 그 이유는 우리가 난 근본이 같기 때문이다(하나에서 난 지라). 부모가 같으면 형제라고 부르는 것이 부끄럽지 않다. 부모 중에 하나라도 다르거나 양자인 경우에는 형제라고 소개는 하지만 거기에 약간의 걸림이 있다. 그러나 장자이신 예수 그리스도는 우리를 형제라 부르는 것에 조금도 부끄러움이 없으시다. 왜냐하면 거룩하게 하시는 자와 거룩하게 함을 입은 자들이 다 하나에서 났기 때문이다. 그리스도께서 고난을 받으시고 약하게 되신 것은 다 한 근원에서 나온 그분의 많은 형제들을 영광 안으로 인도하시는 구원의 대장이 되시기 위해 온전케 되신 것이라고 말씀한다.

교회 중에서 찬송하시는 분

12절, 이르시되 내가 주의 이름을 내 형제들에게 선포하고 내가 주를 교회 중에서 찬송하리라 하셨으며

12절 말씀은 구약의 시편 22편 22절의 인용이다. "내가 주의 이름을 내 형제들에게 선포하고 내가 주를 교회 중에서 찬송하리라". 구속자와 구속 받은 자가 동류임을 말하고 있다. 다 형제라는 말이고 다 같이 고난에 동참하고 다 같이 영광으로 들어간다는 말이다. 이러한 말을 계속 하는 이유는 무엇인가? 그리스도는 우리를 거룩하게 하시고 구원의 원수가 되시기 위해서 형제들과 같이 되셨다고 한다. 이 말씀들은 예수 그리스도가 사람이 되셨다는 것을 말함으로써 하나님의 아들도 신성을 가지고 있을 뿐만 아니라 우리처럼 인성도 가지고 있다는 것을 증명하고 있다. 구약에는 이것이 다 기록되어 있다. 이 구절들은 구약에 있는 말씀 그대로 그분이 형제들과 똑같은 존재이지만 천사보다 더 뛰어나다는 것을 말하고 있다. '과연 사람과 똑같은 존재인, 십자가에서 돌아가신 예수가 천사보다 뛰어날 수 있는가'라고 질문하는 사람들에 대해 반박하는 말이다. 그는 우리를 영광으로 이끄실 구원의 원수가 되시기 위해서 고난을 받으셔서 온전케 되셨다. 또한 그는 우리를 거룩하게 하시는 자로서 우리와 같은 형제가 되셨다. 그리고 이젠 교회 중에서 함께 찬송하는 분이 되셨다. 우리는 만찬 중에서 아들과 함께 찬송한다. 장자이신 아들이 찬송을 인도하는 것이 가장 높고 영적인 찬미이다. 따라서 가장 좋은 찬송은 아들과 일치되는 찬송이다. 우리의 찬양이 온전히 성취된 구속 안에서 그 기쁨과 확신 안에서 드려지는 것이 아니라면 이는 불협화음에 불과하다(J.N. Darby).

하나님을 의지하여 사신 분

13절, 또 다시 내가 그를 의지하리라 하시고 또 다시 볼지어다 나와 및 하나님께서 내게 주신 자녀라 하셨으니

이것은 주님의 인성을 두고 하는 말이다. 이 구절은 계속해서 그리스도는 왜 사람이 되셨는가, 왜 혈육을 입고 오셨는가를 말하고 있다. 구약의 메시아는 사람이 되셔서 고난의 인생을 사셔야 했는데, 그것은 그가 구원의 대장과 거룩하게 하시는 자와 우리를 형제라 부르는 분과 교회 중에서 찬송하시는 분이 되시기 위해서이다. 뿐만 아니라 '내가 그를 의지하리라'고 하셨다. 그가 사람이 되지 않으셨다면 이러한 말을 하실 필요가 없었을 것이다. 그는 모태에서부터 하나님 아버지를 의지하는 분이 되신 것이다. 이것은 시편 22편 9절의 말씀과 같다. "오직 주께서 나를 모태에서 나오게 하시고 내 모친의 젖을 먹을 때에 의지하게 하셨나이다". 이 말씀의 직접적인 인용은 이사야 8장 17절일 것인데, 번역은 똑같지 않다. 어쩌면 후의 번역 과정에서 달라졌을 것이다. 그분은 베들레헴에서 아기로 출생하셨는데 그가 태어나자 마자 헤롯의 핍박을 받아 애굽에 피하기도 하셨다. 그분은 아기로 나셔서 어미 마리아를 의지할 뿐 아니라 하나님 아버지를 의지하지 않고는 살 수 없는 존재로 태어나셨고 그러한 일생을 사셨다는 말이다.

여기서 '의지한다'는 말은 그가 인자로서 이 땅에 오셔서 젖 먹을 때부터 십자가에 죽으신 그 순간까지 한 순간도 아버지를 떠나서 독립적으로 행한 적이 없는, 아버지를 의지하는 사람이 되셨다는 것이다. 그러므로 구약성경을 읽어보더라도 장차 태어날 메시아, 그리스도는 인성을 소유하셨기 때문에 아버지를 의지하는 분이 되셨다는 것을 알 수 있다. 이것은 바로 그리스도의 인성을 묘사하는 말이다. 우리 주 예수님은 이 땅에 계실 때 하나님을 떠나서 독립적으로 무엇인가 하기를 원치 않으셨다. 이것은 그분이 혈육을 입은 인간이 되셔서 언제나 하나님을 의지하는 삶을 사셨다는 것을 뜻한다. 그분은 특히 복음서에서 기도하셨다고 기록하고 있는데 이는 그리스도께서 이 땅에 계실 때 아버지께 의존적인 인생을 사셨다는 것을 나타낸다.

자녀 중 하나이신 인자

"또 다시 볼지어다 나와 및 하나님께서 내게 주신 자녀라". 이것도 역시 그리스도의 인성을 두고 한 말로서 이사야서에 있는 말씀이다. 이 역시 그리스도와 성도들 사이의 형제성(brotherhood)을 나타내는 말이다. 이사야 선지자가 자기에 대해서 말했지만 그것은 사실 주님과 그분의 사람들을 가리키는 것이다. 이사야는 당시 이스라엘 민족이 징벌을 받을 터이지만 자기와 자기에게 속한 사람들은 남아 있을 것을 예언하였다. 이 점에 있어서 선지자는 자기와 그 제자들을 일체시 한 것이다. 이는 그리스도와 그분의 사람들이 일체가 될 것을 예표로 가르치신 것이다. 하나님의 아들은 '나와 및 하나님께서 내게 주신 자녀'라고 말할 수 있는 사람이 되셨다. 그가 바로 인자이시다.

이해를 돕기 위해서 요한복음 17장 6절을 보면, "세상 중에서 내게 주신 사람들에게 내가 아버지의 이름을 나타내었나이다 저희는 아버지의 것이었는데 내게 주셨으며 저희는 아버지의 말씀을 지키었나이다"라고 했고, 히브리서에서는 "나와 및 하나님께서 내게 주신 자녀"라고 했다. 그리스도는 이 땅에 오셔서 자녀 중 하나같이 되셨다. 그래서 하나님의 아들 예수 그리스도가 많은 성도들을 보고 "나와 및 하나님께서 내게 주신 자녀라"고 선포하실 수 있는 분이시라는 것이다. 이것은 구약에서 말한 하나님의 아들 메시야에 관한 선포이다. 이렇게 구약의 말씀을 통해서 메시아의 인성을 입음과 낮아지심을 증명해나가는 것이 초대교회 사도들의 특별한 복음 전도 방법임을 알 수 있다.

이러한 구약의 인용을 통해서 사람되신 그리스도가 천사보다 얼마나 뛰어나신가를 설명하려 하고 있다. 그러나 왜 잠깐 동안 사람이 되셨는가를 증명해야 했다. 그는 사람이 되신 것이 분명하고 또한 사람이 되셔야 하는데, 그렇게 되셔야 하는 이유를 설명해야 한다. 또 그리스도는 사람이지만 여전히 하나님의 아들이시고 인자이신 그리스도이시면서 천사보다 훨씬 뛰어난 것을 증명하는 것이 히브리서 2장의 목적이다.

마귀를 없이하심

14절, 자녀들은 혈육에 함께 속하였으매 그도 또한 한 모양으로 혈육에 함께 속하심은 사망으로 말미암아 사망의 세력을 잡은 자 곧 마귀를 없이 하시며

이 구절은 13절을 설명하고 있는 것으로서 그리스도께서 왜 혈육에 속하셨는지, 왜 그리스도께서 잠깐 동안 천사보다 못하게 하심을 입었는지를 계속해서 말하고 있다. 하나님은 천사가 타락하였을 때 그들을 위한 구속의 계획을 세우지 않으셨다. 그러나 인간을 구원하기 위해서는 그들과 같이 혈육에 참여하신 것이다. 그분이 그렇게 되신 면에서 잠시 천사보다 못하게 되셨지만, 혈육에 참여하심으로 사망으로 말미암아 사망의 세력을 잡은 자 마귀를 없이하신 것이다. 그리스도의 죽으심은 사망을 죽이시는 죽음인 것이다. 전에 마귀가 사망의 세력(권위가 아님)을 잡았었고 인류의 죄를 벌하시는 하나님의 경륜에 이용되었으나, 그 세력은 그리스도의 십자가의 죽으심으로 폐지되었다. 주님은 사망으로 말미암아 사망의 세력을 잡은 자 곧 마귀를 없이하려고 사람이 되셨다. 우리를 그분과 똑같이 되게 하려고 그분은 먼저 우리와 똑같은 혈육을 입고 오신 것이다. "사망은 잔인한 상전인 마귀의 수종자요 사역자이다. 잔인한 상전은 죄 가운데서 이리 저리 끌고 다니던 사람들을 자기의 종인 사망에게 양도해 버린다. 그러나 죽으신 예수께서는 죽음으로 말미암아 그들을 자기 백성으로 삼으셨다"(롬 14장 9절에 대한 Bengel의 주석).

그분이 성육신 되신 것은 세 가지 문제를 위해서라고 말한 바 있다. 첫째는 우리의 주님으로서 자신이 온전케 되시어 우리를 하나님께 인도하실 수 있는 길, 즉 삶과 성품과 생명의 길을 마련하고자 한 것이다. 둘째는 우리를 사망 권세에서 구출하기 위함이었다. 셋째는 우리를 위해 대제사장이 되어 우리를 이해하시고 체휼하시며 우리 죄를 담당하시고 구원하려 하심이다. 이 구절은 두 번째를 말하는 것인데 하나님은 주 예수로 말미암아 사망을 이기게 하시어 우리로 하여금 "사망이 이김의 삼킨 바되리라 우리 주 예수로 말미암아 이김을 주시는 하나님께 감사하노니"라고 확신하며 노래할 수 있도록 했다. 그분이 우리와 같은 혈육을 입은 것은 그분과 우리 사이에 온전한 하나를 이루기 위함이었다. 예수께서 우리와 같은 혈육을 입으시고 죽으심으로 마귀를 멸하신 것은 마귀의 권세로부터 우리를 온전히 자유롭게 하시기 위함이었다. 한 사람 아담 안에서 모든 것이 우리에게 분여될 수 있었다면 예수 그리스도를 통하여 더욱 이 복된 분깃이 우리의 것들로 분배되는 것이다(고전 15:22). 당신은 이러한 자유함 안에 살고 있는가? 우리는 그분의 사랑하는 형제들이다.

사망의 종노릇함으로부터 해방하심

15절, 또 죽기를 무서워하므로 일생에 매여 종노릇하는 모든 자들을 놓아주려 하심이니

그분은 또한 사망으로 말미암아 죽기를 무서워하는 하나님의 자녀들을 죽음으로부터 해방시키기 위해서 사람이 되셨다. 왜 사람들이 일생에 매여 마귀에게 종노릇하는가? 죽기를 무서워하기 때문이다. 그러므로 사망으로 왕 노릇하는 마귀를 없애기 위해서 자녀들과 같이 혈육을 입고 이 땅에 오신 분이 예수이시고 이 일을 위해서 잠시 동안 천사보다 못하게 하심을 입은 자가 되셨으며 고난을 받고 십자가에 죽으셨다. 십자가의 죽음은 그분이 천사보다 못하다는 표시가 아니라, 그 순간 마귀를 없이 하셨다는 것을 나타낸다. 그리고 사망의 세력 아래 일생토록 죽음의 공포를 가지고 그에게 종노릇하는 자들을 해방시키기 위한 것이다. 예수를 믿는 것은 무엇이 좋은가? 죽은 후에 영생과 천국에 이르는 것도 좋은 것이지만 이 땅에서 사는 동안 질병이나 위험이나 죽음의 공포로부터 해방된 삶을 사는 것이다.

이제 사망은 끝났다. 하나님의 아들 그리스도의 죽음을 통하여 죽음의 공포도 끝났다. 이 세상에서 죽음 앞에서 떨지 않는 사람이 없다. 그러나 많은 경건한 성도들의 임종을 대할 때 그들은 두려워하지 않았다는 간증을 들을 수 있었다. 또한 많은 이방인들이, 하나님을 모르는 자들이 죽음 앞에서 죽지 않으려고 애쓴다는 것을 들어왔다. 그러나 어린 성도라할 지라도 주님을 믿은 자에게는 죽음의 공포가 없다. 얼마 전 어떤 성도가 감옥에서 쓴 수기에서 믿은 지 육 개월, 일 년도 되지 않은 사람들이 사형장에 끌려가면서 전혀 두려워하지 않고, 찬미를 하고, 많은 사람들을 위해서 기도하며, 마지막 그 순간까지 복음을 전하고 찬송을 부르면서 간 것을 읽었다. 나는 이러한 많은 간증을 들어서 알고 있다. 우리는 스데반의 순교에서도 이것을 볼 수 있다. 순교할 때 그의 얼굴이 천사의 얼굴 같았다. 누가 이렇게 할 수 있도록 이 문제를 해결했는가, 누가 해방시켰는가? 바로 그리스도이시다. 그리스도께서 고난받고 죽으심으로 우리를 사망의 공포로부터 해방시키셨다.

그리스도께서 사람이 되시고 죽으신 것은 사망이 이미 정복된 대적인 것이며 따라서 더 이상 두려움과 공포의 대상이 아니라는 것을 알려주는 것이다. 주 안의 성도들에게 있어서 죽음이란 더 이상 저주나 두려움의 대상이 아니라 친구와 같은 존재로서 우리 영혼에게 해를 입힐 수 있는 것이 아니라 이생의 모든 슬픔과 수고를 종식시키고 영생과 축복의 길로 인도하는 길에 불과한 것임을 가르치고 있다. 또한 살아 있는 성도들에게 이생에서 살 동안 두려워하지 않고 불안해하지 않으며 한 평생 죽음의 공포에서 살지 않도록 해방하신 것이다. 그러므로 이제 믿는 우리에게 죽음이란 존재는 사탄의 종이 아니라 그리스도의 종으로서 영원한 축복과 누림과 생명 안으로 인도하는 길이 된 것이다. 그리스도는 이러한 역사를 위해 천사보다 잠시 못하게 되시고 우리와 같은 혈육을 입으시고 죽음을 맛보신 것이다.

믿는이들을 붙들어 주심

16절, 이는 실로 천사들을 붙들어 주려 하심이 아니요 오직 아브라함의 자손을 붙들어 주려 하심이라

아브라함의 자손은 바로 참 믿는이인 우리이다. 믿는이들을 붙들어 주기 위해서 그분은 자녀들과 같이 혈육에 속하셔서 죽으심으로 사망의 세력을 잡은 자 마귀를 없이하시며 일생에 매여 종노릇하는 우리를 해방시키신 것이다. 누구를 붙들어 주며 누구를 구제하려고 한 것인가? 바로 우리들이다. 천사들이 아닌 아브라함의 자손을 위해서 육신을 입으셨다. 천사들을 위해서라면 우리와 같은 혈육을 입으실 필요가 없었을 것이다. 그분이 우리와 같은 혈육을 입으셨다는 것은 천사들이 아니라 아브라함의 자손인 택한 백성, 사람을 붙잡아주시기 위한 것이다.

붙들어준다는 말은 헬라어로 '에피람바노'로서 영어로는 대부분 'took'로 번역이 되었는데 이는 '취하여 가진다'는 뜻이다. 이에 대하여 두 가지의 뜻으로 이해하고 있다. 첫째는 본문에서처럼 천사를 붙들려 함이 아니라 아브라함을 붙들어 주려 한다고 이해하는 것으로 읽는 것이 있고, 다른 하나는 그리스도께서 천사의 본성을 취하심이 아니라 아브라함의 자손으로 육체를 취하셨다고 읽는 것이 있다. 이 후자의 견해를 고대 그리스와 라틴 교부들이 대부분 취한 것이다. 이렇게 읽어야 헬라어 동사와 본문이 맞고 문맥도 자연스럽다. 전자의 견해는 '에피람바노'를 '붙들어 돕는 것(물에 빠진 사람을 붙들어 내는 것)'으로 이해하여 성육신하신 그리스도께서 천사들을 도울 필요가 없고 육체를 가진 아브라함의 자손을 도우신다는 뜻으로 읽는 것이다. 이 구절을 어떻게 읽는가를 결정하기는 어렵다. 그러나 분명한 것은 사람이 천사보다 잠깐 못하게 되었지만 장차 천사보다 높아질 것이며, 그리스도는 천사보다 사람에 가깝기에 그리스도의 이 땅에 오심은 천사를 위한 것이 아니라 사람을 위한 것이며, 사람이 천사보다 나은 존재가 될 것인데 그리스도는 더욱 뛰어나신 분이라는 것을 말하고자 하는 것이다. 그리스도가 혈육을 입으사 잠시 천사들보다 못하게 되심은 천사들이 아니라 사람, 아브라함의 자손을 위한 것이라는 말이다.

자비롭고 충성된 대제사장 되심

17절, 그러므로 저가 범사에 형제들과 같이 되심이 마땅하도다 이

는 하나님의 일에 자비하고 충성된 대제사장이 되어 백성의 죄를 구속하려 하심이라

1장에서 히브리서 기자는 우리로 하여금 그리스도의 신성에 대한 것을 이해하도록 구약에서 많은 구절들을 인용했다. 이제 2장은 주님의 인성을 이해하도록 구약의 구절들을 인용하며 해석을 가한다. 이는 그리스도의 성육신 즉 그분의 인성을 입으신 일을 강조하는 것이다. 그분은 인성을 입으시고 사람이 받을 고난과 형벌을 다 받으셨다. 그분의 이같은 완전한 인성이 그분의 대제사장 직분의 근거가 되는 것이다. 그리스도께서 형제들과 같이 되심은 우리를 위한 대제사장이 되시기 위함이기도 하다는 말씀이다.

시편 22편 22a절에서, "내가 주의 이름을 형제에게 선포하고"라고 말한 것과 같이 주님은 우리를 형제라고 부르신다. 그리고 이사야 8장 18a절의 "보라 나와 및 여호와께서 내게 주신 자녀들이"라는 말씀처럼 그가 자녀들과 같이 되셔서 우리와 똑같이 되신 것은 사망의 세력을 잡은 자, 마귀를 없이 하시고 우리를 종노릇에서 해방시키기 위한 것이며, 우리를 붙들어 주려 하신 것이고, 하나님의 일에 자비하고 충성된 대제사장이 되기 위한 것이다.

"자비하고 충성된 대제사장이 되어 백성의 죄를 구속하려 하심이라". 결국 그분이 사람이 되셔서 천사보다 잠깐 동안 못하게 되신 것은 충성되고 자비로운 대제사장이 되어 백성의 죄를 구속하기 위한 것이다. 여기서 '충성되다'는 말은 신실하다는 말이고, '자비롭다'는 말은 긍휼이 있다는 말이다. 왜 우리 주 예수님에 대해서 충성되고 자비로운 대제사장이라는 두 마디를 썼겠는가? 그것은 그분이 하나님이시요 사람이시기 때문이며, 그분이 신성을 가졌을 뿐 아니라 또한 인성을 가졌기 때문이다. 신실하려면 마음만으로서는 안 되고 능력이 있어야 한다. 여러분들이 자녀들이나 친구들에게 무언가를 사주고 싶을 때 약속을 할 수 있을 것이다. 그러나 그 약속을 끝까지 지키려면 신실함이 필요할 뿐 아니라 능력이 필요한 것이다. 우리의 대제사장이신 예수는 하나님이시기 때문에 신실하실 수 있고, 또한 그는 우리와 같은 질고의 인생을 겪은 사람이시기 때문에 자비로우시다.

그분이 대제사장으로서 이 땅에서 하셔야 했던 일 중에 중요한 일은 백성들의 죄를 구속하는 일이었다. 죄가 도말되고 없어지기 전에는 하나님의 생명과 사랑과 은혜가 사람들에게 흘러갈 수 없었다. 그분은 그분 자신을 희생제물로 드려서 영원한 속죄를 이루셨다(히 9:12). 그분이 혈육을 입으신 것은 그분이 대속을 이루기 위한 것만이 아니라 대제사장이 되어 우리를 돌보아주시기 위함이다. 2장에서는 그분의 인성이 신성과 마찬가지로 필수불가결한 것이었음을 강조한다. 이는 그가 우리의 대제사장이 되어 우리 죄를 구속하실 뿐 아니라 우리를 시험에서 도와주시기 위함이다.

충성되고 자비로운 대제사장이 되시기 위해서 그분은 사람이 되신 것이다. 그러나 그는 천사보다 뛰어나다. 왜냐하면 그분은 장차 올 왕국에서 왕이 되실 분이며 만물은 그에게 복종될 것이기 때문이다. 말씀은 우리가 잠시 만물이 저에게 복종하는 것을 보지 못하고 있다고 했다. 그러나 오는 세상이 도래할 때 만물은 그에게 복종할 것이다. 하나님은 천사 중 누구에게도 이런 말을 하신 적이 없고 오직 사람에게, 인자에게 이러한 특권을 부여하셨다. 이런 말씀들을 통해 인성을 입은 사람이신 그리스도도 천사보다 뛰어남을 증명하고 있다.

1장에서는 신성을 가지신 하나님의 아들이 천사보다 뛰어남을 말한다. 왜냐하면 그분은 아들이시요, 창조자이시요, 하나님이시요, 영원히 변하지 않으시는 주이시기 때문이다. 2장에서 그가 천사보다 잠깐 동안 못하게 하심을 입은 사람이 되신 것은 이 연약하고 불쌍한 자녀들과 함께 되어서 그들을 영광 안으로 이끌고 온전케 하고 거룩케 하는 하나님의 일을 완수하기 위해서, 백성의 죄를 구속하기 위해서, 사단을 멸하기 위해서라고 말한다. 일생에 매여 종노릇하는 사람들을 풀어서 해방시키기 위해서 주님은 잠깐 동안 천사보다 못하게 된 것이다. 그러나 지금 우리가 보는 것은 잠깐 동안 천사보다 못하게 하심을 입은 그리스도, 죽음의 고난을 받으신 그리스도가 아니라, 죽고 부활하사 승천하심으로 영광과 존귀로 관 쓰신 하늘에 속한 대제사장이신 그리스도이다. 히브리서는 이렇게 비교함으로써 천사에 대한 우월한 관념을 가진 유대교도들의 영향을 받은 그리스도인들을 거기서 벗어나게 한다.

먼저 시험받으심으로 우리를 도우심

18절, 자기가 시험을 받아 고난을 당하셨은즉 시험받는 자들을 능히 도우시느니라

18절은 그분이 시험을 먼저 받으셨기 때문에 시험받는 자를 능히 도우신다고 말한다. 그분은 시험을 받으셨다. 그리스도는 배고픔과 목마름과 인생의 질고를 아시는 분으로서 사람의 멸시, 비방, 오해를 받으셨으며 외로움도 견디셨다. 그분은 모든 시험을 견딘 분이시기 때문에 시험받는 자들을 능히 도우실 수 있다. 이것은 다 그분이 천사보다 조금 못한 분이 되셨던 육신을 입으셨음을 강조하는 말이다. 즉 그분의 인성을 입으신 목적을 설명하고 있는 것이다. 그분은 우리를 위해서 이렇게 형성된 대제사장이 되셨다.

내가 과거 몸이 좋지 않을 때 매우 실력 있는 의사를 만난 적이 있다. 그는 내가 나의 병을 인하여 염려하는 줄을 알고 자기 자신도 그런 병을 앓은 적이 있다고 말해주면서 너무 걱정하지 말라고 위로해주었다. 의사의 그런 체험 있는 말은 나에게 상당한 위로와 힘이 되었다. 마찬가지로 우리 주님은 인생의 질고와 고난을 다 체험하셨고 시험도 받으셨기에, 시험과 고난을 받는 우리를 능히 도우실 수 있다. 그러나 이러한 도움은 또한 매우 실제적이고 주관적이시다. 그분은 과거에 우리의 구속을 이루셨지만 오늘은 영광의 노정에 있는 우리를 하나님 앞으로 이끄시는 일을 하신다. 그분은 밖에서 의사처럼 객관적으로만이 아니라 우리 안에 들어오셔서 성령으로 일하신다. 주님은 우리 안에 내주하시는 성령을 통하여 우리에게 영감을 주시고 도움이 필요한 순간마다 도움을 주신다. 그러므로 우리가 구원의 대장이신 그분의 혜택을 받을 수 있는 길은 다만 그분을 알고 전적으로 그분을 의지하는 일이다.

"그분은 어떤 분인가? 그분은 우리가 이 길을 잘 걸어가도록 하나님께 가는 길을 여시고 하늘에서 우리를 위해 기도하실 뿐 아니라 유혹이 우리를 정복하지 못하도록 우리를 그분과의 교제에서 지키시며 그분의 능력으로 덮으시고 그분의 완전한 대속을 경험하도록 도와주시는 분이시다."(앤드류 머레이)

아브라함의 자손들을 위해서 그분은 구원의 원수가 되셨고 거룩하게 하시는 자가 되셨고 대제사장이 되셔서 우리를 인도하고 계시며 우리를 끝까지 인도하는 분이 되셨다. 이것이 그리스도가 혈육에 동참하셔서 인성을 입으신 이유이다. 사람들은 당시에 그가 천사보다 뛰어나다면 어떻게 그렇게 연약한 분이 되셔서 십자가에 달려 돌아가실 수 있겠느냐고 생각할지 모르지만, 히브리서 기자는 그렇지 않다는 것을 그들이 신봉하고 주장하는 구약 성경의 구절 구절을 들어서 증명하고 있다. 하나님은 만물을 사람에게 복종시키는 특권을 주셨고 오는 세상을 그에게 주신다고 하셨다.

주님을 찬미한다. 이러한 그리스도, 하나님의 아들을 찬미한다. 또한 우리는 그가 당연히 얻으실 지위를 그분께 돌려드려야 한다. 우리 안에서도 마찬가지이다. 다른 것이 우리 안에 지위를 차지하지 못하게 하고 이런 사랑스러운 주님에게 우리의 온 마음을 향해야 한다. 하나님이시요 사람이신 분, 사람이시요 하나님이신 하나님의 아들 그분께만 우리 마음이 고정되어야 한다. 이것이 바로 '이같이 큰 구원'이다. 우리는 영광과 존귀로 관 쓰신 예수를 볼 때 이같이 큰 구원을 누릴 수 있다. 예수만 바라보자. 예수는 저희 백성을 죄에서 구원할 구원자이시며 우리의 대제사장이시다. 우리가 예수를 바라볼 때 큰 구원이 있으며, 예수의 이름에 큰 구원이 있다. 그의 이름은 예수 곧 능력의 이름이다. 우리가 이러한 구원을 다 누릴 수 있기를 바란다.

하나님의 경륜적 측면에서 본 히브리서 1장과 2장의 묵상

1. 성경 전체에 걸쳐 계시된 하나님은 경륜이 있으시며 목적과 뜻이 있

으신 분이시다(엡 1:9, 3:2). 모든 것의 시작은 하나님이시다. 그분의 계획과 경륜에 의해 우주 만물의 역사가 진행되는 것이다.

2. 하나님은 창조 전 그분의 사랑하시는 자들에 대한 선택, 예정이 있으셨다(엡 1:4)

3. 첫 창조의 중심은 천사였던 것 같다(창 1:1, 히 1, 2장). 천사들은 부리는 영이며, 육신을 갖지 않은 영으로만 지음을 받았다. 천사는 하나님에 의해 지음을 받은 존재임에 분명하다. 피조물이라면 그 피조된 시점이 있을 것인데 이는 분명 사람보다 먼저이다. 욥기에 의하면 하나님이 창조하실 때 하나님의 아들들(천사들)이 기쁘게 소리하였다고 말한다(욥 38:7). 첫 창조 때에 하나님은 천사들을 지으셨으며, 하늘과 땅을 지으시고, 모든 피조물에 대한 권세를 천사장의 손에 맡긴 것이다. 또한 저들은 하나님을 섬기며 그분께 영광 돌리며 경배하며 찬양하는 일을 맡고 있었다. 이는 계시록에서 계속 나타나는 바이다. 하나님의 생명을 얻은 거듭난 참 자녀들이 나타나기 전에 천사들은 하나님의 아들들이라고 불렸던 것 같다(창 6:4, 욥 1:6, 2:1, 38:7). 이는 당시 첫 창조에서 천사들이 중심임을 암시한다. 계시록에는 그들 중 보좌에 앉은 이십 사 장로들이 나온다. 하나님의 자녀들로 하여금 그 지위가 대치되기까지 천사들은 그 중한 지위와 임무를 계속한다. 그러다 왕국을 지나 새 예루살렘에 이를 때 지극히 높은 성도들이 하나님 앞에서 섬기는 천사들의 모든 지위를 대치하며 하나님의 모든 경륜은 성취된다. 하나님의 자녀들인 성도들이 제사장이 되며 왕이 되니 천사들은 이제 자기들의 본 위치로 돌아가는 것이다. 그들은 어디까지나 부리는 종들이며 새 예루살렘에서도 문지기나 시중드는 종들에 불과하게 된다. 그러니 천사들은 하나님과 사람들을 위하여 지음 받은 피조물인 것이다. 천사들 중 가장 높은 지위를 가진 천사장이 배역하여 사탄이 되었다(사 14:12-15). 에스겔 28장에 의하면 그는 당시 왕으로 기름부음을 받은 존재이며 지음을 받을 때부터 완전하였다(겔 28:12-15). 사탄이 이렇게 하여 생겨나지 않았다면 우리는 성경에서 사탄에 대하여 어떤 다른 유

래를 찾지 못한다. 즉 사탄은 천사 무리 중 하나님께 대한 배역으로 타락한 천사라는 것이다. 그 중 타락에 가담하지 않은 천사들은 후에 사람이 창조되고 구속된 후 사람을 섬기도록 명해졌었다(히 1:7, 14).

4. 창세기 1장에서 3절부터의 창조는 회복의 창조인데, 이 재창조의 중심은 사람이다(창 1:26). 사람은 영혼과 육체를 가진 존재이며 하나님의 형상과 모양대로 지어졌다(살전 5:23). 사람을 창조하실 때 삼위일체 하나님의 회의(창 1:26, 행 2:23)가 있었으며, 사람을 창조하신 목적은 사람으로 하여금 만물을 정복하고 다스리는 데 있었다(창 1:28, 시 8편, 히 2:5-7).

5. 하나님은 천사가 타락하였을 때는 구속과 회복을 하지 않으신 반면, 반역한 천사장의 계략에 의해 타락한 사람은 구속하시고 회복하려 하신다. 사람의 타락은 하나님의 목적을 좌절케 하는 사건이었지만, 그렇다고 하나님은 그분의 목적을 포기하지 않으신다. 인간의 타락은 사람만이 아니라 온 만유가 하나님과 불화하게 되는 원인이 되었다(골 1:20).

6. 하나님이 그리스도(메시아)를 보내신 것은 인간의 타락의 국면을 회복하기 위함이다(행 3:20-21). 그리스도의 성육신과 십자가의 사건은 우주 가운데 가장 큰 일이다. 하나님은 십자가의 피로 만유를 하나님과 화목되게 하며(골 1:20), 그리스도의 머리되심 아래 온 만유를 통일되게 하려 하신다(엡 1:10).

7. 하나님은 그리스도의 죽음과 부활을 통하여 사람을 원래의 목적대로 회복시키셔서 결국은 사람으로 천사를 심판하고 온 만유를 정복하고 다스리게 하신다(고전 6:3, 히 2장).

8. 이러한 그리스도의 회복의 복음이 오기 전에 구약에서는 여러 부분과 여러 모양으로 선지자들을 통해서 말씀하시는 시대가 있었다(히 1:1). 그러나 마지막 시대에 와서 하나님은 아들로 말씀하신다(히 1:2). 이전 시

대를 율법 시대라고 하며 아들로 말씀하시는 시대를 신약이라고 한다. 신약의 역사는 하나님의 아들이 오심으로 시작된다. 하나님은 때가 찰 때 그 아들을 세상에 보내셨다(갈 4:4). 하나님은 이 아들을 메시야로 세상에 보내실 때 천사보다 조금 못하게 하심을 입은 자가 되게 하셔서 그들의 구원의 주가 되게 하셨다(히 2장). 그리고 그리스도의 역사로 말미암아, 사망 권세 아래 있으며 타락한 천사인 사탄의 세력 아래 놓여 있는 인간을 해방하셨다. 하나님은 실로 천사들을 붙들어 주려하신 것이 아니라 아브라함의 자손을 붙들어 주려고 메시야를 보내신 것이다(히 2:14-16). 이런 일을 하기 위해 그리스도는 죄를 정결케 하는 일을 하셨고 보좌 우편에 앉으셨다. 이를 성경은 구속(redemption)이라고 한다(히 1:3, 2:17).

9. 하나님은 교회 시대에 다른 것이 아니라 타락한 사람을 온전히 회복시켜 원래의 목적대로 사람을 하나님의 제사장과 왕으로 삼으려 하신다. 하나님은 사탄의 배역과 사람의 타락으로 부패하고 낡아진 만물을 새롭게 하신다. 새 예루살렘이 이를 때 만유는 그리스도 안에서 완전히 새롭게 됨이 완성된다(계 21:5). 그러나 구원받은 모든 사람이 생전에 영적인 성장과 변화를 온전하게 얻으며 그리스도의 장성한 분량에 이르는 목표에 이르지 못하므로, 하나님은 다음 세상을 예비하고 그 시대에 이기는 자들만 보좌에 앉아 왕 노릇하는 특권을 얻게 하신다(히 1:6, 2:5, 10, 딤후 2:12, 고전 9:24-25, 계 2:26, 3:21).

10. 천 년이 끝나면 모든 불신자는 심판을 받아 불못에 들어가고, 생명책에 기록된 모든 신자는 영원한 천국인 새 하늘과 새 땅, 새 예루살렘에서 영세무궁토록 하나님의 제사장과 왕이 되어 열국을 다스린다. 결국 만유는 하나님의 아들 그리스도와 그의 신자들에게 주어진다. 이를 하나님의 후사라고 한다(롬 8:17-18). 하나님은 결국 그분이 목적하시고 경륜하신 것을 이루시는 알파와 오메가 되신 하나님이시다(계 21:5-6, 22:13).

히브리서에 나타난 교회

히브리서는 이미 말한 바와 같이 비교의 책이다. 이 책은 구약의 경륜과 신약의 경륜, 선지자들의 시대와 아들 안에서 말씀하시는 시대를 비교함으로써 신약의 하나님의 자녀들이 어떠한 길을 가야 하는지를 보여 주고 있다. 2장에 교회라는 말이 나온다. 언뜻 보기에 히브리서는 교회를 중요시하지 않는 것 같다. 그러나 실제로 히브리서를 깊이 읽어볼 때 거기에 교회가 있음을 볼 수 있다.

1. 교회는 그리스도와 그의 형제들

그리스도는 하나님의 맏아들이시고 우리는 다 그의 형제들로서 다 하나에서 났다고 했다. 그분은 거룩하게 하시는 자이고 우리는 거룩하게 함을 입은 자들이다. 거룩하게 하시는 자와 거룩하게 함을 입은 자들이 다 하나에서 났기 때문에 그분은 우리를 형제라 부르시기를 부끄러워하지 않으셨다. 11절에서 이렇게 말한 다음에 12절에서는 하나님을 교회 중에서 찬송하리라고 했다. 교회가 무엇인가? 교회는 그리스도의 형제들이다. 하나에서 난 그리스도와 그의 형제들이 교회를 구성한다. 요한복음 1장 12절에서는 영접하는 자 곧 하나님의 아들을 믿는 자에게는 하나님의 자녀가 되는 권세를 주셨다고 말한다. 하나님으로부터 태어난, 그의 생명을 얻은, 그리스도와 하나된 형제들이 결국 신약의 교회가 된다. 이것이 히브리서 2장에 있는 교회이다.

2. 하늘에 있는 교회와 땅에 있는 교회가 나누이지 않음

하나님의 아들 그리스도는 교회 안에서 하나님을 그의 형제들과 함께 찬양하는 분, 찬양을 이끄시는 분으로 나와 있다. 그의 동생들은 그리스도와 함께 하나님을 찬미한다. 이것이 결국 하늘에 속한 교회의 모양이다. 우리는 때로 만찬 상에서 아버지를 경배할 때 아들이 찬양을 이끌고 우리는 아들을 따라 찬양한다는 찬송을 부른다. 이것은 다 히브리서 2장의 구절에 근거한다.

히브리서를 주의 깊게 읽어보면 하늘에 있는 교회와 땅에 있는 교회를 나누지 않았다는 것을 알 수 있다. 하늘에 있는 교회가 땅에 있는 교회이다. 그날에 우리가 보좌를 향해 둘러앉아서 면류관을 던지며 아버지를 경배하고 찬양한다고 했다. 그러므로 오늘 우리가 영 안에서 실제적으로 그러한 찬양을 드리는 것이 마땅하다. 그러한 영으로, 그러한 분위기에서, 그러한 영적 느낌으로 찬미를 드려야 한다. 마찬가지로 오늘 맏아들이신 그리스도께서 교회 중에서 찬미하시고 우리는 그를 따라서 찬미한다. 이것은 하늘의 교회의 광경이다. 그러나 오늘 이 땅 위에 있는 교회와 하늘에 있는 교회는 나누어지지 않았다. 그 이상(理想) 안에 있는 교회가 바로 오늘 이 땅 위에 있는 교회, 그 모습이어야 한다. 거룩하게 하시는 자와 거룩하게 함을 입은 자들이 다 하나에서 났고 다 형제가 되었다. 다 한 집에서 한 분 아버지를 찬미하고 있다. 히브리서에서 우리에게 말하고 있는 교회는 우리에게 아주 신선하고 놀랍고 높은 이상을 주고 있다. 이는 아들과 함께 형제들이 찬송하고 있는 교회이다. 오늘 이 땅에서 참된 교회의 모형은 하늘의 찬미와 같은 찬미를 부르는 한 무리여야 한다.

3장

히브리서는 비교의 책이다. 히브리서 1장 1절부터 3절까지는 짧은 구절이지만 선지자들과의 비교를 통해서 그리스도가 선지자보다 뛰어난 분이심을 설명했다. 1장 4절부터 2장 마지막까지는 그리스도께서 천사들보다 뛰어나시다는 것을 이야기했다. 1장에서는 주로 그리스도의 신성 안에서의 뛰어남을 증명했고, 2장에서는 그의 인성 안에서의 뛰어남을 말했다. 1장은 하나님이시요, 하나님의 아들이시요 주이신 면에서 그리스도가 천사보다 뛰어나심을 말하고, 2장에서는 그가 사람 곧 인자이시나 결국 만유가 그의 발아래 복종될 것이고 주님이 왕국 안에 오실 때 만물이 그분 아래 통일될 것이며, 그분이 잠깐 동안 천사보다 못하게 하심을 입음으로 우리 죄인을 구속하도록 구원의 주로 온전케 되셨음을 말한다. 이러한 하나님의 아들 그리스도가 우리의 구원이다. 히브리서 기자는 이 구원을 이같이 큰 구원이라고 했으며 따라서 이같이 큰 구원을 등한히 여기지 말라고 말한다.

예수를 깊이 생각함

1절, 그러므로 함께 하늘의 부르심을 입은 거룩한 형제들아 우리의 믿는 도리의 사도시며 대제사장이신 예수를 깊이 생각하라

1장과 2장에서 그리스도의 신성과 인성에 대해 충분히 말한 뒤에 3장 1절은 '그러므로'라는 말로 시작된다. '그러므로'라는 말은 '1장과 2장의 모든 내용을 전제로 하여'라는 뜻이다. 하나님의 아들 그리스도께서 천사보다도 뛰어난 분이시기 때문에, 하나님이시기 때문에, 천사보다 조금 못하게 하심을 입은 것도 많은 형제들을 이끌어 영광에 들어가는 구원의 주로 완전케 되기 위한 분이기 때문에 "함께 하늘의 부르심을 입은 거룩한 형제들아 우리의 믿는 도리의 사도시며 대제사장이신 예수를 깊이 생각하라"고 말하고 있는 것이다.

히브리서 기자는 한 분 예수에게 우리의 마음과 생각을 두라고 권하고 있다. '함께 하늘의 부르심을 입은 거룩한 형제들'의 원문에는 동반자(companion)라는 뜻이 들어 있다. 그러나 어떤 번역자는 참여자(partaker)로 번역하는데 전자가 더 원문의 뜻에 가깝다. 함께 부르심을 입은 자들은 하늘의 부르심을 입은 동반자들이라는 뜻이다. 이러한 동반자인 사람들은 그들의 참 사역자 되시고 대제사장 되시는 예수를 깊이 생각해야 한다. 교회는 예수 중심의 사람들이다. 하나님은 변화산에서 베드로에게 모세도 엘리야도 아닌 사랑하는 아들 예수의 말만 들으라고 하셨다. 어떤 교주나 창시자나 놀라운 계시의 사역자나 선지자에게 주의가 집중된 곳은 신약의 교회가 아니다. 오직 예수여야 신약의 교회이다.

하늘의 부르심을 입었다는 말에서 '하늘'이란 말은 단순히 장소의 개념만을 전달하는 단어가 아니다. 이는 하늘의 상태와 그 능력과 임재가 경험되는 삶인 것이다. 예수께서 이 땅에 계셨을 때는 그 천국이 다만 가까이 와 있었지만 그분이 부활 승천하신 후 성령 강림을 통하여 그 천국은 이 땅에 임하였다. 오순절 날의 사람들은 거듭나서 그 하늘의 삶의 상태로 들어간 것이다. 그리고 그 나라는 그들 안으로 들어간 것이다. 하늘의 영과 생명과 능력이 그들 안에 있게 되었다. 예수는 그러한 하늘의 부르심을 입은 자들의 왕이시다. 그분을 목표로 그분을 본으로 생각하며 가는 것이 우리 부르심을 입은 자들의 길이다.

앤드류 머레이는 "예수를 깊이 생각하라"에서 깊이 생각한다는 말은 라틴어로 '별'이라는 단어에 그 어원을 두고 있다고 하며, 이 단어는 원래 하늘의 별들을 정관(靜觀)하라는 뜻이라고 했다. 그것은 천문학자들이 연구 목표로서의 별들에 대하여 알 수 있는 모든 것을 발견하고자 아이디어를 제시하고 종용히 인내하며 끈기 있게 응시하는 것을 말한다. 하나님이자 사람이신 예수, 자신의 놀라운 고난과 순종의 삶 속에서 우리의 인성을 온전케 하시고 이제 하늘에 계셔서 그 생명과 축복을 우리에게 분여(分與)하시는 예수, 이 예수를 깊이 생각하라는 것이다.[1] 거룩한 형제들이라고 하는 것은 앞장에서 두 번이나 사용된 단어이다. 2장 17절에서는 신자의 신분을 말하는 의미에서 형제들이 말해졌지만 이제는 실제로 그들을 그렇게 호칭하고 있다.

하늘에 속한 부르심

'하늘의 부르심을 입었다'는 문제를 다룰 때 우리가 다시 한 번 생각해 볼 필요가 있는 것은 유대교이다. 유대교는 모형과 그림자의 시대 곧 구약의 경륜이었다. 그들을 통해서 하나님은 신약에 다가올 실제를 그림과 모형으로 보여 주고 싶으셨던 것이다. 구약의 부르심은 땅에 속한 부르심이었다. 하나님이 아브라함에게 약속하셨던 것은 가나안 땅이며 육신적이고 땅에 속한 물질적인 것이었다. 그러나 신약에서 하나님께서는 새로운 경륜을 시작하셨고 그 부르심은 하늘에 속한 것이다.

이 시대에서 우리는 하늘에 속한 부르심을 입은 자들이라는 것을 알아야 한다. 오늘날 땅에 속한 축복을 위해서 하나님이 우리를 부르셨다고 생각하는 관념을 가진 그리스도인이 있을까 염려 된다. 그러나 신약의 그리스도인들은 하늘에 속한 부르심으로 부르심받은 사람들이다. 하나님은 구약의 이스라엘 백성들을 땅에 속한 부르심으로 불러서 가나안 땅을 축복으로 주려고 하셨다. 그것은 하나의 모형이며 땅에 속한 것이다. 그러나 실제적으로 신약에서 하나님이 우리를 불러서 주시기 원하는 것은 하늘에 속한 것이고 영에 속한 것이며 만유의 충만 되시며 모든 것 되신 그리스도이다. 하나님은 우리에게 만유의 그리스도를 축복으로 주시기 원하신다. 이것이 바로 하늘에 속한 부르심이다. 그러므로 여러분들이 알아야 할 것은 오늘날 우리들은 하늘에 속한 부르심으로 부름받은 백성들이라는 것이며, 우리는 우리 가운데 있는 땅에 속한 성질들을 벗어버려야 한다는 것이다. 우리의 생각이나 우리의 길, 우리의 모든 것이 하늘에 속한 것이어야

1) 지성소. 벧엘서원. 앤드류 머레이. p.88

하며 영적이고 신성한 것이어야 한다. 왜냐하면 그것이 바로 우리가 받은 그 부르심의 특징이기 때문이다.

교회의 모든 것이 하늘에 속한 것이어야 함

오늘 우리가 교회를 말하면서 많은 사람들이 교회를 땅에 속한 조직체로 생각하는 관념을 가지고 있는데 그것은 잘못된 생각이다. 교회는 하늘에 속한 것이요, 부활한 것이며 영에 속한 것이요, 하늘에 속한 본성을 가진 것이다. 땅에 속한 것이 아니며 땅에 속한 부르심을 받은 것도 아니다. 그러므로 교회 안에 땅에 속한 관념, 땅에 속한 성질, 방법을 가지고 와서는 안 된다. 교회의 모든 것이 다 하늘에 속한 것이어야 한다. 교회의 길을 가기 위하여 일상생활 가운데 우리가 하는 일이 죄인가 죄가 아닌가만을 가리는 것은 너무 낮은 것이다. 그것들의 속성이 땅에 속한 것인가, 하늘에 속한 것인가를 물어야 한다.

진정한 강을 건넘

당시 유대교는 다 하나님이 모세를 통해서, 선지자를 통해서, 천사들을 통해서 주신 것들이었다. 그러나 유대인들은 그것들을 땅에 속한 종교로 만들어 버렸다. 그렇기 때문에 그들은 강을 건너야 할 필요가 있었다. 땅에 속한 것에서 하늘에 속한 것으로, 땅에 속한 조직적인 관념에서 하늘에 속한 유기체의 관념으로, 신성한 관념으로 건너가야 했다. 이것이 진정하게 강을 건너는 것이다. 오늘도 많은 사람들은 그리스도의 몸을 땅에 속한 조직체의 관념으로 생각한다. 이러한 것들로부터 성도들은 반드시 강을 건너야 한다.

신약의 교회

교회는 하늘에 속한 것이다. 그러나 유대교의 속성은 땅에 속한 것임을 기억해야 한다. 신약의 교회는 하늘에 속한 것이다. 주 예수님이 이 땅에 오셨을 때 그들은 유대교 안에 있었다. 유대교 회당이 있었고 대제사장과 제사장들도 있었으며 제물을 드리는 것과 같은 유대교의 율법에 따른 많은 전통, 형식이 있었다. 그러나 주 예수님이 신약의 경륜을 가져 오셨다. 그분이 새로운 왕국을 가지고 이 땅에 오셨지만 유대인들은 받지 않았다. 그들은 주 예수님이 왕이 되시는 것을 원치 않았으므로 그분을 배척했다. 결국 이스라엘 백성은 완전히 그리스도를 배척하여 십자가에 못박았다. 우리가 사도행전에서 볼 수 있는 것은 승천하신 그리스도와 그가 오순절 날 다락방(행 2장)과 이방인인 고넬료의 집에서 성령을 내려주셔서(행 10장) 이 땅 위에 생겨난 새로운 왕국이다. 그리스도의 몸이 생겨난 것이다. 이것은 새로운 경륜이며 신약의 교회이다.

하나님께서는 창세 전부터 이러한 실제를 갖기 원하셨다. 그러나 사도행전에서조차도 유대인들은 새로운 경륜을 받아들이는 것을 아주 어려워했으며 주저하고 지체했다. 우리는 사도행전 10장에서 주님이 베드로에게 보자기의 이상을 보여 주시며 이방인에게 가라 하신 것을 볼 수 있다. 주님이 보자기 안에 있는 많은 부정한 짐승들을 잡아먹으라고 할 때 베드로는 14절에서 "주여 그럴 수 없나이다 속되고 깨끗지 아니한 물건을 내가 언제든지 먹지 아니하였삽나이다"라며 주저하고 망설였다. 갈라디아서 2장에서도 우리는 이러한 것을 읽을 수 있다. 베드로와 바나바까지도 이방인들과 함께 먹다가 외식하게 되었다.

사도행전에서는 유대인들의 관념과 유대교도들의 영향 때문에 신약의 경륜이 많이 지체되고 지연된 것을 볼 수 있다. 그러나 하나님께서는 베드로나 야고보나 요한이 지체하고 있을 때, 또 한 사람을 일으키셨다. 그는 사도행전 13장에서의 사도 바울로서 하나님은 그를 통해서 새롭게 신약의 경륜을 진보시키셨다. 그는 실로 복음의 진리를 위해서 싸우고 복음의 진리를 확장시키고 진보시키는 하나님의 유용한 그릇이었다. 우리가 로마서부터 바울의 서신을 읽어보면 하늘에 속한 신성한 경륜, 계시가 열리기 시작함을 볼 수 있다. 거기에는 유대교에 속한 글이 없다. 바울은 하나님이 전부터 원하셨던 그러한 교회의 모습, 하나님의 나라의 모습, 또 하나님이 창세 전부터 갈망하신 것이 무엇인가를 우리에게 계시로 전달해 주고 있다. 이것이 본 히브리서를 포함한 바울의 열 네 서신이다.

그리스도의 동반자로 부르심

그 중 우리가 오늘 보고 있는 히브리서는 아주 높고 깊은 책이다. 여기에서 유대교가 완전히 끝내어지고 주님의 뜻인 신약의 교회의 모습이 완전히 드러나게 된다. 이 책은 무엇이 신약의 믿는이들의 길인가를 보여준다. 우리가 첫 번째로 기억해야 할 것은 우리는 땅에 속한 부르심이 아니라 하늘에 속한 부르심으로 부르심 받은 동반자들이라는 것이다. 여러분들은 한 단어 한 단어를 기억해야 하는데 '하늘에 속한'이라든가 '동반자'라는 단어이다. 동반자라는 말은 아주 의미가 깊다. 누구든지 자신과 함께 이야기하고 함께 시간을 보내는 동반자를 원할 것이다.

하나님은 아담을 창조하신 뒤에 그를 바라보시며, "사람의 독처하는 것이 좋지 못하니 내가 그를 위하여 돕는 배필을 지으리라"(창 2:18)고 말씀하셨다. 하나님은 창세 전부터 아들을 위하셨다. 하나님이 아담을 위하여 돕는 배필을 지어주시길 원하셨다. 사실 아담은 오실 자의 표상이라고 했으므로 실제적으로 그것은 아들을 위한 말이다. 하나님은 한분 아들을 귀히 여기시고 사랑하신다. 우리는 성경에서 이것을 읽을 수 있다. 우리는 하나님이 우리를 사랑한다고 느낄지도 모른다. 물론 하나님은 죄인인 우리들을 사랑하신다. 그러나 우리가 기억해야 할 것은 하나님은 아들을 사랑하시며 아들을 위하신다는 것이다. 그러므로 그분은 그의 아들에게 동반자를 주심으로 말미암아 아들 혼자 영광 안에 있거나, 아들 홀로 영원히 복락을 누리기를 원치 않으시며, 아들 홀로 만국을 다스리기를 원치 않으시고, 그의 동반자들과 함께 누리기를 원하셨다. 그러므로 하나님은 우리를 다만 멸망하여 지옥에 가지 않고 천당에 가도록 부르신 것이 아니라 그리스도의 동반자들이 되도록 부르셨다. 이것이 놀랍지 않은가?

오늘 우리가 하나님께 귀히 여김을 받을 수 있는 한 가지 비결은 그분의 아들과 관계를 잘 맺는 데 있다. 왜냐하면 하나님의 마음속에는 아들이 있고 하나님은 아들을 위하시기 때문이다. 하나님은 아들을 위하여 만물을 지으셨고 아들이 만물의 으뜸이 되길 원하시고 그의 마음을 만족케 하며 그를 기쁘게 하길 원하신다. 하나님이 위하시는 그분은 바로 아들이시다. 아들이 하나님의 경륜의 중심이다. 만일 여러분이 아들과 관계를 갖지 않는다면 하나님은 우리를 그다지 주의하지 않으실 수도 있다. 그러나 만일 우리가 아들과 좋은 관계를 가져 아들을 유익하게 하고 아들의 갈망을 이룬다면 하나님은 우리를 매우 중요시하실 것이다. 하나님이 왜 진노하시고 심판하시는가? 왜 노여워하시고 축복하시고 긍휼히 여기시는가? 이 모든 것은 아들과 관계가 있다. 그러므로 여러분이 아들과 관계를 잘 갖는 것이 중요하다. 하나님이 우리를 부르실 때 우리를 아들의 동반자가 되도록 부르셨다. 여기에서 "그러므로 함께 하늘의 부르심을 입은 거룩한 형제들아"라고 했다. 우리는 이제 형제들이다. 이 호칭이 아름답고 복되다. 우리는 이제 거룩한 형제들이다. 2장에서 우리가 '거룩하게 함을 입은 자들'이고, 또 '형제들'이라는 것을 보았다. 3장에서는 우리를 '거룩한 형제들아'라고 부른다.

우리의 사도시며 대제사장이신 예수

"우리의 믿는 도리의 사도시며 대제사장이신 예수를 깊이 생각하라"(1b절). 여기서 예수를 첫째로 우리의 사도라고 했으며, 둘째로 우리의 대제사장이라고 말한다. 사도가 무엇인가? 사도는 하나님으로부터 보내심을 받은 자이다. 구약의 대표적인 사도로는 하나님의 보내심을 받아서 이스라엘 백성을 인도한 모세를 말할 수 있다. 또한 대제사장으로는 대표적으로 아론을 들 수 있다. 대제사장은 우리를 하나님께로 인도하는 사람이고 사도는 하나님께 보내심을 받아서 하나님의 뜻과 하나님의 말씀을 우리에게 전달해 주는 사람이다. 그런데 여기에서 히브리서 기자는 우리에게 우리를 인도해 주는 모세와 같은 사도의 일을 하는 사람, 하나님께로부터 보내심을 받은 사람이 바로 예수이시고, 또 우리를 하나님 앞에 친근히 인도해 줄 수 있는 역할을 하는 대제사장이 예수라고 말한다.

유대교 사람들은 모세를 그들의 인도자로 가지고 있었기에 위대한 이스라엘의 영도자 모세를 자랑했을 것이다. 그들은 또한 대제사장인 아론을 자랑했을 것이다. 이것은 구약 성경에 너무나 분명하게 나타나 있다. 반면, 예수에 대한 그들의 관념은 그렇게 깊지 않았을 것이며 크거나 높지 않았을 것이다. 그러므로 여기서 히브리서 기자는 예수를 가리켜 우리의 사도시며 대제사장이신 예수라고 했다. 예수 그리스도는 하나님의 아들로서 이 땅에 오셔서 삼십 삼 년 반을 사시고 십자가에서 죽으시고 부활, 승천하셨다. 만일 히브리서 기자가 이런 말을 하지 않았다면 그가 정말 모세와 같이 하나님의 보내심을 받아서 이스라엘 백성을 인도했던 사도이며, 대제사장인 아론처럼 그의 백성들에게 문제가 생기고 죄가 있을 때마다 우리를 하나님께 인도하는 대제사장인가에 대한 의문이 있었을 것이다. 그들 생각에는 모세와 아론은 너무 실제적인 것 같았을 것이며, 주 예수님이 우리를 정말 하나님께로 인도해 줄 수 있는 분이라는 것에 대해서는 매우 모호했을 것이다. 그래서 여기에서 그리스도가 우리의 사도시며 우리의 대제사장이심을 알려 주고 있는 것이다.

하나님께 보내심을 받아서 하나님의 모든 말씀을 하시는 분이 예수 그리스도이시다. 하늘로부터 보내심을 받은 그분은 성령을 한량없이 받아서 우리에게 하나님의 모든 말씀을 하신 분이다. 우리가 그에게서 받으니 은혜 위에 은혜였다. 모든 진리를 그에게서 받는데 그분이 바로 예수이시며 그분이 바로 하나님의 보내심을 받은 사도이시다. 그리고 그분은 이 땅에서 우리와 같이 고난을 받으시고 온전케 되셔서 우리를 항상 하나님 앞으로 인도하시는 대제사장이시다.

히브리서 기자는 이러한 예수를 깊이 생각하라고 했다. 그러나 우리는 이러한 예수를 깊이 생각하지 못했다. 우리가 연약하여 죄를 지었고 실패했다고 느낄 때, 우리는 우리를 하나님께 인도해 줄 사람이 아무도 없다고 느끼면서도 예수를 깊이 생각하지 못했었다. 우리는 때로 사역자를 찾고, 잘못했을 때는 주님 앞에 자복하고 눈물을 몇 방울 떨어뜨리지만 우리에게 있는 대제사장을 생각하지는 못했다. 예수가 있고 나의 모든 필요를 채워줄 수 있는 대제사장이신 분이 나에게 있다는 것을 깊이 생각하지 못했다. 이와 같이 당시에 유대인들이 예수님을 믿었지만 실수하고 잘못 했을 때 성전에 가기만 하면 실제적으로 눈에 보이게 붉은 피가 뚝뚝 떨어지도록 양과 염소를 잡아서 죄 문제를 해결해 주는, 눈에 보이는 현실적인 대제사장들이 있었으므로 그들의 발걸음이 그리로 향하게 되었을 것이다. 많은 사람들이 그렇게 하도록 격려하는 것을 뿌리치기가 참으로 어려웠을 것이다. 그러나 눈에 보이지 않는 예수를 대제사장과 사도로 삼아 그의 인도를 받음으로 하나님께 이끌림 받는 이러한 생활을 하는 사람들이 하늘에 속한 부르심을 받은 신약의 믿는이들이다.

모세보다 충성한 사도이신 예수

2-3절, 저가 자기를 세우신 이에게 충성하시기를 모세가 하나님의 온 집에서 한 것과 같으니 3 저는 모세보다 더욱 영광을 받을 만한 것이 마치 집 지은 자가 그 집보다 더욱 존귀함 같으니라

여기서 바울은 모세와 예수 그리스도를 비교했다. 첫 번째 비교는 충성이다. 모세는 하나님의 온 집에서 충성했다. 하나님의 온 집이 무엇인가? 당시의 육신적인 이스라엘이다. 건물을 집이라고 생각지 말라. 집은 하나의 가족이요 가정이다. 그 당시는 이스라엘이 하나님의 집이었다. 그들을 인도하고 돌보기 위해서 충성을 다한 것이 모세인데 여기서는 모세보다 더욱 충성스럽게 사도의 직분을 수행한 이가 예수라고 단언하고 있다. 예수 그리스도는 영적인 이스라엘, 하나님의 집인 교회를 위해서 모세보다 더욱 충성했다. 구약 성경을 통해 우리는 모세가 하나님의 집인 이스라엘 백성이 배고플 때 어떻게 인도하고 목마를 때에나 어려움에 봉착했을 때 어떻게 인도해 주었는가를 본다.

오늘 하나님의 집인 교회에서 이런 인도자가 바로 예수이시다. 그런데 이 예수는 보이는 존재가 아니다. 그분은 하늘에 속한 부르심으로 우리를 부르시고 영적이고 신성한 영역으로 우리를 인도하시기 때문에 우리는 교회 안의 영적인 실제 안에서 그분의 인도를 받는다. 우리는 이러한 보이지 않는 영적인 인도를 멸시하지 말아야 한다. 그것이 신약의 교회를 인도하는 원칙이다. 주님은 우리를 이렇게 인도하신다. 그러나 유대교도들이 땅에 속한 것들을 아주 중히 여겼기 때문에 이 히브리서는 어떤 인도자도 언급하지 않는다. 다른 서신서처럼 "하나님의 뜻으로 말미암아 사도된 바울은 히브리인에게 편지하노니"와 같이 쓰지 않았다. 여기는 사도가 없다. 누가 사도인가? 모세도 사도가 아니고 바울도 자신을 사도라고 하지 않았다. 히브리서의 유일한 사도는 예수이시다.

히브리서는 특히 하늘에 속한 것을 강조한다. 하늘에 속한 인도자는 오직 하늘에 계신 위엄의 보좌 우편에 앉으신 예수시며 그가 우리의 사도이며 우리의 대제사장이시다. 그러나 사람들의 마음속에 관념이 오늘날도 존재할 수 있다. 그것은 땅에 속한 종교, 땅에 속한 인도자에 대한 것들로서 이것들이 다 유대교를 형성하는 것들이다. 모세는 땅에 속한 인도자이다. 그러나 예수는 하늘에 속한 인도자이며 우리를 하늘에 속한 가나안으로 인도하는 영도자이시다. 구약은 하나의 예표이다. 하나님의 온 집에서 모세가 충성했다고 했는데 신약에서 예수 그리스도는 그보다 더욱더 충성스럽게 하나님의 집 안에 있는 가족들을 이끌어 영적인 가나안, 하늘에 속한 축복의 땅으로 인도하고 있다. 그것이 히브리서에서는 안식으로 표현되어 있다. 안식은 결국 가나안 땅으로서 하나님이 우리를 위하여 예비한 축복이다. 2절 말씀에서 모세는 하나의 예표이며 하나의 모형이다. 모세가 어떻게 했다면 그리스도는 그보다 더욱더 충성되이 잘 하신다. 모세는 므리바 물가에서 큰 실수를 했으나 주님은 실수가 전혀 없으시다. 예수는 더욱 충성하셨고 더욱 뛰어나셨다. 하나님의 온 집에서 일하셨으며 지금도 일하고 계신다. 그분의 지상의 십자가로 나아가신 모든 발걸음과 사역이, 승천하셔서 성령을 보내시고 인도하심이 모두 그분의 하늘에 속한 사역자로서의 일이시다.

하나님의 집의 건축자이신 예수

"저는 모세보다 더욱 영광을 받을 만한 것이 마치 집 지은 자가 그 집보다 더욱 존귀함 같으니라"(3절). 여기서부터 예수 그리스도와 모세를 직접적으로 비교한다. 사실 이는 비교할 수 없는 것이지만 당시 유대교의 관념이 그랬다. 그들은 모세에 붙잡혀 있었던 것이다. 여기서 히브리서 기자는 모세에게서 그리스도에게로 성도들의 생각과 마음을 향하게 하고 있다. 모세는 이 집의 일부분이지만 예수는 이 집을 지은 자이다. 집의 일부와 집 자체를 지은 자와는 비교할 수가 없다. 무엇이 더 뛰어나다는 말인가? 집인가, 그 집을 지은 자인가? 당연히 집 지은 자가 그 집보다 뛰어나다는 말이다.

4절, 집마다 지은 이가 있으니 만물을 지으신 이는 하나님이시라

집마다 지은 이가 있는데 그분이 바로 주님이시다. 이 구절로 인하여도 논쟁이 있어 왔다. 그리스도를 말하다가 만물을 지으신 하나님을 말한다는 것이다. 여기서는 성자이신 그리스도가 조물주이심을 말하고 있다고 보아야 한다. 즉 성자 예수 그리스도를 통한 만물창조를 말하고 있는 것이다(요 1:1-3, 골 1:16). 이 구절을 삽화적이라고 보는 견해가 있으나 이 구절은 삽화적이 아니다. 이 구절은 3절을 설명하기 위하여 있는 말씀이며 하나님의 집의 건축자는 그리스도이시고 나아가 하나님의 집만이 아니라 만물까지 지으신 분이 하나님이시라는 것이다.

성경은 분명히 그분의 계획대로 천지만물을 지으신 창조자가 있음을 밝힌다. 오늘날 창조에 대하여 반대적으로 이해하는 진화론이 있으나 진화론의 창시자인 다윈조차 그레이(Grey)라는 박사에게 보낸 편지에서 "나는 이 훌륭한 우주, 특히 인간의 성품을 볼 때 그것이 맹목적 세력의 결과라고 생각하고 만족할 수 없다"고 하였고 "나는 이 세계가 우연의 결과라고 생각할 수 없다"고도 하였다. 우리는 인간세계에서 어떤 한 가지 위험한 사고의 흐름을 발견하는데, 처음 어떤 사람이 한 가지를 발견하고 말해낼 때 그는 그것을 매우 조심스럽게 두려워하며 발표한다.(이는 종교적인 세계에서도 동일하다) 그런데 그 후에 그런 학설을 이용하는 사람들은 그 원래 말해낸 사람과 태도와 관념이 같지 않다. 후의 사람들은 두려움과 조심스러움이 없이 발표된 권위적인 학설을 마치 확정된 이론인양 사용하는 것이다. 한쪽 편의 극단적인 이론만을 붙잡고 강하게 주장하게 된다. 정작 다윈은 진화를 주장하면서도 조물주의 존재에 대하여 부정할 수 없는 관념이 있었던 것이다. 그는 특히 후반부로 갈수록 더 그러했다. 그러므로 사람들은 다윈이 마지막 때에 한 이런 말들을 '진화론의 자살'이라고 부르기도 한다. 그러니 그는 초반부에 발표한 자신의 학설을 스스로 뒤집은 것이다. 그러나 후세의 사람들은 창조주를 부정하기 위해서 그 이론을 강하게 사용하고 있는 것이다.

진화론자들은 사람이 원숭이에서 진화했다고 가르친다. 그러나 한두 가지만 생각해보자. 원숭이들은 종교를 갖지 않는다. 그것들은 그 종류에 있어서 사람과 원천적으로 다른 것이 있다. 영적으로 하나님을 경외하고 경배하는 기관이 그것들 속엔 없다. 그 원숭이들의 겉모양이 바뀔 수 있다손치더라도 이 내적인 심리나 영성적인 기관은 진화되어 생겨날 수 있는 것이 아니다. 인간들의 창조적인 기능과 정서도 그러하다. 인간의 다양한 심리와 깊고 높은 정서는 그 양과 질에 있어서 보통 크고 다양한 것이 아니다. 원숭이는 이에 미칠 수가 없다. 외적인 모양이나 꼬리나 털이 바뀔 수 있다는 것에 백번 양보한다 하더라도 인간의 내면에 있는 감정과 정서, 특히 영성적인 방면은 세월이 간다고 해서 변할 수 있는 것이 아니다. 아프리카 원주민을 볼 때 미개하기 때문에 원숭이와 같은 의식구조를 가질 것 같지만, 그들을 교육하고 심리적으로 개발할 때 문명인인 우리와 별반 다르지 않다는 것을 금방 알 수 있다. 그들은 문명의 혜택을 받지 못했더라도 신앙을 갖기도 한다. 아메리카의 노예였던 흑인들도 마찬가지이다. 그들은 많이 배우지 못했었다. 그렇지만 비참한 노예의 신분으로도 하나님에 대한 신앙을 갖고 있었다. 그러한 그들의 신앙과 노래들은 지금도 문명화된 나라에까지 알려지고 있다. 그 흑인들의 영가들은 오히려 그 음악과 종교적인 감동이 문명화된 사람들의 것보다 더 진하다. 그러므로 원숭이와 인간은 동일시할 수 없다. 원숭이는 아무리 교육시켜도 그 본질이 변하지 않는다. 그러나 사람이라면 아무리 미개한 식인종이라 하더라도 약간의 교육과 문화를 바꿔줌으로 금방 다 같은 의식과 정서를 가지며 통하는 인간이 된다는 것이다. 이는 분명 진화론의 허구를 보여주는 것이다. 분명 온 세계는 하나님이 지으신 것이다(창 1:1, 요 1:1-3).

진화론은 후에 독일의 히틀러나 칼막스의 공산주의 이론에 채택이 되어 인류에게 끼친 해악이 너무나 크다. 공산주의 이론이 허구인 것처럼 진화론 역시 그럴 듯하게 들리는 가설에 불과하다. 그러기에 '종의 기원'이니 하는 진화론의 책들은 가정(supposition)이 많다. 많은 확증되지 않은 가정 위에 세워진 이론이라는 말이다. 아직까지 단 한 마리의 원숭이도 사람으로 진화가 일어난 것을 확인할 길이 없다. 과학자들은 화석으로 이것을 증명하려 하지만 그것을 분명하게 증명할 길은 여전히 없다. 최근에 사이언스와 네이처 최신호에 게재된 논문에 의하면 25만 년 전~2만 5천 년 전까지 살다가 멸종했다는 네안데르탈인과 현생 인류(호모 사피엔스)와의 염색채를 비교하여 이는 서로 다른 종이라는 증거를 확보했다고 발표했다(미국 로런스 버클리 연구소). 우리가 어릴 때부터 이런 류의 그림을 통해 공부했던 진화론은 시간이 지나고 과학이 발전되면서 그 허구성들이 드러나고 있는 것이다.

5-6절, 또한 모세는 장래에 말할 것을 증거하기 위하여 하나님의 온 집에서 사환으로 충성하였고 6 그리스도는 그의 집 맡은 아들로 충성하였으니 우리가 소망의 담대함과 자랑을 끝까지 견고히 잡으면 그의 집이라

이것이 그리스도와 모세와의 세 번째 비교이다. 모세는 장래에 말할 것을 증거하기 위한 사환이었고 그리스도는 그의 집 맡은 아들이시다. 여기서 사환으로 번역한 헬라어는 신약에서 이곳에서만 쓰인 단어이다. 구약에서는 모세에 대하여 자주 쓰인 말이고 '둘로스'라는 단어보다 좀 더 높고 자유스러운 종을 의미하는 단어로 쓰였다. 그리스도는 사환이 아니라 아들이시다. 하나님은 이 집을 하나님의 아들의 집으로 설계하셨다. 모세는 다만 장래 계시될 모든 사실들을 증거하기 위하여 하나님의 집의 충실한 사환이었고 그리스도는 영원한 하나님의 아들이시며 하나님의 집인 교회의 영원하고 절대적인 통치권을 가지신 분이다. 그러므로 소망의 담대함과 자랑을 끝까지 견고히 잡으면 우리는 그의 집이 된다. 그러나 만일 우리가 끝까지 견고히 잡지 않을 때 잘못하면 잃어버린 바 될 수 있다. 영원히 잃어버리는 것은 아니지만 천 년 동안 왕국 안에서 버린 바가 될 수 있다. 그것은 오늘날에도 마찬가지이다. 오늘 이 시대에도 끝까지 견고히 잡지 않으면 그분이 돌보시는 집의 누림과 보호에서 벗어나게 된다.

이 구절에서 우리는 그리스도께서 그의 집을 맡으셨다는 말을 잘 생각해 보아야 한다. 그럴 때 우리는 소망의 담대함과 자랑을 끝까지 견고히 잡을 수 있게 된다. 이 구절들에서 강조하는 것은 이 땅의 그리스도인들도 잘못하면 실패할 수 있다는 것이다. 그러므로 끝까지 견고히 잡으라고 한 것이다. 사도는 여기서 '집'이 모세가 섬겼던 구약의 이스라엘 집이라고 했다. 그렇다면 신약에서 실제의 집은 교회가 아니고 무엇인가? 실제의 집인 하나님의 거처인 교회는 그리스도께서 십자가에서 피를 흘리시어 구속의 역사를 이루신 후에야 얻으실 수 있었다. 참된 하나님의 처소는 그분의 구속된 백성들이다. 그리스도 안에서 우리는 그분의 거하실 처소가 되기 위하여 지어져 간다(엡 2:22). 사도는 모세가 구약의 하나님의 온 집에서 충성된 것처럼 예수 그리스도는 신약의 하나님의 집인 교회를 맡아 충성하고 계시다고 말한다. 그러므로 우리는 구약의 성도들보다 훨씬 더 그리스도를 신뢰할 수 있다. 그것은 그리스도께서 그 집을 완전하게 관리하시기 때문이다. 구약에서 모세는 다만 율법과 규정을 주어 그들을 인도해야 했다. 물론 하나님의 큰 기적과 능력을 체험함으로 그들로 하여금 하나님을 알게 했다. 그러나 신약은 그리스도께서 믿는이들 속에 생명의 씨를 뿌려서 그 씨가 자라게 하는 방식으로 다스리며 인도하신다. 주님은 교회의 성도들과 유기적인 연합을 가지셨다. 그러므로 그분의 머리되심은 매우 실제적인 것이다. 주님은 그분의 능력과 지혜로 그분의 교회를 돌보신다. 그러하기에 그리스도가 집을 다스리시는 것은 구약의 모세에 비할 수 없다. 바울은 빌립보서에서 모든 사람이 예수 그리스도의 일을 구하지 않고 자신들의 일을 구했지만 그는 "항상 기뻐하라"고 말할 수 있었다.

갈라디아 교회들이 당시 율법 아래 들어가서 율법에 빠지려는 위험에 있었지만(4:21), 그는 여전히 "나는 너희가 아무 다른 마음도 품지 아니할 줄을 주 안에서 확신하노라"(5:10)고 하였다. 바울은 어떻게 이렇게 확신할 수 있었는가? 이는 그가 이 집을 그리스도께서 친히 다스리신다는 것을 알았기 때문이다. 이 땅의 교회의 책임 면에서는 실패가 있을 수 있지만 그리스도는 교회의 온전한 주인이시다. 그러므로 그분은 교회 안에서 그분의 돌보심을 실행하기 위해 그분의 능력과 권위와 지혜를 보이실 것이다. 그분은 교회를 돌아보시는 데에 관심이 깊으시다. 그러므로 우리는 교회를 위한 별도의 보호규정을 만들지 않아도 된다. 구약은 그 아들의 돌보심 아래 있는 집이 아니었으므로 모세는 아주 어려웠다. 그때는 아들의 돌보심 아래 있지 않았으므로 많은 규정과 율법 아래 이스라엘 백성들을 관리해야 했다. 그러나 그 규정들은 그들을 지켜주지 못했다. 모세가 산에서 내려왔을 때 그들은 금송아지를 만들었다. 모세는 잠시 그들을 떠날 때 문제를 일으키는 것을 항상 체험해야 했다. 그러나 신약의 사도들은 교회를 세운 후 말씀과 주님께 맡기고 기뻐하고 감사하며 떠날 수 있었다. 집을 다스리는 분은 주인이지 종들이 아니다. 오늘날도 많은 교회들 중에서 사역자들이 너무나 교회를 강하게 붙잡고 있는 것을 본다. 또 교회를 붙잡기 위해서 많은 규정들을 세우는 것을 본다. 그러나 우리는 아들이 오늘 교회를 다스리시는 것을 앎으로 그분을 신뢰할 수 있다. 그리스도께서 교회를 주장하시게 해야지 교회가 그리스도를 주장하는 것이 아니다.

모세는 모든 면에서 그리스도의 모형이다. 모세는 동족에게서 배척과 거역을 당하면서도 그들을 버리지 않고 끊임없이 그들을 위해 하나님께 중재하는 일을 하였다. 그리스도는 그의 백성들을 위하여 목숨을 버리셨다. 그분은 사도로서 우리에게 대한 하나님의 대표가 되시어 우리로 하여금 하나님을 알게 하신다. 그분은 또한 대제사장으로서 하나님께 대한 우리의 대표가 되시어 우리를 하나님께 인도하신다. 사도로서 그분은 우리를 위해 하나님께 간구하시고 대제사장으로서 그분은 그분의 자비와 긍휼로 우리와 함께 서시고 우리를 위해 죽으셨다. 우리는 예수 그리스도께서 대제사장으로서만이 아니라 모세처럼 충성된 사도임을 알아야 한다. 충성되다는 것은 믿을 만하다는 것을 의미한다. 우리는 모세를 보면서 그보다 뛰어난 사도이신 예수를 믿고 신뢰할 수 있다. 그분은 우리 안에 계시며 교회 중에 거하시면서 그 맡은 집에 대하여 충성스러우시리라는 것을 믿을 수 있다. 예수의 충성스러우심보다 우리를 더 확신케 하는 것은 없다.

그렇다면 교회는 무엇을 해야 하는가? 그 소망의 담대함과 자랑을 끝까지 잡는 것이다. 끝까지 견고히 잡는 것이 그리스도인의 삶에 있어서 확고부동한 견인으로서 실로 매우 필요한 것이다. 본문 말씀을 통해서 우리는 확고하게 믿던 사람들조차 믿음이 식어지고 떨어져 나가는 경우가 있으며 뒤로 물러가는 것이 있다는 것을 알 수 있다. 이 말씀은 우리에게 끝까지 견딜 수 있는 비결을 가르쳐준다. 이는 곧 우리가 소망의 담대함과 자랑을 견고히 잡는 것이다. 이 구절에서는 "시작할 때에 확실한 것을 끝까지 견고히 잡으면"이라고 한다. 이것은 바로 우리의 신앙생활에 있어서의 승리를 말하는 것이다. 무엇이 위험인가? 시작할 때의 확실한 담대함과 자랑을 잃어버리는 데 있다. 시작을 잘했다고 해서 끝까지 승리를 보장할 수 없다는 것이 성경의 가르침이다. 처음 우리가 믿음으로 많은 것을 버리고 주님을 믿고 기뻐했지만, 그러나 계속해서 믿음으로 담대하게 나아가야 하는 것이다. 히브리 그리스도인들은 처음에 믿음과 소망에 대하여 배웠지만 그것이 끝까지 필요한 것임을 알지 못했다. 처음 시작한 것을 끝까지 믿고 나아가야 하는 것이다. 그렇지 않으면 후에 나오는 이스라엘 백성들처럼 다 낙오하게 된다. 우리가 이기는 자가 될 수 있는 것은 믿음이 기쁨이 되고 소망이 하나님 안에 자랑이 될 때이다.[2] 히브리서가 성도들의 믿음의 길에서 끝까지 경주를 잘하도록 경계하고 경고하기 위해 쓰여진 것을 아는 것은 매우 중요하다.

우리의 사도시며 대제사장이신 분, 예수 그리스도에 대한 소망, 예수 그리스도를 붙잡고 있는 마음의 담대함, 자랑, 그것을 끝까지 견고히 붙잡아야 한다. 그럴 때 우리는 이 시대의 그의 집으로서 그가 돌보는 범위 안에서 그의 축복과 은혜와 모든 것을 얻을 수 있다. 이것이 이기는 자의 길이며, 이 길 안에 있는 성도와 교회는 그분의 다스림과 돌봄 안에서 무한히 전진하며 자랄 것이다. 오늘날의 진정한 교회는 그분에 대한 담대함

2) ibid. p.96

과 자랑을 견고히 붙잡은 자들에 의해 이루어진다. 물론 왕국 시대에는 더욱더 그렇다. 왕국 시대에는 오늘 교회 시대에 이렇게 붙잡은 자들만이 그분의 집으로 간주될 것이다. 신약의 성도들은 믿음의 증거를 분명히 붙잡아야 하며 그 증거에 입각하여 살아야 한다. 그 바라는 바 소망을 얻으려면 끝까지 모든 일을 견뎌야 한다. 주님이 왕국의 왕으로 다시 오실 때 그렇게 소망과 자랑을 붙잡은 자들이 집으로 인정될 것이며 주님은 그 집의 주인이 되실 것이다. 히브리서에는 이 시대의 교회가 어떤 자들에 의해서 이루어지며 그 결과 왕국은 어떤 자들에게 보상으로 주어지는가를 말하고 있다.

이에 대하여 어떤 사람들은 칼빈주의의 극단에 빠질 것이고 다른 사람들은 알미니안주의에 빠질 것이다. 이것은 무슨 말인가? 우리는 한 면으로 하나님께서 모든 성도들을 끝까지 지키실 것을 믿어야 한다. 이는 칼빈이 주장한 대로이다. 그러나 다른 한 면으로 우리가 매 순간 주의하며 끝까지 견고히 잡아야 하는 것이다. 이는 알미니안의 주장이다. 그러나 이 두 가지가 상충되지 않는다. 우리는 영원한 영광을 위해 달음질해야 하는 것이 옳다고 해야 하고, 그분이 모든 성도들을 끝까지 지키실 것도 믿고 의심치 말아야 한다. 그리스도께서 집 맡은 아들이심으로 인하여 그분이 교회를 잘 인도하실 것을 믿는가? 믿을 수 있다. 그러나 우리는 붙잡아야 하는가? 끝까지 견고히 붙잡아야 한다. 그렇지 않으면 잃을 수 있다고 경고한다. 구원과 영생, 그 자체를 잃는 것이 아니라 왕국의 상급과 권리를 잃는다는 뜻이다. 내세에서의 그분의 집으로서의 누림과 특권을 잃는다고 말해야 한다. 그러므로 우리는 구약으로부터의 경고, 다음 구절부터의 경고를 받아야 하는 것이다.

약속한 안식에 이르지 못함에 대한 경고

아들의 음성을 들을 때 마음을 강퍅케 하지 않음

7-8절, 그러므로 성령이 이르신 바와 같이 오늘날 너희가 그의 음

성을 듣거든 8 노하심을 격동하여 광야에서 시험하던 때와 같이 너희 마음을 강퍅케 하지 말라

이 말씀도 히브리 그리스도인들이 주저하고 망설이며 뒤로 돌아가려고 하는 상태를 염두에 두고 쓴 글임을 잊어서는 안된다. 누구든지 본 복음의 빛을 거절하고 율법으로 이단으로 잘못된 신앙으로 돌아가는 것은 강퍅하게 되는 것이다. 이 구절은 시편 95편을 인용한 것이다. 그런데 히브리서 기자는 그 시편 말씀이 히브리서를 쓰던 그 시대에, 또 이 시대에 말씀하시는 것임을 어떻게 알았는가? 이는 바로 성령의 말씀하심이기 때문이다. "대저 저는 우리의 하나님이시요 우리는 그의 기르시는 백성이며 그 손의 양이라 너희가 오늘날 그 음성 듣기를 원하노라"(시 95:7). 오늘날 우리에게 주시는 말씀은 성령 안에서 주시는 아들의 음성이다. 아들의 음성을 들을 때에 마음을 강퍅케 하지 말라고 한다. 여러분들이 오늘 들어야 할 것은 아들의 음성이다. 히브리서 1, 2, 3장은 다 아들의 말씀, 아들에 관한 말씀이다. 그분의 신성, 인성 그분의 대제사장 되심, 사도되심, 모두 다 아들에 관한 말씀이다. 저자는 모세보다 탁월하신 분에 대하여 마음이 강퍅해지는 것을 경고하기 위해 모세 때의 일을 거론하며 거기에 있는 진노의 말씀을 부연한다.

시편 95편은 우리가 그분의 기르시는 양이며 우리가 그분의 음성을 들을 수 있다고 말하면서, 그 음성을 들을 때 강퍅하지 말라고 경고한다. 그 음성을 거슬려 강퍅한 것이 큰 위험이라는 것을 말해주고 있다. 이 경고의 말씀은 물론 믿지 않는 사람들이 아니라 믿는 히브리 신자들에게 준 경고였다. 오늘날도 마찬가지로 믿는 그리스도인들에게도 같은 경고가 필요하다. 하나님께서는 당시 이스라엘에게 말씀을 들을 때 온유하고 부드럽고 유순한 마음을 가지라고 말씀하셨다. 그렇다면 오늘날 그분의 말씀을 들을 때 얼마나 더 부드러운 마음을 가지라고 요구하시겠는가? 물론 여러분 속에서 성령으로 말씀하시는 음성도 다 아들에 관한 말씀이다. 그 음성을 들을 때 강퍅케 하지 말라는 것이다. 이는 시내 산에서 이스라엘이 그 음성을 들을 때보다 더욱 엄중하다. 이는 우리가 아들의 음성을 직접 듣고 있기 때문이다.

그 아들이 현재 이 집을 관리하고 계시는 분이시다. 그러므로 그 음성을 잘 듣지 않으면 그분의 집의 관리하심 아래서 생활을 잘하는 것이 아니다. 오늘 그분의 음성은 개인적으로 내적인 성령의 음성을 듣는 것만이 아니다. 오늘 날은 몸의 시대요 지체들을 통하여 말씀하시는 것이 있다. 사울은 하늘의 음성을 들었지만 또한 아나니아로부터 들어야 했다. 안디옥에서 사도로 세우심을 받을 때 기도 가운데 성령의 음성을 들어야 했지만, 또한 안디옥의 몇몇 선지자와 교사들의 안수를 받아 떠나야 했다. 성령의 말씀만을 듣는다 하며 다른 지체들의 말을 겸손하게 귀 기울여 듣지 않는 사람들은 강퍅한 사람들이다.

9-10절, 거기서 너희 열조가 나를 시험하여 증험하고 사십 년 동안에 나의 행사를 보았느니라 10 그러므로 내가 이 세대를 노하여 가로되 저희가 항상 마음이 미혹되어 내 길을 알지 못하는도다 하였고

이 구절들을 당시 혼돈스러워하는 유대 그리스도인들에게 쓴 것을 염두에 두고 읽는 것은 매우 의미가 있다. 광야의 이스라엘 백성들이 모세의 인도에 거역하며 뒤로 돌아가려고 하였던 것에 그들을 비교한 것이다. 당시 그들은 하나님의 행사를 보았지만 하나님의 길은 몰랐다. 왜냐하면 그들은 그의 음성에 귀 기울이지 않고 다만 외적인 것만 보았기 때문이다. 여기서 히브리서 기자는 과거 모세 시대에 사람들이 행사를 보고도 불순종한 것처럼 하지 말라고 말한다. 그들은 그들의 눈 앞에서 홍해가 갈라지는 것을 보았고, 반석에서 물이 나며, 하늘에서 만나가 내려 40년을 주리지 않고 먹었다. 그들은 모세를 거역하고 범죄한 사람들을 땅이 갈라져 다 삼켜버리는 것을 보았다. 그들은 이 모든 것을 보았음에도 저희 마음이 항상 미혹되었다고 말한다. 오늘날도 많은 성도들이 기적적으로 그들의 병이 치료받고, 모든 형편이 풀리고 좋아지며, 많은 능력이 베풀어지는 것을 본다. 그러나 그들은 다시 어떤 문제가 닥치면 가지고 있던 믿음을 잃어버리고 마음이 미혹되어 그분의 길을 찾지 않는다. 그리고 어떤 유혹이 오면 거기에 빠져 그동안 가지고 있던 믿음을 다 상실한다.

히브리인들은 당시 신약의 교회 안에 부르심 받고서도 깊은 속에서 아들이 말씀하시는 음성을 소홀히 여겼다. 우리의 영 안에는 주님이 내주하시며 살아 계셔서 말씀하시는 것이 있다. '얘야, 이것을 하지 말아라.' '너는 그것을 잘못했다.' '그리로 가지 말아라.' '그렇게 말하지 말아라.' 우리 속에 이러한 음성들이 있을 것이다. 또한 성경의 기록된 말씀과 우리를 위해 지시하신 길이 아들의 말씀하심이다. 이는 십자가의 좁은 길이요 어린양 예수께서 걸어가시고 우리에게 오라고 말씀하시는 길이요, 그리스도인들이 가도록 제시된 영광스럽고 복된 길이다. 우리는 많은 환경 가운데서 한 가지 한 가지 아들의 말씀을 듣고 따르도록 권유받게 된다.

어떤 사람들은 결혼을 하고자 할 때, 누구와 할 것인가? 어떤 식으로 할 것인가에 대하여 아들의 음성을 들어야 할 것이다. 어떤 이들은 직장이나 사업을 선택하는 일에서 아들의 음성을 들어야 할 것이다. 어떤 이는 이사하는 일에서, 어떤 이는 교회의 길을 선택하는 것에서, 어떤 이는 물질을 사용하는 일에서, 어떤 이는 주님을 섬기는 길에서, 성도들을 섬기는 길에서, 전도하러 가는 일에서, 말씀을 전하고자 하는 제목에서, 사람들을 사귀는 일에서, 모든 일에서 아들의 말씀하심을 들어야 할 것이다. 우리 안에서는 성령께서 인도하시고 밖에는 성경의 가르침이 그 길을 제시하고 있다. 또한 주님을 깊이 아는 주위의 사람들의 권면이나 가르침이 있다. 지체들은 사랑하기에 말해주고 또 말해준다. 그러나 성도들의 반응은 어떠한가? 아들의 말씀하시는 그 길은 분명하지만 따르지 않는다. 많은 변명이 있고, 타협이 있다. 스스로 옳다하는 것이 있다. 많은 사람이 그저 가기 쉬운 길, 대다수가 가는 길을 아들의 음성이며, 원하시는 길이라고 스스로 확정하여, 그 타협적인 길을 걸어가면서 옳게 가는 것이라고 자기기만을 하기도 한다. 그러나 그렇게 해서 아들의 음성을 듣지 않는다면 그것은 아들에 대한 태도가 강퍅한 것이다.

그러므로 우리가 만일 그분의 길을 알려면, 순종하려는 심사가 있어야 하고(요 7:17), 아들의 음성에 대한 내적인 인식을 깊이 가져야 한다. 그럴 때 우리는 다만 외적인 행사만 보는 것이 아니라 주님의 내적인 길을 알게 된다. 주님이 지금 우리에게 어떻게 역사하시는가? 모세는 그분의 길을 보았지만 이스라엘 백성은 다만 그분의 행사만을 외적으로 보았으므로 다 광야에서 넘어졌다. 그러므로 오늘 우리가 광야에서 쓰러져 죽은 자들의 전철을 밟지 않으려면 진정으로 아들의 음성에 귀를 기울여야 한다.

하나님의 길을 알아야 함

이스라엘 백성들은 길을 가다 배고프고 힘들 때 즉시 모세와 아론을 거스르며 하나님을 원망하였다. 그러다 하나님께서 그들의 필요를 채우시며 먹을 것 마실 것을 주시면 기뻐했다. 한 마디로 이스라엘 백성들은 하나님이 하시는 행사를 보며 일희일비(一喜一悲)하였다. 히브리서 기자는 이것을 강퍅한 것이라고 말한다. 이것은 신앙에 있어서 하나님의 깊은 뜻이나 그분의 길을 알려 하지 아니하고 순전히 자신을 중심으로 한 신앙이다. 자기에게 기쁘고 좋은 일이 일어나면 감사하고 좋아하며 찬양한다. 그러나 어려움과 환난이 임하면 즉시 원망이 나오고 하나님을 의심하며 시험하는 것이다. 히브리 그리스도인들은 예수를 믿은 후 대단한 환경이 임하였다. 그 때 많은 사람들이 생각을 달리하며 과거의 유대교로 돌아서려 하였다.

히브리서 기자는 10장 후반부터 그런 일이 있을 때에 성도들이 마땅히 생각해야 할 바들을 말해준다. 12장의 말씀에서는 그것이 하나님 아버지의 깊은 사랑의 징계요 거룩함에 참여토록하며 의와 화평의 열매를 맺도록 하는 유익을 위한 것이라고 말해준다. 이것은 실로 하나님의 길을 아는 자의 권면이다. 하나님의 길을 아는 자는 모든 일에서 하나님의 주권을 인정하고 순종하며 그로 인하여 유익을 얻는 자이다. 그러나 하나님의 행사만을 보며 일희일비 하는 자들은 좋을 때는 기뻐하나 어려운 때는 즉시 원망하며 하나님을 원망하며 의심한다. 이것은 강퍅한 것이며 하나님은 이런 자들에 대하여 노하시며 그분의 안식에 들어가는 축복을 허락지 않으신다고 말씀하신다. 이 길을 가는 자들은 끝까지 소망의 담대함과 자랑을 견고히 잡아야 한다고 말씀한다.

이스라엘 백성들과 달리 행동한 모세를 생각해보자! 하나님의 길을 아는 사람은 어떤 일이 발생하였을 때 함부로 기도하며 구하지 않는다. 언제나 하나님 편에서 그분의 하시는 일을 경배하며 순복하며 기도한다. 모세는 하나님의 길을 아는 자였으므로 언제나 하나님의 하시는 말씀과 길에 대하여 그분의 엄위하신 권위를 시인하면서 구하였다. 그는 하나님이 어떻게 심판하시기로 결정하셨다면 그분의 권위와 길을 따르며 인정하였다. 우리는 언제나 그분의 길이 옳음을 알아야 하고 너무 쉽게 입을 열어 그분의 길을 바꾸시도록 기도하지 말아야 한다. 모세는 엄위하신 하나님을 대할 때마다 무릎을 꿇고 엎드려 경배하였다. 실로 이스라엘 백성들은 외적인 하나님의 행사만 보았으나 모세는 하나님의 길을 아는 사람이었다. 성도들은 하나님의 하시는 길을 경외하며 경배하는 것을 배워야 한다. 그분의 권위와 길을 순복하는 가운데 우리는 조심스럽게 그분의 긍휼을 구할 수 있다. 그러나 모든 것의 최종적인 결정권은 하나님께 있음을 알아야 한다. 하나님의 뜻은 영원한 것이며 나라와 권세와 영광은 아버지께 영원히 있다.

아들의 음성에 순종하는 마음을 가져야 함

11절, 내가 노하여 맹세한 바와 같이 저희는 내 안식에 들어오지 못하리라 하셨다 하였으니

히브리서는 성도들의 믿음의 노정에서 결승점까지 성공적으로 경주하는 문제를 심각하게 다루고 있다. 오늘 날 얼마나 많은 그리스도인들이 그저 구원받았으면 다 되었다고 생각하며 더 이상 나아가려고 하지 않는가? 안식(구약의 가나안 땅으로 예표됨)에 들어가는 것은 그리스도인의 목표에 이르는 것을 말하고 있다. 믿음으로 길을 걷기 시작했지만 목표에 이르지 못하는 것을 히브리서에는 안식에 이르지 못하는 것으로 표현하고 있다. 그리스도인의 완전과 목표에 이르는 점을 강조하여 쓴 것을 알지 못하고 히브리서를 읽는다면 매우 중요한 요점을 잃어버리고 읽는 것이 된다.

이렇게 주님의 길을 알지 못하고 항상 마음이 미혹되어 강퍅케 되고 하나님을 시험하는 사람들에 대해서 하나님은 노하시고 그들에게 안식에 들어가지 못한다고 말씀하셨다. 그의 음성을 들을 때 우리 마음이 어떠한가는 매우 중요하다. 아들의 음성을 듣는 우리의 마음과 태도는 아들의 음성에 진정으로 귀를 기울이고 두려워 떨며 그분의 음성 듣기를 바라는 마음이 있어야 한다. 오늘은 안 되고 내일 듣겠다고 한다면 마음이 강퍅한 것이다. 오늘 그의 음성을 들을 때 순종하는 마음을 가져야 한다. 바깥에서가 아니라, 외적인 것이 아니라 내적인 것이다. 주님은 어떠한 분인가? 따를 수 있도록 말씀도 주시고 체험도 주시고 기적도 베풀어주신다. 그런 연후에 그분의 아들의 음성을 듣고 따르기를 원하신다. 그럼에도 따르지 않으면 그분은 맹세하신다. "너희는 내 안식에 들어오지 못한다." 주님은 그렇게 믿고 따라 올 만한 모든 것을 보이셨는데도 마음이 미혹되어 따르지 않는 자들에게 그분의 약속의 땅의 축복을 아주 닫아버리신다.

앤드류 머레이는 '지성소'라는 책에서 아주 체험적인 말을 했다. "그의 생각이 아름다운 사상들로 만족되어지고 기쁜 느낌들로 가득 차 있을 때 그러나 그 마음은 하나님을 듣지 않는다. 우리가 우리의 종교에 비밀스럽고 은밀하게 만족하고 있을 때, 우리의 건전한 교리로 그리스도인 생활에 만족하고 있을 때, 무의식적으로 그러나 매우 분명히 마음이 강퍅하게 된다." 이것이 무슨 말인지 이해하겠는가? 우리의 생활이 우리의 지식과 일치되지 않을 때, 우리가 순종하는 것과 준행하는 것보다 듣는 것과 아는 것을 더욱 좋아하고 있을 때, 우리는 전적으로 주어진 약속에 대한 온유한 태도를 잃게 된다. 그러므로 우리의 마음이 강퍅해지지 않도록 조심해야 하며 그리스도 이외의 것, 아들 이외의 것에 마음이 빼앗기지 않게 주의해야 한다. 종교나 교리로 만족하고 있는 것이 주님 자신께 듣는 열성을 감소시키는 요소가 될 수 있다는 것이다. 차라리 통회하고 상한 심령이 주님께 더 가까이 가게 할 수 있다. 성경이나 진리를 지식적으로 깊이 있게 파악하는 것으로 만족하는 신앙은 자신을 강퍅하게 하는 올무이니 조심해야 한다.

그리스도의 동반자가 되기 위해 모든 것을 잃어버림

여러분이 진정 주님 앞에서 아들의 음성에 귀 기울이고 안식에 들어가기 원한다면, 바울처럼 모든 것을 잃어버리고 오직 그리스도를 얻기를 원한다면, 진정한 그리스도의 동반자가 될 수 있다. 그러나 그분을 따르는 것은 그렇게 쉽지 않다. 왜냐하면 예수 그리스도는 하나의 인격이기 때문이다. 때로는 주님의 동반자로서의 길이 외롭다.

여러분이 내 동반자가 되려고 해도 어려울 것이다. 내 어머니가 살아 계셨을 때에 내가 대전에 내려가면 나를 바라보시면서 때로 우셨다. 그러시면서 종종 "너는 왜 그렇게 십자가가 많으냐? 고난이 많으냐?"라고 말씀하셨다. 지금도 내 자신의 마음은 고요하고 평안하지만 강한 환경은 여전히 쉽지 않다. 나는 때로 보따리를 쌀 준비를 해야겠다고 생각한 때가 많다. 그러면 나의 아내도 같이 보따리를 싸야 한다. 나는 때로 내 아내를 바라보면서 사역자인 자의 아내가 되어 각종 어려운 환경을 함께 겪어야 하는 것을 안쓰러워할 때가 있다. 물론 아내는 그렇게 생각하지 않고 늘 감사하지만.. 그러므로 나의 동반자가 되는 것도 어렵다. 이렇게 나의 아내가 나의 동반자가 되는 것이 쉽지 않은 것처럼 우리가 예수 그리스도의 동반자가 되는 것을 쉽다고 생각해서는 안 된다.

히브리서는 예수 그리스도의 동반자를 위한 책이다. 뒤에 11장에서는 그리스도의 동반자가 아주 많은 어려움을 당하는 것이 언급된다. 13장에는 그분의 능욕을 지고 영문 밖으로 나아가야 한다고 말한다. 히브리서 기자는 그렇더라도 영광스러운 노정, 나그네 길, 그리스도와의 동반자된 위치를 벗어나지 말아야 한다고 말한다. 그것은 큰 상을 잃는 것이다. 어떻게 하면 그리스도의 동반자가 될 수 있는가? 그리스도의 동반자가 될 수 있기 위해 우리는 매일매일 그의 음성을 들을 때 우리의 마음을 강퍅하게 하지 말아야 한다. 오직 아들, 예수 그리스도를 깊이 생각해야 한다.

살아 계신 하나님에게서 떨어질까 염려함

12절, 형제들아 너희가 삼가 혹 너희 중에 누가 믿지 아니하는 악심을 품고 살아 계신 하나님에게서 떨어질까 염려할 것이요

우리의 진정한 염려는 하나님에게서 떨어지는 문제이다. 히브리서는 그리스도인들이 하나님에게서 떨어질 수 있다고 경고한다. 이는 갈라디아서에도 있는 사상이다. 바울은 갈라디아 성도들에게 너희가 율법 안에서 의롭다 함을 받으려 한다면 그리스도에게서 끊어지고 은혜에서 떨어진 자라고 하였다(갈 5:4-5). 여러분은 하나님의 자녀들, 믿는이들이 하나님에게서 떨어지고 그리스도에게서 끊어지며, 은혜에서 떨어질 수 있다는 것을 들어본 적이 있는가? 이 12절 말씀은 분명 형제들에게 한 말이다. "형제들아 너희가…하나님에게서 떨어질까 염려할 것이요". 히브리서 기자는 분명 이 말을 하면서 하나님에게서 떨어지는 것을 광야에서 쓰러져 죽은 이스라엘 백성들에게 비유하고 있다. 당신은 오늘 그리스도인이 된 것으로 만족하는가? 죄 사함 받고 거듭난 것으로 만족한다는 말인가? 그리고는 모든 것을 주님이 책임지실 것이니 염려하지 않아도 되는가? 이 구절은 그런 말과는 정반대로 '염려하라'고 하였다.

당시의 수신자인 히브리인들은 유대교도들이 아니라 예수 그리스도를 믿어 회심한 유대인들이었다. 그들이 만일 유대교의 실행 안으로 다시 돌아가면 살아 계신 하나님에게서 떨어질 위험이 있다고 한 것이다. 그들은 유대교 안에서 하나님을 불신하는 것이 아니요 무신론자도 아니다. 그들에게는 하나님도 있고 모세도 있고 아론도 있고 천사도 있고 많은 것들이 있었으나 아들이 없었다. 만일 당신이 아들을 소홀히 여긴다면 살아 계신 하나님에게서 떨어지게 된다. 그분은 영광의 광채이시다. 그러므로 아들을 소홀히 하는 것은 광채를 거절하는 것이므로 영광을 얻을 길이 없다. 영광은 하나님이시며 광채를 통해 오신 그 영광을 받아야 실제가 있는 것인데 만일 아들을 거절한다면 그 영광을 만질 수 없다. 살아 계신 하나님을 누릴 수 없다. 그래서 거기에서 떨어질까 염려하는 것이다. 오늘날 실제적으로 가장 중요한 문제는 아들과의 관계이다. 그리스도 교훈 안에 거하지 아니하면 하나님을 모시지 못한다(요이 9). 아들이 있는 자는 생명이 있고 하나님의 아들이 없는 자는 생명이 없다(요일 5:12). 생명이 없는 자는 죽은 자이다.

히브리서의 강조점은 히브리 성도들에게 불신을 떨치고 믿음으로 나오라고 부르는 것이다. '믿음'으로 예수께 나아가서 그 아들의 말씀에 귀 기울이고, 그분께 순종하며, 그분과의 연합 안에서 살아가라는 말이다. 불신은 하나님으로부터 떨어져 나가는 원인이 된다고 말한다. 이러한 하나님과 연합할 수 있는 믿음을 갖기 위해 중요한 것은 마음이라고 말한다. 마음이 강퍅하게 되는 것이 문제인 것이다. 믿음도 마음의 문제이고 불신도 마음의 문제이다. 우리의 마음이 보이지 않는 것에서 보이는 것으로, 하나님으로부터 자아로 향할 때 마음이 믿음에서 점차 불신으로 가게 된다. 이것이 악심인 것이다. 믿지 않는 악심은 결국 살아 계신 하나님과 우리를 떨어지게 한다. 하늘의 살아 계신 하나님과 이 땅의 믿는 마음은 서로를 만족시키는 두 능력이다. 우리의 믿는 마음은 살아 계신 하나님이 우리에게 계시게 하는 능력인 것이다. "믿음으로 말미암아 그리스도께서 너희 마음에 계시게 하옵시고"(엡 3:17). 그분은 살아 계신 하나님이시다. 다만 살아계신 하나님께 겸손한 마음의 묵상과 예배로 경배하라! 그러면 당신의 믿음이 자라게 될 것이다. 우리는 목마른 사슴처럼 살아 계신 하나님을 간절히 찾아야 한다. "나의 영혼아 잠잠히 하나님만 바라라 대저 나의 소망이 저로 좇아 나는도다"(시 62:5)

죄의 유혹으로 강퍅케 됨을 면함

13절, 오직 오늘이라 일컫는 동안에 매일 피차 권면하여 너희 중에 누구든지 죄의 유혹으로 강퍅케 됨을 면하라

사도는 여기에서 매일 피차 권면하라고 한다. 이는 우리가 자신을 돌아볼 뿐 아니라 주위를 돌아보라는 뜻이다. 혹 어떤 지체가 악심으로 강퍅해지는 것을 막아야 한다는 말씀이다. 우리는 반드시 이웃과 함께 그들을 염두에 두고 신앙생활을 해야 한다. 이러한 생활은 몸의 생활의 필수이다.

지체들은 반드시 다른 지체들을 살피고 주의하며 생활해야 한다. 상호성을 결여한 신앙생활은 큰 부족함이 있다. 우리는 아무리 오랜 신앙생활을 했다 하더라도 옆의 지체들의 도움과 권면이 필요하다. 이것이 우리를 전체가 아닌 지체와 부분이 되게 하신 이유이다. 그리스도만이 몸의 머리이시기에 온전하고 완전하며 우리는 몸의 여러 지체들이기에 모든 지체가 합해야 완전하게 된다.

심지어 우리는 교회 주위에 있는 사람들, 또한 교회 밖의 사람들까지 신경을 써야 한다. 그들이 죄의 유혹으로 마음이 강퍅해지지 않도록 해야 한다. 그러므로 성도들은 매일 피차 권면해야 한다. 다시 한 번 강조하지만 서로를 관심하지 않고 주위의 지체들의 말에 귀 기울이지 않는 것은 강퍅한 마음이다. 히브리서에 교회적 관점이 없다고 말하지 말라! '매일 피차 권면하여'란 말은 그 말씀 자체에 교회생활이 들어있다. 성도들과 함께 가르치고 권면하는 생활이 없이는 결코 목표에 이를 수 없다(골 3:15-16).

여기에서 '죄의 유혹'은 믿지 않는 죄이다. 그리스도에게서 떨어지게 하는 죄이다. 믿지 않는 죄보다 더 큰 죄가 어디 있는가? 불신하는 죄, 죄의 유혹이 있다. 그리스도에게서 떨어지게 하고 아들과의 관계를 벗어나게 하는 것이 바로 죄의 유혹이다. 그렇게 유혹하는 일들과 사람들, 이것은 아주 위험한 것이다.

이런 위험한 상태에서 무엇으로 우리가 피차 권면해야 하는가? 바로 이러한 말들, 즉 히브리서의 권면들, 교훈들로 권면함으로 아들에게 더 가까이 가도록 도와주어야 한다. 땅에 속한 것이 아니요, 하늘에 속한 것이다. 예수가 참 사도이시다. 예수가 참 대제사장이시다. 예수를 깊이 생각해 본다면 다음과 같은 간증이 나올 것이다. "여러분들 보십시오. 저는 예수가 모세와 같이 하나님의 집을 그렇게 충성스럽게 섬기는 분인 줄 몰랐습니다. 그런데 그가 정말 그런 분입니다. 우리는 모세보다도 더 좋은 영도자를 가지고 있습니다. 예수는 대제사장이시며 아론이시며, 우리는 우리에게 어떤 문제가 있을 때 우리를 정말 지성소 안으로, 휘장 안으로 인도할 수 있는 그러한 분인 예수를 가지고 있습니다. 이런 것을 생각할 때 우리는 놀라운 사람들이군요. 신약의 교회는 유대교보다 훨씬 뛰어나며 우리는 실제적으로 이 아들을 가졌습니다. 아들이 매일매일 우리 안에서 말씀하시므로 우리는 이 음성을 듣고 순종해야 합니다." 이러한 마음을 우리가 가져야 하지 않는가? 그럴 때 우리는 다만 주님의 행사만 보고 기뻐하는 사람들이 아니라 우리 안에서 성령으로 인도하시는 그분의 길을 깨달을 수 있는 사람들이 될 수 있다. 그렇기 때문에 우리는 실망하지 않고 낙심하지 않는다.

하늘이 닫히고 모든 것이 막혀도, 아무리 길이 없어 보이더라도 우리는 하나님을 시험하는 이스라엘 백성과 같이 되지 않는다. 왜냐하면 우리는 아들을 통해서 하나님의 길을 알기 때문이다. 아들이 곧 길이요 진리이다. 우리가 매일매일 아들을 접촉하고 체험하는 삶을 갖는다면 하나님의 길을 알게 되어 있다. 그러므로 낙심하지 않는다. 나는 오늘 아침 한 형제에게, "나는 많은 말을 듣지만 잠을 잘 잡니다"라고 말했다. 왜냐하면 내 안에 계신 주님을 알기 때문이다. 나는 나를 비판하는 많은 말을 듣지만 그 말들은 우리 주님의 말씀이 아니라는 것을 알기 때문에 낙심하지 않고 넘어지거나 쓰러지지 않는다. 이것이 하나님의 길을 아는 것과 관계가 있지 않겠는가? 그러나 만일 외적인 것만을 주의하는 사람이라면 어떤 말을 들을 때 실망하고, 낙심하고, 어떠한 상황이 닥칠 때 넘어질 것이다. 그러나 예수를 내적으로 진정으로 안다면 하나님의 길을 알기 때문에 그 사람은 쓰러지지 않는다. 그러므로 문제는 아들과의 관계이다.

시작할 때에 확실한 것을 끝까지 견고히 잡음

14절, 우리가 시작할 때에 확실한 것을 끝까지 견고히 잡으면 그리스도와 함께 참예한 자가 되리라

그리스도인의 영적인 노정에서 시작을 잘하였다고 해서 끝까지 보장되는 것이 아니다. 여기서 사도는 출발을 잘한 사람들, 지금도 잘 가고 있는 사람들을 격려하고 있다. 그러나 가다가 강퍅해져서 믿음에서 떨어진다면 하나님과의 관계가 단절된다. 은혜에서도 떨어진 자가 된다. 그러나 시작할 때에 확실한 것을 끝까지 견고히 잡으면 그리스도의 생명과 성품과 권위와 축복을 나누어갖게 된다. 이것이 성도들의 특권이다. 그들은 그리스도의 형상을 나타내고 그분의 권위를 가지며, 어떤 사람도 범접할 수 없는 그 무언가 거룩하고 위엄 있는 그리스도의 신성에 참여하게 된다. 이는 얼마나 복된 것인가? 주 예수를 사랑하고 말씀을 지키는 자들에게는 하나님과 아들이 함께 오셔서 거처를 저와 함께 할 것이라고 하셨다. 주님이 우리와 함께 하니 그분의 모든 것이 우리의 것이다.

여기서 '함께 참예한 자' 또한 동반자이다. 우리가 그리스도와 함께 하는 그분의 동참자가 되었다는 것을 아는 것은 놀라운 것이다. 히브리서의 전체의 목적이 그분과 함께 한 우리가 그분의 동참자가 된 신분을 말해주는 것이며, 우리 동참자들이 얻은 그리스도 안에는 어떤 것들이 있고, 그분이 우리를 위해 무엇을 하실 수 있는 지를 말해준다. 그리스도는 우리의 생명이고 우리 안에 사실 뿐 아니라 그분의 모든 어떠하심이 다 우리를 그분에게 참여시키기 위한 것임을 아는 것은 중요하다. 그분의 하나님 되심, 사람 되심, 그분이 성취하시고 획득하신 모든 것, 그분 자신의 어떠하심 즉 사도이심, 대제사장이심 등의 모든 것이 우리를 그분 안에 동참시키기 위한 것이다. 그분이 교회의 머리가 되심도 그분이 얻으신 모든 것을 공유케 하기 위함이시다(엡 1:22-23). 이것이 3장 1절, 14절에서 나오는 동반자라는 뜻이다.

히브리서에서는 그리스도의 동반자라는 말이 1장 9절, 3장 1절, 14절, 6장 4절, 12장 10절에 다섯 번 정도 나온다. 시작할 때에 확실한 것을 끝까지 잡아야 한다. 그것이 바로 그리스도에 대한 믿음이며 아들과의 관계이다. "너희 속에 착한 일을 시작하신 이가 그리스도 예수의 날까지 이루실 줄을 우리가 확신하노라"(빌 1:6)고 바울이 말했다. 우리 속의 문제, 곧 우리 안의 아들과의 관계가 매우 중요하다. 내가 어떤 일을 하면 반드시 오해가 생길 것이라는 것을 안다. 또 어떻게 하면 오해가 없을 것도 알고, 어떻게 하면 편할 것인가, 어떻게 하면 어려움이 임할 것인가에 대해서도 안다.

예를 들어 김 형제라는 한 인격이 있다고 하자. 김 형제를 따라 다니다 보면 김 형제에게는 그의 인격이 있음을 발견한다. 그가 항상 평탄한 길로 이끌 것이라는 확신이 있는가? 자기 뜻이 있기 때문에, 어떤 때는 좋은 길로 이끌고 가지만 어떤 때는 아주 험한 길로 우리를 데리고 갈 수도 있다. 좋은 길로 데리고 갈 때는 잘 따라 가다가 가시덤불이 있는 좁은 길이 나오면 가지 않겠다고 한다면 이 사람은 참 동반자가 아니다.

내가 외국에 가면 때로 동역자들이 나를 데리고 굉장히 먼 시골로 갈 때가 있다. 나는 그만 갔으면 좋겠다고 생각하지만 그들은 계속 데리고 간다. 어떤 때는 도망치고 싶을 때도 있다. 그러나 주님은 자기 십자가를 지고 주님을 따르라고 하셨다. 우리가 주님과 함께 길을 걷고 성령의 음성을 듣고 순종하다 보면 여러 종류의 길을 가게 되기에 어떤 때는 분명히 오해를 받기도 한다. 그러나 그런 오해를 벗기 위해서 어떤 방법을 취할 때 주님께서 기뻐하지 않으신다는 것을 느낀다. 그 일이 지나가면 내가 예상했던 것보다 더 큰 오해를 받게 되기도 한다.

여러분들은 외적으로 주님을 따르는가, 내적으로 따르는가? 아들과의 관계를 내적으로 가지고 있는가, 외적으로 가지고 있는가? 우리가 만일 외적으로 그리스도와의 관계를 가지려고 한다면 우리는 이스라엘 백성들처럼 많은 행사를 보고도 넘어지는 사람과 같이 될 것이다. 그러나 만일 우리가 주님의 진정한 동반자가 되려면 오늘 우리 안에 생명으로 내주하시는 영이신 주님과의 관계를 잘 가져야 한다. 시작할 때 이렇게 시작하지 않았는가? 처음에는 이렇게 생명과 영을 중요시하고 주님과의 내적인 교제와 내실에서의 교제를 중요시했다. 이렇게 비밀스러운 주님의 임재를 기뻐하면서 잘 가다가 나중에는 외적으로 가게 될 수도 있다. 외적인 길을 가다보면 영적인 것에 대해서 "생명의 성장, 영적인 인도, 그게 다 무슨 말인가? 관심 없다." 라는 태도를 갖게 된다. 유대교의 실행들, 많은 외적인 것을 주장하다보면 아들과의 관계는 다 잊어버리게 되는데 그것이 바로 강퍅해지는 것이다. 처음에 시작한 것을 끝까지 견고히 잡지 않은 것이다. 시작한 것을 확실히 끝까지 견고히 잡으면 그리스도의 동반자가 될 수 있다.

주님의 음성을 들음

15절, 성경에 일렀으되 오늘날 너희가 그의 음성을 듣거든 노하심을 격동할 때와 같이 너희 마음을 강퍅케 하지 말라 하였으니

중요한 것은 마음이다. 주의 음성을 듣거든 마음을 강퍅케 하지 말아야 한다. 주님의 음성이 중요하다. 또한 '오늘 날'이라는 말씀이 중요하다. 과거의 말씀이 아니라 오늘 나에게 주시는 성령의 음성이 중요하다. 우리 속에서 말씀하시는 주님의 음성을 듣고 순종할 수 있어야 한다. 내적인 인도를 잘 모를 정도로 답답하고 어둡게 되었다면 지체들의 도움과 교통을 통하여 회복할 수 있어야 한다.

16-19절, 듣고 격노케 하던 자가 누구뇨 모세를 좇아 애굽에서 나온 모든 이가 아니냐 17 또 하나님이 사십 년 동안에 누구에게 노하셨느뇨 범죄하여 그 시체가 광야에 엎드러진 자에게가 아니냐 18 또 하나님이 누구에게 맹세하사 그의 안식에 들어오지 못하리라 하셨느뇨 곧 순종치 아니하던 자에게가 아니냐 19 이로 보건대 저희가 믿지 아니하므로 능히 들어가지 못한 것이라

히브리서에서 우리는 그리스도인들에게 두 종류의 길이 있음을 본다. 구약의 길을 지금도 걸어가는 자들이 있고, 신약의 축복을 누리며 사는 자들이 있다. 이 구절에서 사도는 신약의 길에 들어선 사랑하는 자들에게 엄숙한 경고를 주고 있다. 이는 그리스도인들의 시작이 좋다 해서 다 좋은 것이 아니라는 말이다. 우리는 필히 끝까지 붙잡아야 한다. 그들은 다 믿음으로 유월절과 피 뿌리는 예를 정하였고 믿음으로 홍해를 건넌 자들이다. 그러나 그들은 처음의 확실한 것을 끝까지 굳게 잡을 것인지, 시험받고 실패할 것인지를 결정해야 한다. 그들은 애굽을 떠나는 믿음은 있었지만 가나안에 들어갈 믿음은 없었던 것이다. 당시 히브리 그리스도인들도 같은 상황에 있었다. 그들은 시작을 잘했다. 그러나 저항에 부딪히자 얼마는 멈추어 섰고, 얼마는 되돌아갔다. 그들은 종 되었던 땅에서 나오기는 했지만, 하나님과 동행하며 가나안 땅에 들어가 대적들을 정복할 마음은 없었다. 처음에 죄 사함과 구원을 얻은 기쁨은 좋았지만, 더 나아가 봉사와 헌신의 삶과 성별, 성화는 거절하였다. 그들은 더 전진하라는 아들의 음성을 듣지 않고 마음을 강퍅케 하였다. 주의하라! 많은 이스라엘 백성들이 마음을 강퍅케 하여 돌아선 것이 애굽에서나 광야 초기가 아니라 목적지에 거의 다 이르러서 가나안 접경 부근에서였던 것을 잊지 말아야 한다. 회개하고 주님을 막 믿은 사람만이 아니라 영적으로 많은 전진을 이룩한 신자들에게서도 강퍅한 마음이 발견된다는 것은 놀라운 일이 아니다. 그들은 이 삶이 너무 어렵고 힘들다고 물러간다. 희생을 겁내고 육신적인 삶에 집착하게 된다. 그들은 더 나아가라는 하나님의 음성에 굴복하지 않음으로써 그 마음이 강퍅하게 된 것이다. 하나님은 그러한 자들에게 맹세하시되 "그들이 내 안식에 들어오지 못하리라"고 하신다(시 95:11). 신자의 삶에는 단계가 있다. 육신적인 삶이 있고 영적인 삶이 있다. 어린아이에 머무는 자도 있고 장성한 자로 나아가는 자들도 있다. 주님을 온전히 따름으로 안식과 승리의 삶 안에 들어간 자들도 있다.

많은 사람들이 주님의 음성을 듣기를 거절하고 주님을 노하게 하고 주님을 격동시켰다. 그것은 하나님으로 하여금 그들의 시체를 광야에 엎드러지게 했다. 이것은 큰 경고이다. 광야에 엎드러진 이스라엘 백성들은 믿는 우리에게 경고이다. 이스라엘 백성의 모든 것들이 우리의 거울이다. 그러면 오늘날 우리가 어떻게 해야 하는가? 이스라엘 백성과 같이 우리에게는 참된 사도가 있으며 또한 대제사장이 있다. 그는 하나님의 아들 예수로서 보이지 않지만 실제이시다. 여러분들이 아들과의 관계를 어떻게 갖느냐에 따라서 주님을 노하게 하고 격동시킬 수도 있으며 길을 잘못 갈 수도 있다. 이것이 히브리서이다. 우리에게 진심으로 그리스도를 따르려는 마음과 소원과 준비함이 없다면 주님이 우리에게 주실 수 있는 유익이 없다는 말이다. 히브리서는 지성소와 안식에 들어오라는 말이 그 핵심이다. 그러나 그것은 어디까지나 믿음과 전적인 순종, 십자가를 지는 삶이 아니고는 얻어질 수 없다. 보이지 않는 하늘의 인도자인 예수를 따르는 길이기 때문이다. 참으로 주님이 여러분들을 축복하시길 바란다.

히브리서 3장과 구약의 그림

히브리서 기자는 당시 신약의 진리를 받은 후 머뭇거리며 마음이 예수에게서 멀어지고 있는 히브리 그리스도인들에게 구약의 그림을 보여주면서 그들을 격려하고 경고하고 있다. 1장 1절부터 3장 6절까지는 그리스도를 천사와 모세와 아론을 비교하였다. 3장 1절부터 6절까지는 그리스도가 모세보다 더욱 영광을 받을 만한 분이고 존귀한 분이라는 것을 말하였다. 기자의 강조점은 히브리 신자들에게 예수 그리스도에게로 마음을 향할 것을 권고하는 데 있다. 7절부터의 말씀은 당시 유대교로 돌아가려고 하는 히브리인들에게 구약의 이스라엘 백성들에 대한 그림을 보여주면서 경고하는 장면이다. 이 글을 쓰는 저자의 마음속에는 틀림없이 홍해를 건너서 광야를 지나 가나안을 향하여 가는 이스라엘 백성들을 모형으로 갖고 있다.

그리스도인이 구원을 받은 것은 이스라엘 백성이 유월절 어린양의 피를 문 좌우 설주에 바르고 양고기를 집 안에서 먹은 것에 비할 수 있다. 또한 홍해를 건넌 것은 침례를 받아 세상과 사탄의 세력에서 분별한 것을 의미한다. 이제 홍해를 건넌 이스라엘 백성들은 광야에 들어서서 가나안을 향하여 전진한다. 여기서 우리가 알 수 있는 것은 그리스도인은 구원받을 때 목적이 있다는 것이다. 과거에 진리가 분명하지 않았을 때 성도들이 구원받는 것은 천당가기 위함이라고 믿었다. 실상은 오늘날도 그러한 가르침이 많이 존재한다. 그들은 죄 사함과 거듭난 일이 지옥에 가지 않고 천국에 간다는 것에 목표가 있다고 믿는다. 조금 구원의 진리에서 분명하다고 하는 무리들도 이 사상과 별반 다르지 않은 생각을 갖고 있다. 대부분 구원을 받았으니 문제가 없다고 하는 관념인 것이다. 이런 생각은 그리스도인을 매우 목표없이 만들어 놓았다. 또 어떤 이들은 천년왕국과 주님의 재림시에 받을 상급에 대해서도 오해하여, 이 시대에 교회에 다니면서 무엇이든 봉사를 열심히 하면 그때 상급을 많이 받을 것으로 생각한다. 그러므로 열심히 봉사하고 충성한다. 그들은 은혜를 받았으니 그 은혜를 만분지 일이라도 갚아야 한다고 믿는다. 이 모든 것이 좋은 것 같아 보인다. 그러나 성경의 관점과는 차이가 있다.

성경은 무엇을 말하는가? 성경은 우리가 홍해를 건넌 후에는 광야 생활로 들어가는데 그 광야 생활의 목표는 가나안에 들어가는 것이라고 말하고 있다. 이는 구원받은 우리가 목표가 있는 자들임을 분명히 말하고 있는 것이다. 히브리서 3장이 "하늘의 부르심을 받은 거룩한 형제들아"라고 부르며 시작한 것에는 큰 의미가 들어 있는 것이다. 광야에 쓰러져 죽은 자들의 경고가 누구에게 주어졌는가? 3장 초반에 말한 "하늘의 부르심을 받은 형제들"인 것이다. 이를 통해서 우리는 성경에서 구원받은 성도들은 다만 죽어서 천당 가기 위해 부르심을 받은 것이 아니라 이 땅에서도 분명한 목표를 향해서 전진하도록 부르심 받은 것임을 알 수 있다. 히브리서 3장은 우리 거듭난 그리스도인의 목표는 광야가 아니라 가나안임을 분명히 제시한다. 그리고 광야에서 중도에 쓰러져 죽은 이스라엘 백성의 대다수에 의해 경고를 받을 것을 강하게 권면하고 있다.

가나안에 들어가는 것은 무엇을 의미하는가? 과거 많은 사람들이 가나안에 들어가는 것을 천당에 가는 것으로 해석을 했다. 그러므로 "요단강 건너가 만나리"라고 노래한 것이다. 이것은 바로 죽은 후 천당에서 만나는 것을 의미했다. 그러나 히브리서 3장과 4장에서 말한 가나안, 즉 안식에 들어가는 것이 그것을 말하는가? 이에 대하여는 4장에서 분명히 말하고 있다. 즉 지금 이 시대에 안식에 들어갈 일이 있다는 말이다(4:9-10). 그러면 안식에 들어가는 것은 무엇을 의미하는가? 이를 말하기 위해서 우리는 고린도 전서 1-3장까지의 내용을 참고할 필요가 있다. 고린도 전서 2, 3장에는 육에 속한 그리스도인과 영에 속한 그리스도인이 나온다. 바울은 3장에서 그들이 아직도 육신에 속하여 시기와 분쟁이 있는 것이라고 책망어린 말을 했다. 육신에 속한 그리스도인은 간단히 말하면 아직도 자신의 육신의 정욕에 지배를 받아 생활하는 그리스도인이다. 이러한 그리스도인은 안에 주님을 모시고는 있지만 그분의 인도에 따라 살 수 있는 상태가 아니다. 자신의 천연적인 관념과 기질과 지혜 속에 사는 것이다.

사도 바울은 이러한 고린도 성도들에게 십자가의 진리를 강조했다. 그는 예수 그리스도와 그의 십자가에 못박히신 것 외에는 아무것도 알지 않겠다고 말했다. 그들의 육은 십자가로 멸해져야 하는 부분이었다. 십자가에 자신과 육체를 못박는 것이 무엇인가? 구약의 그림으로 말하면 요단을 건너는 것이다. 여호수아서에서 그들이 요단을 건널 때 열두 돌들을 강 바닥에 세우고 그리고 열두 돌을 가지고 나온 것은 그들이 그리스도와 함께 죽고 부활한 것을 체험했다는 것을 증거함이다. 그들은 이렇게 요단을 건너 가나안에 들어온 것이다. 육체를 십자가에 못박지 않은 사람이 가나안에 들어오는 경우는 없다. 히브리서 기자는 당시 히브리 그리스도인들이 요단을 건너지 않고 망설이고 있다는 것을 알았다. 그러므로 촉구했다. "광야에서 멸망한 저 많은 사람들의 전철을 따르지 말아라." 저들은 마음이 세상과 죄악의 유혹으로 단단해져서 결국은 망한 것이다. "여러분들이 유대교로 돌아가려고 하는 것은 마치 당시 이스라엘 백성들이 광야에서 강퍅해져서 애굽으로 향하려하는 것과 같으며 원망하고 배역하다가 멸망한 것과 같다."

가나안에 들어간 이스라엘 백성들은 가서 전투를 해야 했다. 그곳이 천당이라면 전투를 해서는 안 된다. 안식하고 누리기만 해야 한다. 그렇다면 가나안 땅은 천당의 예표가 아니다. 어떤 천당이 일곱 부족의 대적이 우글거리겠는가? 이는 아예 이 땅보다 더욱더 험악한 대적이 살고 있는 땅이다. 그러므로 가나안은 천당의 예표로 볼 수 없다. 오늘 가나안은 이 땅에서 거듭난 그리스도인들에게 적용되고 체험되어야 할 단계이다.

첫째로 가나안에 들어간 이스라엘 백성들은 여리고 가까이 오자마자 군대 장관을 만난다. 광야의 그리스도인과 가나안까지 도착한 그리스도인은 그 인도자가 다르다. 광야에서 이스라엘의 인도자는 모세이다. 물론 하나님의 인도는 감추어져 있었지만 보다 더 모세에게 달려 있었다. 그러나 가나안에 왔을 때 하나님의 군대장관이 이스라엘의 실제적인 인도자로 여호수아 앞에 나타난 것이다(수 5:13-15). 오늘날 교회 시대에 가나안 땅에 들어온 영적인 그리스도인은 무엇보다 먼저 보이지 않는 여호와의 군대장관을 따르는 자들 가운데 발견된다. 보이는 영적인 인도자를 신뢰하는 것이 많은 단계가 광야라면, 보이지 않는 인도자를 많이 신뢰하는 단계가 가나안이다. 이러한 사람들은 무엇보다도 십자가의 깊은 처리를 받아 자아를 부인하는 삶을 일상화한 자들 가운데서 찾을 수 있다. 이들은 보이지 않는 주님에게서 철저히 인도를 받는다.

둘째로 가나안에 들어온 이스라엘 사람들에게는 음식이 바뀌었다. 더 이상 하늘에서의 만나가 없다. 이제 그들은 그 땅에서 경작해서 소산을 먹어야 했다. 만나는 그들이 어떤 수고를 하지 않아도 매일 아침 하늘에서 내려왔다. 그러나 가나안에 들어가면 손수 경작하지 않으면 먹을 수 없다. 히브리서 5장에 의하면 이런 음식은 단단한 음식이며 장성한 자의 것이라고 했다(히 5:14).

셋째로 그들은 가나안에 들어와 그들의 분깃을 얻기 위해 싸워야 했다. 물론 그들이 그 땅에 들어오기 전에도 요단 동편 땅을 좀 취했지만, 그들이 주로 취해야 할 땅은 가나안 일곱 족속이 살고 있는 땅이었다. 주님은 그 땅을 아브라함의 후손인 이스라엘에게 주시고자 했다. 그 전쟁이 가나안의 정복사이다.

이 모든 것들을 고려할 때 우리는 히브리서 3장과 4장의 메시지가 우리에게 주는 뜻이 매우 깊다고 본다. 우리 그리스도인은 부르심 받을 때 목적 있게 부르심을 받은 것이다. 그 목적은 우리를 창조하시고 구속하신 하나님의 뜻과 관계된다. 그분은 우리를 부르시어 그분의 목적을 이루는 그릇으로 사용하고자 하신다. 우리는 목적 없이 구원받은 것이 아니다. 우리는 그 땅을 기업으로 얻고자 부르심을 받은 것이다. 그러나 유감스럽게도 거의 모든 이스라엘이 광야에서 엎드러진 것이다.

광야에서 우리는 우리의 육체를 철저히 처리하는 체험을 가져야 할 것이다. 우리는 속히 우리 육체와 자아를 요단에 묻고 가나안을 향해야 한다. 주님은 우리를 불러 가나안에 이르게 하시고 싸우게 하신다. 하나님은 목적이 없는 분이 아니다. 그분은 목적을 갖고 우리를 부르셨다. 그러나 당시 히브리 성도들은 이 목적에 이르지 못한 채 광야에 엎드러져 죽은 이스라엘 백성들의 전철을 밟으려 하고 있는 것이다. 주님은 왜 우리를 가나안으로 부르시는가? 사람은 만물을 정복하고 다스리기 위해 지음을 받았다. 그러나 사람은 타락했고 고장나버렸다. 그러므로 이제 우리가 구속된 것은 하나님의 원래의 목적으로의 회복인 것이다. 성도들은 아는가? 우리의 모든 봉사는 사실 다 전투이다. 그러기에 민수기에 이스라엘 백성이 광야를 통하여 가나안 여정에 들어갈 때 군대로 편성을 한 것이다. 제사장의 모든 봉사도 사실은 군대의 일인 것이다.

오늘 우리가 하는 복음전파, 성도들에 대한 진리의 교육, 영적인 양육, 경건의 훈련, 선교, 교회개척 등 모든 사역이 사실은 전투이다. 이것은 다 싸워야만 얻을 수 있는 것이지 그냥 쉽게 얻어질 수 있는 것이 아니다. 그런 모든 재산을 다 사탄이 장악하고 있기 때문이다. 사람들의 사상과 관념 속에 진리를 심는 것도 다 전투이고, 복음을 전하는 것도 전투이며, 교회 중 모든 분리와 다툼과 죄악을 쫓아내는 일도 다 대적과의 전투이다. 당신은 하나님이 왜 당신을 부르셨다고 보는가? 가나안에 들어가서 대적과 전투를 벌여서 그분의 나라를 한 필지씩 회복하기 위함이다. 이렇게 하는 일에 하나님은 우리를 불러서 투입하기 원하신다. 이러한 전사가 되려면 성도들은 자라야 한다. 시작을 잘 할 뿐 아니라 끝까지 견고히 처음에 믿은 것을 잡아야 한다. 조금도 머물지 말고 전진해야 한다. 아들의 음성을 듣기 위해서는 우리의 마음이 어두워지고 강퍅해지는 것을 두려워해야 한다.

오늘 주님의 미세한 음성을 듣는 것을 작은 일로 여기지 말라! 그렇게 한 발씩 순종한 것이 당신으로 하여금 요단을 건너게 할 것이고 결국은 가나안으로 이끌 것이다. 가나안, 즉 안식(자신이 하는 것이 아니라 주님이 그를 위해 모든 것을 해주시는 것, 히 4:10)에 들어간 자들이 아니면 영적 전투에 참여할 수 없고 주님을 위해 일할 수 없으며 하나님의 영원한 뜻을 위해 싸울 수 없다. 만일 이 길에서 약해져서 탈락한다면 그들은 살아 계신 하나님에게서 떨어질 것이며(12절), 그리스도와 함께 참여하는 축복을 잃을 것이며(14절), 그날 천년왕국에서 그분의 집으로 여겨지지 못할 것이다. 즉 왕국에서 그분의 신부와 거처로서 인정되지 못할 것이다. 결국 주님은 가나안에 들어간 이스라엘 백성들로 하여금 성전을 건축하게 하시고, 왕국을 세우시기 원하셨다.

주님은 이와 같이 성도들을 부르심의 소망을 두고 부르신 것이지 맹목적으로 부르신 것이 아니다. 그분은 하늘에 속한 부르심으로 그들을 부르신 것이다. 결국 하나님은 주 예수로 하여금 대장이 되게 하셔서 그 백성들을 다 영광으로 인도하실 것이다. 그런데 가나안에 들어간 자들에게서 우리는 그분의 영구적인 거처인 교회가 이루어지는 것을 본다. 교회는 그리스도의 몸이요 하나님의 거처이다. 교회가 이루어질 때 그분은 이 땅에 그분의 뜻을 성취할 동반자를 얻으시는 것이다. 진정한 교회의 실제는 가나안에 들어온 자들에 의해서 이루어진다. 육적인 시기와 분쟁이 가득한 상황은 그리스도의 몸인 교회의 실제를 보여줄 수 없다. 성령의 은사들을 발휘하며 사랑 안에서 온전히 건축되려면, 요단을 건넌 성도들이라야 부활과 생명과 성령 안에서 몸을 건축할 수 있다. 또한 반석 위에 건축된 교회라야만 음부의 권세를 이기는 것이며(마 16장), 진정으로 그리스도의 몸 안에서, 몸의 원리 아래 생활하는 자들로서만이 사탄을 이길 수 있는 전사가 이루어지는 것이다(엡 6장).

애굽을 떠나 홍해를 건너 광야에 온 것만을 목표로 생각한다면 그것은 큰 오산이다. 히브리 성도들은 하늘의 부르심을 받고 나와서 영광의 목표를 향해 나아가다가 지금 큰 저항에 부딪힌 것이다. 그들이 만일 물러간다면 이 큰 구원과 이 큰 부르심의 소명을 무로 돌릴 위험에 처한 것이다. 마치 이스라엘 백성들이 가나안을 목전에 두고 쓰러져 간 것처럼 말이다. 이 얼마나 슬픈 일인가? 오늘날 그의 음성을 듣고 순종하는 일이 얼마나 중요한가! 우리가 매일 매일 크고 작은 일에서 그분의 음성을 들으며 전진하는 것은 결국 마귀의 역사를 전복하며 하나님의 나라를 이 땅에 가져오는 것과 관련이 있다. 하나님은 이 땅에서 그 거룩한 역사에 참여하여 차지하는 범위와 수고만큼 그 성도들의 분깃을 할당하시며 상급으로 부여하시기로 하셨다. 이 어떠한 축복이며 영광인가! 오늘날의 히브리인들인 성도들이여! 마음을 강퍅히 하지 말고 전진하며 달릴지어다!

'오늘날 너희가 그의 음성을 듣거든' 에 대하여

현재의 하나님의 음성을 들음

“그러므로 성령이 이르신 바와 같이 오늘날 너희가 그의 음성을 듣거든 노하심을 격동하여 광야에서 시험하던 때와 같이 너희 마음을 강퍅케 하지 말라(7-8절)”. 15절에도 같은 말씀이 있다. 3장의 주제는 ‘오늘날 그의 음성을 듣거든’이다. 첫째로 7절은 ‘성령이 이르셨다’고 하면서 시편 95편 말씀을 인용하였다. 7-8절은 이스라엘 백성들에게 한 말인데 히브리서 기자가 신약 시대의 그리스도인들은 오늘날 하나님의 음성을 들어야 한다는 뜻으로 말한 것이다. 하나님의 음성을 듣는 데 있어서 오늘날이 있고 과거가 있다. 히브리서 1장 1-2절에 보면 옛적이 있고 마지막이 있다. 옛적에 하나님이 말씀하셨을 때는 여러 부분과 여러 모양으로 선지자들을 통해 말씀하셨다. 그러나 이 모든 날 마지막에는 아들 안에서 말씀하셨다. 유대교도들이 하나님의 말씀하심을 주의하였지만 그것은 과거에 하나님이 말씀하신 것이었다. 과거의 것을 붙잡다보니 현재적이고 즉각적이고 살아 있는 성령의 음성을 듣는 것에 부주의하고 소홀히 하고 거절하는 데까지 이르게 되었다. 그래서 하나님의 아들의 음성을 듣는 우리에게는 현재의 하나님의 말씀을 듣는 귀가 절실하게 필요한 것이다.

하나님을 사랑하는 사람들은 다 하나님의 음성을 사랑하고 듣기를 원한다. 그런데 히브리서 3장에서 제시된 말씀은 시제가 있다. 바로 ‘오늘날’ 주시는 음성이다. 유대교도들도 하나님의 말씀을 주의했지만 그 말씀은 과거에 구약에서 하셨던 말씀이었다. 그러나 주님은 시대를 바꾸셔서 이제 아들 안에서 말씀하신다. 이제 실제의 시대가 왔고 아들로 모든 것이 다 대치되었기 때문에 아들의 음성을 들어야 할 때가 왔다. 그런데도 여전히 그림자로 돌아가서 그림자와 예표로 하나님이 말씀하신 것을 붙잡는다면 이것은 현재 살아 계신 하나님에게서 떨어지는 커다란 착오를 범하는 것이다. 그러므로 우리가 오늘날 주님을 따르려면 지금 하나님의 음성을 듣는 것을 배워야 한다.

주님의 움직임과 하나님 말씀

구약에서 이스라엘에 다윗 왕이 있었다. 그 전에는 사울이 있었다. 사울은 폐하여지고 하나님은 다윗을 기름부음 받은 왕으로 새로 세우셨다. 하나님은 그의 마음에 합한 자를 세워서 그를 통하여 하나님의 뜻을 이루시기 원하셨다. 그러므로 응당 다윗 시대에 사람들은 다윗을 따라야 했다. 물론 하나님은 사울 시대에 사울을 통해 역사하셨으나 이제 사울을 버리셨다. 그런데 우리가 사울의 아들 요나단을 생각해 보자. 그는 하나님께서 다윗에게 기름부으신 것을 알았다. 다윗이 왕이 될 것도 알았다. 그를 통해서 새 시대가 하나님의 백성에게 와야 한다는 것도 알았다.

그러나 요나단은 그 중간에 있었다. 그는 아버지와 친구 다윗과의 사이에 있었다. 그는 완전히 다윗을 따르지 못했다. 마음은 다윗에게 가 있었으나 그의 소속은 아버지에게 있었다. 결국 그는 운명을 아버지와 함께 하게 되었다. 그는 아버지 사울과 함께 길보아 산에서 죽었다. 그가 만일 신실하게 충성을 다해서 하나님의 그 시대의 역사와 함께 했다면 응당 다윗과 함께 하나님의 왕국을 위하여 싸웠어야 했지만 그렇게 하지 못했다. 이런 모든 것은 다 자신에게 달려 있는 것이다. 그 시대에 역사하시는 주님의 움직임과 함께 할 수 있는 것은 그 시대에 하나님이 하시는 말씀을 듣는 데 달려 있다.

아들 안에서 말씀하심

오늘날 하나님께서 하나님의 백성들에게 하시는 말씀을 들을 때에 마음을 강퍅케 하지 말아야 한다. 지금은 선지자들을 통하여 간접적으로 말씀하시는 시대가 아니라 아들 안에서 직접 말씀하시는 시대이다.

예언의 은사

바울은 그리스도를 말해내는 사람이었다. 그의 말함이 하나님의 말씀이 되었다. 그러므로 우리는 사도 바울과 같이 하나님의 말씀을 성령을 통하여 말해낼 수 있는 시대에 살고 있다는 것을 알아야 한다.

그런데 여기에서 우리가 더 자세히 생각해 보아야 할 부분이 있다. 고린도 전서 12장에 보면 은사라는 것이 있다. 그리고 14장에는 은사를 발휘하는 문제가 나오는데, 특히 사도 바울은 고린도 교회 성도들에게 방언의 은사보다도 예언의 은사를 사모하라고 했다. 예언의 은사를 사모하라고 한 이유는 방언을 말하는 자들은 자기의 덕을 세우고 예언하는 자들은 교회의 덕을 세우기 때문이다. 그리고 24-25절에서는 "다 예언을 하면 믿지 아니하는 자들이나 무식한 자들이 들어와서 모든 사람에게 책망을 들으며 모든 사람에게 판단을 받고 그 마음의 숨은 일이 드러나게 되므로 엎드리어 하나님께 경배하며 하나님이 참으로 너희 가운데 계시다 전파하리라"고 말한다. 이것이 대언자 곧 예언하는 사람들의 기능이다. 이 말씀으로 미루어 생각할 수 있는 것은 집회 안에 믿지 않는 이나 무식한 사람이 있을 수 있는데 예언을 한다면 그 마음속에 생각하고 있는 것이 다 드러날 수 있다는 것이다. 이것이 하나의 은사이다. 이것이 예언의 은사이다. 그때 사람들은 자신의 속이 다 드러나기 때문에 그것이 하나님이 말씀하시는 것임을 깨닫게 된다.

선지자의 은사를 통해서 말씀하심

그러므로 기억해야 할 것은 신약에는 선지자의 은사가 있다는 것이다. 안디옥 교회에 선지자와 교사의 은사가 있었다. 에베소서 4장을 보면 여전히 선지자의 은사가 나온다. 선지자는 무엇을 하는 사람인가? 선지자는 특히 하나님의 생각과 뜻을 하나님의 백성에게 말해 준다. 우리는 구약의 선지자들이 그 당시의 하나님의 백성들의 상황을 보고 하나님의 말씀을 통해서 그들의 상태와 마음을 드러내어 그들로 회개하게 하고 돌이키게 하는 일을 했다는 것을 알 수 있다. 엘리야가 그러한 사람이었다. 이스라엘 백성들은 엘리야를 매우 싫어했는데, 그것은 엘리야가 자기들을 괴롭히는 사람이라고 생각했기 때문이다. 그는 하나님의 생각을 이스라엘 백성들에게 말하는 사람이었다. 신약에도 이러한 종류의 선지자의 기능이 있다. 신약에는 구약에서처럼 전쟁에 앞서서 물어보는 사람에게 하나님의 뜻을 전달해 주는 선지자나, 이사를 가야 하는가에 대한 질문에 대해 가라 가지 말라 답해 줄 수 있는 선지자는 없다. 그러나 하나님의 뜻을 하나님의 백성에게 말해 주는 선지자의 은사는 있는 것이다. 하나님의 생각을 전달해 주는 선지자가 안디옥 교회에 있었다.

에베소서 2장에 볼 때, 사실 교회는 '사도와 선지자의 터 위에 세우심을 입는다'는 것을 알 수 있다. 주님께서 직접 교회를 인도하시지만 은사들을 통해서 인도하신다. 은사들을 통해서 또한 말씀하신다. 이것은 매우 모순되는 것 같다. 지금은 구약처럼 선지자가 말하는 시대가 아니고 아들이 직접 말하는 시대라고 할 때, 여기에 은사의 문제가 또 있다. 그러므로 성경을 해석하는 것은 참으로 쉽지 않다. 하나님은 교회 안에서 선지자들과 사도들을 통해서 그분을 대표하고 그분의 진리를 선포하고 또 확장하고 교회를 세우는 일을 하신다. 그들을 통해서 하나님은 이 시대에 또한 말씀하신다. 그러므로 교회 안에서 가장 사모할 만한 은사는 대언자, 선지자의 은사이다. 하나님을 대신해 말하고 또 하나님을 말해내는 것이다. 그러므로 대언자의 말을 잘 들을 때 하나님의 현재의 뜻을 알 수 있으며 우리의 상태가 드러날 수 있다.

선지자의 말을 들을 때 주의할 점

1. 마음을 부드럽게 함

그런데 문제는 여기에 있다. 첫째 이러한 음성을 들을 때 마음을 강퍅케 하지 말고 부드럽게 해야 한다. 사람의 마음은 참으로 중요하다.

2. 사람들로 배우게 하고 권면을 받게 함

둘째로 고린도 전서 14장에서 선지자들이 일어나서 계시를 말할 때, 그러한 예언에는 반드시 사람들로 배우게 하고 권면을 받게 할 수 있는 특징이 있다.

3. 분별의 영이 필요함

그런데 어떤 사람들이 은사를 발휘할 때 다른 예언자들은 분변하라고 했다. 오늘날 나에게는 이런 생각이 있다. 고린도 전서 14장 29절에 있는 분변하는 기능이 교회 안에 너무 부족하지 않은가에 대한 문제를 제기하고 싶다. 이러한 모든 것은 영에 달려 있다. 32절에서는 '예언하는 자들의 영이 예언하는 자들에게 제재를 받는다'고 했다. 예언하는 것은 영에 달려 있다. 영에 분별이 있어야 한다. 특히 예언자들의 영은 다른 사람의 예언을 분별할 수 있는 기능이 있어야 한다. 성도들 안에 이러한 분별할 수 있는 기능이 너무 약화되지 않았는지 염려가 된다. 어떠한 것이 정말 아들의 음성인지, 하나님의 말씀인지, 신약의 계시인지를 분별해서 받아들이고 소화할 수 있는 역량이 부족하면, 어떤 말은 무조건 듣고 어떤 말은 무조건 듣지 않는 상태에 빠지게 된다. 이것은 많은 믿는이로 하여금 큰 손해를 보게 한다. 쉽게 마음이 강퍅해지게 되고 편견을 갖게 되고 오해를 하게 된다. 그러므로 가장 좋은 것은 우리 속에 있는 영의 분변하는 기능을 발전시키는 것이다. 오늘날 사람들이 하나님을 위해 말하는 선지자의 은사를 사모하는 것은 좋다. 그러나 분변하는 문제도 간과하지 말아야 한다.

데살로니가 전서 5장에서는 모든 것을 헤아려 좋은 것을 취하고 악은 모든 모양이라도 버리라고 말했다. 여기에서 '헤아린다'는 것은 영어로 '시험한다'는 뜻이다. 어떠한 것이 진정으로 성령께 속한 것인지 아들의 음성인지 분별할 수 있고 시험해 볼 수 있어야 한다. 그럴 때 믿는이들이 자랄 수 있다. 히브리서 5장 마지막에 있는 것처럼 장성한 자들은 선악을 분변하는 지각을 가진 자들이다. 이렇게 분변할 수 있어야 한다. 그럴 때 하나님의 백성들 간에 편견과 무익한 다툼이 많이 사라질 것이다. "이것은 아들의 음성이다. 이것은 신약의 계시이다. 이것은 위험하다." 이런 것들을 알 수 있는 분별의 영이 우리 속에 역사해야 한다. 영의 분별하는 기능이 약화된 결과 진정으로 성도를 유익하게 하고 빛을 주고 자라게 하는 말은 거절하고 오히려 전혀 유익이 되지 않는 말을 받아들이기도 한다. 이것은 왜 그런가? 아들의 음성을 분별하는 지각이 너무나 부족하기 때문이다. 오늘날 그의 음성을 들을 때, 우리가 주의해야 할 것이 많음을 기억하기 바란다.

마음을 강퍅하게 하는 이유

말씀을 들을 때 가장 주의해야 할 것은 마음이다. 우리의 마음을 강퍅케 하지 말아야 한다. 마음이 강퍅한 것은 좋지 않다. 복음서에서는 사람의 마음을 흙으로 비유했는데 모두 네 종류, 즉 길가와 돌밭, 가시떨기와 좋은 땅이 있다. 좋은 땅의 특징은 단단한 것이 없고 부드럽다는 데 있다. 돌밭에는 말씀이 조금 들어가기는 하지만 그 속에 단단한 것이 있다. 길가 같은 마음에는 말씀이 들어가지도 않는다. 길가는 지나가는 사람들이 너무 많이 밟고 다녀서 딱딱하게 된 마음이다. 세상적인 사업이야기와 흥밋거리가 항상 당신의 마음을 자유롭게 왕래할 때 당신의 마음은 부드러움을 잃는다. 어떤 형제가 증권이나 부동산 이야기며, 어떻게 돈을 많이 벌 수 있는가를 매일 생각한다고 하자. 그의 마음이 조만간에 강퍅해지지 않겠는가? 어떤 자매가 저녁마다 TV 연속극에 빠져있다 하자. 그녀의 마음이 강퍅해지지 않겠는가? 강퍅하다는 것은 주님의 말씀에 귀 기울이는 마음이 점점 멀어져간다는 것을 의미한다. 세상을 사랑하면 아버지의 사랑이 그 사람 속에 거하지 않는다. 세상과 어둠에서 자신을 분별할 때 아버지는 그를 자녀로 받아주신다고 했다(고후 6:17-18). 이는 성도가 세상적이 되어서 마음이 강퍅하게 되는 경우이다.

마음이 강퍅하게 되는 또 한 가지 이유는 종교적인 것에도 있다. 성도들이 진리를 많이 들었지만 깨달은 바와 발맞추어 나가기를 구하지 않고 순종하고 행하는 것보다 다만 듣고 아는 것에 더 즐거움을 느낀다면, 마음의 온유함과 성령의 음성을 구분하는 이해력을 상실하게 된다. 이런 자들이 결국은 경건의 모양은 가지되 경건의 능력을 부인하는 자들이 된다. 말씀에 계시된 대로 어린아이처럼 살기를 구하지 않을 때 그 마음은 굳어져 하나님의 말씀이 뚫고 들어갈 여지가 없게 된다. 종교적인 관념과, 다만 겉의 종교적인 행사에 열심 있는 삶과, 사람들의 교훈으로 가득찬 머리는 살아계신 주님과의 직접적인 교제를 가로막는 절연체가 되어버린다. 이러한 사람들은 자연히 그 음성을 들을 때 그 마음이 강퍅하게 된다. 그러한 사람에게 참된 주님의 음성을 들려주고 돌이킬 것을 권고하면 화를 내거나 기분 나빠 할 것이다. 결국은 이러한 종류의 사람들, 바리새인들과 서기관들에 의해서 주님이 돌아가신 것이다. 좋은 땅은 씨가 잘 자랄 수 있도록 흙이 잘 갈려져 있는 땅이다. 생명이 잘 자라려면 우리의 마음이 중요하다. 하나님의 아들의 음성을 들을 때 마음을 강퍅케 하지 말아야 한다. 유대교도들은 과거에 하나님이 하신 말씀이 있었기 때문에 아들의 음성을 들을 때에 편견을 가지고 있었다. 이것이 마음이 강퍅한 것이다. 그러므로 항상 우리의 마음을 주님 앞에 비추어 보아 우리의 마음이 혹시 굳어지지 않았는지, 높아져 있지 않은지, 치우쳐 있지 않은지를 주의해야 한다. 부드러운 마음을 갖는 것은 매우 필요한 것이다. 부드럽고 열린 마음을 가져야 한다. 이것이 유익한 것이다. 우리가 마음을 강퍅하게 하는 이유에는 여러 가지가 있다.

1. 나태한 마음

나태한 마음, 주님을 쉽게 따라가고 싶지 않은 영적인 나태성이 사람의 마음을 강퍅케 할 수 있다. 이것이 첫째이다.

2. 순종하지 않음

또 한 면에서는 하나님의 말씀이 계속 역사되어야 하는데 순종하지 않고 계속 망각하고 포기하는 것이다. 그럴 때에 결과적으로 마음이 길가와 같이 되어버린다. 우리가 왜 진리를 추구하는지를 생각해 보라. 진리를 추구하는 것은 우리의 머리의 만족을 위한 것이 아니다. 우리가 그러한 진리를 살아내고 순종하고자 하는 것이다. 그러나 한 번 순종하지 못하고 두 번 순종하지 못하면 이제 아는 것으로 만족한 채 포기하게 된다. 그러다 보면 순종을 요구하는 말씀이 올 때에 마음이 강퍅해져 따라가고 싶지 않게 된다. 순종하지 않고 대가를 지불하지 않아도 되는 말씀이 올 때만 기뻐하는 것이다. 반면에 영적으로 갈망이 있고 자신의 온 존재를 드려서 주님 따르는 길을 가고 싶어하는 사람은 더 표준을 높일 때 기뻐한다.

3. 지체들의 말에 귀 기울이지 않음

신약의 시대는 교회의 시대이다. 구원받은 자는 모두 그리스도의 몸의 지체가 된 것이다. 지체는 하나가 아니요 여럿이므로 함께 교통하며 생활해야 한다. 강퍅한 자들의 특징은 지체들을 돌아보지 않고 지체들의 권면과 교통에 귀 기울이지 않고 단독적으로 말하고 행동한다. 이것이 바로 강퍅한 것이다. 하늘의 그리스도를 따르는 것과 이 땅의 몸의 지체들을 따르는 것을 나누어 생각할 필요없다. 정상적인 몸의 지체들은 하늘의 머리이신 그리스도와 연결되어 있다. 사도행전의 여러 행적들은 이 땅의 제자들의 움직임이 하늘의 머리이신 그리스도와 연결되어 있음을 증명한다.

4장

신약에서 참된 사도는 예수 그리스도이시다. 히브리서는 히브리 믿는이들이 하늘에 속한 그리스도, 하늘에 계신 그리스도를 붙잡지 않고 또 하늘에 있는 그리스도의 음성을 듣지 않고 오히려 마음을 강퍅케 하는 조상들과 같이 지금도 그러한 위험에 있다는 것을 경고해 둠으로써 그들에게 아들의 음성과 약속의 말씀에 더욱 충실히 귀 기울일 것을 권면하고 있는 말씀이다. 그들은 하늘에 속한 부르심의 근원인 예수 그리스도의 음성을 거절하고 보이는 유대교의 활동과 일들이 빠져드는 위험에 처했다. 히브리서는 이러한 신자들에 대한 경고가 주어져 있다. 하나님의 안식이 남아 있고 약속이 남아 있지만 미치지 못할 수가 있다는 것이다. 여기서 미치지 못한다는 말(to come short of it)은 신앙생활은 반드시 목표가 있고 도달해야 할 지점이 있다는 것을 말해준다. 오늘날 얼마나 많은 그리스도인들이 구원받으면 모든 것이 다 된 것처럼 생각하는가? 그러나 성경은 그런 사상을 전달하고 있지 않다. 빌립보서에서도 "이것이 너희 간구와 예수 그리스도의 성령의 도우심으로 내 구원에 이르게 할 줄 아는고로"라고 말한다(빌 1:19). 또한 "항상 복종하여 두렵고 떨림으로 너희 구원을 이루라"고 말한다(빌 2:12). 이 말씀들은 분명 우리가 구원을 받았지만 더욱 구원에 이르러야 하는 문제를 말해준다. 이스라엘 백성들의 체험은 오늘날 우리에게 하나의 그림으로 제시되었다. 하나는 유월절과 홍해로서 이는 구속이며, 다른 하나는 구속을 받은 자들로서 광야의 길을 걸어가는 것이다. 그 목표는 가나안 땅에 들어가는 것이며 히브리서에서는 그 가나안 입성을 '안식'이라고 표현했다.

미치지 못하는 자가 있을까 두려워함

1절, 그러므로 우리는 두려워할지니 그의 안식에 들어갈 약속이 남아 있을지라도 너희 중에 혹 미치지 못할 자가 있을까 함이라

하나님의 안식에 들어가는 것은 하나의 약속이다. 또한 구약으로 말하면 그것이 약속의 땅 곧 하나의 목적지이다. 믿음의 목적, 그곳에 이르는 일은 매우 중요한 일이다. 구약으로 말하면 가나안 땅에 들어가는 것이요, 목적에 이르는 것인데 신약으로 말하면 안식에 들어가는 것이다. 안식의 경지에 들어갔는가 그렇지 않은가는 믿음의 목적지에 이르렀는가 그렇지 않은가를 판가름한다. 여러분의 신앙이 안식에 이르렀는가 그렇지 않은가를 생각해보라! 이것은 도달해도 좋고 도달하지 않아도 되는 문제가 아니다. 히브리서는 특히 복음을 영접한 참된 신자들이 결승점에 도달하는 문제를 엄중하게 다루고 있다.

4장 1절은 약속이 있지만 그 약속에 미치지 못할 수 있다고 말한다. 하나님의 말씀을 해설하는 것은 참으로 쉽지 않다고 느낀다. '미치지 못한다'라는 말씀 한 마디에 대해서도 많은 말이 필요하다. 약속이란 단어를 '우리는 약속을 받는다'라는 말에 적용한다면 그 단어에 대해 이해하기 쉽다. 그러나 약속에 대해 다룰 때 '약속에 미치지 못한다'라고 말하는 것은 또 다른 문제이다. 히브리서에서는 안식을 말할 때 '내 안식'이라고 했다(3절). 이것은 다만 안식이 아니라 하나님의 안식을 뜻한다. 여기 1절에서는 '그의 안식'이라고 말하면서 '그의 안식에 들어갈 약속'을 같이 언급하고 있다. 히브리서 11장에 보면 믿음의 증인들이 나오는데 '그들이 약속을 받지 못했지만 약속을 멀리서 바라보고 환영했다'고 했다. 히브리서가 끝날 때쯤이면 모두 이해가 되겠지만 지금은 이런 말씀에 대해 온전히 이해하기 어려울 것이다.

하나님은 약속의 하나님이시며 약속으로 우리를 인도하시는 분이시다. 약속의 말씀이 우리에게 주어져 있다. 우리 믿는이들은 보이지 않는 하나님의 말씀, 눈에 확실히 보이는 것 같지 않는 말씀을 의지하고 신뢰하며 하늘에 속한 우리의 참 사도이신 예수를 따라가는 믿음의 신뢰자들이다. 예수는 보이지는 않지만 확실하고 신뢰할 만한 우리의 사도이시다. 예수는 우리의 사도로서 참 모세요 참 여호수아이시다. 결국 우리의 모세이시고 여호수아이신 예수는 3장에 기록된 바와 같이 하나님의 집을 다스리는 모세로 예표된 일을 하실 뿐 아니라, 3장 후반부에서 그는 여호수아로서 우리를 안식으로 이끄신다. 집을 다스리고 집을 돌보는 모세로서 그는 이스라엘 백성들을 광야에서 40년 간 이끌었다. 이와 같이 우리 주님은 오늘날 우리를 인도하시는 하나님이 보내신 자, 사도이시다. 뿐만 아니라 우리를 목적지까지 인도하는 사도로 예표되는 우리의 여호수아이시다. 예수라는 이름은 히브리어로 여호수아이다. 여호수아이신 주님은 결국 우리를 가나안으로 인도하신다. 히브리서는 우리에게 하늘에 계신 그리스도가 우리의 모세요 여호수아임을 알려주며 그분이 우리를 안식으로 이끌고 계심을 말해준다. 가나안은 영적으로 말해서 안식의 땅인 것이다. 1절에는 안식에 들어갈 약속이 있지만 미치지 못할 자가 있을까 두려워하라는 권면이 주어져 있다. 두려워하라면 우리는 두려워해야 한다. 나는 성도들에게 묻고 싶다. 당신은 진정 안식에 들어가지 못할까봐 두려워한 적이 있는가? 신앙생활을 적당히 해도 된다고 믿고 그냥 저냥 세월을 보내고 있는 것은 아닌가? 바울은 남에게 전파하는 일을 하면서도 버린 바 될 것을 두려워했다. 당신은 두려워 떨며 구원을 이루라는 사도의 권면을 들어보았는가? 두려워해야 할 것을 두려워하지 않는 것은 무지하거나 어리석은 것이다.

2절, 저희와 같이 우리도 복음전함을 받은 자이나 그러나 그 들은 바 말씀이 저희에게 유익되지 못한 것은 듣는 자가 믿음을 화합지 아니함이라

1절에서는 안식에 들어갈 약속을, 2절에서는 복음 전함을 받은 것을 언급한다. 우리 신약의 믿는이들은 하나님의 말씀을 받았다는 의미에서 구약에 있는 성도들과 같다. 우리 또한 복음전함을 받은 자이다. 그러나 구약의 성도들에게 그 들은 바 말씀이 유익이 되지 못한 이유는 듣는 사람들이 믿음으로 화합하지 않았기 때문이다. 구약에서 끝까지 여호수아를 따름으로 가나안에 들어간 사람들은 거의 없었다. 애굽에서 나온 세대 중 인도자인 여호수아와 갈렙 두 사람만 들어갔고 나머지는 다 광야에서 쓰러져 죽었다. 3장 16절, "듣고 격노케 하던 자가 누구냐 모세를 좇아 애굽에서 나온 모든 이가 아니냐". 여호수아와 갈렙을 제외한 모든 이가 다 죽었다. 17절, "또 하나님이 사십년 동안에 누구에게 노하셨느뇨 범죄하여 그 시체가 광야에 엎드러진 자에게가 아니냐". 하나님은 불순종하는 이스라엘 모든 사람에게 노하셨다. 이 말씀에는 우리가 말씀을 믿어 연합하지 아니하고 말씀을 소홀히 여긴다면 안식에 들어간다는 약속은 있지만 미치지 못하여 광야에서 엎드러진 사람과 똑같이 될 수 있으므로 두려워하라는 의미가 포함되어 있다. 그러므로 결국 안식의 약속에 미치도록 승리하는 것은 말씀과의 관계에 달려있다는 것이다. 그 받은 말씀을 믿음에 화합하였는가에 달린 것이다.

"듣는 자가 믿음을 화합지 아니함이라". 여기에 말씀을 믿음으로 화합하는 문제가 나온다. 믿는 모든이가 다 말씀을 들었고 들은 것은 동일하다. 어떤 사람들에게는 그 말씀이 유익이 되어 끝까지 안식에 들어갈 수 있지만, 또 어떤 사람들은 안식에 들어갈 수 없는데, 그 차이는 들은 말씀을 우리의 믿음을 사용해서 우리 편에서 믿음과 연합시키는 데 있다. 히브리서 기자는 당시 유대교의 옛 신앙으로 돌아가려고 흔들리는 성도들에 대하여 그 문제의 근원은 말씀에 있으며 들은 말씀을 믿음으로 굳게 화합하지 않은데 있다고 보았다.

여기서 나는 주님이 복음서에서 말씀하신 씨 뿌리는 비유를 들고 싶다. 네 종류의 사람들이 다 말씀을 들었지만 그들이 이 말씀을 듣고 다 유익을 얻는 것은 아니다. 길가 같은 마음을 가진 사람에게 떨어진 말씀은 새가 먹어버렸다. 또 가시떨기 같은 마음을 가진 사람에게 떨어진 말씀도 결실하지 못했다. 말씀이 돌밭 같은 사람의 마음에 떨어진 경우에는 싹이 조금 나긴 했지만 결국 말라버렸다. 오직 하나님이 원하시는 사람은 좋은 땅과 같은 마음을 지닌 사람이다. 말씀이 좋은 땅에 뿌리웠다는 것은 착한 마음으로 말씀을 받고 인내로 지키는 것을 말한다. 말씀을 받은 후에는 인내가 있어야 하고 말씀에 대한 지킴이 있어야 한다. 이렇게 함으로 결실하여 삼십 배, 육십 배, 백 배를 맺는 사람들이 좋은 땅이다. 그런데 이 말씀이 우리 속에 있으면 반드시 악한 자의 역사, 즉 말씀으로 인한 핍박과 환난이 오게 되어 있다. 히브리 그리스도인에게도 동일하게 어려움이 임하고 있다는 것을 말씀을 통해 알 수 있다.

이러한 환경의 어려움과 환난이 임할 때 믿음으로 들은 바 말씀이 우리에게 유익되도록 연합하게 하는 것이 우리의 책임으로 주어져 있다. 이 말씀이 우리 마음에 뿌리를 내리고 자라도록 우리 편에서의 주님과의 동역이 필요한 것이다. 듣는 사람의 동역에 따라서 어떤 사람들은 다 듣고 안식에 들어가는 좋은 승리의 결과를 얻지만, 어떤 사람들은 들었어도 안식에 미치지 못하는 결과를 얻는다. 그러므로 안식은 장래의 문제만이 아니라 이 시대에 도달할 수 있는 영적 체험의 실제이다. 우리는 이 시대에 말씀을 믿음으로 화합하여 안식에 들어갈 수 있다. 그러므로 문제는 약속의 말씀에 대한 우리의 태도이다. 우리가 말씀을 얼마나 소중히 여기는가가 그 약속의 말씀을 얼마나 귀하게 여기고 받는가를 결정한다. 이것은 매우 소중한 말이다.

하늘에 속한 그리스도의 말씀, 그의 음성을 귀하게 여겨 사모하고 갈급하고 갈망하는 심령이 결국은 어떤 대가가 지불되더라도 말씀으로 하여금 우리 속에서 역사되게 하고 뿌리를 내리게 하며, 우리로 하여금 믿음으로 연합하게 하는 결과를 가져오게 한다. 그럴 때 우리 존재가 변화되어 우리는 우리의 참 사도이신 예수의 인도를 따라서 한 발 한 발 안식을 향해 나갈 수 있게 된다. 그렇지 않다면 우리가 받은 말씀에 뿌리가 없기 때문에 바람이 불고 환난과 핍박이 올 때 넘어져 결국 하나님을 원망하고 강퍅한 마음을 가져 불순종한 이스라엘 백성들처럼 되어 버릴 수 있다. 이것이 우리에게 큰 경고라고 하지 않을 수 없다. 따라서 이미 믿는 우리들에게는 믿음이 중요하다. 하나님은 우리에게 말씀을 주셨고 우리 편에서는 믿음이 필요하다.

3a절, 이미 믿는 우리들은 저 안식에 들어가는도다

히브리서에는 두 단계의 신자가 있음을 말하고 있다. 하나는 어린 그리스도인이고 다른 하나는 장성한 단계이다. 첫 단계는 그리스도를 출애굽의 구주로만 아는 정도이며, 다른 하나는 하늘의 대제사장과 사도가 되셔서 우리를 무궁한 생명의 능력으로 거룩하게 하고 완전히 구원하시는 분으로 아는 단계이다. 이 책의 목적은 우리로 첫 단계에서 만족하지 말고 두 번째 단계인 완전한 구원을 향해 전심전력을 다해 달리라고 기록한 것이다. 어떤 사람들은 가나안에 들어가는 것이 안식이고 하늘로 가는 것이라고 말하나 그것은 앞뒤가 맞지 않는 말이다. 가나안에 들어가서도 아직 싸워야 하는 것이 남아있기에 그렇게 해석할 수는 없다. 오히려 이는 승리하는 그리스도인의 생활에서 체험되어야 한다. 당신이 만일 죄와 육체에 대한 승리를 체험하지 못한다면 안식이 무엇인지 알지 못한다. 또한 어떤 환경에 처해서나 의무에 처해서 당황하거나 괴로워하지 않고 하나님께 모든 것을 맡기고 안식할 수 있다면 그 삶은 믿음의 안식 안에 있는 삶이다. 그 때 성도는 하나님의 약속과 뜻과 능력에 의해서 사는 것이요 믿음으로 사는 것이다. 이는 그리스도의 죽음 안에서 믿음으로 말미암아 자아의 죽음을 통해서 들어가는 혼의 안식이다.

당시 땅은 기다리고 있었고 안식은 제공되었고 하나님은 그들을 그곳에 인도하여 안식을 주려던 참이었다. 그러나 그들은 하나님께 모든 것을 맡기지 못함으로서 하나님이 약속하신 것을 받지 못했다. 불신앙은 하나님을 향해 마음을 닫고, 우리의 삶 가운데 하나님의 능력이 역사하지 못하게 하며, 약속의 말씀을 무력하게 만들어 버린다. 그들이 당시 복음으로 가나안을 제시받았듯이 오늘도 우리는 그분의 복음을 받아 안식 안에 들어오라는 부름을 받았다. "수고하고 무거운 짐 진 자들아 다 내게로 오라 내가 너희를 쉬게 하리라…나의 멍에를 메고 내게 배우라 그러면 너희 마음이 쉼을 얻으리니 이는 내 멍에는 쉽고 내 짐은 가벼움이라"(마 11:28-30).[3)] 이 말씀이 구주의 안식에로의 부르심이다. 우리가 안식하는 그리스도인이 된다면 모든 지각에 뛰어난 하나님의 평강과 기쁨의 확신을 얻을 것이다. 성경을 통해서 우리는 믿음이 아니고는 절대로 하나님의 안식에 들어

3) 예수께서 자신의 안식을 발견하신 것은 그분의 마음의 겸손함과 온유함으로 말미암은 것이다. 그분은 우리에게도 동일하게 그분의 안식에 들어오려면 그분의 온유와 겸손을 배워야 한다고 하셨다.

가지 못한다는 것을 배우며 약속을 성취할 수도 없다는 것을 배운다. 우리가 안식에 들어가기 위해서는 하나님과 그분의 말씀에 대한 목마름을 갖고 하나님을 향하여 마음을 열고 안식에 들어가 거기에 머물기를 사모하는 마음을 가져야 한다. 가나안에 들어가기 위해 모세와 여호수아로 예표된 그리스도의 두 단계의 사역을 생각하는 것은 매우 중요하다.

뒤에서 말하겠지만 안식에 들어가는 문제는 단체적인 문제이다. 이스라엘 백성들도 단체적으로 가나안을 정복하였다. 오늘 우리가 개인적인 안식의 체험을 가져야 하겠지만 교회적인 안식을 추구하지 않으면 부족함이 있다. 이것이 이 구절에서 '우리들은'이라는 단어가 의미하는 바이다. 사도는 혼자 안식 안에 들어간다고 말하지 않았다. "우리들은 저 안식에 들어가는도다"라고 하였다. 이는 우리가 체험하고 얻으며 누리는 안식이 단체적임을 증명한다. 우리는 교회적으로 안식에 들어갈 수 있어야 한다.

하나님의 안식의 의미

"이미 믿는 우리들은 저 안식에 들어가는도다"(3a절). 나는 안식에 들어가는 문제가 도대체 무엇인가에 대해 매우 많이 생각했다. 안식이 무엇인가? 먼저 우리는 안식이라는 것이 피곤한 사람이 휴식하는 것이 아님을 알아야 한다. 하나님은 엿새 동안 만물을 창조하시고 일곱 째날 안식하셨다고 말한다. 하나님이 피곤하셔서 안식하셨는가? 물론 그분은 전능하신 하나님으로서 다만 말씀으로 창조하실 때 그분은 피곤하지 않으셨다. 그분은 그분의 뜻대로 만물을 지으신 후 심히 좋게 여기셨다. 매우 기뻐하셨다. 그러므로 안식을 말할 때 거기에는 대상이 있는 것이다. 하나님은 그분이 창조하신 만물, 그 중에도 그분이 지으신 창조물의 중심인 사람을 보시고 기뻐하시며 만족하신 것이다. 이 사람은 그분의 목적을 이룰 존재이기 때문이다. 따라서 안식이란 목적을 이룸이라든가, 그 대상에 대한 사랑이라든가 그에 따른 어떤 기쁨이 포함되는 개념이다. 창조 후 그분은 안식하셨지만 사람에게 죄가 들어온 후 그 안식은 깨지고 말았다. 사랑은 만족할 만한 대상이 없으면 가능한 것이 아니다. 그러므로 그분은 만족할 만한 대상을 찾기 위해 다시 일하시지 않으면 안 되었다. 이것을 이해하기는 쉽지 않다. 다만 이 안식에 대해 잘못 해석하면 히브리서에서 하나님이 말씀하신 의미와 너무 떨어지게 되든지, 아니면 의미가 너무 축소되는 결과를 가져올 수 있게 된다는 것을 기억해야 한다. 어떤 상태가 히브리서 4장에서 말씀하는 하나님의 안식인가? 그 진정한 의미에 대해서 우리는 정말 하나님 앞에서 더 앙망하는 태도로 그분의 빛 비춤 안에서 기다려야 할 것 같다.

하늘에 속한 것임

이에 대해 우리는 한두 가지를 생각해 볼 수 있다. 분명히 이 안식은 땅에 속한 안식은 아니다. 우리가 이 땅에서 평탄한 삶을 살고 있으면서 자신은 정말 안식하고 있다고 느낄 때, 그 안식을 히브리서 4장에 있는 안식과 동일시하면 안 된다. 만일 이 당시의 히브리 그리스도인이 히브리서 수신자에게 "당신은 지금 참된 안식을 누리고 있습니까?"라고 물어본다면, "우리는 죽을 지경이고 고난을 당하고 있고 아주 혼미하고 흔들리고 있습니다"라고 말할지도 모르겠다. 이 땅에서는 육신적인 고난과 많은 갈등이 있을 수 있다. 여기에서 말하는 안식은 오직 하나님의 말씀을 따르고 그 말씀을 받아들임으로 인한, 또 주님과의 연합함으로 인하여 우리가 얻을 수 있는 영적인 만족이요 안식이다. 물론 이 시대에 우리가 누릴 수 있는 안식은 충만한 분량의 형태가 아니다. 장래에 참 여호수아이신 주님께서 우리를 천년왕국의 충분한 안식으로 이끄실 것이다.

여기에서 말하는 안식은 다가오는 왕국 안에서 믿는이에게 부여되는 상급까지 연결된다고 보아야 한다. 그러므로 이 안식은 하늘에 속한 것이라고 말할 수 있다. 모세와 여호수아는 이스라엘 백성들을 이끌어서 가나안으로 데리고 들어가려고 했다. 이스라엘에게는 그것이 하나님께서 주시고자 하는 축복인 가나안 땅, 좋은 땅이다. 하나님은 그 땅을 그들에게 축복과 기업으로 주길 원하셨는데 그것은 하나님이 오늘 우리들에게 영적인 가나안을 주기 원하신다는 것에 대한 하나의 예표이다. 이는 오늘 이 땅에서 그 실제를 체험할 수 있고 장래 왕국 안에서는 충만한 누림을 갖게 될 것이라는 것이다. 에베소서 1장에 의거하면 이것은 하늘에 속한 것이다.

영 안에 안식이 있음

우리에게 준 신약의 축복은 보이는 것이 아니요, 보이지 않는 것이다. "보이는 것을 누가 바라리요". 우리가 이 땅에서 바라고 얻고자 하는 참된 안식은 결국 왕국 시대에 충만한 형태와 분량으로 우리에게 다가올 것이다. 그러나 오늘 이 시대에 우리가 만일 여호수아와 갈렙처럼 믿음으로 연합함으로 아들의 음성과 하늘의 음성을 항상 순종하며 정말 친근하게 바짝 붙어서 그분을 따르지 않는다면 우리는 이런 안식을 놓칠 것이다. 이것이 문제이다. 물론 우리는 이 시대에서도 안식을 누릴 수 있다. 이것은 영과 관계가 있다. 영 안에 안식이 있다. 왜냐하면 안식은 사실 주님 자신이기 때문이다. 주님이 있을 때 거기에 안식이 있다. 우리 주님이 자신을 안식일의 주인이라고 하셨다. 따라서 주님이 없으면 우리에게 안식이 없다. 주님이 이 시대에 우리에게 말씀하실 때 사실 그 말씀도 주님 자신이다. 이 말씀을 우리 속에서 받아들여서 우리 안에 거하게 하고 우리 자신은 아무것도 하지 말아야 한다. 그러므로 안식이란 사람이 무엇을 하는 것이 아니라 하나님이 우리 안에서 모든 것을 하시는 것이다. 즉 사람이 하나님 안에서 그리스도를 누리고 그분과의 생명의 교통과 은혜 안에 머무는 것이다. 하나님은 사람을 지으실 때부터 이것을 원하셨다. 그러나 사람은 타락한 후 하나님이 설계하신 그 안식을 잃었다. 사람은 그때부터 방황하고 평안이 없으며 동분서주하며 뭔가를 복잡하게 살아야만 하는 존재로 변한 것이다. 그러나 하나님은 우리에게 그분의 말씀을 믿고 순종함으로 그분의 지으신 사람을 위하여 예비하신 안식의 경지(약속의 땅으로 예표됨)에 머물기 원하신다. 하나님이 자기 자신의 일을 쉬신 것처럼 우리도 자기의 일을 쉬어야 한다. 우리 자신의 일을 그치고 안식이신 주님께서 우리 안에서 역사하시고 일하시며 살아 계실 때 우리는 그 상태를 안식 안에 있다고 말할 수 있을 것이다.

충만한 안식은 왕국 시대에 주어짐

이 시대에 우리는 이런 안식 안에 있기를 힘쓰고 안식 안에 들어가기를 힘써야 한다. 이들이 이 시대의 이기는 자들, 성실한 믿는이들이다. 갈렙과 여호수아 같은 사람들이 바로 이런 사람들이다. 이러한 사람들이 오는 시대에 왕국에서 참되고 충만한 안식을 누릴 수 있게 된다. 이러한 안식 안으로, 참된 가나안 땅으로 우리를 인도하시는 모세와 여호수아가 되시는 분이 예수이다. 그분은 히브리서 1장에서 언급된 바에 따르면 죄를 정결케 하는 일을 하시고 위엄의 보좌 우편에 이미 앉으셔서 하늘에 속한 부르심으로 우리를 부르셨다. 그러므로 우리는 이 땅에 있지만 하늘에 속한 그리스도의 동반자들로서 지금 그 부르심을 받으면서 영적인, 하늘에 속한 가나안을 향해서 걸어가고 있는 것이다. 그 하늘에 속한 가나안 땅을 가리켜서 안식이라고 말한 것이다. 동시에 히브리서 기자는 안식에 들어갈 약속이 남아 있다고 말한다. 여기에서 안식을 이야기할 때는 그것이 하늘에 속한 안식을 말하는 것임을 기억해야 한다. 오늘 이 땅에서 우리가 미리 맛보지만 주님이 약속하신 실제적인 충만한 안식은 오는 왕국 시대에 우리에게 주어지는 것이다.

3b절, 그 말씀하신 바와 같으니 내가 노하여 맹세한 바와 같이 저희가 내 안식에 들어오지 못하리라 하셨다 하였으나

이 구절은 주님이 불순종하는 이스라엘 백성들에게 노하셨다는 것을 말한다. “내 안식에 들어오지 못하리라”. 우리 하나님은 안식의 하나님이다. 안식하지 못하는 자는 하나님을 믿지 못하는 자이다. 그분을 믿는 자는 어떤 상황이 있어도 불안해하거나 초조해 하지 않는다. 그야말로 안식이 있는 것이다. 그분의 범위는 안식의 범위이다. 그분은 영광 안에 계시는 하나님이시다. 그분의 범위는 그 영광 안이다. 그분의 상태는 안식 안에 계시는 상태이다. 안식 안에 있으면 우리가 그리스도와 함께 한다는 것을 알 수 있다. 안식이 없다면 당신은 그리스도 안에 있지 않은 것이다. 그런 상태에 있는 사람은 그리스도의 범위로부터 벗어난 사람이다.

이러한 안식에 들어가는 조건은 말씀을 믿음으로 연합하는 것이다. 즉, 주님의 말씀을 믿는 것이다. 거기에는 대가가 필요하고 인내가 필요하다. 이 땅에 사는 동안 우리는 오로지 주님의 말씀만을 의지해야 한다. 이를 위해 말씀을 깊이 사랑하고 사모하고 갈급해하는 마음을 가져야 한다. 그러나 유대교도들은 주님의 계시의 말씀, 복음의 말씀보다는 눈에 보이는 활동들을 중요시했다. 제물을 드리기 위해 소를 잡고 피를 바르고 양을 잡는 대제사장이 있는 등 많은 형식과 규례를 중시했다. 그러나 믿음의 말씀, 진리의 말씀, 보이지 않는 말씀을 믿음으로 화합하려고 힘쓰는가는 또 다른 문제이다. 오늘 하늘 길을 걸어가는 순례자들의 양식은 주님의 말씀뿐이다. 우리가 붙들고 의지할 것도 말씀뿐이다. 그분의 말씀 외에는 아무것도 의지할 것이 없다. 따라서 그분의 말씀만을 의지하고 믿고 따라가는 것이 이기는 자가 되는 비결이다. 자신의 힘이나 다른 것을 의지로 삼는 것은 실패자가 되는 지름길이다. 그러다가 어려운 환경이 닥치면 불안하고 혼비백산하게 되는데 이는 안식이 아닌 것이다.

창조의 안식—제 칠일 안식

3c-4절, 내 안식에 들어오지 못하리라 하셨다 하였으나 세상을 창조할 때부터 그 일이 이루었느니라 4 제 칠일에 관하여는 어디 이렇게 일렀으되 하나님은 제 칠일에 그의 모든 일을 쉬셨다 하였으며

엿새 동안 하나님이 천지를 창조하신 후 일곱째 날에 안식하시고 그날을 거룩하게 분별하셨다. 출애굽기 20장에서 하나님은 율법을 모세에게 주시면서 일곱째 날인 안식일을 거룩히 하여 지키라고 하셨다. 유대교에는 안식일과 아주 많은 규례와 형식이 있었다. 하나님이 안식일을 거룩히 분별하셨기 때문에 안식에 대해 이야기하면 유대교도들에게 즉시 떠오르는 것은 안식일이었을지도 모른다. 그들은 자신들이 안식을 안다고 생각하면서 안식일을 떠올렸을 것이다. 그러나 여기에서 히브리서 기자는 제 칠일 안식일을 언급하면서 세상을 창조할 때부터 그 일이 이루었다고 하였다. "제 칠일에 관하여는 어디 이렇게 일렀으되 하나님은 제 칠일에 그의 모든 일을 쉬셨다 하였으며"라고 하여 제 칠일 안식일을 언급했다. 그러므로 히브리서 기자가 말하고자 하는 안식은 제 칠일 안식이 아니라 오늘 우리가 들어가야 할 안식이 있다는 것이다. 제 칠일 안식은 창조할 때부터 이미 이루어진 일이기 때문이다.

사람의 타락으로 안식일이 깨짐

5절, 또 다시 거기 저희가 내 안식에 들어오지 못하리라 하였으니

이것은 시편 95편에 있는 말씀에 대한 설명이다.

6절, 그러면 거기 들어갈 자들이 남아 있거니와 복음 전함을 먼저 받은 자들은 순종치 아니함을 인하여 들어가지 못하였으므로

여기에서 우리가 이해할 수 있는 것은 하나님이 창조 후에 세우신 안식일은 결국 인간의 타락으로 인하여 깨졌다는 것이다. 하나님은 사람을 창조하실 때 심히 만족하고 기뻐하시고 안식하셨다. 그러나 사람은 타락하였다. 사람이 타락한 후에 하나님이 만족하셨겠는가? 보시고 심히 기뻐하셨을까? 엄격한 의미에서 창조 후에 안식일은 사람에 의해서 깨졌다고 말할 수 있다. 그 다음에 언급된 "이제 너희가 내 안식에 들어오지 못하리라"고 하신 말씀은 이스라엘 백성의 불순종하는 모습을 보고 노하셔서 하신 말씀이다. "너희가 내 안식에 들어오지 못하리라", "그러면 거기 들어갈 자들이 남아 있거니와 복음전함을 먼저 받은 자들은 순종치 아니함을 인하여 들어가지 못하였으므로"라는 것은 남은 안식이 있다는 것이다. 그들이 만일 순종했다면 들어갈 수 있는 안식이 있었겠지만, 그들이 순종치 아니함을 인하여 결국 여호수아와 갈렙만 들어갔던 것이다.

오늘 우리가 들어가야 할 안식

7-8절, 오랜 후에 다윗의 글에 다시 어느 날을 정하여 오늘날이라 고 미리 이같이 일렀으되 오늘날 너희가 그의 음성을 듣거든 너희 마음을 강퍅케 말라 하였나니 8 만일 여호수아가 저희에게 안식을 주었더면 그 후에 다른 날을 말씀하지 아니하셨으리라

이것은 여호수아보다 훨씬 후에 다윗이 한 말이다. 왜 여호수아보다 훨씬 후에 오늘날 그의 음성을 듣거든 마음을 강퍅케 하지 말라고 말했겠는가? 이것은 만일 여호수아가 이스라엘 백성에게 안식을 주었다면 하나님이 다른 날을 말씀하시면서 '오늘날 그의 음성을 듣거든 마음을 강퍅케 하지 말고 안식에 들어가라'고 말할 필요가 없었다는 의미이다. 그러니 그 때 여호수아의 인도에 따라 가나안에 들어간 이스라엘 백성들은 참 안식에 들어간 것이 아니라는 말이다. 그것은 하나의 예표이다. 따라서 이것은 바로 오늘을 두고 한 말이라는 의미이다. 이것은 당시 초대교회의 히브리 그리스도인들에게 오늘 그들이 여전히 들어갈 안식이 있다는 것을 이야기해 주는 말이다. 우리 앞에 들어갈 안식이 없다면 여호수아 후에 다윗이 시편에서 '오늘날 그의 음성을 듣거든 마음을 강퍅케 하지 말라'고 말할 필요가 있었겠는가? 라는 것이다. 이러한 말씀에 따르면 이 안식은 오늘 우리가 들어가야 할 안식이라는 말이 된다.

하나님의 백성에게 남아 있는 안식

9절, 그런즉 안식할 때가 하나님의 백성에게 남아 있도다

이것이 히브리서 기자의 결론의 말이다. 하나님의 백성에게 남아 있는 안식이 있다. 다른 곳에서는 안식이라고 되어 있는데 여기에서는 영어로 'sabbath rest'로 되어 있다. 'sabbath'란 말은 헬라어에서 안식일을 지킬 때의 'sabbath'를 말한다. 헬라어로 안식은 '사바티스모스'로서 '축하하다'의

'사바티제인'이란 동사에서 파생한 것이다. 그러므로 어원적으로도 안식이란 다만 휴식하는 개념이 아니라 즐거움과 기쁨을 포함하는 개념이다.

당시의 유대인들은 제 칠일 안식일을 지키면서 자신들이 안식일을 지키고 있다고 자랑했을 것이다. 그러나 여기에서 히브리서 기자가 말하기를 진정한 안식의 때가 하나님의 백성에게 남아 있다고 했다. 이는 안식에 들어가기 위해서는 영적 세계에서 안식하는 단계가 있다는 것을 아는 것이 중요함을 의미한다. 히브리서 기자는 사람들이 광야생활을 너무 오래 하다보면 그 삶에 익숙해져서 그러한 생활이 일상적이고 보편적이라고 생각하는 경향이 있다는 것을 알았다. 그들은 '항상 마음이 미혹되는' 삶을 살다보니 그러한 생활이 정상이라고 믿는 단계까지 이른 것이다. 그러나 사도는 가르친다. 하나님이 거하시는 안식이 있으며 예수께서 여호수아로서 이미 들어가신 안식이 있다는 것이다. 진정한 안식은 주 예수님 자신과 그분이 이뤄놓으신 것 가운데 있다. 이것이 오늘날의 약속의 땅이며 우리를 위해 예비된 것이다. 이는 매순간 우리의 걱정과 근심, 염려와 방황으로부터 자유케 되는 안식이고 하나님이 모든 것 되시는 안식이다.

10절, 이미 그의 안식에 들어간 자는 하나님이 자기 일을 쉬심과 같이 자기 일을 쉬느니라

그러면서 이미 그의 안식에 들어간 자는 하나님이 자기 일을 쉬심과 같이 자기 일을 쉰다고 말했다. 그러므로 당신이 만일 진정한 안식을 누리는 사람이라면 하나님이 쉬시는 것처럼 당신도 쉴 것이다. 안식에 들어가는 것이 신약의 성도들이 신앙생활의 목표이다. 이는 매우 중요한 사상이다. 오늘 날 수많은 신자들이 문제가 무엇인가? 주님을 위해 일하려고 하지 않는 것이 문제가 아니라 하려는데 문제가 있다! 안식이 무엇인지를 모른다면 주님의 일을 할 수 없다.

"이미 그의 안식에 들어간 자는". 이것은 주 예수 그리스도를 가리키는 것이다. 이것은 영어 문장 "he who has entered into His rest has himself also rested"에서와 같이 '자(he)'가 단수로 쓰인 것을 보아 알 수 있다. 4절에서는 하나님이 창조 때 안식하신 것을 이야기하고 여기에서는 주 예수 그리스도가 십자가에서 구속의 모든 역사를 이루시고 안식에 들어가셨다고 말한다. 히브리서 기자가 이런 말을 하는 이유는 이미 안식에 들어갔다고 하지 말라는 것을 강조하려는 것이다.

또한 10절은 이 땅에 신앙생활 하는 성도들 중에 이미 안식에 들어간 자들이 있음을 말하는 것이다. 이는 아마도 히브리서 기자 자신의 체험도 포함하리라고 본다. 이 말씀에 근거할 때도 안식에 들어가는 것은 죽음으로 인하여 가는 천국을 말하는 것이 아님을 알 수 있다. 내가 대만에 갔을 때 어느 그리스도인의 장례집회에 참여한 적이 있는데 그 집회 이름이 '안식집회'였다. 이는 그 죽은 성도가 안식 안에 들어갔음을 의미하는 것이었다. 그러나 오늘 우리 살아 있는 성도들 가운데도 '안식집회'를 할 수 있다. 진정으로 자신의 일을 쉬고 하나님께 온전히 의탁하고 믿는 자들의 모임은 안식집회인 것이다.

하지만 사도가 여기서 말하고 있는 안식은 수동적이며 태만한, 어떤 후퇴한 상태를 말하는 것이 아님을 알아야 한다. 이는 바울이 "내가 산 것이 아니요 오직 내 안에 그리스도께서 사신 것이라"의 말씀과 "나도 내 속에서 능력으로 역사하는 이의 역사를 따라 힘을 다하여 수고하노라"의 말씀을 참조하여 이해할 수 있다. 하나님의 안식 안에 들어가는 것은 단순히 수고나 일을 하지 않는 것을 말하는 것이 아니라 자신의 노력을 그치는 것이며, 하나님의 일하심에 온전한 믿음의 복종으로 자신을 내어 맡기는 것을 말한다. 안식의 주인이신 주님도 "아버지께서 일하시니 나도 일한다"고 하셨다. 외면적인 일이 아니라 내적인 그리스도의 안식에 들어가 있는가가 관건이라는 말이다.

참 안식을 누리기 위해 자기 일을 쉼

"이미 그의 안식에 들어간 자는 하나님이 자기 일을 쉬심과 같이 자기 일을 쉬느니라". 우리는 오늘 이 시대에 이 안식을 누려야 할 필요가 있다. 오늘 우리는 이 안식에 들어가기를 힘써야 한다. 안식하는 사람의 특징은 자신이 그 무언가를 하지 않는 데 있다. 우리는 우리의 일을 쉬어야 한다.

구약 성경에서는 안식일에 나무하는 사람을 돌로 쳐서 죽이라고 했다. 이것은 우리의 일을 하지 말고 안식하라는 뜻이다. 우리가 하지 않고 그리스도께서 하셔야 한다. 신약 시대에 주 예수님이 오셨을 때 그분은 안식일에 병을 고치심으로 안식일을 범하셨다. 주님이 안식일을 범하셨다는 것으로 당시에 많은 유대교도들이 주님을 비난하였다. 그러나 참 안식은 주님 자신이시며 주님만이 사람에게 참 안식을 주는 분이시다. 그러므로 우리가 오늘 참 안식을 누린다는 것은 외적으로 무언가를 하느냐 하지 않느냐에 있지 않다. 외적으로 아무것도 하지 않더라도 안식이 전혀 없는 사람이 있는가 하면 외적으로 많은 일을 하더라도 안식이 충만한 사람이 있다. 어떤 사람의 활동이 완전히 자아 중심적이며 스스로의 의도와 노력과 지혜에 의한 것이라면 그것은 안식이 없는 것이다. 안식 안에 들어간 사람이란 스스로의 일을 끝내고 주님의 말씀에만 온전히 순종하는 상태에 들어간 사람이다. 간단히 정의한다면 사람 스스로가 아무것도 하지 않는 이가 안식하는 사람인 것이다.

예수는 죽음을 통해서 안식 안에 들어가셨다. 예수님을 통해서 안식으로 인도 받는 사람은 필히 죽음을 통해서 인도함을 받아야 한다. 당신은 예수와 함께 죽었고 예수 안에서 죽은 것이다. 우리 몸이 죽으면 수고를 그치고 쉴 수밖에 없듯이, 영적으로 우리는 그리스도와 함께 죽었으니 쉬지 않을 수 없다. 율법에 대하여 죽기 전에는 일로부터의 안식은 있을 수 없다. 우리의 일을 쉬는 것과 하나님의 안식에 들어가는 것은 동시적인 일이다. 안식은 내가 아니요 그리스도이다.[4)]

오늘 날도 바른 길을 걸어가다가 벗어나는 것은 아직도 자신이 죽은 자임을 보지 못하고 자신의 육체를 신뢰하여 뭔가 하려고 하다가 실족하는 것이다.

---

4) 앤드류 머레이는 "불신자는 '그리스도가 아니요 나' 이며, 나태한 그리스도인은 '나와 그리스도' 인데, 내가 먼저고 그리스도는 나의 부족한 것을 채워주는 분이라고 하였다. 더 나아가 믿음의 자세가 성실해질수록 '그리스도와 나' 가 되는데 그리스도가 제 1이고 나는 제 2이다. 그리스도와 함께 죽은 사람에게는 '내가 아니요 그리스도' 인데 그리스도 한 분 뿐이고 그리스도가 전부가 된다. 그 사람은 그의 일을 그친 자요 그리스도가 그 안에 사는 자이다" 라고 하였다.

주님께서 우리 안에 사시게 함

그러나 비록 구약 시대의 예표이지만 안식의 땅에 들어가기 전에 요단이 있다는 것을 기억해야 한다. 요단을 건너지 않고 가나안에 들어갈 수 있는 사람은 아무도 없다. 그렇다면 요단은 무엇을 하는 곳인가? 우리 자신을 장사 지내는 곳이며 묻는 곳이다. 자아가 끝나지 않은 사람은 안식을 누릴 수 없다. 그러므로 여러분에게 전할 하나의 복음은 여러분은 아무것도 할 필요가 없다는 것이다. 여러분의 활동을 그치고 주님께서 우리 안에 사시게 해야 한다. 이것이 참 안식이다. 하나님이 얻고자 하시는 사람은 바로 이러한 사람이다.

왜 하나님이 창조를 마치신 후에 매우 기뻐하셨겠는가? 그 이유는 하나님을 나타내는 사람, 하나님을 표현할 사람을 얻으셨기 때문이다. 하나님은 하나님의 형상과 모양대로 사람을 지으신 후에 기뻐하셨다. 하나님이 보기를 원하시고 기뻐하시는 사람은 안식하는 사람이라는 것을 아는 것은 매우 중요하다(마 11:25-30). 우리가 그분을 표현하는 무리가 되기 위해서는 우리 자신이 어떤 것도 해서는 안 된다. 그분께서 우리 안에 더 역사하시고 더 행하셔야 한다. 그럴 때 이 땅에는 그리스도의 형상을 표현하는 무리가 있게 된다. 그 때에 하나님은 안식을 얻으시고 기뻐하시고 만족하실 수 있게 된다. 왜냐하면 이것이 하나님의 목적과 관계되기 때문이다. 자신이 무언가를 하려고 계속 시도하는 사람은 안식이 없는 사람이다. 갈라디아서로 보면 율법 아래에 있는 사람이 바로 안식이 없는 사람들이다.

십자가가 안식의 자리임

"수고하고 무거운 짐진 자들아 다 내게로 오라 내가 너희를 안식하게 하리라"(마 11:28). 무엇을 할 필요가 없다. 십자가가 안식의 자리이다. 그 이유는 십자가가 죽음의 자리이기 때문이다. 자아가 끝나는 곳이 바로 안식의 위치이다. 그 위치에 서 있으면 항상 안식이 있다. 그러나 사람은 항상 그 위치에만 머물러있지는 않는다.

때로 나는 어떤 봉사를 해야만 하는가라고 생각할 때가 있다. 내가 봉사를 하려고 하면 할 수 없게 하는 상황이 벌어진다. 봉사를 하지 않으려고 하면, 하지 않으면 안 되는 상황이 벌어진다. 봉사를 하려는 상황에서 안식을 하려고 하면 봉사를 할 수 없도록 나무를 흔들듯이 자신을 흔드는 일이 일어나고, 다시 하지 말아야겠다고 생각하고 하지 않으면서 안식을 누리려고 하면 하지 않을 수도 없는 상황이 되어 버린다. 그때 나는 아주 괴로워하면서 "하나님, 할 수도 없고 하지 않을 수도 없고 어떻게 해야 합니까?"라고 고백했다. 나의 이런 반응을 통해서 내 스스로가 안식이 무엇인지를 배우지 못한 사람임이 드러나게 되었다. 이것은 체험적인 이야기이다. 그 후에 조금씩 깨달은 것은 "너는 무엇을 하려는 데서 안식을 가지려 하지 말고, 또 무엇을 하지 않으려고 결심함으로 마음의 안식을 가져보려 하지 말라. 다만 너는 너의 자아가 없는 죽은 위치, 내가 사는 위치에서 있으라. 너는 거기에서 나의 음성을 듣고 따라 순종하면 된다. 내일 일은 걱정하지 말라. 어떤 사역이나 봉사를 하든 하지 않든 모든 것을 나에게 맡기라"는 주님의 음성이었다. 이런 음성을 통해서 죽음의 위치에 서는 것을 조금씩 배우면서 안식이 무엇인지를 알 수 있게 되었다. 나에 대해서 "당신은 하지 않는다고 하면서도 하고, 한다고 하면서도 하지 않는다"고 생각하는 사람도 있을 것이다. 이와 같이 안하는 듯 하고, 하는 듯 안하는 이것은 비밀스런 것이다. 그러한 사람은 이 땅에 아무런 기반을 가지고 있지 않다.

우리가 기억해야 할 것은 하늘에 속한 동반자들은 이 땅에 뿌리가 없다는 것이다. 그들은 이 땅에 기반을 두지 않은 사람들이다. 오직 하늘에 속한 그리스도와 동행하는 사람들이다. 사실 교회는 그러한 사람들의 무리이다. 하늘에 속한 나그네들의 단체적인 유기체가 교회이다. 땅에 깊이 뿌리를 박고 터전을 잡고 있으면서 예수를 믿는 사람들을 교회라고 이야기하지 말라. 그것은 롯과 같은 교회든지 아니면 완전히 강을 건너지 않은 그리스도인들의 상태일 것이다.

안식에 들어가기를 힘씀

11절, 그러므로 우리가 저 안식에 들어가기를 힘쓸지니 이는 누구든지 저 순종치 아니하는 본에 빠지지 않게 하려 함이라

여기에서 히브리서 기자는 안식에 들어가기를 힘쓰라고 했다. 이 말씀은 둘 중 하나의 개념을 전달한다. 하나는 안식에 들어가는 것이 있다는 것이고 또 하나는 광야에 엎드러져 죽은 순종치 않던 이스라엘 백성들의 본이 있다는 것이다. 1절의 미치지 못할 자가 있을까 함이라는 말은 늦추지 말라, 지연시키지 말라는 뜻과도 관계가 있다. 힘쓴다는 말에는 부지런하고 재촉하라는 뜻이 포함되어 있다. 안식에 들어가려는 태도는 이와 같아야 한다. 오늘 못하면 내일 한다는 태도는 지연시키는 태도이고 미치지 못할 위험이 도사리고 있는 상태이다. 그러나 만일 당신이 안식에 들어가기를 힘쓰는 그리스도인이라면 당신은 안식에 들어가는 생활을 위해서 간절히 사모하고 서두르고 심지어 조급해 할 것이다. 결국 안식에 들어가는 것에 대해 다급해 하는 사람들이 안식에 들어가는 사람들이다. 누가 안식에 들어가는 사람들인가? 그 자세부터 알 수 있다. 못 미칠까봐 두려워하는 자들 가운데 있을 것이다. 들어가기를 힘쓰는 자들 가운데 있을 것이다.

그러므로 안식에 들어가려면 다른 비결이 없고 안식에 들어가기를 힘써야 한다. 이렇게 힘쓴다고 할 때 무엇이든 스스로의 힘으로 이루어야 하는 것처럼 생각지 말라. 오히려 모든 자아의 노력이 끝나야 한다. 우리가 그리스도와 함께 죽음 안에서 자아를 완전히 포기하지 않는 한 자아 생명은 일하기를 멈추지 않을 것이다. 당신은 예수와 함께 죽고 함께 장사되었고 예수 안에서 함께 살리심을 받았다. 그러므로 주 예수께서 말씀하신 것처럼 자신의 생명을 미워하고 잃어야 한다. 자신의 일을 그치고 겸손하게 자신의 모든 선행의 무익함을 아는 가운데 하나님 앞에 자신이 아무것도 아닌 것으로 여기며 경배하기 바란다. 그러면서 예수를 안식으로 인도해 들이시는 여호수아로 신뢰하기 바란다.

이스라엘은 당시에 단순히 여호수아를 믿고 따르면 되었다. 그러므로 당신도 스스로 무엇을 하려고 애쓰지 말고 그분 자신이 당신 안에서 복되신 일을 하시도록 자신을 의탁하기 바란다. 이것이 안식에 들어가기를 힘쓰는 비결이다. 그리고는 믿음과 인내로 약속을 받는 자들을 따르라! 이스라엘 백성이 가나안에 들어가서 안식을 온전히 얻기까지는 시간이 걸렸다(수 22:3-4). 진정한 안식은 승리를 포함한다.[5] 여호수아의 생애가 끝날 무렵 많은 전쟁이 끝나고 안식이 주어졌다. 이 그림을 통해 하나님의 안식에 들어가려면 많은 싸움의 과정이 필요함을 알 수 있다. 전쟁이 어렵다고 중도에서 그쳐서는 안 된다.

그러므로 이기는 자의 영은 현실에 만족하지 않는 자의 영이다. 여호수아와 갈렙의 영을 한번 생각해 보라. 그들 앞에 난관이 있었지만 그들은 "저들은 우리의 밥이다"라고 했다. 하나님의 말씀을 의지하고 믿음으로 연합한 사람들의 영은 하나님의 뜻이 이루어지지 않았는데 우리가 어떻게 여기에서 머물 수 있겠느냐고 한다. 이러한 영이 필요하다. 약속을 받기 위해서 간절히 사모하고 전진하는 영을 소유한 자들이 오늘 이 시대의 이기는 자이다. 그들은 끝까지 싸워서 대적을 이기는 자들이다. 그 땅에서 주된 대적이 섬멸되고 백성들이 그 땅을 분배받았을 때 거기에 안식이 있게 된 것이다. 이 지점까지 계속해서 나아가야 한다. "지금 같은 교회생활이 좋다. 이대로 두라"고 하는 사람은 여호수아와 갈렙과 같지 않다. 우리에게는 힘쓰는 영이 필요하다. 계속해서 나아가려는 영이 없는 자는 안식에 들어가려고 힘쓰는 자가 아니다.

살아 있고 운동력 있는 말씀

12절, 하나님의 말씀은 살았고 운동력이 있어 좌우에 날선 어떤 검보다도 예리하여 혼과 영과 및 관절과 골수를 찔러 쪼개기까지 하며 또 마음의 생각과 뜻을 감찰하나니

히브리서 기자가 안식에 들어가길 힘쓰라고 말한 후에 곧바로 하나님의 말씀에 대해서 말한 것은 이해하기가 쉽지 않다. 앞의 말씀과 12절의 말씀

5) 여호수아서에는 "하나님께서 네 주위의 모든 원수로부터 네게 안식을 주실 것이요 너는 안전하게 거하리라", "주께서는 그들 주위에 안식을 주었고 주의 모든 대적들을 그들의 손에 붙이셨더라" 고 한다. 이 모든 말씀들은 안식이 승리와 함께 온다는 것을 의미한다.

을 연결하여 이해하기가 쉽지 않다는 뜻이다. 일반적으로 많은 성경학도들이 히브리서 4장11절까지와 12절부터의 말씀을 구분하여 생각한다. 그러나 이 말씀은 사실 11절까지의 말씀과 연결된다. 안식에 들어가기 위해 필요한 것은 검보다 예리한 말씀이다. 그 말씀이 우리 영혼에 들어와 찔러 쪼개야 한다. 우리가 안식에 들어가지 못하는 것은 말씀의 예리한 수술이 없기 때문이다. 모든 것이 두루뭉실하고 혼돈 상태이므로 안식하지 못하는 것이다. 무엇이 혼돈인가? 하나님을 위한다는 명목하에 많은 육체의 동기들이 숨어있는 것이다. 영과 혼이 다 섞여진 것이다. 이런 상태는 예리한 말씀이 아니면 해부해 낼 수 없다. 따라서 우리가 안식에 들어가기를 힘쓸 때 우리에게 필요한 것은 살았고 운동력 있는 말씀이다. 어떤 사람에게는 하나님의 말씀이 살아있지 않고 운동력이 없어 어떤 영향력이나 효력을 주지 않는다. 그러나 어떤 사람에게는 주님의 말씀이 살았고 운동력이 있다. 그런 사람은 바로 안식에 들어가기를 힘쓰는 영을 가진 사람이다. 믿음으로 말씀에 연합하려고 하는 사람이다. 아들의 음성을 들을 때 마음을 강퍅하게 하지 않고 좋은 마음, 좋은 땅으로 말씀을 받아서 결실하는 사람이다. 그런 사람들에게는 이 말씀이 그 속에 들어가서 살아 움직이고 역사할 수 있게 된다. 이것이 바로 순종하는 사람들 속에서 역사하는 살아 있고 운동력이 있는 말씀이다.

살아있고 운동력 있는 말씀을 체험하기 위해서는 말씀에 대한 태도가 매우 중요하다. 말씀을 향해 간절한 마음으로 이것이 그러한가 하여 말씀을 자주 읽고 묵상하고 외우고 기도하여 마음속에 거하게 함으로 말씀과 깊이 관계를 맺는 사람들에게는 반드시 그 속에서 말씀이 역사한다. 그 안에서 말씀이 살아 있고 운동력이 있어 좌우에 날선 어떤 검보다도 예리하여 영과 혼과 및 관절과 골수를 찔러 쪼갤 수 있다. 이렇게 말씀과 합당하게 관계를 맺은 사람들에게 말씀이 역사한다. 만일 우리가 신문이나 잡지를 보듯이 말씀을 읽는다면 그 말씀이 우리에게 역사할 수 있겠는가? 역사할 수 없다. 그러나 우리가 말씀을 중심에 받으려는 마음으로 간절하게 읽는다면 이 말씀은 우리 속에서 날선 검이 되어 우리의 마음을 찔러 "이것은 너의 혼이다. 너의 자아이다. 육이다"라는 것을 알려 줄 것이다. 따라서 게으르고 태만한 영혼의 사람들은 안식에 들어갈 수 없다. 자신의 영과 혼이 분리되는 것을 원한다면 부지런히 자신을 제단에 드리고 날선 검의 말씀이 영혼과 관절과 골수를 쪼개어 모든 것이 명백하게 드러나도록 하는 수고를 해야 하기 때문이다.

영은 하나님의 생명이 자리잡고 있으며 하나님 중심적이다. 반면 혼은 자연적 생명이 자리잡고 있으며 자아가 중심이다. 타락한 후 인간의 영은 천연적인 자아 생명의 지배 아래로 떨어졌다. 하나님의 말씀은 그 혼란된 영과 혼의 부분들을 나누고 도려낸다. 또 사람의 마음의 모든 악심들과 불신, 자아 중심적인 생각들을 드러낸다. 오늘날 하나님의 음성을 들을 때 마음을 강퍅하게 하지 말고 들어야 한다. 은밀한 생각과 의도가 조사되고 판단되기 위해서 하나님의 말씀의 판단을 받도록 자신을 드려야 한다. 그럴 때 대제사장이신 하나님은 그런 드려진 신자를 해부하고 각을 떠서 미혹된 것과 불신앙과 자신을 위한 길에서 해방시키고 소생케 하고 바른 길로 인도하신다. 오늘 자신을 드려서 모든 것이 그분 앞에 나타나게 해야 하나님의 손에 빠져 들어가거나 소멸하는 불에 떨어지지 않게 된다.

오늘 날 수많은 그리스도인들의 문제가 무엇인가? 우리가 볼 때 참 안식 안에 들어간 사람들은 극소수라고 판단된다. 문제는 무엇인가? 여전히 그들이 자신 안에 살고 그들 안에 그리스도께서 살지 않는다. 자아중심적인 사고와 삶에서 벗어나지 못했다. 중심이 자기요 자신의 이생의 삶이다. 그리고 자신의 혼돈된 자아와 영혼의 상태를 그대로 방치하기 때문이다. 그 결과는 이스라엘 백성들이 광야에서 방황하다가 쓰러지듯이 요단을 건너 약속의 땅에 이르지 못하고 죽는 것이다. 결국 성도들이 가다가 미혹되고 길을 벗어나는 것은 말씀이 그들의 속 각부분을 찔러쪼개지 않았기 때문이고 말씀으로 해부되지 않아서이다. 말씀이 자신의 영혼을 다 감찰하게 하고 회개할 수 있는 사람은 미혹되지 않는다.

13절, 지으신 것이 하나라도 그 앞에 나타나지 않음이 없고 오직 만물이 우리를 상관하시는 자의 눈 앞에 벌거벗은 것같이 드러나느니라

모든 것이 하나님 앞에 다 드러난다. 영과 혼과 관절과 골수가 다 드러나게 된다. 무엇이 영인지 혼인지.. 나의 간증을 좀 하자면, 나의 생활 가운데 감사함이 적었을 때 "기도에 감사함으로 깨어 있으라"는 말씀을 인해 마음에 찔림을 받았다. "그것은 영이 아니다. 그것은 너의 혼(자아)이다. 네가 다른 사람을 용서하고 일에 욕심을 갖지 않고 비운 것은 좋지만 너에게는 감사함이 충만하지 않다. 너는 감사함으로 깨어 있지 않다." 이 말씀이 내 영과 혼을 찔러 쪼갤 뿐 아니라 관절과 골수까지도 찔러 쪼개는 듯한 느낌이 들었을 때 마음이 아팠다.

만물이 자기를 상관하시는 자의 눈 앞에 벌거벗은 것같이 드러난다고 했다. 우리는 자신이 드러나는 것을 부끄러워하면 안 된다. 말씀 앞에 우리 자신을 열어야 한다. 만일 우리가 안식 안에 들어가고 싶다면 말씀 앞에 자신을 열어야 한다. "하나님, 당신이 저를 당신의 말씀으로 찌르고 구별하고 심판하실 때 제가 틀린 것이 많이 드러난다 할지라도 두려워하지 않겠습니다. 비추어 주시며 드러내 주소서."라고 기도한다면 하나님은, "이것은 너의 혼이다. 너의 자아이다. 이것은 너의 욕심이다. 악한 동기이다"라고 하나하나 드러내어 주실 것이다. 지으신 것이 하나라도 그 앞에 나타나지 않음이 없고 모든 것이 그분 앞에 벌거벗은 것같이 드러난다. 왜냐하면 그분이 창조주이시기 때문이다. 그분이 드러내시면 드러난다. 무엇으로 드러내는가? 그분의 진리의 말씀으로 드러내신다. 진리의 말씀을 늘 가까이 하며 그 말씀이 자신을 감찰하게 하는 사람은 복이 있는 사람이다.

큰 대제사장

14절, 그러므로 우리에게 큰 대제사장이 있으니 승천하신 자 곧 하나님 아들 예수시라 우리가 믿는 도리를 굳게 잡을지어다

하늘에 속한 예수 그리스도는 지금 하늘에 계신다. 여기서 '있으니'라고 한 말은 중요하다. 우리가 큰 대제사장을 가지고 있다는 것이다. 예수의 위대성과 영광과 그분의 어떠하심을 아는 것이 힘차고 거룩한 삶을 사는 비결이다. 그분은 우리를 하나님께 인도하여 거룩하신 그분의 생명과 교제 안으로 우리를 인도할 수 있는 대제사장인 것이다. 그분이 누구인지를 아는 것이 우리의 믿는 도리를 굳게 잡는 힘이다.[6] 그분이 우리를 위해 무엇이 되셨는가를 아는 것은 우리의 믿음을 위해서 매우 중요하다. 하늘 위에 오르신 대제사장을 가진 형제들아! 우리의 믿는 도리를 굳게 잡아야 할지라!

여기에서 하나님의 아들 예수를 '승천하신 자'라고 말한다. 대제사장이신 예수는 이 땅에 계실 때 아론의 반차를 따라 아론처럼 우리를 위해 대속의 사역을 하셨고 승천하신 후에는 멜기세덱의 반차를 따라 대제사장의 일을 수행하고 계신다. 지금 승천하신 대제사장이신 하나님의 아들 예수 그리스도께서는 우리를 돌보시는데, 이를 위해 그분이 사용하시는 검이 있다. 구약의 제사장들은 제물을 드릴 때 실지로 날선 칼을 사용했다. 그러나 우리의 대제사장 예수께서 사용하시는 칼은 말씀이다. 구약 시대에는 칼로 제물의 관절과 골수를 쪼갰지만 신약의 대제사장이신 예수는 말씀의 검으로 혼과 영을 찔러 쪼개는 일을 하신다. 이 제사장은 구약의 제사장보다 더 예리하게 쪼개고 드러내신다. 우리는 우리에게 이러한 대제사장이 계시다는 것을 반드시 알아야 한다. 우리에게 있는 대제사장은 승천하신 자, 하나님의 아들 예수시다. 그분은 왜 하늘에 오르셨는가? 신성한 능력으로 하늘의 생명을 우리에게 전달하시기 위함이다. 승천하신 예수 그리스도께서는 오늘 우리에게 하늘의 순결함과 능력과 거룩함과 생명을 분배하고 계신다.

우리의 연약함을 체휼하심

15절, 우리에게 있는 대제사장은 우리 연약함을 체휼하지 아니하는 자가 아니요 모든 일에 우리와 한결같이 시험을 받은 자로되 죄는 없으시니라

6) 지성소. 벧엘서원. 앤드류 머레이. p.140

이 말씀은 연약한 우리로 하여금 하나님께 가까이 나아갈 수 있는 용기를 주기 위해 기록되었다. 그분은 이 땅에 우리처럼 사셨기에 연약함을 충분히 이해하시고 도우실 수 있다는 말이다. 여기에서 이 부분에 대한 영어 성경의 일부를 참고하겠다. "For we do not have a High Priest". 대제사장에 대해 말할 때 'have' 동사를 사용하였므로, 이 문장은 '우리에게 있는' 대제사장이 아니라 '우리가 가진 대제사장'으로 해석해야 한다. 유대교도들은 이 땅에 있는 눈에 보이는 대제사장을 가지고 있었다. 그러므로 유대교도들은 그들을 사용하기가 매우 쉽다고 생각했을 것이다.

오늘 우리는 하늘에 속한 부르심을 받은 영적인 이스라엘이며 영적인 그리스도의 동반자들이다. 그리고 우리의 대제사장은 하늘에 계신 분이다. 하늘에 계신 대제사장의 역사와 기능은 땅에 속한 것과는 다르다. 우리는 어떠한 대제사장을 가지고 있는가? 당시에 유대교인이 "우리는 대제사장을 가지고 있는데 당신들은 가지고 있는가?"라고 묻는다면 히브리 그리스도인들은 할 말이 없었을 것이다. 하지만 히브리 기자는 "너희가 가지고 있다"라고 말한다. 우리의 대제사장은 승천하신 분이다. 우리는 승천하신 분을 대제사장으로 가지고 있다. 여러분은 가지고 있는가? 가지고 있다고 말해야 한다. 이 역시 유대교의 사람들에 대한 비교법이다. 신약의 교회는 모세나 아론보다 더욱 훌륭하고 뛰어난 사도와 대제사장을 갖고 있다고 말하는 것이다.

"우리에게 있는 대제사장은 우리 연약함을 체휼하지 아니하는 자가 아니요 모든 일에 우리와 한결같이 시험을 받은 자로되 죄는 없으시니라". 여기에서는 부정을 이중으로 하여 우리를 반드시 체휼하신다는 것을 강조했다. 그분은 사람이 되셨을 때 시험을 다 받아 보셨기에 우리의 연약함을 체휼하실 수 있다. 우리는 때로 죄를 짓고 시험을 당하지만 예수님은 죄가 없을지라도 시험을 당하셨다. 2장에 보면 주님이 우리의 구원의 원수(元帥)가 되시기 위해서 고난을 받으셔서 온전케 되셨다고 했다. 그분은 우리를 위하여 시험을 당하신 것이지 죄가 있어서 시험을 당하신 것이 아니다. 그분은 시험을 당하셨고, 배고픔도 느껴보셨으며 사람들의 오해와 비방도 받아보셨고, 심지어 사람들의 채찍질과 십자가에 못박힘까지 당하셨다. 우리는 이러한 대제사장을 가지고 있다. 즉 히브리 그리스도인들이 당시에 복음 진리를 순종하려다 당한 많은 어려움들, 핍박들, 아픔들을 긍휼히 여기고 체휼할 수 있는 대제사장을 가지고 있는 것이다. 그러나 그분은 이 땅이 아니라 하늘에 계시다. 예수께서 자신이 시험을 받아보셨기에 우리의 처지를 십분 공감하며 도우실 수 있다는 것이 본문의 뜻이다.

그분은 우리를 인도하실 때 말씀의 검으로 우리를 드러나게 하여 영과 혼을 분리해 주신다. 안식을 이야기한 후에 왜 이런 말씀이 나오는가? 우리의 영과 혼이 분별되지 않으면, 우리가 영 안에 있지 않으면 우리에게 안식이 없기 때문이다. 우리는 주님의 말씀을 받고 말씀과 연합함으로써, 그리스도께서 우리 안에 사시게 함으로써 영 안에 거할 수 있다. 이스라엘 백성들은 애굽에서 나온 후 광야를 통과해서 가나안에 들어갔다. 애굽은 육체 안에서 사는 사람들과 같고, 막 구원을 받고 광야에 온 사람들은 혼 안에서 방황하는 그리스도인과 같다. 당시에 머뭇거리며 방황했던 히브리 그리스도인들 역시 혼 안에서 방황하는 상태였다. 그러므로 말씀이 그들에게 임해야 했다. 말씀이 임해서 그들의 영과 혼을 찔러 쪼갤 때 그들이 영 안으로 들어갈 수 있었다. 영 안에 있을 때 안식 안에 있게 된다.

나는 외국에 나가 교회를 섬기고 봉사한 지 오래 되었다. 3-4개월마다 한 번씩 가는데, 방문하여 말씀을 전하면 그들은 모두 안식 안에, 영 안에 있게 된다. 모든 것이 아주 좋고 평강 가운데 있게 된다. 그러나 3개월 후에 다시 갔을 때 그 사이에 복잡한 일이 생겼는지 그들의 얼굴이 좋지 않게 변해있다. 교활한 사단이 무언가를 집어넣은 것이다. 성도들은 그것이 무엇인지 모른다. 그 때 필요한 것은 검과 같은 말씀이다. 검과 같은 말씀이 그들에게 임할 때 그들의 어려움이 다 드러난다. 영과 혼이 다 분별되어 이삼 일이 지나면 모든 어려움이 다 지나간다. 혼에 속한 모든 것들이 사라지고 그들은 다시 말씀 안에서 말씀과 연합되게 된다. 그리고 그들은 안식에 들어갈 차비를 하게 된다. 이것이 말씀의 사역이다. 하나님의 말씀은 이렇게 중요한 것이다.

그러나 우리에게 하신 말씀과 약속이 있을지라도 우리가 연약한 사람이므로 도와줄 이가 없다면 안식에 들어갈 수 없다는 것을 하나님은 아셨다. 그러므로 우리에게 사도가 있을 뿐 아니라 대제사장이 있는 것이다. 대제사장은 우리의 연약함을 반드시 체휼할 수 있어야 한다. 우리는 얼마나 실망하고 낙심을 많이 하는지! 나도 때로는 좌절하며 낙심에 빠지기까지 한다. 그럴 정도로 연약한 것이 인간이다. 그래서 이 연약한 사람들에게 대제사장이 필요한 것이다. 승천하신 자, 대제사장을 우리는 가지고 있다! 그는 우리의 연약함을 체휼하지 아니하는 자가 아니요 체휼하실 수 있는 분이시다. 반드시 체휼하신다!

은혜의 보좌 앞에 담대히 나아감

16절, 그러므로 우리가 긍휼하심을 받고 때를 따라 돕는 은혜를 얻기 위하여 은혜의 보좌 앞에 담대히 나아갈 것이니라

"담대히 나아갈 것이니라"의 말씀같이 히브리서에서 우리는 그분께 '나아가라'는 말씀을 많이 읽는다(7:19, 10:22, 13:13 등). 우리가 승천하신 대제사장과 체휼하시는 분을 가지고 있으니 담대히 하나님께 나아가라는 뜻이다. 대제사장의 한 가지 일은 우리를 하나님께 이끄는 일이다. 이는 우리가 하나님께 머물며 종일 하나님과의 교제 속에 살 수 있다는 뜻이다. 담대함으로 나아갈 수 있는 것은 그분의 보혈로 인함이다. 그분의 보혈은 우리가 담대히 보좌 앞에 나아가도록 우리를 위해 확보해 놓으신 가치이다. 우리는 주님의 긍휼을 얻어야 한다. 그분은 한결같이 시험을 당하신 분이므로 연약한 우리를 도와줄 마음을 충분히 가지고 계신다. 때로는 나도 너무 잘못했다고 느껴 기도조차 하기 힘든 때가 있다. 그러한 때 우리에게 하나님의 긍휼이 있다는 것을 안다면 "주님, 긍휼히 여기소서"라고 하면서 주님에게 나아갔을 것이다. 그러나 우리가 담대히 나아가지 못할 때가 얼마나 많은지! 담대히 나아가지 못하는 것은 안식을 잃는 것과 관계가 있다. 16절은 우리에게 힘써 안식에 들어갈 수 있는 담력을 주는 권면의 말씀이다. 4장의 전반부에서는 그리스도께서 여호수아로서 우리를 참 안식으로 인도하시는 사도이신 것과 그분은 여호수아보다 더 우월하고 뛰어난 분이시라는 것을 알려 주며, 후반부에서는 그리스도가 대제사장이시라는 것을 우리에게 알려 주고 있다. 예수는 우리의 사도시며 대제사장이시다. 이 말씀은 전체적으로 3장 1절의 말씀의 연속이라고 생각한다.

참 안식

그분은 우리를 안식으로 인도하신다. 이 안식은 하나님의 안식이다. 하나님은 우리가 하나님의 안식에 들어감으로 안식에 참여하기를 원하신다. 그래서 하나님은 구약에서 예표와 모형으로서 가나안 땅, 좋은 땅, 높은 땅을 우리에게 보여 주시고, 결국 신약에서 모든 부요가 충만하신 그리스도, 하늘에 속한 그리스도를 충만하게 누리는 것을 실제 안식으로 우리에게 주신다. 그분은 모든 축복이 가득한 약속의 땅이다. 이 시대에 우리가 안식을 누리는 백성들이 될 때 그분은 거처와 표현을 얻으시므로 하나님도 안식하시고 우리도 안식하게 된다. 그곳이 바로 교회이다. 교회는 그분의 안식처요 우리의 안식처이다. 그러므로 우리는 이 땅에서 뿌리를 박고 안식을 누리는 것을 추구하지 말아야 한다.

우리는 히브리서의 배경을 잘 이해해야 한다. 유대교는 이 땅에 속한 종교이다. 만일 그들이 유대교로 돌아갔다면 땅에 속한 안식을 누릴 수 있었을 것이다. 오해도 받지 않고 핍박도 당하지 않고 재산도 빼앗기지 않을 수 있었을 것이다. 그러나 그들은 진리를 지키다가 아주 큰 환난과 어려움을 당했다. 그들은 이 땅에서 나그네 길을 가면서 믿음을 지키는 증인들을 따라서 하늘 길을 갔다. 이렇게 가는 것이 우리를 안식으로 인도하는 길이다. 우리는 하늘에 속한 안식을 추구해야 한다.

히브리서 4장의 안식은 우리의 천연적인 관념 안에 있는 안식이 아니라 하늘에 속한 안식이다. 유대교 안에서 그들이 추구했던 안식은 땅에 속한 것이었다. 그러나 신약에서 하늘에 속한 그리스도의 동반자들에게 약속한 안식은 하늘에 속한 그리스도, 만유를 포함한 안식이다. 하나님은 하늘에 속한 그리스도를 우리에게 분깃으로 주시기를 원하신다. 그러므로 교회 안에서만 하나님은 만족을 누리실 수 있고 우리도 참된 안식을 누릴 수 있다. 참 안식, 이것은 바로 거기에 있는 것이다.

우리의 인도자이신 그리스도가 필요함

이러한 참 안식을 얻기 위해서는 사도이시며 우리의 인도자이신 그리스도가 필요하다. 우리의 연약함을 체휼하시는 대제사장이 필요하며 대제사장이 말씀으로 우리를 항상 체휼하심이 필요하다. 말씀으로 우리를 찔러 쪼갬이 필요하다. 뿐만 아니라 시험을 받으시고 우리를 동정하실 수 있는 대제사장이 있는 것을 알고 긍휼하심을 받고 때를 따라 돕는 은혜를 얻기 위해서 담대하게 은혜의 보좌 앞에 나아가야 한다.

은혜의 보좌는 하늘에 있다. 그러나 지금은 우리의 영 안에 있으며 우리의 영은 하늘과 연결되어 있다. 나는 오늘날 우리 형제자매의 관념 속에서 하늘을 잊었을까 두렵다. 교회생활의 모든 것을 이 땅에서 누리려고 하지 말라. 하나님은 하늘보다 땅을 좋아하시므로 새 예루살렘도 하늘로부터 땅으로 내려오는 것이라고 생각할 수도 있을 것이다. 한 면으로 하나님이 땅을 관심하시지만 오늘 하나님은 우리를 하늘에 속한 부르심으로 부르셨다는 것을 잊어서는 안 된다. 이제 히브리서 11장에 나타나겠지만 우리는 하늘에 있는 성, 본향을 바라보며 이 땅에서는 나그네로서 살고 있다. 이런 사람이 주님이 원하시는 히브리인이다. 건너야 할 많은 강이 있겠지만 땅에서 하늘로, 땅에 속한 것에서 하늘에 속한 것으로 강을 건너야 한다.

교회는 하늘에 속한 것이다. 그래서 히브리서는 1장부터 예수 그리스도는 죄를 정결케 하는 일을 하시고 하늘 보좌 우편에 앉으셨다고 말함으로써 하늘을 바라보게 하셨다. 우리는 이 땅에서 행하지만 이 땅에서 보이는 것을 따라 사는 사람들이 아니다. 우리는 믿음으로 행하고 보이지 않는 것을 바란다. 우리는 하늘에 있는 집을 바라는 사람들이다. 이러한 소망을 놓쳐서는 안 된다. 그러므로 만일 우리가 안식을 이러한 차원에서 이해하지 않으면 다 땅의 것으로 끌어내릴 수도 있다. 나는 무언가 하늘에 속하고 보이지 않으며 비밀스럽고 영적인 것이 더 있을 것이라고 생각한다. 무언가 더 깊은 것이 있을 것이다.

하나님은 “내 안식에 들어오지 못하리라”, “너희는 순종하지 않고 강퍅하므로 내 안식에 들어오지 못할 것이다”라고 하셨다. 이 말씀을 볼 때 안식은 무언가 축복된 범위임에 틀림없다. 우리가 어찌 말로 이것을 다 표현할 수 있겠는가! “주여, 지식이 아니라 이상 가운데서 우리에게 당신의 말씀을 더 보여 주시고 더 사모하는 마음을 불러 일으켜 주시고 우리가 불순종하는 사람들의 손에 빠지지 않게 하소서. 우리로 안식에 들어가는 무리가 되게 하시고 주님이 예비하신 축복을 얻게 하소서.” 모두 다 이러한 갈망을 갖기 바란다. 우리는 오늘날 성도들 가운데 주님의 말씀을 소홀히 하는 상태의 위험을 지적하지 않을 수 없다. 지금은 가히 지식의 홍수 시대이다. 그래서 다 안다고 하면서 진실하게 주의 말씀 한 말씀 한 말씀을 순종하려 하지 않는다. 이것은 매우 위험한 상태이다. 진정으로 말씀 앞에 두려워 떨며 그 말씀을 사랑함으로 믿고 순종하는 영을 가진 사람을 찾기란 매우 어렵다. 사랑하는 여러분은 반드시 이런 위험에서 구출되기 바란다. 말씀에 대한 절대적인 순종을 위해 기도하기 바란다.

4장은 우리가 참 여호수아이신 예수의 음성을 잘 듣는 데 중점이 있다. 예수의 음성을 들을 때 마음을 강퍅케 하지 않고 말씀을 믿음과 화합해야 한다. “오늘날 너희가 그의 음성을 듣거든 너희 마음을 강퍅케 말라”. 우리는 오늘도 하나님이 아들 안에서 말씀하시는 음성을 들을 때 마음을 강퍅케 하지 말아야 한다. 그분은 언제나 말씀하시므로 우리 밖에서 하시는 말씀(기록된 말씀)이든 우리 안에서 하시는 말씀(성령의 내적인 음성)이든 그분이 말씀하실 때마다 귀를 기울이고 간절히 사모하는 마음으로 받아서 믿음으로 연합하는 생활을 해야 한다. 그럴 때 참 여호수아이신 예수는 우리를 참 안식 안으로 인도하신다. 우리 안에 들어온 말씀은 영향력 있고 운동력 있고 살아 있기 때문에 우리 안에서 많은 역사를 할 수 있다. 이 말씀이 우리를 드러내게 하기 위해서는 우리가 구약의 제물처럼 되어야 한다. 우리는 마땅히 기꺼이 우리 자신을 제물로 주님께 드려서 그분의 말씀의 검으로 우리를 다 드러내실 수 있는 기회를 제공해 드려야 한다. 그럴 때 우리의 혼과 영이 분별되어 말씀 안에서 영으로 들어갈 수 있는 길을 얻고 안식할 수 있게 된다.

"하나님의 안식" 에 대하여

하나님은 사람으로 하여금 방황하며 불철주야로 수고하도록 창조하신 것이 아니라, 사람을 창조하신 후에 그가 안식하기를 원하셨다. 결국 하나님의 뜻이 이루어지는 땅은 하나님의 안식의 땅인 가나안이다. 가나안으로 들어갈 때에 안식이 이루어지고, 하나님의 표현인 성전이 건축되며, 하나님은 그곳에서 그분의 원하시는 간증을 얻으신다. 그러므로 우리가 안식을 얻는 것은 그분의 목적을 이루는 것, 그분의 뜻을 성취하는 것과 관계가 된다. 결국 하나님의 영원한 뜻과 경륜을 성취하는 사람들은 하나님의 안식 안으로 들어간 한 무리의 사람들이다.

만일 오늘날 우리 가운데 아직도 안식이 무엇인지 모르고 광야에서 방황하는 그리스도인만 있다면, 하나님은 그분의 간증(성전으로 예표됨)과 왕국을 얻지 못하실 것이다. 이스라엘이 요단을 건너서 가나안 땅에 들어갔을 때, 비로소 하나님은 그분의 왕국을 얻으셨고, 그분의 표현, 간증을 얻으신 것을 볼 수 있다. 그런데 하나님이 우리에게 안식을 주시기 원하실 때에 우리는 그 안식에 어떻게 들어갈 수 있는지, 또한 어떤 안식이 있는지를 보아야 한다.

창조의 안식—하나님의 계획

첫째는 창조의 안식이다. 창조하신 후에 이미 하나님은 안식하셨다. 하나님이 사람을 지으실 때 사람을 그분의 형상과 모양대로 지으셨다. 사람은 하나의 그릇과도 같다. 사람은 그릇이요 하나님은 그 내용이 되신다. 하나님의 창조 안에서 하나님은 사람이 그분 자신을 내용으로 담기를 원하셨다. 그분의 뜻은 하나님과 사람이 연합하는 것이다. 하나님은 사람의 내용이시며, 사람은 하나님의 그릇이다. 내용이신 하나님과 그릇인 사람은 하나되어야 한다. 그럴 때 하나님의 영원한 뜻이 이루어지며, 사람도 비로소 안식할 수 있다. 우리는 하나님의 계획을 보아야 한다. 완전한 연합을 가질 때 사람은 안식을 누릴 수 있다. 하나님이 우리 안에 들어오시어 하나님과 사람이 완전히 연합될 때 그것이 최고의 안식의 상태이다.

다시 한번 강조하면 하나님은 사람을 그분의 그릇으로 창조하셨다. 그러므로 사람은 하나님을 내용으로 담아야 한다. 그렇지 않으면 하나님에게도 사람에게도 만족이 없다. 그러므로 우리가 진정으로 안식 안에 들어가기 원한다면 하나님과 연합해야 한다. 하나님은 그분의 목적을 이룰 사람을 보실 때 안식하셨다.

연합의 시작-거듭남

하나님은 남편과 같고, 사람은 아내와 같다. 남편과 아내가 진정으로 하나로 연합할 때 안식할 수 있다. 그럴 때 가정생활은 안식 가운데 있게 된다. 남편도 안식할 수 있고 아내도 안식할 수 있다. 그러나 불일치, 불신, 다툼이 있다면 거기에는 결코 안식이 있을 수 없다. 결혼생활 초기에는 남편과 아내가 좋지만 그렇게 깊은 연합 안으로 들어가지는 못한다. 그러므로 달콤한 만족과 안식이 충분하지 않다. 그러나 십 년, 이십 년, 혹은 삼십 년 간의 결혼생활을 통해서 남편과 아내는 결국 더 깊은 연합 안으로 이끌리게 되는데, 그럴 때 진정으로 남편과 아내는 안식이라는 것이 무엇인가를 알게 된다.

하나님과 사람의 연합의 시작이 이루어진 것은 거듭남이다. 이러한 연합은 믿을 때에 시작된다. 그러나 충만한 안식은 아니다. 이제 점점 안식 안으로 들어가야 한다. 이를 위해 우리는 계속 하나님과 교제를 하고, 하나님과 만나고, 하나님과 함께 생활을 하는데, 그러한 과정에서 우리는 때로 하나님을 의지했다가 의지하지 않기도 하고, 때로는 의심도 했다가 믿어도 보는 등 계속 결혼생활 초기와 같은 생활을 갖게 된다. 때로는 내가 좋은 것을 추구하기 위해서 나의 남편 되신 하나님을 제쳐두고 '내가 원하는 것을 할 동안 상관하지 마십시오'라고 하면서 일하기도 한다. 그럴 때에 좋은 듯 하지만 깊은 영 안에는 안식이 없다. 그러다가 일이 실패하여 진정으로 공허하게 되면 하나님을 부르게 되고 다시 하나님과 연결하게 되는데, 그

때에 하나님과 전보다 더 연합하고 좀 더 자신을 하나님께 맡겨야 한다.

말씀의 안식

우리가 주님과 더 깊은 연합을 갖기 원한다면 우리 속에 말씀이 더 조성되어져야 한다. 그럴 때에 더 깊은 안식이 있게 된다. 말씀은 진리이다. 진리의 말씀이 우리 속에 씨로서 떨어지면 그 말씀은 확장되어 뿌리를 내려서 우리 안에 견고하게 됨으로 우리로 하여금 안식할 수 있는 사람이 되게 한다. 그러므로 우리는 진리가 우리 속에 풍성히 거하게 해야 하고 말씀이 우리 속에 자라게 해야 하며 진리를 온전히 알 수 있도록 힘써야 한다. 그렇게 하지 않으면 우리는 안식할 수 없게 된다. 만일 나무의 뿌리가 약하다면 바람이 불 때에 흔들려 안식이 없게 된다. 그러나 뿌리가 견고하게 내렸다면 폭풍우와 바람이 아무리 몰아쳐도 나무는 견고하게 서 있을 수 있다. 그러므로 우리는 말씀으로 인한 안식을 배워야 한다. 진리가 우리 속에 더 많이 있어야 한다. 그럴 때 악한 교훈의 풍조나 악한 흐름이 있어도 우리 속에 굳건한 반석 같은 믿음이 있으므로 흔들리지 않게 된다.

1. 진리를 추구함

그러므로 진리를 더욱더 추구해야 한다. 여러분은 말씀을 연마하듯이 추구해야 한다. 한 번 읽었다고 되는 것이 아니다. 성경을 읽을 뿐만 아니라 앞선 사역자들의 건강한 가르침을 추구해야 한다. 읽고 또 읽어야 한다. 나는 때로 아주 귀한 책은 여러번을 읽었다. 읽고 소화하여 말해보고 또 기도하는 것들을 반복해야 한다. 이렇게 할 때 그러한 말씀들이 내 것이 되고 내 속에 뿌리를 내리게 되므로 사람들이 와서 어떻게 말하더라도 흔들림이 없게 된다. 뿐만 아니라 비 진리를 가지고 있는 많은 사람들에게 적절하게 말해줄 수 있게 되며, 그들에 대해 너그럽고 온유하고 관용하고 겸손한 마음을 가질 수 있게 된다. 이것은 우리 속에 진리의 말씀이 있기 때문이다. 그러므로 말씀 안에서의 안식이 중요함을 보아야 한다.

2. **진리의 조성을 위해 환경이 필요함**

안식을 얻는 것은 길을 가다가 하루아침에 주울 수 있는 것이 아니다. 이스라엘 백성들이 광야를 거쳐, 요단을 건너서 안식에 들어가듯이 오늘 우리도 한 걸음 한 걸음 걸어나가서 하나님이 원하시는 목적지에 이르러야 한다. 그렇게 하려면 시간이 필요하다. '나는 이미 안식에 이르렀다'고 너무 빨리 속단하지 말라. 하루하루 말씀을 추구해 나가야 한다. 그러나 말씀이 속에 조성되려면 읽고, 암기하고, 연구하는 것뿐만 아니라 거기에 더해서 환경이 필요하다. 기도하고 기도로 읽고, 연구하고 외우고 말해보는 것만 필요한 것이 아니다. 어떤 진리를 말할 수 있을지라도 그 말씀들이 아직 내 것이 안 되었을 수도 있다. 체험을 거치지 않은 것일 수 있다.

마가복음 4장은 말씀으로 인해서 환난과 핍박이 임할 때 좋은 땅에 뿌려진 씨앗이 삼십 배, 육십 배, 백 배의 결실을 맺게 된다고 했다. 또한 누가복음은 착하고 좋은 마음, 인내하는 마음으로 말씀을 지킬 때에 뿌리가 내린다고 했다. 그러므로 우리가 외우고 연구함으로 우리 속에 가지고 있는 말씀은 마치 도자기에 그림을 잘 그렸지만 아직 조성된 상태가 아닌 것과 같다. 가마 속에 집어넣어 구울 때 비로소 그림이 도자기와 하나되어 영원히 벗겨지지 않고 비가 와도 지워지지 않게 된다. 진리란 처음 받을 때부터 우리의 혼, 생각 속에 저장할 뿐 아니라 반드시 우리 존재 속으로 조성하기를 힘써야 한다. 그러려면 말씀을 많이 추구하고 환경을 통과해 보아야 한다. 많은 진리가 그런 과정을 통해 우리의 것이 된다. 진정한 안식에 들어가려면, 이 말씀이 우리 안에 진정으로 조성되려면 날선 검이 필요하고, 관절과 골수가 찔러 쪼개져야 한다. 관절은 딱딱한 뼈와 같다. 골수는 그 뼈가 깨져야만 나온다. 우리는 파쇄되어야 하며 깨뜨려져야 하는데, 이것은 많은 환경을 통해서 이루어진다.

아들의 음성을 순종함으로 얻는 안식

한 가지를 더한다면 하나님의 아들의 말씀을 순종하는 것이다. 3장에서는 오늘날 우리가 성령의 음성을 들을 때에 우리의 마음을 강퍅하게 하지 말라고 했다. 진정으로 계속적인 안식 안에 있기를 원한다면 우리는 아들의 음성을 순종하는 가운데에 있어야 한다. 성령께서는 항상 우리에게 말씀하신다. 불순종할 때 안식이 깨진다. 만일 우리가 항상 우리 속에서 말씀하시는 성령의 음성을 따르며 순종한다면 안식할 수 있게 된다. 그러나 우리는 안식과 평강을 깨는 전문가들이다. 그리고서는 괴로움을 당한다. 그러나 우리가 계속적으로 순종할 수 있다면 우리는 결국 안식 가운데 있을 수 있게 된다. 그럴 때 우리는 끊임없는 안식을 누릴 수 있고 유지할 수 있다.

지금껏 우리 속에 진리가 많이 조성되어졌다 하더라도 매순간 주님의 음성을 순종하지 않는다면 우리의 안식은 곧 깨어지고 만다. 그러므로 순간순간 아들의 음성을 들어야 한다. 자기의 뜻, 자기의 일, 자기의 의를 버리고 오로지 그분이 속에서 말씀하시는 음성을 순종해야 한다. 그럴 때 우리는 비로소 진정한 안식을 누릴 수 있다. 주님 자신 이외의 많은 것들을 벗어버려야 한다. 땅에 속한 모든 연결들을 끊어버려야 한다. 그런 것들이 끊어진다 하더라도, 내가 의지했던 것들이 폐해진다고 하더라도 걱정하거나 두려워할 필요가 없다. 왜냐하면 그것이 주님이 원하시는 것이기 때문이다. 그것은 주님과의 더 깊은 연합과 연결을 갖기 위한 것이다. 그럴 때 우리는 주님을 더 많이 우리 속에 받고, 그분과의 더 깊은 연합 안에 들어가 정말 깊은 안식을 누릴 것이다.

자신의 일을 쉼으로 들어가는 안식

그런데 문제는 우리의 자아이다. 자기의 뜻이 있기 때문에 성령의 음성에 항상 순종하지 못하는 것이다. 그러하기에 우리는 자신의 뜻을 거절하고 자기의 일을 쉬는 것을 배워야 한다. 교회 안에서 자기의 일을 내려놓는 것을 배워야 한다. 주님의 일은 주님이 하신다. 나도 지금까지 주님을 섬기면서 점점 내 손에는 일이 없게 되었다. 나는 열심히 일로써 주님을 섬기기를 원했는데 주님은 자꾸 내 손에서 이 일, 저 일을 없애셨다. 내 손에서 일이 점점 줄어들 때 기묘하게 내 속에 안식이 찾아왔다. “이미 그의 안식에 들어간 자들은 하나님이 자기 일을 쉬심과 같이 자기 일을 쉬느니라". 안식 가운데 있는 자들은 자기 일을 쉬는 사람이다. 자기 일이 없는 사람이다. 일이 많이 있는 사람은 안식이 없다.

구약 성경을 읽어보면 하나님은 안식일을 범한 사람들을 아주 싫어하셨다는 것을 알 수 있다. 민수기에서는 이스라엘 백성이 안식일에 나무를 하다 발견됐을 때 그를 돌로 쳐 죽이라고 하였다(민 15:32-36절 참조). 나는 처음에 그것을 읽으면서 너무 심하다고 생각했으며 이해를 할 수 없었다. 그러나 우리가 한 가지 깊이 인상받아야 하는 것은 하나님은 사람이 안식하기를 원하신다는 것이다. 사람이 안식해야 한다는 것은 그냥 쉬라는 것을 의미하는 것이 아니라 '네가 하지 말라'는 뜻이다.

"모든 것은 내가 해야 하며, 너는 다만 그릇이고 나의 표현일 뿐이다. 내가 너의 인격이요 생명이요 모든 것이 되어야 한다. 내가 너의 시작이요 과정이요 마침이요 모든 것이 되어야 한다." 이것이 하나님의 원하심이다. 안식하지 않는 사람은 자신이 하는 사람이므로 하나님이 싫어하신다. 그러나 안식하는 사람은 믿음 안에 있는 사람이다. 하나님을 중심 삼으며, 하나님을 모시고 사는 사람이며, 하나님과 연합하며, 말씀과 연합한 사람이다. 하나님은 이렇게 안식하는 그리스도인들을 간절히 찾으신다. 하나님이 사람을 창조하신 목적은 사람으로 그분과 연합하게 하기 위함이요 그분이 사람의 내용이 되시기 위한 것이다. 연합을 위해서 그분은 그 생명으로, 말씀으로 계속 역사하신다.

교회의 안식

교회를 알아야 함

네 번째는 교회의 안식이다. 우리가 교회, 몸 안에 있을 때 안식이 있다. 히브리서 2장에는 교회가 나오고, 3장에서는 하나님의 집이 나온다. 어떤 사람이든지 자신의 집이 있어야 안식이 있다. 교회는 하나님의 집이고 우리의 집이다. 집이 없는 사람은 안식이 없다. 하나님의 집, 하나님의 교회는 하나님의 영원한 목적과 관계가 있다. 하나님은 우리 개인 안에 거하시지만 또한 단체적으로는 그리스도의 몸 안에 거하시기를 원하신다. 이것은 하나님의 영원한 목적과도 관계가 있다. 오늘 우리가 그리스도의 몸을 알지 못하면 더 충만한 안식을 알 수 없다. 하나님의 창조 시부터 원하신 안식이 단체적임을 아는 것은 중요하다. 모든 지체들이 함께 건축되어 안식 안에 들어가기를 힘써야 하는 것이다. 그러므로 교회의 안식을 배워야 한다. 우리는 지체들과 함께 건축되는 길을 가야 한다. 몸 안에 있어야 하며, 교회를 알아야 한다. 교회에 있을 때, 몸 안에서 함께 안식을 추구할 때 거기 안식이 있게 된다. 이것은 우리의 체험이다. 개인적으로 매우 좋은 그리스도인이라 하더라도 교회의 안식을 모른다면 아직 부족한 것이다.

교회에 심겨져야 함

교회를 알아야 할 뿐 아니라 반드시 교회에 심겨져야 한다. 교회에 심겨질 때 안식이 있게 된다. 지체들과 함께 연결되어 교회에 자신의 뿌리를 내려야 한다. 우리의 모든 일생을 교회에 투자해야 한다. 여기가 참된 교회인지 한 번 살펴봐야겠다는 마음으로 왔다갔다 할 때에 안식이 없다. 여러분 자신을 교회에 투신해야 한다. 교회 안에 투신하는 것도 하루아침에 되는 것이 아니다. 주님과 결혼해야 되고, 또 교회와도 결혼해야 한다. 한 번 결혼하면 이혼할 수 없다. 결혼해서 일생토록 가야 한다. 이것이 교회의 길이다. 이 안에서 우리가 단체적으로 건축되어 지체들을 사랑하고, 자신을 지체들에게 주고, 함께 걸어갈 때 결국 내 자신이 변화되는 것을 보게 된다. 함께 변화되고, 자라는 것을 보게 된다.

진정한 안식을 갖는 이러한 자들, 단체적으로 그리스도를 누리는 자들, 단체적으로 그리스도와 연합하는 자들을 통해서 주 예수 그리스도께서 다시 재림하실 것이다. 우리가 그렇게 단체적인 안식을 누릴 때 단체적으로 그리스도와 연합하여 그리스도의 그릇, 그리스도의 몸이 되어 장차 그분의 신부가 될 것이다. 이를 위해서 함께 전진하는 무리가 되기를 원한다. 주님이 여러분을 축복하시기를 원한다.

하나님의 백성들에게 남아 있는 안식

믿는이들의 목적지—가나안

3, 4장을 읽어보면 안식이 하나의 제목으로 되어 있다. 3장에서 "우리의 믿는 도리의 사도시며, 대제사장이신 예수를 깊이 생각하라"고 말한다. 사도는 모세에 의해서 예표되었으며, 대제사장은 아론의 의해서 예표되었다. 모세는 이스라엘을 데리고 나온 자이고, 아론은 이 땅에서 백성들을 위한 대제사장 직분을 수행하고 멜기세덱은 하늘에서 그분의 영원하고 무궁한 생명 능력을 그분의 백성들에게 떡과 포도주로 공급하시는 그리스도를 예표한다. 히브리서는 이것을 말하고 있다. 그러므로 우리의 사도이신 주 예수님은 모세를 통해서, 또 한 면에서는 여호수아를 통해서 예표된다. 주님은 참 모세, 참 여호수아이시다. 여호수아는 이스라엘 백성을 데리고 가나안에 들어갔다. 모세를 통해 애굽에서 나와 홍해를 거친 이스라엘은 여호수아를 통해 목적지 가나안에 들어가야 했다.

히브리서 기자는 믿는이들이 하나님이 원하시는 가나안에 들어가야 한다는 생각을 가지고 있다. 광야에 있는 그리스도들인은 목적지에 이르지 않는 그리스도인들이다. 그들은 방황하는 자들이다. 하나님은 이스라엘이 홍해에서 이끌려져 광야에서 방황하고 쓰러져 죽기를 원치 않으시고 요단을 건너 가나안에 들어가기를 원하셨다. 히브리 그리스도인들은 당시 광야에서 헤매는 이스라엘 백성들과 같았다. 그들은 광야에서 헤매는 이스라엘 백성들과 같이 하나님을 격노케 하여 다 멸망할 위험에 있었다. 그때 히브리서 기자는 그들에게 오늘날 아들의 음성을 들을 때 마음을 강퍅케 하지 말 것을 경고했다. 오늘 하나님의 말씀에 대한 당신의 태도가 그 안식에 들어갈 수 있을지 없을지를 결정짓는 요인이다.

안식 안으로 들어감

4장에서는 안식을 설명하고 있다. 이 안식은 들어갈 약속이 남아 있는 안식을 말한다. 믿는이들은 이 안식에 들어가는 것이다. 이 안식은 죽은 후에 들어가는 천당이 아니라 오늘 이 시대에 믿음으로 들어가는 안식의 상태이다. 오늘 우리는 이 시대에 그러한 체험 안에 들어가야 한다. 만일 우리가 광야에 사는 그리스도인이라면 안식이 없고 방황할 것이다. 진정으로 가나안에 들어간 그리스도인이라면 방황을 멈추고 안식하며 풍성한 그리스도의 생명을 누릴 것이다. 하나님은 모든 만물을 지으신 후에 안식하셨다. 그분은 그분의 자녀들이 그분의 안식 안에 들어오기를 원하신다. 구약에서는 안식일을 거룩히 분별하여 지키게 했으므로 안식일을 범했을 때 형벌이 임했다. 이것은 안식을 지키는 문제가 큰 문제임을 말해 준다. 안식일은 간단히 말해서 아무것도 하지 않는 것이다. 하나님은 그분의 백성들이 그분의 안식 안에 들어오기를 원하신다. 오늘 우리에게 안식할 때가 남아있다면 그 안식에 들어가야 한다.

하나님이 이루신 사실과 그리스도 안에서 안식함

그리스도인들은 적어도 그리스도의 성육신, 죽음, 부활, 승천, 인격, 역사를 알아야 한다. 그의 죽으심을 통해 우리의 죄만 사해진 것이 아니라 옛 사람까지 못박혔으므로 우리는 죽은 자이다. 또한 우리는 그리스도와 함께 일으키심을 받아 승천하여 하늘에 앉힌 바 되었고, 그리스도는 우리의 생명이 되셨다. 이것이 신약의 진리이다. 이러한 말씀을 굳게 잡고 말씀에 화합해야 한다. 우리가 받은 복음이 이것이다. 우리에게 이러한 인식이 분명하게 있어야 한다. 성도들 가운데 그리스도와 함께 죽었다는 사실을 제대로 깨닫고 있는 이가 얼마나 되는지 모르겠다. 이 사실을 알지 못한다면 결코 안식 안에 들어갈 수 없다. 만일 죽었다면 아무것도 할 필요가 없음을 갈라디아서에서 알려준다. 로마서는 우리가 죄와 율법에서 해방되고 성화되고 영화롭게 됨을 말한다. 하나님을 사랑하고 섬기기를 갈망하는 자들은 항상 무엇을 해야 한다고 생각한다. 그러므로 아무것도 하지 않을 때 불안하게 여긴다. 그러나 자신의 힘으로 무엇인가를 해야 한다고 여기는 것은 잘못된 것이다. 왜냐하면 우리는 이미 그리스도와 함께 죽었기 때문이다. 자아, 죄에 대해 죽었으므로 아무것도 할 필요가 없다. 이것이 복음이다.

오늘날 성도들은 왜 불안해하고 방황하는가? 하나님을 위해서 무엇을 해야 한다고 여기기 때문이다. 나쁜 일을 하자고 하면 싫어하지만 옳고 좋아 보이며 하나님이 원하시는 것이라 여길 때에는 다 하려고 한다. 그러나 우리는 근본적으로 아무것도 할 필요가 없다. 그러나 그리스도인들은 열심을 내서 섬겨도 부족하다고 여기기 때문에 이런 말을 이해하지 못할 것이다. 그러나 우리는 아무것도 할 수 없는 존재이다. 그리스도 안에서 죽은 자이기 때문에 아무것도 할 필요가 없다. 육체 안의 불안한 심리 때문에 자꾸만 무언가를 하지만 결과는 공허함과 피곤함 외에 아무것도 없다. 오늘날 이런 그리스도인들이 많은 것이 현실이다.

바울의 복음은 우리가 '자아에 대해 죽고 하나님께 대하여는 산다'고 했다. 따라서 우리는 마땅히 죽은 자라고 하나님께 말해야 한다. 죽은 자이므로 죄나 성질을 이기려고 할 필요가 없다. 하나님이 이루신 사실 안에, 그리스도 안에서 안식하면 된다. 이것이 복음이요 그리스도의 십자가의 진리이다. 어떤 믿는이들은 이런 말씀에 반박하기도 한다. 초대 교회 당시에도 율법의 행위가 아니면 구원 받을 수 없을 것이라 여겼다. 그래서 바울은 그리스도와 함께 십자가에 못박힌 것을 말했다. 이것이 십자가의 복음이다. 죽었기 때문에 발버둥칠 필요가 없다. 이것을 안다면 안식이 있게 된다. 나는 질병 때문에 고생하던 한 형제가 주님께 갔을 때 안식한 것을 볼 수 있었다. 죽음이 그를 안식하게 했기 때문이다. 그리스도는 죽음, 부활, 승천을 거쳐 안식에 들어가셨다. 그분은 지성소 안에서 안식하시고 계신다. 십자가의 죽음이 안식이다. 그러므로 우리는 그리스도의 십자가를 알아야 안식한다. 우리는 십자가에서 죽었을 뿐 아니라 부활했다. 죄에 대하여 단번에 죽고 부활하여 하나님께 대하여 살게 되었다.

그리스도의 사역의 목표—그분의 자녀가 안식 안에 있기를 원하심

그리스도께서는 우리를 안식 안으로 인도하는 참 여호수아이시다. 불순종하고 믿음으로 말씀을 화합하지 않으면 광야에서 헤매이게 된다. 따라서 이러한 말씀을 잘 받아들여서 믿음으로 화합함으로 내 생명과 체험이 되게 해야 한다. 많은 환경들이 임할 때 우리는 무언가를 하려고 하는 혼에 의해서 죽은 자의 위치를 잃고 안식을 잃게 된다. 그러나 그러한 때가 이러한 말씀이 적용될 수 있는 기회이며 믿음으로 화합할 수 있는 때이다.

그리스도는 부활하고 승천하사 하늘 보좌에 앉아 계시다. 그리스도의 승천은 많은 것을 의미한다. 그분은 승천하셔서 참 장막의 부리는 자, 더 좋은 언약의 중보, 새 언약의 보증이 되셨다. 그분은 먼저 휘장에 들어가셨다. 히브리서는 그분이 승천하심으로 이루시고 또 행하시고 계시는 많은 역사를 알려 주고 있다. 안식할 수 있는 것은 하늘에 계신 그분과 우리가 하나되어 공급과 도우심을 항상 받음으로써이다. 히브리서는 이것을 알려준다. 오늘날 우리는 아무것도 할 필요가 없고 다만 승천하사 보좌와 우리 안에서 역사하시는 그분의 역사를 따라야 한다. 그러한 역사 안에 있을 때는 일을 하고 있지만 동시에 안식할 수 있다. 그리스도와 함께 하면 일을 해도 안식하는 것이다. 그리스도가 없으면 일을 하지 않아도 안식이 없다. 이것은 일을 하고 하지 않고의 문제가 아니다. 하나님은 그분의 자녀들이 안식 안에 있기를 바라시며 그것이 바로 그리스도의 사역의 목표이다. 안식 안으로 인도하시는 것은 만유를 포함한 그리스도와 믿는이들이 하나되게 하는 것이다. 이것은 가나안으로 예표된다. 가나안은 광야와 다르게 모든 것이 풍성하다. 주님은 그곳으로 우리를 인도하기를 원하신다. 주님은 우리가 이 시대에 풍성한 가나안을 누리기 원하신다. 성도들은 가나안에 들어갈 때에야 그리스도의 부요함을 참되게 누리게 되며 그리스도께서 모든 것이 되심을 누리게 된다.

그러나 오늘날 많은 사람들이 광야에서 생활하고 가나안에 들어가지 않는데, 이는 그들이 자신 안에 있고 혼 안에 살기 때문이다. 그래서 요단을 건너야 한다. 이는 천연적인 생명, 자신의 활동, 의도, 계획, 목적, 자아에 어떤 여지도 주지 말아야 한다는 뜻이다. 생각, 의도, 시작, 마침, 뜻, 모든 것이 그리스도가 되는 것이다. 그러한 상황이 올 때 우리는 풍성한 그리스도를 누릴 수 있다. 하나님은 구약에서는 이스라엘에게 가나안을 주셨고, 신약에서는 믿는이로 하여금 풍성한 그리스도를 산물로 누릴 수 있게 하셨다. 그리스도가 우리의 인도자이시며 또 우리의 목표 또한 바로 그 풍성한 그리스도이다. 그러려면 천연적인 생명이 처리되어야 한다. 광야를 거쳐 요단을 건너야 한다. 하나님은 우리가 이 땅에 있지만 우리의 온 존재가 그리스도로 가득 채워져서 하늘에 속한 존재, 풍성한 지혜, 비밀을 가지고 있기를 원하신다. 우리가 들어가는 목적지는 하나님의 안식이다. 실패한 그리스도인은 광야에서 살다가 끝난다. 그들은 주님의 말씀을 순종하는 것이나 자신의 자아와 육체를 처리하는 것을 보류하다가 쓰러져 죽는 것이다. 심지어 그들은 그렇게 하는 것이 생명이고 길이라는 것을 알아도 그 대가를 지불하는 것이 힘들다고 느끼기 때문에 길을 바꾸어 가지 않는 것이다. 말씀에 대한 절대적인 순종과 자아에 대한 십자가의 적용이 철저하지 않으면 안식에 들어가는 것은 가능하지 않다. 히브리서 기자는 이스라엘 백성이 광야에서 불순종하고 헤매이다 죽었음을 믿는이들에게 경고한다.

안식에 들어가기를 힘써야 함

"그러므로 우리가 저 안식에 들어가기를 힘쓸지니 이는 누구든지 저 순종치 아니하는 본에 빠지지 않게 하려 함이라"(11절). 우리는 안식에 들어가기를 힘써야 한다. 그렇지 않으면 실패한 그리스도인이 된다. 이기는 자가 되는 것, 경주를 잘하는 것은 목적지에 들어가는 것이다. 목적지에 들어가려면 요단을 건너야 하고 생활이 바뀌어야 한다. 죽음과 부활을 거쳐야 한다. 자신을 살지 않고 그리스도를 사는 것이다. 생각, 봉사, 일의 시작, 모든 것이 그리스도여야 하며 우리 스스로는 아무것도 하지 말아야 한다. 주님은 '아버지께서 일하시매 나도 일한다'고 하셨다. 주님이 시작하시면 나도 시작한다. 그리스도가 안식일의 주인이시다. 그분이 나와 함께 하시고 역사하실 때 나도 하는 것이다. 그럴 때 안식이 그곳에 있다. 그리스도가 없으면 안식이 없다. 내 생각 속에 그리스도가 없으면 내 생각은 광야이고, 그리스도가 있으면 가나안이다. 그리스도가 있으면 기쁨과 만족과 안식이 충만하다. 자신에 대해 죽고 그리스도에 대해 사는 것이다. 시작, 과정, 마침, 뜻, 사랑이 좋은 땅이신 그리스도이다. 하나님은 이곳으로 우리를 인도하시기를 원하신다.

그리스도는 사도로서 우리를 가나안으로 인도하시기를 원하신다. 오늘 우리가 안식 안에 들어가지 않았다면 자기 일 안에 있게 된다. 안식에 들어간 자는 자기 일을 쉰다. 이 땅에서 자기의 일이 없는 사람이 안식에 들어간 자이다. 오늘날 많은 사역자들이 안식이 없다. 왜냐하면 그들은 자신의 일을 가지고 있기 때문이다. 자신의 일을 가지고 있는 한 그들은 불안하고 평안하지 않다. 그러나 주님께서 맡기신 일, 주님이 역사하시는 일을 동역하는 것은 불안하거나 무겁지 않다. 그러므로 우리는 주님과 함께 일하는 것을 배워야 한다. 그럴 때 참 안식이 있다.

주님은 멜기세덱의 반차를 따른 대제사장이시며 새 언약의 보증이시다. 그분이 우리의 머리이시며 책임자이시다. 그분께 기꺼이 자신을 맡겨야 한다. 이러한 말씀을 믿고 적용할 때 안식이 우리에게 찾아온다. 우리는 믿음으로 말씀에 연합해야 한다. 주님이 시작이시요 마침이시다. 하나님의 말씀에 순종해야 한다. 안식이 없을 때 주님이 다 책임지실 것을 말씀하셨다. 하나님께서 우리에게 약속하신 안식에 들어가기를 힘써야 한다. 안식의 실제이신 그리스도를 우리 안에 모실 수 있도록 힘쓰는 생활이 있어야 한다. 그분이 모든 것을 하실 수 있도록 그분께 지위를 드리기 바란다. 그리스도께서 우리 안에 사실 때 우리도 안식이 있다. 하나님은 그렇게 모든 것을 그리스도께 맡기고 안식하는 무리를 보시고 기뻐하시며 안식하실 것이다.

영과 혼의 분리의 필요성

우리는 말씀에 대한 순종을 통해서 결국 우리의 영과 혼의 분리를 체험하게 된다. 이렇게 영과 혼이 분리되지 않으면 실제적인 안식을 체험하지 못한다. 4장 12절, "하나님의 말씀은 살았고 운동력이 있어 좌우에 날선 어떤 검보다도 예리하여 혼과 영과 및 관절과 골수를 찔러 쪼개기까지 하며 또 마음의 생각과 뜻을 감찰하나니". 우리의 영과 혼과 관절과 골수를 찔러 쪼개는 것은 하나님의 말씀이다. 그래야 영과 혼이 분별되며 마음과 생각과 뜻을 감찰 받게 된다. 우리가 실제적으로 안식하게 되려면 말씀에 의해 무엇이 혼인지, 무엇이 영인지를 분별하지 않으면 안 된다. 그래야 내 자신을 위한 혼적이고 천연적인 일을 내려놓고 주님의 일만을 영 안에서 분별하여 나의 일로 삼을 수 있고 나의 관심사로 삼을 수 있다. 우리가 만일 영과 혼의 분별이 되지 않았다면 혼적인 생각과 영적인 것의 분별이 모호하므로 그 일 또한 모호하고 무엇이 주님의 일이고 무엇이 나 자신의 일인지 구분하지 못하고 일을 혼돈스럽게 처리하게 된다. 그리고 그런 일을 할 때 안식이란 없게 된다.

그러나 어느 날 주님의 말씀의 빛이 우리를 비춘다. 짐승의 관절과 골수를 찔러 쪼개어 그 섬세한 차이점을 구별하여 놓는 작업은 보통 전문가가 아니면 어렵다. 우리 자신의 혼과 영은 그보다 더 복잡하고 섬세하며 섞여져 있으므로 명쾌한 구분이 어렵다. 그러나 하나님의 말씀은 살았고 운동력이 있고 좌우에 날선 검보다 더 예리하다고 하셨으므로 우리가 만일 자신을 제단에 드리고 그분의 말씀으로 해부하고 조사하게 만든다면 진리의 성령님은 반드시 우리의 영과 혼의 예민한 차이점도 분명히 구분할 수 있게 해주신다. 그럴 때 어떤 일이 전적으로 하나님의 일이고 어떤 일은 인간적으로는 괜찮은 일이지만 하나님과는 아무 관계가 없는 일이라는 것을 분별하게 된다. 우리는 이런 방식으로 영적인 일과 혼적인 일들을 분별하여 주님이 기뻐하시고 우리에게 위임하신 일을 전적으로 관심해야할 것이다.

그리스도의 대제사장 되심

"지으신 것이 하나라도 그 앞에 나타나지 않음이 없고 오직 만물이 우리를 상관하시는 자의 눈 앞에 벌거벗은 것같이 드러나느니라"(4:13). 12절과 13절은 관계가 있다. 12절의 관절과 골수가 쪼개지는 일은 구약에서 짐승들이 제물이 되어 제단에 놓여질 때 제사장의 칼에 의해 그렇게 된다. 이 구절들에서 대제사장은 예수 그리스도이시고 칼은 살아있고 운동력 있는 말씀이며 구분하는 역사는 대제사장의 일이시다. 우리가 만일 우리 자신을 보류하거나 감추지 않고 제단에 드린다면 주님은 말씀의 검으로 우리 자신을 다 구분하여 무엇이 혼이고 무엇이 영인지를 알게 하신다는 말씀이다. 그럴 때 하지 말아야 할 것이 무엇이고 해야 할 것이 무엇인지를 알게 되며 실제적으로 안식을 체험하게 된다. 13절 말씀에 의하면 그 앞에 드러나지 않을 것이 없고 벌거벗은 것같이 드러난다고 하였다. 이는 다 그리스도의 대제사장 되심의 결과이다.

'안식' 에 대한 요약

1. 히브리서 4장의 말씀에서 우리는 안식에 대한 말씀을 대한다. 이는 그리스도인에게 있어서 가장 큰 제목 중의 하나이다. 내가 과거 이 말씀을 전할 1999년 당시만 하더라도 나는 이 문제에 있어서 그렇게 분명하지 못했다. 그러나 지금은 전보다 더 분명해졌음을 간증할 수 있다. 안식에 있어서 먼저 중요한 것은 그리스도인에게 있어서 목표가 있다는 것이다. 이는 가나안 땅으로 예표되었다. 애굽에서 나온 이스라엘 백성들은 유월절과 홍해를 건너서 광야를 통과해 요단을 건너 가나안 땅에 들어가야 했다. 과거에 우리는 요단을 건너 가나안 땅에 들어가는 것이 성도가 죽어서 천당에 가는 것으로 배웠다. 그러나 우리가 성경을 자세히 연구할 때 가나안 땅에 들어가는 것이 천당으로 가는 것이라고 말할 수 없다는 것을 알게 되었다. 그곳에 가서도 여전히 싸움이 있는 것이다. 가나안 땅에 들어가는 자체가 안식이 아니라 그곳에 가서도 여전히 안식을 얻기까지 싸워야 함을 아는 것은 중요하다.

2. 히브리서 기자는 안식을 말하면서 우리를 창조시로 이끌고 간다. 그

러므로 안식을 말하려면 창조의 안식부터 말해야 한다. 하나님은 육일 동안 천지를 지으시고 일곱째 날을 복주시고 안식하셨으며 일곱째 날을 안식일로 정하시고 지키도록 명하셨다. 십계명의 네 번째 계명은 다른 것이 아니라 안식일을 구별하여 거룩히 지키라는 것이다. 우리가 안식을 이해하려면 창조시의 안식부터 이해를 해야 한다. 그 때 하나님은 피곤하여 쉬신 것보다는 만물을 지으시고 만족하신데서 안식의 의미를 찾아야 한다. 특히 하나님은 사람을 보시고 심히 좋다고 하셨으므로 하나님의 안식은 지으신 사람을 향한 만족감과 기쁨이 들어있다고 보아야 한다. 특히 하나님은 만물을 정복하고 다스릴 사람, 하나님의 형상과 모양대로 지어져 하나님을 나타내고 하나님의 마음을 만족케 할 사람을 얻으셨기에 만족하신 것이다. 그러기에 하나님의 안식은 대상이 있는 안식인 것이다. 그분의 목적과 뜻, 그리고 그 목적을 이룰 대상이 있기에 그분은 안식하신 것이다. 그분은 사람을 창조하시고 그 사람이 하나님을 생명으로 받아들여 하나님의 뜻을 다 이룰 수 있으리라고 기대하신 것이다. 그러한 기대와 소망으로 인하여 만족하신 것이다. 그러나 사람은 타락하여 안식일은 깨어지게 되었다. 타락이란 결국 사람이 보호자요 모든 필요가 되신 하나님을 잃어버리고 사람 자신이 주인이 되어 이것 저것을 해야 하기 때문에 안식할 수 없게 된 상태를 뜻한다. 그 후 하나님이 사람에게 안식일을 지키라고 명하신 것은 그분이 사람의 모든 것이 되어야 한다고 가르치시는 것과 같다. 그분이 안식일의 주인이시기 때문이다. 그분이 없으면 안식이 없는 것이다.

3. 사람이 타락한 후 하나님은 안식을 잃으셨다. 그러므로 하나님은 뭔가 그분의 목적을 이루기 위해 무언가를 하시지 않으면 안 되었다. 그분은 먼저 아브라함의 자손을 선택하여 애굽에서 이끌어내어 그들로 하여금 광야를 통과하여 가나안에 들어가는 여정을 걷게 하셨다. 하나님은 그들에게 약속의 땅을 기업으로 주기 원하셨다. 그 땅에 들어가는 것을 안식에 들어가는 것으로 예표하게 하셨다. 이것은 어디까지나 그림이다. 그들은 안식을 향한 여정을 걷기 위해 유월절을 지나고 홍해를 건너야 했다. 이는 신약의 성도들이 안식을 얻기 위해서는 먼저 구원을 받아야 함을 의

미한다. 그런 다음 광야의 길을 걸어야 하는데 그곳에서 그들의 모든 육체는 심판되어야 했다. 그리고 그들은 요단을 건너 가나안에 들어갔다. 그러나 거의 모든 사람이 가나안으로 가는 도중 광야에서 쓰러져 죽었다. 목적지에 이르지 못한 이스라엘 백성들은 오늘 구원받고 길을 걸어가는 우리에게 하나의 경고가 되어야 한다. 그러므로 사도는 우리에게 안식의 약속을 얻지 못할까봐 두려워하라고 말한다. 오늘 수많은 그리스도인들은 구원받았으면 되었지 무슨 두려워할 것이 있느냐고 반문한다. 빌립보서 2장을 통해서도 우리는 두렵고 떨림으로 구원을 이루어야 한다고 가르침을 받는다. 우리는 구원을 얻었지만 또 구원을 이루어가야 하는 면이 있다. 그리고 이 구원이 목적에 이르도록, 광야 길에서 실패한 이스라엘 사람들의 본을 받아 두려워해야 한다고 가르친다. 이것이 바로 안식에 들어가는 것이다. 이스라엘 백성들이 안식에 들어가기 위해서는 깊은 죽음인 요단을 건너서 육신을 베어내는 할례를 받고 여호수아의 명령에 절대 순종하여 한 성 한 성을 정복해야 한다. 그럴 때 결국 안식의 상태에 이르게 된다. 결국 구약의 이스라엘 백성들의 예표에서 배울 수 있는 것은 광야에서 그들의 육체가 다 끝내어지고 새 사람만이 요단을 건너 가나안에 들어가 약속을 얻을 수 있음이다. 우리 온 존재가 그리스도로 대치되지 않으면 안식을 얻지 못한다.

4. 안식에 이르지 못하는 원인은 특히 강퍅한 마음과 불순종 때문이다. 이스라엘 백성들이 그러했다. 여기서 사도는 우리에게 마음을 강퍅하게 먹지 말것을 권면한다. 그러면서 살아있고 운동력 있는 하나님의 말씀을 제시한다. 그 말씀은 하나님의 검이다. 우리의 대제사장은 하늘에 계시지만 오늘 말씀의 칼을 가지고 제단에 드려진 제물된 성도들의 영혼 골수를 찔러 쪼개신다. 그럴 때 영과 혼을 분별하며 마음의 생각과 뜻을 감찰해 내신다. 왜 성도들은 안식에 들어가지 못하는가? 분별되지 않은 존재 때문에 그렇다. 이스라엘 백성들은 광야에서 원망하기도 하고 하나님을 시험하기도 했다. 그들은 왜 그렇게 했는가? 육체로 인한 것이다. 지금 그리스도는 대제사장으로서 제단에 드려진 제물들을 예리한 말씀의 칼로 분별해

내고 계신다. 어떤 사람들은 교회 중에 들어왔다가 떠난다. 그들은 왜 떠나는가? 육체가 드러나는 것이 부끄럽고 더 이상 처리 받기가 싫기 때문이다. 저들은 자신의 육체가 드러나는 것을 모욕과 상처로 느낀다. 그러므로 하나님의 말씀은 혼돈되고 섞여진 자아중심적인 혼과 영을 분리하기 위해 필요한 것이다. 또 마음의 생각과 뜻이 감찰되어야 한다. 그럴 때 순종하여 안식에 들어갈 길이 생기는 것이다. 그분의 제물이 된 성도는 하나님의 말씀의 검으로 분별하여 하나님의 말씀에 순종하게 하는데 그렇게 순종하는 자들에게 하나님은 안식을 주시는 것이다.

5. 신약 성경에서 믿는이들은 목표가 있음을 계속적으로 말하고 있다. 그 목표는 천당에 가는 것인가? 우리는 성도들의 목표가 장래 죽어서 천당에 가는 것만이 아니라 오늘 이 땅에서 믿음의 결국이 있다는 것을 안다(벧전 1:9). 이는 혼의 구원(salvation of the souls)이다. 그러므로 너희가 순종하는 자식처럼 이전 알지 못하고 사욕을 본받던 생활을 하지 말고 너희를 부르신 거룩한 자처럼 모든 행실에 거룩한 자가 되어야 한다고 말한다.

베드로전서 2장 2절은 말씀의 젖을 잘 먹고 자라서 구원에 이르러야 한다고 말한다(벧전 2:2). 성도들은 믿음의 경주장에서 경주를 하고 있다(히 12:1-2). 그 결과는 무엇인가? 구약으로 말하면 그 땅을 기업으로 얻는 것이다. 이를 신약의 사도들은 하나님의 나라를 유업으로 얻는 것이라고 표현했다(갈 5:21, 엡 5:5). 그것은 장래의 문제만이 아닌 오늘 이 시대에 얻을 수 있는 문제이다. 그 약속의 땅을 얻는 문제는 오늘 우리가 인생을 살면서 믿음으로 경주를 잘 했을 때 얻어지는 것이다. 그 땅에 들어가는 것이 히브리서 4장에 의하면 안식에 들어가는 것이다. 안식에 들어가는 문제가 작은 문제가 아님을 기억하기 바란다. 안식을 단순히 표현하면 '하나님이 나의 모든 것이 되시는 것'이다. 결국 우리가 안식을 얻는다는 것은 그리스도로 하여금 우리 전체를 점유하시게 하는 것이다. 그럴 때 우리 자신이나 우리 자신의 일이 점차 감소되고 사라지게 되는 것이다. 구약에는 그 땅을 기업으로 얻는 것이지만 신약은 그 기업이 결국 그리스도를 얻고 더 풍성히 얻는 것이다. 그 땅은 결국 측량할 수 없이 풍성한 그리스도를 예표 한다. 그 그리스도가 우리의 각 방면에 충만되게 하는 것이 결국 안식에 들어가는 것이다. 우리는 하나님이 그리스도를 얻도록 우리를 부르셨다는 것을 알아야 한다(고전 1:9, 빌 3:8,12).

내 자신이 남아 있는 만큼 우리는 안식을 누리지 못한다. 내 자신의 일이나 여지가 남아 있는 만큼 우리는 안식에 이르지 못한다. 하나님은 우리의 모든 일이나 우리 안의 각 부분이 그리스도로 모두 대치되기를 원하신다. 우리의 모든 일의 시작이 그리스도여야 하고 그 일의 과정이 그리스도여야 하고 그 일의 마침이 그리스도여야 한다. 우리의 인내가 그리스도여야 하고 우리의 겸손과 온유가 그리스도여야 한다. 이런 상태가 아닌 한 우리는 안식에 들어가지 못하는 것이다. 우리가 진실로 모든 면에서 그리스도를 의지하여 행하고 그리스도로 말미암아 사는 상태가 되었다면 우리에게서 그리스도는 모든 것의 모든 것이 되신다. 이것이 곧 안식에 들어가는 것이다. 그때 우리는 하나님이 사람을 위하여 예비하신 모든 축복에 참여하게 되며 그분의 유업을 얻게 된다. 이렇게 구약의 여호수아에서 말하는 안식을 이해한다면 우리는 안식에 대한 어느 정도의 조감을 갖게 되리라고 생각한다. 구약의 여호수아서에서 말하는 안식은 가나안의 대적들을 물리친 후에 얻어진 안식이다.

신약에서 우리가 주 예수님이 우리에게 안식을 누리도록 하시기 위해 그분이 십자가에서 우리의 옛사람을 못박고 성령으로 우리 안에 들어오시어 우리의 모든 필요를 채우시는 분이 되셨다는 것을 아는 것은 매우 중요한 일이다. 이러한 주님의 역사는 우리에게 잃어버린 안식을 찾아주시기 위한 하나님의 예비이다. 그분은 우리의 타락으로 말미암아 잃어버린 안식을 되찾아 주시기 위하여 십자가에서 피를 흘리셨으며 못박히셨다. 이로써 율법 아래서 안식하지 못하는 인류에게 율법에서 해방케 함으로 안식을 가져다 주었다.

뿐만 아니라 그분이 부활 승천하셔서 보내주신 우리 안에 내주하시는 성령으로 말미암아 우리의 모든 필요를 공급하시고 할 일을 맡아 주관해 주심으로 우리에게 진정한 안식을 가져다주신 것이다.

또한 교회 안에서 우리는 성도들과 한 몸 안에서 이 안식을 누림으로 하나님의 진정한 갈망을 이루며 그분의 표현이 된다. 진정한 창조의 안식은 그분의 피조된 사람이 구속되어 단체적으로 그분의 표현이 될 때 누릴 수 있는 것이다. 성도들과 함께 하지 못하면 진정한 안식을 체험할 수 없음이 체험적으로도 증명된다. 에베소서에서 우리는 몸 안에서 성도들과 함께 온전히 그리스도를 체험할 수 있음을 배운다(엡 3:17-21). 단체적으로 하나님의 형상과 모양, 다스림을 가져올 때 거기에 진정한 하나님의 안식이 있는 것이다(마 16:16-18). 하나님은 이러한 사람을 보시고 기뻐하시며 만족한 것이다. 우리 또한 그분의 안식 안에서 함께 안식하는 것이다. 그분이 안식하심으로 우리 또한 안식하는 것이다. 그러므로 성경은 우리가 그분의 안식(His rest)에 들어가는 것이라고 말했다. 우리는 그분의 안식 안에서 안식하는 것이다. 우리가 그리스도의 안식을 온전히 누림은 그분의 약속을 기업으로 얻는 것과 같다. 그러니 우리가 안식에 들어가는가 들어가지 못하는가 하는 문제는 우리 신앙생활의 목표에 이르느냐 이르지 못하느냐 하는 문제와 직결된다(4:11).

3, 4장의 개략

신약의 믿는이들은 하늘의 부르심을 받은 사람들이다. 구약의 이스라엘 백성들은 하나의 모형과 예표로서 땅에 속한 부름을 받았으며 그들의 목적지는 땅에 속한, 물질적인 가나안이다. 그러나 오늘 우리는 하늘에 속하고 측량할 수 없이 풍성한 그리스도를 우리의 유업과 분깃으로 얻는 축복을 받기 위해서 부르심 받은 그리스도의 동반자들이다. 따라서 우리 그리스도인들의 목적지는 히브리서에 의하면 안식이다. 이것은 놀라운 계시이다. 만일 여러분이 진정한 안식에 들어갔다면 그리스도인으로서 목적에 이른 것이다. 이것은 개인적으로만이 아니라 교회적으로 들어간 상태에 이를 때 온전한 것이다. 이것이 구약의 이스라엘 백성들이 단체적으로 가나안에 들어갔으며 거기에 들어가서 전투를 한 것으로 알 수 있다.

3장에서는 모세보다 훨씬 뛰어난 그리스도를 알려 주는데 모세가 하나님의 집에서 어떻게 충성하였다면 예수 그리스도는 그보다 훨씬 뛰어나게 그분의 집을 맡은 아들로서 충성한 분으로 나타난다. 구약 시대에 모세는 다만 모형 안에서 사환으로 충성했다. 그러나 그리스도는 참된 하나님의 가족, 집의 권속들을 모세보다 뛰어난 방식으로 돌보시는 사도이시다. 구약에서 우리는 모세가 그 백성들을 인도하기 위해서 얼마나 충성스러웠는가를 볼 수 있다. 그리스도는 오늘 우리의 참된 모세이시다. 유대교에 있는 사람들은 모세를 자랑했을 것이지만 신약 안에 있는 믿는이들은 우리의 참 사도이신 예수를 자랑해야 한다. 모세와 여호수아로 예표된 이 시대의 참 사도이신 그리스도는 우리를 안식으로, 영원한 기업 안으로 충분히 인도할 역량을 갖추신 분이다. 그러므로 우리는 그의 돌보심 아래서 충분히 그 안에 들어갈 수 있는 확신을 가지고 있는 것이다. 모세가 어떻게 인도하였다면 예수는 더 충성스럽게 우리를 인도하는 분이다. 따라서 3장에서는 모세를 따랐던 이스라엘 백성들을 예로 들면서, 그 당시에 많은 사람들이 밖의 행사만 볼 뿐 하나님의 길을 알지 못하고 아들이 말씀하실 때 강퍅한 마음을 가짐으로 말미암아 불순종했기에 다 안식에 들어가지 못하고 중도에서 멸망했다고 했다.

그러므로 3장은 우리가 이 시대에 아들의 음성을 들을 때 강퍅한 마음을 먹지 말고 순종하는 마음으로 끝까지 따르며, 또 시작할 때에 확실한 것을 끝까지 견고히 잡으면 우리는 그리스도의 동반자로서 하나님이 끝까지 이끄실 목적지로 인도함을 받을 것이라고 말하고 있다. 모세의 인도 하에서 불순종하여 거역한 사람들이 광야에 엎드러졌듯이 오늘 날 아들이 말씀하시는 음성에 귀 기울이지 않고 순종치 않으며 강퍅한 마음을 먹고 듣지 않는 자들은 같은 운명이 된다고 경고한다. 결국 히브리서 3장부터 모세보다 더 뛰어난 영도자 예수께서 참 사도로서 신약의 성도들을 가나안(안식)으로 인도하고 계신데 성도들이 끝까지 순종하며 따른다면 목적에 이를 수 있다고 말해준다.

4장에서는 우리를 안식 안으로 들어가게 하기 위해서 안식을 많이 강조하면서, 특별히 우리에게 하시는 말씀에 대한 믿음을 강조하고 있다. 어떻게 하면 안식에 들어갈 수 있는가? 이것은 어떻게 하면 최종 목적지에 도달할 수 있는가라는 질문과 같다. 구약에 많은 사람들이 있었지만 결국 여호수아와 갈렙만 안식에 들어갔다. 다른 모든 사람은 광야에서 쓰러져 죽었는데, 그 이유는 말씀을 다 같이 들었지만 그 말씀을 믿음으로 화합지 않았기 때문이다. 그러므로 오늘 이 시대의 우리도 여호수아와 갈렙처럼 안식에 들어가는 축복을 얻으려면, 즉 이기는 자가 되려면, 반드시 말씀과의 관계를 잘 맺어야 한다. 말씀을 들을 때에 마음을 강퍅하게 하지 말고, 말씀을 우리의 믿음으로 화합하는 사람이 되어야 한다. 말씀은 성경의 기록된 말씀과 우리 안에서 레마로 들려지는 말씀과 교회와 성도들과의 교제 속에서 듣게 되는 가르침과 권면 등이다. 이러한 말씀을 들을 때의 우리의 태도는 온유하고 겸손해야 하며 강퍅한 마음으로 불순종하지 말아야 한다.

뿐만 아니라 하나님의 말씀은 살았고 운동력이 있어 좌우에 날선 검과 같이 우리의 영과 혼 및 관절과 골수를 찔러 쪼개는데, 우리의 영이 중요하다. 안식에 들어가는 사람의 특징은 영 안에 사는 것이다. 우리 존재가 혼과 육체를 벗어나서 지금 영 안에 사는지, 아니면 혼 안에 사는지를 알 수 있는 사람이 바로 안식 안에 들어가는 사람이다. 그러므로 4장에서 중요한 두 단어는 말씀과 영이다. 말씀과 영이 있을 때에 우리는 안식 안에 들어갈 수 있다. 우리가 아들의 음성을 듣고 순종하려면 성령과 말씀에 주의하여 그 인도에 순종해야 한다.

끝까지 완주하는 성도가 되려면 1절의 "미치지 못할 자가 있을까 함이라"는 말을 주의해야 하는데, 이것은 원문에서 '시간상으로 늦추다'라는 의미를 갖고 있다. 그러므로 안식에 들어가는 사람들의 특징은 하나님의 말씀을 들을 때, 그의 음성을 들을 때, 간절히 사모하는 마음과 즉시 순종하고자 하는 마음으로 항상 예비되어 있고 갈급해하는 태도에 있다. 강퍅한 사람들은 돌같이 굳어져 있는 마음을 가지고 있으며 동시에 말씀을 들을 때 내일로, 모레로 늦추는 사람이다. "먼저 하나님의 뜻을 말해보십시오. 제가 할 수 있을 것 같으면 하고 하기 어려울 것 같으면 보류하겠습니다"하는 마음은 좋은 마음이 아니라 강퍅한 마음이다. 여기서 미치지 못한다는 말은 늦춘다는 말과 매우 흡사한 말이다.

이스라엘 백성들이 가나안을 정복하고자 할 때 여호수와와 갈렙은 "가서 저 땅을 취하자. 저들은 우리의 밥이다"라고 말했다. 그때 다른 열 사람은 "그들은 다 거인들이고 우리는 우리가 보기에도 메뚜기 같다. 만일 우리가 그들을 쳐부수러 간다면 우리는 그들의 노예가 될 것이고 다 죽을 것이다"라는 소극적인 보고를 했다. 그들은 아들의 음성을 절박한 심정과 순종하는 마음으로 받지 않았다. 나중에 하나님께서 그들에게 진노하신다는 말을 들은 후에야 깨어나서 "이제 나도 가고 싶다. 이제 우리도 올라가겠다"라고 했지만 그때는 이미 늦었다. 모세는 그들이 올라가도 소용없다고 말했다. 그러나 그들은 올라갔고 적들이 쳐들어와서 수많은 사람들이 죽었고 결국 가나안에 들어가지 못했다. 너무 늦었기 때문이다.

여기에서 우리는 이기는 자의 영, 마음을 볼 수 있는데 이기는 자가 되기 위해서는 미치지 못하는 사람, 늦추는 사람이 되어서는 안 된다. 반대로 11절에서 "우리가 저 안식에 들어가기를 힘쓸지니"라고 한 바와 같이 힘쓰는 사람들은 절박한 마음으로 부지런히 서두르는 사람이다. 이것은 조급한 것과는 다르다. 하나님의 말씀이 임할 때 순종하고자 하는 마음, 갈급해하는 마음, 따르고자 하는 마음으로 힘쓰는 것이다. 이것은 시간적으로 서두른다는 말과 관계가 있다. 서둘러 순종하고자 하는 마음, 이것이 안식에 들어가고자 하는 사람들의 마음이며 이기는 자의 영이다. 그러므로 우리는 4장에 두 종류의 사람이 있음을 볼 수 있다. 첫째는 말씀을 듣지만 말씀을 믿음으로 화합지 못함으로 안식에 들어가지 못하고 하나님을 진노케 하는 사람들이며, 둘째는 말씀을 들었을 때에 믿음으로 화합하여 안식 안에 들어갔던 사람들이다.

후반부에는 대제사장이 나오는데(이때부터 히브리서 기자는 대제사장을 언급하기 시작한다), 그는 승천하신 자로서 우리의 연약함을 체휼하신다고 했다. 그분은 모세와 같이 사도로서 백성을 안식으로 인도하는 영도자일 뿐 아니라 연약함을 체휼하시는 아론 같은 대제사장이라는 말이다. 그는 사람으로 사셨을 때 시험을 받으셨으므로 우리의 연약함을 아시는 분이다. 그는 죄가 있어서 시험을 받으신 것이 아니라 우리를 온전케 하는 구원의 원수가 되시기 위해서 시험을 당하셨다. 그러므로 우리는 긍휼하심을 얻고 때를 따라 돕는 은혜를 얻기 위해 은혜의 보좌 앞에 담대히 나아갈 수 있다. 우리는 대제사장의 공급을 받고 은혜를 얻어야 목적지에 이를 수 있다. 히브리서에 있는 사도의 목표는 안식에 이르는 것으로 말씀하고, 대제사장의 목표는 담력을 얻어 하나님께 나아가 온전케 됨에 이르게 하는 것이다.

아론은 땅에 있는 제사장이었지만 오늘 우리의 대제사장은 하늘에 계시다. 그를 가리켜 승천하신 자, 하나님의 아들 예수 그리스도라고 했다. 믿는이들일지라도 그 중에는 하늘을 생각하지 않는 사람이 많다는 것을 이미 말한 바 있다. 은혜의 보좌 앞에 담대히 나아가기 위해서 오늘 우리는 승천하신 분을 생각할 줄 알아야 한다. 그분은 하늘의 하나님 우편에 앉아 계신다. 그러므로 우리의 눈은 반드시 하늘에 계신 하나님의 아들을 주목할 줄 알아야 한다. 그분은 대제사장으로서 우리의 연약함을 체휼하시는 분이다. 우리는 이러한 말씀을 듣고 마음에 새기고 적용할 줄 알아야 한다. 히브리서 기자는 머뭇거리고 주저하며 성장이 더디었던 히브리 믿는이들에게 하늘에 계신 참 대제사장이신 예수께 담대히 나가서 때를 따라 돕는 은혜를 얻으라고 했다.

이들은 마치 구약 성경에 광야에서 맴도는 이스라엘 백성들과 같다고 보았다. 그들은 말씀을 믿음으로 순종하여 안식에 들어가야 했다. 실상 그렇게 해야 그들은 에베소서 6장의 영적 전쟁에 돌입할 수 있고 가나안 땅을 기업으로 얻은 이스라엘처럼 하나님의 기업을 얻을 수 있는 것이다. 3장과 4장은 구약의 모형인 사도 모세와 신약의 실제적인 사도이신 예수 그리스도를 비교하면서 예수 그리스도는 실제의 사도로서 교회를 안식으로 인도하고 계시다는 것을 말해준다.

사도인 모세와 그리스도의 비교는 비교적 짧게 3장과 4장 두 장에 걸쳐 시행하였다. 그러나 대제사장에 대하여는 3장 14절부터 시작하여 10장까지 길게 시행한다. 구약의 모세와 아론은 사도와 대제사장의 예표로서 사용된 인물들이다. 그들이 신약의 실제이신 예수에게 적용된다.히브리서 기자는 예수 그리스도께서 사도이시며 대제사장이므로 그분을 깊이 생각하라고 권한다(히 3:1). 이런 개념을 마음에 새기면서 히브리서를 공부하지 않으면 히브리서를 이해하기가 어렵다. 그분은 사도로서만이 아니라 대제사장으로서도 뛰어나신 분이라는 것이 히브리서의 논점이다.

5장

하나님의 아들이 반드시 사람이 되셔야 함

1절, 대제사장마다 사람 가운데서 취한 자이므로 하나님께 속한 일에 사람을 위하여 예물과 속죄하는 제사를 드리게 하나니

5장 1절부터는 전적으로 대제사장으로서의 그리스도를 말하기 시작한다. 그분은 아론보다 뛰어난 하늘에 속한 대제사장이라는 말이다. 신약의 교회는 구약의 이스라엘과 달리 하늘에 속한 사도이시며 대제사장이신 예수를 갖고 있다고 말한다. 대제사장은 천사가 아니라 사람이어야 한다. 대제사장은 하나님께 속한 일에 사람을 위하여 예물과 속죄제를 드리는 자이기 때문이다. 히브리서 기자는 이 문제를 10장까지 길게 설명하고 있다. 이 말씀의 논점은 이것이다. 하나님께 예물과 속죄하는 제사를 드리기 위해서는 대제사장이 필요한데 대제사장은 반드시 사람 가운데서 취해져야 한다는 것이다. 이것은 하나님의 아들이 반드시 사람이 되셔야 했음을 암시한다. 승천하신 하나님의 아들은 땅에 계실 때뿐만 아니라 지금도 여전히 사람이시다. 그러므로 그분은 대제사장이 되실 수 있다. 예수의 사람이심을 말해주며 기자는 예수께서 아론보다 뛰어난 분이심을 증명해나간다.

사람이어야만 대제사장 직분을 수행함

2절, 저가 무식하고 미혹한 자를 능히 용납할 수 있는 것은 자기도 연약에 싸여 있음이니라

이것은 사람을 두고 한 말로 자기도 연약함에 싸여 있어야 누구든지 무식하고 미혹됨과 같은 연약함에 싸여 있는 사람들을 용납할 수 있다는 의미이다. 천사는 사람의 연약함과 쉽게 범죄하고 낙심하고 침체하는 등의 문제점들을 체험할 수 없기 때문에 사람을 동정할 수 없다. 이러한 연약하고 무식한 사람들을 위한 대제사장이 되시기 위해 그리스도께서는 천사보다 잠간 동안 조금 못하게 되신 것이다. 우리는 그분의 대제사장 직에 관하여 그분의 마음만이 아니라 그분의 사역을 더욱 신뢰해야 한다. 그리스도께서 우리의 자비롭고 충성된 대제사장이 되어 우리같이 무식하고 연약한 자들을 동정하고 용납하시기 위하여 그러한 고난의 인생과 십자가를 지신 것을 생각하라!

예전에 나는 신유의 은사를 가지고 있는 사람들이 어떠한 사람들인지 잘 몰랐지만 해외를 다니면서 신유의 은사를 가진 사람들의 특징을 알게 되었다. 사람들의 질병을 고치는 은사를 가진 사람 중에는 자신이 질병에 걸렸다가 후에 하나님의 치료함을 받아서 그러한 은사를 갖게 된 사람이 많이 있다. 그들 자신이 믿음으로 치료함을 받았기 때문에, 또 질병에 걸렸을 때 얼마나 고통스러웠는가를 몸으로 체험했기 때문에 질병이 있는 사람들에 대해서 간절한 마음을 가질 수 있다. 그런 사람들에게 질병에 걸린 사람들을 돌보려는 마음으로 그들을 붙들고 눈물을 흘리면서 하나님께 간구하는 열정이 생기는 것과 마찬가지로, 무식하고 미혹되어서 죄를 범한 사람들을 하나님 앞에 이끄는 대제사장의 일을 하려면 그가 사람이어야만 그러한 문제점들을 동정하는 마음으로 하나님께 이끌어 주는 대제사장의 기능을 수행할 수 있다는 말이다.

왜 죄를 짓는가? 무식하기 때문이다. 오늘 내가 어떤 형제들에게 한두 마디 말을 한 후에 나의 한 말들이 깨끗하지 않은 것이 있음을 느꼈다. 왜 내가 사람들에게 이런 영적이지 않은 말을 했겠는가? 내가 충분히 알지 못했기 때문이다. 나는 이를 회개해야 했다. 잠언 4장 19절은, “악인의 길은 어둠 같아서 그가 거쳐 넘어져도 그것이 무엇인지 깨닫지 못하느니라”고 했다. 넘어졌는데도 왜 넘어졌는지 모르는 것은 무식하기 때문이다. 사람들은 무식하기 때문에 잘 미혹된다. 미혹된다는 것은 생명의 길, 의의 길을 가다가 벗어나는 것을 말한다. 그러나 벗어나도 잘 모른다. 미혹된 양들은 고집이 세기 때문에 정확한 말을 해주어도 마치 자기가 가장 잘 가고 있다고 생각하는 것 같다. 주님이 이러한 자들을 능히 용납할 수 있고 부드럽게 다루실 수 있는 것은 자신도 그러한 연약한 사람의 모양으로 오셨기에 인간의 약함을 아시기 때문이다.

아론보다 더 뛰어나신 대제사장

3절, 이러므로 백성을 위하여 속죄제를 드림과 같이 또한 자기를 위하여 드리는 것이 마땅하니라

제사장이 백성들을 위하여 속죄제를 드릴 때 자기도 또한 죄인이기 때문에 자기를 위하여 드리는 것이 마땅하다. 그러나 우리에게 있는 대제사장은 우리의 연약함을 체휼하고 돌보아 주실 수 있는 분으로서 시험을 받으셨지만 죄는 없으신 분이다. 이 사실에서 아론의 제사장 직분보다 하나님의 아들 그리스도의 제사장 직분이 더 뛰어나다는 것을 알 수 있다. 그분은 죄가 없으시지만 우리를 위해서 시험을 받으셨다. 죄가 없지만 시험을 당하심으로 우리를 깊이 동정하실 수 있는 분이 우리에게 있는 하늘에 계시는 대제사장 예수 그리스도이시다. 우리도 죄를 짓고 우리를 돌보는 사람도 죄를 지었다면 사실 그러한 사람의 돌봄은 그리 높지 않다. 그러나 주님은 죄를 알지도 못하신 분으로서 시험을 당하셔서 우리를 동정하는 분이 되셨다. 이분이 하늘에 계시는 대제사장 예수이시다.

그런데 이 성경 말씀은 히브리 신자들을 위하여 쓴 것이라는 것을 우리는 기억할 필요가 있다. 히브리서 기자는 아론의 대제사장 직분보다 예수 그리스도의 대제사장 직분이 얼마나 뛰어난가에 대해 쓰고 있는데, 그들의 마음이 닫히지 않도록 아론의 대제사장 직분에 대해서도 아주 객관적으로 친밀하게 설명해 주면서 그리스도의 뛰어남을 비교하는 방식으로 보여준다.

하나님의 부르심을 입은 자로 존귀를 취하심

4-5a절, 이 존귀는 아무나 스스로 취하지 못하고 오직 아론과 같이 하나님의 부르심을 입은 자라야 할 것이니라 5 또한 이와 같이 그리스도께서 대제사장 되심도

대제사장이 되는 것은 존귀한 것이다. 이것은 하나님이 주시는 큰 존귀로 아무나 스스로 취하지 못하며 오직 아론과 같이 하나님의 부르심을 입은 자라야 한다. 하나님께 속한 일, 하나님을 섬기는 일, 사람들을 위해서 예물과 제물을 드리는 일을 하기 위해서는 하나님이 그를 뽑으셔야 한다. 뿐만 아니라 예수 외에는 하나님의 대제사장이 될 만한 자가 없다. 이 일은 그 아들의 생명과 영을 나누어주어 끝까지 구원하는 일이므로 그분의 생명을 유일하게 소유하신 아들만이 가능한 것이다. 이 구절들에서 우리가 발견할 수 있는 것은 대제사장 됨이 아들 됨과 관계가 있는 것이며 이는 그 아들의 생명과 관계된 것이라는 사실이다. 그 생명을 계시하고 나눠주며 그 생명에 참여하게 하는 사역이라는 것이다. 아담이 낙원에서 상실한 하나님의 생명의 회복과 그 생명에 새롭게 들어가는 것이기에 그 생명에 참여케 할 수 있는 제사장은 오직 하나님의 아들뿐인 것이다. 그분만이 우리를 그분과의 살아 있는 교제 가운데로 이끄시어 그것을 주실 수 있는 분이시다. 이를 통하여 복되신 아들은 우리를 하나님 안에 있는 모든 생명과 영광의 동참자가 되게 하신다. 그리고 그 아들을 대제사장으로 임명하신 분은 바로 아버지라는 사실이 이제 우리의 확신과 안심이 된다.

하나님의 종들을 불러내는 것은 하나님이 하시는 것이다. 신약에서 사람을 보내서 복음을 전파하는 것을 읽어보면 하나님의 보내심과 선택이 있음을 볼 수 있다. 가장 두려운 것은 보내지 않았는데 스스로 나가서 일을 하는 것이다. 오늘날 하나님의 백성들 가운데는 하나님이 거룩하게 분별해서 보내지 않았는데도 일하겠다고 나섬으로 인해 야기되는 어려움이 많다. 그러므로 대제사장으로 선발되는 것은 존귀라고 했다. 백성을 위해서 제물을 드리는 제사장의 직분은 존귀하며 영광스러운 직분이다.

여기서 아론에게 합당한 표현을 다 사용해 주었는데, 만일 구약의 모세나 아론은 다 끝났고 아무것도 아니라고 하면서 예수 그리스도가 사도이시고 대제사장이심을 모르느냐고 했다면 그들이 이 말을 받기 어려웠을지도 모른다. 그러나 히브리서 기자는 객관적이고 합당한 모든 표현을 썼다. "이 존귀는 아무나 스스로 취하지 못하고 오직 아론과 같이 하나님의 부르심을 입은 자라야 할 것이니라 또한 이와 같이 그리스도께서 대제사장 되심도"(4-5a절). 얼마나 객관적이고 단순한 비교로 그분의 우월하심을 나타내 주는 말인가?

그리스도께서 대제사장 되심을 선포함

5b절, 스스로 영광을 취하심이 아니요 오직 말씀하신 이가 저더러 이르시되 너는 내 아들이니 내가 오늘날 너를 낳았다 하셨고

대제사장의 직분은 확실히 존귀와 영광을 얻는 것이다. 여러분들은 하나님을 섬기는 것이 존귀한 것임을 알아야 한다. 내가 구원받고 처음에 교회생활을 시작할 때에는 하나님을 전적으로 섬기는 사람이 되리라고는 생각하지 못했다. 단지 직장생활을 충실하게 함으로 좋은 그리스도인으로서 간증이 되길 원했다. 그런데 육칠 년 직장생활을 한 후에 주님이 그분을 섬기도록 나를 구별하셨을 때에, 나는 주님이 부르셨다는 것을 알았다. 그것을 알았을 때에 내가 가장 강렬하게 느꼈던 것은 주님이 나에게 제사장의 옷을 입혀주셨으며 이것이 얼마나 존귀하고 영광스러운가라는 것이었다. 이 세상에서 하나님을 섬기는 직책보다 더 존귀한 것은 없다. 나는 그때 나 같은 자를 불러주셔서 섬기도록 기회를 주신 하나님께 진정 마음 깊은 곳으로부터 감사를 드렸다. 그때부터 나는 함부로 행하면 안 된다고 여겼다. 그래서 초기에 어느 곳에서 말씀을 전해달라는 요청이 오면 함부로 가면 안 된다고 생각했다. 왜냐하면 무엇을 하든지 주님이 주신 존귀와 영광스러운 품격에 맞아야 한다고 느꼈기 때문이다. 그 뒤에 나를 따라서 섬기는 사람들에게 특히 강조했던 말이 "당신은 하나님을 섬기는 자로서

격을 지켜야 합니다"라는 것이었다.

하나님을 섬기는 자들에게는 하나님이 입혀주신 영광스러운 의복이 있으며 머리에는 관이 있고 '여호와께 성결'이라고 쓴 흉패가 있다. 제사장에게는 이러한 거룩한 옷을 지어서 입히고 옷에 기름을 발라야 한다. 이것이 제사장이다. 이 제사장들은 존귀와 영광을 가지고 있다. 아무나 스스로 이러한 존귀를 취할 수 있는 것이 아니라 하나님이 부르셔야 한다. 물론 여러분들이 섬기기를 원하는 갈망을 갖는 것은 매우 좋으며 헌신하는 것도 매우 좋다. 어느날 주님이 그분을 섬기도록 여러분을 구별하실 것이다. 그것은 이 땅에 사는 동안 우리가 얻을 수 있는 가장 큰 존귀이다.

멜기세덱의 반차를 좇은 대제사장

6절, 또한 이와 같이 다른 데 말씀하시되 네가 영원히 멜기세덱의 반차를 좇는 제사장이라 하셨으니

나는 여기서 여러분이 히브리서 기자가 말한 방식을 매우 이해하기 어려우리라고 생각한다. 여기서 사도가 말한 의도가 무엇인가? 왜 사도는 시편 2편에서 한 구절(7절), 시편 110편(4절)에서 한 구절을 인용하여 하나님의 대제사장으로 세우심을 받은 것을 증명하였는가? 아들을 낳았다는 것이 과연 대제사장의 존귀를 얻은 것과 어떤 관계가 있다는 말인가? 사도는 무슨 이유로 멜기세덱의 반차를 말하고 있는가? 멜기세덱은 창세기 14장에 나오는 전쟁에 승리하고 돌아온 아브라함에게 나타나서 축복한 살렘왕이었는데, 시편 110편에는 멜기세덱이 영원한 제사장이라고 한다. 이는 성령의 계시가 아니면 말해낼 수 없는 비밀이다. 우리는 여기서 성경의 오묘함을 보고 머리를 숙이지 않을 수 없다. 과연 아들을 낳는 것은 무엇이며 그것과 대제사장과는 어떤 관계가 있는가? 이 두 구절은 어떤 상관관계가 있길래, 사도는 이 두 구절을 인용하여 그리스도의 대제사장되심을 증명하려 하였는가? 히브리서 기자는 이 구절에서부터 그리스도의 대제사장되심이 아론의 반차가 아니라 멜기세덱의 반차를 따른 것임을 말해주려

한다. 그리고 10장까지 긴 글을 써서 그리스도의 대제사장직의 탁월함을 설명하고 있다.

아들을 낳는 것에 대해 말한 시편 2편의 말씀은 확실히 마리아를 통해 독생자를 낳은 출생은 아니다. 이는 사도행전 13장 33절에서 증명이 된다. 바울은 사도행전 13장에서 시편 2편을 인용하면서 그것이 예수의 부활을 말하는 것이라고 말했다. 그럼 어찌하여 성경은 예수의 부활을 또 하나의 출생이라고 하는가? 또 그것은 대제사장으로서의 설립과 무슨 관계가 들어있는가? 여기에는 큰 비밀이 들어있는 것이다. '아들을 낳았다'는 출생은 하나님에게 있어서 하나의 새로운 인격을 얻으신 사건이다. 지금까지 이 땅에는 그렇게 하나님과 사람편을 이어줄 참 대제사장의 인격을 얻지 못했다. 그러나 예수의 죽음과 부활은 하나의 큰 출생이다. 이는 하나님이 그분의 택하신 백성을 섬길 하나의 그릇을 얻는 사건이라는 것이다. 사도가 이렇게 말하지 않았더라면 우리는 이 비밀을 알 수 없다. 즉 그리스도의 부활이란 대제사장으로서 우리를 섬길 그릇, 하나님 편을 만족시키고 우리 편을 만족시키며 우리를 끝까지 구원할 수 있는 능력을 지니신 한 분을 얻는 사건이라는 것이다.

사람이시며 하나님의 아들이신 그리스도의 대제사장 직분

7절, 그는 육체에 계실 때에 자기를 죽음에서 능히 구원하실 이에게 심한 통곡과 눈물로 간구와 소원을 올렸고 그의 경외하심을 인하여 들으심을 얻었느니라

7절부터 10절까지는 5, 6절에 대한 기자의 설명이다. 즉 그가 어떻게 해서 멜기세덱의 반차를 좇는 대제사장으로 세우심을 입었는가에 대한 각주인 셈이다. '육체에 계실 때에'란 무엇을 의미하는가? 그분이 육체로 오신 자체부터가 우리 연약한 인간을 섬기기 위한 대제사장으로 자격을 획득하기 위한 과정이었음을 말해주고 있다. 여기서 육체란, 타락한 상태, 연약함 속에 있는 인간 본성을 가리킨다. 인간의 타락 후의 그 몸과 관련되는 말이다(창 6장 참조). 그분은 그 육체 속에 죄는 없으셨지만 타락한 우리 육체와 관련이 없는 또다른 몸을 입고 오신 것이 아니다. "말씀이 육신이 되어"(요 1:14)는 바로 이를 말하고 있다. 바울의 로마서 8장 3절의 "곧 죄를 인하여 자기 아들을 죄있는 육신의 모양으로 보내어 육신에 죄를 정하사" 라고 표현한 것도 또한 그것이다. 그분은 죄로 타락한 우리 인간을 구원하기 위해 바로 그 육신을 입고 오셨지만 죄는 없으셨다.

그러므로 그분은 우리와 다른 또 하나의 출생을 하셨던 것이다. 그분은 그 육신의 몸을 입으시고 죽음의 길을 걸어가셨으며, 인간의 육신의 한계를 다 체험하셨다. 그분은 마지막 그 어두운 밤에 제자들에게 "깨어 기도하라 마음에는 원이로되 육신이 약하도다"고 하셨다. 그때 주님은 자신의 경험을 따라 말씀하신 것이다. 그분은 사람의 좋은 의도나 용기만 가지고는 안 되고 기도 안에서 하나님의 도우시는 능력이 함께 해야 한다는 것도 아셨다. 그분이 육체에 계셨던 것은 가공할 만한 실제였다. 여기에 그분은 '자신을 제물로 드리기 전'의 주님을 의미한다. 그때 그분은 육체 안에서 양들이 걸어간 길을 친히 걸어갔다는 것을 의미한다. 즉 이것은 그분이 가장 심각한 시험을 당하셨음을 말한다. 오! 주님이 그러하셨을진대 우리가 하나님의 은혜가 없이 어떻게 시험을 이기며 이 길을 완주할 수 있겠는가?

'육체로 계실 때'는 예수 그리스도께서 제사장 직을 수행하시기 전이다. 그분은 자기 양들을 내어놓으신 후 그들 앞에서 시험과 슬픔과 고난의 길을 먼저 가셨다. 그분은 믿음의 주(기초자, author)요 온전케 하시는 분(완성자, finisher)이다. 그분은 우리의 믿음의 길의 기초를 놓기 위해 앞서 그 길을 걸어가신 것이다. 그분은 모든 길에서 신성의 능력으로 자신을 보호하지 않고 인간으로서 겪을 수 있는 모든 것을 겪고 견디셨다. 그분이 체험하지 않은 시련은 없다. 죄 문제를 담당하시는 일에서 그분은 홀로 모든 것을 하셨다. 나는 이 구절을 읽을 때에 겟세마네 동산의 광경을 생각한다. 물론 이 말씀은 겟세마네에서의 기도만을 의미하는 것은 아니고 육체에 계시는 동안의 모든 날들을 포함할 것이다. 그것은 예수께서 육체에 계셨을 때 겪으신 모든 일이 대제사장으로서의 자격을 획득하시기 위함이었기 때문이다.

"그는 육체에 계실 때에 자기를 죽음에서 능히 구원하실 이에게 심한 통곡과 눈물로 간구와 소원을 올렸고". 이 부분에 대해 아더 핑크의 강해서에서 일부분을 인용하겠다.

"여기서 우리는 다시 그의 통곡과 눈물을 수반하는 제사를 목격한다. 이 부분에 관해 복음서는 겟세마네에서 주님이 다만 기도하셨다고 말하지만 그때에 사실은 주님께서 하나님의 아들로서, 대제사장으로서 직분을 수행하고 계시는 중이었다는 것을 잊어서는 안 된다. 모든 사람의 죄를 짊어지고 대제사장으로서 하나님 앞에 영원한 속죄제물이 되시기 위해서 기도를 하시는 장면이라는 것을 기억해야 한다. 이 사실을 우리에게 어떻게 적용시켜야 하는가? 주께서 심한 통곡과 눈물로 자기의 제사를 올렸으니 우리 중 누구라도 죄의 무서움에 대하여 아무 감각이 없다면 구원에 관계되어 있다고 생각지 말라. 우리의 마음이 회개하지 않음과 불신앙의 태만 가운데 있다면 그리스도의 그 심한 통곡과 눈물을 수반하는 제사에 대하여 구원하는 믿음을 가지고 관심하고 있다고 상상하면 안 된다. 그리스도께 나아가는 자마다 그가 죄인들을 위해서 하나님께 어떻게 나아가셨는지를 잘 생각하도록 하라."

나 또한 이 해석에 매우 동감한다. 주 예수님은 그 밤에 심한 통곡과 눈물로 자기를 능히 구원하실 이에게 간구를 올리셨는데, 이것은 이 세상 죄를 짊어지기 위한 것이다. 그분은 무서운 하나님의 심판을 생각하면서 대제사장으로서 그분의 백성들을 위하여 간구를 올리셨다. 수많은 사람들의 멸망할 죄악을 위해서, 당신과 나의 죄를 위해서 간구를 올리셨다. 그 죄가 그렇게 중하지 않고 극악하지 않다면 하나님의 아들께서 그날 그렇게 통곡과 눈물로 하나님께 간구할 필요가 있었겠는가? 우리의 죄가 그날 우리 주님의 어깨 위에 얹혀있었다는 것을 기억해야 한다. 이 구절을 읽으면서 우리는 주님께서 심한 통곡과 눈물로 간구와 소원을 올릴 때 그 소원 속에 "아버지여, 제가 이 죄를 감당하겠사오니 그들의 죄를 사하소서"라는 대속의 기도가 포함되어 있었다는 것을 생각해야 한다. 그날 동산에서 피와 땀을 흘리면서 통곡과 눈물로 기도하신 주 예수님! 그때 당신과 나의 죄가 거기에 함께 있었다. 우리의 죄가 그의 마음을 누르고 있었다는 것을 기억해야 한다.

그리고 그의 경외하심을 인하여 들으심을 얻었다고 하였다. 어느 날 이 말씀을 들으면서 나는 주께 감사했다. 그러한 통곡과 눈물로 간구하시며 기도하시는 그 기도가 아버지를 경외하심을 인하여 들으심을 얻었던 것이다. 그날 밤에 아들이 드리신 그 제사의 기도를 하나님이 들으셨다는 것이다. "주여, 저들의 죄를 사하여 주옵소서. 주여, 당신의 뜻이라면 제가 이 죄를 짊어지겠나이다. 사해주소서." 이러한 기도가 아버지의 들으심을 받았으며 결국은 우리가 죄 사함을 얻게 된 것이다. 이것이 무엇인가? 사람이시며 하나님의 아들이신 그리스도가 그의 대제사장 직분을 이 땅에서 어떻게 수행하셨는가를 우리에게 설명하는 장면이라고 생각한다.

당시 사람들은 자기들에게 다가오기 위해서 자신을 낮추신 하나님을 제거함으로 뭔가 이득을 얻으려고 했다. 그리고 그분을 죽이기 위해 잡으려 하였다. 그분은 사람을 사랑하시고 구원하려 하셨기에 그 결과를 감수해야 했다. 사단은 인간에 대한 권리를 건네주지 않으면 큰 사고를 당하게 될 것이라고 그분을 위협했다. 그자는 그리스도가 그 길을 가지 못하도록 인간에 대한 자신의 모든 권리를 사용한 것이다. 그러기에 예수는 겟세마네에서 그것을 '어둠의 권세'라고 부르시고 "내 마음이 심히 고민하여 죽게 되었으니 여기 머물러 깨어 있으라"고 하셨다. 그러나 제자들은 그분과 함께 고통을 나누지 못하고 잠이 들었다. 사단은 사망의 세력을 갖고 있었으므로 그의 사망권세로 그리스도를 위협했다. 그러나 그리스도는 돌아섰는가? 그렇지 않다. 그분의 능력은 사탄을 좇아낼 수 있었다. 만약 돌아선다면 그분은 우리를 구원하지 못한다. 그분은 어떤 잔도 거둬달라고 구하지 않으셨다.

그분은 고민과 갈등 속에 있었지만 완전한 순종과 의존이 있었다. "내 뜻대로 마옵시고 아버지 뜻대로 하옵소서". 그분은 더욱 간절히 하나님께 부르짖으며 사탄의 권세 아래 있는 가장 밑바닥까지 내려가게 된 것이다. 그분이 자신을 내어주지 않았다면 잡으러 온 자들은 물러났을 것이다. 그분이 자신을 밝히자 그들은 뒤로 물러가 땅에 엎드러졌다. "내가 나사렛 예수라"고 밝히신 다음 그분은 "나를 찾거든 이 사람들의 가는 것을 용납하라"고 말씀하셨다. 그리고 자원해서 자신을 그들에게 내어주시며(요 18:4-8), 십자가로 가셨다. 그리고 거기서 영혼을 아버지께 부탁하시기 전에 그 잔을 마셨다.

그분은 그분의 경외하심으로 들으심을 얻으신 것이다. 그분은 끝까지 신뢰하시며 경외하셨던 것이다. 그분은 사탄의 죽음의 권세(지금은 너희 때요 어둠의 권세로다)를 통과하신 후에 앞으로 나아가셨다. 즉 하나님은 그분을 죽은 자 가운데서 일으키시고 영광스런 지위를 주셨다. 그분은 이제 자신을 낮추고 종으로서 죽기까지 복종하시고 사역을 다 마치신 것이다. 그분은 우리가 걸어야 할 길을 실수나 치우침이 없이 끝까지 죽기까지 잘 걸어가셨다. 이것이 한 가지 일이다.

두 번 째로 그분은 백성을 위해 죄를 속하는 일을 하셨다. 피가 드려진 것이다. 셋째로 그분은 하나님 앞에서 완전한 사람으로 계신다. 우리에게는 이와 같이 인생길을 걸어가시고 죄를 속하시고 하나님의 존전에 살아계신 대언자이신 예수 그리스도가 계신다. 그분은 그 길의 모든 시련을 통과하셨고 하나님에 의해 멜기세덱의 반차를 좇는 대제사장으로 선언되셨다. 멜기세덱의 반차는 무엇인가? 축복의 반차이다. 멜기세덱은 하나님의 이름으로 아브라함을 축복하고 아브라함의 이름으로 하나님을 송축하였다.

어떤 그리스도인은 '나는 십자가 아래 있다'고 말한다. 그러나 그리스도는 현재 십자가 아래 있지 않다. 그분의 십자가는 인간을 하늘에 올려놓는다. 그리스도는 하늘에 계시며 우리도 십자가의 효능을 힘입어 하늘에 나아가야 한다. 지금 사도는 성도들로 하여금 그들이 가진 특권을 일깨워주고 있다. 그들은 그리스도께서 그들을 위해 죽으셨다는 것을 안다. 그러나 그 사실이 그들에게 마땅히 주어야 할 능력을 주지 못한다. 그들은 주와 함께 죽었을 뿐 아니라 부활한 것도 알아야 했다. 그들은 그리스도 안에서 하늘에 속한 휘장 안에 있는 것이다.[7]

순종하심으로 영원한 구원의 근원이 되심

7) 히브리서 강해. J.N.Darby. pp.27-28

8-9절, 그가 아들이시라도 받으신 고난으로 순종함을 배워서 9 온전하게 되었은즉 자기를 순종하는 모든 자에게 영원한 구원의 근원이 되시고

그분은 완전하신 분이지만 또한 온전케 되실 필요가 있었다. 대제사장이 되시기 위해서 그분은 고난을 통하여 순종함을 배워서 온전케 되실 필요가 있다고 했다. 이것은 다 우리를 위한 것이다. 그분 자신은 온전하고 완전한 하나님이시다. 어떤 사람들은 그분이 하나님의 아들이신데 순종을 배워야 한다는 것이 말도 안 된다고 생각한다. 그러나 그분은 영광스런 생명을 비우시고 철저하게 우리 본성과 동질성 안으로 들어오셨기 때문에 실로 순종이라고 하는 것을 배워야 했던 것이다. "아이가 자라며 강하여지고 지혜가 충족하며"(눅 2:40)라고 하는 것은 그리스도께서 인생의 각 단계마다 시험을 만났으며 그것을 이기셨고 이길 때마다 의지가 강해지고 힘을 얻고 육체의 연약함과 속세의 악에 대한 공포를 극복하는 능력이 강화되고 있었다는 것을 의미한다. 겟세마네에서 그분의 순종은 극치에 다다른 것이다. 이것을 생각할 때 우리는 감사와 경배를 드리지 않을 수 없다. 아들이 우리의 구원의 근원이 되시기 위해 온전케 되신 길이 너무나 깊고 험난하다.

사람이 고난을 두려워하고 피하려 하는 것은 그 어떤 사람에게도 자연스러운 것이다. 원래 고난은 우리의 몫이 아니다. 하나님은 사람을 희락하도록 창조하셨다. 그러나 사람이 타락함으로 죄가 들어오고 고난이 오게 되었고, 이렇게 고난을 당하는 사람들의 대제사장이 되려니까 주님은 이러한 코스를 거치지 않을 수가 없었다는 얘기가 된다. 이러한 필요로 인하여 주님의 통곡과 눈물로 올린 기도가 있었던 것이다. 그분도 고난을 피하고자 하는 것이 있었다. 그럼에도 우리를 구원코자 하신 주 예수는 십자가의 고난을, 죽음을 무릅쓰고 하나님의 뜻에 자신을 일치시킨 것이다. 가장 처절한 고난은 가장 높은 순종의 공과를 그분께 가르쳐 주었고 자신의 뜻과 목숨을 드렸을 때 그분의 순종은 완성되었으며 그분 자신은 영원히 온전케 되신 것이다. 이 예수가 우리의 대제사장이다. 그분은 우리의 연약함을 아신다. 그분은 우리가 얼마나 무력한지도 아신다. 그래서 예수는 하늘에서 우리를 도우실 수 있으며 동정하시며 무식하고 미혹된 자들을 용납하신다. 우리가 만일 때를 따라 돕는 은혜를 얻기 위해 나아간다면 그분은 우리에게 순종의 영을 주실 것이며, 충만한 즐거움으로 우리를 안내할 것이다.

이는 마치 어떤 아버지가 자기는 학교에 다니거나 어떤 훈련을 받을 필요가 없는데 자기 자식을 잘 가르치려고 어린 학생들이 다니는 학교에 다시 한 번 들어간 것과 같다. 자식이 그 과정을 잘 통과하려면 어떤 것이 필요하며 어떤 어려움이 있는가를 처음부터 다 배워야 그 다음에 자식을 도와줄 수 있는 아버지가 될 수 있다. 이것은 아버지의 다함이 없는 사랑에서 나온 행동이다. 그렇게 하지 않으실지라도 그 아버지는 이미 완전한 사람이다.

하나님의 아들은 그가 아들이시라도 고난 속에서 순종하여 온전케 되시어 자기를 순종하는 모든 자에게 영원한 구원의 근원이 되셨다. 그러므로 순종은 얼마나 중요한 것인지! 오늘날 많은 사람들은 순종을 중요하지 않은 작은 부분의 미덕으로 생각한다. 그러나 순종은 매우 중요하다. 우리의 믿음생활에서 결정적인 역할을 하는 것이 믿음과 순종이다. 아들이 순종하셨으므로 오늘 우리가 그분께 순종하여야 한다. 우리가 오늘 그분께 순종한다면 그분은 우리가 온전케 되도록 구원할 수 있는 영원한 구원의 근원이 되실 것이다. 이 얼마나 아름다운 일인가? 주님은 영원히 우리를 구원하실 수 있는 구원의 근원이 되셨다.

또한 이 구절에서 '온전하게 되었은즉'이라는 말이 나오는데, 이 '온전'이라는 말은 히브리서에 자주 나오는 단어이다(7:19, 9:9, 10:1). 이는 구약과 대비되는 말이다. 구약은 아무것도 온전케 하지 못한다. 이러한 온전함은 신약과 더불어 온다. 이 단어가 예수의 온전케 하신 일에 사용되었다. 그분은 고난으로 온전한 순종을 배웠고 신적인 생명과 인간적인 의지가 완전히 연합하게 되시어 온전하게 되신 것이다. 그분이 이렇게 온전하게 되신 것은 우리를 온전케 하시기 위함이다(히 12:2). 그러므로 그분은 우리의 믿음의 기초자일 뿐 아니라 온전케 하시는 분이다. 그분이 우리를 순종케 하실 수 있고 홀로 우리의 구원자가 되신다. 그분의 사역에 있어서 순종은 가장 큰 문제였다. 그분의 고난에 있어서 순종을 성취하는 것은 큰 목적이었다. 주님을 따라가는 성도들에게 있어서 순종의 필요성은 절대적이다. 가나안에 들어가지 못하고 죽은 광야의 이스라엘 백성들은 이것이 부족했다. 그러나 지금은 완전한 대제사장이 있다는 말이다. 그분은 완전케 되심으로 자기를 순종하는 모든 자에게 구원의 근원이 되셨다. 그러므로 순종은 우리에게도 필수불가결한 것이다. 순종이 없이는 구원을 누릴 수 없다. 순종만이 피조물인 우리가 창조자인 하나님과 연합에 이르는 길이다. "자기를 순종하는 모든 자에게 영원한 구원의 근원이 되시고" 그분이 이 세상에 오셨을 때, 그분의 오신 것은 '아버지의 뜻을 행하기 위함'이라고 항상 말씀하셨다. 이것만이 구원을 이룰 수 있다.

그리스도는 자기를 순종하는 자들에게만 구원을 주시는 분이다. 사도는 7장에서 이에 대해서 계속 말하지만, 여기서 우리는 하나님이 이런 일을 행하심이 그분의 구속된 백성들을 완전히 구원하시려는 의도임을 알 수 있다. 나는 먼저 이 구절을 7장 25절과 함께 읽는 것이 유익하다고 믿는다. 과거의 아론의 반차로는 백성들을 완전하게 구원할 수는 없었다. 그러나 이제 그분은 하실 수 있게 되었다. 그리스도는 아들로 출생하시고, 멜기세덱의 반차를 좇는 대제사장이 되심으로 완전히 구원할 수 있게 된 것이다. "그러므로 자기를 힘입어 하나님께 나아가는 자들을 온전히 구원할 수 있으니"(히 7:25).

10절, 하나님께 멜기세덱의 반차를 좇은 대제사장이라 칭하심을 받았느니라

이 구절이 결국은 14절부터 사도가 논하고자 하는 승천하신 대제사장에 대한, 즉 그분이 멜기세덱의 반차를 좇는 대제사장이라고 하는 말씀에 대한 일차적인 결론으로 간주할 수 있다. 그분은 이렇게 육신을 가지고 고난을 통과하여 대제사장으로서 완성되셨다는 말이다. 이렇게 말함으로 사도는 성도들이 우리의 연약함을 이해하고 동정하는 대제사장이 계시다는 것을 알고 담대히 은혜의 보좌 앞에 나아가 때를 따라 돕는 은혜를 얻으라고 격려하는 것이다(히 4:15, 16).

떡과 포도주를 공급하시는 대제사장

그러면 멜기세덱의 반차는 무엇인가? 아론의 반차는 주로 죄악과 관계되는데, 예수 그리스도께서 이 땅에서 십자가에 달리심으로 이루어 놓으신 구속사업의 대제사장 직분은 아론의 반차를 따른 것이다. 그러나 오늘날 많은 그리스도인들은 멜기세덱의 반차를 좇은 대제사장 직분을 알지 못하므로 더욱더 구원받을 수 있음에도 불구하고 그 한계 안에 머물 수밖에 없다. 그러므로 멜기세덱의 반차를 좇은 대제사장 직분을 이해하는 것은 매우 중요하다. 이 멜기세덱이라는 이름은 구약에 몇 번 나오지 않는 이름으로서 이해하기가 쉽지 않다. 우리가 다 아는 바와 같이 멜기세덱은 창세기 14장에 나오는데, 아브라함이 전쟁을 해서 싸워 이기고 돌아올 때 살렘 왕인 멜기세덱이 아브라함에게 떡과 포도수를 공급했다. 이때 멜기세덱이 처음으로 언급된다. 우리는 만찬 상에서 떡과 포도주를 먹으면서 주님을 기념하는데 이 떡과 포도주는 우리의 공급을 위한 것이다.

이 부분에 대해서 앤드류 머레이는 하늘에 속한 대제사장 직분을 가진 멜기세덱이신 그리스도를 아는 것은 무궁한 생명 능력으로 우리 안에 역사하시는 하늘에 속한 대제사장 직분을 가진 멜기세덱이신 그리스도를 아는 것이라고 말했다. 완전하게 구원할 수 있는 구주이시며 성소의 부리는 자로서, 우리로 그분 안에 거하도록 인도해주시는 새 언약의 중보자로서, 실제로 하나님의 약속을 성취하시는 분으로서 우리 마음 안에 살아 계신 능력으로 하나님의 율법을 쓰고 새기는 것이 멜기세덱의 반차를 따른 역할이라는 것이다.

성숙에 이르는 길

1. 말씀을 깨닫는 데 둔하지 않아야 함

11절, 멜기세덱에 관하여는 우리가 할 말이 많으나 너희의 듣는 것이 둔하므로 해석하기 어려우니라

실상 히브리서 기자의 중점은 멜기세덱의 대제사장직을 통해 그리스도의 대제사장직분을 설명하고 싶어한다. 그러나 이 말씀은 간단한 말씀이 아니다. 실상 히브리서의 가장 중요한 요점이 멜기세덱의 반차를 따른 그리스도의 대제사장직이다. 이에 대하여 설명을 하려다가 기자는 잠시 이 말씀의 깊이를 생각하며 주위를 환기시키고 있다. 어린 그리스도인에게는 이해하기 어려운 부분이 있다고 말한다. 앤드류 머레이는 이러한 말은 온전히 자란 사람들을 위한 단단한 식물이라고 했다. 지금 히브리서 저자는 어떤 성질의 말을 해주고 싶은데 그들의 듣는 것이 둔하여서 말할 수 없다는 것이다. 하나님의 말씀을 깨닫는 데 있어서 우리는 둔해서는 안 된다. 오늘날 많은 하나님의 자녀들의 문제는 하나님의 말씀을 깨닫는 귀가 매우 둔하다는 것이다. 둔한 이유는 여러 가지가 있는데, 한 면으로 어리기 때문일 수가 있으며, 또 한 면으로는 건강한 하나님의 말씀에 대한 진정한 사모함이 없기 때문일 수도 있다. 히브리서는 다섯 번의 경고가 있는데 그 중에서 이 부분은 세 번째의 경고이다. 첫째는 냉랭함이고 둘째는 불순종이며 셋째는 나태를 다룬다.

오늘날 기독교는 정통을 말하면서, 소속감과 봉사, 그리고 올바른 품행 정도에 안주한다. 그러나 하나님의 깊은 말씀에 대한 강렬한 소원의 결여는 매우 심각한 정도이다. 저자의 책망은 그들의 교육이 부족한 것이나 지적 능력의 결여를 말하는 것이 아니라 오직 영적인 생각과 하나님을 더욱 갈망하는 마음에 대한 것이다. 그분을 더욱 알고 즐거워하기 위해 이 세상을 포기하는 심정이 없는 것을 말하는 것이다. 이들은 오직 십자가에 못 박히신 그리스도를 아는 지식에 배불러서 하늘에 계신 그리스도와 그들의 마음에 천국을 이루시는 그리스도의 생명 능력에는 별관심이 없다는 것이다. 그리스도인으로서 실제적인 전진을 이루는 사람들은 다른 사람들을 인도하고 가르치고자 하는 욕망이 생겨난다. 당신이 만일 다른 사람을 가르치기 위하여 더욱 진리를 배우고자 하는 마음이 없다면 사도의 경고를 받는 사람들 가운데 하나라고 알면 된다.

그 당시 히브리 믿는이들 주위에는 아마도 많은 미혹하는 말들이 있었을 것이다. 그러한 말들에는 그들의 귀가 번쩍 뜨일 수 있었겠지만 하나님의 말씀의 계시와 하나님의 말씀의 정수에 대해서는 별로 입맛이 없었을 것이다. 이것이 둔하게 하는 요인이 될 수 있다. 여러분들은 베뢰아 사람과 같아야 한다. 베뢰아 사람들은 하나님 말씀을 들을 때에 '이 말씀이 정말 그러한가?'하며 그 말씀을 다시 한 번 깊이 생각하는 좋은 습관을 가지고 있었다. 그러나 오늘날에는 '그 말이 그 말이겠지'하며 모든 말을 일반적으로 생각해 버린 채, 어떤 말도 귀중하게 간절히 생각하는 사람이 없는 듯하다. 이것이 오늘 대부분의 신자들의 상황이다. 그저 대강 다 안다고 생각하는 것이다. 정말 잘 아느냐 하면 그렇지 못하다. 대충 다 안다고 막연히 생각하고 있을 뿐이다. 이 질병은 이 마지막 시대에 하나님의 자녀들을 공격하는 사탄의 또 하나의 술책이다. 이렇게 모든 것이 타성이 되어버린 신자들에게는 어떤 말씀도 새롭지 않기에 결국 듣는 것이 둔하게 되는 것이다.

앞에서 말했지만, 내가 히브리서 4장을 가르칠 때 4장에서 주님이 말씀하신 것이 분명히 깨달아지지 않아 눈물이 나올 정도였다. 이 책 저 책을 읽어보아도 만족이 없었다. 주님은 분명히 4장에 더 깊은 것이 있다는 것을 말씀하셨고 내 느낌에도 더 깊은 것이 있을 것 같았지만 더 이상 알 수가 없었다. 예배 시간은 다가오고 마음은 답답하고 눈물이 나왔다. 우리는 이렇게 답답하고 어려운 상황에서 앙망함과 기다림 가운데 주님의 말씀을 조금씩 얻을 수 있었다. 비결이 무엇이겠는가? 말씀에 대한 사모함인 것이다. 목마른 사슴이 시냇물을 사모하듯이 그분의 말씀에 대한 강한 목마름이다. 주님은 주린 자를 채워주신다. 나는 하나님의 말씀을 오랫동안 공부해왔다고 말할 수 있다. 그러나 오늘날까지도 그분의 말씀이 없으면 하루도 살 수가 없다. 한 말씀 한 말씀 깨달으면서 그 감사함과 은혜를 무어라 말할 수 있겠는가?

2. 단단한 식물을 먹을 줄 알아야 함

12절, 때가 오래므로 너희가 마땅히 선생이 될 터인데 너희가 다시 하나님의 말씀의 초보가 무엇인지 누구에게 가르침을 받아야 할 것이니 젖이나 먹고 단단한 식물을 못 먹을 자가 되었도다

기간이 오래 되었다고 반드시 영적으로 성장하는 것은 아니다. 왜냐하면 때가 오래 되어도 아직 젖이나 먹는 자가 있을 수 있기 때문이다. 하나님은 때가 오래되면 자라는 것을 기뻐하신다. 하나님은 줄곧 남들에게 가르침이나 받는 사람을 기뻐하시지 않는다. 하나님의 자녀들은 때가 되면 반드시 자라야 한다. 나는 그리스도인이 20-30년이 되어도 여전히 누군가에게 배우려고 이곳저곳 찾아다니는 것을 보기 좋다고 여기지 않는다. 그들은 이미 어린 초신자들을 가르칠 수 있어야 한다. 그렇지만 이 말씀에 근거하면 반드시 시간이 많이 지났다고 해서 자란 것도 아니라는 것을 알 수 있다. 잘 배우고 순종해야 자라는 것이다. 나는 여러분들도 잘 자라서 가르칠 수 있기를 바란다. 다른 사람을 가르치기 위해서는 이 구절에서 말하는 단단한 식물을 먹을 줄 알아야 한다. 우리가 히브리서를 읽을 때 하나님은 그분의 자녀들이 거듭나서 어린 아이 상태로 계속 머무는 것을 기뻐하시지 않는다는 것을 알 수 있다.

3. 장성하여 남을 가르쳐야 함

13-14절, 대저 젖을 먹는 자마다 어린아이니 의의 말씀을 경험하지 못한 자요 단단한 식물은 장성한 자의 것이니 저희는 지각을 사용하므로 연단을 받아 선악을 분변하는 자들이니라

지각을 사용하는 것, 선악을 분변하는 것은 매우 중요한 것이다. 주님이 시험을 받으실 때, 광야에서, 겟세마네에서, 그분은 선악을 분별토록 지각을 사용하셨고 따라서 완전케 되신 것이다. 보다 깊은 진리로 들어가는 것도 재능이나 연구보다도 일상생활 가운데서 선악을 구분하며 스스로를 단련시킨 영혼의 온유함에 의존된다. 하나님의 일에 있어서 부드러운 양심과 순종하는 의지는 높은 지능보다 나은 것이다. 온전한 사람은 진리를 위한 영적 감각이나 빛을 통해 성실하게 행동하고 단련하는 데서부터 우러나는, 죄에 대한 거룩한 감지력으로 증명된다. 우리의 감각의 훈련은 우리 구원의 목표인 순종과 거룩한 삶에 특별한 연관이 있다. 이것이 곧 선악을 분별하는 것이다. 우리의 눈은 하나님의 길과 그 가운데로 인도하는 분을 보고 알도록 단련되고, 귀는 하나님의 음성을 들으며, 양심은 하나님을 기쁘게 하지 못하는 것들을 거부하고, 의지는 하나님의 뜻인 것만을 선택하게 되어야 한다. 이렇게 지각을 사용하여 연단 받아 선악을 분변하는 사람들이 장성한 사람들인데 장성할 때에야 비로소 남을 가르칠 수 있다. 이것은 남이 전해준 말을 똑같이 전해주는 문제가 아니다. 이는 장성한 사람이 하는 봉사가 아니라 젖을 먹는 어린아이의 일이다. 엄마가 음식을 잘 먹으면 어린아이들은 아무 수고할 필요가 없이 모유를 먹기만 하면 된다. 그러나 아무 젖이나 먹는 것은 위험하다.

대만의 한 형제에게서 들은 말이다. 한 자매가 낮에 직장생활을 하므로 자신의 아기를 탁아소에 맡겼는데, 저녁 때 아이를 찾아오면 밤새 울고 자지 않더라는 것이다. 왜 그런가 했더니, 그 탁아소에서는 우는 아기들에게는 우유에 수면제를 넣어 먹여 낮에 종일토록 자게 했다는 것이다. 그러니까 자매가 일을 마치고 저녁에 아기를 집에 데려오면 아기가 밤새 잠을 자지 않는다는 것이다. 어린아이는 젖을 주면 그것이 무엇인지 모르고 먹지만 장성한 자는 선악을 분변할 수 있다. 이것은 먹어도 되고 저것은 먹어서는 안 되고, 이것은 건강한 음식이고 저것은 건강한 음식이 아니라는 것을 분변할 줄 알아야 한다. 이렇게 분별할 수 있다면 여러분은 선생이 되는 것이다. 어떤 음식이 건강한 것이고 어떤 음식이 건강하지 않은 것이라는 분별이 없는 상태라면 당신은 아직 선생이 되지 못한다. 그저 어떤 사람이 듣기에 훌륭해 보이는 말씀을 가르칠 때 그 본질이 무엇인지 모르고 그저 좋다고 하고 감동하며 그 사람이 가르친 대로 사람들을 가르치는 상태라면 아직 어린 것이다. 그러므로 분별을 할 수 있어야 한다. 그 속성이 무엇인지 모르고 다만 남이 가르쳐 준 대로 전수해 주는 것은 어린아이의 상태이다. 하나님이 원하시는 장성한 자들, 가르치는 자들이 되려면 속에 진리에 대한 인식이 있어야 한다. 이러한 인식이 있을 때 남들에게 무언가를 줄 수 있는 은사와 직분이 있게 된다. 여러분들이 조금씩 가르쳐 보면 자신에게 줄 것이 얼마나 부족한지를 알 수 있다. 이것을 알 때 더 주님께 무릎을 꿇고 기도하게 될 것이다.

여기에 더해 한 가지 강조해야 할 것은 우리에게 있는 대제사장이 멜기세덱의 반차를 따른 대제사장이라는 것이다. 오늘 그분은 하늘의 하나님 보좌 우편에 앉아 계시고 은혜의 보좌를 베풀고 계시며 연약하고 시험받는 우리를 언제든지 도와줄 준비를 하고 계시는 분이다. 그분은 시험을 받으셨기에 우리를 동정하고 긍휼히 여기실 수 있는 분이다. 우리가 구하기만 하면 그분은 주신다. 그분은 하늘에 속한 은혜, 능력, 떡과 포도주를 우리에게 공급할 준비가 되어 있다. 그러므로 오늘 우리는 멜기세덱의 반차를 따라서 된 하나님의 아들 예수 그리스도의 대제사장 직분을 누려야 한다. 그를 누릴 때 우리는 자라게 된다. 만일 매일 매일 죄 짓고 회개하고, 죄 짓고 회개하는 식으로 아론의 대제사장 직분만을 누린다면 우리에게는 큰 결핍이 있게 된다. 그분은 이 땅에서 육체에 계실 때 눈물로 간구하시고 제사를 드렸지만 이제는 영원한 구원의 근원이 되셨고 멜기세덱의 반차를 좇은 대제사장이 되셨다. 우리가 때를 따라 돕는 은혜를 얻고자 나아간다면 그 은혜의 보좌에서 은혜를 항상 얻을 수 있다. 그것은 하늘에 속한 능력이요, 하늘에 속한 은혜요, 생명의 공급이다. 우리가 항상 이것을 얻을 때 자랄 수 있고 진보할 수 있으며 하나님의 경륜을 이룰 수 있다.

대제사장으로 구원의 근원이 되신 그리스도

히브리서 5장에서는 그리스도의 대제사장 되심에 관하여 아론의 제사장 직분과 비교해서 말했다. 구약에서는 아론의 제사장 직분이 있었고 유대교 안에서도 역시 이러한 전통을 따라 제사장 직분이 수행되고 있었다. 히브리서 5장 5절은 그리스도께서 대제사장 되심이 스스로 영광을 취하심이 아니라 "말씀하신 이가 저더러 이르시되 너는 내 아들이니 내가 오늘날 너를 낳았다" 했고, 6절은 "네가 영원히 멜기세덱의 반차를 좇는 제사장이라 하셨으니"라고 했다. 나는 다비(J.N. Darby)의 글을 읽기 전에는 5절의 "내가 너를 낳았다"와 6절의 "멜기세덱의 반차를 좇는 대제사장"과의 연결을 깊이 있게 이해하지 못했다. 그러나 다비는 이에 대하여 깊은 이해를 갖고 있었다. 그것은 그분이 부활하시고 승천하신 것은 하나의 태어남이라는 것인데 이는 매우 특별한 인격을 갖춘 인물의 출생을 의미한다는 것이다.

나는 과거에는 그분이 부활하신 것이 맏아들로 출생하신 것임을 알기는 했지만 그것이 무엇을 의미하는지는 잘 몰랐다. 이는 그분의 부활 승천이 하나의 새로운 인격의 출생이라는 것이다. 그분의 부활 이전에는 그러한 분이 없었다. 이는 무엇인가? 그분은 이 땅에 계실 때 인성을 입으시고 사람의 모든 감정을 가지시고 우리와 모든 것이 같지만 죄가 없으셨다. 그리고 그분은 속성에 있어서 하나님과 연합되어 있으며 또 사람과 연결되어 있으며 "양척 사이에 손을 얹을 판결자"이시다(욥 9:33). 이분은 인생을 거치시고 부활 승천하시어 인간인 우리에게 합당하고, 거룩하시고 영원하신 하나님께 합당하며, 우리의 모든 문제를 감당할 만한 준비가 다 되셨다. 그분은 이렇게 부활 승천하사 새로운 인격으로 태어나시면서 영원한 하나님의 아들이 되셨을 뿐 아니라 대제사장으로 세움을 받은 것이다. 이를 히브리서에서 말해주지 않았다면 우리가 그분의 대제사장직에 대하여 어떻게 알 수 있었을까? 그분은 승천하시고 인성을 취하신 분으로서 대제사장으로 부름을 받은 것이다.

장성하여 단단한 음식을 먹음

"하나님께 멜기세덱의 반차를 좇은 대제사장이라 칭하심을 받았느니라"(10절). 이 말씀은 하나의 커다란 전환으로서 그리스도께서 이 땅에서 원칙상 아론의 반차를 따른 대제사장 직분을 마치시고 승천하신 뒤에는 멜기세덱의 반차를 좇아 대제사장이 되었다고 말하고 있다. 히브리서 5장은 멜기세덱에 대해 더 말하려고 하다가 히브리 믿는이들의 깨닫는 역량이 부족하므로 해석하기를 멈추고 그들이 마땅히 시간이 오래되었음으로 자라야 하는데 아직도 어린아이라는 것을 지적했다. 시간이 지나면 그리스도인은 마땅히 자라서 다른 사람을 가르칠 수 있어야 한다. 그러나 시간이 오래되었는데도 그리스도의 말씀의 초보에 머물러 있는 자는 자라지 못한 자이다. 그들은 젖만 먹을 뿐 단단한 음식을 먹지 못하는 어린아이와 같다.

단단한 음식은 장성한 자의 것이다. 장성한 자는 지각을 사용함으로 연단을 받아 선악을 분별할 수 있는 자들이다. 여기에 두 가지 식물(食物)이 있다. 어린아이들이 먹는 말씀의 젖이 있고 장성한 자들을 위한 의의 말씀인 단단한 식물이 있다. 전자는 어린 자의 식물이고, 후자는 장성한 자의 식물이다. 그리스도인이 된 지 얼마 되지 않은 사람이 말씀의 초보를 배우는 것은 가하나, 성장하면 마땅히 초보를 버리고 온전한 데 이르러야 하며 다른 사람을 가르칠 수 있어야 한다.

멜기세덱의 반차를 따른 제사장 직분

멜기세덱의 반차를 따른 대제사장직분은 승천하신 그리스도의 제사장직에 대한 가장 합당하고 아름다운 설명이 된다. 그리고 그분의 대세사장직이 아론보다 얼마나 뛰어난가에 대한 가장 좋은 비교도 된다. 그렇지만 아론의 반차를 따른 제사장 직분은 이해하기가 쉽지만 멜기세덱의 반차를 따른 제사장 직분은 이해하기 어렵다. 건물에 비한다면 전자는 일층이고 후자는 이층에 속한 것이다. 오늘날 일층에 있는 그리스도인은 많지만 이층에 있는 그리스도인은 많지 않다. 즉 그리스도를 구속주로 알고 체험하는 사람은 많지만, 승천하셔서 우리에게 젖과 포도주를 공급하시는 하늘에 속한 대제사장으로 체험하는 사람은 적다는 말이다.

하나님의 역사 안에 자신을 둠

우리는 창세기 14장에서 아브라함이 대적을 쳐부수고 돌아오는 길에 멜기세덱이 나타나서 그에게 축복하고 떡과 포도주를 공급했다는 사실을 기억해야 한다. 오늘 우리가 하늘에 속한 대제사장인 멜기세덱의 반차를 따른 하나님의 아들 예수 그리스도의 공급을 받기 원한다면 우리도 싸움 안에 있어야 하고 우리 자신을 하나님의 경륜을 이루는 곳 안에 두어야 한다. 하나님의 역사 안에 우리가 있어야 한다. 그리고 그 역사 안에서 우리가 대적의 일을 멸하고 하나님의 권익을 위해 싸우며 하나님의 뜻을 이룰 수 있는 사람이 될 때 멜기세덱의 공급을 받을 수 있다는 사실을 잊어서는 안 된다.

그러므로 그 놀라운 멜기세덱의 반차를 좇는 대제사장이신 승천하신 그리스도의 공급과 은혜를 얻어 생활하려면 느슨하게 제멋대로 생활해서는 안 된다. 우리 자신을 그분이 원하시는 역사 안에 두어야 한다. 당시 아브라함도 조카 롯을 대적으로부터 찾아오는 일을 하고 있었다. 택하신 자들을 위해, 복음을 진하고 진리를 가르치며 하나님의 거처인 교회를 위해 싸우는 등 주님의 역사에 동참해야 멜기세덱의 공급을 누릴 수 있는 것이다. 그러므로 오늘 우리가 멜기세덱의 반차를 따른 대제사장의 공급을 받기 원한다면 먼저 아브라함이나 사도 바울과 같이 대적을 향하여 싸우는 그리스도인이 되어야 한다. 그럴 때에 우리는 하늘에 속한 대제사장의 공급을 받아들임으로 잘 자라고 진보할 수 있다.

광야—초보적인 그리스도인

초보적인 그리스도인은 광야에 있는 이스라엘 백성에 비유할 수 있다. 그곳에서는 모든 것이 공개적이다. 구름과 불기둥이 있고, 하늘의 만나, 모세, 여호수아의 인도, 모두가 그렇다. 어린 그리스도인에게는 모든 것이 다 편하게 예비되어 있고 준비되어 있다. 이것은 마치 어린 그리스도인 상태에서는 그를 위한 선생이 필요한 것과 같고 젖을 먹어야 하는 상태인 것과 같다. 그러나 이스라엘 백성이 요단을 건너 가나안에 들어갔을 때 더 이상 쉽게 얻어먹을 수 있는 음식이 없었다. 광야의 단계는 믿는이들이 보다 더 보이는 것에 의존되어서 길을 가는 시기이다. 이 때는 함께 하는 사람들이 많이 있어서 외적인 격려와 힘이 필요하다. 말씀에 대하여도 어떤 선생이 놀라운 은혜의 말씀으로 감화 감동을 주어야 한다. 인도자도 매우 매혹적이고 카리스마가 있는 사람이 필요하다. 믿을 수 있고 자랑스러운 인도자에 의해 지도를 받으며 기쁨과 확신으로 길을 걸어간다.

가나안—믿음으로 사는 생활

가나안에서는 믿는이가 스스로 경작해야 풍성한 소산을 얻을 수 있다. 가나안의 생활은 보이는 것으로가 아닌 믿음으로 사는 생활이다. 여기서는 보이는 것보다는 보이지 않는 가운데의 생활이 많다. 보이지 않는 가운데 주님과의 관계성 속에서 길을 발견하고 나아가게 된다. 이는 그리스도인의 전진된 믿음생활의 상태를 가리킨다. 그러므로 그곳에서는 오직 성령만을 의지해야 한다. 이것은 가나안에 들어서자마자 여호수아 앞에 군대장관으로 성령을 예표하는 분이 나타나신 것에서도 볼 수 있다. 그분은 여호수아 앞에 나타나서 그들을 도울 것처럼 하였지만 이후로는 다시 나타나지 않으셨다. 이제 이들의 싸움은 보이지 않는 주님과의 교통과 인도 가운데서 이루어져야 한다. 그들은 보이지 않는 분을 인도자 삼아 늘 그 분께 나아가 묻고 기도하는 가운데서 길을 찾아야 했다. 그러한 행동 가운데서 그들은 수많은 대적들을 이기고 그 땅을 기업으로 분배받을 수 있었던 것이다.

히브리서는 우리에게 휘장 안에서, 지성소 안에서 생활하라고 부탁한다. "은혜의 보좌 앞에 나아가라". 이러한 생활의 실제는 오늘 성령 안에 있다. 우리가 성령을 따라 살 때 그것은 하늘에 속한 지성소 안의 생활이요 휘장 안의 생활이다. 성령 안에 생활하는 것은 광야에 있는 이스라엘 백성과 같이 편하고 쉽지 않지만 자신의 지각을 사용하고 연단을 받는 길이다. 그리고 스스로 선악을 분별할 수 있어야 한다. 남이 분별해주는 것이 아니다. 스스로 알 수 있게 되어야 한다. 이렇게 되려면 스스로 지각을 사용해야 한다. 이것은 연단을 통해서 이루어진다. 그 길이 힘들더라도 그렇게 하지 않으면 자라지 않는다. 오늘날 세월이 많이 지나도 다른 사람의 계시와 체험만을 의지하고 자신은 말씀에 대해 어떤 경작도 하지 않고, 선악을 분별하려는 노력도 하지 않는 그리스도인이 많이 있다. 결과적으로 성장하지 않고 계속 어린아이의 상태에 머물게 된다. 그리스도의 형상이 이루어지는 것은 하루아침에 되는 문제가 아니다. 매일 성령을 따라 행할 때 성도들 안에 조금씩 그리스도의 형상이 이루어져 가는 것이다.

새롭고 산 길을 감

그리스도인의 길은 새롭고 산 길이다. 지성소로 들어가는 길, 휘장 가운데로 열어 놓은 길은 새로운 길이다. 옛 길이 아니다. 새로운 것은 우리가 어제까지도 가보지 않은 길이다. 우리는 매일 어제까지 가보지 않은 새롭고 산 길로 나아가야 한다. 주님은 이러한 길을 열어 놓으셨다. 매일 그리스도를 새로운 방식으로 체험하고 살아 있는 방식으로 체험해야 한다. 그럴 때 그리스도를 더 얻고 그리스도의 형상이 더 이루어진다. 옛 길에는 새로운 것이 없고 매일매일 같다. 이미 모두 다 알고 있는 지식과 체험이다. 우리는 매일 이런 길 안에 살아서는 안 된다. 길이 어려워도 새롭게 개척해 나아가야 한다. 이러한 길만이 그리스도의 몸을 부요하게 할 수 있는 길이다.

우리는 지금까지 하나님의 자녀들이 얻지 못한 그리스도의 방면들을 체험함으로써 머리로부터 얻은 것을 그리스도의 몸에 분배해야 한다. 때로는 휘청거리며 많은 갈등 가운데 있지만, 희미하고 어려움 가운데 고통스럽지만 여전히 주님을 믿고 걸어가야 한다. 그럴 때 주님은 우리에게 그분 자신을 더욱 계시하실 것이다. 이렇게 매일매일 자라는 것이다. 분명치 않던 것이 분명해지고 희미한 것들이 밝히 우리 눈앞에 드러난다. 하나님의 말씀이든 영적인 것이든, 무엇이든지 쉽게 이해할 수 있다고 생각하거나 당연하게 받아들이지 말고 주님 앞에 앙망하고 묻는 태도를 가져야 한다. 주님의 빛 가운데 다시 한 번 빛을 볼 수 있도록 앙망해야 한다. 이러한 길이 비록 힘들고 많은 실패도 있을 수 있지만 이러한 길을 가는 자들을 위하여 주님이 길을 예비하셨기 때문에 이 길에 긍휼과 자비가 있을 것이다. 주님은 이러한 사람들을 인도하여 그분이 원하시는 상태로 이끌어주시고 장성한 데까지 나아가도록 도와주실 것이다. 단단한 음식은 장성한 자의 것이니 지각을 사용하여 선악을 분별한다고 했다. 오늘 하나님의 자녀는 이렇게 지각을 사용할 줄 알고 연단을 받아 선악을 분별하는 사람들이 되어야 한다.

영적 이해력을 얻음

영적 이해력을 얻는 것은 거듭남으로 말미암는다(요 3:3, 5). 주 예수님은 사람이 거듭나지 않으면 하나님 나라를 볼 수 없다고 하셨다. 영적인 일이나 하나님의 나라의 일은 육적인 사람들의 눈에는 보이지도 않고 알 수도 없다(롬 8:7). 영적인 지각을 얻고자 한다면 반드시 거듭나야 한다. 거듭난 사람에게 하나님은 당신 자신을 알 수 있고 당신의 일을 알 수 있는 지각을 주신다. 거듭난 사람에게는 하나님의 새 생명이 주어지며 그 생명으로 하나님의 일을 알 수 있는 지각과 분별력을 얻게 되는 것이다. 생명체의 생명마다 그 감각되어지는 정도나 영역이 다른 것이다. 사람의 생명이 사람의 일을 알듯이 하나님의 생명만이 하나님의 나라를 볼 수 있다(고전 2:10-11). 개인의 영적인 생활과 교회 생활, 하나님을 위한 봉사와 사역은 모두 이 생명의 지각으로 말미암는다. 에베소서 4장에도 하나님의 생명에서 떠난 자들은 감각이 없는 자라고 하였다(엡 4:17-19). 거듭난 성도들도 마음이 굳어지고 하나님의 생명에서 떠나게 되면 믿지 않는 자들처럼 감각없이 행할 수 있으니 조심해야 한다. 또한 거듭난 사람일지라도 철저한 헌신이 없으면 지각이 예민해지지 않을 수 있다. 주님은 마태복음 6장에서 재물을 하늘로 보내지 않으면 눈이 흐려진다고 하셨다. 즉 영적인 지각의 진보를 위해서는 철저하고 실제적인 헌신이 필요하다.

로마서 12장 1-2절은 누구든지 자기를 산 제물로 드릴 때 생각이 변화를 받아 새롭게 되며 하나님의 기뻐하시고 선하시며 온전하신 뜻을 알 수 있다고 했다. 어떤 사람이 영적인 감각이 열려있고 좋다면 그는 틀림없이 주님께 헌신한 자이다. 실상 헌신은 거듭난 것에 추가하는 일이 아니라 거듭남을 보충하는 것이라고 보아야 한다. 실상 거듭날 때 모든 것은 주님께 속하는 것이기 때문에 그분께 모든 것을 드림이 마땅하기 때문이다(눅 19장 삭개오 참조). 그러나 거듭난 많은 사람들이 헌신이 철저하지 못하기에 보충수업처럼 헌신이 요구되는 것이다. 어떤 사람은 물질을 주님께 드리지 못함으로 눈이 흐려져 있고 어떤 사람은 자녀를 붙잡고 있음으로 주님에 대한 인식이 결여됨을 보며 어떤 사람은 사역이나 일을 주님보다 더 붙잡고 있음으로 영적인 눈이 흐려져 있음을 본다.

만일 여러분이 헌신하여 새롭게 된 생각이 있다면 반드시 영의 감각을 훈련하여 영의 느낌을 더욱 분별하도록 연단해야 한다. 그럴 때 13-14절의 말씀처럼 선악을 분별할 수 있게 된다. 연단이란 어떻게 해야 하는가? 이것은 우리가 진정으로 성령 안의 느낌을 주님의 인도로 여겨 따르고 행하는 것을 배우는 것이다. 로마서 12장은 생각이 새롭게 되는 것에 중점이 있으며 히브리서 5장은 지각의 연단 곧 여러분의 영 안의 느낌에 대하여 더욱 반응하여 순종하려 하는 생활을 의미한다. 그리스도인이 주님을 영접하게 되면 성령이 그 안에 내주하게 됨으로 그 속에 특별한 감각과 인식이 생기게 된다. 그러나 그 영의 지각을 따라 생활하는 것을 훈련하지 않고 또 그 기능을 사용하지 않는다면 영의 감각은 없는 것과 같고 영적 지각의 기능은 자라지 않으며 어린 아이 상태에 머물게 된다. 마치 50세의 사람이 10살짜리 아이같은 지능을 가진 것에 비할 수 있다.

따라서 우리가 영적 이해력이 늘 신선하기를 원한다면 주님께 우리의 헌신을 지켜주시기를 구해야 한다. 어느 누구도 헌신을 졸업한 사람은 없다. 헌신이 지속적이 된다면 틀림없이 그 사람의 생각은 새로우며 하나님의 기뻐하시고 선하신 뜻을 분별할 수 있게 된다. 그리고 히브리서 5장의 말씀처럼 영의 감각을 사용하기를 배우고 영의 감각에 따라 살도록 연단한다면 내적인 주님의 뜻과 그 음성과 인도를 분별할 수 있게 된다. 그것은 우리의 인간적 생각이나 감정이 아니다. 우리의 가장 깊은 속의 성령의 운행이요 역사이다. 우리는 사도행전의 사도들처럼 내적인 성령의 재촉하심을 읽어내며 금지도 읽어낼 줄 알아야 하며 그 음성을 듣기를 소원해야 한다(행 16:6-10, 13:1-4).

영적 이해력의 자람

"때가 오래므로 너희가 마땅히 선생이 될터인데 너희가 다시 하나님의 말씀의 초보가 무엇인지 누구에게 가르침을 받아야 할 것이니 젖이나 먹고 단단한 식물을 못 먹을 자가 되었도다"(12절). 여기에서 사도는 믿는이들이 어린 그리스도인 상태로 오래 머무는 것을 기뻐하지 않는다. 때가 오래되었다면 마땅히 그리스도인들은 자라서 선생이 되어 남을 가르칠 수 있어야 한다. 하나님은 항상 다른 사람에게 가르침만 받으려고 하는 그리스도인을 기뻐하지 않으신다. 우리는 마땅히 시간이 오래되면 자라서 다른 그리스도인을 가르칠 수 있는 역량을 갖추어야 하며 또 실제로 가르쳐야 한다. "하나님의 말씀의 초보가 무엇인지 누구에게 가르침을 받아야 할 것이니 젖이나 먹고 단단한 식물을 못 먹을 자가 되었도다"(히 5:12). 적어도 가르칠 수 있으려면, 또한 다른 사람의 선생이 되려면 단단한 식물을 먹을 줄 아는 장성한 사람이 되어야 한다. 대저 젖을 먹는 자마다 어린아이이며 이런 사람은 의의 말씀을 경험하지 못한 자요 단단한 식물은 장성한 자의 것이라고 하였다.

장성한 자의 특징은 지각을 사용함으로 연단을 받아 선악을 분변하는 것이다. 여기서 '지각'이라는 단어는 헬라어로 '아이스쎄테리아'로서 어떤 영문번역본에서는 'faculty'로 번역되어 있다. 'faculty'는 능력, 역량이라는 뜻이다. 벵겔(Bengel)은 그의 주석에서 이 단어를 혀나 맛을 보는 미각 등과 같이 감각기관을 가리켜 말한 것과 같다고 했다. 이에 대한 대부분의 영문 성경번역은 'senses'로서, 감각이라는 뜻으로 번역했다. 이것은 감지할 수 있는 능력을 암시하는 말로서 지적인 역량이 아니라 영적인 이해력을 뜻한다. 우리는 영적인 이해력을 사용할 줄 알아야 한다. 영적인 이해력을 사용할 때 연단을 받게 되고 선악을 분변할 수 있게 된다. 여기서 선악을 분변한다는 것은 열등한 것에 비해 월등한 것을 가려 분별하는 것을 말한다. 이것은 그리스도의 월등하심이 천사나 모세나 아론의 열등함과 대비되고 새 언약의 뛰어남이 구약의 열등함과 대비된다고 말하는 것과 같다. 또는 도덕성이 어떤가에 관계없이 서로 다른 음식을 구별하는 것과 유사하다.

예를 들면 우리가 먹는 말씀의 음식이 젖인지 단단한 음식인지를 구별하는 것과 같다. 어떤 사람들은 말씀의 가르침을 받을 때 그것을 당연한 것으로 받아들이는데, 이것은 순진한 어린아이와 같은 것이다. 어릴 때는 젖을 먹는 것이 당연하다. 그러나 시간이 지나 자라남에 따라 이가 생겨서 음식을 씹어 먹을 수 있게 되어야 한다. 이가 났다는 것은 무엇인가를 씹을 수 있다는 것을 의미한다. 좀 더 자라면 이가 단단하게 되기 때문에 단단한 것도 씹어 먹을 수 있다. 장성한 사람은 단단한 음식을 먹을 수 있어야 하며 선악을 분별할 수 있는 역량을 갖게 되어야 한다. 그것은 무엇이 더 우월한 것인가, 무엇이 더 좋은 것인가, 무엇이 더 천한 것인가 등을 구별하는 것이다. 어떤 말씀은 일반적이고, 어떤 말씀은 좀 깊이가 있으며, 어떤 말씀은 매우 영적이고, 어떤 말씀은 건강하며, 어떤 말씀은 건강하지 않으며, 어떤 말씀은 너무 피상적이고 얕다는 것 등을 구별할 수 있는 역량이 우리에게 있다.

요한 일서 5장에서도 하나님의 아들이 이르러 우리에게 지각을 주사 우리로 참된 자를 알게 하셨다고 말했다. 하나님은 우리에게 참된 자를 알 수 있는 지각을 주셨다. 골로새서 1장에서 사도 바울은 골로새 성도들에게 그들을 위하여 기도한다고 하면서 9절에서 그들로 하여금 모든 신령한 지혜와 총명에 하나님의 뜻을 아는 것으로 채우게 해주시고 이해할 수 있는 능력을 더욱 갖게 해달라고 기도했다. 우리는 하나님의 말씀을 받아들일 때에 반드시 우리의 이해력과 지각을 사용해서 받아들이는 것을 배워야 한다.

앞에서 베뢰아인에 대하여 언급했지만, 베뢰아인은 이 말씀이 진정 그러한가 하고 거듭거듭 되새겨 보았다. 우리가 이러한 태도로 말씀을 받아들이는 것을 훈련한다면 점점 자라나 다른 사람을 가르칠 수 있는 역량을 갖게 될 것이다. 좋은 것이 있지만 더 좋은 것이 있고, 선한 것이 있지만 지극히 선한 것이 있다. 베뢰아인과 같은 태도로 말씀을 보는 것을 훈련한다면 하나님의 말씀을 이해할 수 있는 역량도 자라서 더 영적이고 높은 것을 구별할 수 있게 될 것이다. 어린아이는 구별할 수 있는 능력이 없기 때문에 주는 대로 젖을 먹는다. 그러나 장성한 사람들은 구별할 수 있는 감각이 있기 때문에 음식을 먹을 때, "이것은 좀 좋지 않다. 이것은 별로 건강한 음식이 아니다."라고 구별할 수 있다. 이러한 사람이 단단한 식물을 먹을 수 있는 성장한 사람들이다. 이렇게 자랄 수 있도록 우리는 지각을 사용해서 하나님의 말씀을 구별하는 능력을 키워야 한다.

데살로니가 전서 5장에서 우리는 범사에 헤아리라는 사도 바울의 권면을 받는다. 범사에 헤아리라는 말은 영어로 'test everything'으로서 어떤 것도 당연하게 받지 않고 어떤 말씀이든지 다 한 번씩 점검하고 헤아려 보라는 뜻을 지니고 있다. 이 말씀이 진정 그러한 말씀인가 하여 다시 한 번 새겨 보고 다시 한 번 하나님 앞에서 빛을 얻기를 기대해 보아야 한다. 이렇게 함으로써 말씀을 완전히 우리 것으로 만드는 것을 훈련해야 한다. 그럴 때에 여러분은 다른 사람을 가르칠 수 있게 될 것이다. 가르치는 상태에 이르기 위해 말씀에 대한 분별력이 강화되어야 한다는 것은 이 구절에서 강조하고 있는 매우 중요한 사상이다.

6장

1-2절, 그러므로 우리가 그리스도 도의 초보를 버리고 죽은 행실을 회개함과 하나님께 대한 신앙과 2 세례들과 안수와 죽은 자의 부활과 영원한 심판에 관한 교훈의 터를 다시 닦지 말고 완전한데 나아갈지니라

여기에서 히브리서 기자는 히브리 그리스도인에게 그리스도의 도의 초보를 버리라고 하였다. 기자는 멜기세덱에 관한 말을 하려다가 그들의 수용할 용량이 적은 이유가 그리스도 신앙의 초보에 머물러 있는 것을 알았다. 따라서 그리스도의 초보를 버리지 않으면 안된다고 하면서 주제에서 약간 벗어난 듯한 말씀을 하기 시작한다. 그리스도의 도의 초보란 그리스도의 가르침의 기초적인 것을 말한다. "히브리서 기자는 히브리 성도들이 그리스도에 관하여 땅에 있는 것들에 만족하는 것을 보고 마음이 좌절되었다. 성령께서 오신 것은 그들을 하늘의 부르심에 참예케 하고 마음으로 그리스도와 연합시키고 그들을 세상과 구별시킬 것들을 보여주기 위해서였다. 그들에게는 영화롭게 되신 그리스도가 모든 초보의 목적지이며 우리는 세상을 나그네와 행인으로 지나가야 한다"(J.N. Darby). 그리스도인이 초보적인 상태에 늘 머무는 것을 정상이라고 생각하지 말라! 주님은 성도들이 머리이신 그리스도에 이르기까지 전진하고 자라기를 원하신다(엡 4:15-16).

그리스도의 도의 초보

첫 번째 쌍—회개와 믿음

히브리서 기자는 1절에서 기본적인 지식, 기본적인 것들을 버리라고 말하고 있는데 이것은 죽은 행실을 회개함과 하나님께 대한 신앙과 같은 것으로서 이 두 가지는 한 쌍이다. 회개와 믿음, 이 두 가지를 통해서 우리는 그리스도 안에 들어오게 된다. 이는 그리스도인이 되는 데 있어서 가장 기본이 되는 요소이다.

두 번째 쌍—세례와 안수

세례와 안수는 두 번째 쌍이다. 이 두 쌍은 공중 앞에서 믿음을 간증하는 것과 관계가 있다. 다음에 나오는 죽은 자의 부활과 영원한 심판은 장래의 삶에 관한 것이다. 세례(침례)는 우리가 소극적인 것으로부터 나오는 것이요 옛 것들을 종결시키는 것이다. 그런데 여기의 세례라는 단어는 다른 곳에 있는 침례라는 단어와는 조금 다르다. 여기에서 쓰인 '세례'라는 단어는 구약 레위기에 나오는 성막과 성전의 그릇이나 기구들을 씻을 때 사용하는 말로서(레 6:28) 히브리서 9장 10절과 마가복음 7장 4절에 사용된 씻는다는 단어와 동일하다. 즉 히브리서 6장 2절의 '세례'란 단어는 성경의 다른 곳에서 일반적으로 사용된 '세례(baptism)'라는 단어가 아니라는 것이다(Bruce, Morris). 헬라어 원문에 따르면 이것은 다만 세례가 아니라 씻는다는 뜻을 지니고 있다. 그러나 한국어로는 그냥 세례(침례)라고 번역한 것이다.

죽은 자의 부활과 영원한 심판은 미래에 관한 것이다. 회개와 믿음은 과거의 일이며 세례와 안수도 우리가 믿을 때 일어난 일들이다. 이것은 다 그리스도의 도의 초보를 가리키는 말들인데 학자들에 따라서는 이것을 유대교 안의 실행과 관계가 있다고 보고 있기도 하다. 즉, 그리스도인들이 가지고 있는 기본적인 것을 언급하는 것이 아니라 유대교적인 실행들의 기본적인 것을 언급하는 것이라고 말하는 것이다. 다시 말하면 이것은 구약 유대교 안에서 실행되었던 씻는 것을 언급하는 것이다. 죽은 행실을 회개하는 것이 구약에도 있었기 때문에 이를 유대교적인 실행들의 기본적인 것이라 볼 수 있다는 것이다. 유대인들도 죄를 지으면 회개하고 양과 소를 잡아서 속죄제와 속건제를 드렸으며 그들도 하나님께 신앙을 가지고 있었다.

그리스도의 도의 초보의 그 다음 항목은 씻는 것에 대한 가르침과 안수이다. 구약에서도 안수를 많이 했다. 소나 양 또는 그들이 드리는 제물 위에 안수를 했다는 것을 바리새인들도 믿었다. 그러나 적어도 첫 번째 쌍인 회개와 믿음은 신약의 믿는이들에 관련된 기본적이고 중요한 진리인 것이다.

성도의 기본적 신앙을 확립하는데 있어서 침례와 안수도 매우 중요한 항목이다. 침례는 우리가 아담으로부터 나오는 것이요 안수는 그리스도 안으로, 그리스도의 몸 안으로 들어오는 절차이다. 우리는 사도행전에서 사도들이 안수를 실행하는 것을 볼 수 있다. 안수는 사람을 은사로 세우기 위해서만 존재하는 것이 아니다. 안수는 그 자체가 하나의 동일시요 연합이다. 신약 성경에서 몸은 하나이다. 사마리아에 믿는 이들이 생겼을 때 예루살렘에서 베드로와 요요한을 보냈다. 그리고 그들에게 안수할 때 성령이 부어졌다. 이 성령은 구원받는 성령이 아니라 한 몸 안으로 들어오는 성령의 침례였다(고전 12:13). 오늘 날 침례는 그래도 공식적으로 실행하는데 안수는 특별한 직분자를 세울 때만 사용하는 것이 아쉽다. 침례가 중요한 만큼 안수 또한 중요한 것이다. 오늘 날 초대 교회의 실행을 회복하는데 있어서 침례가 중요한 만큼 안수 또한 중요한 실행임을 아는 것은 매우 긴요하다.

세 번째 쌍—죽은 자의 부활과 영원한 심판

죽은 자의 부활이나 영원한 심판도 히브리 인들인 그들이 가지고 있었던 신앙들이었다. 그래서 어떤 학자는 이것들을 다 유대교의 신앙과 실행과 관계있는 것으로 보았지만, 이것은 히브리 그리스도인들이 주님을 믿었을 때에 초보적으로 가졌던 가르침이라고 보는 것이 옳다고 생각한다. 그들은 믿었을 때에 죽은 행실을 회개했고 하나님께 대한 믿음을 가졌고 세례(침례)를 받았으며 안수함을 통해 몸 안에 들어왔을 것이고 죽은 자의 부활과 영원한 심판에 관한 기본적인 가르침들을 받았을 것이다. 이는 장래의 그리스도인의 목적지에 해당한다. 오늘 날 신학으로 말하면 종말론에 대한 것이다.

완전한 데 나아감

그런데 여기에서 히브리서 기자는 이러한 기본적인 가르침들의 터를 다시 닦지 말고 완전한 데로 나아가라고 권면한다. 다시 닦고 또 다시 닦는 일을 반복하지 말라는 뜻이다. 가령 건물을 지을 때 한 번 기초를 놓고 터를 놓은 것으로 족하지 다시 또 터를 놓고 얼마 지난 다음에 또 터를 놓는 식으로 터를 놓는 일만을 지속하지 말라는 것이다. 어떤 사람은 한 번 구원을 받아 회개하고 믿었지만 아무래도 다시 한 번 회개해야 될 것 같다는 느낌을 가졌다는 이야기를 들었다. 오늘 수많은 사람들이 이미 믿었음에 불구하고 부흥회를 하면 처음으로 돌아가서 다시 회개를 하고 다시 한 번 믿음을 확인하는 식으로 기초를 쌓고 또 쌓는 일을 하는 경우가 있다고 한다. 이런 것이 필요하겠는가? 완전한 데 나아가기 위해서는 이러한 그리스도의 도의 초보를 '버리는' 것을 배워야 한다. 그리스도의 도의 초보를 버리고 완전한 데 나아가도록 힘써야 한다. 어떤 사람들은 구원에 대한 진리를 듣고 회개하고 듣고 또 회개하는 것만 계속 반복한다. 자신이 구원받았는지 받지 않았는지 의심을 하며 흔들리기도 하고 또 세상에 빠지기도 하면서 다시 터를 닦는 이러한 행동은 하나님이 기뻐하시지 않는다. 하나님은 자녀들인 우리에게 완전한 데 나아가라, 전진하라고 하신다.

'완전'이 의미하는 바는 그리스도의 도의 완성으로서 하나님의 사람에 대한 창조의 목적에 이르는 것이다. 온전한 사람에게는 하늘의 아버지를 기쁘게 하는 생활이 가능한 것이며 그분이 우리 안에 마음대로 역사하시고 참여하시는 수준의 삶을 살 수 있는 것이다. 완전케 된 자들의 식물은 장성한 자들의 음식인 단단한 것이며, 멜기세덱의 반차를 따른 대제사장의 공급을 받아 무궁한 생명의 능력으로 이 땅에서 하늘 길을 걸으며 전진하는 자들이다.

제사장 직분에는 두 종류가 있는데 하나는 아론의 반차를 따른 제사장 체계이며 다른 하나는 멜기세덱의 반차를 따른 제사장 체계이다. 아론의 직분은 주로 속죄를 위한 것으로서 속죄를 위해 제단에서 제물의 피를 흘려서 하나님께 드리는 것이다. 그러나 계속 제단에만 있으면 어떻게 되겠는가? 다시 제단에 가서 양을 잡아 피를 흘리게 하고 다시 또 제단에 나아가는 것만 계속한다면 어떻게 되겠는가? 목적은 성소를 거쳐서 지성소로 들어가는 것이다. 계속 제단에 나와서 아론의 반차를 따른 제사장 직분만을 반복하여 사용하는 것은 어리석은 일이다. 성전에 들어가면 시작부터 코스가 있다. 목적지는 지성소인 것이다. 지성소에 들어가기 위해 성소에 이르는 많은 항목들의 코스를 만족케 해야 하는 것이다.

우리가 지성소에 들어가 생활하는 장성한 그리스도인이 되려면 멜기세덱의 반차를 따른 제사장 직분을 알고 전진해야 한다. 은혜의 보좌 앞에 나아가서 살아 계신 하나님의 능력과 은혜를 공급받음으로 전진하고 자라며 온전함에 이르러야 한다. 하나님은 그의 자녀들이 그리스도의 장성한 분량에 충만하도록 자라나기를 원하시지 제단에 늘 머무는 어린아이 상태로 늘 머무는 것을 기뻐하시지 않는다(엡 4:13-14). 히브리서 기자가 강조하는 것은 무엇인가? 멜기세덱의 반차를 따른 대제사장직분을 통하여서만 이 성도들은 완전케 됨에 이를 수 있다는 말씀이다. 이 부분에서부터 성도들의 온전케 됨에 대한 말씀이 계속 주어진다. 이를 위해 승천하신 예수 그리스도의 대제사장의 도우심이 반드시 필요함을 역설한다. 즉 히브리서는 그리스도인의 완전에 이르는 문제를 강조하고 있으며 이를 위해 그리스도께서 멜기세덱의 반차를 좇는 대제사장이 되셨음을 말하고 있다.

3절, 하나님께서 허락하시면 우리가 이것을 하리라

기자는 하나님이 허락하시면 완전한 데 나아갈 수 있는 그러한 말씀을 할 것이라고 말하고 있는 것 같다. 앞 절에서는 이와 같이 기초를 다시 닦는 일을 하지 말아야 한다고 역설하였다. 그렇다 하더라도 이 기초의 일을 완전히 하지 않겠다는 것은 아니다. 사도는 초보에 머물지 말고 완전한 데 나아갈 것을 권하였지만, 본 절은 또한 이것을 하리라고 작정한다. 이는 현재 히브리 그리스도인들은 기초를 닦지 않고 나아가야 할 상태이지만 언젠가 그들 가운데 필요한 경우가 생기면 하나님의 허락하심 하에 하겠다는 의지이다. 많은 학자들은 완전한데 나아가는 것에 관한 일을 하나님의 허락 하에 할 것이라는 결심으로 해석한다(그리스도의 도의 초보를 다시 닦지 말라고 했기 때문에). 나는 히브리서 자체가 히브리 성도들이 완전으로 나아가도록 하는 의도로 쓴 것이기 때문에 기본진리에 대하여도 필요할 때 사도는 기초의 문제를 다시 정립하겠다는 뜻으로 읽는다. 이 역시 히브리 그리스도인들에게 그리스도의 초보로 돌아가려는 뒷문을 닫는 말씀으로 읽어야 한다.

회개하여 다시 새롭게 할 수 없음

4-6a절, 한 번 비췸을 얻고 하늘의 은사를 맛보고 성령에 참예한 바 되고 5 하나님의 선한 말씀과 내세의 능력을 맛보고 6 타락한 자들은 다시 새롭게 하여 회개케 할 수 없나니

기독교 역사에 이 말씀에 대한 수많은 논란이 있었다. "한 번 비췸을 얻고 하늘의 은사를 맛보고 성령에 참예한 바 되고". 어떤 학자들은 이것은 주님을 진정으로 믿지 않은 거듭나지 않은 사람들을 언급한다고 해석했다. 그들은 그리스도의 도의 초보를 반복하는 것은 유대교의 실행이기에 이 구절에 나오는 타락한 사람들이 진정으로 거듭난 사람이 아니라고 해석하기 위해서 많은 설명을 부가했다. 이들이 거듭나지 않은 사람들이어야만 8절에서 언급된 완전히 버림을 받고 불사르게 된다는 말과 일치할 수 있다. 그러한 학자들은 그리스도의 재림과 왕국의 보상과 징계에 대해서 보지 못하기 때문에 사람의 장래는 두 종류 외에 없다고 생각할 수밖에 없었을 것이다. 하나는 영원한 복락인 천국이고 하나는 영원한 멸망인 지옥이이라는 것이다. 이렇게 사람의 장래를 두 가지로 해석하다 보니 4절의 대상은 믿지 않은 사람들이어야 하고, 결과적으로 1절의 '도의 초보들'은 유대교의 실행으로 해석해야만 했다.

그러나 우리가 오늘날 깨닫고 있는 것은 이 사람들은 히브리 믿는이들로서 분명 거듭난 사람들이라는 것이다. 주님을 믿고 그리스도인으로서 초보적인 체험을 가졌던 사람들이다. 그들은 한 번 비췸을 얻었고 하늘의 은사를 맛보았으며 성령에 참예한 바가 되었고 하나님의 선한 말씀과 내세의 능력까지도 맛보았다. 그들이 체험한 것은 갓 믿고 구원받은 그리스도인들이 다 체험할 수 있는 사항들이다. 구원받지 않은 사람이 어떻게 하늘의 은사를 맛볼 수 있겠는가? 또한 성령에 참예한 바 되는 것은 더욱 불가능하다. 어떤 사람들은 구원을 받지 않은 사람도 성령의 외적인 충만을 맛볼 수 있다고 말한다. 우리는 고린도 전서나 갈라디아서에서도 그 교회들이 처음 그리스도인 생활을 시작할 때 성령 체험이 정확하게 있었음을 알 수 있다(고전 1:5-7, 갈 3:3). 그러나 나중에 잘못된 가르침을 받아 미혹되었을 때 그리스도에게서 끊어질 위험에 처했던 것이다(갈 5:4). 갈라디아 성도들에게 바울은 그렇게 피차 물고 먹다가 멸망할까 조심하라고 했다(갈 5:15). 고린도 전서 3장 17절은 "누구든지 하나님의 성전을 더럽히면 하나님이 그 사람을 멸하시리라"고 했다.

본문에서 히브리 신자 중 어떤 이들은 하늘의 은사를 맛보고 성령에 참예한 바 되었을 뿐 아니라 내세의 능력을 맛보았다고 했다. 이는 마땅히 성도들이 체험할 수 있는 것들이다. 성도들은 내세의 능력을 체험할 수 있다. 하나님의 역사는 시대에 따라 구분되지만 때에 따라서는 시간을 초월하여 맛보게 하신다. 구약의 성도들이 신약의 성도들의 체험을 전혀 할 수 없었던 것이 아니다. 아직 그리스도께서 십자가에 죽으시고 보혈을 흘리시기 전까지는 완전한 속죄의 역사가 성취되지는 않았지만, 구약의 성도들 가운데는 그 피의 효능을 미리 맛본 사람들이 많이 있었다. 또한 성령의 내주하심의 축복은 온전히 신약의 성도들의 특권이지만, 구약에서 다윗이나 다니엘 등의 영적 체험을 볼 때 그들은 내적인 주님과의 교제를 어느 정도 체험한 사람들이라고 보는 것이다. 이는 신약의 체험에 해당한다. 그러므로 오늘 신약의 성도들은 내세의 체험에 대하여 완전히 닫혀 있지 않다는 것을 알 필요가 있다. 우리는 때로 내세의 능력을 체험하게 된다. 우리가 소위 미리 맛본다는 말을 하는데 이는 내세의 축복과 누림을 오늘 교회생활 안에서 미리 맛본다는 것이다. 심지어 영세의 새 예루살렘에 대한 놀라운 체험도 미리 맛보는 것이 있을 수 있다. 물론 그것이 그때의 완전함에 미치지 못할지라도 오늘 하나님은 그분의 자녀들이 그 날을 미리 맛보고 그 날을 사모하게 하신다. 그러니 이러한 성도를 구원받지 못한 자들이라고 단정하는 것은 무리가 있는 해석이다.

이러한 초기 체험을 가진 뒤에 타락한 자들은 다시 새롭게 하여 회개케 할 수 없다고 했다. 이 말은 참 이해하기 어렵다. 그래서 '어떻게 구원받았다가 다시 멸망할 수 있는가?'라는 질문이 제기되는 것이다. '어떻게 구원받은 사람이 타락하며 또 타락한 다음에 다시 회개케 할 수 없다는 이론이 성립되는가?' 그러나 이것은 그렇게 해석해서는 안 된다. 구원받았다가 타락하면 다시 회개하여 믿음을 회복할 수 없다는 말이 아니라, 이런 일이 가능하지 않다고 말하는 것이다. 한 번 구주의 은혜로 생명을 얻고 죄 사함 받고 거듭난 사람들이 타락했을 때 다시 새롭게 되어 회개케 할 수 없다는 것은 새롭게 하는 일이 이미 있었으므로 다시 새롭게 하는 일이 불가능하다는 뜻이다(Morris). 칼빈은 영적 은혜를 받은 자라도 하나님의 택하심을 받지 못한 자라면 타락할 수 있다고 하고 하나님의 자녀가 아닌 자라도 영적 은혜에 어느 정도 참여할 수 있다고 해석했다. 그는 진정으로 중생의 은혜를 받은 자녀는 타락하는 법이 없다고 하였다. 이것은 칼빈의 해석법이지 성경 전체의 논조는 아니다. 성경의 논조는 성령으로 거듭난 성도들이 뒤로 물러갈 뿐 아니라 그리스도에게서 끊어지고 은혜에서 떨어지는 불행도 당할 수 있음을 말한다(갈 5:4).

"다시 회개케 할 수 없나니". 이미 회개했고 믿었고 씻음을 받아 영원한 속죄를 얻었으므로 타락했다고 해서 다시 회개하고 다시 씻음을 받는 것이 불가능하다는 말이다. 그러나 유대교도들에게는 당시에 그러한 위험이 있었다. 주님을 믿고 용서를 받고 죄 씻음을 받은 후에 유대교의 실행은 어떠했겠는가? 일 년에 한 번씩 속죄의 날에 가서 죄 사함을 다시 받고 와야 한다. 그 다음 해에 다시 또 가서 씻어야 한다. 이렇게 씻고 씻는 일을 계속했다. 그러나 어린 그리스도인들이 일단 예수를 믿고 씻음을 받았다면 기초가 이미 놓여진 것이다. 따라서 그 후에 죄를 짓고 타락했다 하더라도 다시 가서 씻는 것은 불가능한 것이다. 이미 당신은 씻음을 받았고 이미 기초가 놓여졌기 때문이다. 이는 모두 그리스도인에게 전진하라는 말씀으로 보아야 한다. 뒤로는 길이 없으니 앞으로 가라는 부르심인 것이다. 상업에서나 학업에서나 전쟁에서나 전진하는 것이 곧 최선의 안전이라는 금언이 있다. 조용히 머무는 것은 뒤로 가는 것이다. 노력을 그치는 것은 뒤로 가는 것이다. 결국 타락자들, 또는 배교자들은 그리스도를 더 알려는 노력과 소원이 중단되고 시작한 것으로만 만족하는 경우에 발생한다. 완전한 데를 향하여 나아가지 않는 자들의 위험은 그 만큼 큰 것이다.

하나님의 아들을 다시 십자가에 못박아 현저히 욕을 보임

6b절, 이는 자기가 하나님의 아들을 다시 십자가에 못박아 현저히 욕을 보임이라

이렇게 정상적으로 회개하여 주님을 믿은 자들은 회개케 할 가능성이 없다. 그것은 불가능한 것이다. 이것은 마치 하나님의 아들을 다시 십자가에 못박고 현저히 욕을 보이는 것과 같다. 이는 당시 주 예수님을 믿고 교회생활을 시작했다가 다시 미혹되어 유대교로 돌이키려는 사람들에 대한 것이다. 그들에 대하여 사도는 그들의 그러한 실행이 하나님의 아들을 다시 십자가에 못박아 현저히 욕을 보이는 행위라고 하였다. 이러한 배교자들의 행위는 당시 유대인들이 예수님을 참 메시아로 알지 않고 속이는 자로 여겨 십자가에 못박히게 모욕한 것처럼 역시 그리스도의 단번 속죄사역을 속이는 것으로 여겨 배신함이니 이것이 유대인과 동일하게 하나님의 아들을 현저히 욕을 보이는 것이라고 한 것이다(박윤선 주석 참조).

성경에는 그리스도인 생활을 잘 시작하였지만 은혜를 헛되이 받는 것에 대하여 엄중한 경고가 주어져 있다(고후 6:1, 갈 5:4). 고린도나 갈라디아 교회들은 처음에 시작을 잘 했지만 받은 은혜 안에 머물지 못하고 넘어지거나 빗나가는 위험에 처해 있었다. 주 예수께서도 말씀을 즐겁게 받으나 그 자체의 뿌리가 없으므로 잠시 동안만 견디다가 넘어지는 위험성을 말씀하신 적이 있다. 완전한 데 나아가라고 하신 명령은 선택된 몇 사람에게만 주신 것이 아니라 모든 사람에게 주신 것이며, 특히 뒤로 물러가는 연약한 자들에게 하신 말씀이다.

합당한 채소를 냄

> **7-8절, 땅이 그 위에 자주 내리는 비를 흡수하여 밭 가는 자들의 쓰기에 합당한 채소를 내면 하나님께 복을 받고 8 만일 가시와 엉겅퀴를 내면 버림을 당하고 저주함에 가까워 그 마지막은 불사름이 되리라**

땅이 자주 내리는 비를 흡수한다는 것은 멜기세덱의 반차를 좇는 대제사장의 공급을 받는 것을 말한다. 이제 성도들은 다시 회개하여 새롭게 되는 초보로 돌아갈 것이 아니라 더 자라서 열매를 맺기 위해 멜기세덱의 반차를 좇은 제사장의 공급을 계속 받아 생활해야 한다고 말하는 것이다. 계속 은혜가 공급되고 빛이 공급되며 말씀이 공급되는 것은 마치 내리는 비와 같다. 이런 비가 계속 내려질 때 땅은 이 비를 잘 흡수해서 밭가는 자들의 쓰기에 합당한 채소를 내야 한다. 채소는 먹을 수 있는 음식이다. 우리가 잘 자라고 있는가는 계속 내리는 비를 흡수해서 채소를 자라게 하는가를 보면 알 수 있다. 만일 가시와 엉겅퀴를 내면 버림을 당한다. 채소는 먹을 수 있는 것이며 건강한 것으로서 사람들로 유익을 얻게 한다. 그러나 가시와 엉겅퀴는 먹을 수 없는 것으로서 불사름을 당하게 된다. 하나님이 원하시는 것은 채소를 내는 그리스도인이다. 우리가 잘 자라고 있다는 증거는 우리의 몸을 통해서 그리스도의 생명이 다른 사람에게 공급될 수 있는가에 있다. 자라고 있는 사람에게서는 사랑이 나오고 은혜가 나오고 평강이 나오고 성실함이 나오고 의가 나오는데 이것은 먹을 수 있는 채소가 나오는 것과 같다. 그러나 어떤 사람들에게서는 그 속의 쓴 뿌리, 속의 쓴 물, 즉 원망과 다른 사람을 욕하는 것과 저주하는 것, 비방하는 것과 판단하는 것이 나오는데 이 모든 것들이 가시와 엉겅퀴이다.

비의 공급은 항상 하나님으로부터 우리에게 임한다. 만일 우리가 자주 내리는 비를 흡수해서 밭가는 자들이 쓰기에 합당한 채소를 낸다면 우리는 하나님께 복을 받을 것이다. 이런 말씀을 읽어나갈 때 여러분들 속에, 여러분의 생활에 변화가 있는가? 아침에 일어나면 전과 다르게 속에서 채소인 은혜, 사랑이 흘러나오는가, 아니면 다시 엉겅퀴가 나오는가? 여러분은 반드시 자주 내리는 비를 흡수해서 채소를 내는 그리스도인이 되어야 한다. 가시와 엉겅퀴를 내는 것은 아주 위험한데, 그 이유는 가시와 엉겅퀴를 내면 버림을 당하고 저주함에 가깝기 때문이다. 저주를 받는다 하지 않고 저주함에 가깝다고 했다. "저주함에 가까워 그 마지막은 불사름이 되리라". 가시와 엉겅퀴는 다 불살라진다. 이것은 고린도 전서 3장을 연상케 하는데 만일 금과 은과 보석, 나무와 풀과 짚으로 건축하면 그날에 공력이 나타나 불이 공력을 시험한다. 그때 그 공력이 그대로 있으면 상을 받고 불에 타면 해를 받는다. 따라서 우리는 불을 통과해도 남을 수 있는 것을 가지고 있어야 한다. 어떤 것들은 다 타 버린다. 오직 하나님에게 속한 것과 그리스도와 성령에게 속한 것이 아니라면 다 태워져 버릴 것이다. 사람에 속한 것은 다 태워져 버릴 것이다.

만일 우리가 가지고 있는 것이 가시나 엉겅퀴라면 그것은 다 태워질 것이고 우리는 불을 통과하여 구원받는 사람과 같게 되어 복을 받지 못할 것이다. 그러므로 심판대 앞에 가서 태워지기 전에, 오늘 우리 속의 가시와 엉겅퀴의 성분들이 태워지게 해야 한다. 오늘 태워지면 그날 태워질 것이 없게 될 것이다. 우리는 오늘 하루하루 우리 속에 있는 육에 속한 성분, 천연적인 것들, 자아에 속한 것들, 죄에 속한 것들을 처리하고 태움으로 금과 은과 보석에 속한 것들만 남겨야 한다. 만일 우리가 지금 그런 것을 계속 보존하고 있다면 심판대 앞에서 정말로 다 태워지게 될 것이고 우리는 불사름과 저주함에 가깝게 되어 그 마지막에 불사름을 당하게 될 것이다. 이는 그날 해를 얻는 자들에 관한 말씀이니 우리의 경고로 받아들여야 한다.

완전한 데 나아가기 위해

어떠한 사람들이 사람들에게 유익하고 합당한 채소를 낼 수 있고 하나님께 복을 받을 수 있다는 말인가? 그리스도의 도의 초보에 머물지 않고 완전한 데 나아가도록 전진하는 사람들이다. 그렇다면 성숙하여 완전한 데 나아가려면 어떻게 해야 하는가?

1. 믿음을 가짐

첫째는 믿음을 가져야 한다. 그분이 얻으신 것 안에 그리스도와 함께 참예함을 배워야 한다. 3장에서 시작할 때에 확실한 것을 끝까지 견고히 잡으면 그리스도와 함께 참예한 자가 된다고 말하였다. 시작할 때에 확실한 것을 끝까지 견고히 잡아야 한다. 그리스도를 붙잡는 것은 믿음을 필요로 한다. 우리의 느낌이나 우리의 감정을 의뢰해서는 안 되며 언제나 하나님의 말씀에 대한 확고한 믿음을 가지고 있어야 한다.

2. 남은 안식에 들어가기를 힘씀

둘째는 남은 안식에 들어가기를 힘쓰는 것이다. 이것은 과거나 현재에 머물러 지체하지 않고 전진하는 것을 뜻한다.

3. 은혜의 보좌 앞에 항상 나아감

셋째로 주의해야 할 것은 은혜의 보좌 앞에 항상 나아가서 긍휼을 얻고 때를 따라 돕는 은혜를 얻는 것이다.

4. 단단한 음식을 먹는 것을 훈련함

넷째로, 단단한 음식을 먹는 것을 훈련해야 한다.

5. 대제사장이신 그리스도의 공급을 계속해서 받음

이 길을 실족하지 않고 계속해서 가려면 구속자이신 주님을 누리는 것에서 진보하여 매일매일 하늘로부터 새 언약의 중보가 되신 대제사장이신 그리스도의 공급을 받아야 한다. 이는 우리가 그분의 뜻과 노선 위에 행해야 함을 전제로 한다. 아브라함은 하나님의 뜻을 준행하다가 힘이 빠졌을 때 멜기세덱의 떡과 포도주를 공급받은 것이다.

6. 앞을 보고 나아감

여기에서 한 가지 더 추가하고 싶은 것은 전진하는 사람은 반드시 과거나 현재의 것에 집착하지 말아야 한다는 것이다. 달음질하는 사람은 옆을 보지 않고 뒤도 돌아보지 않고 앞만 보면서 달려간다. 전진하기 원하는가? 전진하려면 앞의 것을 보아야 한다. 이 말은 어렵지 않은 말이지만 체험적으로는 간단하지 않다. 사단은 여러분을 그냥 두지 않는다. "이것도 좀 봐라, 이것도 좀 주의하라" 하면서 많은 것들을 우리 주위에 두어 자신도 모르는 사이에 무의식적으로 얽히게 함으로 과거의 것을 주의하고 현재의 것, 미래의 것을 주의하게 만든다. 장래의 것도 적극적인 것이 아니라 미래에 대한 쓸데없는 걱정과 근심 같은 것들인데 이러한 모든 것들은 우리의 전진을 방해한다.

완전한 데 나아가기 위해서 이런 것들을 버리고 하나님의 말씀으로 나아가야 한다. 히브리서, 골로새서, 로마서, 이사야서로 가야 한다. 하나님의 말씀으로 가는 것이다. 하나님 말씀인 히브리서에는 어떤 성도가 자신에게 아주 마음 상해 있는 것과 같은 무익한 이야기가 없다. 그러나 우리는 종종 과거의 일들, 현재의 일들, 많은 일들에 빠지는데 그것이 전진을 가로막는다.

교회를 사랑하는 사도의 마음

9절, 사랑하는 자들아 우리가 이같이 말하나 너희에게는 이보다 나은 것과 구원에 가까운 것을 확신하노라

"이같이 말하나". 이것은 버림을 당하고 불사름이 되어 저주함에 가깝다는 말이다. "너희에게는 이보다 나은 것과". 6절에서는 그렇게 잘못 가는 사람들을 대명사로 '그들'이라고 언급했다. 6절에 보면 타락한 자들이 있지 않는가? 한글 성경에는 나와 있지 않지만 영어 성경에는 '그들'이다. 6절에서는 '그들'이라 하고, 9절에서는 "사랑하는 자들아 우리가 이같이 말하나 너희에게는"이라고 하여 '너희'와 '그들'을 구분했다. 이렇게 형편없이 기초를 다시 닦고 그리스도의 도의 초보를 다시 관심하는 사람들의 결과는 좋지 않다.

"사랑하는 자들아… 너희에게는 이보다 나은 것과 구원에 가까운 것을 확신하노라". 이는 신약의 어조이다. 우리는 체험적으로 신약의 성도들이 정상적으로 믿음에 거한다면 늘 우리가 염려하고 생각한 것보다 나은 상태라는 것을 발견한다. 진정 자신들의 길을 바로 정하여 가고 있는 이들이라면 분명 그들은 사도가 생각하고 염려하는 것보다 좋은 영적 단계에 놓여져 있으리라는 기대이다. 이는 체험이 있는 주의 종들이라면 다 동감하는 바 사실이다. 우리가 때로 사랑하는 성도들을 염려하여 심방하거나 교제하면 그들은 우리가 염려한 것보다 항상 더 낫다. 이것이 신약의 성도들의 특징이라고 보면 좋을 것이다. 사도는 어떤 사람들의 회복불능을 말했지만, 또한 어떤 이들의 순종과 더 나은 상태로의 전진을 신뢰하고 있는 말씀도 했다. 언제나 성도들에게는 두 부류가 있는 것 같다. 타락해서 회복불능인 상태가 있는가 하면 우리가 생각한 것보다 훨씬 더 나은 상태에 있는 성도도 있다. 한 종류는 가시와 엉겅퀴로 저주에 가까이 나아가는 자들이며 한 종류는 채소를 내는 긍휼을 얻는 무리이다. 주 안에서는 좋아지는 쪽은 점점 더 좋아지는가 하면 나빠지는 쪽은 점점 더 나빠진다. 이것은 기묘하게도 언제나 원칙처럼 역사한다.

성도를 섬기는 사랑을 기억하심

10절, 하나님이 불의치 아니하사 너희 행위와 그의 이름을 위하여 나타낸 사랑으로 이미 성도를 섬긴 것과 이제도 섬기는 것을 잊어버리지 아니하시느니라

하나님은 우리의 죄를 잊어버리시고 기억지도 않으신다. 그러나 하나님이 잊어버리시지 않는 것이 있다. 그것은 성도를 섬기는 사랑이다. 여러분들은 어떻게 성도를 섬겼는가? 하나님은 성도들에 대한 사랑들을 잊어버리시지 않으신다. 우리는 하나님이 잊어버리시지 않는 것을 해야 하는데, 그것은 우리가 성도를 사랑하고 섬기는 것이다. "그의 이름을 위하여 나타낸 사랑으로 이미 성도를 섬긴 것과 이제도 섬기는 것을 잊어버리지 아니하시느니라". 이러한 생활은 9절에 구원에 가까운 생활이 무엇인지를 설명해준다. 그것은 다른 생활이 아니라 사랑으로 성도들을 섬기는 것이다. 이것이 가시와 엉겅퀴를 내지 않는 생활이고 밭가는 자들의 쓰기에 합당한 채소를 내는 생활이다.

부지런하여 소망의 풍성함에 이름

11절, 우리가 간절히 원하는 것은 너희 각 사람이 동일한 부지런을 나타내어 끝까지 소망의 풍성함에 이르러

사도들이 간절히 원하는 것이 무엇인가? 사도들이 원하는 것이 바로 하나님이 원하시는 것이다. 우리는 동일한 부지런을 가져야 한다. 게으르지 말고 부지런을 나타내어 끝까지 소망의 풍성함에 이르러야 한다. 주님을 따르는 길에서, 전진하는 길에서 부지런해야 한다. 부지런히 소망의 풍성함에 이르러야 한다. 어떤 일이든지 전력투구하지 않으면 성공을 기대할 수 없다. 성경은 이기는 자(승리자-면류관을 받는 자)들이 되는 것에 대하여 결코 수동적인 자세를 견지하지 않는다. 이 서신에서도 계속해서 "저 안식에 들어가기를 힘쓸지니", "소망의 담대함을 끝까지 견고히 잡으면" 등 성도들 편에서 힘써야 할 근면성에 대해 격려한다. 이기는 자들은 지칠 줄 모르는 인내와 오래 참음으로 끝까지 하나님의 시간을 기다리며 차분하게 그 성취를 기다리는 자들 가운데서 발견된다.

히브리 신자들에게 당시 변고가 생긴 것은 소망에서 힘이 빠졌기 때문이다. 그들은 과거 유대교에 있을 때 보이는 어떤 활동들로 인하여 힘이 있었고 소망도 있었을 것이다. 물론 그 소망은 참된 것이 아니었다. 그러나 그들은 그런 거짓된 것으로 인하여도 힘이 솟아났다. 그러나 이제 신약의 길을 걸어갈 때 힘이 들기도 하고 외롭기도 했다. 그러자 소망이 꺼져가는 등불과 같이 되어버린 것이다. 그리고 성도들에 대한 사랑도 식어졌고 부지런함도 없어졌다. 이런 사람들의 입에서는 채소가 나오는 것이 아니라 가시와 엉겅퀴들이 나온다. 사도는 간절히 원하기를, 각 사람이 동일한 부지런을 나타내라는 것이다. 동일하다는 말은 과거에 달리기 시작할 때 가지고 있었던 좋은 상태를 의미한다. 승리하는 사람들의 특징은 변함없이 달리는 것이다(동일한 부지런을 끝까지). 'up and down'과 '하다가 마는 식'의 상태가 반복되는 것은 실패자의 전형이니 조심해야 한다. 승리의 길은 동일하게 부지런히 전진하는 것이다. 달리는 우리는 언제나 소망이 풍성하게 되도록 해야 한다. 여기서 소망의 풍성함이란 '온전한 소망을 지닌다'의 뜻이다. 소망이 풍성하다는 것은 소망에 대한 견고하고 적극적인 확신을 가리킨다. 이 구절의 소망이란 목적하는 바를 이루려는 강한 기대감이나 열렬한 소원을 의미한다(아더핑크). 믿음처럼 소망도 성도마다 소유한 정도의 차이가 있다. 어떤 성도는 소망에 대하여 넘치는 확신이 있는가 하면 어떤 사람들은 희미하고 약한 소망을 붙들고 있다. 소망의 확신을 가진 자는 그 소망하는 바를 얻으려고 부지런히 달리게 되어 있다.

12절, 게으르지 아니하고 믿음과 오래 참음으로 말미암아 약속들을 기업으로 받는 자들을 본받는 자 되게 하려는 것이니라

게으르다는 것은 그리스도인에게 많은 해를 끼치는 것이다. 히브리서 기자는 3, 4장에서 광야의 이스라엘 백성들을 예로 들어 안식에 들어가지 못하는 것에 대하여 경고한 뒤 여기 6장에서는 믿음의 조상, 족장들의 예를 들어서 믿음과 오래 참음을 격려한다. 믿음으로 단번에 하나님의 약속을 붙들 수 있지만 그것을 놓을 수 있는 위험도 있는 것이다. 오래 참음은 약속의 성취가 늦어지더라도 끝까지 믿음을 견지할 수 있게 해주는 능력이다. 성도들에게 믿음과 오래 참음이 있어야 약속을 상속받고 이루어지게 된다. 우리 그리스도인의 길에는 목표가 있고 상이 있다. 그러기에 믿음과 소망과 오래 참음이 있어야 한다. 그럴 때 우리의 최종 목적인 약속을 기업으로 받을 수 있다. 먼저는 하나님의 약속을 믿어야 하고 또한 하나님의 약속을 받기 위해서 오래 참아야 한다. 우리의 믿음의 진실성은 오랜 시간 안에서 증명되어진다.

한 가지 더 주의해야 할 것은 부지런하고 게으르지 말아야 한다는 것이다. 하나님은 게으른 사람을 싫어하시며 부지런한 사람을 기뻐하신다. 전도자 무디는 게으른 사람이 구원받는 것을 한 번도 보지 못했다고 말하기도 했다. 믿음이라는 것은 무엇인가? 여기에서 말하는 믿음에 대해서 앤드류 머레이가 한 말을 인용하겠다. "믿음이라 하는 것은 다른 것이 아니라, 우리가 할 수 없는 것을 하나님께서 우리를 위해서 해주실 수 있도록 그분을 의뢰하는 것이다." 우리가 할 수 없는 것인데 하나님께서 우리를 위해서 해주실 수 있는 것을 믿고 의지하는 것을 믿음이라고 한 것이다. 그는 또 정상적인 믿음생활을 영위하기 위해서는 하루도 태만하지 말라고 권면했다. 일 년 걸려 얻은 것을 부주의함으로 단 한 시간 만에 잃을 수도 있다고도 하였다. '믿음과 인내는 약속을 상속한다'는 이 한 마디를 놓치지 말라! 아브라함과 같이 어떤 상황이라도 약속의 말씀 하나를 붙잡는 것이 믿음이다.

나는 아브라함이 그 약속을 믿고 부지런히 순종한 사람이라고 믿는다. 창세기에 그의 부지런함에 대하여 자세히 기록하지는 않았지만, 그래도 군데군데서 발견할 수 있다. 그는 모리아 산에 갈 때도 아침 일찍 일어났다고 말한다. 그는 나귀에 안장을 지우고 두 사환을 준비시키고 번제에 쓸 나무도 준비했다. 이것은 모두 그의 준비성과 계획의 치밀함을 보여준다. 그는 삼일 길을 걸어간 후 사환에게는 나귀와 기다리라고 명했다. 이는 다 하나님을 순종하기 위해 미리 계획하고 생각한 흔적들이다. 그는 주님을 따르기 위해 막연하거나 피동적이지 않고 부지런했던 것이다. 그는 또 헤브론에 있을 때 318명을 훈련시켰다. 누군가 아브라함에게 사람들을 훈련시켜야 한다고 말해주지 않았을 것이다. 이는 아브라함의 지혜요, 대비요, 부지런함인 것이다. 집에서 삼백 십팔 명을 훈련시킨 일은 결코 쉬운 일이 아닐 것이다. 매우 번거로운 일이 많이 발생하였을 것이며, 이로 인해서 아브라함과 사라는 매우 힘들었을 것이다. 또 18장에서 여호와께서 장막문에 나타났을 때도 아브라함의 부지런함이 드러났다. 그는 세 천사를 간절히 집에 모셔서 발을 씻게 하고 떡을 가져오며 급히 장막에 들어가 사라에게 음식을 만들게 하였다. 또한 짐승 떼에 달려가서 송아지를 잡아 음식을 접대하였다. 이런 부지런한 성품이 주님의 말씀을 듣게 하였다. 그는 아들 이삭의 결혼을 위해서도 가만히 기다리지만 않고 무언가를 했다. 그는 무작정 믿는다고 하면서 피동적으로 주님이 알아서 다 해주시겠지, 그러니 우리는 아무것도 하지 않아도 된다고 하면서, 모든 환경 가운데 일어나는 일들을 운명에 삶을 맡기는 식의 사람들과는 달랐다. 그는 게으르지 않았고 또 오래 참는 미덕을 발휘했다. 이 모든 것이 그로 하여금 약속을 상속받는 본이 되게 했다.

왜 당시 사람들이 물러서고 유대교로 돌아가려 했는가? 그것은 가는 길이 너무 힘들기 때문이다. 그래서 느슨해진 것이다. 그들은 부지런히 믿음을 실행하는 아브라함과 달랐다. 결과는 큰 위험이 도사리고 있었던 것이다. 히브리서 기자는 이런 히브리 그리스도인들에게 아브라함을 예로 들어서 전진할 것을 격려했던 것이다.

약속들을 기업으로 받음

창세기 15장은 아브라함이 두가지 약속을 믿은 것을 기록한다. 첫째는 "네 몸에서 날 자가 네 후사가 되리라'는 말씀이다. 그리고 그것을 믿었을 때 아브라함은 의롭다함을 받았다(15:6). 그러나 15장 7절부터 하나님은 아브라함에게 약속의 땅을 기업으로 주시겠다는 약속을 주신다. 그리고 하나님은 아브라함에게 언약을 맺으신다. 이것은 무엇을 말하는가? 적어도 그리스도인은 두 가지를 알아야 한다. 하나는 의롭다함을 얻는 문제, 곧 구원받는 문제요 둘째는 상급을 얻는 문제이다. 이것은 기업을 얻는 문제이다. 신약 성경에도 이 문제는 성경 곳곳에서 발견된다(눅 19:11-27, 갈 5:21, 엡 5:5, 골 1:12, 3:24, 히 12:17). 성도들이 구원받고 신앙생활하는 과정에서 육체로 행하며 불의를 행할 때 그리스도와 하나님의 나라에서 기업을 얻지 못한다고 경고한다.

이것은 출애굽한 이스라엘 백성들에게도 예표되어 있다. 그들은 유월절과 홍해를 건넘으로 확실하게 구원을 받았다. 그러나 그들의 구원에는 목적이 있었다. 그것은 광야를 지나 요단을 건너 약속의 땅, 젖과 꿀이 흐르는 좋은 땅, 가나안을 기업으로 얻는 것이었다. 그들은 가나안에 들어가서 각 지파별로 제비뽑아 기업을 분배받았다. 이것이 그들이 유월절과 홍해를 건넌 목적이며 심지어 광야의 사십년을 거친 목표이다. 우리 성도들의 신앙생활에는 목표가 있다. 다만 멸망에서 구출된 것만이 아니다. 나는 성도들이 성경을 읽으면서 우리 믿는 자들에게 기업을 얻는 것에 대한 목표가 있다는 소홀히 하는 것에 대한 염려가 있다. 로마서는 성도들이 하나님의 자녀일 뿐 아니라 기업을 얻는 후사 혹은 상속자라는 개념을 분명히 한다(롬 8:17, 자녀이면 또한 후사 곧 하나님의 후사요 그리스도와 함께 한 후사니). 우리가 하나님의 자녀가 되는 것은 믿음으로 되지만 영광의 후사가 되는 것은 고난을 필요로 한다고 말한다.

맹세로 보증하심

13절, 하나님이 아브라함에게 약속 하실 때에 가리켜 맹세할 자가 자기보다 더 큰 이가 없으므로 자기를 가리켜 맹세하여

하나님이 아브라함에게 약속하셨다. 그리고 그 약속을 맹세로 보증하신 것이다(창 22:16). 맹세란 진실을 보증하는 것이다. 맹세는 최후 결정식의 약속이며 따라서 맹세한 내용에 대하여는 더 이상 바꾸거나 변개할 수 없는 것이다. 통상적으로 맹세란 자기보다 높은 자를 의지하여 하는 것인데 하나님은 자기보다 높은 자가 없으시니 자기를 가리켜 맹세하신 것이다. 우리가 믿는 하나님은 이 우주 가운데 그분보다 높으신 이가 없는 분이시다. 이를 안다는 것은 얼마나 힘과 용기가 나는 일인지 모른다. 믿음으로 약속을 받지만 오래 참지 않을 때 그 약속한 바를 상속받지 못한다. 히브리서는 처음에는 시작을 잘하였지만 점점 침체되어 뒤로 물러가는 위험성을 많이 지적했다. 이렇게 뒤로 물러가는 위험성을 지적하고서 앞으로 나아가도록 격려하기 위해 히브리서 기자는 아브라함을 제시한다. 그 약속이 맹세와 더불어 주어졌을 때 그 약속에 대한 확신은 더욱 커지는 것이다. 우리의 목표와 길을 맹세의 약속으로 확고하게 제시하신 분이 과연 누구냐 하는 것이다. 그분은 더 큰 이가 없는 하나님이시다.

14-15절, 가라사대 내가 반드시 너를 복 주고 복 주며 너를 번성케 하고 번성케 하리라 하셨더니 15 저가 이같이 오래 참아 약속을 받았느니라

이 말씀은 창세기 22장 17절 말씀을 인용한 것이다. 이는 아브라함이 하나님을 순종하여 독자 이삭을 번제로 드렸을 때 받은 축복이다. 사실 이 약속은 그 이전에도 주셨던 약속을 또 다시 확인한 것이다. 하나님이 당시 아브라함에게 약속을 주셨을 때 그 약속이 그렇게 믿을 만한 약속이었겠는가? 번성케 할 것이라는 하나님의 약속이 믿을 만하였겠는가? 아브라함으로서는 참으로 믿기 어려웠을 것이다. 하나님이 아브라함의 씨가 바다의 모래알과 하늘의 별과 같이 번성할 것이라고 하셨지만 아브라함에게는 당시 아들 하나도 없었다. 아무것도 없었다. 아브라함과 사라는 둘이 서로 쳐다보고 있을 수밖에 없는 상황이었다. 그러나 아브라함은 다만 하나님의 약속을 믿었는데 그 이유는 하나님이 당신의 약속에 신실하신 분이요, 전능하신 분이어서 우리가 할 수 없는 것을 하실 수 있는 분이시라는 것을 알았기 때문이었다. 하나님은 그분의 약속을 반드시 이루신다. 하나님이 약속을 이루실 것을 맹세하셨기 때문이다. 그러나 이렇게 맹세까지 하시면서 약속하신 것도 믿고 오래 참지 않으면 받지 못한다.

그렇다면 그 약속한 것과 맹세한 바가 무엇인가? 맹세라는 것은 모든 다투는 일에 최후 확정이다. 그것은 "너를 번성케 하고 번성케 하리라"는 것이다. 이러한 번성의 축복은 하나님이 사람을 창조할 때부터 있었던 것이다. 또 노아의 홍수 후에 노아에게 축복하신 바이다(창 1:28, 9:1). 하나님이 복주고 복주며 번성케 하고 번성케 하는 축복을 받으려면 아브라함처럼 믿고 오래 참아야 한다. 우리가 오늘날 아브라함 같은 믿음의 사람이 된다면 우리 또한 수많은 자손을 갖게 되는 번성의 축복을 누릴 것이다. 이런 말씀들은 '루터'나 '웨슬레'나 '다비' 등에 의해서 실증되었다. 그들은 믿음의 사람들이었고 그들의 부지런함을 겸비한 믿음과 오래 참음은 수많은 후손들을 산출했다. 성도들이 다른 사람들의 생명의 통로가 되며 축복이 되는 것은 믿음과 오래 참음의 길을 잘 간 후이다.

우리는 창세기 22장 16절 말씀을 읽을 때 감동이 된다. "여호와께서 이르시되 내가 나를 가리켜 맹세하노니" 하나님이 일개 피조물 아브라함을 축복하시며 그에게 어김없이 그분의 축복의 약속을 이루어주실 것을 확고하게 하신다는 의미에서 당신 자신을 가리켜 맹세를 하셨다는 말이다. 히브리서 기자는 한술 더 떠서 해석을 가한다. "맹세할 자가 자기보다 큰 이가 없으므로 자기를 가리켜 맹세하여 가로되" 아브라함은 부지런함을 겸비한 믿음과 순종과 자신의 희생의 길을 통해 그 축복을 받았고, 하나님의 뜻에 온전히 순종함으로 받았다. 이 약속이 맹세와 더불어 주어진 것은 그가 이삭을 제물로 드린 후이며 나아가 자신을 희생했을 때이다. 당신도 아브라함처럼 고향과 친척과 아비 집을 떠나는 것을 배우기 바라며 자신을 주님의 인도하심에 맡기며 모든 것을 희생할 준비를 해야 한다. 그럴 때 당신은 "내가 너를 복주고 복주며 너를 번성케 하고 번성케 하리라"는 축복의 음성을 들을 것이다. 그러한 축복은 아브라함에게 사실이듯이 우리에게도 사실이 된다. "내가 너를 복주겠다"고 하신 말씀을 당신의 것으로 받으라! 큰 은혜가 임할 것이다.

16절, 사람들은 자기보다 더 큰 자를 가리켜 맹세하나니 맹세는 저희 모든 다투는 일에 최후 확정이니라

하나님이 자신을 가리켜 맹세하셨다는 사실은 매우 엄숙한 것이다. 이는 히브리서에서 몇 번이나 강조되는 사항이다. 그분의 아들은 맹세에 따라 대제사장이 되셨다. 또한 맹세하사 내 안식에 들어오지 못하리라고 하셨다. 이 구절에서도 그분은 축복에 대하여 맹세하셨다는 것을 강조한다. 맹세하시는 하나님은 사람이 그 무엇보다 믿기를 원하신다. 믿음이란 사람이 할 수 없는 것, 하나님께서 하시기로 맡으신 것을 해주시도록 하나님을 앙망하는 것이다. 믿음은 온 마음과 삶을 기대와 소망 가운데 열어 놓는다. 우리가 하나님께 자리를 내어드리고 전심으로 오직 하나님을 신뢰하며 그 신뢰함으로 하나님께서 일하시게 한다면 하나님께서는 우리에게 복 주시려는 하나님의 목적이 얼마나 변함없는 것인가를 우리에게 증거하실 것이다.

사람들은 자기보다 큰 자를 가리켜 맹세한다. 미국의 대통령 선서는 성경을 근거로 한다. 그들은 대통령보다 큰 것을 성경으로 놓는 것이다. "맹세는 저희 모든 다투는 일에 최후 확정이니라". 최후 확정이란 더 이상 다툴 것이 없다는 것이다. 더 이상의 쟁론을 종식시키는 행위가 맹세이다. 오늘날 이 나라는 대통령이 한 어떤 말들로 인하여 쟁론이 많다. 그런데 가상하여 대통령이 자신의 인격을 담보로 하여 그 말에 대하여 반드시 그렇게 하겠다고 맹세하였다면 그 맹세는 모든 쟁론을 끝내는 효과를 가져온다. 사람이 말을 할 뿐 아니라 맹세를 했다면 이제 그 일에 있어서는 다 끝난 것이다. 그대로 하지 않으면 안 되기에 더 이상 다툴 필요가 없는 것이다. 하나님은 그분보다 큰 존재가 없으신 분이니 그분은 사람을 위하여 부득불 자신을 가리켜 맹세하신 것이다. 이는 다 신실하시고 거짓이 없으신 하나님이 믿음이 연약한 사람으로 하여금 믿을 수 있도록 도우시며 배려하시는 말씀의 방식인 것이다.

17절, 하나님은 약속을 기업으로 받는 자들에게 그 뜻이 변치 아니함을 충분히 나타내시려고 그 일에 맹세로 보증하셨나니

하나님은 그 뜻이 변치 않는 것을 나타내시려고 맹세하셨다. 하나님이 한 번 말씀하신 약속은 변치 않는다. 그분은 본성이 신실하시고 거짓이 없으시므로 맹세하시지 않아도 그분의 말씀은 믿을 수 있다. 그러나 하나님은 그분의 뜻이 절대 변치 않을 것을 나타내시려고 맹세하셨다. 맹세로 보증하시는 것이다. 말하자면 서약서를 쓰고 도장까지 찍었다는 것이다. 이 말씀에서부터 우리는 언약이라는 문제를 보게 된다. 우리가 생각할 때 약속과 언약은 단어 상 매우 비슷하다. 그러나 차이가 있다. 우리가 오늘 읽고 있는 성경을 신약, 구약이라고 부르는데 신약은 'new testament'라고 한다. 이 '테스타먼트'라는 말은 헬라어의 '디아쎄케'를 번역한 것인데 이는 성약을 의미한다. 원래 디아쎄케는 유언이나 언약을 의미한다.

하나님은 우리에게 약속을 하셨는데 그분이 그분의 약속을 바라고 믿는 자들에게 그 뜻이 변치 않을 것이라는 것을 충분히 나타내시려고 그 일에 맹세로 보증하신 것이다. 즉 약속의 말씀에다가 맹세의 보증을 합할 때 그 약속은 언약이 되어버리는 것이다. 이는 하나님 편에서 본다면 하나님께서 우리 믿음이 연약한 사람들을 동정하시어 우리로 믿을 수 있도록 도와주시는 행위인 것이다. 히브리서에 나타나는 언약의 문제는 매우 중요한 사상을 우리에게 전달한다. 우리는 이 문제를 매우 주의깊게 다루어야 한다.

피난처

18절, 이는 하나님이 거짓말을 하실 수 없는 이 두 가지 변치 못할 사실을 인하여 앞에 있는 소망을 얻으려고 피하여 가는 우리로 큰 위안을 받게 하려 하심이라

우리는 여기서 황송하게도 하나님이 거짓말하실 수 없다는 말을 대하게 된다. 이 두 가지 변치 못할 사실이란 무엇을 말하는가? 두 가지 변치 못할 사실 때문에 하나님은 거짓말을 하실 수 없다는 것은 무슨 뜻인가? 여기서 두 가지란 약속하신 것과 맹세하신 것을 말한다(13, 17절). 약속하신 일이 한 가지 사실이요 맹세하신 것이 또 하나의 사실이다. 하나님은 당신께서 약속하시고 약속하신 것을 반드시 이루시겠다고 맹세하셨기에 이 두가지 사실로 인하여 거짓말을 하실 수 없다는 말이다. 히브리서 6장의 중요한 단어는 믿음과 사랑과 소망이다. 그 중 달음질을 부지런히 잘 하기 위해서는 소망이 매우 중요하다고 역설하고 있다. 소망을 얻으려고 달리려면 피하는 것이 필요할 때가 많다는 말씀이다.

하나님은 물론 거짓이 없으신 분이시다. 그러나 하나님께서 우리에게 맹세로 보증하셨기 때문에 자신의 약속에 대하여 소홀히 하실 수 없다. 그분은 그분이 하신 말씀을 책임지셔야 한다. 언약의 귀함은 바로 이것이다. 그분 자신이 우리에게 약속하시고 맹세로 보증하셨기 때문에 그분 편에서는 우리에게 완전히 묶인 것이다. 우리 편에서는 그분이 우리에게 맹세하고 보증하신 것에 대하여 이루시도록 요구하고 명령할 수도 있다. 이는 우리가 얻을 수 있는 당당한 권리가 되었기 때문이다. 이는 특히 "내가 너를 복주고 복주며 번성케 하고 번성케 하리라"는 약속에 대하여 그러하다. 하나님은 그분이 약속하신 것을 반드시 지키신다는 것을 말씀하시어 우리로 안위를 받게 하려 하신다. 하나님은 종종 더디시다. 그러므로 성도들은 인내로 기다려야 하며, 참된 기다림만이 그들의 믿음의 진실됨을 나타내는 것이다.

특히 그리스도께서 피로 세우신 새 언약에 대하여는 더욱 그러하다. 그분은 피로 그 언약에 대하여 보증하셨기에 우리는 그 언약을 이루는 문제에 있어서 믿을 수 있을 뿐 아니라 이루시기를 강력하게 요청할 수 있다. 하나님은 우리에게 그 약속을 맹세로 보증하심으로서 묶이셨다. 그분은 우리가 요구할 때 들어주시지 않을 수 없게 스스로 우리에게 묶여주신 것이다. 그러니 그분은 이제 우리에게 거짓말하실 수 없게 된 것이다. 우리는 이제 이러한 확실한 약속을 인하여 소망을 갖고 전진할 수 있게 되었다. 또한 이 큰 약속과 맹세로 인하여 큰 위안을 받을 수 있다. 또한 성도들은 그분의 맹세의 보증을 인하여 그분께 요청하고 심지어 분부할 수 있다. "하나님이여, 나를 복주시고 또 복주셔야 합니다. 또한 번성케 하셔야 합니다. 이것은 당신의 맹세요 변할 수 없는 약속입니다. 나는 이 약속을 믿습니다. 아직 우리의 성도들이 얼마 되지 않지만 우리는 번성케 하실 하나님을 믿습니다!"

또한 우리는 하나님의 축복과 약속을 받으려면 앞에 있는 소망을 얻으려고 피하여 가는 것을 반드시 배워야 한다. 18절의 영어 문장에는 피난처(refuge)라는 말이 들어 있다. 우리는 아무리 좋은 것들일지라도 우리로 주님을 사랑하지 못하게 하는 것들, 주님께 나아가지 못하게 하는 것들, 전진하지 못하게 하는 것들을 피해야 한다. 나는 아브라함이 하란에서 떠난 것이나 그가 조카 롯과 헤어진 것 등이 다 그런 것들로부터 피하여 간 것이라고 믿는다. 그는 그런 혈육과 엉킨 것들이 주님의 길을 가지 못하도록 방해하는 요소들임을 인식했다. 그러한 장애물이 있을 때마다 피하여 가는 것을 실행했다. 약속이 있어도 사방의 얽매임에 붙들리면 약속하신 바를 받기 어려울 수 있다. 이는 오늘도 앞에 있는 소망을 얻으려고 달리는 우리에게 필요한 말씀이다. 피하여 달리는 자들은 큰 위안을 체험하게 된다.

소망의 닻을 하늘에 둠

19절, 우리가 이 소망이 있는 것은 영혼의 닻 같아서 튼튼하고 견고하여 휘장 안에 들어가나니

성도들이 기업을 얻을 소망에 대하여 다시 강조하는 말씀이다. 소망이 없는 사람은 닻이 없는 배와 같이 흔들리는 사람이다. 우리가 만일 정말 피한다면 우리에게 안위와 샘솟는 소망이 있는 것을 발견한다. 우리에게 이 소망이 있는 것은 영혼의 닻 같아서 튼튼하고 견고하여 휘장 안에 들어가게 한다. 우리가 이 길을 잘 가려면 피하여야 할 뿐만 아니라 닻이 있어야 한다. 이것은 소망의 닻이다. 소망의 닻을 어디에 던져야 하는가? 땅이 아니라 하늘에 던져야 한다. 닻은 풍랑이 있는 바다에서 배가 뒤집히거나 파선하지 않도록, 즉 움직이지 않도록 고정시키는 것이다. 우리가 풍파가 많은 세상, 미혹하는 것이 많고 종교가 가득 찬 이 세상에서 참으로 건강하게 이 길을 가려면, 피하는 것이 있을 뿐만 아니라 닻이 있어야 한다. 소망의 닻이 있어야 한다. 소망의 닻을 하늘에 던져야 한다. 하늘 지성소에 두어야 한다. "현 세상은 바다 같고 영혼은 배 같으며 영혼의 소망은 그 배의 닻 같고 그 배가 피할 곳은 지성소이다(Bengel)". 오늘 날 우리는 너무나 많은 사람들이 소망을 땅과 그 안의 조직과 단체에 두고 있는 것을 발견한다. 이것은 소망의 닻을 잘못 던진 것이다.

그러면 이 소망은 무엇인가? 소망은 다른 것이 아니라 우리가 멜기세덱의 반차를 따른 대제사장의 도움을 받아 하나님께 나아가는 것이다. 즉 휘장 안에 있는 삶인 것이다. 즉 마음이 하늘 지성소에 있어야 한다. 소망이 사는 곳에 마음이 산다(앤드류 머레이).

여러분들에게 확인하고 싶은 한 가지는 이 소망의 닻을 던졌는가하는 문제이다. 아직 던지지 않았다면 바로 오늘 닻을 던지기 바란다. 반드시 닻을 하늘에 던져야 한다. 휘장에 던져야 한다. 여러분을 지탱해 주는 것은 무엇인가? 오직 하늘이어야 하고 진리여야 한다. 진리 곧 주님 자신이 우리를 붙잡아 주는 닻이어야 한다.

나는 고백하거니와 나의 믿음의 닻을 하늘에 두고 있다. 하나님이 나를 지키실 것이다. 나의 의지는 오직 하나님이시기 때문이다. 나의 의뢰는 오직 그분께만 있다. 나는 믿음과 소망의 닻을 휘장에 던졌기 때문에 나의 믿음의 근본적인 닻은 하늘에 있다고 말한다. 이렇게 할 때 우리는 흔들리지 않고 갈 수 있다. 이 길을 갈 때 소망의 힘은 이처럼 크다. 시험과 환난이 많은 세상에서 소망이 있는 우리는 영혼의 닻과 같이 든든하여 절대 안전하다는 것이다. 우리가 소망의 닻을 둔 곳은 하늘의 지성소요 휘장 안이니 아무도 그것을 뽑을 수 없다.

휘장 안으로 들어가신 선주자이신 그리스도

20절, 그리로 앞서 가신 예수께서 멜기세덱의 반차를 좇아 영원히 대제사장이 되어 우리를 위하여 들어가셨느니라

주님께서는 우리를 위하여 멜기세덱의 반차를 좇아 영원히 대제사장이 되어 휘장 안으로 들어가셨다. 아론의 제사장 체계가 있고 멜기세덱의 제사장 체계가 있는데, 아론의 제사장 체계는 주로 속죄를 위한 것이다. 일년에 한 번씩 지성소에 들어가 속죄제사를 드리고 마음의 평안을 얻고 나오는 것이다. 그런데 문제는 히브리 그리스도인들이 이런 식의 속죄제사를 드리는 데로 돌아갈 위험에 처해 있었다는 것이다. 그럼으로써 그들은 초보에서 벗어나지 못하고 완전한 데로 나아가지 못했다. 결과적으로 그들은 가시와 엉겅퀴를 내는 저주함에 가까운 생활을 하게 되었고 사람들에게 전혀 유익을 주지 못했다. 사람들을 만나기만 하면 불평, 불만, 원망 같은 쓴 뿌리만 쏟아내는 사람이 된 것이다. 누군가를 만났을 때 그에게 위로와 은혜와 축복과 기쁨을 주어야 할 텐데 그 반대로 하는 것이다. 그가 주님을 위해 뭔가 하는 것 같지만, 앞으로 나아가지 못하고 초보에서 맴돌 때 기이하게도 그렇게 되더라는 것이다.

히브리서에서 강조하는 것은 예수님께서 십자가에서 영단번에 속죄를 이루시고 하늘의 지성소로 들어가셨다는 것이다. 주님이 십자가에서 운명하실 때 성소의 휘장이 위에서 아래로 찢어졌음을 기억하라. 하나님께서는 우리 모두가 하나님 존전에 나아갈 수 있도록, 그래서 하나님의 임재 안에서 하나님과 교통하며 살도록 휘장을 찢으셨다. 예수님이 십자가에서 죽으실 때 우리의 모든 죄를 영단번에 끝내셨을 뿐 아니라 우리가 이 휘장 안에 들어와 살 수 있게 하신 것이다. 예수님은 아론의 반차를 따른 대제사장이 아니라 멜기세덱의 반차를 따른 대제사장으로 계신다. 우리에게 하나님의 생명과 하늘의 분위기와 능력을 주심으로 우리로 하여금 휘장 안에서 살 수 있는 용기와 능력을 갖게 하려고 그러한 대제사장이 되신 것이다. 지금 예수 그리스도는 십자가에 머물러 계시지 않는다(히 1:3). 그분은 이미 이천 년 전에 죄를 정결케 하는 일을 하심으로 아론의 제사장 역할을 마치셨고, 지금은 멜기세덱의 반차를 따른 대제사장으로 지성소에 계시면서 "이리로 와서 나와 함께 교제하자. 너희가 비록 땅에 있지만 나의 하늘의 능력과 분위기 속에서 살 수 있으니 나의 공급과 도움을 받으라." 고 말씀하신다.

19절은 우리가 매일매일 휘장 안에 들어가서 사는 것을 말하고 20절은 예수님이 그리로 앞서 가셨다고 말한다. 혼자만 가신 것이 아니라 우리 또한(비록 땅에 있을지라도) 늘 휘장 안에 들어가서 생활할 수 있게 하셨다는 것이다. 히브리서 6장은 예수님이 십자가에 죽으신 것도 우리를 위한 것이고 휘장 안으로 들어가신 것도 우리를 위한 것임을 말해 주고 있다.

예수는 휘장 안에 들어가셨다. 앞서 가신 예수께서는 선주자이시다. 예수는 선주자로서 멜기세덱의 반차를 좇아 영원히 대제사장이 되어 우리를 위하여 휘장 안으로 들어가셨다. 히브리서에서 우리에게 계속 알려 주고 인도해 주고 도와주는 것이 무엇인가? 그것은 우리의 눈을 하늘로, 지성소로 향하게 하는 것이다. 휘장 안에 들어가신 예수를 바라보게 하는 것이다. 주님이 먼저 들어가셨기 때문에 우리도 예수를 따라가야 한다. 우리의 가야 할 곳이 그곳이다. 이 땅의 어떤 성공이나 큰 단체를 이루는 문제가 아니다. 예수께서 먼저 도달하신 곳이 우리가 가야할 목적지이다. 당시 유대교도들은 땅에 머물며 땅에 속한 종교를 중심으로 생활하였다. 그리고 그 땅의 종교조직을 형성하여 그 위세로 사람들을 미혹하였다. 히브리서 기자는 주 예수께서 어디로 가셨는가를 생각해보라고 지시한다. 그곳이 우리가 이르러야 할 곳이고 그분이 앞서 가신 것이라고 말한다.

주님이 피하셔서 먼저 선주자로서 휘장 안에 들어가셨다. 그분은 우리를 위하여 들어가셨다. 십자가가 우리를 위한 것이라면 그분이 휘장에 들어가신 것도 우리를 위한 것이다. 휘장 안은 지성소이다. 주님이 먼저 휘장 안으로 들어가셨으므로 우리도 따라 들어가야 한다. 지성소 안으로 들어가는 길을 주님이 여셨다. 주님을 따라서 모든 것을 피하면서 우리도 역시 휘장 안으로 들어가기 위해 전진해야 한다. 이것이 히브리서 내용의 중점이다. 그리스도의 십자가도 우리가 체험해야 할 진리요 휘장 안에 들어가 사는 것도 마찬가지이다. 이 길은 그리스도의 십자가로 열렸으며 우리는 휘장 안에 들어가서 하나님과 보다 친숙한 교제를 나눌 수 있다.

다시 한 번 6장을 요약한다면, 그리스도의 도의 초보를 계속 반복함으로 다시 터를 닦는 실행을 버리고 완전한 데로 나아가야 한다는 것이다. 완전한 데로 나아가기 위해서 우리는 약속을 신뢰하고 믿음과 오래 참음으로써 소망을 가지고 다른 많은 위험한 것들을 피해서 휘장 안으로 들어가신 선주자이신 그리스도를 따라 매일매일 전진하는 생활 중에 있어야 한다. 우리는 하늘에 속한 지성소 안으로 전진하는 삶을 살아야 한다. 그럴 때 우리는 자라고 전진할 수 있다. 그리고 사람들에게 유익하고 합당한 채소를 낼 수 있는 삶을 살 수 있다. 즉 많은 사람에게 은혜를 끼치며 축복의 근원이 되는 삶을 살 수 있다. 그러나 만일 당신이 전진하지 않고 퇴보한다면 반드시 가시와 엉겅퀴를 내는 존재가 될 것이다. 즉 초보에 머물며 전진하지 않는 그리스도인은 버림을 당하며 저주함에 가까운 위험한 위치에 놓이게 된다.

히브리서 기자는 6장에서 그들이 자라지 못하고 전진하지 못하는 이유를 설명해 주면서 그리스도의 도의 초보를 버릴 것을 말한다. 이 6장은 전진하지 않고 머뭇거리는 히브리 그리스도인들이 매우 위험한 데로 떨어질 수 있다는 것과 어떻게 하면 그들이 자라고 전진할 수 있는가에 대해 설명한 후, 그들에게 땅에서 하늘로 즉 이 땅의 아론의 반차의 대제사장의 사역에서 하늘로, 휘장 안으로 들어갈 것을 격려하면서(그곳에 먼저 들어가신 주님께서 멜기세덱의 반차를 따른 대제사장으로서 우리를 돌보시고 계시니) 이제 7장에서 멜기세덱에 대해 자세한 설명을 하고 있다.

덧붙이는 말

히브리서 6장은 5장에 이어진다. 5장은 히브리 믿는이들이 시간이 오래 지났어도 아직 어린아이의 상태를 탈피하지 못함을 말하고 있다. 시간이 지날 때 마땅히 장성한 자가 되고 선악을 분별할 수 있어야 한다. 장성한 자는 단단한 식물을 먹어야 하고 지각을 사용함으로 연단을 받아 선악을 분변할 줄 알아야 한다.

그리스도의 도의 초보를 버리고 완전한 데 나아감

믿는이들은 장성해야 함

6장은 장성하기 위해 그리스도의 도의 초보를 버리고 완전한 데 나아가야 함을 말한다. 초보의 상태에 머무는 것은 자신을 성장하지 않는 상태에 두는 것이다. 우리는 반드시 전진하고 나아가야 한다. 초보에 관한 것들, 즉 죽은 행실을 회개함과 하나님께 대한 신앙과 세례들과 안수와 죽은 자의 부활과 영원한 심판에 관한 것들을 계속 복습하고 다시 터를 닦는 것은 성장을 제한하는 결과를 가져온다. 결국 초보는 아론의 대제사장적 도움에서 벗어나지 못하는 것이며 온전케 되려면 멜기세덱의 반차를 좇는 대제사장 예수 그리스도의 무궁한 생명 능력의 공급을 필요로 한다는 말씀을 하고자 한다.

한 번 비췸을 얻고 하늘의 은사를 맛보고 성령에 참예한 바 되고 하나님의 선한 말씀과 내세의 능력을 맛보는 것은 신약의 그리스도인들이 마땅히 누릴 수 있는 축복들이다. 우리가 이것들을 맛본 후에 다시 타락하여 회개케 할 수 없다고 했다. 주님을 믿는 사람은 한 번 비췸을 얻은 자들이다. 우리는 어두웠던 자들로서 주님을 믿고 주님의 비춤을 받고 하늘의 은사를 맛본 사람들이며 성령에 참예한 바 되고 선한 말씀과 내세의 능력을 조금이라도 맛보았다. '맛보았다'는 것은 '체험했다'는 것이다. 어떤 학자는 맛보았다는 것은 아직 제대로 먹지 못한 것으로 해석하여 그들이 온전히 거듭나지 않은 것으로 해석하는데 이는 잘못된 생각이다. 베드로전서 2장에도 주의 인자하심을 맛보았으면 그리하라는 말씀이 있다(벧전 2:3). 맛보았다는 것은 어떤 음식을 먹어보았다는 것과 같은 용법이지 아직 제대로 먹어보지 못한 것이고 다만 맛만 보았다는 식의 생각은 옳지 않다.

히브리서에서 타락했다는 것은 유대교로 돌아가고 초보로 돌아갔다는 뜻이다. 즉 다시 초보로 돌아가고 다시 유대교의 제물과 제사로 돌아갔다는 것이다. 다시 말하면 타락했다는 것은 신약의 은혜와 축복을 떠났다는 것이다. 이런 사람은 다시 새롭게 하여 회개케 할 수 없다고 했다. 다시 자신의 죄를 회개하고 다시 믿는 것을 할 수 없다는 것이다. 그런 사람은 다시 새롭게 하여 회개할 가능성이 없다. 그것은 불가능하기 때문이다. 주님은 십자가에서 죽고 피를 흘려 죄를 사하셨다. 우리가 한 번 비췸을 얻고 성령을 얻고 내세의 능력을 맛보았다면 다시 새롭게 회개하고 또 하는 것이 아니라 다만 전진해야 한다. 만일 그렇지 않으면 예수를 다시 십자가에 못박고 현저히 욕보이는 것이므로 다시 돌아갈 수 없는 것이다.

예수 그리스도는 구약의 모든 제물을 대치하셨다. 그분이 모든 제물의 실제이시다. 우리는 온전히 새롭게 되고 회개한 사람들이다. 다시 유대교로 돌아가서 새롭게 할 필요가 없이 완전한 데로 나아가야 한다. 그러나 당시의 유대교의 영향력은 매우 강했을 것이고 어린 히브리인들은 이 영향력을 이기기가 매우 어려웠을 것이다. 유대교인들은 계속 제물을 드리고 피가 흘려짐으로 죄가 씻겨졌다고 기뻐했을 것이다. 이런 상황에서 히브리 어린 믿는이들은 다시 죄를 씻어야 한다고 여겨 유대교로 돌아가야 한다고 생각했을 것이다. 그러나 그럴 때 신약의 하나님의 약속, 축복, 계시를 잃어버리는 것이 된다. 배도하고 버리는 것이 된다. 그들은 이렇게 하여 유대교의 실행으로 다시 돌아갔을 것이다. 여기서 히브리서 기자는 이것을 단지 유대교의 제사로 돌아가는 것만으로 보지 않고 하나님의 아들을 현저히 욕되게 하고 그리스도를 다시 십자가에 못박는 것이라고 보았다. 이렇게 보았으므로 다시 새롭게 하여 회개케할 수 없다고 한 것이다.

합당한 채소를 냄

"땅이 그 위에 자주 내리는 비를 흡수하여 밭 가는 자들의 쓰기에 합당한 채소를 내면 하나님께 복을 받고 만일 가시와 엉겅퀴를 내면 버림을 당하고 저주함에 가까워 그 마지막은 불사름이 되리라(7-8절)". 7절과 8절에는 축복과 저주가 있다. 자주 내리는 비는 하나님의 은혜요 말씀이다. 이것을 흡수해서 밭가는 자들의 쓰기에 합당한 채소를 내면 하나님께 복을 받고, 만일 가시와 엉겅퀴를 내면 버림을 당한다고 했다.

유대교로 돌아간 사람들의 특징은 사람이 먹을 수 있는 음식을 산출해내지 못한다는 것이다. 하나님의 계속적인 은혜를 공급받아서 사람들에게 먹을 만한 음식을 산출하여 공급하는 것은 축복이다. 우리가 하나님의 축복 아래 있는가 없는가는 우리가 산출한 음식에 달려 있다. 밭가는 사람에게 가시와 엉겅퀴는 먹을 수 없는 것이고, 채소는 유익한 것이다. 사람들에게 유익한 열매를 내는 이가 하나님의 축복 아래 있는 사람들이다. 만일 가시와 엉겅퀴를 내면 버림을 당하고 저주함에 가깝고 그 마지막은 불사름이 된다. 그러므로 한 번 주님을 믿고 축복을 얻은 사람은 믿음의 길과 생명의 길에서 돌아서지 말아야 한다. 다시 돌아가면 자신을 다시 새롭게 할 길이 없다. 그것은 주님을 욕보이는 일로서 결국 저주함에 가깝고 불살라진다.

믿는이의 구원의 상태

9-12절에는 사랑과 소망과 믿음이 나온다. 믿는이의 구원의 상태는 성도들을 사랑함과 끝까지 소망이 풍성하며 믿음과 오래 참음을 가지고 있는가에 달려 있다. 이것이 믿는이의 구원의 상태이다. 우리 자신이 구원에 가까운 사람인가를 보려면 성도들을 사랑하는 마음이 우리 마음속에 있는가를 보고, 소망이 풍성한 상태인지(확신있는 소망의 상태인지), 믿음으로 오래 참음의 길을 가는지를 살펴보면 된다.

믿고 오래 참음으로 약속을 얻음

13절부터는 이러한 본으로서 아브라함을 제시한다. 그는 한 번 부르심을 받고 끝까지 잘 달려서 상을 얻은 사람이다. 하나님이 아브라함을 불러서 반드시 복주고 복주며 번성케 한다고 하셨다. 그러나 아브라함에게 약속하신 하나님은 금방 복주지 않고 많은 과정을 거치게 하셨다. 때로는 하나님이 오랫동안 나타나지 않으셨고, 때로는 흉년이 들어서 다른 곳으로 내려갈 때도 있었다. 아브라함은 거짓말을 하지 않으면 자기 생명을 구출할 수 없다고 생각할 정도로 위험한 상태에 있다고 느끼기도 했다. 많은 어려운 상황이 아브라함에게 있었다. 그러나 그는 하나님의 약속을 믿고 오래 참음으로 약속을 얻었다. 그러나 롯은 끝까지 달리지 않고 중도에서 길을 벗어난 사람이다. 우리는 아브라함을 본받아 한 번 시작한 것을 끝까지 붙잡아야 한다.

왜 히브리 믿는이들이 유대교로 돌아갔는가? 그것은 오래 참지 않았기 때문이다. 만일 당시에 유대교가 없었다면 그들에게는 돌아갈 데가 없었을 것이다. 돌아갈 곳이 세상뿐이라면 그렇게 많은 사람이 머뭇거리지는 않았을 것이다. 그러나 유대교에 제물도 있고, 모세도 아론도 있고, 많은 것이 있었기 때문에, 어린 성도들은 그들이 가지고 있는 것이 비밀하고 귀한 것임에도 불구하고 그 신앙을 끝까지 붙잡기가 어려웠을 것이다. 그들이 한 번 빛비춤을 받고 하늘의 은사를 맛보고 성령에 참예한 바 되었고 선한 말씀과 내세의 능력을 맛보았지만 끝까지 붙잡으려고 하는 것이 약해질 수 있었다. 왜냐하면 돌아서는 사람들에게는 그러한 체험들이 아주 작은 것으로 생각되어 소홀히 여겨졌을 것이기 때문이다.

우리는 우리도 모르는 사이에 내세의 능력을 맛보았을 것이다. 왜냐하면 성령이란 영원성이 있기 때문이다. 성령이 일곱 영이라고 하는데 이는 내세의 능력의 영이라고 할 수 있다. 시간의 분별이 없는 것이다. 반드시 지금은 한 영을, 내일은 일곱 영을, 장래에 내세의 능력을 체험하는 것이 아니다. 시간적인 구분이 없을 수 있다. 오늘 우리가 영을 체험하는 것이 내세의 영, 내세의 능력일 수 있다. 이 영은 각각 시간적인 분별이 있는 것이 아니다. 바로 한 영이다. 그러므로 우리가 내세의 영을 오늘 미리 맛볼 수 있고 또 이미 맛보았을 수도 있다.

한 번 말씀의 빛 비춤을 받고 성령을 맛보았겠지만 돌아간 사람들은 이것이 잘 생각나지 않는다. 하나님이 그러한 것들을 체험하게 하셨다는 것은 계속 그러한 길을 가야 한다는 것이다. 이러한 신약의 영적인 것들을 버리고 구약의 그림자로 돌아가는 것은 하나님이 기뻐하시는 바가 아니다. 돌아간 사람은 결과적으로 가시와 엉겅퀴를 내며 사람들에게 유익을 주는 음식을 내지 못한다. 하나님은 비를 내려 하나님의 은혜를 공급하지만 돌아간 사람들은 가시와 엉겅퀴를 낸다. 이것은 근본적으로 하나님의 은혜와 동역하지 않고 돌아가는 것이다. 하나님은 이것을 배도라고 하신다. 우리는 배도하는 그리스도인이 되지 말아야 한다. 정상적으로 구원에 이르는 길을 가는 그리스도인의 특징은 성도를 사랑하고 소망이 가득하며 믿음과 오래 참음에 있다. 아브라함이 이런 길을 갔다.

믿음의 길을 감

그 다음에는 주님이 이 길을 먼저 가신 선주자라는 것을 알려 준다. 앞에 있는 소망을 얻으려고 피하여 가는 우리에게 큰 안위가 있다고 했다. 이는 하나님이 약속하고 맹세하신 것이다. 하나님은 거짓말하지 않는 하나님이시다. 6장에 소망을 향해 계속 전진하라고 격려하는 말씀이 있다.

신약의 경륜을 따라서 전진하는 믿는이에게 힘을 주고 위로하고 격려하는 말씀이 바로 6장이다. 우리는 초보에 머물지 말고 뒤로 돌아가지 말고 앞을 향해 가야 한다. 그곳은 주 예수님이 멜기세덱의 반차를 좇아 영원한 대제사장이 되어 휘장 안으로 들어가신 길이다. 우리는 멜기세덱의 반차를 따른 대제사장의 공급과 누림을 얻기 위해 초보에 머물지 말아야 한다. 초보적인 것은 아론의 제사장 반차를 따라 회개하고 다시 죄 짓고 또 회개하는 것이다. 멜기세덱의 반차를 따른 대제사장 직분은 하늘의 지성소에서 계속적으로 우리를 공급하시는 하나님의 은혜와 능력과 생명이다. 이것이 믿음의 길이다. 믿음의 길은 보이지 않기 때문에 때로는 힘들다고 느껴진다. 다만 하나님의 약속과 그리스도의 말씀을 붙잡고 앞에 있는 소망을 얻으려고 가는 것이다. 주님이 먼저 이렇게 가셔서 휘장 안으로 들어가셨다. 우리는 오늘 신약의 아브라함과 믿는이로서 선주자인 예수 그리스도를 따라 전진해야 한다.

히브리서는 힘과 격려가 되는 말씀이다. 히브리 믿는이들의 행동이 밖으로 볼 때는 다만 신약의 믿는이로서의 믿음의 도를 내려놓고 유대교로 돌아가서 제물을 드리고 제사에 참여하는 것이지만, 깊이 살펴볼 때 그것은 너무나 엄중하고 무서운 결과를 가져오는 것임을 알 수 있다. 믿는이로서의 구원과 축복과 소망을 송두리째 잃어버리게 하는 결과를 가져온다. 그들은 잘 믿어보려고 그렇게 했다고 변명할 것이다. 그러나 어떤 이유로든 그들은 오래 참지 않고 벗어나는 그리스도인이 되었다. 그들은 자신이 길을 벗어나지 않고 잘 가고 있다고 생각했겠지만 사도는 그들이 믿음을 버렸다고 말한 것이다. 여기에서 우리는 멜기세덱의 반차에 따른 대제사장의 직분을 따라 전진하는 길이 쉽지 않다는 것을 알 수 있다. 이것은 초보적인 생활이 아니기 때문에 그렇다. 주님은 우리가 초보가 아닌 완전한 데 나아가기를 원하신다.

땅에 있지만 하늘 길을 가는 그리스도의 동반자

3장의 그리스도의 동반자는 그분과 함께 길을 걸어가고 그분이 간 길을 따라가는 사람이다. 그분이 간 길을 따라간다고도 말할 수 있고 그분과 함께 길을 간다고도 말할 수 있다. 이 길은 결코 평탄하거나 쉬운 길이 아니다. 유대교는 무엇인가? 유대교는 과거의 하나님의 역사요 구약의 경륜이다. 거기에는 자랑할 것이 많고 사람들이 인정해주고 알아주기 때문에 가기가 쉬운 길이다. 대제사장이 있고 제사장도 많이 있어서 그들에게 가면 모든 것을 그들이 해준다. 그러나 멜기세덱의 반차를 따른 대제사장의 직분을 따라 전진하는 길에는 때로 외로움도 있다. 이는 이 길이 천연적인 것과 반대되고 하늘에 속하기 때문이다. 이 땅과 육체는 전혀 통하지 않는 한계이다. 모든 사람이 인정해주고 이해해주기 바라지만 그렇지 않다. 이는 멜기세덱의 반차를 따른 대제사장 직분은 더 높은 차원이고 하늘의 영역이기 때문이다. 땅과 하늘은 한계가 다르다.

아론의 직분은 땅에 속한 제사장 직분으로서 주님은 이 땅에서 우리를 위해 십자가에서 피를 흘리시고 죽으셨고 부활하시어 하늘로 승천하신 후 결국 우리를 하늘로 인도하시기를 원하셨다. 지금 그분은 하늘에서 제사장 직분을 수행하고 계신다. 그러므로 사실 우리는 이 땅에 있지만 하늘 길을 걷고 있다고 할 수 있다. 신약의 성도들이 가는 이 길은 결코 쉽지 않다. 땅에 속한 것과 반대되기 때문이다. 땅은 이 길을 거스르고 육체도 이 길을 거스르게 된다. 사람들이 이 길을 저버릴 위험이 있다. 그러므로 이런 하늘 길을 가는 그리스도의 동반자들에게는 멜기세덱의 반차를 따른 대제사장이신 예수 그리스도의 하늘로부터의 말씀의 공급과 격려가 필요하다. 이들이 만일 아브라함과 같이 멜기세덱의 공급을 받아서 이 땅에서의 믿음의 경주를 잘 달리면 약속을 받는다고 했다. 창세기 14장에서 전쟁에서 승리하고 돌아오는 길에서 아브라함을 위한 멜기세덱의 공급은 소돔왕의 유혹을 뿌리칠 수 있게 했을 것이며, 심지어 아브라함이 창세기 22장에서 이삭을 드릴 수 있는 믿음과 순종도 14장에서의 멜기세덱의 공급과 관련이 있으리라고 나는 생각한다. 하늘의 공급이 없이는 이 땅에서 그러한 헌신과 절대적인 충성은 가능하지 않다. 사도행전에서 주의 증인 스데반이 돌로 맞아 죽어가고 있을 바로 그 때, 하늘의 멜기세덱은 일어나서 그를 강화시키고 격려하고 계셨다(행 7:55, 56).

7장

우리의 사도시며 대제사장이신 그리스도

결국 모세와 여호수아의 인도하에 여호와께서 이스라엘 백성을 가나안 땅으로 인도하셨던 것과 마찬가지로(많은 사람이 들어가지 못했지만), 이 시대의 참 사도이신 그리스도는 우리들을 이끌어서 참 안식이 있는 영원한 목적지로 인도하시고자 하셨다. 또한 그리스도는 아론보다 뛰어난 대제사장으로서 아론으로 예표된, 이 땅에서 죄인을 위하여 속죄하는 제사를 드리는 제사장의 사역을 훌륭하고 뛰어난 방식으로, 영단번에 수행하신 하나님의 아들이시다. 그는 이제 속죄의 사역을 마치고 하늘에 속한 지성소에 들어가셔서 한 면으로는 육체에 계실 때에 눈물과 통곡으로 하나님께 간구를 올리시면서 제물을 드리시고 그의 경외하심을 인하여 들으심을 얻은 다음에 고난받으시고 온전케 되어서 순종하는 자들에게 영원한 구원의 근원이 되셨다. 그리고 이러한 예수 그리스도는 멜기세덱의 반차를 좇은 대제사장이 되셨다. 그리스도의 대제사장 직분은 땅에 속한 아론의 반차를 좇은 것과 달리 이제 승천 안에서 하늘의 지성소에 들어가셔서 우리를 위하여 은혜를 베푸시고 항상 무궁한 생명의 능력을 공급하시는 분으로 계시되어 있다. 그래서 히브리서 기자는 우리의 사도시며 대제사장이신 그리스도를 깊이 생각하라고 3장 1절에서 말한 후에 7장까지 계속 그의 사도되심, 대제사장 되심을 우리에게 알려 주고 있다. 이 말씀은 계속 10장까지 계속되는 것으로 읽어야 한다.

히브리서를 깨닫기 전에는 예수 그리스도께서 우리의 사도이시며 대제사장이신 것에 대해 그렇게 깊은 인상을 가지고 있지 않았을 것이다. 그가 우리의 구주이며 생명이신 것을 알고 은혜를 주신 것도 알았지만, 진정으로 우리를 그의 안식 안으로 인도하기 위해서 하나님의 이스라엘 백성, 하나님의 집을 충성스럽게 사환으로서 섬겼던 모세보다도 훨씬 더 충성스럽고 뛰어난 방법으로 오늘도 안식을 향해서, 영적인 가나안 땅인 만유의 풍성인 그리스도를 그의 기업으로 얻게 하기 위해서 우리를 인도하고 계시는 하나님으로부터 보내심을 받은 사도시라는 것을 그렇게 깊이 인식하지 않았을 수도 있다. 뿐만 아니라 예수 그리스도께서 우리의 연약함을 체휼하시기 위해서 은혜의 보좌에 앉으셔서 항상 긍휼을 입고 때를 따라 돕는 은혜를 얻기 위해서 나아오는 자들에게 필요를 공급하시고 은혜를 베푸는 대제사장이시며, 또한 지성소에 먼저 들어가셔서 우리를 여전히 체휼하시고 동정하시며 긍휼을 베푸시는 분인 것을 별로 깊이 생각하지 못했을 수도 있다. 그러므로 히브리서를 읽으면서 우리가 깨달아야 할 것은 우리의 사도시며 대제사장이신 예수 그리스도에 대한 인식을 더 깊이 가질 필요가 있다는 것이다. 이것은 우리의 믿음의 진보와 상당한 관계가 있다. 이제 우리는 왜 "우리의 믿는 도리의 사도시며 대제사장이신 예수를 깊이 생각하라!"고 말씀했는지를 이해할 수 있다.

멜기세덱의 반차를 좇은 대제사장이신 그리스도

6장 마지막 절을 보면 그가 앞서 가셔서 멜기세덱의 반차를 좇은 대제사장이 되어 우리를 위하여 먼저 휘장 안으로 들어가셨다고 했다. 7장부터는 멜기세덱의 반차를 따른 그리스도의 대제사장 직분의 초월성을 우리에게 알려 준다. 5장은 그가 얼마나 아론보다 뛰어난 제사장 직분을 가지고 있는가를 우리에게 보여 주는데, 5장 후반부에서 히브리서 기자는 시편 110편의 멜기세덱의 반차를 좇은 제사장 직분에 대해서 말을 하려고 하다가 그들의 듣는 것이 충분하지 못할 것 같아 일단 보류했다. 그런 다음 6장에서 도의 초보를 버리고 완전한 데로 나아가라고 권면하면서 격려를 하고, 7장에서 다시 멜기세덱으로 돌아왔다.

대제사장의 직분은 히브리서에서 두 종류로 나타나 있는데 하나는 아론의 반차를 따른 대제사장이며, 또 하나는 멜기세덱의 반차를 따른 대제사장이다. 아론의 반차를 따른 것은 땅에 속한 것으로서 이 땅에서 죄인들의 죄를 해결하기 위한 것이다. 그것은 주로 그리스도의 법적인 면에서의 구속, 십자가에서 그가 흘리신 보혈로 말미암아 모든 사람들의 죄를 해결하기 위한 것으로 예표된다. 그것이 아론의 반차를 따른 제사장의 사역이다.

그런데 멜기세덱의 반차를 따른 대제사장으로서의 사역은 주로 공급과 격려를 위한 것이지 죄를 씻어주는 것에 중점이 있는 것이 아니다. 멜기세덱이라는 인물은 창세기 14장에 잠시 언급된다. 물론 시편 110편에도 나오지만 그것은 예언의 성격을 가진 것이다. 창세기를 지나 시편 110편의 다리를 건너서 히브리서에 와서는 참된 멜기세덱의 반차를 따른 대제사장이 예수 그리스도이심을 언급하고 있다. 시편 110편 4절, "여호와는 맹세하고 변치 아니하시리라 이르시기를 너는 멜기세덱의 반차를 좇아 영원한 제사장이라 하셨도다". 창세기에서 아브라함을 축복하기 위해 잠시 나온 살렘 왕 멜기세덱이라는 존재는 그저 세 구절의 언급이 전부이다. 그 후 일천 년 뒤에 시편에서 단 한 구절이 발견되는데 이는 하나님의 아들이 멜기세덱의 반차를 따른 대제사장이라는 것이다. 또 일천 년 후 히브리서 기자는 다시 이 부분을 들어 그리스도의 멜기세덱의 반차를 따른 대제사장 직분을 설명하는 것이다.

이 110편은 다윗의 시이지만 성경학자들에게는 다 메시아 시편으로 알려져 있다. 여기에서 '너'는 '메시아, 그리스도'를 의미한다. 오늘날 우리 그리스도인들이 알아야 할 제사장 체계는 두 가지이다. 하나는 아론의 반차에 따른 제사장 직분이며 다른 하나는 멜기세덱의 반차를 따른 제사장 직분이다. 우리는 이 두 가지 면을 다 인식해야 한다. 아론의 반차를 따른 제사장 직분은 주로 죄 사함을 위한 것이며 십자가에서 그리스도의 피로 인한 것이다. 이것은 인류의 속죄를 위한 것이다. 이것은 목표가 아니고 하나의 과정이다. 사람을 위해서 주 예수 그리스도께서 피를 흘리셔서 죄를 사하신 것은 목표에 도달하기 위한 하나의 과정이다. 이제 그 목표에 도달하기 위한 더욱더 큰 구원은 멜기세덱의 반차를 따른 직분을 통해서 이루어진다는 것을 반드시 알아야 한다.

제사장 직분의 전환

7장부터는 땅에 속한 대제사장 직분에서 하늘에 속한 대제사장 직분으로의 전환점이라고 생각할 수 있다. 왜냐하면 이제부터는 멜기세덱에 대해서 중점적으로 말하기 때문이다. 창세기 14장 17-20절, "아브람이 그돌라오멜과 그와 함께한 왕들을 파하고 돌아올 때에 소돔 왕이 사웨 골짜기 곧 왕곡에 나와 그를 영접하였고 살렘 왕 멜기세덱이 떡과 포도주를 가지고 나왔으니 그는 지극히 높으신 하나님의 제사장이었더라 그가 아브람에게 축복하여 가로되 천지의 주재시요 지극히 높으신 하나님이여 아브람에게 복을 주옵소서 너의 대적을 네 손에 붙이신 지극히 높으신 하나님을 찬송할지로다 하매 아브람이 그 얻은 것에서 십분 일을 멜기세덱에게 주었더라".

그리스도의 역사와 사역에 있어서의 전환

1a절, 이 멜기세덱은 살렘왕이요 지극히 높으신 하나님의 제사장이라

히브리서 7장은 그리스도의 역사와 사역에 있어서 크게 전환되는 장이다. 이것을 땅에서 하늘로의 전환이라고 할 수 있다. 아론의 역사로 예표된 땅에서의 십자가 위의 그리스도의 역사는 우리에게 죄 사함을 주고, 하늘 보좌 위에서의 사역은 우리에게 승리를 사역한다. 그의 십자가는 우리를 애굽에서 구출하였고 부활과 승천으로 말미암은 보좌는 우리를 가나안으로 이끈다. 이것이 7장에서의 전환이다. 히브리 믿는이들은 십자가에서의 역사에는 참여했지만 보좌에서의 사역에 대한 누림 안으로는 들어가지 못하고 망설이고 주저하고 있었다. 그래서 이 서신이 기록된 것이다.

히브리서를 13장까지 다 마치면 더욱 느끼겠지만 히브리서는 우리에게 하늘을 가져다주고 그리스도의 하늘에서의 사역을 알게 해준다. 오늘 많은 그리스도인들이 하늘을 잊어버리고 땅만 바라보며 산다. 그렇기 때문에 죄 짓고 회개하는 일을 반복하며, 따라서 아론의 제사장 직분만을 관심하는 것이다. 그러나 히브리서는 그리스도의 대제사장 직분이 그렇게 간단치 않음을 보여준다. 나는 주님이 승천하실 때 왜 제자들이 보는 데서 구름을 타고 하늘로 올라가셨는가를 생각해 보았다. 그것은 주님이 제자들로 하여금 땅만 바라보고 살지 말고 하늘을 바라보고 살라는 의미가 있을 것이라고 믿는다. 오늘 그분이 계신 곳은 하늘이다. 우리는 하늘에 대한 인상을 지우면 안 된다.

우리의 이상은 객관적인 진리에 있다. 우리의 체험은 우리 안에 있는 영 안에서의 일로 주관적이다. 그러므로 우리는 하늘에 계신 주님, 하늘에서 이루어진 역사, 이 모든 사실을 믿음으로 취해야 한다. "함께 일으키사 그리스도 예수 안에서 함께 하늘에 앉히시니"(엡 2:6) "너희 생명이 그리스도와 함께 하나님 안에 감취었음이라"(골 3:3). 이것을 모르고 다만 사람이 자신의 체험만 주의하는 것은 문제가 있다. 그리스도는 하늘에 오르사 하나님 아버지 앞에서 우리의 대언자가 되셨으며 새 언약의 보증이시며 우리를 위하여 간구하는 자이시다. 여러분들이 만일 그분이 우리의 보증이라는 것을 모른다면 어떻게 적용하며 체험할 수 있겠는가? 로마서로 말하면 3장부터 5장 11절까지는 칭의에 관한 것이다. 거기에 머물면 죄 용서와 의롭다 함을 얻은 것을 알지만 생명의 구원을 알지 못한다. 그리스도와 연합하여 성화를 향하여 전진하는 것은 5장 12절부터 8장까지의 말씀이다. 낮은 것에 머물면 하나님의 자녀들의 성숙에 문제가 된다. 8장의 생명의 성령의 법을 말한 뒤 8장 후반의 많은 고난을 당하는 상황을 넉넉히 이기는 문제를 말한다. 또한 그리스도의 영광의 후사가 되는 문제를 말한다.

예를 들어 어떤 사람이 나에게 보증서를 써준 것을 아는 것과 모르는 것에 차이가 있겠는가, 없겠는가? 분명히 차이가 있다. 그분이 하늘에서 우리를 위해서 간구하시는 자인 것을 아는 것과 모르는 것에는 차이가 있다. 이 모든 것은 하늘에서 일어나고 있는 일이다. 하늘에서 일어나고 있는 일이 무엇인지 모르고 사람이 자신의 내면의 체험만 주의한들 한계가 있지 않겠는가? 사실상 객관적인 진리를 참 믿음으로 취할 때 자연스럽게 그 진리가 우리의 체험이 되는 것이다. 나는 과거에 하늘 지성소에서 생활하도록 부르심을 받은 것에 대한 이상이 부족했다. 그러므로 자연 나의 영적 생활에는 한계가 있었다.

멜기세덱의 대제사장 직분

1b-6절, 여러 임금을 쳐서 죽이고 돌아오는 아브라함을 만나 복을 빈 자라 2 아브라함이 일체 십분의 일을 그에게 나눠 주니라 그 이름을 번역한즉 첫째 의의 왕이요 또 살렘 왕이니 곧 평강의 왕이요 3 아비도 없고 어미도 없고 족보도 없고 시작한 날도 없고 생명의 끝도 없어 하나님 아들과 방불하여 항상 제사장으로 있느니라 4 이 사람의 어떻게 높은 것을 생각하라 조상 아브라함이 노략물 중 좋은 것으로 십분의 일을 저에게 주었느니라 5 레위의 아들들 가운데 제사장의 직분을 받는 자들이 율법을 좇아 아브라함의 허리에서 난 자라도 자기 형제인 백성에게서 십분의 일을 취하라는 명령을 가졌으나 6 레위 족보에 들지 아니한 멜기세덱은 아브라함에게서 십분의 일을 취하고 그 약속 얻은 자를 위하여 복을 빌었나니

"여러 임금을 쳐서 죽이고 돌아오는 아브라함에게 복을 빈 자라". 멜기세덱의 대제사장 직분은 죄에 관련되기보다는 승리의 생활을 하는 자들에게 원기와 새로움을 공급하기 위한 것이다. 떡과 포도주는 원기를 새롭게 북돋워주는 음식인 것이다. 떡은 몸을 튼튼하게 해주고 포도주는 기쁘고 힘차게 해준다. 물론 포도주는 그리스도의 피를 상징하는 것이다. 늘 승리하는 그리스도인에게 보혈의 효능이 필요 없다고 생각하지 말라! 계시록 12장에 의하면 사내아이들은 어린 양의 피로 밤낮 참소하는 자를 이기었다고 말한다(10절). 떡은 생명의 공급을 뜻하며, 포도주는 그리스도의 피를 의미한다(요 6장 참조). 멜기세덱의 반차를 좇는 대제사장이 되기 위한 그리스도는 하늘 지성소로 피를 가지고 들어가셨다. 요한복음 6장에 의하면 먼저가 생명을 말하는 살이지 피가 아니다. 피는 언제나 다음으로 간다. "내 살을 먹고 내 피를 마시는 자는"이다. 하나님의 원래의 뜻은 생명에 있지 피에 있지 않았다. 피는 인간의 타락으로 들어온 것이다. 주 예수께서 이 땅에 오셔서 주로 주시고자 한 것은 그분의 생명이다(요 10:10). 그러나 그 생명을 주시기 위해 사람의 죄를 해결하지 않으면 안되었다. 그러므로 그리스도는 십자가에서 먼저 아론의 반차를 따르는 죄사함과 구속을 위한 제물이 되셨다. 그런 다음 하늘에서 멜기세덱의 반차를 좇는 생명의 제사장이 되기 위해, 피를 가지고 승천하셔서 생명을 공급하고 늘 씻어주시는 격려와 공급의 사역을 행하시는 것이다.

나는 과거 승리자에게 왜 공급이 필요한가에 대하여 지식이 부족했었다. 그러나 오랜 신앙생활 후에 깨닫게 된 것은 이기는 성도들에게 새로운 공급이 절대로 필요하다는 것이다. 아직 영적인 것을 잘 모르고 체험이 없는 성도들은 이기는 생활을 하는 그리스도인들에게 왜 굳이 떡과 포도주가 필요하냐고 물을 것이다. 그것은 체험이 없는 사람들의 질문이다. 왜냐하면 소수의 그리스도인만이 항상 승리하는 생활을 영위하기 때문이다. 대다수의 그리스도인들은 그저 죄짓고 회개하고 죄짓고 회개하는 생활의 연속이므로 그들은 그리스도의 도의 초보에 머물러 있다. 그러한 삶에서는 멜기세덱의 반차를 좇는 대제사장의 공급의 필요성을 절감하지 못한다.

그러나 완전한 데로 나아가는 그리스도인, 승리하는 그리스도인, 그야말로 가나안 땅에서 대적을 이기며 기업을 상속받기 위해 싸우는 그리스도인들에게는 매일 새롭게 공급해주시는 멜기세덱의 공급이 필요하다. 초보적인 그리스도인, 어린 성도들은 그저 자기의 죄가 예수의 피로 사함받은 것을 안다(요일 2:12). 그러나 좀 자란 성도들은 영원한 생명 안에서 아버지를 아는 것이다(요일 2:13). 하나님의 경륜과 사람에 대한 그분의 완전한 목표에 이르는 역사는 이러한 공급을 받아가며 생명 안에 성숙에 이르며 온전함에 이르도록 자라가는 자들로 말미암아 성취되는 것이다. 오! 이는 얼마나 중요한 계시인지! 그분이 하늘에 오르사 멜기세덱의 반차를 좇는 대제사장이 되셔야 했던 필요는 하나님의 영원한 계획의 성취와 사람의 완전한 목적지에 이르는 경주와 관계있는 것이다. 사도 바울이 달려갈 길을 승리로 완주할 수 있었던 것은 멜기세덱의 반차를 따른 대제사장이신 예수의 공급을 늘 받았기 때문이다.

2-3절, 아브라함이 일체 십분의 일을 그에게 나눠 주니라 그 이름을 번역한즉 첫째 의의 왕이요 또 살렘 왕이니 곧 평강의 왕이요 3 아비도 없고 어미도 없고 족보도 없고 시작한 날도 없고 생명의 끝도 없어 하나님 아들과 방불하여 항상 제사장으로 있느니라

멜기세덱에 대하여 첫째는 그의 이름이 '나의 왕'을 의미하는 '말키'와 의를 의미하는 '체데크'가 결합된 것이다. 즉 '의의 왕'이라는 뜻이다. 우리는 히브리서 기자가 이 구절을 해석하는 것을 통해 성경을 어떻게 해석하는가를 배우게 된다. 또 살렘이란 평화를 의미하며 따라서 살렘 왕이란 평강의 왕이라는 뜻이다. "아비도 없고 어미도 없고 족보도 없고 시작한 날도 없고 생명의 끝도 없어". 이 멜기세덱은 어디로부터 온 자인지 모르게 갑자기 나타났다. 참으로 기묘하고 비밀스런 존재임에 분명하다. 그러나 그는 분명 왕족 출신의 제사장이었으며 따라서 그의 제사장직은 영원하신 그리스도를 예표하기에 충분했다.

멜기세덱의 신분

다음은 멜기세덱의 신분에 대한 것이다. 멜기세덱의 신분에 대하여는 첫째로 그가 크다는 것이다. 그는 여러 임금을 쳐서 돌아오는 아브라함을 만나 복을 빈자라고 하였다. 또 아브라함은 일체 십분의 일을 그에게 나눠주었다고 말한다. 이에 대하여 4절부터는 이렇게 해설한다. "이 사람의 어떻게 높은 것을 생각하라 조상 아브라함이 노략물 중 좋은 것으로 십분의 일을 저에게 주었느니라". 즉 멜기세덱은 아브라함보다 큰 이가 분명하다는 뜻이다. 레위보다 선조인 아브라함이 십분의 일을 드렸다면, 또 아브라함에게 복을 빈 자라면 분명 아브라함보다 큰 자라는 뜻이요 따라서 레위나 아론보다도 큰 자라는 뜻이다. 당시 족장 아브라함보다 더 큰 이가 있다면 그것이 누구이겠는가? 기이한 인물임에 틀림없는 것이다. 그런데 아브라함은 그가 나타났을 때 두말할 것도 없이 가장 좋은 것 십분지 일을 바친 것이다.

여기서 우리는 그가 과연 누구였는가 하는 질문을 하게 된다. 아브라함은 대체 그를 누구로 알았단 말인가? 아브라함은 그에게 십분의 일을 바칠 뿐 아니라 축복의 안수를 받았다. 그렇다면 그는 당시에 은혜의 사람인 아브라함을 공급하는 제사장이었던 것이다. 우리는 레위 지파에서 나온 아론 체계가 율법체계 아래서의 제사장인 것을 알 뿐이었다. 만일 히브리서가 이 말씀에 대하여 침묵하였다면 우리는 그렇게만 알고 끝났을 것이다. 그러나 아브라함은 율법 아래서 하나님과 관계를 맺은 것이 아니라 오늘 우리와 같이 믿음과 은혜의 원칙 안에서 하나님과 교통하고 관계를 맺으며 살던 믿음의 조상이었다. 그럼에도 그는 제사장이 필요했던 것이다. 약속을 상속받고 하나님의 목적에 이르기 위해서 필요했던 것이다. 믿음 안의 생활과 대적을 깨고 승리하는 그리스도인의 생활을 돕기 위해 그리스도는 멜기세덱의 반차를 따른 제사장이 될 필요가 있었던 것이다.

또한 히브리서 기자는 멜기세덱의 신분에 대하여 그가 영원한 생명을 가진 자라고 설명하고 있다. 8-10절은 이를 자세히 설명한다. 레위 지파 제사장들은 후손들에게 십분지 일을 받지만 그들은 죽을 자들이라는 것이고, 멜기세덱은 아브라함에게서 받을 때 이미 레위에게서도 받아버린 것이 되기 때문에 그는 영원히 살 자라는 말이다. 멜기세덱에 관해서는 출생과 사망에 관하여 성경이 침묵한다. 히브리서 기자는 이에 근거하여 그의 제사장직이 아론이나 세습적인 레위 지파 제사장직과 얼마나 다른가를 말하고 있는 것이다. 그러므로 그의 제사장직은 영원하며 항상 있는 것이다.

멜기세덱 제사장의 탁월함을 설명하는 가운데 '항상' 제사장으로 있다고 말한다. 이 '항상', 또는 '영원한'이라는 단어는 히브리서에 열일곱 번이나 나타난다. 이러한 영속성의 제사장 직분은 9, 10장에 계속 설명되고 있다. '항상'이라는 의미는 단순한 '영원'이 아니라 아무런 중단이 없이 계속된다는 의미이다. 유대인들은 죄를 범할 때마다 제물을 원했다. 그러나 우리에게는 효력이 그치지 않는 한 제물이 있다. 이 제사장직은 항상 존재하며 계속된다. 우리가 새 언약 아래서도 실패하는 것이 없는 것이 아니다. 아브라함도 그러했다. 그도 약해지기도 하고 실수도 하였다. 그러므로 그에게 멜기세덱 같은 떡과 포도주의 제사장의 공급이 필요했던 것이다. 나는 아무래도 아브라함이 이 사건 이전이나 후에도 그에게 도움을 받았을 가능성이 있다고 본다. 아브라함은 멜기세덱을 초면 같지 않고 구면같이 대했다. 아브라함은 그를 보자 마자 축복을 받고 십일조를 바쳤던 것이다.

우리에게는 오늘 놀라운 하늘의 대제사장이 계신데, 이 분은 무궁한 생명의 능력을 좇아 되었으므로 그 피의 효능이 영원하며 의로우신 대언자로서의 기능 또한 '항상' 있다. 그분은 사람이 만든 것이 아닌 주께서 베푸신 참 장막 안에 계시며 또한 항상 살아서 저희를 위하여 간구하신다. 그러므로 이러한 제사장 직분 아래 있는 사람들은 온전한 그리스도인의 삶을 살 수 있는데, 그 특징은 늘상 일어났다 넘어지곤 하는 변화무쌍한 삶이 아니라 변함없이 새로운 생명의 공급이 넘치는 삶을 영위하는 것이다. 우리는 이러한 활력이 넘치는 삶을 바울에게서 본다. 신약의 성도들은 승천하신 대제사장이신 그리스도의 공급을 받으므로 늘 대적을 이기고 활력 있게 주님을 섬기며 따를 수 있다.

또한 멜기세덱이라는 이름은 '의의 왕'을 의미하며, 그가 다스렸던 도시 이름은 '살렘'이므로 그는 의의 왕이요 살렘 왕, 곧 평강의 왕이다. 따라서 그는 그리스도를 예표하기에 부족함이 없다. 그리스도는 의의 왕이요 평강의 왕이시다. 그리스도의 제사장직은 의를 가져오며 그 결과는 평강이다. 우리는 이를 통해 승천하신 그리스도의 사역이 의와 평강을 가져온다는 것을 알 수 있다. 승천하신 그리스도는 의의 왕이요 평강의 왕이시다.

우리의 목적은 하늘 지성소

히브리서는 우리의 눈을 하늘로 돌려준다. 그분은 지금 휘장 안에 들어가셨고 지성소에 계신다. 그분은 지금 하늘의 참 장막 안에서 부리는 자로서 사역하시고 계신다. 그분은 떡과 포도주로 예표된 영원한 생명의 무궁한 능력으로 우리를 공급하시는 자가 되셨다. 이러한 그의 사역을 일단 객관적으로 알 필요가 있다. 그리고 주관적으로 우리가 영 안에서 체험할 필요가 있는 것이다. 그래서 객관적인 지식과 주관적인 체험이 다 필요한 것이다.

객관적인 것과 주관적인 것을 연결해 주는 것이 바로 사닥다리이다. 벧엘에는 하늘과 땅을 연결해 주는 사닥다리가 있다. 이것은 우리 영 안에서 체험할 수 있는 것이다. 이번 히브리서 강해를 통해서 우리의 눈이 하늘을 향하게 되기 바란다. 아론의 사역은 이 땅에 있는 것이었다. 그러나 멜기세덱의 사역은 하늘에 있다. 오늘 우리가 전진하기 위해서는 그리스도의 하늘의 사역을 보아야 한다.

우리는 반드시 땅에서 하늘에 있는 지성소로 전환해야 한다. 이것이 히브리서가 쓰여진 목적이다. 히브리서는 땅에 속한 바깥마당으로부터 하늘에 있는 지성소로 전환하라고 한다. 우리는 이렇게 기도할 수 있다. "주여, 나는 이것을 위하여 있지 않습니다. 나는 이것들(제단, 물두멍 등)을 통과하여 지성소로 갑니다. 나의 목적은 지성소입니다." 구약의 성막에서 지성소만은 하늘에 있는 것과 동일한 것이다.

히브리서는 먼저 우리에게 바깥마당에 있는 것들을 제시하고 그리고 나서 7장 1절부터 우리를 지성소로 전환시킨다. 멜기세덱은 아브라함에게서 십분의 일을 취하고 그 약속 얻은 자를 위하여 복을 빌었다고 했다. 멜기세덱이 아브라함에게 바친 것이 아니라 아브라함이 멜기세덱에게 십분의 일을 바쳤다고 했다. 이를 통해 그는 레위 족보에 들지 않았지만 아브라함에게서 십분의 일을 받았다.

그리스도의 대제사장 직분의 우월성

7절, 폐일언하고 낮은 자가 높은 자에게 복빎을 받느니라

7절에서는 그가 어떻게 높은가를 설명한다. 낮은 자가 높은 자에게 복을 주지 않고 높은 자가 낮은 자에게 복을 준다. 멜기세덱이 아브라함을 만났을 때 그는 아브라함에게 복을 빌었다. 그것은 틀림없이 멜기세덱이 아브라함보다 높았다는 것을 의미한다.

8절, 또 여기는 죽을 자들이 십분의 일을 받으나 저기는 산다고 증거를 얻은 자가 받았느니라

레위의 자손들은 다 죽은 것이 기록되어 있으며 따라서 항상 바뀌어야만 했다. 그러나 멜기세덱은 성경에서 죽었다는 증거가 없다. 그러므로 그가 예표하는 바는 항상 살아 있는 사람이다. 산다고 증거를 얻은 자가 십분지 일을 받았다고 말한다. 그러므로 죽은 사람보다는 살아 있는 사람이 우월하다. 먼저는 멜기세덱이 축복을 한 것으로 보아서 멜기세덱이 높고, 아브라함으로부터 십분의 일을 받은 걸로 보아서도 멜기세덱이 높고, 그는 항상 산다고 증거를 받은 자이므로 죽을 자들보다 높음을 알 수 있다.

9절, 또한 십분의 일을 받는 레위도 아브라함으로 말미암아 십분의 일을 바쳤다 할 수 있나니

레위는 멜기세덱에게 십분의 일을 바친 적이 없다. 그러나 아브라함이 멜기세덱에게 바칠 때에 결국 레위도 아브라함으로 말미암아 십분의 일을 바쳤다고 말할 수밖에 없다.

10절, 이는 멜기세덱이 아브라함을 만날 때에 레위는 아직 자기 조상의 허리에 있었음이니라

아담이 동산에서 선악과를 먹고 실패함으로 오늘 우리에게 그대로 죄악과 타락의 영향이 왔다. 왜냐하면 아담이 동산에서 선악과를 따먹을 때 우리는 아담의 옆구리에 있었기 때문이다. 똑같은 유전적 원리로 아브라함이 십분의 일을 멜기세덱에게 바칠 때 아브라함의 허리에 레위가 있었다는 것이다. 그러므로 히브리서 저자는 십분의 일을 받은 멜기세덱이 레위의 제사장보다 훨씬 뛰어난 위치를 가지고 있다는 것을 설명하고 있다.

제사장 직분의 전환—아론의 반차에서 멜기세덱의 반차로

11절, 레위 계통의 제사 직분으로 말미암아 온전함을 얻을 수 있었으면 (백성이 그 아래서 율법을 받았으니) 어찌하여 아론의 반차를 좇지 않고 멜기세덱의 반차를 좇는 별다른 한 제사장을 세울 필요가 있느뇨

당시에 이 땅에는 유대교가 있었다. 그들은 모세로부터 받은 율법에 따라서 레위 계통의 제사 직분으로 말미암아 계속해서 백성들을 위하여 제사를 드리고 있었다. 그런데 그 제사로는 백성들을 온전케 할 수 없다고 말한다. 그러므로 아론의 반차를 좇지 않고 멜기세덱의 반차를 좇는 별다른 한 제사장을 세울 필요가 있었던 것이다. 이 멜기세덱의 반차를 좇은 대제사장이 바로 승천하신 예수 그리스도이시다.

시편 110편에 기록된 대로 아들이신 그리스도께서 대제사장이요 왕으로서 아론의 반차를 따른 레위 계통의 제사 직분이 아닌 별다른 하나의 제사장 직분 체계의 대제사장이 되신 분이다. "어찌하여 아론의 반차를 좇지 않고 멜기세덱의 반차를 좇는 별다른 한 제사장을 세울 필요가 있느뇨"란 매우 중요한 말이다. 멜기세덱의 반차를 좇는 그리스도의 대제사장직의 필요성은 그분이 휘장을 열고 우리를 위해 앞서 가시어 우리로 들어오게 길을 여신 것이며, 하나님의 성령과 하늘 생명의 능력을 받아 나누어주게 하시기 위하여 하나님 보좌 우편에 앉은 것이며, 하나님께 가까이 갈 수 있도록 지성소 안으로 우리를 인도하시는 것과, 무궁한 생명 능력 안에 있는 끊임없는 중재와 섬김으로 하늘 생명을 우리 안에 유지시키는 것 등이다. 아론은 다만 피 흘림과 속죄와 하나님과의 화해에 관한 그리스도의 지상 사역, 특별히 십자가 상에서의 그리스도의 사역에 관한 예표일 뿐, 영원하고 전능하시며 승천하신 그리스도의 하늘 제사장직을 예표하기에는 전혀 부족한 모형이었던 것이다.

그리스도의 대속 사역은 그분의 인성 안에서 완결되었지만 그것은 그분의 멜기세덱의 반차를 따른 제사장 직분 안에서 이루어지고 있는 것이다.

십자가는 죄의 용서와 죄를 이길 수 있는 근거를 제공하지만 이길 수 있는 힘은 하늘 보좌에서 주어지는 것이다. 십자가와 그 피 뿌림은 애굽에서의 구출이고 보좌에서의 역사는 하나님 안에서의 승리와 안식의 능력을 공급하는 것이다. 아론만을 안다면 속죄와 용납하심을 얻지만 왕의 다스림과 능력은 얻지 못한다. 상존하는 능력과 축복은 오직 멜기세덱을 통하여 오는 것이다(앤드류 머레이).

율법의 변역

12절, 제사 직분이 변역한즉 율법도 반드시 변역하리니

제사 직분이 바뀌었으므로 율법도 반드시 바뀌어야 한다는 것이다. 결국 여기서 변역했다는 말은 유대교의 체계가 다 끝났다는 것을 의미한다. 우리들은 지금 이러한 말씀에 대해서 큰 느낌이 없을지라도 내가 믿기로는 당시에 유대교에서 돌아왔던 히브리 그리스도인에게는 아주 느낌이 많은 말일 것이다. 제사 직분이 변역하였다고 했다. 그때 당시에 멀지 않은 곳에서는 여러 장소에서 향을 피우고 양과 소를 잡고 피를 바르고 속죄제와 화목제 같은 많은 제물을 드리고 있었을 것이다. 그들은 속죄제를 드리고 나서 사함을 받았다고 기뻐하며 "죄 때문에 불안했는데 제사를 드리고 나서 평강이 넘치게 되었습니다"라고 했을 것이다. 그런 상황에서 히브리 그리스도인은 보이지 않는 그 무언가를 말씀을 통해서만 믿어야 하므로 그렇게 쉽지만은 않았을 것이다. 그러므로 여기서 히브리 기자가 제사 직분이 변역했다고 말한 것은 유대교를 송두리째 끝내 버리는 말이다.

우리는 이에 대하여도 깊이 생각해보아야 할 점이 있다. 대한민국이 이씨 조선 시대에 왕 제도를 존속하고 있을 때 그 법과 모든 것이 달랐고 그 통치자는 왕이었다. 그들은 대대손손 대물림하면서 왕 노릇을 했다. 그러나 민주주의로 바뀌면서 법과 질서와 모든 것이 바뀌었다. 그러자 통치자도 바뀌어야 했던 것이다. 모세의 율법에 속한 시대에 이스라엘은 레위 지파 제사장을 필요로 했다. 그러나 이제 시대가 바뀌었다. 옛 경륜에서 새 경륜으로 바뀐 것이다. 그러자 옛 율법 시대에 있던 제사장 체계도 바뀌어야만 했다. 제사 직분이 변역했다면 율법도 바뀌는 것이며 제사장 체계도 바뀌어야 하는 것이다.

13절, 이것은 한 사람도 제단 일을 받들지 않는 다른 지파에 속한 자를 가리켜 말한 것이라

그 당시에 제단 일을 받들고 있는 많은 제사장들이 있었고 그들의 일이 있었을 것이다.

왕의 지파인 유다 지파로 나신 그리스도

14절, 우리 주께서 유다로 좇아 나신 것이 분명하도다 이 지파에는 모세가 제사장들에 관하여 말한 것이 하나도 없고

당시에 제사장과 대제사장으로 섬기는 사람은 다 레위 지파이다. 그들은 다 모세의 율법을 통한 제사장들이다. 그러나 여기에 별다른 한 지파에 속한, 유다 지파로 나신 그리스도가 있다. 유다 지파는 모세가 제사장들에 관하여 말한 것이 하나도 없는 지파이며 왕의 지파이다(창 49:10 참조). 그러므로 새롭게 세워진 제사장 체계는 모세가 제사장들에게 관하여 말한 것이 하나도 없고 왕의 지파인 유다 지파로 난 제사장이 되어야 한다. 이제는 모세의 율법과 관련이 없는 새로운 시대가 열리게 된 것이다. 히브리서 기자는 당시 히브리인들이 구약의 제사와 예법에 사로잡힌 관념을 고쳐주고 있다. 그 모든 아론의 반차의 제사와 예법은 그림자일 뿐이요 실제는 그리스도이다. 그러나 그리스도는 대제사장 되심이 아론의 반차에다가 멜기세덱의 것까지 포함한다. 그러니 훨씬 뛰어난 대제사장을 우리는 가지고 있다.

15절, 멜기세덱과 같은 별다른 한 제사장이 일어난 것을 보니 더욱

분명하도다

이것은 아주 다른 체계의 제사장이라고 말할 수 있다. 이것은 헬라어에서 일반적으로 다른 것을 말하는 '알로스'가 아니라 '헤테로스'이다. "별다른 한 제사장이 일어난 것을 보니 더욱 분명하도다". 모든 것이 아주 분명하다. 그는 다른 지파이고 왕이며 멜기세덱으로 예표되었고 모든 면에서 볼 때 레위 지파와 중복된 것이나 상관된 것이 하나도 없다.

무궁한 생명의 능력을 좇아 됨

16절, 그는 육체에 상관된 계명의 법을 좇지 아니하고 오직 무궁한 생명의 능력을 좇아 된 것이니

이 멜기세덱의 반차를 좇은 대제사장 체계는 모세를 통하여 주신 율법에 관계된 것이 아니다. 멜기세덱의 반차를 따른 대제사장의 직분은 무궁한 생명의 법을 따라 된 것이다. 그것으로 그의 백성을 섬기도록 대제사장으로 세워지신 분이 예수이다. 이렇게 바뀌었다. 율법으로는 아무것도 온전케 할 수 없다. 그러나 무궁한 생명의 능력은 우리를 온전케 할 수 있다는 것이니 얼마나 놀라운가? 당신이 만일 멜기세덱의 반차를 좇는 대제사장의 공급을 모르고 그 대제사장의 도움을 받는 것을 모른다면 온전케 될 수 없다는 말이다. 히브리서를 잘 읽게 되면 하나님의 갈망과 뜻이 그분의 자녀들인 우리가 멜기세덱의 반차에 따른 주 예수의 제사장 직분의 도움을 받아 온전케 될 수 있음을 강조하고 있다. 이것은 매우 놀라운 말씀이 아닐 수 없다. 히브리서를 많이 읽고도 멜기세덱의 반차를 따른 주 예수의 대제사장직의 목적이 성도들의 온전케함에 이르는 것이라는 것을 모를 수도 있다. 그분은 하늘에서 무궁한 생명의 능력을 공급하셔서 그분께 나아오는 성도들을 공급하고 부축하여 온전함에 이르게 하시는 대제사장이시다!

멜기세덱의 반차를 좇는 대제사장

17절, 증거하기를 네가 영원히 멜기세덱의 반차를 좇는 제사장이라 하였도다

멜기세덱은 창세기 14장에서 아브라함에게 죄 문제나 속제에 관련된 것을 언급하지 않았다. 당시에 아브라함이 롯으로 인한 전쟁에서 그돌라오멜과 다른 왕들과 싸워 이기고 돌아오는 길에 살렘왕 멜기세덱이 나타나 그를 축복하며 떡과 포도주를 주었고 아브라함은 십분의 일을 그에게 주었다. 이것이 전부이다. 이것이 멜기세덱의 제사장 직분이다. 이와 같이 멜기세덱의 제사장 직분은 아론의 반차를 따라 백성들이 죄를 지었을 때 속죄제로 양과 소를 잡아 피를 지성소에 가지고 들어가서 속죄하는 그러한 단계에 있는 제사장 직분과는 다른 것이다. 이것은 더 높은 것이다. 만일 우리가 오늘 아론의 반차를 따른 제사장 직분만을 안다면 이것은 여전히 낮은 것이다. 우리는 반드시 멜기세덱의 반차를 좇은 제사장 직분을 알아야 한다.

로마서 3, 4장에는 주로 아론의 반차를 따른 제사장 직분의 사역이 있음을 볼 수 있다. 예수 그리스도께서 십자가에서 피를 흘려 돌아가신 이유는 우리를 구속하기 위해서이다. 그러나 로마서 8장에 올 때 그는 생명의 성령의 법으로, 다른 법으로 우리를 구원하셨다. 8장 후반부에 나오는 것처럼 우리를 구원하되 우리가 영화롭게 될 때까지 구원하셨다. 다만 법적인 구속에만 머물러서는 안 되며, 의롭게 될 뿐 아니라 생명의 영, 무궁한 생명의 능력을 통해서 변화되고 맏아들의 형상을 본받고 영화롭게 될 때까지 역사되어야 한다. 그럴 때 완전한 구원이 이루어진다. 이러한 완전한 구원은 멜기세덱의 반차를 좇는 대제사장에 의해서 이루어진다. 떡과 포도주는 무엇인가? 그것은 우리에게 공급하시는 주님 자신이다. 오늘 주님은 이미 하늘 보좌에 오르셨다. 그분은 이미 죄를 정결케 하는 일을 이 땅에서 수행하시고 지금 하늘에서 은혜의 보좌에 앉아 계신다. 그분은 다시 우리 죄를 위해 이 땅에 오셔서 아론의 제사장 직분을 수행할 필요가 없다. 그분은 이미 승천하셨다. 모든 것을 다 이루시고 보좌에 이미 앉으셨다. 그런 다음 그분은 이제 생명을 분배하는 일을 수행하고 있다. 무엇을 위해서인가? 우리를 완전히 구원하시기 위해서이다. 이 어찌 놀라운 비밀이 아닌가!

율법의 기능

18절, 전엣 계명이 연약하며 무익하므로 폐하고

유대교가 끝나는 소리가 여기서 또 나오고 있다. 율법이 끝났다는 말이다. 그리고 율법은 아무것도 온전케 하지 못하므로 폐해졌다고 말한다. 이런 말씀은 이해하기 쉬운 것 같아도 쉽지 않다. 율법을 누가 주었는가? 물론 중보자의 손을 빌어 주셨지만 하나님이 주신 것이 분명하다. 말라기 4장 4절, "너희는 내가 호렙에서 온 이스라엘을 위하여 내 종 모세에게 명한 법 곧 율례와 법도를 기억하라". 구약 성경의 마지막 부분까지도 하나님은 이스라엘 백성들이 율법을 소홀히 하는 것을 기뻐하시지 않았다는 것을 우리에게 보여준다. 이스라엘 백성들은 그 율법을 붙잡고 소중히 여겼고 급기야는 유대교를 형성하기에 이르렀다. 그들은 더욱더 열심히 하나님이 가르쳐주시고 보여주신 것을 따라서 그것을 지키려고 애를 쓴 나머지 유대교를 형성하게 되었다. 이것을 하나님께 대한 충성이라고 말하지 않을 수 없다. 그런데 하나님의 아들, 예수 그리스도께서 이 땅에 오셨을 때 유대인들은 새로운 경륜을 받아들이는 데 있어서 참으로 어려웠을 것이다. 그들은 예수 믿는 사람을 죽이고 싶어 했다. 스데반을 누가 죽였는가? 유대교도들이 죽였다. 믿지 않는 사람들이 아니요 하나님을 믿는다고 하는 이들이다. 그들이 왜 그랬겠는가? 하나님을 위한 열심 때문이다. 그들은 율법을 소홀히 하는 듯한 그의 말을 들으면서 그가 율법을 고치려 한다고 여겼다.

어떤 때는 '열심'이란 것이 참으로 무섭다. 사도 바울도 주님을 믿기 전에 조상의 유전에 대해 열심이 있었다. 그러나 그것의 결과는 하나님의 교회를 핍박하고 잔해하는 것이었다. 바울은 자신을 죄인의 괴수라고 했다. 형식과 종교에 붙잡히는 것은 무섭다. 종교의 분쟁이 세상 사람이 싸우는 것보다 더 무섭다. 부자간이나 형제간이라 하더라도 믿음이 다르면 얼굴도 쳐다보려 하지 않는다. 유럽에서는 종교 때문에 삼십 년 전쟁과 십자군 전쟁이 수백 년에 걸쳐 일어났다. 사람이 잘못된 선입관과 편견에 사로잡힐 때 새롭게 움직이시는 성령의 역사를 얼마든지 대적할 수가 있다.

그렇다면 하나님이 율법을 왜 주셨는가? 이것에 대해 사도 바울이 우리에게 잘 설명해 주었다. 율법은 천사의 손을 빌어 중보의 손으로 우리에게 주신 것으로서 가입된 것이다. 율법이 주어진 목적은 그 율법이 몽학 선생이 되어 우리를 그리스도께로 인도하기 위한 것이다. 율법이 없다면 사람은 자신이 얼마나 죄악 되며 도저히 어떻게 해볼 길이 없는 악한 사람들인지를 알 수 없을 것이다. 우리가 타락하여 육체로 떨어졌기 때문에 하나님께서는 우리에게 율법을 주셨으며, 율법은 울타리(fold)처럼 우리를 보호하다가 아들이 오실 때 우리를 아들에게로 인도하는 것이다. 바울은 이러한 비밀을 우리에게 설명해 주고 있다. 그러므로 하나님의 경륜과 섭리와 뜻을 깊이 안다면 오해가 없을 것이다. 그러나 의문(儀文)으로 율법을 지키려고 할 때 도리어 참 진리를 배도하게 되고 위험한 데 떨어지게 된다.

더 좋은 소망

19절, (율법은 아무것도 온전케 못할지라) 이에 더 좋은 소망이 생기니 이것으로 우리가 하나님께 가까이 가느니라

"(율법은 아무것도 온전케 못할지라)" 기자는 괄호를 사용하여 한 마디를 부언했다. 그만큼 히브리서는 성도의 온전케 됨에 있어서 큰 관심을 보이는 책이라는 뜻이다. 이 말씀대로라면 그 동안 율법을 믿었던 사람들은 완전히 절망하게 될 것이다. 그러나 여기에서 더 좋은 소망이 생긴다고 했다. 이 말은 율법은 아무것도 온전케 하지 못하므로 그것을 놓으라는 뜻이다. 연약하며 무익함을 인하여 그 계명은 폐해졌으므로 놓아야 한다. 우리가 생각하기에 율법을 놓으면 죽을 것 같고 큰일이 일어날 것 같지만 오히려 무궁한 생명의 능력 안으로 들어가게 될 것이다.

오늘날에도 어떤 그리스도인 가운데는 율법주의적인 사람들이 있다. 율법이 무엇인가? 주로, '하라! 하지 말라!'에 대한 것이다. '하면 된다'고 외치는 이것이 바로 율법주의이다. 그러나 바울은 십자가에서 그리스도와 함께 율법을 향하여 죽었다고 말한다. 십자가의 원수로 행하는 사람들은 반대로 하나님의 말씀을 지키기 위해서 율법을 지켜야 하고 할례를 행해야 한다고 말한다. 사람은 날 때부터 종교적이다. 어린아이들이라도 그들이 뭔가를 하려고 하는데 누군가가 하지 말라고 하면 매우 싫어한다. 목표를 주고 뭔가를 하라고 하면 신이 난다. 이런 사람에게 '아무것도 하지 말라. 너는 죽은 자이다'라고 한다면 그 사람은 인생의 살맛을 잃는다. 그러나 율법은 폐해진 것이고 더 좋은 소망이 있다고 했다. 그것이 무엇인가? 하나님 자신이다. 그렇지 않다면 당신은 어느 정도 율법에 관련되어 있다고 할 수 있다. 그런 사람의 특징은 실패하면 낙심하고 실망하며 탄식하는 것이고 성공하면 기뻐한다. 좋을 때는 아주 좋다. 그러나 잘 되지 않을 때는 낙심한다.

예수는 십자가에서 휘장을 여셨고 하나님께 가까이 갈 수 있는 소망을 우리에게 주셨다. "하나님께 가까이 나아가라"는 말씀은 승천하신 그리스도의 사역의 주된 부분을 보여준다. 이는 보다 높은 가르침을 향하여 전진하라는 말씀이기도 하다. 하나님은 그분의 자녀들이 그분의 임재 안에서 함께 생활하는 것을 보고 싶어 하신다. 고향에 계신 부모님을 한 번 생각해보라! 부모는 자녀들이 자주 찾아와서 함께 있는 것을 기뻐한다. 천부께서도 마찬가지이시다. 우리가 늘 그분의 임재 안에서, 휘장 안 지성소에서 생활하기를 기뻐하시며, 그렇게 할 수 있도록 멜기세덱의 반차를 따라 제사장 되신 그리스도께서는 떡과 포도주를 공급하신다. 이는 그분의 제사장 역할에 대한 분명한 조망을 주는 말씀이다. 그러므로 우리는 휘장 안에 계신 하나님의 임재 안에 늘 있게 되도록 예수 그리스도께 기대하고 간구하며 그분의 도움을 받자!

생명의 성령의 법을 의지하여 생활함

로마서 8장에서는 만물이 썩어질 것의 종노릇 하면서 탄식한다고 했다. 허무하고 탄식이 많은 것은 죄와는 다르다. 로마서 3장부터 5장까지는 죄를 다루며 죄는 그리스도의 보혈로 해결되었다. 이것은 아론의 제사장 직분에 의한 것이다. 그러나 로마서 8장에는 연약함과 탄식이 있다. 이것은 마치 사망의 부산물들과 같다. 이러한 사망의 부산물들은 생명으로 해결해야 한다. 따라서 생명의 성령의 법이 필요하며 이것은 멜기세덱의 제사장 직분의 일이다. 생명의 성령의 법이 우리에게 역사할 때 더 좋은 소망이 생기는 것이다.

우리도 때때로 낙심할 때가 있다. 땅이 꺼지게 한숨을 쉬면서 낙심하기도 한다. 사실 그 순간 낙심이 있었다는 것은 자신에게 뭔가 성취하고자 하는 것이 있었다는 이야기이다. 뭔가 원하는 것이 있었고 관철하려는 것이 있었으며 어떻게 되기를 원하는 것이 있었으므로 실망하는 것이다. 죽은 사람은 아무것도 원하지 않으므로 낙심이 없다. 따라서 그 순간 끝났다고 생각하는 것은 자신에게 이루고자 하는 것이 있었다는 것을 말해 준다. 그때 여기의 말씀대로 연약하여 무익하므로 아무것도 할 수 없는 계명을 붙잡고 있었다는 것이 드러난다. 자신이 하면 안 된다는 것을 알면서도 자신의 남은 힘을 다해 하려는 것이 있었다는 것이다. 그러므로 실망이 생긴다. 결국에는 모든 것들을 내려놓아야 한다. 자신이 하고자 하는 일들, 성취하고자 하는 일들, 남들에게 좋게 보이고 싶고 뭔가 세우고 싶고 무너지고 싶지 않은 것들이 있으므로 탄식과 실망이 있는 것이다.

어느 날 이런 모든 것들이 내게서 비워지고 제해졌을 때 그런 것이 더 이상 문제가 되지 않는다. 모든 것을 다 비운 후에 탄식도 사라지고 실망도 사라지면서 동시에 우리 속에 생기는 느낌은, "주여, 당신과 함께 있으니 참 좋습니다"이다. 그분과 함께 거하는 것, 그분이 내 안에 거하고 내가 그분 안에 거함으로 주님과의 교통 안에 그저 머무는 것보다 이 세상에서 더 귀한 것은 없다. 그래서 마음의 평강과 안식을 되찾게 된다. 그럴 때 이 세상이 다시 사랑스럽게 보이고 형제들도 사랑스럽게 느껴진다. 형제들에 대해 좋지 않은 느낌을 갖는 것, 이 모든 것들이 연약함의 표시이며 사망의 부산물의 한 형태이다.

이 모든 것들은 생명의 성령의 법으로 돌이켰을 때 다 제해질 것들이다. 율법 아래 있을 때 우리는 결코 온전케 되지 못한다. 그러나 생명 안에서는 더 좋은 소망을 갖게 된다. 이 무궁한 생명의 능력을 좇아 더 좋은 소망으로 우리를 이끌어 주시는 대제사장의 사역이 우리에게 있다. 이것이 지금 부활 승천하여 멜기세덱의 반차를 따라 제사장 되신 그리스도의 사역이다. 우리가 어떻게 이러한 길을 갈 수 있는가? 승천하신 자, 하나님의 아들, 예수 그리스도, 멜기세덱의 반차를 따른 대제사장의 사역이 있기 때문이다. 이로 인해 우리는 무궁한 생명의 능력을 따라서 온전케 되고 구원될 수 있다. 이러한 시대에 우리가 살고 있다. 이것을 우리에게 알려 주는 것이 히브리서이다.

이에 더 좋은 소망이 생기니 이것으로 우리가 하나님께 가까이 간다고 했다. 과거에 율법 시대에는 우리가 하나님께 가까이 갈 수 없었다. 모세가 호렙산에 올라갈 때 다른 백성들은 다 가까이 갈 수 없었다. 성막이 건축되었을 때는 어떠했는가? 아무나 들어갈 수 없었다. 그런데 이 시대에 우리는 어떠한가? 우리는 신약의 시대에 살고 있다. 더 좋은 소망을 가지고 살고 있다. 이러한 무궁한 생명의 능력을 좇아 은혜의 보좌를 베푸시고 언제든지 하나님께 나아갈 수 있도록 새롭고 산 길을 열어 주신 시대, 누구나 다 지성소 안으로 들어갈 수 있는 시대에 우리가 살고 있다. 이것으로 우리가 하나님께 가까이 갈 수 있다. 율법 아래 있을 때는 그저 진노 아래 있을 때이다. 그러나 우리가 생명의 성령의 법을 의지하여 생활할 때 깊은 속에서 우리는 하나님과 매우 가깝다는 것을 느낀다. 우리는 아버지를 매우 가까이 접촉하는 느낌을 받는다. 언제나 믿음으로 그분을 의지할 때 우리는 그분과 친밀하게 되고 스스로 노력하고 애쓸 때는 하나님과 멀어지게 된다. 이 새로운 제사장 제도 아래서는 우리가 하나님께 가까이 갈 수 있는 소망이 있다. 이것이 얼마나 더 뛰어난 멜기세덱의 반차를 따른 대제사장 직분인지!

7장은 결국 멜기세덱의 제사장 체계가 우월한 것을 입증하는 데 있어서 많은 구절들을 할애했다. 첫째는 아브라함보다 우월하다는 것이고(4-10절), 둘째는 아론보다 우월하다는 것이며(11-14절), 율법보다도 우월하다는 것이다(11-19절). 아브라함보다 우월하다는 증거는 두 가지인데 첫째는 아브라함이 멜기세덱에게 십일조를 드린 것이고, 둘째는 멜기세덱이 아브라함을 축복한 점이다. 율법제도 아래서는 제사장들이 형제들로부터 십일조를 받았으나 여기서는 낯선 자가 온 민족의 아버지로부터 십일조를 받았다. 이스라엘에서는 죽을 자들이 십일조를 받았으나 여기서는 항상 살아 있는 자가 받았다.

맹세로 되신 예수 그리스도의 제사장 직분

20절, 또 예수께서 제사장 된 것은 맹세 없이 된 것이 아니니

이것은 예수 그리스도의 제사장 직분이 맹세의 부분에서 뛰어남을 말하고 있다. 우리는 6장에서 맹세에 대하여 보았다. 맹세는 모든 다투는 일에 최후 확정이라고 하였으므로 맹세를 했다는 것은 매우 엄중한 것이다. 예수께서 제사장이 되신 것은 하나님 아버지가 아들에 대해, 성부가 성자에 대해 맹세한 것이다. 하나님께서 맹세하신 것이다. 맹세를 통해서 제사장이 되었다는 것은 다시는 바꿀 가능성이 없다는 말이다. 그럴 뿐 아니라 맹세를 통해 제사장이 되었다는 것은 그것이 바로 하나님이 원하시는 바라는 의미도 지니고 있다. 마음의 가장 원하는 바, 가장 하고자 하는 일을 할 그 때 맹세하는 것이기 때문이다. 이 존귀한 제사장 체계가 맹세를 통해 이루어졌다는 것은 우리에게 어떠한 보장과 특권을 주는 말인가? 전혀 바뀔 가능성이나 폐지될 가능성이 없으니 영원히 누리라는 말이다.

21절, (저희는 맹세 없이 제사장이 되었으되 오직 예수는 자기에게 말씀하신 자로 말미암아 맹세로 되신 것이라 주께서 맹세하시고 뉘우치지 아니하시리니 네가 영원히 제사장이라 하셨도다)

아론의 제사장 체계는 맹세 없이 된 것이다. 그러나 우리 주 예수님의 제사장 체계는 자기에게 말씀하신 자로 말미암아 맹세로 된 것이다. 그분이 맹세로 멜기세덱의 반차를 따른 제사장이 되셨다는 것은 우리에게 그분이 주시고자 하시는 하늘로부터의 모든 보장과 공급이 그대로 되리라는 살아있고 확고하고 완전한 보증을 주는 말씀이다. 이 말씀은 주님이 맹세를 통해서 제사장이 되신 면에 있어서도 주님의 제사장 체계가 아론의 제사장 체계보다 훨씬 더 우월하고 높고 뛰어나다는 것을 증명하고 있다. 이것이 바로 주 예수 그리스도의 제사장 직분이다. "주께서 맹세하시고 뉘우치지 아니하시리라". 언제나 그분이 우리에게 맹세하시는 것은 우리를 사랑하심이요, 우대하심이요, 우리에게 가장 큰 은혜를 주시고자 하심이다. 또한 믿음을 갖도록 우리를 최대한 격려하심이다. 주님은 우리에게 이렇게 말씀하시는 듯하다. "이러한 놀라운 제사장 체계로서 너를 돌보아줄 것이니 용기를 내고 격려를 받으며 내게 나아오거라."

더 좋은 언약의 보증이 되심

22절, 이와 같이 예수는 더 좋은 언약의 보증이 되셨느니라

더 좋은 언약은 새 언약이다. 여기서 우리는 언약이라는 단어를 대하게 된다. 옛 언약이 있고 새 언약이 있다. 8장에서 다루겠지만 옛 언약은 낡아지고 연약하고 흠이 있으므로 폐하여져 감으로 하나님께서 이제 새 언약을 세우신다고 하셨다. 이 새 언약은 더 좋은 언약이다. 더 좋은 언약은 계명이나 율법을 통한 것이 아니라 무궁한 생명의 능력을 의지해서 이루어지는 언약이다. 이것은 멜기세덱의 반차를 따른 제사장 직분을 통해서 이루어지는 사역이다. 그러므로 이 언약은 더 좋은 언약이다. 더 좋은 언약을 통해서 우리는 하나님의 아들의 형상을 닮아간다. 이것은 이전에 말한 바와 같이 로마서 8장에서 읽을 수 있다. 아론의 제사장 직분은 로마서 3-6장에서 법적인 구속에 의해서 설명될 수 있다. 반면에 멜기세덱의 반차를 따른 제사장 직분은 로마서 6장과 8장으로 설명할 수 있다. 이것은 주로 생명에 의해 수행된다. 하나님은 생명의 성령의 법을 통해서 우리를 변화시키시고 맏아들의 형상을 본받게 하시고 영화롭게 하는 데까지 이르게 하셨다. 이것은 더 좋은 언약이다.

주 예수님이 이러한 언약의 보증이 되셨다고 했다. 보증이라는 말은 헬라어의 원뜻에서 생명과 관계된 것이다. 우리의 팔이나 다리가 우리의 몸에 붙어 있다는 것은 '죽을 때까지 내가 당신의 몸을 위해서 헌신하겠다'는 것을 보증하는 것과 같다. 살아 있는 동안 손과 발이 움직여 주지 않겠는가? 이것이 보증이다. 또 스폰서라는 뜻도 있다. 보증해 준다는 의미이다. 주님은 더 좋은 언약을 위해서 우리를 보증해 주는 분이 되셨다. 보증을 선다는 것은 당신이 다 책임을 진다는 의미이다. 잘못되면 다 책임지겠다는 것이 보증이다. 우리 주 예수는 보증해 줄 수 있는 분이다. 신약의 더 좋은 언약의 보증이다. 야곱이 오랜 세월 주님의 주신 환경을 통해 하나님의 왕자로 변화될 수 있었던 것은 그의 열심히나 달음질로 말미암은 것이 아니요 긍휼의 하나님으로 말미암았다(롬 9:15-16). 나는 자신이 오늘에 이르도록 주님을 배울 수 있었던 것은 그분의 더 좋은 언약의 보증으로 말미암은 것이라고 간증할 수 있다.

더 좋은 언약의 특징은 무엇인가? 새 언약의 특징은 우리 안에 하나님을 공급하는 것이다. 우리 안에 하나님의 법을 새겨 우리로 하여금 하나님을 닮게 하여 하나님의 아들의 형상을 닮게 하는 것이다. 이것이 새 언약, 더 좋은 언약이다. 이것을 주님이 보증하셨다. 여러분은 회개를 많이 하여 그리스도를 닮아 가고 있다고 생각할 뿐 주님이 보증이기 때문에 우리가 그리스도를 닮아 가고 있다고 생각해 보지는 않았을 것이다. 그분이 보증이시다. 그분이 보증이시기 때문에 우리가 연약할 때 우리를 책임져 주시는 일을 계속 하고 계신다.

영원히 갈리지 않는 제사장 직분을 가지고 계심

23-24절, 저희 제사장 된 자의 수효가 많은 것은 죽음을 인하여 항상 있지 못함이로되 24 예수는 영원히 계시므로 그 제사 직분도

갈리지 아니하나니

이것이 아론의 제사장 체계의 약점이다. 죽음을 인하여서 제사장이 계속 바뀌어야 한다. 그러나 우리 주님은 영원히 계시므로 그 제사 직분도 갈리지 아니한다. 그분은 영원히 살아 계시기 때문에 갈리지 않는 제사장 직분을 가지고 계신다.

하나님께 나아가는 자들을 온전히 구원하실 수 있음

25절, 그러므로 자기를 힘입어 하나님께 나아가는 자들을 온전히 구원하실 수 있으니 이는 그가 항상 살아서 저희를 위하여 간구하심이니라

여기에 조건이 하나 있다. 주님은 자기를 힘입어 하나님께 나아가는 자들 온전히 구원하신다고 했다. 주님을 힘입어 항상 그분께 나아가야 한다. 주님은 그러한 사람들을 끝까지 온전하게 구원하실 수 있는 대제사장이시다. 그분이 우리를 이렇게 구원하실 수 있는 것은 그가 항상 살아서 우리를 위하여 간구하시기 때문이다. 우리 주님이 부활 승천하신 후 항상 앉아만 계신다고 생각하지 말라. 말씀에서는 주님이 우리를 위하여 항상 간구하신다고 한다. 이 말은 로마서에도 있다. 8장 26절, "이와 같이 성령도 우리 연약함을 도우시나니 우리가 마땅히 빌 바를 알지 못하나 오직 성령이 말할 수 없는 탄식으로 우리를 위하여 친히 간구하시느니라". 우리를 위하여 간구하시는 분이 계시다. 34절, "누가 정죄하리요 죽으실 뿐 아니라 다시 살아나신 이는 그리스도 예수시니 그는 하나님 우편에 계신 자요 우리를 위하여 간구하시는 자시니라". 승천하신 그리스도는 지금도 우리를 위하여 간구하고 계신다. 성도들이여, 하늘을 바라보라! 주 예수는 그곳에서 우리를 위한 새 언약의 보증이 되셨을 뿐 아니라 우리를 위하여 간구하는 분이 되셨다.

우리가 일단 실수를 하면 주님께 죄송하기도 하지만 잘못한 것 때문에 속이 상해서 마음이 어둡고 해방이 되지 않는 채로 많은 시간을 거기에서 헤매기도 한다. '내가 신앙생활을 20년 넘게 했는데도 아직도 이러한가?' 죄를 지은 것보다도 이 사실 때문에 괴로워서 한나절을 헤매게 되지만 이것이 오래 가지 않고 어느새 속에서부터 돌이켜져 은혜가 흐르고 다시 샘솟는 무언가가 있음을 느끼게 된다. 그리고 자신도 모르게 주의 이름을 부르며 "주여, 당신이 좋습니다. 내가 실수한 것은 분명하지만 당신이 좋습니다"라고 고백하게 되는데, 이것은 나의 노력이 아니며 나의 회개도 아니며 주님이 우리를 위해 직분을 행하시고 계시며 기도하시는 결과이다. 이것은 분명히 은혜이다. 내가 정말 형편없어서 도저히 주님 앞에 나갈 수 없는 사람이라고 스스로 느끼며 이로 인해 해방감을 맛보지 못할 때라도 그 무언가가 속에서 나를 이끌고 격려하여 높이 솟아오르게 한다. 무슨 이유 때문인가? 우리를 위하여 간절히 중보하시는 분이 계시기 때문이다. 또한 끊임없이 생명을 공급하며 흐르게 하시기 때문이다.

나는 지난 번 유럽을 방문하고 조금 지쳐있었다. 일행들에게는 전혀 내색하지 않았지만 속으로는 매우 어려움을 겪고 있었다. 말씀을 전하다가 어떤 말에서 조금 실수를 했다고 느꼈고 계속 정죄감에 시달렸다. 자백을 하고 회개를 해도 속이 후련하지가 않았다. 마귀는 내 속에서 계속 송사했다. '너 큰 실수를 한 거야, 너는 형편없는 자야, 요즘 더 형편없어졌어. 네 주제에 무슨 하나님의 일을 한다고… 사람들이 네가 전한 말씀에서 도움 받았다고 하는 말, 좋다고 하는 말은 제대로 몰라서 하는 말이야. 사실 너는 몇 개 빼놓고는 다 잘못되었어.' 나는 오랜 시간 잘못되었다는 정죄감에 시달리며 기도를 했지만 어떻게 해도 헤어날 수가 없었다. 그러다가 로마 공항에서 비행기에 오르기 전 주님께 기도를 하게 되었는데… 아! 갑자기 내 눈에서 주님의 용서와 위로의 눈물이 흘러내렸다. 이는 분명 성령의 방문하심이었다. 나는 "주여, 감사합니다."라고 외쳤다.

우리에게 합당한 거룩한 대제사장

26절, 이러한 대제사장은 우리에게 합당하니 거룩하고 악이 없고

더러움이 없고 죄인에게서 떠나 계시고 하늘보다 높이 되신 자라

"이러한 대제사장은 우리에게 합당하니" 이 말씀은 신약의 성도들의 자랑이다! 우리는 하늘보다 높이 되신 거룩한 대제사장을 갖고 있다! '이러한 대제사장'이 왜 합당한가? 신약의 성도들의 신분이 보통이 아니기 때문이다. 그들은 하나님의 자녀요 영원한 생명을 얻은 부활의 사람들이다. 그리스도의 이러한 대제사장직은 우리에게 합당한데, 이는 그분이 거룩하고 악이 없고 더러움이 없으며 죄인에게서 멀리 떠나 계시고 하늘보다 높이 되셨기 때문이다. 율법 시대의 제사장들은 자신들도 연약하고 죄인이므로 우리의 속죄 제사를 드리는 일을 겨우 도울 수 있었지만, 이 멜기세덱의 반차를 따른 대제사장은 거룩하고 악이 없고 더러움이 없으며 죄인에게서 멀리 떠나 계시므로 하늘에 속한 부르심을 받은 자들을 섬기기에 합당하다.

히브리서 7장의 전반부는 왕이신 대제사장, 후반부는 거룩하신 대제사상에 대해 말한다. 이러한 분이 아니라면 앞에서 이야기한 온전한(또는 영원한) 구원을 누가 이룰 수 있겠는가? 하나님의 자녀들은 영생을 얻은 자들이다. 즉 영원한 존재가 되었다는 말이다. 또한 의롭다함을 받고 거룩케 되었다. 그러한 하나님의 자녀들을 섬기는 대제사장은 영원한 존재여야 하고 거룩하고 악이 없고 더러움이 없어야 합당한 것이다.

당시에 땅에 있었던 아론의 제사장 체계는 죄인들과 함께 있었다. 그들도 연약하고 많은 문제가 있었다. 이런 그들이 어떻게 우리를 온전함에 이르기까지 구원할 수 있겠는가? 대제사장으로 이 땅에 있었던 그들의 수고로는 우리가 온전히 구원받을 수 없다. 율법을 가진 그 대제사장 체계로써 되지 않는다. 그래서 대제사장이신 그리스도가 우리에게 합당한데 그는 첫 번째로 거룩하신 분이다. 그리고 악이 없고, 더러움이 없고, 죄인에게서 떠나 계시고, 하늘보다 높이 되신 자이다. 그분이 합당하다는 말은 우리를 섬기는 범위가 하늘이기 때문이다. 그 하늘 제사장은 거룩하고 죄에서 떠난 자이어야 하기 때문이다. 그렇지 않으면 하늘 지성소에 늘 살아야 하는 운명인 우리를 섬기기에 합당하지 않다는 말이다.

죄인에게서 떠나 계시다는 말은 그분이 이 땅에 오실 때 죄인을 위해 오신 구주이시지만 십자가에서 저들을 위한 속죄의 제사를 드리시고 부활 승천하신 이후는 죄인들이 미치지 못할 하늘의 지성소에 들어가셔서 성도들을 위하여 기도하시고 계시다는 말이다. 히브리서에서 중점적으로 강조하는 바는 우리의 대제사장이 하늘에 계시며 이 땅에서 하늘 길을 걸어가는 성도들은 하늘 높은 곳에 계시는 그분으로부터 힘과 공급을 받아야 한다는 점이다. 즉 히브리서는 그리스도께서 승천하셔서 하늘 보좌에서 우리를 위해 무궁한 생명의 능력을 공급하시고 힘을 주시는 그분의 사역에 대하여 강조하고 있다.

오늘날 많은 그리스도인들의 관심은 그리스도의 골고다의 십자가의 사역에 집중되어 있다. 그리스도의 보혈과 십자가에 대하여 수많은 찬양과 노래가 있고 감상이 있다. 물론 이는 너무나 귀한 방면이다. 그러나 성경에 한 권의 놀라운 책이 있으니, 그 책이 바로 히브리서이다. 히브리서는 그리스도께서 부활하시고 하늘로 승천하신 후에 멜기세덱의 반차를 좇은 대제사장의 사역을 감당하고 계시는 것에 대하여 강조하여 말한다. 이 방면에 대하여는 과연 얼마나 많은 사람들이 관심을 기울이는지는 모르겠다. 결국 하나님의 영원한 경륜은 이 하늘에 속한 그리스도의 생명을 공급하시는 사역에 의해 이루어진다.

영단번에 자기를 드려 이루심

27절, 저가 저 대제사장들이 먼저 자기 죄를 위하고 다음에 백성의 죄를 위하여 날마다 제사 드리는 것과 같이 할 필요가 없으니 이는 저가 단번에 자기를 드려 이루셨음이니라

이 말씀은 이 땅의 제사장들은 다 죄인들이라는 것을 암시하고 있다. 그러나 우리 주님은 거룩하고 죄인에게서 멀리 떠나 계시고 하늘보다 높이 되신 자이다. 이러한 대제사장이 우리에게 합당하다. 이 땅의 제사장들인 우리는 죄가 있기 때문에 자신의 죄로 인해 먼저 매일 제사를 드려야 한다. 그러나 하나님의 아들 그리스도는 단번에 자기를 드려 이루셨다.

영원히 온전케 되심

28절, 율법은 약점을 가진 사람들을 제사장으로 세웠거니와 율법 후에 하신 맹세의 말씀은 영원히 온전케 되신 아들을 세우셨느니라

이 말씀 또한 신약의 성도들의 자랑거리이다! 유대인들은 아론을 대제사장으로 가지고 있다고 자부하고 있었지만 그는 어디까지나 약점을 가진 사람이다. 약점을 가진 사람을 제사장으로 세웠던 율법 시대는 다 끝났다. 이제 율법 후에 하신 맹세의 말씀은 멜기세덱의 반차를 따라 세워진 예수 그리스도, 영원히 온전케 되신 아들을 제사장으로 세웠다. 그분은 원래도 완전하신 분이다. 그러나 그는 우리를 위해서, 우리를 긍휼히 여기고 돌보실 수 있기 위해서 시험을 받으시고 고난을 당하신 다음 대제사장으로서 그의 식무를 수행하기 위해서 온전케 되셨다. 그분은 영원히 온전케 되셨다.

우리는 성육신과 죽음과 부활을 통해서 승천하셨고 영원히 온전케 되신 대제사장을 가지고 있다. 아론의 반차의 제사장 체계는 연약함과 죽음으로인해 변역을 전제로 해야 한다. 율법 아래서는 그러한 제사장 체계로 할 수 있었으나 새 언약은 영원성을 가진 것이며 우리의 영원한 생명, 내적인 생명과 같은 체계와 종류로 되어야 하기 때문에 제사직분도 갈리지 않고 영원히 존재하는 성질의 제사장을 필요로 했던 것이다. 율법은 영원한 생명의 능력으로 이루어질 초자연적이고 하늘나라 차원인, 하나님과의 참된 교통의 필요성을 깨우치는 정도의 준비과정일 뿐이었다. 율법 후에 하신 맹세의 말씀은 결국 시편 2편과 110편에서 말하는 바 새로운 차원의 제사장 체계를 반포하시는 음성이었던 것이다. 영원한 생명을 얻은 우리에게 죽어 없어지는 그래서 또 바뀌어야 하는 제사장체계로는 도움이 완전하지 못하다는 말씀이다.

마지막으로 아더 핑크가 비교해 놓은 것에 대해서 인용하겠다.

"히브리서 7장을 분해해 보면 그리스도가 아론보다 탁월함이 다음의 요지에서 드러난다. 첫째, 아론은 사람에 불과했으나 그리스도는 하나님의 아들이다. 둘째, 아론은 레위 지파에 속했으나 그리스도는 육체를 따라서 왕의 지파로부터 나셨다. 그리스도는 왕이시며 제사장이신, 왕-제사장이다. 셋째, 아론은 육체의 계명을 따라 제사장이 된 것이나 그리스도는 무궁한 생명의 능력을 따라 제사장이 되었다. 넷째, 아론은 아무것도 온전케 하지 못했다. 그러나 그리스도는 온전케 하셨다. 끝까지 온전케 하셨다. 다섯째, 아론은 죄인이 하나님께 가까이 나아가게 하는 일을 해낼 수 없었으나 그리스도는 하나님께 가까이 나아갈 수 있게 하셨다. 여섯째, 아론은 그의 제사장 직무에 대하여 맹세로 보증을 받지 못했다. 그러나 그리스도는 맹세로 보증을 받고 제사장이 되었다. 일곱째, 아론은 계속해서 그 뒤를 이을 다른 제사장들을 가지고 있었다. 그러나 그리스도는 그 뒤를 이을 어떤 다른 제사장이 필요없다. 여덟째, 아론은 죽었다. 그러나 그리스도는 항상 살아 계신다. 아홉째, 아론은 죄인이었다. 그러나 반면에 그리스도는 죄인에게서 멀리 떠나 계시는 분이다. 열 번째, 아론은 땅에 있는 백성의 제사장들 중 머리이다. 그러나 그리스도는 하늘보다 더 높이 되신 분이시다. 열한 번째, 아론은 매일 제사를 드려야 했으나 그리스도의 제사는 단번에 드린 것이다. 열두 번째, 아론은 연약에 싸여 있으나 그리스도는 영원토록 온전케 되셨다. 우리는 이러한 대제사장을 주신 하나님께 찬양을 올려야 한다."

7장의 중점은 이러한 완전한 대제사장이 지금도 하늘에 살아계셔서 멜기세덱의 반차를 따른 제사장 직분을 수행하고 계시다는 것이다. 이러한 말씀들은 하나의 비유나 교리가 아니라 실제적인 말씀으로서 우리의 일상 생활에 적용 가능한 말씀들이다. 하나님은 우리가 이러한 하늘에 속한 대제사장의 도움을 통해서 불가능한 생활을 가능하게 하시고 감성과 이성을 초월한 능력 있는 생활을 그 아들 안에서 이루어지게 하신 것이다(앤드류 머레이, 〈지성소〉 참조).

죄인인 우리가 하나님께 나아가기 위해서는 대제사장의 사역이 필요하다. 그런데 히브리서에서 보여주는 것은 주 예수님이 우리의 대제사장이라는 것이며, 아론의 반차를 따라 우리의 죄를 해결하는 제사장직분을 수행하시므로 우리를 하나님께 인도하는 일을 하셨다는 것이다. 이 일도 레위지파 제사장들의 한 것과는 차별이 있는 것인데, 이는 그들이 죽음을 인하여 자주 바뀌어야 하고 자주 제사를 드려야 하지만 주 예수님의 대제사장되심은 한 번에 모든 죄를 사하시는 놀라운 역사이다.

그러나 우리 주 예수님의 대제사장 직분은 아론의 반차를 따른 부분 외에 멜기세덱의 반차를 따른 부분이 있다. 이는 죄와 관련된 것이 아니라 영원한 생명에 관련이 된다. 멜기세덱의 제사장 직분은 무궁한 생명의 능력을 따라 된 것이다. 전쟁을 하고 나서 피곤한 아브라함에게 떡과 포도주를 공급하는 것과 같은 직분이다. 이는 생명의 성령의 법과 관계되며 죽을 몸에 생명을 공급하는 사역인 것이다. 그리스도의 생명 공급은 하늘로부터이다. 하늘의 지성소로부터 그분은 그분을 힘입어 나아가고자 하며 온전한 데까지 이르려 하는 자들에게 생명을 공급하신다.

8장

히브리서 8장에서 우리는 히브리서 기자가 좀 더 깊은 것을 다루기 위하여 전진하고 있는 것을 발견한다. 8장에서 히브리서 기자는 이제 하는 말은 중요하다고 말했다. 그렇기 때문에 8장부터는 그 내용이 더욱 중요하다는 느낌을 받게 된다.

대제사장의 하늘에서의 역사

1절, 이제 하는 말의 중요한 것은 이러한 대제사장이 우리에게 있는 것이라 그가 하늘에서 위엄의 보좌 우편에 앉으셨으니

1절에 이러한 대제사장이 우리에게 있다고 말한다. '우리에게 있는 것이라'는 말 자체가 상당한 의미를 갖고 있다. 그것은 구약적인 지상의 제사장이 아닌 하늘의 보좌에 계신 대제사장이신 주님이 오늘날 신약의 성도들인 우리의 체험과 누림과 도움이 되신다는 의미가 들어있다. 7장 26절은 이러한 대제사장은 우리에게 합당하다고 말한다. 8장 1절은 이러한 대제사장이 우리에게 있다고 한다. 신약의 성도들에게는 거룩하고 죄가 없고 하늘에 계시며 항상 살아서 간구하시는 대제사장이 필요한데, 바로 그러한 대제사장을 우리가 갖고 있다는 말이다.

오늘날까지 많은 그리스도인들은 이러한 대제사장을 가지고 있지 않은 것처럼 생활한다. 지금까지 말한 멜기세덱의 반차를 좇는 대제사장의 공급과 누림은 더 이상 추상적이거나 교리적이거나 객관적이 아니다. "우리에게 있는 것이라"의 의미가 이런 것이다. 이러한 귀한 대제사장이 우리를 위해 현존하신다는 말이다. 이런 대제사장이신 주님이 당시 땅에 속한 아론의 체계 안에 있는 제사장들보다 더욱 현저하게, 실제로 우리를 위하여 직분을 수행하고 계신다는 말이다. "그가 하늘에서 위엄의 보좌 우편에 앉으셨으니". 이것은 유대교적인 대제사장과는 달리 현재 신약 안에 있는 믿는 이들의 대제사장은 하늘에 있다는 것을 알려 주는 것이다. 땅에 있는 유대교는 그 대제사장이 땅에 존재하고 있었지만 신약의 하늘의 부르심을 받은 믿는이들인 우리의 대제사장은 하늘의 위엄의 보좌 우편에 앉아 계시다. 이는 참된 믿는이들은 이미 그리스도와 함께 하늘에 앉힌 바 된 자들이기 때문이다. 그리스도의 생명을 갖고 있고 하늘에 앉힌 바 된 사람들을 섬기는 제사장은 땅에 속한 자이어서는 안 된다.

나는 히브리서가 우리의 관점을 하늘로 향하게 한다는 것에 대하여 이미 말했었다. 이 책은 하늘에 계신 주님께로 우리의 시선을 향하도록 계속 격려하고 있다. 신약의 믿는이들은 이미 하늘의 시민권을 가진 하늘의 시민들이기 때문이다. 당신의 옛 사람이 이미 죽었다는 것을 아는가? 로마서나 갈라디아서에 따르면 우리는 이미 죄에 대하여, 세상에 대하여 죽임을 당했으며 하나님을 향하여는 다시 살리심을 받았다. 그러므로 우리에게 있는 대제사장은 그런 하늘에 계신 분이어야 하는 것이다. 하늘의 시민이지만 이 땅에 거하다보니 하늘에 계신 분의 도움이 늘 필요한 것이다.

히브리 믿는이들에게 하늘의 제사장직을 계시하던 그때 이 땅에서는 또 다른 제사장 직분이 수행되고 있었다. 그것은 더 이상 존재할 필요가 없었던 제사장 체계였는데 이는 이제 천상의 제사장 체계가 세워졌기 때문이다. 유대인에게 배척당하신 그리스도는 이미 하나님에 의해 높이 올리우셔서 하늘에서 제사장 직분을 수행하고 계신다. 이 땅에 오실 때 그분은 이스라엘의 잃어버린 양들에게 오셨으나 그들에게 배척당하고 십자가에 죽으셨다. 그분은 자신의 피로 완전한 구속을 이루시고 그 피를 가지고 휘장을 지나 하늘의 성소로 들어가셨다. 현재 그분이 계신 곳은 지성소이다. 하나님께서 죄로 인하여 모든 인간을 심판하시고 형벌하신다면 그분의 사랑이 문제된다. 반면, 하나님이 그 죄를 심판하지 않고 눈감아 주신다면 그분의 공의가 손상된다. 그리스도의 십자가에서는 하나님의 완전한 공의와 사랑이 나타났으며, 이로 말미암아 시내 산에서의 율법의 언약은 무효화되었다. 그리스도께서 인간을 향한 시내 산에서의 율법의 요구를 십자가에서 온전히 이루셨기 때문이다. 법을 지키는 데에는 두 가지 길이 있다. 죄를 일체 범하지 않든지, 아니면 그 죄에 대한 대가를 완전히 치루든지 하는 것이다.

시내 산의 율법은 그것이 산에서 내려오기 전 이미 실패한 법이 되었다. 사람들은 그 법이 내려오기도 전에 이미 금송아지를 만들었던 것이다. 그분은 그 율법이 요구한 공의를 십자가에 죽으심으로 다 이루었다. 따라서 시내 산의 언약의 기초는 사라진 것이다. 그 언약은 더 이상 인간에게 무언가를 요구하거나 정죄할 근거를 갖지 못하게 되었다. 당신은 아직도 그 기초 위에 서있는가? 그렇다면 히브리서의 도움이 필요한 것이다. 히브리서 8장에는 전혀 새로운 언약이 있으며 이 새 것은 처음 것을 옛 것이 되게 만들었다. 이제 그리스도께서 죄에 대하여 한 영원한 제사를 드리셨고 하늘 보좌 우편에 앉으셨는고로 죄와 불법을 다시는 기억하지 않는다고 말씀한다. 이는 주가 세운 새 언약이다! 그리스도께서 새 언약을 세우심으로 옛 언약 시에 범한 모든 의무에 대한 것을 다 제거한 것이다. 원래 의문에 속한 옛 언약은 이스라엘 집과 세운 것이었지만 이스라엘이 그 축복된 분을 거절하자 하나님은 교회를 불러내시고 언약의 중보자는 하늘로 가셨으며 신약의 교회인 우리는 그 중보자를 우리의 축복으로 얻게 되었다. 그러므로 우리는 선포할 수 있게 되었다. "이제 하는 말의 중요한 것은 이러한 대제사장이 우리에게 있는 것이라".

"그가 하늘에서 위엄의 보좌 우편에 앉으셨으니". 그분이 앉으셨다는 것은 그리스도께서 더 이상 할 일이 없으시다는 것이다. "죄를 정결케 하는 일을 하시고 높은 곳에 계신 위엄의 우편에 앉으셨느니라"(1:3b절). 제사는 끝났고 더 이상 반복되지 않는다. 호라티우스 보나(Horatius Bonar)가 지은 찬송 한 구절을 적는다. "이제 다시 없네 피나 제단 제사 연기 불탐 희생 없네 더 나은 피 흘려 사람의 모든 더러움 씻고 사람들의 죄 빚 모두 다 갚았네" 따라서 제사장 직무는 하늘에서 수행된다. 그분이 하늘의 보좌 우편에 앉으셨기 때문에 대제사장이 하시는 모든 역사는 하늘에서 하시는 역사이다. 그 역사는 하늘을 우리에게 공급해 주고 하늘의 생명, 하늘의 은혜, 하늘의 능력을 우리에게 가져다준다. 오늘 우리가 이 땅에서 맛보고 누리고 체험하고 있는 그리스도의 능력과 은혜와 생명은 다 하늘에 있는 것이다. 하늘에 속한 대제사장께서 하늘에 앉으셔서 사역하는 역사로 말미암아 오늘 우리가 이 땅에서 하늘에 속한 것을 체험할 수 있다. 이 부분에 있어서 앤드류 머레이가 좋은 말을 했다.

"예수는 하늘을 통과하여 하늘에 들어가서서 하늘보다 더 높이 되셔 하늘 보좌 위에 앉으셨다. 이것은 그분이 우리에게 천국을 열어 주기 위한 것이다. 이 하늘은 어떠한 장소의 문제가 아니라 생명의 상태이다. 천국은 오늘 우리에게 여기 땅 위에서 능력 안에 올 수 있다. 우리 마음 안에 천국이 자리잡고 위치할 수 있다."

사실 천국은 우리 마음에서 이루어지는 것이다. 주 예수님이 이 땅에 오셔서 "회개하라 천국이 가까웠느니라"고 하셨다. 주님이 이 말씀을 외치실 때 이미 스불론 땅과 납달리 땅에, 갈릴리 해변에 흑암이 있었다. 천국이 없을 때 사람들에게는 혼돈과 공허뿐이다. 그러나 그분은 큰 빛으로 나타나셨고 그분은 천국을 가져오신 왕으로서 오셨다. 그러므로 예수 그리스도를 받아들인 사람은 천국을 받아들인 사람이다. 따라서 천국이 이루어지는 곳은 우리의 마음이다. 우리 속에 아직 하늘이 없고 평강이 없으며 기쁨이 없다면 아직 천국이 이루어지지 않은 것이다. 우리 속에 천국이 이루어지지 않았다는 것은 그리스도가 없다는 뜻으로 주 예수께서 우리 마음속에 자리잡고 계시지 않다는 것을 말한다. 그렇다면 누가 자리를 잡고 있는가? 당신 자신이 자리를 잡고 있기 때문에 마음에 갈등이 많고 분란이 많고 어둠이 많다. 주 예수 계신 곳은 그 어디나 천국이다. 천국이 이루어지는 곳은 오늘 우리 마음이다.

천국이 왜 우리 마음에 이루어지는가? 오늘 우리 마음속에 들어와 계신 주 예수님은 하늘에 계신 천국의 왕이시다. 그분은 위엄의 보좌 우편에 앉아 계신 분인데 그러한 분의 생명, 은혜, 그분의 모든 것을 오늘날 우리가 이 땅에서 누리고 있기 때문에 천국이 우리 마음에 이루어질 수 있다. 우리의 대제사장은 이제 땅에 있는 대제사장이 아니다. 하늘의 위엄의 보좌 우편에 앉아 계신 예수, 그가 우리의 대제사장이시다. 이것이 신약의 믿는

이들의 축복이다. 유대교의 대제사장은 이 땅에 있었던 하나의 그림자이다. 오늘 우리는 실제로 하늘에 있는 대제사장을 갖고 있어 그의 섬김을 받고 있다. 결국 승천하신 대제사장의 사역은 이 땅에서 천국을 이루시는 사역인 것이다.

앤드류 머레이는 하늘은 어떠한 장소를 의미하는 것이 아니라 하나의 생명의 상태를 의미한다고 했다. 하나님의 뜻은 하늘에서와 같이 이 땅에서 이루어지는 것이다. 주기도문에 이러한 말씀이 있다. “하늘에 계신 우리 아버지여… 뜻이 하늘에서 이루어진 것같이 땅에서도 이루어지이다”. 이것이 하나님의 뜻이다. 하늘에서 이루어진 역사가 이 땅에 있는 믿는 우리 속에서 이루어지는 것이 하나님의 뜻이다. 이 뜻을 위해서 하늘의 대제사장이신 예수 그리스도는 하늘에 있는 역사를, 하늘에 있는 생명과 질서를, 하늘에 있는 은혜를 이 땅의 믿는이들에게 공급해서 하늘에서 이루어진 역사가 그대로 이 땅에 이루어지도록 하고 계신다. 이를 통해서 우리가 점점 하늘의 백성이 되는 것이다. 이것이 진실한 신약의 교회의 실제 모습이다. 이런 식으로 우리 주 예수님께서 대제사장으로서 우리를 섬기신다. 예수의 모든 어떠하심은 하늘에 속한 것이다. 그가 주시는 모든 은사, 그가 베푸신 모든 현상, 그가 하시는 모든 일, 그가 호흡해내 주시는 모든 생명, 그가 행하시는 모든 능력이 전적으로 다 하늘에 속한 것이다. 그의 은사들, 그의 행하는 역사들, 그의 생명, 그의 능력, 모두가 다 전적으로 하늘에 속한 것이다. 오늘 우리는 이 땅에서 하늘에 속한 것을 전적으로 누리고 있다. 육에 속하고 땅에 속한 것은 하나님의 교회나 그분의 나라를 위해 아무 쓸모가 없다! 육체와 자아를 십자가에 못박는 것이 무엇인지, 성령의 인도를 따라 사는 영에 속한 실제의 삶이 무엇인지를 모른다면 히브리서의 멜기세덱 대제사장의 도움을 받는 생활은 아무 관계가 없을 것이다.

1b-2a절, 그가 하늘에서 위엄의 보좌 우편에 앉으셨으니 2 성소와 참 장막에 부리는 자라

하늘 보좌 우편에 앉으셨다는 말은 그분이 왕이시기 때문이다. 멜기세덱은 살렘 왕이었고 히브리서 기자는 그에 대하여 의의 왕이요 평강의 왕이라고 해석했다. 그러므로 멜기세덱의 반차를 따른 대제사장인 그리스도는 왕이자 제사장인 것이다. 제사장은 성결을 의미하고 왕은 능력과 권위를 의미한다. 그분이 하늘에서 위엄의 보좌 우편에 앉으셨다는 말은 바로 능력을 가지신 왕이심을 의미한다. 그분은 하늘에서 하늘 삶의 능력으로 우리를 돕고 인도하기 위해 사람으로서 무궁한 능력을 가지신 것이다. 그분이 하늘 보좌에 앉으셨다는 것은 아무도 그분의 직분을 방해할 수 없는 하나님의 곁에 있음을 의미하며 하늘과 땅의 모든 권세를 가지신, 하나님과의 완전한 교제의 등위(等位)를 말하는 것이다. 이 '부리는 자'란 말은 영어로 'minister'로서 '하늘 성소의 사역자'라는 뜻이다. 우리 주 예수님의 사역에서 그분이 사역자이시다. 이 땅에 사역자가 많이 있지만 이 땅의 모든 사역자들이 하늘에 있는 참된 사역자와 동역하지 않는다면 그들은 완전히 공허한 사역자일 뿐이다. 사역자는 하늘의 사역과 일치되는 사역을 해야 한다. 그분은 하늘에 있는 성소에서 섬기시는 사역자이다. 지금 우리가 섬기는 것이 이 땅에서 섬기는 것 같지만 성경에는 그런 개념이 없다. 이 사역자이신 예수는 하늘의 생명과 속성을 이 땅에 사는 성도들에게 분여하시는 일을 하고 계시는 것이다.

오늘 우리가 만찬을 떼고 찬송을 부르고 있는데 성경에서는 땅에서 한다고 하지 않고 아들과 함께(히 2장), 아들이 인도하여, 하늘에 속한 찬미를 부르고 있다고 말한다. 이런 관점에서 교회를 본다면 교회에 대한 태도가 달라질 것이다. 이 교회의 무리는 이 땅에 존재하지만 하늘에 속한 무리이다. 그렇다면 여기에서 누가 사역자인가? 참 사역자는 그리스도이다. 우리는 다 하늘에 속한 성소에 있다. 우리는 하늘에 속한 경배자들이다. 그분은 하늘에 있는 우리의 대제사장으로서 우리를 섬기신다. 그분은 우리에게 그분 자신을 사역하시는 우리의 사역자이시다. 이것이 뜬구름 잡는 듯한 이야기라고 생각지 말라. 이는 성경의 계시 안에서 볼 때 모두 사실이다. 우리는 하늘 성소에서 참된 것을 섬기고 있고 찬미를 드리는 것이다. 참 사역자는 그리스도이시다. 이런 사실을 생각할 때 하나님이 우리를 하늘에 속한 무리로 여기고 계신 것이 분명하다는 것을 느낀다. 이것이 실제적인 의미에서의 교회이다. 교회가 이러한 존재이므로 교회는 이 땅 위에 있다고 말할 수 없다. 나는 교회는 지금도 하늘에 있다고 말하기를 좋아한다. 새 예루살렘은 하늘에 있다. 언젠가 하늘에서 땅으로 내려올 것이다. 어떤 형제가 나에게 언제 교회가 하늘에 올라갔는지를 물었다. 나는 그리스도께서 승천하실 때 교회는 주와 함께 하늘로 이끌렸다고 말했다. 성경에서는 우리가 그리스도와 함께 승천하여 하늘에 있다고 말한다(엡 2:6, 골 3:2-3). 성경의 관점으로 볼 때 진정으로 하나님은 우리가 하늘 성소에 있다고 여기신다.

2절, 성소와 참 장막에 부리는 자라 이 장막은 주께서 베푸신 것이요 사람이 한 것이 아니니라

이것은 유대교와의 비교라고 할 수 있다. 당시 예루살렘에 사람이 만든 장막이 있었다. 그러나 참 대제사장인 예수는 사람이 만든 것이 아닌 하나님께서 치신 장막 안에 계신다. 그분은 지금 성소 즉 사람의 손으로 짓지 아니한 하나님이 지으신 참 장막의 섬기는 자로 계신다. 이는 얼마나 놀라운 개념인가! 그리스도께서 계신 하늘의 장막은 모세가 광야에서 지었던 성막의 실제였던 것이다. 그리스도는 지금 그 원형(原形)인 하늘 성막에 계신 것이다. 그곳에서 그분은 제사장과 왕으로서 그분의 백성들을 섬기고 계신다. 예수는 그 장막에서 섬기는 사역자이시다. 우리가 이렇게 사람이 한 것이 아닌 하늘의 참 장막에서 섬기시는 그리스도의 섬김을 받고 있다는 사실을 생각이라도 해보았는가? 그러기에 우리가 히브리서를 볼 때 우리의 관점이 높아진다. 즉 우리가 하늘에 있게 되는 것이다.

3절, 대제사장마다 예물과 제사 드림을 위하여 세운 자니 이러므로 저도 무슨 드릴 것이 있어야 할지니라

주 예수님의 대제사장으로서, 사역자로서 그분의 하늘에 속한 위치를 지적한 다음 이제 3절에서는 유대교의 영향을 받은 유대교인들이 주 예수님이 대제사장이라는 것을 인정했다는 것을 말한다. 히브리서 기자는 주님이 대제사장이라면 예물을 드려야 하는데 주 예수님의 예물은 어디에 있으며 무슨 예물을 드려야 하는가를 물었다. 이처럼 히브리서 기자는 의문이 생길 만한 것을 스스로 묻고 답변하였다. 유대교 교리에 사로잡힌 사람들이 그렇게 물을 것이라는 말로 생각된다. '좋다. 그래, 그렇다면 예수님이 대제사장이란 것은 믿겠는데 그렇다면 그분이 드린 예물은 무엇이며 그것은 어디에 있는가?' 라고 물을 것이라는 말이다.

4절, 예수께서 만일 땅에 계셨더면 제사장이 되지 아니하셨을 것이니 이는 율법을 좇아 예물을 드리는 제사장이 있음이라

그리스도는 전혀 다른 세계에 있으신 분이다. 그분은 지상에서 그분이 드린 몸과 흘린 피를 가지고 보이는 세계를 떠나 보이지 않는 영역으로 들어가셨다. 이제 그분이 섬기는 영역은 하늘이다. 이것은 예수님이 땅에 있는 제사장이 아니라는 것을 증명하고 있는 것이다. 4절을 통해 이 땅에는 레위에 속한 아론의 반차를 따른 제사장 체계가 엄연히 존재하고 있기 때문에 예수님의 제사장 직분은 분명히 땅에 속한 것은 아니라는 것을 말하고 있다. 구약 시대의 모든 제사장들의 봉사는 하나의 예표이다. 그 실제와 완성은 그리스도에게 있다. 예수 그리스도는 그곳에서 제사장의 일을 하고 계시며 쉬지 않고 우리의 양심을 그분의 보배로운 피로 정결케 하는 일을 하시며 무궁한 생명 능력 안에서 우리가 영과 진리로 예배할 수 있게 하시며 이 땅에서의 삶을 하나님의 임재와 은총 가운데서 살게 한다. 그분은 우리로 언제나 보좌에 이르게 하시며 참 성소의 생명과 영을 우리에게 분배하신다. 그분은 승천하신 왕으로서, 제사장으로서 이 모든 일을 하시는 것이다. 이것이 그리스도의 멜기세덱의 반차를 따른 대제사장이다. 그렇지만 그분은 우리와 같은 인생을 겪으신 분이며 우리의 형제이시므로 동정과 체휼을 가지고 하시는 것이다.

5절, 저희가 섬기는 것은 하늘에 있는 것의 모형(copy)과 그림자

(shadow)라 모세가 장막을 지으려 할 때에 지시하심을 얻음과 같으니 가라사대 삼가 모든 것을 산에서 네게 보이던 본을 좇아 지으라 하셨느니라

하늘에 실체가 있고 하나님이 모세에게 그 본을 보여 주셨기 때문에 이 땅에 있는 것은 모형(copy)과 그림자(shadow)라고 할 수 있다. 하늘에는 실체의 성막이 있었다는 말이다. 그것이 참 장막이라고 한 것이다. 따라서 모세에게 지으라고 하셨던 성막은 하나의 그림자이다. 이 땅 위의 제사장들은 그림자와 모형 안에서 하나님과 하나님의 백성들을 섬겼다. 그러나 주 예수 그리스도는 모형 안에서가 아니고 실제 안에서 섬기셨다. 그것은 땅에 있는 것이 아니라 하늘에 있는 것이다. 그것이 바로 원형인 것이다. 여러분은 예수 그리스도께서 골고다에서 죽으셨다는 것을 안다. 그러나 실제로 그분이 제물로 드려진 곳은 하늘의 제단인 셈이다. 우리는 그 비밀스러운 것을 다 알 수 없지만 그분은 창세 전에 이미 죽임을 당했다고 성경이 말한다(계 13:8, 원문). 거듭 말하지만 히브리서를 공부하면서 우리는 하늘을 되찾아오게 된다. 많은 그리스도인들이 때때로 하늘에 있는 것을 잊어버리기에 이 책이 꼭 필요하다.

제사장은 하나님을 찾아 나아오는 자들을 영접하기 위해 자신의 성막을 갖고 있어야 한다. 그런데 우리의 대제사장이신 그리스도께서는 하늘에 자신의 성소를 갖고 계신다. 그분은 거기에서 우리를 하나님께로 인도하며 하나님의 임재 안에 살도록 생명을 공급해주시는 일을 하고 계신다. 이러한 대제사장의 사역만이 우리를 온전히 구원하실 수 있는 것이다. 우리를 온전히 구원하시도록 우리를 섬기는 멜기세덱의 반차를 따른 대제사장이 되신 예수를 찬미하자!

하나님의 사역은 믿는이들을 땅에서 하늘로 끌어올리는 것임

이 세상에는 두 종류의 세력이 있는데, 하나는 하늘로 끌어 올리는 힘이며 다른 하나는 땅으로 끌어내리려고 하는 힘이다. 하나님의 사역은 믿는

이들을 땅에서 하늘로 올린다. 믿는이들의 마음이 하늘에 있게 하고 그 영이 하늘에 있게 하고 그 뜻이 하늘에 있게 하고, 그들이 사용하는 은사, 힘입어 생활하는 능력, 그들이 공급받는 생명, 모든 것을 하늘에 의존하게 한다.

교회는 하늘에 속한 백성들임

그러나 많은 그리스도인들은 땅에 속한 공급으로 살려고 한다. 유대교는 무엇인가? 그것은 원래는 하늘에서 계시한 것이다. 그러나 하늘에 속한 하나님의 계시를 다 땅에 속한 계시와 땅에 속한 조직으로 만들어 땅에 뿌리를 박게 된 것이 유대교이다. 어디 유대교뿐이겠는가? 오늘날도 원래는 하늘에 속해 있던 하나님이 주신 말씀들을 가지고 이 땅의 인간조직을 만들어 땅에 완전히 정착하고 뿌리를 박게 만든 것은 다 유대교의 원칙이다. 영적인 눈으로 볼 때, 실제 안에서 하나님의 눈으로 볼 때, 그리스도인들은 비록 땅에 발을 붙이고 살지라도 땅에 속하지 않고 하늘에 속한 부르심을 받은 하늘의 백성들이다.

교회는 어떤 존재인가? '교회는 다만 하나님의 집이다. 그리스도의 몸이며 그리스도의 신부이다'라고만 말하지 말라. 물론 그 말은 부활 안에 있는 말이며 교회는 그리스도의 몸이라는 것이 사실이다. 그러나 우리는 교회가 그리스도의 몸이요 신부요 새 사람이요 전사라는 것을 알 뿐 아니라 교회는 또한 하늘의 백성들이라는 것을 알아야 한다. 교회는 하늘의 백성들이므로 이 땅에 뿌리를 박으면 안 된다. 실제적으로 이 땅에 뿌리를 박은 성분이 없어야 한다는 뜻이다. 하나님의 참 백성들은 이 세상에서 천 년 만 년 살 것처럼 살아서는 안 된다. 오히려 우리의 마음이 항상 하늘에 있음으로 이 땅에서는 하늘에서 온 나그네처럼 살아야 한다(벧전 2:11). 그렇지 않다면 사람들이 우리를 일컬어 교회라 한다고 해도 그 냄새는 이 땅의 냄새일 것이다. 교회가 하늘의 맛을 상실한다면 더 이상 교회의 가치와 의미가 없게 된다.

더 좋은 약속으로 세우신 더 좋은 언약의 중보

6절, 그러나 이제 그가 더 아름다운 직분을 얻으셨으니 이는 더 좋은 약속으로 세우신 더 좋은 언약의 중보시라

'더 아름다운 직분(사역)'은 구약의 사역과 대비되는 말이다. 구약의 사역은 정죄의 사역, 율법의 사역이었다. 주 예수님의 사역은 이러한 구약의 사역보다 더 뛰어나다. 구약도 하나님의 약속이지만 하나님은 더 좋은 약속으로 주 예수 그리스도를 통하여 그의 피로 말미암아 신약을 확증하셨다. 신약은 새 언약의 약속으로서 우리는 더 좋은 약속을 가지고 있다. 주님은 더 좋은 약속으로 세우신 더 좋은 언약의 중보이시다.

8장 1-2절에서 히브리서 기자는 주 예수님을 참 장막의 사역자와 새 언약의 중보자로 언급하였다. 8장은 주로 승천하신 그리스도의 두 가지 신분을 말하고 있다. 참 장막의 사역자라는 말은 주 예수님이 우리를 하나님께 가도록 인도하는 분이시라는 의미이다. 새 언약의 중보자는 우리가 지성소에 들어갈 수 있도록 준비해 주는 분이시며 하나님을 만날 수 있도록 우리를 합당하게 만들어 주시는 분이라는 의미이다. 멜기세덱의 반차를 따른 대제사장이신 그리스도는 새 언약의 중보자이심도 포함하고 계시다. 우리는 승천하신 그리스도께서 이 땅에 계신 때 못지않게 교회를 위해 많은 신분을 갖고 계시며, 또 많은 일을 하고 계시다는 것에 깊은 감동을 받는다.

새 언약은 주님이 우리에게 약속하신 것으로 나중에 그분이 죽으심으로 성약, 즉 유언이 되었다. 주님이 피를 흘리셔서 죽으심으로 성약이 되는 것이다. 그런데 중보가 왜 필요한가? 하나님은 엄청난 것을 우리에게 유언(상속)하셨는데 이것이 우리에게 적용되기 위해서는 우리에게 유언된 것을 집행하여 줄 대행자가 필요하다. 이 대행자가 바로 예수이시다. 그가 바로 새 언약의 중보이시다. 하나님은 새 언약이 이루어지도록 중보의 노릇을 하는 사람을 두셨는데 그분이 바로 예수이시다. 그분은 지금 하늘에서 우리를 위해 사역하고 계시다. 성도들에게 좋은 사역자가 있다는 것은 축복이 된다. 사역자가 있는 교회는 축복이다(롬 15:29). 그러기에 에베소서 4장에는 사역자들이 교회에 준 선물들이라고 했다(엡 4:11-12). 오늘 우리는 가장 뛰어난 사역자를 가지고 있다. 주 예수님이 우리의 참 사역자이시며 더 좋은 새 언약의 중보이시다. 여러분은 좋은 사역자를 가지고 있는가? 실제적인 의미에서 오늘 날 우리를 섬기시는 참 사역자는 하늘에 계시다. 그분이 주 사역자요 우리를 포함한 이 땅의 사역자들은 그분의 보조, 기껏해야 그분의 동역자에 불과하다(고후 6:1).

하나님의 보좌 앞에 나아가며 지성소에 들어가 거기 생활하라는 말을 들을 때, 우리는 그것이 좋은 말인 것을 알지만 우리의 죄성으로 더럽혀진 마음은 그것이 가능하지 않다고 말할 것이다. 하루 종일 우리가 영적으로 좋은 생활을 할 수 있다면야 그분의 임재 안에 생활하는 것이 복되고 좋은 일이라고 말하겠지만 우리는 세상 일이나 자주 범하는 죄 때문에 그것이 불가능하다고 말한다. 세상 일이나 자주 범하는 죄가 이러한 막힘없는 지성소 안의 친교를 방해하기 때문이다. 이것을 주님께 맡기라고 하면 잘 안 된다고 할 것이다.

그러나 새 언약의 전체적인 조건과 축복된 말씀은 우리가 그 안에 계속 거할 수 있다고 선포한다. 그리고 우리가 그 안에 계속 거하고 머물러 있도록 하는 것이다. 성소에 계신 하나님과 성도들은 교통과 조화가 이루어져야 하는데 이것이 어렵기 때문에 참 장막의 섬기는 자가 또한 새 언약의 중보자도 되셔야 했다. 주 예수는 그분의 피의 효능과 능력을 계속 적용할 수 있도록 보장해주셔야 하고 새 언약 안에서 약속하신 모든 것이 집행되게 하는 책임을 짊어지셔야 했다. 그 피는 우리에게 하나님께 담대히 나아가도록 하는 힘을 주고 무궁한 생명의 능력으로 우리로 늘 하늘의 분위기 안에서 살게 해주신다. 이는 새 언약의 중보자이신 주 예수께서 행하시는 사역인 것이다. 우리가 하늘에 속한 그리스도의 사역을 더욱 이해할수록 우리는 우리의 내적 생명 안에서 온전케 될 수 있다는 확신을 더욱 가질 수 있다. 이 부분의 말씀 역시 멜기세덱의 반차를 따른 제사장이신 그리스도의 사역을 설명하는 것으로 이해할 수 있다. 그분은 새 언약을 세우실 뿐 아니라 하늘의 성소에서 그 언약을 집행하시고 사역해내시는 분이라는 말이다(1절 참조).

7-8a절, 저 첫 언약이 무흠하였더면 둘째 것을 요구할 일이 없었으려니와 8 저희를 허물하여 일렀으되

원문은 “만일 첫 언약이 무흠하였다면 둘째 것을 요구할 일이 없었으려니와” 라고 되어 있다. 여기에 ‘만일’ 이라고 한 것은 첫 언약은 흠이 있는 것으로 판명될 수 있다는 것이다. 첫 것이 있고 둘째 것이 있다. 둘째 것에는 ‘만일’ 이라는 것이 없다. 둘째 것은 흠이 전연 없기 때문이다. 예레미야의 말씀을 인용하면서 히브리서 기자는 허물하여 일렀다고 하였다. 허물한다는 말은 거기에 책망이 있다는 말이다. 첫 언약은 그 언약의 말씀 내용에 문제가 있는 것이 아니라 그것을 지킬 수 없는 사람들에게 문제가 있는 것이다. 예레미야 31장 31절, “나 여호와가 말하노라 보라 날이 이르리니 내가 이스라엘 집과 유다 집에 새 언약을 세우리라”.

8b-9절, 주께서 가라사대 볼지어다 날이 이르리니 내가 이스라엘 집과 유다 집으로 새 언약을 세우리라 9 또 주께서 가라사대 내가 저희 열조들의 손을 잡고 애굽 땅에서 인도하여 내던 날에 저희와 세운 언약과 같지 아니하도다 저희는 내 언약 안에 머물러 있지 아니하므로 내가 저희를 돌아보지 아니하였노라

어거스틴이 한 말이 있다. 신약은 이미 구약 안에 있다. 구약을 통해서 신약의 경륜(하나님이 원하시는 것, 사도들에 의해 밝혀진 것으로 주 예수를 통하여 실제로 이루려고 하는 역사)을 이루시는 것이다.

“저희는 내 언약 안에 머물러 있지 아니하므로 내가 저희를 돌아보지 아니하였노라”(9b절). 이것은 책망의 말씀이다. 구약의 모든 역사가 이러하다. 모든 사사 시대, 열조 시대에 언약을 깨뜨려 버리는 역사가 있었다. 오늘 여러분은 어떤가? 언약 안에 있는가, 아니면 언약을 깨뜨리고 있는가? 만일 어제는 실패하고 오늘은 좀 잘나가는 듯한 생활이 반복된다면 우리의 생활이 새 언약 안에 머물러 있다고 말할 수 없다. “당신의 언약 안에 머물러 있기가 매우 어렵습니다”라고 말한다면 우리는 그야말로 옛 언약 안에 머물러 있는 것이다. 오늘 우리는 신약 시대에 살면서도 얼마든지 옛 언약 안에 머물러 있을 수 있으므로 "내가 저희를 돌아보지 아니하였노라"고 말씀하신다. 그럼 오늘 우리는 어떠한 언약 안에 머물러 있어야 하는가? 새 언약 안에 있어야 한다. 만일 우리가 새 언약을 알지 못한다면 2000년대에 살고 있으면서도 3000년 전으로 돌아가 구약 시대의 인물들처럼 생활할 가능성이 있다.

새 언약의 본질

언약이 무엇인지를 조금 자세히 보겠다. 6장에서 우리가 잠시 보았지만 언약이란, 주님의 약속에다가 그분의 맹세와 보증이 포함된 것이다. 하나님은 언약의 하나님이시다. 그분은 마음에 드는 사람을 만나면 언약을 해주시곤 하였다. 그분이 첫 번째로 언약해주신 사람은 노아이다. 노아의 홍수 후에 하나님은 다시는 물로 심판하지 않겠다는 약속의 말씀과 더불어 무지개를 증표로 주시어 언약을 세우셨다(창 9장). 창세기 15장에서 하나님은 아브라함과 언약을 세우셨는데, 이는 그분이 가나안 일경을 기업으로 주시겠다는 약속에 관한 것이다. 당시 아브라함은 그의 몸에서 수많은 자손이 나올 것이라는 하나님의 약속에 대해서는 믿을 수 있었지만 그 땅을 기업으로 주신다는 것은 믿지 못하였다. 그 때 하나님은 아브라함에게 언약을 세우신 것이다.

하나님이 사람과 언약을 세우신다는 것은 그분이 반드시 이루시겠다는 것을 확실히 보증하여 주심으로 믿을 수 있게 하시는 것이다. 우리가 믿지 못한다면 우리는 그분의 약속하신 말씀들을 축복으로 얻지 못하기 때문이다. 그러나 사람은 믿음이 적다. 여간해서는 믿지 못한다. 한 가지 일은 믿을 수 있었지만 또 다른 일이 터지면 믿지 못하는 약점도 있다. 이는 꼭 아브라함과 같다. 오늘 우리는 물질적인 도움에 대하여는 믿음이 있지만 질병의 치료에 대하여는 믿지 못할 수가 있다. 하나님이 우리같이 믿음이 약한 인생들을 불쌍히 여기셔서 믿도록 도와주시고 사람 차원으로 자신을 낮추어 보증해주시고 언약을 세워주신 것이다. 그러므로 언약이란 하나님의 은혜의 최고의 표시이다.

새 언약은 본질상 아브라함의 언약과 맥락을 같이 한다. 그러나 그 언약을 맨 먼저 직접적으로 말한 것은 예레미야와 에스겔 선지자이다. 그들이 새 언약을 예언했다. 그들은 이미 하나님이 옛 언약을 버리고 새 언약을 세울 것을 말했다. 그것은 매우 놀라운 일이다. 그들은 하나님이 시내산에서 세우신 옛 언약을 버릴 것이고 이제 새로운 언약을 세울 것인데 그 언약은 하나님의 법을 사람의 심비에 새긴다는 것이다. 그런데 그로부터 수백 년이 지난 어느 날 밤 주 예수님이 한 무리의 제자들 앞에서 이 말씀을 하신 것이다. "이 잔은 내 피로 세우는 새 언약이니"(눅 22:20) 주님은 그날 밤 조용히 천지가 진동할 일을 발표하신 것이다. 그것은 하나님께서 옛 언약을 폐하시고 새 언약을 세우신다는 것이다. 이제 의문에 쓴 증서는 도말될 것이다. 이제 사람 밖에서 사람을 규제하고 묶던 법은 효력을 상실하게 된다. 이제 하나님의 법이 사람의 생각과 마음속에 있게 되는 것이다.

그리고 에스겔 선지자는 이 법으로는 하나님이 반드시 그의 백성들로 하여금 그분의 율례를 지키게 한다고 선언하신 것이다. 이는 그분이 반드시 하시겠다는 것이지 우리더러 하라는 말이 아니다. "또 새 영을 너희 속에 두고 새 마음을 너희에게 주되 너희 육신에서 굳은 마음을 제하고 부드러운 마음을 줄 것이며 또 내 신을 너희 속에 두어 너희로 내 율례를 행하게 하리니 너희가 내 규례를 지켜 행할지라"(겔 36:26-27). 이것이 새 언약의 내용이다. 여기서 하나님은 "내 신을 너희 속에 두어 너희로 내 율례를 행하게 하리니"라고 말씀하신다. 이젠 율례를 행하고 못하는 것이 하나님께 달렸다고 해도 과언이 아니다. 그분이 언약을 세우셨다는 말은 그분이 반드시 하겠다는 맹세가 포함된 말씀이니 그분이 반드시 이루신다고 믿을 수 있다.

예레미야 선지자의 예언은 바로 히브리서 이곳에 인용된 말씀이다.

이 말씀은 내내 예레미야 선지자의 예언과 맥을 같이 한다. "나 여호와가 말하노라 보라 날이 이르리니 내가 이스라엘 집과 유다 집에 새 언약을 세우리라 나 여호와가 말하노라 이 언약은 내가 그들의 열조의 손을 잡고 애굽 땅에서 인도하여 내던 날에 세운 것과 같지 아니할 것은 내가 그들의 남편이 되었어도 그들이 내 언약을 파하였음이니라 나 여호와가 말하노라 그러나 그 날 후에 내가 이스라엘 집에 세울 언약은 이러하니 곧 내가 나의 법을 그들의 속에 두며 그 마음에 기록하여 나는 그들의 하나님이 되고 그들은 내 백성이 될 것이라 그들이 다시는 각기 이웃과 형제를 가리켜 이르기를 너는 여호와를 알라 하지 아니하리니 이는 작은 자로부터 큰 자까지 다 나를 앎이니라 내가 그들의 죄악을 사하고 다시는 그 죄를 기억지 아니하리라 여호와의 말이니라"(렘 31:31-34). 이 말씀 안에는 새 언약의 내용들이 들어있다. 우리 주님은 이 새 언약의 증표와 보증을 그분의 피로 하셨다. 최후의 만찬을 가졌던 다락방은 그분의 언약을 세운 장소이며, 그분이 갈보리에서 흘리신 피는 그분이 언약을 세우신 증표이기도 하다. 그리스도의 피는 우리의 속죄를 위해서 흘려졌을 뿐 아니라 언약을 세우기 위한 피도 된다(눅 22:20). 그러므로 성경은 그 피를 언약의 피라고 부른다(히 13:20).

우리는 이 피에 대하여 이렇게 말한다. "이 피는 우리의 상실한 모든 것을 다시 찾아 주는 가치이다." 우리가 아담의 타락으로 잃어버린 하나님과 축복과 은혜를 그분이 흘리신 피로 다 사셔서 우리의 것이 되게 한 것이다. 이제 하나님이 약속하신 모든 것이 그분의 피로 인하여 언약으로 화한 것이다. 이는 놀라운 것이다. 이젠 우리가 성경을 읽을 때 말씀하신 많은 축복과 약속의 말씀들이 우리의 유산의 내용이 된 것이다. 왜냐하면 이제 그것은 우리에게 언약의 말씀이 되었기 때문이다. 그분이 하신 모든 말씀에 언약의 성분이 있게 된 것이다. 그러니 우리는 잘 믿을 수 있고 그분은 우리에게 기꺼이 묶이신 것이다. 그분은 그분의 언약에 근거하여 구하는 우리에게 이루어 주시지 않을 수 없게 된 것이다. 멜기세덱의 반차를 좇은 대제사장인 그분께 나아가 떡과 포도주가 필요하다고 고백하면 그분은 주시지 않을 수 없으시다. 하나님은 우리와 맺은 언약에 근거하여 우리와 거래하시고 그분의 말씀을 이루어주신다. 그러니 우리는 이러한 언약의 하나님을 찬양하지 않을 수 없는 것이다!

하나님은 이제 말씀 안에 계시하신 그분의 모든 말씀과 약속을 언약 안에 두셨기 때문에 그분은 믿는 우리에게 성실하게 이루어주시지 않을 수 없다. 갈보리 이후로 그분의 모든 말씀과 축복은 이제 우리의 것이 된 것이다. 그분은 우리가 아담의 타락으로 잃었던 하나님 자신과 우리가 응당 얻을 수 있었던 모든 축복을 그분의 피로 사셔서 우리의 것이 되게 하셨다. 이는 마치 하나님이 아브라함에게 그 땅을 기업으로 주신다고 하신 말씀에 더해서 짐승의 반을 가르고 그 사이를 지나가심으로 언약을 세우신 것과 같다. 주 예수님은 그 밤에 제자들과 함께 그러한 성질의 언약을 피로 세우신 것이다. 그렇게 언약을 세우신 하나님은 반드시 언약하신 것을 지키신다.

오늘 우리는 하나님이 세우신 언약에 신실하신 것을 더욱 확인할 수 있다. 아브라함은 당시 정말 아무것도 없었지만 오늘 우리는 아브라함의 육적 자손이나 영적 자손이 창대하게 된 것을 눈으로 보고 있다. 이는 그분의 언약의 신실함을 입증한다. 이와 마찬가지로 그분이 성경에 기록하신 모든 약속과 이루신 사실들은 언약과 유증으로 우리에게 주어졌기 때문에 우리의 것이며 우리가 누릴 수 있는 것이 되었다. 그분이 언약을 세우신 것은 우리로 믿을 수 있도록 도움을 주시기 위한 것이라는 사실을 다시 한 번 기억하고 감사드리자.

생명의 법을 저희 생각에 두고 마음에 기록함

10절, 또 주께서 가라사대 그 날 후에 내가 이스라엘 집으로 세울 언약이 이것이니 내 법을 저희 생각에 두고 저희 마음에 이것을 기록하리라 나는 저희에게 하나님이 되고 저희는 내게 백성이 되리라

첫 언약 안에 머물 수 없었던 것은 그것에 흠이 있었기 때문이었다. 그 언약 자체에 문제가 있었던 것이 아니라 하나님의 그림자인 율법을 지킬 수 없었던 우리 자신이 문제였다. 타락한 사람들에게 문제가 있었으므로 첫 것을 가지고는 하나님의 뜻을 이룰 수 없었다. 따라서 주님이 그 날 후에 새로운 언약을 세우셨다. 이 말씀에서 내 법을 저희 생각에 두고 저희 마음에 기록한다는 것은 매우 중요하다. 이는 시대의 전환을 의미하는 말씀이다. 하나님이 시내 산에서 언약을 세우실 때 그분은 사람 속에 법을 새기신 것이 아니라 사람 밖에 돌비에 새겨 언약을 세우셨다. 그러나 이 방식은 통하지 않았다. 이 언약의 성질은 사람 쪽에서 지켜야 할 성질이 있었던 것이고 타락한 인간으로서는 육체로 그 언약을 지킬 수 없었던 것이다.

그러나 새 언약은 그 법을 사람 속에 새기는 것이고 이 언약은 사람에게 지키라고 하는 성질보다는 그분 자신이 사람 속에 법을 두시어 지키게 하겠다고 단언하신 것이다. "또 내 신을 너희 속에 두어 너희로 내 율례를 행하게 하리니"에서 "내 율례를 행하게 하리니"란 말씀은 매우 중요한 말씀이다. 히브리어로 '행하게 하리니'의 말은 화자(話者)의 강한 의지를 내포하는 말이다. 새 언약의 특징은 그분 자신이 하겠다는 것이다. 옛 언약은 사람에게 '하라, 하지 말라'는 성질이라면, 새 언약의 특징은 '내가 하겠다'의 성질이다. 이것이 율법과 은혜의 차이이기도 하다. 우리가 하기 어려운 것을 해야 하는 것이라면 이는 복음이 될 수 없다. 그러나 우리가 할 수 없는 것을 하나님이 해주신다면 그것은 복음이 된다. 우리는 할 수 없지만 하나님이 해주시는 것이다. 내 성질을 내가 고칠 수는 없지만 하나님이 고쳐주시면 된다. 내 자신이 술을 끊을 수는 없지만 하나님이 술맛을 가져가시면 술이 끊어진다. 내 스스로가 내 기질을 못 고치지만 하나님이 고쳐주시면 내 기질이 바뀐다. 나는 야곱에게 하신 주님의 역사가 어느 정도 새 언약의 노선 안에서 일어난 일이라고 믿는다. 야곱의 기질이 바뀐 것은 근본적으로 하나님이 하신 일이다. 하나님은 그를 바꾸고자 하셨고 그분이 결국은 이루셨다. 야곱이 하나님을 이긴 것 같지만 사실은 그렇지 않다. 결국은 하나님이 이기셨다. 이스라엘이란 하나님의 왕자란 뜻이다. 새 언약은 결국 그분이 세우시고 그분이 이루신다. 그러기에 우리는 그분의 언약 안에서 안식하며 신뢰를 갖는다.

옛 언약을 세우셨을 때 그분은 그 옛 언약을 통해서 사람의 부패와 무능함을 알게 하신 것이다. 전능하시고 모든 것을 아시는 하나님은 인간을 아셨지만 인간은 자신을 알지 못했다. 그러므로 옛 언약이 필요했던 것이다. 그러나 때가 되었을 때 하나님은 이스라엘 집으로 새 언약을 세우셨다. 이 새 언약의 특징은 또한 "내 신을 너희 속에 두어"이다. '내 신'은 그분의 영이요 그분의 법이다. 그분은 그분 자신을 법으로 우리 속에 두신 것이다. 옛 언약에서 법은 돌 판에 새겨져 있었지만 이제 이 법이 사람의 마음속에 새겨진 것이다. 그러므로 주님의 새 언약의 역사는 우리 마음속에서부터 일어나는 것이다. 밖에서부터 하는 일들은 이루어지지 않았지만, 하나님이 우리 속에서부터 바꾸시는 역사는 성공한다.

이를테면 수학을 잘못하는 학생에게 일류 수학 선생을 가정교사로 붙여주어 가르쳐도 원래 선천적으로 수학에 재능이 없는 학생에게는 그 방법은 통하지 않는다. 그러나 수학 선생이 밖에서 가르칠 것이 아니라 그 선생의 유전자를 그 학생의 몸 속에 배양할 수 있다고 가정해보자. 그럴 때 자연히 속에서부터 생겨난 수학 잘하는 유전자 세포가 그 사람을 바꾸어 수학을 잘 하게 만들 것이다. 이것이 새 언약 안에서 일어난 놀라운 역사이다. 우리가 주 예수님을 믿었다는 것은 주 예수님의 유전인자가 우리 속에 들어왔다는 것으로 표현할 수 있다. 그러므로 그분같이 살 수 있는 가능성이 생긴 것이다. 수학 인자가 속에서 자라고 있기 때문에 조금만 밖에서 가르쳐도 수학이 잘 되고 문제가 잘 풀리는 것이다.

우리 속에 그리스도의 영이 내주하시며 그 법이 우리 속에 새겨졌으니 밖에서 많이 말하지 않아도 속에서 이루어져 가게 된다. 그러므로 하나님은 자신 있게 "또 내 신을 너희 속에 두어 너희로 내 율례를 행하게 하리니"라고 선언하신 것이다. 따라서 두 언약간의 극명한 차이는 한 마디로 외적인 율법이냐 내적인 생명이냐로 구분할 수 있다. 전자는 무력하지만 후자는 강력하다. 새 언약의 약속은 외적인 율법을 내적 생명으로 바꾸고 그것을 마음에 기록함으로서 그것이 가장 깊은 내면의 생명이 되게 하신다. 그럼으로써 우리가 하나님의 뜻을 알고 행하게 하시며 행할 수 있는 역량도 주신다. 하나님의 거룩, 사랑, 의, 이 모든 것들이 우리 중심에 기록이 되어서 그 본성에 따라 자연히 살게 된다는 말이다. 그분의 생명의 성령의 법이 우리 안에 새겨져 우리의 생명과 동화되어 있다면 그분의 거룩하심과 사랑과 의가 우리의 생각 과 느낌 속에 있게 될 것이다. 그러므로 이것은 옛 율법 하에서 그 사람 자신은 그대로 있고 거룩하신 하나님의 법을 지키려고 노력했던 자들과 판이하게 대비되는 개념인 것이다.

우리는 히브리서 기자가 이 말씀을 히브리 그리스도인들에게 썼다는 것을 기억해야 한다. 그들은 새 언약 안의 사람들이었지만 옛 언약 안의 삶을 살고 있었던 것이다. 하나님은 사람의 의지를 강제로 꺾는 분이 아니시다. 어떤 사람이 새 언약의 축복을 누리는가? 이는 그분의 언약의 말씀을 믿음으로 앙망하고 어떤 대가가 들어도 그것을 구하며 추구하는 자들에게다. 이 언약은 불신자들에게까지는 보장되어 있지 않다. 따라서 우리 신약의 그리스도인들은 이 새 언약의 말씀을 믿음으로 받으며 불신의 죄를 회개하지 않으면 안 된다.

대부분의 신자들이 자신의 상태를 바라보면서 이 약속이 문자적으로 이루어진다는 것을 믿지 않는다. 그분이 새 언약의 보증임을 믿고 그 언약의 약속이 이루어질 것을 마음으로 믿기 바란다. 주께서 말씀하신다. “내가 세울 언약이 이것이니”. 하나님은 맹세로 언약을 세우실 뿐 아니라 언약의 보증자로 예수를 세우셨다. 보좌 위에 앉으신 대제사장이신 주 예수께서 그 언약의 중보자로 계신다. 당신은 그분이 그 언약의 보증되시고 중보하시는 일에 실패하실 것 같은가? 우리는 일생 의와 거룩함으로 하나님을 섬기고자 하는데 그 중보자께서 그 일을 하시지 못할 것 같은가? 그분은 필히 그것을 이루실 것이다. 그리스도께서 지상에 계셨을 때 아직 제자들의 마음에는 그 법이 기록되지 않았었다. 그러나 그분이 부활 승천하시고 보좌 위에 앉으셨을 때 성령을 보내셨고 제자들은 새로워졌고 그 법을 마음속에 갖게 되었다. 그들은 그리스도의 사랑과 겸손과 인내와 담대함을 갖게 되었으며 보좌로부터 임하는 무궁한 생명의 능력의 원천에 연결된 것이다. 새 언약을 세우리라고 선포하신 그리스도의 언약을 믿고 의지하자! 어떤 대가를 지불하더라도 의심을 날려 버리고 그분의 피로 제정하신 새 언약을 믿기 바란다.

“내 법을 저희 생각에 두고 저희 마음에 이것을 기록하리라”. 이것은 아주 위대한 말씀이다. 이 언약은 이제 우리가 실패하지 않을 수 있는 위대한 선포인 것이다. 이 말씀조차 의심치 말라! 그것은 주님이 피로 세우신 강한 선포의 언약을 불신하는 것이다. 주님은 옛 언약 하에서 이루지 못한 것을 새 언약 안에서 다 이루실 것이다. 예레미야 31장 33절에서 법은 단수로 나타나 있다. 구약의 예레미야 때의 법(law)이 신약에 와서는 법들(laws)로 변했다. 주님은 신약에서 우리 생각에 이 법들을 기록하심으로 이 법이 우리 안에서 점점 확장되게 하신다. 단수의 법이 우리 각 부분에 확장됨으로써 이 단수의 법은 복수가 된다. 우리의 속 부분들에는 우리의 의도, 뜻과 같은 많은 것이 있다. 한 법이 우리 속 부분에 새겨짐을 통해 많은 법들로 확장된다. 주님은 한 번 새기고 끝내지 않으시고 계속 우리 속에 새기시는데 고린도 후서 3장에서 사도 바울은 그의 사역에 대해 육의 심비에 새기는 것이요 돌비에 새기는 것이 아니라고 말했다. 나는 전에 헝가리의 한 자매와 헤어지면서 이렇게 말했다. "자매는 하나님으로부터 받은 계시와 이상을 절대로 잊어서는 안 된다." 이 말을 듣고 그 자매는 자신의 가슴을 가리키며 "내 마음 속에 썼다."라고 말했다. 돌비에 쓴 것은 잊어버리지만 가슴에 쓰면 없어지지 않는다.

생명의 법의 역사의 목적

신약은 하나님의 생명의 법을 믿는이들의 생각에 두고 그 마음에 기록하여 새기고 또 새기는 것이다. 그 목적은 무엇인가? 하나님이 그분의 법을 우리 속에 새겨 넣으시는 목적은 우리로 맏아들의 형상을 본받게 하고 본성과 생명에서 하나님을 닮게 하기 위한 것이다. 하나님의 법은 법이라기보다 하나님 자신이며 하나님의 생명인 것이다. 하나님은 이 생명을 우리 속에 계속 넣어 우리 속에서 그분의 생명이 점점 자라게 하신다. 이것이 새 언약이다. 구약은 밖에 있는 모형이며 하나의 그림자이다. 하나님이 생명의 법을 주시기 전에 먼저 구약을 주신 것은 마치 유치원 때 동물의 그림을 먼저 보여 주고 나중에 실제로 동물원에 가서 그 동물들을 알려주는 것과 같다. 구약의 율법은 하나님이 신약 시대에 하실 것을 그림으로 먼저 보여주신 것이다. 이제 실제 시대에 와서는 하나님의 법이 밖에 쓰이지 않고 우리 안에 생명의 법으로 씌어졌다. 이 생명의 법이 어제 한 문장을 새겼고 오늘 한 문장을 새기고 내일 또 한 문장을 새길 것이다. 그래서 신약에서 이 법이 복수로 쓰인 것이다. 우리 속에서 이 법이 계속 쓰여져야 하고 확장되어야 하기 때문이다.

기록된 생명의 법의 내적 역사

모든 환경이 왜 필요한가? 하나님의 법을 우리 속에 새기기 위해서이다. 그 환경 안에 있는 동안 하나님의 법이 새겨졌다면 그것은 영원히 가치가 있는 것이다. 그러나 환경에 있는 동안 고통과 괴로움만 당한다면 그 환경은 무익한 것이다. 하나님의 법을 사람 속에 새기는 이것이 하나님이 진정으로 하시고자 하는 역사이다. 이런 역사를 통해 우리는 생명과 본성에서 하나님의 형상을 본받게 된다. 우리의 성분, 기질, 의도, 눈물, 모든 봉사, 일들이 다 하나님께 속하고 하나님과 똑같이 되어 하나님의 생명과 성품에 완전히 일치된다. 하나님의 성령으로 조성되고 짜여지게 되는 것이다. 그리스도는 구약의 언약보다 더 아름다운 새 언약을 세우시고 그 언약의 중보가 되셨다(6절 참조). 새 언약의 역사는 외적인 것이 아니라 사람의 내면에서 일어나는 내적인 역사이다.

여기에 언급된 내 법이란 하나님 자신, 하나님의 생명을 언급한다. "내 법을 저희 생각에 두고 저희 마음에 이것을 기록하리라". 하나님께서는 그 법을 우리 마음에 새기셨다. 구약에서는 모세를 통해 밖의 그림만을 보여주셨지만 신약에서는 이 법이 우리 안에 들어왔다. 하나님의 생명, 하나님의 성품, 하나님의 의, 거룩, 빛, 모든 속성이 우리 안에 들어왔다. 이것을 생명의 율이라고 한다. 복숭아나무는 가르쳐 주지 않아도 복숭아 열매를 맺게 되어 있다. 복숭아나무에게 열매 맺도록 가르친다는 것은 시간 낭비이다. 왜냐하면 복숭아의 생명의 율이 이미 결정되어 있기 때문이다. 이와 같이 하나님은 생명의 법을 우리 생각 안에 이미 기록하셨다.

신약의 새 언약을 통해 생명의 관계를 맺음

"나는 저희에게 하나님이 되고 저희는 내게 백성이 되리라"(10b절). 구약 시대에는 모세의 율법을 통해서 언약이 세워짐으로 하나님은 이스라엘의 하나님이 되시고 이스라엘은 그분의 백성이 되었다. 율법을 통해서 옛 언약 안에서 하나님과 하나님의 백성의 관계가 이루어진 것이다. 그러나 신약에서 하나님과 그분의 백성들은 생명의 관계에 있다. 우리가 생명 안에 있을 때만 생명의 법을 통해서 하나님이 우리의 하나님이 되시고 우리는 그분의 백성이 된다. 만일 당신이 생명을 잃어버린다면 아무 소용이 없다. 오늘날 그리스도인들이 이 생명의 법과 아무런 관계를 맺지 않은 채 하나님을 그들의 하나님으로 여기려 한다면 그것은 공허한 것이다. 최근에 어떤 형제들이 주님을 사랑한다고 하면서도 생명과 생명의 법을 소홀히 하는 것을 느꼈다. 하나님과 우리와의 관계, 지체와 지체와의 관계는 바로 생명의 관계이다. 오늘 하나님과 우리와의 관계는 생명 때문에 이루어진 것이며 하나님이 생명의 법을 우리 마음에 새기심으로 이루어진 것이다. 이로 말미암아 오늘 하나님은 우리 하나님이 되시고 우리는 하나님의 백성이 된다는 말씀이 이루어질 수 있다.

생명 안에서 주관적이고 체험적으로 주를 앎

11절, 또 각각 자기 나라 사람과 각각 자기 형제를 가르쳐 이르기를 주를 알라 하지 아니할 것은 저희가 작은 자로부터 큰 자까지 다 나를 앎이니라

이것도 새 언약의 축복이다. 각각 자기 나라 사람과 각각 자기 형제를 가르쳐 이르기를 주를 알라 할 필요가 없다. 그 이유는 무엇인가? 저희가 작은 자로부터 큰 자까지 다 주를 알기 때문이다. 이것이 새 언약의 커다란 차이이다. 옛 언약 안에서는 소수의 큰 사람들만이 주님을 알 수 있었다. 그리고 주를 알도록 많이 가르쳐야 했다. 그러나 신약에서는 각자 받은 생명을 통해 내적으로 주님을 알 수 있게 되었다. 이러한 앎으로 그리스도인은 더 이상 무엇을 알고자 할 때 알려주는 일을 하는 밖의 선지자가 필요하지 않게 되었다. 하나님은 이제 모든 성도들을 직접적으로 상대하시고 그들을 가르치시며 인도하실 수 있게 되었다. 모든 개개의 성도들이 직접 주님을 접촉하고 주님을 알 수 있게 된 것이다. 성도들은 모두가 중보자와 연합되어 있다. 따라서 원론적으로 말한다면 이제 신약의 성도들에게는 그 언약의 일꾼들이 필요치 않다. 이는 작은 자로부터 큰 자까지 다 주를 알기 때문이요 그들 속에 중보자와 언약자 자신의 생명의 법이 새겨져 있기 때문이다. 하나님은 모든 성도들 마음속에 그분의 언약을 새기셔서 모두가 그것을 알 수 있게 하셨다. 실제적으로는 하나님 자신이 그 언약의 일꾼으로서 그 법을 그들 속에 새기신 것이다.

하나님을 알고 그분과의 교제를 누리는 것은 새 언약 안의 사람들의 축복이다. 과거 구약 시대에는 대제사장만이 지성소에 들어가 하나님을 만날 수 있었고 나와서 사람들을 가르쳤다. 그러나 신약의 성도들은 누구나 하나님 존전에 들어갈 수 있다. 그리스도는 바로 이렇게 모든 성도가 다 하나님께 나아갈 수 있게 하기 위해 우리를 구속하신 것이다. 그분은 우리가 하나님의 마음 안에 들어갈 수 있도록 그 문을 열어주신 분이다. 휘장이 열려짐과 피로 인한 우리의 담대함, 지성소에 들어갈 수 있는 담력에 대하여 히브리서는 강조하고 또 강조하고 있다. 이는 얼마나 아름다운 새 언약의 말씀인지! 오늘 우리가 하나님과 교제할 수 있는 것은 참으로 우리가 하늘의 마음을 가졌기에 가능한 것이다. 노력하지 말라! 그것은 구약의 성도들이 행하는 바이다. 그분은 그분이 맹세하신 것을 행하실 것이다. 성령으로 우리에게 힘을 주시고 믿음으로 그리스도께서 우리 마음 가운데 계시게 하는 분은 하나님이시다. 비둘기가 천성적으로 양순하고 부드럽듯이 하나님 자신만이 성령으로 우리 마음 가운데 무궁한 사랑을 부으사 그 사랑이 자연스러운 우리의 천성이 되게 하신다. 이는 구약의 율법 아래의 사람들이 억지로 그런 삶을 흉내내며 살아보려고 애쓰는 것과는 너무나 다르다.

새 언약의 축복은 첫째로 율법의 요구를 지킬 수 있는 생명 역량을 얻는 것이고 둘째로는 영적 지식을 얻는 것이다. 그리스도인은 새 언약 안에서 하나님을 알고 범사에 어떻게 해야 할지를 알 수 있다는 것이다. 헬라어에서 앎이란 단어에는 '기노스코'와 '오이다'가 사용된다. '기노스코'는 매우 객관적인 앎을, '오이다'는 매우 주관적이고 체험적인 앎을 의미한다. 예를 들어 요한복음 8장 55a절, "너희는 그를 알지 못하되 나는 아노니 만일 내가 알지 못한다 하면 나도 너희같이 거짓말쟁이가 되리라"는 말씀 가운데 '너희는 그를 알지 못한다'라는 부분에서의 앎에 대해 사용된 헬라어 단어는 '기노스코'이고, '나는 그를 안다'에서의 앎에 대해 쓰인 헬라어 단어는 '오이다'이다. 요한복음 8장 55절에서 주 예수님이 아버지를 아는 것은 주관적이고 체험적인 것이었지만 주님이 바리새인들을 향해 '너희는 그를 알지 못한다'라고 하셨을 때의 앎은 아주 객관적인 것이다. 마찬가지로 "각각 자기 나라 사람과 각각 자기 형제를 가르쳐 이르기를 주를 알라 하지 아니할 것은"이라는 문장에서 언급된 앎은 '기노스코'이고, "작은 자로부터 큰 자까지 다 나를 앎이니라"의 문장 중에 언급된 것은 주관적이고 체험적인 앎이다. 성경에서는 앎에 대해 언급할 때 헬라어를 정확하게 구분하여 사용했다.

신약 안에서 믿는이들이 하나님을 아는 것은 큰 축복이다. 구약 안에서는 다윗, 이사야, 엘리야 등과 같은 큰 사람들은 하나님을 잘 알았을 것이지만, 그 외 사람들은 하나님에 대해서 잘 몰랐을 것이다. 신약에서는 사람들에게 하나님을 알라고 말할 필요가 없다. 왜냐하면 그 속에 하나님을 알 수 있는 생명이 있기 때문이다. 이렇게 하나님을 생명 안에서 아는 것은 지식적으로, 신학적으로 하나님을 아는 것과 차이가 있다. 아이들에게 자기 아버지에 대해 물어본다면 자신의 아버지가 무엇을 좋아하고 어떤 것을 싫어하는지를 말할 수 있는데, 이는 그들이 아버지에 대해 주관적이고 체험적인 앎을 가지고 있기 때문이다. 그들 속에 있는 생명으로 아버지를 안다는 의미이다. 이는 다른 사람들이 그 아버지에 대하여 외적으로 또는 지식적으로 아는 것과 다르다. 사람을 아는 것도 객관적으로 들어서, 혹은 지식적으로나 피상적으로 아는 것이 있고, 깊이 있게 생명으로 아는 것이 있다. 신약에서 하나님과 우리와의 관계도 이와 같다. 밖의 지식으로, 신학적으로, 객관적으로 아는 것이 있는 반면에 주님과의 동행하는 삶 가운데서 작은 일 큰일 체험하면서 주관적으로 아는 주님이 있다.

신약에서 모든 그리스도인은 작은 자까지도 다 하나님을 내적으로 알 수 있다. 어떻게 아는가? '오이다', 즉 주관적이며 체험적으로 하나님을 아는 것이다. 이렇게 체험을 거쳐서 아는 것이 귀한 앎인 것이고 이런 앎을 통해서 그리스도의 몸인 교회가 세워지는 것이다. 모든 그리스도의 몸의 지체들은 나름대로 주님을 아는 사람들로 이루어진다. 우리는 어떻게 이 모든 축복을 얻어 누릴 수 있는가? 이는 우리 자신의 느낌이나 생각이나 불신의 악심들을 끊어버리고 하나님께 대한 완전한 신뢰와 겸손으로 기다리는 것밖에는 다른 비결이 없다. 그리스도께서 우리 마음속에 하나님이 기뻐하시는 믿음과 사랑과 순종을 이루어 주셔야 하나님이 우리를 받으시고 우리는 하나님을 아는 지식에 이르게 된다.

사랑하는 것이 주님을 아는 길이다

우리가 하나님을 사랑해야 하나님을 알 수 있다. 요한일서 2장 15절은 "이 세상이나 세상에 있는 것들을 사랑치 말라 누구든지 세상을 사랑하면 아버지의 사랑이 그 속에 있지 아니하니"라고 말했다. 아버지의 사랑은 아무에게나 있지 않다는 말씀이다. 오직 하나님을 사랑하는 자들 마음 속에 아버지의 사랑이 거한다. 또한 요한일서 4장 7절은 "사랑은 하나님께 속한 것이니 사랑하는 자마다 하나님께로부터 나서 하나님을 알고"라고 말한다. 성경에서 우리가 믿으면 영생을 얻는다고 말씀한다. 그러나 하나님을 사랑하지 않으면 하나님을 알 수 없게 된다. 하나님은 마음과 뜻과 목숨을 다해 믿으라고 하지 않으셨지만 사랑은 마음을 다해 사랑하라고 명하셨다. 우리가 하나님을 믿는 것은 죄악에서 벗어나게 하지만 하나님을 사랑하게 되면 세상에서 벗어나게 된다. 아버지의 사랑이 우리 안에 거하기 때문이다. 또한 말씀은 "나를 사랑하는 자는 내 아버지께 사랑을 받을 것이요 나도 그를 사랑하여 그에게 나를 나타내리라"고 한다. 유명하고 이름난 사역자라고 해서 하나님을 아는 것이 아니다. 하나님을 아는 자, 하나님이 그분 자신을 나타내는 자들은 결국 하나님을 사랑하는 자들이다. 하나님과 그리스도는 믿는 자들과 함께 계신다. 그러나 그분을 사랑하는 자들에게는 "거처를 함께 하리라"고 약속하셨다(요 14:23). 계시는 것과 거하시는 것은 다르다. 하나님을 사랑하지 않는 자들에게는 길이 없다. 예를 들어 열심히 있고 봉사를 많이 한다고 해서 꼭 주님을 사랑하는 것은 아니다. 주님을 사랑하게 되는 길은 누가복음 7장에 의하면 죄를 많이 탕감 받은 사람이다. 우리의 흉악한 죄를 용서하신 것을 믿는다면 그 사랑은 자연히 속에서부터 일어난다.

로마서 8장 28절은 "하나님을 사랑하는 자 곧 그 뜻대로 부르심을 입은 자들에게는 모든 것이 합력하여 선을 이루느니라"고 하신다. 이 말씀에 의하면 하나님을 사랑하는 자들에게는 모든 일이 잘못되어 가는 것 같을 지라도 하나님의 축복이 기다리고 있다. 만일 당신이 하나님을 사랑한다면 어떤 일을 만나도 유익이 될 것이다. 당신이 진정 하나님을 사랑하고 있다면 밖으로 매우 참담한 일이 일어날지라도 결국은 유익이 된다. 고전 2장 9-10절은 "하나님이 자기를 사랑하는 자들을 위하여 예비하신 모든 것들은 눈으로보지 못하고 귀로도 듣지 못하고 사람의 마음으로도 생각지 못하였다 함과 같으니라 오직 하나님이 성령으로 이것을 우리에게 보이셨으니"라고 말했다. 믿는 자들이 단번에 얻는 것은 영생이다. 그러나 장래의 예비된 축복은 하나님을 사랑하는 자들만 알 수 있다.

하나님을 사랑하려면 그분이 먼저 우리를 얼마나 사랑했는지를 보아야 한다. 그분은 개인적으로 또는 단체적으로 우리를 사랑하심으로 죽으셨다. "그분은 나를 사랑하사 나를 위하여 자기 몸을 드리셨다"(갈2:20) "주님은 또한 단체적으로 교회를 사랑하심으로 자신을 주셨다"(엡5:25). 로마서 5장 8절은 "우리가 아직 죄인되었을 때에 그리스도께서 우리를 위하여 죽으심으로 하나님께서 우리에게 대한 자기의 사랑을 확증하셨다"고 말씀한다. 요한일서 4장 10절은 "사랑이 여기 있으니 우리가 하나님을 사랑한 것이 아니요 오직 하나님이 우리를 사랑하사 우리 죄를 위하여 화목제로 그 아들을 보내셨다"고 말한다. 이 모든 말씀을 규합할 때 십자가 외에는 그분의 사랑이 풍성하게 나타나는 사람이 별로 없다. 에베소서 16장 22절은 "우리 주 예수 그리스도를 변함없이 사랑하는 모든 자에게 은혜가 있을지어다"라고 한다. 주님을 변함없이 사랑하는 자들에게 은혜가 있다.

새 언약의 모든 축복을 잘 받으려면 하나님을 사랑하는데서 멀어지면 안 된다.

다시는 죄를 기억하지 않으심

12절, 내가 저희 불의를 긍휼히 여기고 저희 죄를 다시 기억하지 아니하리라 하셨느니라

"하나님은 저희 불의를 긍휼히 여기고 저희 죄를 다시 기억지 않는다"고 하시지만 우리는 어떠한가? 많은 신자들이 아직도 이 말씀에 대한 확실한 믿음을 갖지 못한다. 그들은 하나님의 시선과 마음에서 완전히 죄가 사해졌다는 개념을 갖지 못하고 있으므로 종종 죄의 정죄감에 사로잡히게 되는 것이다. 그들의 마음에는 아직도 하나님이 우리의 범한 죄들을 기억하고 계신 것 같다. 이것은 불필요한 정죄감이다. 이는 아직 하나님의 말씀을 말씀 그대로 믿지 못하는 어리석음인 것이요 그리스도의 능력 있으신 중보의 도우심으로 말미암은 성령의 능력을 힘입지 못하고 약한 양심의 정죄감에 사로잡히는 것이다. 그분이 우리를 송사하는 모든 문제를 해결하였으며 우리의 죄가 제거된 까닭에 휘장에 들어간 것이다. 이 땅에 휘장이 있고 제사장직이 현존할 때는 그렇게 될 수 없었다. 그러나 이제 휘장은 찢어졌고 그분은 우리의 모든 죄를 제거하시고 휘장 안으로 들어가셨기에 이제 우리는 흠이 없게 된 것이다. 할렐루야!

죄에 대한 말씀은 새 언약의 축복 중에서 가장 마지막에 언급되는 것으로서 실제에 있어서는 첫째로 중요한 것이다. 새 언약의 축복은 크게 말해서 세 가지이다. 첫째는 거룩함에 이르는 삶이며, 이는 생명의 능력에 의해서이다. 두 번째는 하나님의 임재 안에서 삶으로 말미암은 하나님에 대한 지식이다. 셋째는 죄에 대한 완전한 용서이다. 그러나 실제에 있어서 죄에 대한 용서는 성결한 삶의 첫째 관문이다. 즉 죄의 용서에 대한 온전한 이해가 없이는 성결한 삶으로 들어가지 못한다. 그 법을 우리 마음속에 새긴 것은 성결한 삶을 말하는 것이다. 그러나 이는 우리의 옛 죄에 대한 완전한 용서를 전제로 한다. 죄의 용서란 무엇인가? 다만 형벌로부터의 면제만을 의미하는가? 많은 사람들은 레위기에 말한 속죄제와 화목제들이 연결되어 있음을 알지 못한다. 십자가에는 그 모든 방면이 다 합해져 있는 것이다. 이는 다만 무죄케 하시는 용서만이 아니라 하늘 아버지의 은총의 마음과 하늘 집으로의 용납과 관계성의 완전한 회복을 의미한다. 많은 이들이 죄에 대한 용서를 심판과 진노로부터의 해방으로만 감지덕지하여 그분의 용서 속에 사랑이 들어있으며 그 사랑으로 인하여 감격하여 성결의 삶을 사는 경지에 이를 수 있는 것임을 모른다.

또 어떤 사람들은 용서에 대하여 주로 날마다 일상적으로 짓는 죄에 대한 정죄감으로부터의 해방에만 매달려있다. 그들은 죄를 짓고 다시 회개하여 용서를 받는 요한 일서 1장의 말씀에 매달려있는 것이다. 그들은 죄가 완전히 용서되어 저희 죄를 다시 기억지 않으리라는 주님의 말씀을 확신하지 못하고 있다. 그들은 머리로는 용서를 알지만 마음으로는 깊이 하나님의 용서를 받아들이지 못한고로 지속적인 정죄감을 받게 된다. 그러나 하나님의 용서는 그분의 넘치는 사랑과 은총의 마음으로 되어진 것이며 그분의 넘치는 영광 안에서 되어진 일이다. 사람들은 어쩔수 없이 죄를 지을 수 밖에 없다는 사상을 갖고 있다. 그러나 신약의 말씀의 귀한 것은 죄악적인 성향으로부터 완전한 자유를 보장받고 있다는 사실이다. 우리는 이 시대에 죄악으로부터 완전히 해방된 성결의 생활을 약속받고 있는 것이다. 그리고 열린 휘장을 통해 지성소에 들어가 충만한 하나님의 임재를 누리며 생활할 수 있는 것이다. 당신이 죄에 대하여 자책하는 시간이 많은 것은 그것이 겸손하고 정직한 것이 아니라 불신임을 기억해야 하며 사탄의 속임수에 걸려드는 것임을 기억해야 한다. 그분이 죄를 기억지 않으니 담대히 지성소로 나아오라고 하면 우리는 그냥 그분께로 담대히 나아가면 되는 것이다.

죄에 대한 신약에서의 처리 문제 또한 옛 언약과 다르다. 옛 언약에서는 죄를 다만 가리고 덮어주기만 하였으므로 다음에 죄가 다시 생각나면 또 속죄해야 했다. 죄가 1년 동안 덮여지고 또 덮여졌을 뿐 완전히 없어진 것은 아니었다. 구약의 율법은 다만 죄를 덮을 뿐이었다. 그러나 신약에서는 죄가 완전히 끝나서 하나님이 죄를 잊어버려 기억지도 아니하신다. 우리의 마음속에 아직도 신약에 대한 계시가 없다면 불행한 것이다. 죄를 자백한 후에도 죄가 처리되지 않고 남아 있을 것이라고 생각하는 사람은 주님이 주신 새 언약을 잘 모르는 사람이다. 주님의 새 언약은 하나님이 우리의 불의를 긍휼히 여기시고 우리의 죄를 다시 기억지도 아니하신다고 말한다. 따라서 우리는 하나님의 존전에, 그 휘장 안에 담대히 설 수 있다. 그리스도는 우리를 송사하는 모든 문제를 다 해결하셨으며 죄가 제거된 까닭에 그분이 휘장 안에 들어가신 것이다. 이제 우리는 휘장이 없이 하나님의 면전에 설 수 있다. 우리에게 빛이 선명할수록 우리는 흠이 없는 존재라는 것을 더욱 밝히 알 수 있는 것이다. 우리의 죄는 모두 다 이미 제거되었고 정결케 된 것이다. 오! 죄를 기억하며 정죄감에 사로잡히는 만큼 성도들은 완전함에 이르는 시간을 지연하고 사탄의 작전에 휘말리고 만다는 것을 잊지 말자. 우리는 속히 열린 휘장을 지나 지성소에 들어가 왕 앞에서 생활할 수 있어야 한다.

앞에서 말했지만 하나님이 언약을 세우신 것은 우리의 믿음을 위한 것이다. 우리의 많은 죄가 영단번에 다 완전하게 용서받은 사실이 너무 큰 은혜다 보니 오히려 믿기가 어렵게 된 것이다. 그러나 새 언약 안에서 주님은 우리의 죄를 더 이상 기억하지 않는다고 하시며 이 말씀을 언약 안에 두신 것이다. 하나님이 하신 완전한 죄의 용서에 대한 말씀이 언약의 말씀이므로 더 이상 두려움 없이 믿을 수 있음을 나타낸 것이다.

이 구절에 대한 영어 성경에는 'for(왜냐하면)'라는 단어가 있다. 이 말은 이러한 12절의 근거가 있기 때문에 다시 제사 드리고 속죄하는 일을 반복하지 말고 상기에서 말한 생명의 법을 우리에게 계속 기록하게 하여 우리로 하여금 하나님을 닮게 하는 역사, 유기적인 구원이 이루어지게 하는 역사를 하나님이 지속적으로 수행하시게 하라는 말이다. 이러한 역사는 멜기세덱의 반차를 좇은 대제사장의 사역이다. 그분이 대제사장으로서의 사역을 해주시기 위한 기초는 우리의 불의와 죄 문제를 완전하게 해결하는 것이다. 만일 죄 문제가 완전하게 해결되지 않았다면 계속 그 문제에 매달리게 되지 않겠는가? 따라서 우리 안에서의 그분의 역사를 위해서는 그 문제가 끝나야 한다. 그 후에 하나님이 우리 안에서 중점적으로 하시는 사역은 우리 안에 생명의 법을 새겨 넣는 것이다. 이것이 새 언약의 중점이다.

13절, 새 언약이라 말씀하셨으매 첫 것은 낡아지게 하신 것이니 낡아지고 쇠하는 것은 없어져가는 것이니라

새 언약이라고 말씀하신 것으로 보아 첫 것은 낡아지고 없어지는 것임을 알 수 있다. 13절은 우리에게 새 언약이 주어졌으므로 옛 언약을 붙잡지 말라는 의미로 말하고 있다. 새 언약은 영원히 변치 않는 하나님의 약속이다. 이 약속을 가지고 있는 우리는 얼마나 큰 축복을 가지고 있는지! 기쁘지 않은가? 죄와 불법은 다 끝났다. 이제 하나님이 우리 안에 생명의 법을 새기고 계신다. 이로 말미암아 하나님은 우리로 그분의 온전한 자녀가 되게 하신다. 모든 것이 한시적이고 불완전하며 흠이 있는 옛 언약과 영원하고 완전하며 하나님의 뜻을 완전히 이루는 새 언약과의 비교를 통해 우리는 새 언약에 대한 분명한 조망을 갖게 된다.

9장

8장에서 새 언약에 대한 내용을 다루었다. 8장 1절과 2절 상반절은 "이제 하는 말의 중요한 것은 이러한 대제사장이 우리에게 있는 것이라 그가 하늘에서 위엄의 보좌 우편에 앉으셨으니 성소와 참장막에 부리는 자라"고 했다. 대제사장이신 주님에 대해서 본격적으로 설명하고 있다. 그런데 3절에서는, "대제사장마다 예물과 제사 드림을 위하여 세운 자니 이러므로 저도 무슨 드릴 것이 있어야 할찌니라"고 말하고 있다. 그러므로 9장과 10장 전반부에는 그리스도께서 제사장이라면 8장 3절에서처럼 예물과 제사 드림을 위하여 세운 자이기 때문에 무엇을 드리고 어떻게 드리는 것인가를 말하고 있다. 멜기세덱의 반차를 좇는 대제사장으로서의 그리스도의 사역을 땅에 속한 아론의 반차에 따른 제사장과 비교해서 설명하는 것이다. 아론은 땅에서 섬겼다면 그리스도의 모든 섬김은 하늘의 성소에서 섬긴 것이라는 놀라운 견해가 9장에 기록되어 있다(11, 12절 참조). 9장에서는 피에 대한 비교와 언급이 많이 나왔다면, 10장은 제물에 대한 비교(6-10절 참조), 즉 유일한 제물이신 그리스도의 몸을 제물로 드린 것을 우리에게 밝혀 주고 있다.

첫 장막

1절, 첫 언약에도 섬기는 예법과 세상에 속한 성소가 있더라

첫 언약이 있다는 것은 두 번째 언약도 있다는 것을 전제하여 말하는 것이다. 첫 언약은 구약을 말하는 것으로 그에 속한 섬기는 예법이 있고 성소가 있었다. 여기서는 그것을 세상에 속한 것이라고 했지만 정확히 말한다면 땅에 속한 것이다. 땅에 속한 성소이다. 이 말은 새 언약, 두 번째 언약은 땅에 속한 것이 아니라는 의미이다. 그것은 전적으로 하늘에 속한 것이다. 땅에 속한 성소에 대해서는 2절부터 설명하고 있다.

첫 언약의 간략한 내용을 보자. 첫 언약을 대표하는 율법은 순종을 근거로 축복을 제시한 언약이었다. 십계명의 두드러진 특징은 순종을 요구하는 것이었다. 율법은 하나님이 거룩한 분임을 보여준다. 율법의 조건은 '만일 네가 내 음성을 순종하면'이었다. 이것은 조건이 있는 것이다. 첫 언약은 이와 같이 '만일…하면'이라는 조건을 가지고 있는 언약이었다. 이제 하나님은 새 언약을 허락하셨는데, 그것은 그들을 애굽에서 건져내실 때 맺은 언약과 달랐다. 만일 옛 언약이 완전했다면 하나님은 새 언약을 허락하지 않으셨을 것이다.

하나님은 옛 언약으로 사람이 축복을 누리게 하지 않으신다. 옛 것으로는 인간을 시험해 본 것에 불과하다. 시험의 결과는 사람 속에 선한 것이 거하지 않는다는 것이다. 새 것은 황소와 염소의 예물 안에서 암시되었는데, 이 예물은 죄를 제거하는 것이 아니라 새 것에 대한 암시로써 단지 그림자에 불과한 예식이었던 것이다. 그러한 제사로는 하나님께 나아갈 수 없었다. 그러나 새 언약을 세우신 하나님의 어린 양 그리스도의 죽음은 우리를 하나님께로 인도할 수 있다. "그리스도께서도 한번 죄를 위하여 죽으사 의인으로서 불의한 자를 대신하셨으니 이는 우리를 하나님 앞으로 인도하려 하심이라"(벧전 3:18).

하나님께서는 모세에게 십계명만 주신 것이 아니다. 그 산에서 모세에게 어떤 식양을 보여주고 그 식양대로 장막을 지으라고 하셨는데, 그것이 성막이다. 성전은 영어로 'holy temple'이지만 성막은 'tabernacle'이다. 이 성막은 모세가 시내 산에서 하나님으로부터 설계도면을 받아 지은 것이다. 이스라엘은 광야에 머무는 동안 항상 중심부에 성막을 쳤고 행진할 때에는 그것을 접어서 운반했다. 성막 테두리는 하얀 세마포로 쳐져 있었고, 바깥뜰이 있고, 성소가 있고, 가장 깊숙한 곳에 지성소가 있었다. 이 모든 것을 합해서 성막이라고 한다.

성막 입구에 들어가자마자 번제단이 있고, 번제단을 지나면 물두멍이 있다. 그리고 성소 안에 들어가면 진설병 상과 금등대와 분향단이 있으며 지성소 안에는 언약궤 또는 간증궤라고도 부르는 법궤가 있다. 일단 성막에 들어오면 출애굽기와 레위기의 율법에서 명한 대로 양이나 염소를 잡아 번제단에서 번제, 속죄제, 속건제 등 여러 가지 제사를 드리는데, 이런 일들을 섬기는 사람들이 제사장들이었다. 제사를 드릴 때는 제사장들이 단체적으로 섬겼는데, 제사장들 중에서 가장 큰 책임을 지고 있는 제사장이 대제사장이었다. 하나님께서 모세에게 하늘의 식양을 따라 이러한 성막을 지으라고 하신 목적은 하나님의 백성들이 하나님의 임재가 있는 지성소에 들어올 수 있는 길을 알려 주시기 위함이다. 하나님을 만나려면 피를 가지고 들어와야 한다는 것이다. 그래서 성막에는 번제단이 있다.

그 다음으로 '씻기 위한' 물두멍이 있다. 맑은 물로 씻은 다음에는 진설병 열 두 개가 놓인 상과 기름을 채워 빛을 발하는 금등대를 만나게 된다. 그리고 분향단이 있는데, 이는 향을 피우는 곳이다. 휘장 뒤편이 지성소인데, 대제사장은 일 년에 한 번씩 속죄일에 피를 가지고 지성소로 들어가서 언약궤 위에 피를 일곱 번 뿌리게 되어 있었다. 이스라엘 백성들은 일 년 동안 지은 죄를 위해서 각기 양 한 마리나 염소 한 마리를 드려서 그 위에 안수하고 잡았다. 그리고 대제사장은 그 피를 가지고 지성소에 들어가서 하나님 앞에 뿌림으로 죄인들의 죄를 대속했다. 이것은 사람이 하나님께 나아오는 방법을 연습시키기 위한 예표였다. 구약 시대는 예표와 그림자의 시대이므로 이러한 모형을 통해서 하나님의 백성들로 하여금 어떻게 죄를 용서받고 어떻게 영광의 하나님 앞에 나올 수 있는가를 배우도록 한 것이다.

2절을 보면 예비한 첫 장막이 있고(성소를 가리킴) 그 안에 등대와 상과 진설병이 있었다. 둘째 휘장 뒤에 있는 지성소에는 금향로와 언약궤가 있는데 이 언약궤의 사면을 금으로 쌌다고 했다. 문맥을 보면 마치 분향단과 금향로가 지성소에 있는 것 같은데, 그것은 금향로가 성소에 위치하지만 사실은 지성소에 딸린 것이라고 볼 수 있기 때문이다. 위치적으로는 성소이지만 기능적으로는 지성소에 속해 있다는 것이다. 지성소에 들어가기 위해서는 반드시 분향단의 효과가 필요하다. 분향단은 기도를 말하는데,

기도를 통해서 우리가 지성소에 들어갈 수 있다는 뜻이기도 하다. 이것은 성도들이 지성소 안으로 들어가는 실제적인 지침을 주기에 매우 중요한 말씀이다. 지성소의 언약궤 위에는 그룹이 날개를 마주 대하고 있다. 언약궤 안에는 만나를 담은 항아리와 아론의 싹 난 지팡이와 언약의 비석들이 있다.

언약궤 안에 있는 세 가지 항목 중 만나는 이스라엘 백성들이 광야에서 사십 년 간 방황할 때 하나님께서 이스라엘 백성들을 먹이신 양식이다. 그 만나 한 오멜을 금항아리에 넣어서 지성소 안 언약궤에 보관했다. 아론의 싹 난 지팡이는 이스라엘 백성들이 아론에 대해 거역했을 때, 누가 진짜 권위이며 하나님이 인정하시는 주의 종인가를 시험하기 위해 사용했던 것이다. 모든 족장의 지팡이들을 다 가지고 오게 해서 아론의 지팡이와 함께 하룻밤 동안 두었더니 다른 지팡이는 다 그대로인데 아론의 지팡이에서만 꽃이 피고 살구 열매를 맺었던 것이다. 그리고 언약의 비석인 계명이 기록된 두 개의 돌비도 언약궤 안에 들어 있었다.

5절에서는 영광의 그룹이 속죄소를 덮고 있다고 말하는데, 속죄소는 언약궤의 뚜껑이라고 말할 수 있다. 이 속죄소, 시은좌를 영어로는 'mercy seat'라고 부른다. 이곳이 바로 피가 뿌려지는 곳으로서 대제사장은 일 년에 한 번씩 지성소에 들어가서 여기에 피를 일곱 번 뿌렸다. 시은좌는 '긍휼을 베푸는 자리'라는 뜻인데, 하나님께서 그곳에서 피를 근거로 해서 죄인들을 만나주신다는 것이다. 그래서 긍휼의 자리(mercy seat)인 것이다. 그 위에는 그룹들이 마주 쳐다보는 모습을 하고 있는데, 그것은 곧 공의의 하나님의 영광이 지켜보고 계시는 것을 나타낸다. 5절 하반절부터 6절까지에서 첫 장막은 성소인데 이곳에는 제사장들이 자유롭게 들어갈 수 있었다. 그러나 7절의 둘째 장막인 지성소에는 대제사장만이 일 년 일차씩 피를 가지고 들어갈 수 있었다. 이 피는 죄를 용서받기 위한 것으로, 자기의 죄와 이스라엘 백성 전체의 죄를 위한 것이었다.

2절, 예비한 첫 장막이 있고 그 안에 등대와 상과 진설병이 있으니 이는 성소라 일컫고

이 상은 진설병상을 말하는데, 이 상 위에는 진설병 열두 개가 있었다. 첫 장막은 첫 언약, 옛 경륜을 상징한다. 첫 장막은 성소이다. 그 안에 등대, 상, 진설병이 있다. 진설병은 그리스도를 음식으로 취하는 것, 생명을 공급으로 누리는 것을 말한다. 등대는 빛을 발하는 것인데 진설병상에서 그리스도를 음식으로 취한 결과로 누릴 수 있다. 이 등대는 금 등대이다. 등대에 빛이 있을 때 우리는 움직일 수 있게 된다. 따라서 금 등대는 하나님의 백성들로 주님을 위한 역사를 하게하는 것이기도 하다. 빛이 없으면 하나님의 백성들이 움직일 수 없다. 이러한 성소, 첫 장막은 신약의 실제에 대한 하나의 상징이다. 당시의 첫 장막인 성소는 신약의 실제에 대한 예표이다.

둘째 장막

3절, 또 둘째 휘장 뒤에 있는 장막을 지성소라 일컫나니

구약의 장막은 첫 장막과 둘째 장막으로 나뉘어져 있다. 그림으로 보면 장막은 하나이지만, 성막 안에 지성소가 들어 있다. 그래서 지성소에 들어가려면 휘장을 열고 그 휘장 안으로 들어가야 했다. 지성소에는 대제사장이 일 년에 일차씩 들어갔다. 첫째 휘장은 바깥마당과 성소를 나눈다. 둘째 휘장은 성소와 지성소를 나누며, 둘째 휘장 뒤에 있는 곳을 지성소라 한다. 첫째 장막이 있으면 둘째 장막이 있다는 것을 알 수 있다. 우리는 둘째 장막을 지성소라고 생각한다.

금향로는 성소에 속한 기물로서 둘째 장막에 부속됨

4절, 금향로와 사면을 금으로 싼 언약궤가 있고 그 안에 만나를 담은 금항아리와 아론의 싹난 지팡이와 언약의 비석들이 있고

지성소 안에는 증거궤, 즉 언약궤가 있다. 그런데 금향로는 분향단과 함께 원래 성소에 속한 기물 중 하나로 기도의 힘을 의미한다. 향은 우리의 기도를 의미한다. 거기에서 연기가 올라오는데 이것은 그리스도의 향기를 말한다. 그리스도를 향기로 하나님께 올리는 것이 금향로의 의미이다. 그런데 여기에서는 금향로가 마치 지성소에 있는 것같이 기록되어 있다. 출애굽기에서 성막의 모형도를 보면, 금향로는 분명히 성소 안에 있다. 영어 성경에는 금향로를 가지고 있다(having a golden altar)고 표현되어 있다. 가지고 있는 것과 그 안에 있는 것은 다르다. 그러므로 히브리서를 쓴 기자는 금향로가 지성소 안에 있다고 말한 것이 아니라 지성소에 부속된 것으로 본 것이다. 즉 지성소가 금향로를 가지고 있다고 읽으면 좋을 것이다.

레위기 16장 12-13절에 보면, "향로를 취하여 여호와 앞 단 위에서 피운 불을 그것에 채우고 또 두 손에 곱게 간 향기로운 향을 채워 가지고 장 안에 들어가서 여호와 앞에서 분향하여 향연으로 증거궤 위 속죄소를 가리우게 할지니 그리하면 그가 죽음을 면할 것이며"라고 기록되어 있다. 이 말씀은 금향로의 기능이 지성소를 위한 것임을 느끼게 한다. 지성소의 언약궤와 금향로의 향연은 관계가 아주 깊다. 열왕기 상 6장 22절 하반절에서는, "내소에 속한 단의 전부를 금으로 입혔더라"고 했다. 여기의 단은 금향로, 분향단을 말하고 내소는 지성소를 말한다. 이 단이 내소에 속했다는 것은 이 단이 지성소에 부속되었다는 것을 말한다. 이로써 우리는 히브리서의 9장에 있는 금향로가 지성소와 관련이 있다는 것을 이해할 수 있다.

실제적인 체험에 있어서 우리는 지성소 안에 생활해야 한다. 그것은 휘장 안의 생활이다. 증거궤 안에는 싹난 지팡이, 언약의 비석, 감추인 만나가 있다. 이를 누림으로 말미암은 주님과의 깊은 교통이 바로 지성소의 생활인데 우리가 이러한 생활을 실질적으로 하려면 많은 기도가 필요하다. 금향로의 향이 우리를 지성소 안으로 인도한다는 것을 보아야 한다. 우리가 성소에 있다는 것은 혼 안에서, 생각 안에서 방황하고 헤매인다는 것을 의미한다. 우리가 기도를 할 때 처음에는 생각으로 시작할 수 있지만 점점 영 안에 들어가게 된다. 영 안에 들어갈 때 우리가 드리는 기도에 향연이 있게 되는데, 그 향연이 우리를 지성소 안으로 인도하는 것이다. 이것을 이해할 때 왜 금향로를 지성소 안에 있는 것처럼 표현했는지 알 수 있다. 우리는 이로서 실제적으로 우리가 지성소의 생활이 기도생활임을 알 수 있다. 금향로가 없이는 지성소 생활이 가능하지 않다.

지성소 안의 각 항목들을 체험함으로 하나님의 간증이 됨

1. 금항아리, 금향로, 금으로 싸인 언약궤—하나님의 본성에 참여함

4절에 있는 것은 다 금으로 되어 있다. 금은 하나님과 관계가 있다. 우리는 흙으로 지어졌지만 영원히 변치 않는 금이신 하나님과 똑같이 되도록 창조된 사람이다. 우리가 어떻게 하나님의 본성에 참여할 수 있는가? 실제적으로 지성소 안의 생활을 통해서이다. 금향단을 통해서, 언약궤가 있는 지성소의 생활을 통해서, 우리는 금이신 하나님 안에 생활할 수 있다. 특별히 지성소에 관련된 모든 항목들은 다 금으로 되어 있다. 금향로, 금으로 싼 언약궤, 금항아리, 모두 금으로 되어 있다.

2. 감추인 만나—그리스도를 비밀한 분으로 체험함

이 만나는 감추인 만나인데 이것은 그리스도인의 생활의 깊은 것임을 의미한다. 광야에서 이스라엘 백성들은 다 볼 수 있는, 하늘에서 내려오는 그러한 만나를 먹었다. 그것은 공개된 만나인 반면, 지성소 안의 만나는 감추인 만나이다. 우리가 지성소 안에 생활한다면 우리의 음식이신 그리스도는 매우 깊고 오묘하고 비밀스러운 분이심을 체험할 것이다. 초기의 그리스도인은 모든 것이 다 드러나고 모든 사람이 다 볼 수 있는 삶을 산다. 그러나 더 깊이 십자가에 못박힌 삶을 살 때 깊고 감춰어진 그리스도를 체험하는 것으로 나아가게 된다.

3. 아론의 싹난 지팡이—부활

아론의 싹난 지팡이는 부활을 의미한다. 민수기에서 아론에 대한 거역이 있었을 때, 누가 하나님의 권위인가를 확인하기 위해서 열두 개의 지팡이를 하룻밤 여호와 앞에 두었다가 그 이튿날 아침에 보니 오직 아론의 지팡이에만 싹이 나고 꽃이 피고 살구열매가 맺혔다. 이것은 부활을 의미다.

하나님은 그것을 증거궤 안에 갖다 두게 하셨다. 이것은 참된 권위가 무엇인가를 알게 해주는 상징인 것이다. 당시 사람들이 인도 직분에 대하여 거역하고 있었을 때 하나님은 참된 권위란 죽음을 통과하여 새롭게 부활해 나온 풍성한 열매임을 알게 하신 것이다. 아론의 싹난 지팡이는 생명의 권위를 의미한다. 우리 주 예수님은 죽은 자 가운데서 부활하심으로 그분의 만유의 주되심을 증명해 내셨다. 하나님은 이러한 부활의 간증을 통해서 하나님의 교회 안에 참된 권위의 원칙을 확립하신 것이다. 즉 지성소 안의 생활은 부활의 생활임을 말해준다. 만일 당신이 첫 번째 생명으로 산다면 틀림없이 지성소 안의 생활을 하고 있지 않다고 말할 수 있다. 부활의 생명만이 우리의 삶을 지성소로 이끌어준다. 육의 반응, 육의 생각을 물리치지 않고 십자가를 지는 삶이 없는 한 우리의 일상생활 안에서 휘장 안의 생활은 없다.

4. 언약의 비석들—생명의 법을 우리 안으로 새김

또한 언약의 비석들이 있다. 언약의 비석들은 구약에서 십계명을 새겼던 그 돌판이다. 그것은 언약궤 안에 두어졌는데 이는 신약에서 하나님이 생명의 법을 우리 안에 두심을 말하고 있다. 이러한 지성소 안의 생활을 할 때 언약궤, 간증궤, 하나님의 간증을 체험할 수 있다. 우리가 언제 어느 때에 하나님의 간증이 될 수 있는가? 성소에서 생활하는 그리스도인은 하나님의 간증이 될 수 없다. 우리가 지성소 안에 생활하면서 모든 것이 금으로 되어 있는 하나님의 본성을 취하여 생활하며, 감추인 만나, 싹난 지팡이, 언약의 돌판, 생명율을 따라 삶으로 보다 깊은 그리스도인의 생활을 영위할 때 비로소 우리는 하나님의 간증이 될 수 있다. 하나님이 우리를 부르신 것은 그리스도의 간증이 되게 하기 위해서이다. 지성소 안에서의 생활을 통해서 이러한 항목들을 실제적으로 체험할 때 우리는 그리스도의 증거(testimony)가 될 수 있다.

5절, 그 위에 속죄소를 덮는 영광의 그룹들이 있으니 이것들에 관하여는 이제 낱낱이 말할 수 없노라

속죄소와 두 그룹은 출애굽기 25장 17-22절에서 서술된다. 속죄소는 언약궤를 덮고 있는 일종의 뚜껑이었다. 그것은 히브리 원어의 명칭으로는 '캅포레트'로서 '덮는 것(covering)'을 뜻하며 그러므로 죄를 가리워주는 것을 의미한다. 영어로는 '시은좌(mercy seat)'로 번역되며 라틴어 번역은 '화해소(propitiatorium-Vulgate)'라고 했다. 또는 히브리서 저자는 70인역을 따라 '속죄소'라고 불렀으며(출 25:17, 21), 순금으로 만들어져 있었다. 이 속죄소는 언약의 비석들이 들어 있는 언약궤를 완전히 덮을 만한 크기로 만들어져 있었다. 이 또한 그리스도를 상징한다. 이것은 그리스도의 의가 하나님의 율법을 완전히 감쌀 만큼 완전하다는 사실과 우리의 모든 허물을 덮어주신다는 뜻을 나타낸다. 즉 그리스도께서 하나님과 죄인인 우리의 사이를 중재하시어 우리의 죄와 허물을 덮어주신다는 뜻이 있는 것이다.

둘째는 영광의 그룹인데 이 속죄소를 내려다보고 있는 영광의 두 그룹은 하나님의 거룩한 천사들의 형상을 말한다. 이것이 속죄소를 내리 덮었다는 것은 하나님의 천사들이 그리스도를 통해 이루어지는 구원의 큰 역사를 기쁨으로 관망한다는 것을 나타낸다. "이것들에 관하여 낱낱이 말할 수 없노라"고 한 것은 저자가 본서를 통해 주장하고자 하는 것이 성막에 대한 자세한 교훈이나 설명이 아니라 옛 언약과 새 언약의 비교를 통해 새 언약의 우월성과 완전성을 드러내는 것이기 때문이다(Hewitt).[8)]

예표로서의 성소와 실제로서의 지성소

6절, 이 모든 것을 이같이 예비하였으니 제사장들이 항상 첫 장막에 들어가 섬기는 예를 행하고

제사장들은 자주 장막에 들어갔다. 히브리서 9장에 보면 장막은 두 개로서, 성소와 지성소이다. 첫째 장막은 성소로써 옛 언약을 섬기며 옛 경륜을 섬기는 곳이다. 이 성소는 신약의 실제에 대한 하나의 상징이며 예표이다. 둘째 장막은 지성소로써 새 언약을 의미하는데, 이 장막은 하나의

8) 호크마 주석. 히브리서. p.176

비유라고 볼 수 없다. 지성소는 하나님이 계시는 곳이므로 예표가 될 수 없다.

7절, 오직 둘째 장막은 대제사장이 홀로 일 년 일 차씩 들어가되 피 없이는 아니하나니 이 피는 자기와 백성의 허물을 위하여 드리는 것이라

둘째 장막은 하나님이 계시는 곳, 하나님의 임재가 있는 곳, 하나님과 교통하는 곳이다. 하나님은 그곳에서 말씀하신다. 이것이 지성소이다. 성소에서는 제사장들이 매일 들어가 여러 가지를 할 수 있지만 오직 둘째 장막에는 대제사장이 홀로 일 년에 한 번씩밖에 들어갈 수 없고 더욱이 피 없이는 들어갈 수 없다.

8절, 성령이 이로써 보이신 것은 첫 장막이 서 있을 동안에 성소(the Holy of Holies, 지성소)에 들어가는 길이 아직 나타나지 아니한 것이라

성소는 제사장들이 항상 들어갈 수 있는 곳이지만 지성소에는 피를 가지고 일 년에 한 번씩 대제사장 혼자만 들어갈 수 있었다. 성령이 보이신 것은 첫 장막이 서 있을 동안에는 성소(the Holy of Holies, 지성소)에 들어가는 길이 아직 나타나지 않은 것이었다. 3절의 둘째 휘장 안에는 아무도 들어갈 수 없었다. 이는 첫 장막이 서 있을 동안에는 아직 성소에 들어가는 길이 나타나지 않았기 때문이다.

휘장이 있는 이유는 결국 백성들이 하나님께 나아갈 수 없다는 것을 보여주는 것이었다. 그분은 당시 그들에게 율법을 주시고 그것을 범하면 징벌하심으로 그들로 하나님을 의지하게 할 수는 있었다. 그러나 그들이 하나님께 가까이 갈 수는 없었다. 사람은 성소에 들어갈 수 있지만, 거기에는 하나님이 계시지 않았다. 휘장은 거룩하신 하나님과 죄 있는 사람을 구분하는 상징이었는데, 이는 하나님과 사람은 함께 거할 수 없다는 것이다.

그렇게 장막은 명확히 상충되는 두 명제를 하나로 표현한 것이다. 하나님은 사람으로 하나님께 나아와 그분을 경배하고 섬기도록 부르셨지만, 휘장이 사람과 하나님을 갈라놓기 때문에 사람은 하나님께 가까이 갈 수 없었다. 그 안에서 하나님의 의와 사랑이 마주쳤던 것이다. 사랑은 죄인을 가까이 오라 하지만 의는 물러나게 하는 것이었다. 대제사장이 일 년에 한 번씩 지성소에 들어가는 것은 우리가 그곳에 들어갈 때가 앞으로 도래한다는 것에 대한 희미한 그림자였다.

성소에는 금이 없다. 다만 흙과 나무와 많은 것들을 누릴 수 있다. 그러나 지성소에 있는 것은 다 금이다. 만약 우리가 지성소에 들어가서 생활한다면 우리가 접하는 모든 것이 다 하나님이다. 그곳에는 하나님과의 교통과 임재가 충만하다. 말씀하심이 거기에 있으며, 생명의 법이 있으며, 아론의 싹난 지팡이가 있다. 그곳은 전체가 부활이고 생명이며, 생명의 권위로 가득하다. 또 그리스도를 비밀스럽게 누리는 감추인 만나도 거기에 있다. 이것이 지성소 안의 생활이다.

당신은 어쩌면 지성소에서 사는 생활이 무엇인지를 궁금해 할 것이다. 무엇이 휘장 안에 사는 생활인가? 그들은 어떤 특징을 갖고 있는가? 이것을 알려면 지성소가 무엇인지, 그 지성소의 언약궤의 항목들이 어떠한지를 알아야 한다. 성소에는 모든 것이 다 열려져 있다. 거기서 떡상이 예표하는 바 말씀을 먹을 수도 있고, 말씀을 먹은 결과로 등대의 빛이 예표하는 바 빛나는 생활도 할 수 있다. 또한 기도를 통해 분향단의 향연을 하나님께 올릴 수 있다. 그럼에도 성소에서의 생활은 모든 것이 보이는 것이요 나타난 것이다. 하나님에 속한 것이지만 여전히 하나님 자신과는 거리가 있다. 거룩한 것이지만(holy place), 가장 거룩한 것은 아니다(most holy, holy of holies).

그러나 지성소는 가장 거룩한 곳이며 그 안의 빛은 등대의 빛이 아니라(더 이상 인공적인 빛이 없다), 하나님 자신의 빛이다. 그곳은 모든 것이 금으로 되어있으며 금으로 인하여 나는 빛, 하나님의 영광의 빛으로 가득하다. 그들의 생활은 감추인 만나와 같이 깊이 감춰어진 부분들이 많다. 또한 모든 생활이 부활 생명 안에 있다. 따라서 생명의 권위를 갖고 있다. 그들을 규율하는 것은 오직 생명의 법인 것이다.

우리는 사도 바울에게서 참으로 지성소에 사는 본을 본다. 그는 무시로 기도하며 부활 안에서 모든 것을 행하는 본을 살았다. 그러기에 그는 "내게 사는 것이 그리스도니"라고 할 수 있었다. 오늘 우리는 "내가 사는 것이 아니요 오직 내 안에 그리스도께서 사신 것이라"고 할 수 있다. 사방에 우겨싸는 것이 있지만 싸이지 않았고 답답한 일을 당하여도 낙심하지 않았다. 그가 만일 답답한 일을 만나 한숨쉬고 낙심했다면 그것은 지성소에 살지 않은 것을 증명했을 것이다. 그는 거꾸러뜨림을 당하여도 망하지 않고 핍박을 받아도 버린 바 되지 않는 삶을 살았다. 이것이 부활의 삶이요 실상 지성소 안의 삶이다. 이는 가끔 한 번씩 감동하여 빛을 내고 기도의 향연을 올리는 것이 아니라 늘 그 안에 사는 것이다. 이것이 사실 휘장 안에 사는 사람들의 특징이다. 당신이 일상생활 가운데 생명의 법 가운데서 통제 받는 삶이 있고, 죽음을 거친 부활 안에서 생명을 나타내는 싹난 지팡이의 삶이 있으며, 감추인 만나와 같이 비밀한 주님의 공급과 임재와 누림을 갖고 있는 성도라면 당신은 휘장 안에 사는 사람이라고 말할 수 있다.

구약 시대에는 그 길이 아직 열리지 않았지만 오늘 신약 시대에는 모든 성도들이 예수의 피를 힘입고 지성소에 들어갈 담력을 얻게 되었다. 다 지성소에 들어갈 뿐 아니라 그 안에서 온전히 생활할 수 있다. 지성소 안의 생활이 정상적인 그리스도인의 생활이다. 오늘 우리가 지성소 안에 살지 않는다면 신약 안에 있지 않는 것이고 성소 안에 있는 것이며 새로운 경륜을 누리지 못하는 것이다. 우리의 온 종일의 생활이 다 지성소 안에 있는 생활이다. 그렇게 생활할 수 있도록 그리스도께서 이 길을 여심으로 우리가 휘장 안에 있는 것이다. 그분이 먼저 들어가셨다.

당신은 그리스도께서 하늘에 오르사 그곳에서 사시고 행하시는 방식이 오늘 이 땅에서 우리에게 실제가 되어야 함을 아는가? 왜냐하면 신약의 성도들의 삶은 하늘 지성소에서 주님과 함께 사는 삶이기 때문이다. 그분과 함께 호흡하고 교통하며 그 생명이 우리의 삶 속에서 흐르는 것이다. 이것이 머리와 몸의 관계이다. 이는 얼마나 놀라운 사상을 전달하는지! 하늘의 주님과 우리가 오늘 한 영으로 연결되어 하나를 누리고 있다는 것이다. 그분의 생각이 우리의 생각이 되고 그분의 갈망과 뜻이 우리의 것이 되며 그분의 움직임이 우리의 움직임이 되는 것이다. 이러한 삶을 목표로 하여 우리를 부르신 것이 신약의 축복의 부르심이다.

오늘 우리가 휘장 안에 생활한다는 것은 둘째 장막, 두 번째 휘장, 그 지성소 안에서 언약궤를 누리며 생활하는 것이다. 그럴 때 우리는 하나님의 임재를 항상 누리고 하나님과 교통하며, 그분의 말씀을 항상 들을 수 있을 뿐만 아니라 그 생활을 통해 생명의 법이 우리 마음속에 항상 기록되고 우리는 감추인 만나를 누리며 생명의 권위를 갖게 된다. 지성소의 생활을 함으로써만이 우리는 예수 그리스도의 참된 교회와 간증이 될 수 있다.

9-10절, 이 장막은 현재까지의 비유니 이에 의지하여 드리는 예물과 제사가 섬기는 자로 그 양심상으로 온전케 할 수 없나니 10 이런 것은 먹고 마시는 것과 여러 가지 씻는 것과 함께 육체의 예법만 되어 개혁할 때까지 맡겨 둔 것이니라

히브리서 9장을 통해서 하나님을 섬기는 것에는 사람의 양심의 문제가 중요함을 본다. "이에 의지하여 드리는 예물과 제사가 섬기는 자로 그 양심상으로 온전케 할 수 없나니" 죄로 정죄받는 양심은 하나님을 섬기기에 합당하지 않다. 하나님과의 교통이 막히기 때문이다. 우리의 영(양심)은 하나님을 섬기는 데 있어 가장 중요한 부분으로서 사람의 가장 깊은 속에 존재한다. 믿지 않는 자들은 이 영이 죽어있다(엡 2:1). 그러나 우리는 믿음으로 이 영이 살아나 하나님을 섬길 수 있게 된 것이다. 구약 시대의 황소나 염소의 예물로는 사람의 양심의 깨끗함까지는 미치지 못하므로 우리로 하나님을 섬길 수 있게 하지 못한다. 이는 어디까지나 육체의 예법만 되어 새로운 것이 올 때까지 지켜지는 것이었다.

로마서 3장에 의하면, 구약 시대의 제사로는 죄가 사라지지 않으므로 하나님은 길이 참으셔야 했고(25절), 아직 자기의 의로우심을 나타내시지는 않았다. 그러나 3장 16절은 그리스도께서 십자가에서 죽으심으로 하나님께서 자기의 의로우심을 나타내셨다고 말한다. 하나님의 의는 그리스도의 십자가의 구속이 이루어졌을 때 비로소 계시되었는데, 이는 그분이 십자가에 죽으셔야만 죄의 용서가 공의롭게 이루어지기 때문이다. 이때 하나님이 비로소 의를 선포하셨다. 따라서 새 언약은 사람을 하나님 앞에 온전히 세울 수 있는 기초를 마련한 것이다. 이는 그리스도의 피가 사람의 양심을 깨끗케 하여 하나님 앞에 세울 수 있음을 말한다. 그리스도의 십자가의 사역과 그 피는 옛 사람을 위한 대책이 아니라 새 사람을 하나님 존전에 두기 위한 것이다. 우리에게 조금이라도 죄책이 남아 있으면 우리는 하나님의 존전에 설 수 없다. 그런데 구약의 제물은 이렇게 할 수 없었다는 것이다.

그러나 그리스도의 피는 온전하고 놀라우며, 효능이 있는 피이므로 우리의 모든 죄를 다 제거할 수 있으며, 따라서 우리의 양심까지 깨끗케 되어 거리낌이 없는 양심으로 하나님을 섬길 수 있게 한다. 그리스도는 자기 피를 가지고 하늘 성소로 들어가셨고 그 피를 보시는 하나님은 우리의 죄를 보시지 않는다. 그것은 내가 그 피를 어떻게 평가하는 문제가 아니라 하나님이 그 피에서 발견하는 가치 안에서 우리의 양심이 안식을 얻는 문제이다. 하나님은 "내가 그 피를 볼 때에 너희를 넘어가리라"고 하신다(출 12:13). 그 피는 사람에게 제시된 것이 아니라 하나님께 제시된 것이다. 또한 하나님은 그 피를 받으셨다. 그러므로 하나님은 사람에게 죄를 전가하실 수 없다. 믿음이란 무엇인가? 믿음이란 하나님이 생각하시는 것처럼 생각하는 것이다. 할렐루야! 그리스도께서 자기 피로 휘장 안에 들어가셔서 영원히 거기 계시다면 나는 하나님 앞에 변함없이 온전할 수 있다. 그리스도는 과연 영원히 죄를 사하는 일을 하셨는가? 그렇다면 나는 하나님 앞에 영원히 온전케 된 것이다. 그분은 나를 하나님 앞으로 인도하셨다. 베드로 전서 3장 18절 말씀은 "그리스도께서도 한번 죄를 위하여 죽으사 의인으로서 불의한 자를 대신하셨으니 이는 우리를 하나님 앞으로 인도하려 하심이라"고 한다. 우리는 그분의 죽으심으로 온전케 되어 하나님 앞으로 인도된 것이다. 그리고 하나님 앞에서 살 수 있게 하신 것이다. 구원받은 성도이지만 그리스도의 구속의 역사를 통해 하나님 앞에 인도된 것을 모르고 거룩한 곳 지성소(성전) 안에 생활하는 특권을 영위하지 못하는 사람들이 얼마나 많겠는가? 그들에게 히브리서의 빛이 필요하다.

더 크고 온전한 장막

11절, 그리스도께서 장래 좋은 일의 대제사장으로 오사 손으로 짓지 아니한 곧 이 창조에 속하지 아니한 더 크고 온전한 장막으로 말미암아

"그리스도께서 그 장면에 나타나시자 모든 것은 일변하였다"(Moffatt). 영문 성경에서는 11절이 '그러나'라는 접속사로 시작한다. 여기에 하나의 큰 전환이 있다는 말이다. 그리스도는 구약의 제사와 대조되는 방식으로 역사를 시작하신다. 9장 1절부터 성소는 땅에 속한 것, 사람이 손으로 지은 것이며, 창조에 속한 것임을 볼 수 있다. 모든 기구들이 이 창조에 속한 것, 땅에 속한 것이다. 이러한 것들은 그리스도로 말미암아 시작된 신약의 비유요 그림자인 것이다(이상근 주석). 이 구절에서 성령께서는 그리스도께서 장래 좋은 일의 대제사장으로 오셨다고 말하며 손으로 아니한 곧 이 창조에 속하지 아니한 더 크고 온전한 장막으로 제사를 드린 것을 말하고 있다. 이는 우리가 이미 밝힌 바와 같이 옛 경륜과 신약의 경륜을 비교하는 것이다. 그리스도께서 섬기신 장막은 이 세상에 속한 것이 아니라는 말이다.

우리는 성막의 두 부분이 하나님께 나아가는 두 정도를 대표한다는 것을 알아야 한다. 많은 신자들이 아직도 보다 온전하며 하나님께서 거하시는 내적인 성소의 삶으로 들어가는 경험을 하지 못한다. 그들은 그저 바깥 뜰에서 제단을 체험하고 죄의 용서를 받으며 하나님을 섬기는 일을 할 뿐이다. 그들은 하나님의 뜻을 행하기를 구하나 지성소 안에 거하는 것과 하나님의 임재의 기쁨을 누리는 것에 대하여는 알지 못한다. 그들은 더 나은 삶, 휘장 안으로 들어가 하나님의 임재의 비밀 안에 사는 삶이 있다는 것을 알지 못한다.

오직 자기 피로 단번에

12절, 염소와 송아지의 피로 아니하고 오직 자기 피로 영원한 속죄를 이루사 단번에 성소에 들어 가셨느니라

히브리서 9장 12절은 영원 속죄를 전하는 복음전도자들에게 애용되는 구절이다. 그러나 이 말씀의 기록 의도는 영원속죄를 가르쳐주기 위한 것에 그친 것은 아니다. 그리스도는 그분이 섬긴 장막에 있어서 옛 경륜과 비교하여 뛰어날 뿐 아니라, 그분이 드린 제물 또한 비교할 수 없다. 염소와 송아지의 피는 예표로서 이 피로 말미암아 이스라엘 백성들은 일 년에 한 번씩 죄를 속했다. 그러나 장래 좋은 일의 대제사장으로 오신 그리스도는 이전 아론의 제사장들처럼 황소와 염소의 피를 가지고 성소에 들어간 것이 아니라 그분 자신의 보혈을 가지고 하늘 성소로 들어가셨다. 또한 그 피의 효능에 있어서도 구약은 매년 드려야 하기에 단지 1년의 효과가 있을 뿐이었지만, 그리스도의 피 흘리심은 단번에 영원한 속죄를 이루신 것이라는 말이다. 이것이 그리스도의 속죄 사역이다. 그러므로 새 언약은 그 제물이 드려진 장막의 면에서, 제물의 가치의 면에서, 피의 효력의 면에서 비교할 수 없이 탁월하다는 것이다. 우리는 그리스도께서 갈보리에서 피를 흘리신 것만을 생각해서는 안 되고 그의 모든 행위가 다 하늘에 속한 것임을 보아야 한다. 주님은 하늘에 속한 성소 안으로 들어가셨다(하반절). 그분의 모든 행위는 땅과 손으로 지은 것과 아무런 관계가 없다. 이 땅에 있던 모든 염소와 소의 속죄는 하나의 모형이었다. 그러나 그리스도는 모형이 아니라 실제이다. 이 실제는 다 하늘에 속한 것이며 온전하다. 주님은 여러 번의 제사를 드릴 필요가 없이 단번에 완전한 속죄를 이루셨으며, 이를 통해서 우리의 모든 죄, 즉 과거, 현재, 미래의 모든 죄악을 다 끝내신 것이다.

나는 많은 그리스도인들이 이 구절을 읽으면서 크게 환호하며 감사하기를 기대한다. 우리의 모든 죄가 그리스도의 피로 영원히 사해졌다는 사실이다. '단번에 영원히'라는 말은 매우 중요한 말씀이다. 그리스도께서 십자가에서 단번의 죽으시고 피흘리심으로 우리의 모든 죄가 영원히 사해진 것이다. 또한 이 구절을 통해서 알아야 할 한 가지가 있다. 이는 이 구절이 영원한 속죄만 말하고 있는 것이 아니라는 점이다. 이는 곧 "성소에 들어가셨느니라"에 관한 것이다.

사람은 하나님과 교제를 잃어버린 지 사천 년이나 되었다. 휘장은 모세로부터 천오백 년 동안 가까이 오지 말라는 무서운 금령과 함께 걸려 있었다. 하나님 아들 자신도 33년 동안은 휘장 이편에서 사셔야 했다. 그러나 그 지성소로 가는 길이 영 단번에 열린 것이다! 지성소의 열림과 들어감은 전적으로 우리를 위한 것이다. 이는 우리로 그곳에서 살며 그곳에서 하나님을 섬기게 하려 함이다. 그러므로 우리는 담대함으로 지성소에 들어가 하나님 앞에서 섬기는 성도가 되어야 한다. 이 구절은 영원 속죄에만 중점이 있는 것이 아니라 그분이 영 단번에 지성소에 들어가셨음을 말해주고 있다. 다비역은 이 구절의 성소를 '지성소'로 번역하였다.

그리스도는 죽으셨다가 다시 사신 자로서 하나님의 임재 가운데로 들어가셨고 이제 영원히 살아 계신다. 그리스도는 그분의 피를 가지고 하늘의 지성소에 들어가셨는데, 이는 많은 성도들로 하여금 그 피의 능력으로 하나님의 임재로 나아가는 길을 여시기 위함이셨다. 그분은 사망과 음부를 정복하시고 하늘 문에 오르실 때 그분의 피를 가지고 나아가셔서 아버지 앞에 보이심으로써, 많은 죄인들이 그 피를 힘입어 지성소에 들어와 생활할 수 있게 하셨다. 당신은 그리스도의 피가 하늘에서 무엇을 이루었으며 어떤 효능을 발휘하고 계신가에 대하여 깊이 생각해 보아야 한다. 그리고는 성령의 능력으로 하늘의 지성소에 들어가 생활할 때, 이제 그 무한한 능력을 맛보게 될 것이다. 하늘 처소에서 우리의 죄안(罪案)은 하나님의 비난거리로 남아있었고 하나님의 영광을 가리운 짙은 구름이었으나, 그 피로 말미암아 하나님의 처소의 더러움은 정결케 되었고 그 아버지께 나아가는 길이 열렸던 것이다.

오늘날 복음 전도자의 피에 대한 인식은 거의가 아론의 제사가 표상하는 바로서 그리스도의 지상에서의 피흘림에 한정된다. 그것은 우리의 죄 사함에 대한 것이다. 그러나 히브리서 9장에서의 피는 부활과 승천을 말하는 것이며 우리가 하나님의 존전 앞으로 나아가는 참되고 실제적인 길을 제시하는 것이다. 이는 하늘의 대제사장이신 멜기세덱이 다루시는 피(포도주로 예표)의 효능의 어떠함을 말해주고 있는 것이다.

피로 말미암은 정결케 됨에 대한 예표

13절, 염소와 황소의 피와 및 암송아지의 재로 부정한 자에게 뿌려 그 육체를 정결케 하여 거룩케 하거든

민수기 19장에서 하나님은 모세를 통해서 많은 부정한 자들—시체를 만진 자들, 부정한 것을 만진 자들—을 위해서 율례를 갖추셨다. "흠이 없고 아직 멍에 메지 아니한 붉은 암송아지를 네게로 끌어오게 하고 너는 그것을 제사장 엘르아살에게 줄 것이요 그는 그것을 진 밖으로 끌어내어서 자기 목전에서 잡게 할 것이며"(민 19:2b-3절), "동시에 제사장은 백향목과 우슬초와 홍색실을 취하여 암송아지를 사르는 불 가운데 던질 것이며 제사장은 그 옷을 빨고 물로 몸을 씻은 후에 진에 들어갈 것이라 그는 저녁까지 부정하리라 송아지를 불사른 자도 그 옷을 물로 빨고 물로 그 몸을 씻을 것이라 그도 저녁까지 부정하리라 이에 정한 자가 암송아지의 재를 거두어 진 밖 정한 곳에 둘지니 이것은 이스라엘 자손 회중을 위하여 간직하였다가 부정을 깨끗케 하는 물을 만드는 데 쓸 것이니 곧 속죄제니라"(6-9절),

"사람의 시체를 만진 자는 칠일을 부정하리니 그는 제 삼일과 제 칠일에 이 잿물로 스스로 정결케 할 것이라 그리하면 정하려니와 제 삼일과 제 칠일에 스스로 정결케 아니하면 그냥 부정하니 누구든지 죽은 사람의 시체를 만지고 스스로 정결케 아니하는 자는 여호와의 성막을 더럽힘이라 그가 이스라엘에서 끊쳐질 것은 정결케 하는 물을 그에게 뿌리지 아니하므로 깨끗케 되지 못하고 그 부정함이 있음이니라 장막에서 사람이 죽을 때의 법은 이러하니 무릇 그 장막에 들어가는 자와 무릇 그 장막에 있는 자가 칠 일 동안 부정할 것이며 무릇 뚜껑을 열어 놓고 덮지 아니한 그릇도 부정하니라 누구든지 들에서 칼에 죽이운 자나 시체나 사람의 뼈나 무덤을 만졌으면 칠일 동안 부정하리니 그 부정한 자를 위하여 죄를 깨끗하게 하려고 불사른 재를 취하여 흐르는 물과 함께 그릇에 담고 정한 자가 우슬초를 취하여 그 물을 찍어서 장막과 그 모든 기구와 거기 있는 사람들에게 뿌리고 또 뼈나 죽임을 당한 자나 시체나 무덤을 만진 자에게 뿌리되 그 정한 자가 제 삼일과… 정하리라"(11-19절).

이 13절 역시 매우 중요한 의미를 가지고 있다. 염소와 황소의 피가 있고, 암송아지(붉은 암송아지)의 재가 있는데, 앞의 짐승들의 피와 뒤의 붉은 암송아지의 재(민 19장)는 시사하는 바가 다르다. 이는 매우 중요한 진리이므로 유의하기 바란다. 전자는 1년에 한 번씩 속죄의 날에 행하여진 속죄제이고, 후자는 매일 행하여지도록 되어 있는 것이다. 사실상 전자의 일 년에 한 번씩 드리는 속죄제는 그리스도의 영원한 속죄로 대치되었다. 이는 해마다 드려졌는데, 그때마다 희생물의 피는 성소에 가지고 들어갔고 그 고기는 밖에서 불살랐다. 또한 속죄 염소는 죄를 담당시켜 광야로 몰아냈다(레 16:10). 이는 우리의 죄가 단번에 영원히 사라진 것을 예표한다.

그러나 민수기 19장에 있는 붉은 암송아지는 부정한 것에 뿌리기 위한 것인데 이는 피가 아닌 물과 관련이 된다. 즉 이것은 재와 물이다. 민수기 19장 1-4절 말씀에 의하면 붉은 암송아지도 그리스도의 예표로서 멍에를 메어보지 않았어야 하며 온전하고 흠이 없는 것이어야 했다. 그리고 정결한 사람이 암송아지를 잡아서 그 피를 하나님 앞에 일곱 번 뿌려야 했다. 그러므로 부정함을 깨끗케 하는 제사의 피도 그 가치가 하나님 앞에 영원함을 보증한다. 이때 제물인 암송아지를 태워서 재를 만들어야 했는데 이는 죄가 오래 전에 드려진 제물로 다 해결되었음을 시사한다.

우리는 모든 죄가 다 용서받았지만 생활 가운데 죄를 또 짓게 된다. 그럴 때에 모든 죄가 이미 다 해결되었고 그리스도의 피로 다 사함을 받았지만, 그러나 우리의 양심은 거리낌과 정죄감이 있게 된다. 이로 인해 오랜 동안 죄책감에 시달리기도 한다. 이러한 양심으로는 우리가 하나님을 섬길 수 없다. 이 때 우리는 민수기 19장에 예표된 붉은 암송아지의 재를 적용하는 법을 배워야 하는 것이다. 14절의 "너희 양심으로 깨끗케 하고 살아 계신 하나님을 섬기게 못하겠느뇨"란 말씀은 바로 이런 매일의 삶 가운데의 부정을 씻는 것을 포함해서 말하고 있다. 우리가 다시 실패하고 범죄하였을 때 여전히 알아야 할 것은 우리 구주 예수는 우리의 실패한 그것을 위해서 죽으셨다는 것이다. 그리고 우리가 깨달은 죄를 자백할 수 있는데, 이것이 요한일서 1장 7-9절의 말씀이 가르치는 바이다. 이때 하늘의 대제사장이신 그리스도께서는 바로 그 더러움을 위해 주님이 죽으셨으며 이미 그것을 깨끗케 해주셨다는 깨달음을 성령을 통해 우리 양심 가운데 일으키신다. 이로써 우리는 우리의 모든 죄가 제거되었음을 보는 한편, 죄를 더욱 인식하게 된다(그러기에 '재'로 예표되는 것이다). 그리고 시간이 지나면 죄가 잊어버려지는 것이 아니라, 죄를 더 깊게 인식하게 되는 것이다. 이는 죄책감으로 인한 인식이 아니라 우리를 사로잡는 죄의 무서운 성격을 다시 절감하는 그러한 문제이다. 이것이 민수기 19장에서 피가 아닌 물을 사용하라고 가르치신 것이 예표한 바이다. 피가 아니라 물을 다시 뿌리는 것이다.

오늘날 얼마나 많은 자녀들이 피가 아닌 물을 사용하여 자신의 부정함을 씻는 것을 알겠는가? 매우 소수일 것이다. 오직 피만 알고 부정을 씻는 물에 대해서 알지 못하는 사람들이 많을 것이다. 만일 구원받은 성도가 죄를 지은 후 다시 피를 뿌려야 한다면 그것은 피의 영원한 속죄 효능에 의문을 던지는 일이 될 것이다. 이렇게 물을 뿌리는 것은 실패하고 부정하게 된 내 마음과 양심에 그리스도의 죽음의 가치를 성령께서 다시 한 번 일깨우는 것이다. 그렇게 하여 불필요한 정죄감으로 오랜 시간 시달리며 '주님이 나를 버린 것이 아닐까, 다시는 용서받지 못하는 것은 아닐까'라는 등, 합당치 않은 생각으로 방해받고 있었던 하나님과의 교제가 회복되는 것이다. 이럴 때 한 번의 씻음을 받는 것이다. 요한 일서에서는 이를 피의 씻음이라고 말했는데, 이는 민수기의 말씀과 상충되는 것은 아니다. 왜냐하면 물의 씻음도 결국 영원한 그리스도의 십자가의 피의 효능에 근거한 것이기 때문이다. 구약은 이를 풀어 잘 설명한 것이라고 보면 된다.

단번에 드려진 그리스도의 보혈은 그 효능을 영원히 잃지 않는다. 그러나 우리가 그 효능에 의지하여 행하지 않을 때는 하나님의 성령께서 내 죄가 결국 그리스도를 다 태워 재가 되게 했다는 사실을 생각나게 한다. 이는 죄에 대한 더 깊은 자각을 일으키는 것이다. 다만 이것이다. 성령의 잿물로 말미암은 씻음은 이렇게 이루어지는 것이지 어떤 율법적 행위를 불러일으키는 것이 아니다. 실패한 후의 자백과 씻음도 이렇게 성령 안에서 되어지는 것이지 율법적 순종 안에서 되어지는 것이 아님을 아는 것은 매우 중요하다. 모든 것이 장래 좋은 일의 대제사장이신 그리스도의 성령의 역사 안에서 이루어지는 일인 것이다. 주님은 그분의 택한 백성을 영원히 정결케 하는 능력을 가지신 하늘의 대제사장이심을 하나님께 감사하고 찬미한다. 아멘.

14절, 하물며 영원하신 성령으로 말미암아 흠 없는 자기를 하나님께 드린 그리스도의 피가 어찌 너희 양심으로 죽은 행실에서 깨끗하게 하고 살아 계신 하나님을 섬기게 못하겠느뇨

13, 14절은 피의 효능에 대한 비교이다. 우리의 죽은 행실은 다 깨끗케 되어야 한다. 깨끗케 되지 않으면 하나님을 섬길 수 없다. 그렇다면 어떻게 깨끗케 될 수 있는가? 구약의 예표 안에서도 염소와 암송아지의 재를 부정한 자에게 뿌려 그 육체를 정결케 했다면 하물며 영원하신 성령으로 말미암아 하나님께 드린 흠 없는 그리스도의 피는 더욱 실제이지 않겠는가? 이 피가 우리의 양심을 깨끗하게 하고 살아 계신 하나님을 섬길 수 있도록 죽은 행실을 깨끗케 한다. 이것은 피의 효능을 말해준다. 우리 주 예수님은 부활 승천하실 때 피를 가지고 가셨다. 그 피는 영원한 효능을 가지고 있음을 알 수 있다. 히브리서 12장을 본다면 신약의 성도들이 이른 곳은 하늘에 속한 새 예루살렘과 천만 천사와 장자들의 총회 등과 또 아벨의 피보다 더 낫게 말하는 뿌린 '피'임을 알 수 있다(22-24절). 새 언약의 중보자이신 예수 그리스도는 우리에게 보혈이 필요할 때 능히 그 피의 효능을 적용시킬 수 있는 분이다. 많은 믿는이들이 여전히 이 피의 효능을 모르므로 이를 자신에게 적용하지 못한다. 오늘날 많은 그리스도인에게는 많은 죽은 행실들이 있다. 그들은 해결할 방법을 모른 채 죽어 있고 활력이 없

으며 살아 계신 하나님을 섬기지 못한다. 살아 계신 하나님을 섬기려면 양심이 깨끗해져야 한다. 또 살아 있는 그리스도인이 되려면 죽은 행실을 깨끗케 해야 한다. 그러기 위해서 필요한 것이 피이다. 이 피는 지금도 효력이 있다. 영원한 성령으로 말미암아 그 피가 영원히 하나님께 드려졌기 때문에 우리에 대한 그 적용도 영원하다.

당시에 유대교에 속해 있던 사람들은 예표 안에서 많은 예법, 제사 형식 등을 붙들고 있었는데, 이러한 것들은 다 하나의 예표와 그림자로서 개혁할 때까지 맡겨둔 것이다. 이것은 온전케 할 수 없는 것이다. 그러나 참된 좋은 일의 대제사장으로 오신 그리스도께서 행하신 사역은 우리에게 온전케 함을 가져다주며 그 피의 효능 또한 온전히 역사한다. 이 피는 언제나 우리의 양심을 죽은 행실에서 깨끗케 할 수 있다. 이 구절에서 사도는 그리스도의 피가 드려진 것에 대하여 두 가지로 말을 한다. 하나는 그리스도의 피가 우리의 양심을 깨끗케 해서 하나님 앞에 온전히 세울 수 있는 것임을 강조하는 것이고 또 하나는 영원한 성령으로 드려졌다는 것이다. 이는 육체의 예법과 대비되는 말이다. 구약 시대의 일들은 육체의 일과 예법이므로 하나님이 온전히 열납하시지 않는다. 이것은 오늘날에도 마찬가지다. 만일 우리가 육체로 행한다면 결코 주님께 열납될 수 없는 것이다.

그러나 그리스도의 자신을 드림은 육체의 예법이었는가? 아니다. 영원한 성령으로 말미암은 것이었다. 그분은 영원한 성령으로 말미암아 우리를 위한 영원한 속죄를 드리셨다고 했다. 주님은 이 일을 자신의 뜻 안에서 행하기를 원치 않으셨기에, 이 일이 성령 안에서 이루어지도록 겟세마네에서 기도하셨다. "아버지여 할만하시거든" "나의 원대로 마옵시고 아버지의 원대로 하옵소서"라고 기도하시며 아버지의 뜻을 세 번이나 확인하셨다. 그리고 아버지의 뜻이 확실함을 아셨을 때 그분은 "일어나라 함께 가자"고 하셨다. 이는 그분의 십자가에 오르심이 육체의 행동이 아님을 분명하게 시사한다. 이는 육체의 예법으로 드린 구약의 제사와 확연한 구분을 보인다. 이는 얼마나 깊은 사상인지!

두 번째는 그분의 흠 없으심이다. 물론 양이나 염소도 흠 없는 것을 선택해야 했지만 그것은 그리스도의 흠 없으심과는 차이가 있다. 그것들은 육적으로 흠 없을지 몰라도 성령 안에서 흠 없는 거룩한 제물이라고 볼 수는 없다. 즉 그리스도의 흠 없으심과는 비교가 될 수 없다. 그분은 평생 죄를 지으신 적이 없으시다. 또한 그리스도는 영원하신 성령으로 이루어진 제물이므로 더욱더 흠이 없다. 황소나 염소나 그 어떠한 짐승과 비교가 될 수 없다. 그분의 몸은 고난을 받아 죽기에 이르러도, 어떤 죄를 범하거나 두려워 위축되어 하나님을 실망케 하였거나 사람들을 위협하여 뭔가 죄의 냄새를 풍기거나 하지 않았다. 그만큼 그 제물은 하나님 보시기에 흠이 없었다. 그분의 뜻은 온전히 순결했고 모든 생각과 행동이 그러했다. 그러므로 그리스도의 성령 안에서 드려진 흠 없는 제물의 피는 능히 우리 양심을 깨끗케 하여 우리로 살아 계신 하나님을 섬길 수 있게 한다는 말이다. 얼마나 감사한 말인지! 그분은 우리를 능히 정결케 하는 능력을 갖고 계신 대제사장이시다. 그러므로 우리는 언제나 그리스도의 보혈을 의지하여 기도하고 자백할 수 있다.

요한 일서를 통해서 우리는 빛 가운데 나아갈 때 우리 죄를 알 수 있고 이 죄를 자백할 때 온전히 깨끗함을 얻을 수 있다는 것을 볼 수 있다. 우리가 자백할 때 우리의 양심을 씻을 수 있다. 구약의 예표 안에서도 염소와 황소의 피가 그 육체를 정결케 할 수 있었는데, 하물며 영원하신 성령으로 말미암아 드려진 실제의 제물이신 예수 그리스도의 피가 우리 양심을 죽은 행실에서 깨끗케 하며 살아 계신 하나님을 섬기게 할 수 있지 않겠는가? 이것이 진정한 신약의 축복인 것이다. 그러나 신약 안에 있으면서도 이 피의 효능을 적용하지 못하는 수도 있다. 그것은 이 말씀의 진의를 알지 못해서이다. 이는 얼마나 큰 손실이 될 것인가! 오 성도들이여! 우리는 온전히 씻음을 받을 수 있고 그분의 존전에 나아갈 수 있다. 오늘 우리가 우리의 양심을 죽은 행실에서 깨끗케 하지 않는다면 우리는 죽어 있고 활기를 잃을 것이다. 우리는 반드시 이 피의 효능을 기억하고 소중히 여기며 감사해야 한다. 우리에게 많은 죽은 행실들이 있을 때 물러서지 말고 이 피를 적용해야 한다. 그리스도께서 영원하신 성령으로 자신을 하나님께 드렸기 때문에 이 피의 효능은 영원하며 무한하다. 이런 피의 영원한 효능이 우리로 능히 하나님을 섬길 수 있게 한다. 할렐루야!

여기서 우리는 그리스도의 보혈이 사람의 양심을 씻는다는 진리를 배운다. 신약에서 한 번도 그리스도의 보혈이 사람의 마음을 씻는다고 말하지 않는다. 피는 양심을 씻는다. 양심의 거리낌을 제거하는 것이다(히 10:2 원문참조). 실상 성경에서는 우리의 마음이 부패하였다고 말한다. 그러므로 주님을 믿었다 해도 그 마음이 완전히 피로 씻어졌다고 생각하는 것은 오류이다. 성경에서는 그리스도의 보혈이 우리의 양심을 씻었다고 증거할 뿐이다.

피의 능력은 두 가지이다. 첫째는 그 피로 무덤을 여는 데 사용하였고 다음은 하늘을 여는 데 사용하였다. 이제 대제사장은 그 피를 우리의 양심에 뿌려주시어 하나님 아버지 앞에 나아가 그분을 섬길 수 있는 담대함을 허락하신다. 이는 능히 구름 없이 하나님을 바라볼 수 있게 하는 능력이다. 그 피는 성령의 능력으로 우리로 하여금 거룩한 삶을 살 수 있게 하는 성결을 허락할 수 있다. 우리의 양심을 깨끗케 하는 피는 그리스도를 지성소에 들어가게 하는 피이다. 정녕 지성소 안에 들어가기 원하는가? 그 피를 알고 존중하며 신뢰할 때 그 피가 우리를 지성소에 들어가도록 인도할 것이다.

앤드류 머레이는 이에 대해 좋은 비유를 들었다. 옷에 더러운 것이 묻었을 때 물로 씻으면 더러운 때는 씻어지고 물은 남아 있다고 말했다. 피로 우리를 씻을 때 다만 피 뿐만이 아니라 영원하신 성령도 함께 역사한다. 이 성령이 함께 피의 씻음의 효능을 가져다주기 때문에 한 면으로 씻지만 이 성령의 효능은 남아 있어서 우리로 하나님과 교통하게 하며, 우리에게 빛을 가져다주고, 하나님을 섬길 수 있는 영광을 가져다준다. 그 피는 다만 우리의 양심의 죽은 행실을 씻어주는 것이 아니라, 우리로 하나님을 섬기게 해준다는 것이다. 우리의 양심이 씻어지지 않는다면 우리는 살아 계신 하나님을 섬길 수 없다. 양심이 깨끗케 된 결과는 우리가 그분을 섬기는 것이다. 깨끗케 된 양심은 우리의 영의 직감을 살아나게 하고 하나님의 음성을 들을 수 있게 하며 하나님과의 교통도 가능하게 됨으로 섬김이 가능한 것이다. 그러므로 양심에 대한 피의 씻음과 살아 계신 하나님을 섬김이 관련되는 것이다.

우리는 피의 씻음을 구속의 완성이요 구속의 최종목표라고 생각해서는 안 된다. 사실은 그보다 더 높은 목표가 있는데, 그것은 살아 계신 하나님을 섬길 수 있도록 이끌어주는 수단이라는 것이다. 피는 결국 죽은 행실과 율법의 일과 자아의 일로부터 씻음을 주고 살아 계신 하나님과의 살아 있는 관계를 이끌어 준다. 여기에 구속의 목표가 있는 것이다.

우리는 여기서 우리 주님이 멜기세덱의 반차를 따른 제사장이라는 구체적인 모습을 본다. 그분은 무궁한 생명의 능력으로 역사하시는 분이시고 (떡으로 예표됨), 피로써 늘 죽은 행실에서 깨끗케 하여(포도주로 상징됨), 우리로 살아 계신 하나님을 섬기게 한다. 창세기 14장에서 멜기세덱이 아브라함에게 제사장 노릇한 것은 오직 떡과 포도주를 공급한 것인데, 이 떡과 포도주는 신약에 와서 우리를 섬기기 위한 그리스도의 가장 중요한 두 가지의 항목을 말하는 것이다(요 6장 참조). 하나는 주님의 생명을 상징하고 다른 하나는 그리스도의 보혈을 상징하는 것이다. 그분은 하늘의 성소에서 오늘도 사역하시면서 멜기세덱의 반차를 따라 그분의 성도들을 섬기신다. 본 장의 전반 내용은 그리스도께서 성소의 부리는 자로서 자기 피로 말미암아 성소를 여시고 거기에서 영원한 구속을 주관하시는 것에 관한 것이다. 그분은 우리의 양심을 깨끗케 하심으로 그것을 행하시되 하늘을 여시고 살아 계신 하나님을 섬기도록 그리로 들어가게 하는 피의 능력 안에서 행하신다.

새 언약의 중보와 그 내용

> **15절, 이를 인하여 그는 새 언약의 중보니 이는 첫 언약 때에 범한 죄를 속하려고 죽으사 부르심을 입은 자로 하여금 영원한 기업의 약속을 얻게 하려 하심이니라**

15절부터 새 언약의 중보에 대하여 말씀하신다. 그리스도께서는 성소에 드린 피로 또한 새 언약을 세우셨으며 또한 그것을 우리에게 유증하셨다. 주 예수 그리스도는 새 언약의 중보가 되셨다. 중보는 다만 중재하는 일만

하는 것이 아니라 전달하는 일까지 맡은 집행자와 같다. 주님은 중보로서 새 언약을 집행하신다. 주님이 집행하시는 새 언약 안에는 네 가지 내용이 있다. 첫째는 그 법을 우리의 생각과 마음에 기록하는 것이다. 둘째는 하나님은 우리의 하나님이 되시고 우리는 그의 백성이 되는 것이다. 셋째는 작은 자로부터 큰 자까지 다 하나님을 아는 것이다. 하나님이 우리에게 그분 자신을 알 수 있는 능력을 주신다고 하셨다. 마지막 넷째는 하나님이 죄와 불법을 다시는 기억 하지 않으시는 것이다.

주님은 이러한 새 언약을 세우셨을 뿐 아니라 새 언약을 집행하시는 분이 되셨다. 그는 우리에게 계속해서 하나님을 알 수 있는 지적인 능력을 가져다주셔서 하나님을 알 수 있도록 도와주시는 분이시다. 우리로 그분의 율례를 지켜 행할 수 있는 역량을 부여해 주시는 일도 해주신다. 어쨌든 그리스도는 자신이 세우신 새 언약의 내용을 우리가 지속적으로 받아 누릴 수 있도록 중보(mediator)가 되신 분이다. 그분이 중보가 되신 것은 부르심을 받은 우리로 하여금 영원한 기업의 약속을 얻게 하려는 것이다. 그러나 이것은 첫 언약 때에 범한 죄를 속하는 죽음이 있기 전에는 그렇게 될 수 없기에 그분은 죽음으로서 첫 언약 때의 범한 죄를 속하셨던 것이다. 첫 언약을 어긴 죄를 만족시키는 법은 죽음 이외에는 없다. 그리스도의 죽음은 첫 언약 때에 범한 죄를 속하기 위한 것이고 다음은 우리에게 영원한 기업의 약속을 받도록 하기 위함이었다. 이는 16절의 유언의 말을 자연히 이끌어 온다. 이 구절에서 그리스도의 보혈의 방면은 죄를 사하는 것만이 아닌 유증을 남겨주기 위한 것이다. 새 언약을 세우고 새 것을 세우려면 옛 것을 청산해야 하는데 옛 것을 청산하는 길은 죽음 외에 없다. 이것이 곧 "첫 언약 때에 범한 죄를 속하려고 죽으사"이며 그분은 새 언약의 중보자로서 또한 새 언약을 유증하신다.

그분이 죽으신 것은 첫 언약 때에 범한 죄를 속하시기 위해서이다. 피와 죽음과는 관계가 있다. 피는 죽었다는 증거이다. 피를 흘리고 죽었다는 것은 형벌을 받았음을 의미한다. 그리스도의 보혈에 대해서 앤드류 머레이는 이렇게 말한다. "사람의 악과 하나님의 공의가 만나는 것이 그리스도의 보혈이다." 사람의 악은 하나님의 심판을 초래하는데, 하나님의 심판에 대한 답이 보혈이다. 피는 죄악에 대한 심판으로 형벌을 받고 죽었다는 의미이다. 그런데 우리 죄인이 죽은 것이 아니라 대속자께서 죽으신 것이다. 그리스도가 흘리신 피는 그분이 형벌을 받으셨다는 것을 증명한다. 예수 그리스도께서는 첫 언약 때에 범한 죄를 속하시려고 죽으셨다. 하나님이 우리에게 옛 언약을 폐하고 새 언약을 주시려면 첫 언약 때에 범한 죄의 문제를 해결하셔야 했던 것이다. 그런 다음에 부르심을 입은 자로 영원한 기업의 약속을 얻게 하는 것이다. 일반적으로 유언에는 재산에 대한 상속이 있듯이 주님의 새 언약의 유언도 동일하다. 그분이 첫 언약 때에 범한 죄를 속하려고 죽으신 것은 우리로 영원한 기업의 약속을 얻게 하시려는 것이다.

죽음에 의한 피의 효력으로 말미암아 언약이 유언이 됨

16절, 유언은 유언한 자가 죽어야 되나니

유언에 대해서 영어 성경에서는 언약과 같은 말을 썼다. 헬라어에서도 유언이라는 말과 언약이라는 말은 같은데 그것은 헬라어로는 '디아쎄케'이다. 언약이라는 것은 쌍방간에 약속을 맺은 것을 의미하고, 유언은 일방적으로 무엇인가를 물려주는 것을 말한다. 우리 주님이 신약 안에서 그분이 죽으심으로 주신 약속의 말씀은 언약이라고도 하고 유언이라고도 한다. 이 두 구절(16, 17절)에서 유언이라고 번역한 것은 히브리서 기자의 용법이며 합당한 번역이다.

17절, 유언은 그 사람이 죽은 후에야 견고한즉 유언한 자가 살았을 때에는 언제든지 효력이 없느니라

주님이 우리에게 주신 언약은 새 언약이다. 이것은 유언과도 같다. 그분이 죽으심으로 그분께 속한 모든 것을 우리에게 완전히 물려주셨으므로 우리가 소유할 수 있다. 예를 들어, 백만장자가 그의 아들에게 자신의 모든 재산을 물려줄 것을 유언으로 남긴다면 그는 즉시 백만장자가 되는 것이다. 유언은 그런 효력이 있다. 이처럼 새 언약은 유언과 같은 성질이 있다. 우리는 여기서 언약의 성질을 알 수 있다. 이 귀한 새 언약은 일단 우리에게 주신 이상 하나님이시라도 변개하실 수 없다. 새 언약의 내용은 모두 우리에게 유증된 유산과도 같은 것이기 때문이다. 죄 사함이 언약의 내용이다. 갈보리 이전, 예수님이 피 흘리시기 전에는 하나님이 우리를 용서하지 않으셔도 그분께 문제가 없었지만, 이제 그분은 그분을 믿는 우리를 용서하시지 않을 수 없게 되었다. 이는 죄 사함의 문제를 유산으로 주셨기 때문이다. 유언은 그 누구도 되돌릴 수 없다. 유언한 자가 이미 죽었기 때문이다. 죽은 후에 그 유언은 상속자에게는 견고한 것이다. 이와 같이 갈보리의 십자가 이후 그분의 모든 약속과 축복은 유산과 같이 우리의 것이 되었다.

하나님은 우리에게 주신 축복의 약속에 대하여 변함이 없다는 것을 나타내기 위하여 맹세로 보증하신 것이다. 그러니 이제 우리는 그분의 언약의 말씀을 자신 있게 받아 누리는 것이다. 우리는 하나님의 율례를 지켜 행할 수 있다. 죄에서 벗어나 거룩한 삶을 살 수 있다. 부활 안에서 새 생명을 누릴 수 있다. 이 구절들에서 유언을 강조한 것은, 그분의 죽으심으로 영원한 기업을 상속받는 자들에게 그 기업을 물려주게 된 것을 말하기 위해서이다. 이 계약은 그분이 죽으심으로 유효한 것이다. 지난 날의 구속은 성취되었으며 영원한 기업의 상속에 대하여도 요구해서 받을 수 있게 되었다. 이 계약을 체결하신 분은 우리를 위해 성취하신 모든 것을 완전히 우리의 것이 되도록 하기 위해 죽으신 분이다.

18-20절, 이러므로 첫 언약도 피 없이 세운 것이 아니니 19 모세가 율법대로 모든 계명을 온 백성에게 말한 후에 송아지와 염소의 피와 및 물과 붉은 양털과 우슬초를 취하여 그 책과 온 백성에게 뿌려 20 이르되 이는 하나님이 너희에게 명하신 언약의 피라 하고

구약도 피로써 세워진 언약이다. 옛 언약도 피로 세웠다는 말은 그리스도께서 새 언약을 피로 세우신 것을 확증하기 위한 것이다. 여기서 송아지와 염소의 피는 그리스도의 십자가의 보혈을 예표하고, 붉은 양털은 우리가 입어야 하는 의의 옷을 상징하며, 우슬초는 우리 모두가 지녀야 하는 믿음을 의미한다. 모세는 이 피를 율법과 언약이 적힌 책 위에 뿌렸다. 이는 그 모든 말씀을 언약의 성분으로 주시려는 것을 뜻한다. 그 피의 효능으로 그 모든 언약의 내용들이 우리에게 유익한 것이 되었음을 나타내는 것이다. 이와 같이 성경에 기록된 모든 은혜의 말씀들이 주님의 피가 뿌려진 언약의 내용들임을 알기 바란다.

21-22절, 또한 이와 같이 피로써 장막과 섬기는 일에 쓰는 모든 그릇에 뿌렸느니라 22 율법을 좇아 거의 모든 물건이 피로써 정결케 되나니 피 흘림이 없은즉 사함이 없느니라

우리의 죄가 깨끗케 되고 사해지려면 피가 필요하다. 이 피의 효력은 죽음에 의한 것이기에 이 언약은 우리에게 유언이 되는 것이다. 이 피는 유언한 자가 죽었다는 표가 된다. 이 피는 우리를 깨끗케 씻었을 뿐 아니라 새 언약의 내용들로 하여금 우리에게 유언이 되게 해준다. 우리는 새 언약, 영원한 기업을 얻을 수 있는 사람들이 되었다. 이것을 깨닫기 바란다. 예수께서는 자신의 죽음을 통해서 단지 우리의 죄를 속한 것만이 아니라 부르심을 입은 자에게 영원한 기업의 약속을 얻게 해 주셨다. 그러나 이를 위해서 우리의 죄를 씻는 것이 선결되어야 한다.

우리는 피 흘림이 없으면 사함이 없다는 중요한 원칙을 알아야 한다. 이는 그리스도의 십자가의 죽으심의 큰 원인을 형성하고 있는 원칙이다. 우리의 죄가 사해지려면 피가 흘려져야 한다. 피 흘림이 없으면 사함이 없기 때문이다. 이것이 타락한 인간이 구원받을 수 있는 유일한 길이다. 누군가라도 우리를 위해 대신 피를 흘려주지 않으면 다른 방법으로는 절대로 죄가 사해질 수 없다. 그러므로 그리스도께서 우리 죄를 위해 대신 피를 흘리셨다는 것이 복음이다. "제단 위에나 사람에게 뿌려진 피는 죽임을 당하였다는 증거요 속죄가 된 그 범죄에 대한 형벌을 이미 받았다는 증거이다. 어떤 경우에 있어서는 희생 제물의 머리 위에 손을 얹고 대속받을 죄를 자복한 후 그 죄를 전가시킨다. 제단 위에 흘려진 피는 대속물의 죽음을 하나님이 받으셨다는 보증이었고, 죄들은 피로 가리워졌으며, 죄인은 하나님의 은총 안으로 회복된 것을 증거한다. 피 흘림이 없은 즉 사함이 없는 까닭에 피 흘림 안에서 완전하고 영원한 사함이 있는 것이다."(앤드류 머레이)

"그 피 한 방울은 성소로부터 나와서 마음에 뿌려져 온 마음을 변화시키고 양심을 온전케 하며 영혼을 거룩케 하며 옷을 눈과 같이 깨끗케 함으로써 우리로 하여금 하나님과의 교제를 갖게 하고 하나님의 사랑 가운데서 살도록 한다. 예수의 피가 뿌려져 정결케 된 마음은 새 언약의 모든 은총과 하늘의 모든 은사와 모든 신적 사랑의 거룩한 경륜과 하늘 처소의 모든 영적 축복을 받기에 합당하다. 어린양의 피는 실로 죄인을 순결케 하며 내적 성소가 갖고 있는 모든 것에 동참하고 하나님 안에서 살기에 그만한 가치가 있고 합당하게 한다. 그러므로 사도는 '우리가 피뿌림을 받아 악한 양심으로부터 마음을 깨끗케 씻었으니 하나님 앞에 담대히 나아가자'라고 말하였다(히 10:22). 피 뿌림을 받는다는 것, 즉 살아 있어 정결케 하며 모든 것에 침투하는 예수의 피의 능력을 마음속에 갖는다는 것은 의문(儀文)의 묵은 것으로가 아닌 영의 새로운 것으로 하나님을 섬기기에 합당하게 한다."(스타인하퍼, Steinhofer) 히브리서를 읽고 하나님 앞에 나아가는 문제에 있어서 도움을 얻지 못한다면 히브리서를 헛되이 읽은 것이다.

더 좋은 제물로 드려진 그리스도의 제사

23절, 그러므로 하늘에 있는 것들의 모형은 이런 것들로써 정결케 할 필요가 있었으나 하늘에 있는 그것들은 이런 것들보다 더 좋은 제물로 할지니라

구약의 것은 하늘에 있는 것들의 모형이다. 하늘에 있는 것은 무엇인가? 많은 성경학자들은 이에 대해서 여러 가지 말을 했다. 나는 신약의 믿는

이들도 다 하늘에 포함된다고 본다. 우리 신약의 믿는 이들은 이미 하늘의 예루살렘, 하늘의 시온산에 이른 자들이다(히 12:22). 우리는 이미 하늘의 있는 것들 중에 포함된다. 우리는 구약의 땅의 물건들 같은 존재가 아니다. 우리는 신약 안에 있는 사람들이다. 우리는 어디에 속해 있는가? 하늘에 있는 것들의 모형은 염소나 송아지의 피로 깨끗케 되지만 하늘에 있는 것은 더 좋은 제물로 정결케 되어야 한다. 우리의 죄를 씻는 것은 하늘에 있는 것, 더 좋은 제물이어야 한다. 우리는 땅에 있는데 어떻게 하늘에 있다고 말할 수 있는가? 우리의 죄가 하나님 앞에 기록되어 있기 때문이다. 생명책에 그 죄가 기록되었다면 그 죄는 하나님 앞과 하늘에 있는 것이다. 이러한 일은 구약의 예표적인 것으로는 씻을 수 없기 때문에 더 좋은 제물을 드려야 한다. 물론 천사의 타락과 거역으로 인하여 하늘도 깨끗케 될 필요가 있다. 사람이 타락했을 때 사람과 하나님 사이에 막힌 것이 생겼기 때문이다. 이 모든 것들, 땅이나 하늘이나 다 그리스도의 피로 깨끗케 될 필요가 있다. 우리들도 더 좋은 제물로 깨끗케 되어야 한다. 우리가 이 땅에서 죄를 범할 때 죄의 송사가 다만 이 땅에서 발생하는 것이라고 보지 말라! 하늘 보좌 앞에 제소된다. 그 앞에 우리의 죄과가 기소되는 것이다.

이사야 65장 5절은 하나님 앞에 있는 우리의 죄를 "하나님 앞의 연기"라고 표현한다. 우리의 죄는 하나님 앞에 올라가서 하나님의 책에 기록되어 심판을 부르짖고 있다. 이사야 44장 22절은 "내가 네 허물을 빽빽한 구름의 사라짐같이 네 죄를 안개의 사라짐같이 도말하였으니"라고 한다. 구약시대에 장막에 피가 뿌려져 장막을 깨끗케 해주어야 했듯이 하늘에 있는 것들은 그리스도의 피로 씻어야 했다.

그리스도께서 피를 가지고 하늘로 가셨을 때 하늘은 정결케 되었으며 맑고 밝은 가운데 하나님의 사랑은 영광으로 비추게 되었다. 그리스도는 손으로 만든 장막이 아니라 하늘에 올라 가셔서 우리를 위하여 하나님 앞에 나타나셨다. 이제 하늘은 우리에게 열렸다. 주님은 우리로 거기에 들어갈 담력을 얻도록 하기 위해 먼저 들어가셨다. 우리는 충만한 믿음으로 하나님께 나아가도록 가르침을 받는다. 그리스도가 들어가신 하늘 지성소와 하나님의 임재가 하늘의 섬김을 행하시는 영역이 되었다. 영원한 대제사장으로서 무궁한 생명의 능력, 체휼하시고 구원하시되 완전히 구원하시는 것, 참 장막과 새 언약, 하늘을 깨끗케하는 것, 양심을 깨끗케 하는 피 등은 우리가 견고한 믿음으로 체험하고 누려야 할 것들이다. 우리가 그 휘장 안에 들어가 이 모든 것을 누릴 수 있다는 것과 이 모든 것이 영단번에 이루어 졌다는 것을 믿고 오래 참을 때 하나님은 우리에게 온전한 구원과 영원한 기업을 상속해 주신다.

24절, 그리스도께서는 참 것의 그림자인 손으로 만든 성소에 들어가지 아니하시고 오직 참 하늘에 들어가사 이제 우리를 위하여 하나님 앞에 나타나시고

그리스도는 그림자인, 손으로 만든 성소에 들어가신 것이 아니라 참 성소에 들어가셨다. 그의 제사는 이 땅의 모형인, 모세를 통해서 이루어졌던 제사와 같은 것이 아니라 하늘에 속한 것이며 실제이다. 그분은 참 하늘에 들어가서 우리를 위하여 하나님 앞에 나타나셨다. 우리의 대제사장이신 주 예수님께서 우리의 죄를 사하기 위한 피를 가지고 지성소에 들어가 하나님 앞에 나타나셨던 것이다.

단번에 자신을 드림

25-26절, 대제사장이 해마다 다른 것의 피로써 성소에 들어가는 것 같이 자주 자기를 드리려고 아니하실지니 26 그리하면 그가 세상을 창조할 때부터 자주 고난을 받았어야 할 것이로되 이제 자기를 단번에 제사로 드려 죄를 없게 하시려고 세상 끝에 나타나셨느니라

어떠한 것을 자주 했다는 것은 그것이 미숙하고 불완전하다는 것을 의미한다. 완전한 것은 한 번으로 된다. 구약 시대에 자주 제사를 드렸다는 것은 구약의 제사가 불완전한 것이었음을 나타낸다. 반면에 단번에 이루신 그리스도의 제사는 완전하다. 그분은 무궁하신 속죄제물의 효능을 가지신 하나님의 아들이시므로 많은 사람의 죄를 대신하셨어도 여러 번 죽으실 필요가 없으시다. 인류의 대표자인 예수님은 한번 죽으심으로 그 많은 사람들의 죄를 담당하고도 남으신다. 이를 위해 주님께서 세상 끝에 나타나신 것이다. 그분의 죽음은 말세에 나타나신 한번으로 족한 것이다. 따라서 우리의 죄는 그분의 죽으심으로 완전히 해결되었다.

완전한 구원을 위하여 두번째 나타나심

> **27-28절, 한 번 죽는 것은 사람에게 정하신 것이요 그 후에는 심판이 있으리니 28 이와 같이 그리스도도 많은 사람의 죄를 담당하시려고 단번에 드리신 바 되셨고 구원에 이르게 하기 위하여 죄와 상관없이 자기를 바라는 자들에게 두번째 나타나시리라**

사람은 한 번 죽게 되어 있다. 이는 하나님의 정하심이다. 그러므로 죽는 일은 누구나 다 한 번은 진지하게 치루어야 하는 일이다. 그러나 죽은 뒤에 심판이 있는 것이다. 인간의 영혼이 이 땅에 사는 동안 행한 모든 행위에 대한 재판을 받아야 하기 때문이다. 아무리 강하고 고집이 세며 하나님을 부정하는 인간도 한 번은 죽어야 하며 죽은 후에는 심판대 앞으로 불려가게 된다. 28절은 사람이 한 번 죽어야 하듯이 그리스도께서도 한 번 죽으셔야 했다고 말한다. 사람은 죽게 되었기에 죽는 것이지만, 그리스도는 많은 사람(그분을 믿는 모든 사람)의 죄를 담당하려고 한 번은 제물로 바쳐져야 했다.

"구원에 이르게 하기 위하여". 이 구원은 다만 지옥으로부터 천당으로 가게 되는 것만을 말하는 것이 아니라 우리의 몸까지 영화롭게 되고 구속되는 완전한 구원을 포함한다. 이를 위해서 그분은 첫 번째 오신 후에 두 번째 오시는 것이 필요하다. 그 중간에 그분은 새 언약의 중보로서, 또한 하늘 성소에서 사역자로서 신약을 사역함으로써 생명의 성장과 변화를 위한 유기적인 구원을 이루고 계신다. 이 구원이 완전히 이루어질 그때 그분은 죄와 상관없이 자기를 바라는 자들에게 두 번째 나타나실 것이다.

10장

그리스도의 제물 되심과 믿음의 길에 대한 격려

히브리서 7장에서는 멜기세덱의 반차를 따른 제사장직을 보았고, 8장은 이러한 대제사장이 우리에게 있는 것과, 그분이 섬기시는 곳, 하늘의 장막, 위엄의 보좌 우편에 앉으신 것에 대해서 말한다(1-2절). 대제사장이라면 제사를 드리기 위하여 세워진 자이므로 드릴 것이 있어야 한다. 이 땅에는 율법을 좇아 예물을 드리는 제사장들이 있었다. 그러므로 하늘에서 위엄의 보좌 우편에 앉으신 참 대제사장이신 예수 그리스도께서도 뭔가 드릴 것이 있어야 하는데 그것은 이 땅에 있는 것이 아니라 하늘에 있는 것이다. 우리는 여기서 예수 그리스도의 대제사장되심이 이 땅의 일들이 아님을 재삼재사 보고 있다. 이 땅에 속한 종교와 신약의 교회는 그 차이가 하늘과 땅의 차이이다. 종교는 땅의 조직이고 신약의 교회는 하늘의 백성들이다. 민수기 15장 38절에는 이스라엘 백성들은 그들의 옷단 귀에 술을 만들고 청색끈을 그 귀의 술에 더하라고 했다. 왜 청색끈을 매라고 했을까? 하나님은 그분이 선택한 이스라엘 백성이 이방 열국과 달리 하늘의 백성임을 알게 하도록 하늘의 색깔을 옷에 부착하게 한 것이다.

9장에서 그리스도는 옛 창조에 속하지 아니한 더 크고 온전한 장막으로 말미암아 자신의 피를 드려서 영원한 속죄를 이루시고 단번에 성소에 들어가셨다. 이 성소는 땅에 있는 것이 아니라 하늘에 있는 것이다. 예수 그리스도께서는 그분 자신의 피를 드림으로 말미암아 성소에 들어가셨고 그분 자신의 피로 새 언약을 세우셨다. 이 일들이 다 하늘에서 이루어졌다. 구약의 언약은 짐승들이지만 역시 피로 말미암아 세워졌다. 신약의 언약도 그리스도의 피로 말미암아 세워진 것이다. 이 피는 그리스도께서 영원하신 성령으로 말미암아 자기를 하나님께 드린 영원한 효능이 있는 피이므로 우리의 양심으로 죽은 행실에서 깨끗케 할 수 있고 우리로 하여금 살아 계신 하나님을 섬기게 할 수 있다고 말한다. 이 피는 또한 새 언약을 세울 때 사용되었다. 9장은 주로 그분의 피의 효능에 대하여 강조점이 있다. 10장에 가서는 피만이 아니라 그분 자신의 제물 되심에 대해 말한다. 그분은 그분 자신을 제물로 하나님께 드렸다. 즉 그분의 피가 왜 그렇게 효능이 있으며 우리의 문제를 완전히 해결할 수 있는가 하는 문제를 제물 자체에서 찾고 있다.

따라서 우리는 죄 때문에 지상의 에덴의 낙원에서 쫓겨난 모습을 보는 대신에 이제 새 사람이 하나님의 의를 힘입고 하나님의 낙원, 지성소에 들어가는 모습을 보게 된다. 사람은 이전에 가질 수 없었던 자격을 그리스도의 십자가의 공로를 통하여 부여받고 그리로 들어가게 된 것이다. 그 결과 그분이 다시 오실 때는 죄와 관련이 없이 오신다. 첫 번째 오실 때는 죄를 위해, 죄와 관련하여 오셨지만 두 번째 오실 때는 죄의 문제가 일절 없이 이미 이루어진 구원을 완성하기 위해 오신다. 그분이 다시 오실 때는 사람을 그분의 예비하신 완전한 축복 가운데 인도하기 위해 오신다. "죄와 상관없이 자기를 바라는 자들에게 두 번째 나타나시리라"(히 9:28).

율법에 따른 제사로는 할 수 없음

1절, 율법은 장차 오는 좋은 일의 그림자요 참 형상이 아니므로 해마다 늘 드리는 바 같은 제사(sacrifice, 희생제물)로는 나아오는 자들을 언제든지 온전케 할 수 없느니라

구약의 하나님은 모세를 통하여 이스라엘 백성들에게 율법을 주셨다. 그 율법은 장차 좋은 일의 그림자요 참 형상이 아니다. 구약의 성도들은 그림자만을 가지고 있었을 뿐 그것은 실체가 아니었다. 그러므로 구약의 이스라엘 백성들은 율법을 받았을 때 그 율법으로 말미암아 장차 좋은 일이 올 것이라는 것을 기대했어야 했다. 율법은 겉으로 보기에 무엇을 하라 하지 말라의 계명만 있는 것 같지만 그 자체가 하나의 증거요 형상이었다. 그리스도를 은근하게 나타내는 것이었다. 그 안에 의가 있고 거룩이 있으며 사랑이 있다. 십계명을 자세히 살펴보라! 거기에 하나님의 깊은 사랑이 숨겨져 있다. 사실 우리는 구약의 율법을 통해서도 은은하게 비춰오는 그리스도의 형상을 볼 수 있는 것이다.

하지만 유대교도들은 밖의 율법만을 붙잡았기에 히브리서 기자는 율법은 어디까지나 그림자일 뿐 참 형상은 아니라고 말해주는 것이다. 물론 참 형상은 그리스도이다. 복음은 우리에게 참 실체를 가져다주는 것이다. 율법은 참 형상이 아니므로 해마다 늘 드리는바 같은 제사로는 온전케 할 수 없다. 다만 해마다 늘 제사를 드리라고 하는 이유는 그 제사를 드림으로 말미암아 장차 올 참 형상인 그리스도를 바라보게 하려는 것이었다. 그러므로 이 율법, 해마다 늘 드리도록 주어진 제사로는 나아오는 자들을 언제든지 온전케 할 수 없다. 그것은 그림자일 뿐이다. 히브리서에는 신약의 성도들이 온전케 될 수 있다고 말한다. 성도들이 그리스도 안에서 온전케 되는 일은 매우 중요한 일이다(골 1:28).

2절, 그렇지 아니하면 섬기는 자들이 단번에 정결케 되어 다시 죄를 깨닫는 일이 없으리니 어찌 드리는 일을 그치지 아니하였으리요

기자는 계속해서 구약의 제사(아론의 제사장 직분)가 왜 성도들을 온전케 하지 못하는가를 설명하고 있다. 이 말씀의 '죄를 깨닫는 일이 없다'는 말은 문자적으로 '죄들에 대한 어떤 양심을 갖지 않는다'(having no longer any conscience, 다비역)라는 뜻이다. 즉 죄들에 대한 양심의 자의식을 갖지 않는다는 것이다. 여기서 히브리서 기자는 '죄들'이라는 복수명사를 사용하였다. 즉 우리가 지은 낱낱의 죄들에 대한 양심의 정죄감이 사라졌다는 말이다. 우리 주 예수님의 십자가의 보혈의 씻음은 영 단번에 우리의 양심의 모든 거리낌을 씻어서 우리를 죄에 대한 자의식으로부터 영원히 해방하신 것이다. 이것이 신약의 속죄의 장점이다. 이 말씀은 매우 귀하고 놀라운 복음이다. 이는 그리스도의 완전하고 영원한 속죄제물 되심으로 가능한 것이다. 10장에는 이와 같이 그리스도의 속죄제사가 사람의 양심에 끼친 영향을 보여준다. 이미 우리의 죄가 제거되었는데 우리가 그것을 모를 수도 있다. 이 10장의 말씀은 죄가 제거되었을 뿐 아니라(9장은 주로 죄가 영 단번에 제거된 것을 말한다), 어떻게 양심이 깨끗케 되었는지도 보여준다. 양심이 깨끗해져야 하나님과 사람 사이에 아무 문제가 없게 되는 것이고 하나님을 섬길 수 있는 담력을 얻으며 사람은 하나님의 낙원에 들어갈 수 있는 것이다.

사람의 타락에 대해서 생각해보자. 아담은 동산에서 선악과를 먹은 뒤 하나님의 면전으로부터 숨었다. 죄를 짓자 그의 양심에 문제가 생긴 것이다. 죄를 짓기 전 그의 양심은 하나님 앞에 문제가 없었다. 아니, 죄를 짓고 나서 아담의 양심이 깨어났다고 말할 수 있다. 양심이란 바로 이런 것이다. 평소에 죄를 짓지 않았을 때는 잠자고 있지만, 일단 죄를 짓게 되면 작동을 시작해서 우리로 정죄감을 느끼게 한다. 죄를 지은 양심은 사람으로 하나님 앞에 나아가는데 거리낌을 주어 나아갈 담력을 잃게 만든다. 그러나 그리스도의 속죄제사는 더 이상의 죄의 양심을 갖지 않을 정도까지 되도록 만들어 주었다. 오늘날 얼마나 많은 그리스도인들이 그리스도의 십자가의 보혈의 구속이 우리의 양심에 죄의 가책을 갖지 않게까지 해주었다는 것을 알겠는가?

나는 과거에 그리스도의 보혈이 우리의 양심을 씻었다는 말을 많이 들었지만 그것이 과연 무엇을 의미하는지 잘 몰랐었다. 그 말씀이 그렇게 중요한 것인지 알려주는 사람이 없었다. 그러나 하나님께 감사한다. 이제 우리는 말할 수 있다. 그리스도의 피는 우리의 죄를 없이 하셨을 뿐 아니라 우리의 양심을 씻은 것이다. 일단 주 예수를 믿어 하나님 앞에 죄 사함을 받은 성도들은 더 이상 죄에 대한 양심의 정죄가 없는 것이다. 당신이 만일 그 사실을 분명히 모른다면 그리스도의 속죄제사의 가치를 제대로 알지 못하고 있는 것이다. 당신이 만일 죄가 있는 상태로 지성소에, 낙원에 머물려 한다면 그것은 실수하는 것이다. 아담은 죄를 짓자 그곳에서 쫓겨나게 되었다. 죄를 가지고는 낙원에 있지 못하는 것이다. 옛 상태는 이 땅에 살아 있는 사람들의 상태, 유대교적인 신앙생활 상태를 말한다. 이는 넘어지고 씻음받고 넘어지고 씻음받고 하는 상태를 말한다. 오늘날 수많은 크리스챤들이 이 상태에서 헤어나지 못하고 있다. 그러니 이런 믿음으로는 하나님 앞에 담대히 나아가지도, 온전함에 이르지도 못하는 것이다.

만일 당신이 이 한 제사를 힘입어 깨끗케 된 양심으로 천국에 이르지 못한다면, 당신은 바로 그렇게 불쌍한 사람이다. 히브리서에서 성도들은 그리스도 안에서 하늘에 속한 지성소로 인도받고 있다. 당신의 양심과 영혼은 지극히 거룩한 그곳에 있는가? 더 이상 죄의 양심을 지니지 않고 그분이 빛 가운데 계신 것같이 빛 가운데 행하고, 하나님 앞에서 죄를 기억치 않는 그러한 복된 상태에 거하는가? 이것이 새 언약 안의 성도들의 정상적인 상태라고 히브리서는 말한다. 율법 아래서는 죄를 기억함이 있다. 그러나 여기서는 더 이상 죄를 기억함이 없다. 더 이상 죄에 대한 양심의 정죄가 없는 것이다. 당신이 만일 아직도 죄에 대한 참소를 느끼며 하나님 앞에 나아가지 못한다면 당신은 불필요한 시간 낭비와 속임을 당하고 있는 것이다. 또한 그리스도의 속죄 사역과 그 피에 대한 가치를 누리지 못하고 있는 것이다. 그리스도는 휘장 안에 들어가셨을 뿐 아니라 휘장을 열어놓으셨기에 이제 우리도 그 열린 휘장을 통과해서 하늘에 있게 되었다. 우리는 아무 죄가 없이 그곳에 이르게 된다. 미안해 할 것이 없다. 주저할 것도 없다. 이는 신자의 당당한 권리가 되었다. 우리의 의나 선행이나 공로가 아니라, 내 죄를 완전 해결하신 그리스도의 십자가의 보혈의 공로를 통해 거기에 그렇게 들어간다. 나는 지금 아무 죄가 없는 상태로 거기에 있다. 이것이 우리를 의롭게 하시어 흰 옷을 입혀주셨다는 뜻이다. 복음은 다른 것이 아니라 바로 이것이다!

예를 하나 들어보자. 내게 스스로 해결할 수 없는 매우 힘들고 곤란한 어떤 문제가 있다 하자. 그럴 때 누군가 나를 도와주려면 나에게 이렇게 해주어야 한다. 먼저는 나의 어려운 처지를 깊이 생각해주어 나에게 필요한 모든 조치를 다 취해주고 그리고는 그 결과를 내게 말해주어야 한다. 이 순서대로 그리스도는 나에 대한 사랑과 관심으로 나의 모든 어려움을 해결해주셨고, 그리고 그 결과를 내게 말해주셨으며, 어떻게 해야 하는가도 말해주셨다. 이 모든 말씀이 히브리서 10장에 기록이 된 것이다.

"이 뜻을 좇아 예수 그리스도의 몸을 단번에 드리심으로 말미암아 우리가 거룩함을 얻었노라". 성경은 우리가 그분의 십자가의 공로로 인하여 거룩함을 입었다고 했다. 놀랍지 않는가? 성도들은 반드시 이것을 깨달아야 한다. 그리스도의 보혈의 공로로 우리는 이미 거룩케 되었으며 우리의 양심은 온전히 정죄감에서 해방되었다는 소식 말이다. 물론 이것은 신약의 성도들이 죄에 대한 두려움이나 경계심이 없어도 된다는 말은 아니다. 그것은 또 다른 문제이다. 다만 그리스도의 피의 구속의 효과가 이런 놀라운 은혜를 포함하고 있다는 사실을 반드시 알 필요가 있는 것이다.

그러나 구약의 제사는 어떠한가? 결코 이렇게 될 수가 없다. 구약의 제사로는 죄가 매년 생각나게 된다. 양심의 정죄감이 매년 생겨나야 한다. 그래야 매년 속죄제사를 드리게 된다. 본문 구절을 다시 읽어보자. "율법은 장차 오는 좋은 일의 그림자요 참 형상이 아니므로 해마다 늘 드리는 바 같은 제사로는 나아오는 자들을 언제든지 온전케 할 수 없느니라 그렇지 아니하면 섬기는 자들이 단번에 정결케 되어 다시 죄를 깨닫는 일이 없으리니 어찌 드리는 일을 그치지 아니하였으리요"(1-2절). 만일 이 율법을 통하여 해마다 늘 드리는 제사로써 나아가는 자들이 온전케 될 수 있었다면 단번에 정결케 되어 죄를 깨닫는 일이 없으므로 드리는 일이 그쳤겠지만 그렇게 할 수 없었다는 말이다. 항상 계속해서 제사를 드려야 했던 것은 그 제사가 온전치 못했기 때문이라는 것이다. 그러나 축복된 소식이 여기 있으니, 이제 히브리서 기자는 그리스도의 속죄제사는 온전한 것임을 말하려고 하는 것이다. 이 얼마나 다행스럽고 감사한 일인가!

한 사람의 순종하심으로 많은 사람이 의롭게 되었다(롬 5:19). 이는 우리가 태어나기 전에 이미 이루어진 사실이다. 이는 그리스도의 몸을 단번에 드리심으로 이루어진 것이다. 이 일은 너무나 완전하여 우리의 양심의 거리낌을 조금도 남기지 않고 다 해결하였다. 이러한 지식이 없이는 우리의 양심은 결코 깨끗케 되지 못한다. 그래서 우리는 이 사실을 반드시 알 필요가 있다. 알다시피 우리의 양심은 우리가 가진 지식의 지배를 받는다. 이는 로마서 14장과 고린도 전서 10장 23-29절을 읽을 때 분명해진다. 어떤 사람은 모든 것을 먹을 만한 믿음이 있는 반면에 어떤 사람은 채소만 먹는다고 하였다. 다만 의심하고 먹는 자는 정죄되었다고 하였으니 이는 믿음으로 행하지 않았기 때문이다(롬 14:1, 22). 이것은 그들의 믿음과 양심의 문제인 것이다. 따라서 하나님의 이루신 사실에 대한 정확한 진리를 깨달음 없이는 양심의 자유를 얻지 못하는 것이다. 오! 오늘날 얼마나 많은 성도들이 불필요한 정죄감에서 해방되지 못하여 다만 구약적인 신자의 생활에 머무는가! 결과적으로 그들은 하나님이 기대하시는 성도들의 온전함에 이르지 못한다.

신약에서 발견하는 것은 우리가 믿음으로 의롭다함을 얻는 것인데 이 믿음이 우리 자신의 믿음이라는 것이다. 이 믿음은 하나님이 아시는 것이 아니라 내가 아는 것을 말한다. 그러므로 히브리서 10장 15절에서 "성령이 우리에게 증거하시되"라고 한 것이다. 이렇게 성령께서 증거하시는 것을 듣고 깨달으며 믿을 때 우리는 양심에 깨끗함을 얻게 된다. 성령께서는 선포하신다. "그 날 후로는 저희와 세울 언약이 이것이라 하시고 내 법을 저희 마음에 두고 저희 생각에 기록하리라 하신 후에"(16절). "또 저희 죄와 저희 불법을 내가 다시 기억지 아니하리라 하셨으니"(17절). 또한 결론지어 말하기를 "이것을 사하셨은즉 다시 죄를 위하여 제사 드릴 것이 없느니라"(18절)고 하였다. 10장의 중점은 이 16-17절 중에서 17절에 있다. 죄와 불법의 사해진 것을 완전히 이해하지 못한다면 16절의 생명의 법으로 인하여 사는 성결에 이르지 못하기 때문이다. 만일 하나님이 우리 죄를 기억하신다면 우리에게는 소망이 없다. 왜냐하면 그리스도는 다시 죽지 않으실 것이고 "피흘림이 없은 즉 사함이 없기 때문이다"(히 9:22). 이는 역설적인 말이다. 그러므로 우리는 양심이 하나님의 면전에 이르고 또 거기서 죄에 관한한 우리가 완전하고 온전한 상태에 이르렀다는 것을 아는 것은 매우 중요하다. 그리스도 안에 있는 한 사람인 나를 볼 때 나는 죄가 전혀 없는 것이다. 그분이 한 제물로 거룩케 된 자들을 영원히 온전케 하셨기 때문이다. 성도들이여, 감사와 찬양을 주께 드리자!

3절, 그러나 이 제사들은 해마다 죄를 생각하게 하는 것이 있나니

구약의 율법을 따른 제사는 속죄일이 되면 항상 죄를 생각나게 하였다. 율법의 기능은 육체를 가진 사람들로 하여금 그들이 지은 죄에 대한 인식을 갖게 해주는 것이다. 그것은 마치 거울과 같다. 만일 거울이 없으면 얼굴이 얼마나 더러운지, 어떠한 얼룩이 묻었는지를 알 수 없다. 그러나 거울이 있을 때는 볼 수 있다. 하나님은 사람이 타락하여 육체가 된 후에 율법을 주셨는데, 이 율법을 주신 목적은 타락한 사람들로 자신의 상태를 스스로 깨닫게 하고자 하는 것이었다. 그러므로 그들은 율법을 바라보면서 장래 올 참 형상인 그리스도를 바라보아야 했다. 그런 온전치 못한 율법제도 아래 있던 구약 시대 성도들의 양심은 해마다 죄를 느끼게 되었다. 그리고 계속해서 매년 제사를 드려야 했다. 신약은 한 번 제사를 드림으로 성도들의 양심을 정결케 하여 다시는 죄를 생각나게 할 필요가 없는 것이다.

4절, 이는 황소와 염소의 피가 능히 죄를 없이 하지 못함이라

황소와 염소의 피는 능히 죄를 없이 하지 못하고 다만 죄를 가릴 뿐이었다. 구약에서 속죄라는 말은 영어로 'atonement'로서 이 말에는 덮는다(covering)는 뜻이 있다. 구약 시대에 황소와 염소의 제사, 속죄하는 제사로써 얻을 수 있는 것은 죄를 덮는 것뿐이었다. 해마다 반복하는 제사는 제사 드리는 자들의 죄에 대한 양심의 자의식만 더해주었지 그 양심을 완전히 정결케는 하지 못했다. 이는 그 제물들은 그림자와 예표였기 때문이다. 결국은 그리스도께서 오셔서 십자가에서 죽으셨을 때 비로소 모든 죄가 다 제해졌고 우리의 양심의 정죄감이 온전히 제거된 것이다.

5-7절, 그러므로 세상에 임하실 때에 가라사대 하나님이 제사와 예물을 원치 아니하시고 오직 나를 위하여 한 몸을 예비하셨도다 6 전체로 번제함과 속죄제는 기뻐하지 아니하시나니 7 이에 내가 말하기를 하나님이여 보시옵소서 두루마리 책에 나를 가리켜 기록한 것과 같이 하나님의 뜻을 행하러 왔나이다 하시니라

이것은 시편 40편의 말씀을 인용한 것이다. 시편 40편은 다윗의 시이다. 시편 40편 6-8절, "주께서 나의 귀를 통하여 들리시기를 제사와 예물을 기뻐 아니하시며 번제와 속죄제를 요구치 아니하신다 하신지라 그때에 내가 말하기를 내가 왔나이다 나를 가리켜 기록한 것이 두루마리 책에 있나이다 나의 하나님이여 내가 주의 뜻 행하기를 즐기오니 주의 법이 나의 심중에 있나이다 하였나이다". 이미 다윗 시대에 속죄제나 번제를 하나님이 기뻐하지 않으시므로 하나님이 한 몸을 예비하셨으며 그리스도께서 하나님의 뜻을 행하러 오셨다고 말했고, 히브리서 기자는 이 시편을 인용하였다. 그러면서 시편 기자가 말한 것이 '구약의 제사들은 그리스도 안에서 이루어질 것의 예표로서 참으로 하나님께서 원하시는 제사는 하나님의 뜻에 따라 그리스도의 몸을 드리는 것임'을 지적하고 있다. 다윗은 51편에서도 같은 맥락의 시를 썼다. "주는 제사를 즐겨 아니하시나니 그렇지 않으면 내가 드렸을 것이라 주는 번제를 기뻐하지 않으시나이다". 해마다 반복하는 구약의 제사로는 죄의식만 더했지 양심을 정결케 하여 죄의식을 온전히 없애주지 못했던 것이다. 그래서 하나님은 한 몸을 예비하신 것이다. 이미 다윗은 그 때 하나님은 구약의 제사나 번제를 기뻐하지 않으시고 한 몸을 예비하신다는 것을 알았다. 이것이 성령의 계시인 것이다.

8-9절, 위에 말씀하시기를 제사와 예물과 전체로 번제함과 속죄제는 원치도 아니하고 기뻐하지도 아니하신다 하셨고(이는 다 율법을 따라 드리는 것이라) 9 그 후에 말씀하시기를 보시옵소서 내가 하나님의 뜻을 행하러 왔나이다 하셨으니 그 첫 것을 폐하심은 둘째 것을 세우려 하심이니라

5-9절 말씀의 깊은 뜻을 이해하기는 쉽지 않다. 이 역시 첫 언약과 둘째 것에 대한 비교이다. 첫 번째 것에는 인간의 자발적(自發的)인 제사가 있었다. 이는 그것이 육체의 예법이기 때문이다(7:16). 육체로 행하여지는 제사는 하나님의 계명 아래 있는 행위였다 하더라도 사람의 자발이 들어있는 것이다. 그러므로 거기에는 흠이 있고 완전함이 결여된 것이다. 그러나 둘

째 것은 어떠한가? 둘째 것 안에서는 모든 것이 하나님의 뜻으로 말미암았으며 모든 것이 그분의 뜻에 대한 순종임을 밝히고 있는 것이다. "두루마리 책에 나를 가리켜 기록한 것과 같이". 이는 그분이 육신 되어 오신 것이 하늘의 뜻임을 밝히는 것이다. 그분은 또한 완전한 순종 가운데서 이를 행하셨다. 그분은 겟세마네에서 말씀하셨다. "아버지여 만일 아버지의 뜻이어든… 내 원대로 마옵시고… 일어나라 함께 가자". 그분은 십자가에 나아감도 철저히 아버지의 뜻의 순종함 안에서 행하셨다.

"하나님이 제사와 예물을 원치 아니하시고 오직 나를 위하여 한 몸을 예비하셨도다", "내가… 하나님의 뜻을 행하러 왔나이다". 여기 자신을 속죄제물로 드리는 그리스도에게 조금도 인간의 뜻이 들어있지 않음을 볼 수 있다. 그렇게 하여 첫 번째 것은 완전히 사라졌다. 다윗은 이것을 어떻게 알 수 있었는가? 물론 성령의 말씀하심이다. 그는 구약 시대의 사람이면서도 대담하게 하나님이 제사와 번제를 기뻐하지 않는다고 선포했다. 다윗이 그 때 이것을 말한 것은 놀라운 일이 아닐 수 없다. 또 자신을 위해서 한 몸(그리스도의 성육신)을 예비했다고 선포했다. 첫 번째 것을 폐하려 그렇게 했다는 것이다. 그리고 천 년 후에 바울 또한 그렇게 해설했다. 이들은 다 성령의 사람들이다. 바울은 율법으로 의를 얻을 수 있더라도 그렇게 하지 않겠다고 말한다. 이는 그가 장차 올 좋은 일을 알았기 때문이요, 참 형상을 알았기 때문이요, 더 나은 하나님의 의를 소유했기 때문이다. 이제는 모든 옛 것이 끝났고 새 것이 들어왔다.

예물과 속죄제와 번제와 같은 것들은 첫 번째 것이다. 하나님은 율법을 따라 드리는 것을 원치 않으신다. 그것은 하나님이 폐하신 것이요 하나님은 둘째 것을 세우려 하셨다. 그 둘째 것은 전체로 드리는 번제와 속죄제가 아니라 그리스도의 육신을 입으신 그 거룩한 '한 몸'이다. 즉, 하나님은 그리스도께서 세상에 임하셨을 때에 가지셨던 그 몸을 드리기를 원하신다는 것이다. 번제나 속죄제는 하나님이 원치도 않으시고 기뻐하시지도 않으시는데, 그것으로는 능히 죄를 없이 하지 못하기 때문이라고 하였다. 그러므로 하나님은 둘째 것을 세우려 하신다. 이로 인하여 우리는 하나님께 어떠한 감사와 찬미를 드려야 할지!

10절, 이 뜻을 좇아 예수 그리스도의 몸을 단번에 드리심으로 말미암아 우리가 거룩함을 얻었노라

이 뜻이란 지금까지 말한 한 몸을 예비하셔서 온전한 속죄제사를 마련하시려는 하나님의 뜻을 말한다. 과거에는 다만 그림자인 율법 아래서, 제사장들이 짐승들(황소와 염소)의 피로 죄를 가려 왔다. 그러나 이제 하나님의 뜻을 따라 예수 그리스도의 몸을 단번에 드리셔서 우리의 죄를 제하심으로 말미암아 거룩함을 얻었다고 말한다. 이 글에서 '단번에'(에파팍스, once for all)가 그리스도의 몸을 단번에 드리셨다는 말을 하는 것인지, 우리가 단번에 거룩함을 얻었다는 말을 하는 것인지는 단정하기 어렵다. 전자임은 분명한 것이지만, 후자를 위한 해석도 그 뜻에 있어서는 받을 수 있는 것이다. 그리스도께서 우리의 구속을 위해 자신의 몸을 드린 것이 단번인 것이고, 성도들이 그리스도의 구속으로 얻어지는 성결이 단번인 것 또한 분명하기 때문이다.

"우리의 거룩은 우리가 예수와 하나 되는 것에 뿌리를 두고 있다. 이 뜻을 좇아 우리가 거룩함을 얻었고, 죄와 이 악한 세상의 권세로부터 구원되었으며, 거룩하신 분과의 교제 안으로 이끌렸고, 지성소에 들어가기에 합당하게 된 것이다.… 믿는자여, 당신은 예수께서 그러하셨듯이 하나님의 뜻에 따라 당신 자신이 거룩해졌으며 거룩하신 분과의 교제 안으로 들어갔다고 믿고 여기기를 배웠는가?… 아, 이것이 당신도 그렇게 할 수 있도록 하기 위해 예수께서 당신을 위하고 당신을 대신하여 하신 일이란 사실을 깨닫고 믿으라!"(앤드류 머레이)

한 제물로 영원히 온전케 하심

11-13절, 제사장마다 매일 서서 섬기며 자주 같은 제사를 드리되 이 제사는 언제든지 죄를 없게 하지 못하거니와 12 오직 그리스도는 죄를 위하여 한 영원한 제사를 드리시고 하나님 우편에 앉으사 13 그 후에 자기 원수들로 자기 발등상이 되게 하실 때까지 기다

리시나니

구약의 제사장들이 매일 서서 섬기며 자주 같은 제사를 드린 것은 죄를 위한 속죄제사가 완전히 마쳐지지 않았기 때문이다. 그러나 그리스도는 한 영원한 제사를 드리시고 하나님 우편에 앉으셨다. 10절의 '단번에'라는 말과 11절의 '자주'라는 말은 대비를 이루며, 12절의 '앉으사'라는 말과 11절의 '서서'라는 말 또한 대비를 이룬다. 이는 다 구약과 신약의 차이를 보여준다. 11절에서는 제사장이 매일 서서 섬긴다고 했지만 12절에서는 앉았다고 말하고 있다. 이 땅에 있는 제사장들은 매일 서서 같은 제사를 자주 드렸지만, 이 제사는 죄를 완전히 없게 하지 못했다. 다만 한동안 죄를 가릴 뿐이었다. 그러나 그리스도는 단번에 자기 몸을 드리셔서 사람의 죄를 온전히 없이하시고 하나님 우편에 앉으셨다. 앉으셨다는 것은 일을 마쳤다는 것을 의미한다. 그분은 다시 일어나실 필요가 없다.

보좌 우편에 앉으셨다는 것은 그분의 제사의 가치가 어떤 것에도 방해를 받지 않는 자리에 계심을 뜻한다. 죄가 있는 사람은 하나님 존전에서 쫓겨나야 한다. 만일 우리의 죄가 그리스도의 죽으심으로 해결되지 않았다면 그분이 우리 죄를 짊어지셨으므로 그분도 그 자리에 계실 수 없다. 그분이 그 자리에 앉으신 것은 우리 죄가 다 끝났기 때문에 가능한 것이다. 당신이 만일 "오늘은 내 죄가 용서되었지만 내일은 내 죄가 나를 송사할텐데"하고 걱정한다면 당신은 하나님에게서 멀어지게 된다. 하나님 앞에서 당신은 아무 죄가 없는 상태이다. 또한 씻음받은 양심을 소유한 자이다. 사람이 잠시 그분 앞에 두려움을 가질 수 있으나 믿음은 언제나 우리를 씻음받은 양심의 상태로 인도한다.

그러므로 성도들은 외칠 수 있다. "나는 하나님을 향하여 온전히 깨끗케 된 양심을 갖고 있으며 내 마음은 그분과 함께 기뻐하니 이는 내가 아버지 앞에서 완전하게 되었음이라!" 우리의 모든 죄의 문제는 해결되었고, 우리는 온전케 되었으며, 예수 그리스도께서는 안연히 거기에 앉아 계실 수 있으시다. 할렐루야! 우리가 만일 씻음받은 양심으로 하나님 앞에 서있지 않다면 그것은 이에 대한 하나님의 진리를 붙들고 있지 않은 것이다. 이렇게 우리가 죄 없는 양심을 갖는 것이 우리를 철면피로 만드는 것이라고 오해하지 말라! 결코 그렇지 않다. 이렇게 믿음으로 설 때 죄에 대한 다른 평가가 있게 된다. 악이 탐지되지 않는 것이 아니라 오히려 하나님 앞에 죄가 자리할 수 없음을 더욱 깨닫게 된다. 단순히 죄를 두려워할 때 보다 더욱 죄의 악함을 깊이 깨닫게 되는 것이다.

그리스도는 한 번에 영원한 제사를 드리시고 하나님 우편에 앉으신 후에 자기 원수들로 자기 발등상이 되게 하실 때까지 기다리신다. 이는 주님이 승리의 왕으로 재림하실 것을 말씀하시는 것이다. 그분은 한 번 죄를 위하여 십자가에서 고난을 당하셨으나 최종적으로는 죄의 근원이 되는 마귀를 정복하시고 모든 악의 세력을 발밑에 짓밟으실 것이다. 히브리서는 확실히 우리를 그리스도에 대한 생각으로 가득 채워주며, 그 지식으로 인해 우리가 하늘의 부르심에 호응하여 살게 해주는 책이다. 그분의 우주적인 희생과 죽음에 있어서 '단번'과 '영원히'는 우리 신자들로 하여금 결코 깨어지지 않는 주님과의 교제 속으로 이끌리게 만들어 준다. 그분의 피 흘림은 죄 사함만이 아니라 지성소 안으로 들어가심과 하늘에서의 피 뿌림에도 해당된다. 성도들은 그리스도께서 영단번에 하늘 지성소로 들어가심은 우리를 위해 하늘의 제사장직의 영원하고 변함없으신 능력으로 세워지신 것임을 알고, 하늘의 무궁한 능력을 체험하기를 배워야 한다.

14절, 저가 한 제물로 거룩하게 된 자들을 영원히 온전케 하셨느니라

그리스도가 한 제물로 거룩하게 된 자들을 영원히 온전케 하셨으므로 더 이상 죄에 대하여 그리스도께서 하실 일이란 없다. 우리를 하나님께 완전히 분별시키셔서 더 이상 죄에 대하여 뭔가를 더 처리해 줄 것이 없을 만큼 죄의 문제를 완전히 해결해 놓으셨기 때문이다. '거룩하게 된 자들을 영원히 온전케' 하셨다는 것은 성품상의 성화의 온전함을 가리키는 것이 아니라, 죄의 용서와 의롭다 함의 문제에 관한 거룩함과 온전함을 말한다. 즉 신분상의 온전함을 말한다. 다시 말해서 우리가 하나님 앞에 서는 면이나 나아가는 자격 면에 있어서의 온전함인 것이다. 우리의 성품적인 온전함과 성화는 점점 더 전진할 필요가 있다. 이것은 믿는이에게는 일생의 일인 것이다.

다시는 죄와 불법을 기억지 아니하심

15-18절, 또한 성령이 우리에게 증거하시되 16 주께서 가라사대 그날 후로는 저희와 세울 언약이 이것이라 하시고 내 법을 저희 마음에 두고 저희 생각에 기록하리라 하신 후에 17 또 저희 죄와 저희 불법을 내가 다시 기억지 아니하리라 하셨으니 18 이것을 사하셨은즉 다시 죄를 위하여 제사드릴 것이 없느니라

이 구절은 8장에 있는 새 언약의 말씀에 대한 반복이다. 다만 8장에는 하나님이 하신 말씀으로 되어있고, 여기 10장에서는 성령이 증거하셨다고 말한다. 또 8장과 비교해서 마음과 생각의 위치가 바뀌었으며 불의가 불법으로 바뀌었다. "이것을 사하셨은즉". 이것이란 저희 죄와 불법을 가리킨다. 즉 우리의 모든 죄와 불법을 다 사하셨다는 말씀을 강조하시는 것이다. 죄 사함의 사역에 대해서 히브리서보다 더 분명하고 확고하게 말한 성경은 없다. 죄가 사해졌으므로 다시 제사 드릴 필요가 없다는 것이다. 하나님이 다시는 우리의 죄와 불법을 기억지도 않는다고 말씀하신다. 우리에게는 이런 말씀에 대한 확고한 믿음이 필요하다.

하나님께서 우리 죄를 기억하지 않으신다는 것을 믿기란 쉽지 않다. 왜냐하면 우리는 자꾸만 죄를 더듬어 기억하려고 하기 때문이다. 그러나 하나님 말씀에서 확신을 가져야 한다. 우리가 믿는 것은 우리의 느낌이 아니라 하나님의 말씀이다. 하나님의 말씀에 '다시 기억지 않는다'고 하시면 기억지 않는 것이다. 우리는 다만 하나님의 말씀을 그대로 믿는 것이 필요하다. 단지 "하나님 아버지, 내 죄를 기억지 않으심을 감사합니다"라고 하면 된다. 우리가 어떤 죄를 지었든지 하나님은 우리 죄를 생각지도 않으시고 기억하지도 않으신다. 이것이 그분의 새 언약의 말씀이다.

우리는 8장에서 “내 법을 저희 마음에 두고 저희 생각에 기록하리라”는 말씀과 “내가 저희 죄와 불법을 다시는 기억지 않으리라”는 말씀이 상호 연관되어 있다는 것을 말한 바 있다. 이는 10장에서 더욱 자세히 설명되는데, 만일 우리에게서 죄에 대한 정죄감이 사라지지 않는다면, 즉 죄 용서에 대한 믿음이 없이는 생명의 법에 대한 체험을 가질 수 없게 되기 때문이다. 그러니 죄를 용서받는 문제와 생명의 법을 체험하는 문제는 매우 긴밀하게 관련되어 있다. 이는 로마서 8장 1-2절을 통해서도 알 수 있다. 1절에서는 그리스도 안에 있는 자들에게 정죄함이 없다고 말하면서 2절에서는 생명의 성령의 법이 죄와 사망의 법에서 해방하는 문제를 말한다. 히브리서 7장 16절의 멜기세덱의 반차를 따른 제사장의 사역을 통해 무궁한 생명의 능력으로 생명률을 따라 살려면 죄를 사함받았다는 분명한 믿음이 전제가 되어야 한다. 양심이 깨끗케 되지 못하면 결코 하나님과의 교통이 이루어질 수 없고 영적 하늘을 가질 수 없으며 살아 계신 하나님을 섬길 수 없기 때문이다(히 9:14). 이를 위하여 그리스도께서는 승천하사 제사장과 왕이 되시고 하늘 성소로부터 오순절 날 성령으로 강림하셨고, 제자들에게 하늘의 생명과 분위기와 능력을 가져와 그들 속에서 실제가 되게 하셨다.

예수의 피를 힘입어 지성소로 나아감

19절, 그러므로 형제들아 우리가 예수의 피를 힘입어 성소에 들어갈 담력을 얻었나니

이 부분부터가 히브리서의 후반부이다. 지금까지가 주로 교리적이었다면 이제부터는 주로 실천적이고 체험적인 내용이다. 휘장이 갈라진 것은 우리로 그 안에 들어가게 하려는 것이다. 예수 그리스도께서는 그것을 통과하여 그 안으로 들어가셨으며 그 길은 이제 우리를 위해 열려 있다. 지금까지는 우리에게 그리스도의 인격과 그 영광과 우리를 위해 피로 정결케 하신 하늘의 성소, 그분의 보혈의 효능, 그분이 공급하시는 무궁한 생명의 능력 등을 제시했었다. 그런데 이것을 얻으려면 늘 지성소로 나아가야 한다. 히브리서에서 강조하는 복음은 늘 아버지의 임재 안에서 살고 행하고 봉사하기 위해서는 우리의 대제사장이신 그리스도께서 열어 놓으신 그 휘장 안으로 들어가라는 것이다.

나는 과거에 그리스도께서 승천하실 때 피를 가지고 가셨다는 것을 이해하지 못했었다. 그런데 어느 날 하늘에 그분의 피가 영원히 존재한다는 사실을 알고 매우 기쁘고 놀라웠다. 그 피는 우리를 위해 하늘에 간직되어 있다(히 12:24). 따라서 그 피의 효능도 영원하다.

히브리서의 강조점은 다만 죄를 속하는 장소인 바깥뜰에만 머물러 있지 말고, 또 성소에 들어가 그저 열심히 섬기고 일하는 상태에 만족하지 말고, 그리스도께서 계신 지성소에 들어가서 그분과 함께 생활하라는 것이다. 지성소는 하늘에 있는 것이지만 위치에 제한받는 장소가 아니다. 어떤 사람들은 지성소를 하늘에 있는 특정한 장소로 생각하겠지만 지성소는 사실 위치의 문제가 아니다. 하늘이든지 땅이든지 하나님이 계신 그곳이 바로 지성소이다. 예수께서는 그 지성소로 들어가는 길을 열기 위해 피를 흘리셨다. 오순절 날 강림하신 성령은 바로 제자들을 지성소로 인도하기 위해 오신 분이다. 오늘날 우리의 거처는 지성소이다. 그곳에서 우리는 언제나 하나님을 뵈오며 살아갈 수 있다. 오늘 이 땅에서도 우리는 얼마든지 지성소에 들어가 주님 면전에서 생활할 수 있다.

그런데 지성소에 들어가려면 담력이 필요하다. 구약 시대에는 대제사장만이 일 년에 한 번씩 지성소에 들어갈 수 있었다. 지성소는 하나님의 영광이 있고 하나님의 말씀하심이 있는 곳이다. 그러므로 하나님이 계신 지성소에 나아가려면 담력이 있어야 하지 않겠는가? 그 담력은 어떻게 해서 얻을 수 있는가? 우리의 좋은 행위로 얻을 수 있는가? 그렇지 않다. 오직 예수의 피만이 우리로 지성소에 들어갈 담력을 얻게 한다.

우리가 지은 죄를 생각하면 우리는 하나님 앞에 나아갈 담력을 잃는다. 그러나 사도가 여기에서 말해주는 것은 비록 우리가 죄를 범하고 실패하였다 하더라도 우리는 예수의 피를 힘입어 하나님 앞에 나아갈 담력을 얻는다는 것이다. 당신의 담력은 하나님께서 보시는 예수의 피의 가치와 평가에 나온 것이지 당신의 느낌에 따른 것이 아니다. 우리는 단순한 믿음으로 예수의 보혈에 대한 하나님의 평가를 신뢰하고 찬송과 기쁨으로 그곳에 들어가면 된다. 당신이 죄로 인해 한 시간 동안 눈물을 흘렸기 때문에 들어갈 힘을 얻는 것이 아니다. 당신에게 회개하고 애통해하는 마음이 있기 때문도 아니다. 우리가 하나님 앞에 나아갈 수 있는 근거는 우리의 눈물이 아니라 오직 예수의 피이다. 육체의 생명은 피에 있다고 하였으니 하나님의 아들 예수의 피는 하나님의 생명이 무한하듯이 무한한 효능을 지닌다. 따라서 우리는 하나님의 아들 예수의 피를 힘입어 지성소에 들어갈 담력을 얻을 수 있다.

그러므로 우리는 이렇게 기도하자. "하나님, 제가 잘못하여 실패했지만 당신의 아들의 피를 의지하여 지성소로 나아갑니다." 이로써 우리는 담력을 얻고 나아갈 수 있다. 오직 우리에게 용기와 담력을 주는 것은 예수의 피 뿐이다. 다른 것이 아니다. 우리의 좋은 행실도, 우리의 눈물도, 우리 자신의 의도 아니다. 우리가 지성소에 들어갈 수 있는 담력은 오직 예수의 피로만 얻어질 수 있다.

십자가의 죽음을 통해 새롭고 산 길이 열림

20절, 그 길은 우리를 위하여 휘장 가운데로 열어 놓으신 새롭고 산 길이요 휘장은 곧 저의 육체니라

주 예수님은 우리를 위하여 휘장 가운데로 새롭고 산 길을 열어 놓으셨다. 구약의 길은 새롭고 산 길이 아니라 낡고 죽은 것이었다. 그러나 이 길은 새롭고 산 길로서 예수 그리스도의 십자가의 죽음을 통해 열려졌는데 휘장은 곧 주 예수님의 육체이다. 주 예수님이 십자가에서 운명하시던 당시 성소의 휘장이 위에서부터 아래로 갈라졌다. 그분의 육체가 갈라질 때 휘장이 갈라진 것이다. 그것은 그분이 우리 모두를 위해서 지성소로 들어가는 길을 여셨다는 뜻이다. 우리는 주 예수님의 몸이 찢기우심으로 휘장 안으로 들어가 하나님과 함께 생활하게 되었다. 오늘 우리가 휘장 안에서 살지 못한다면 이는 매우 유감스러운 일이다. 이는 주 예수께서 이 땅에 오셔서 이루신 역사를 소홀히하는 것이기 때문이다.

만일 우리가 지성소 안에 거하는 삶을 살려면 우리는 마땅히 우리 자신을 예수 그리스도의 죽음에 일치시켜야 한다. 우리에게는 그리스도의 보혈이 있고 그분의 십자가가 있다. 그분의 십자가의 죽음은 그분 혼자만의 죽음이 아니다. 그 휘장에 새겨져 있는 그룹은 모든 피조물을 상징한다. 따라서 예수 그리스도께서 십자가에 못 박히셨을 때 우리 모두도 그분과 함께 못 박힌 것이다. 오늘 우리가 휘장 안에 들어가서 지성소에서 생활한다는 의미는 우리가 육체 안에 있지 아니하고 성령 안에 있다는 것이다.

율법적인 실행 아래서는 그 모든 길이 규율과 규정에 따른 것이므로 신선함이 없다. 그런 진부한 실행을 끝낸 것이 그리스도의 십자가이다. 그분은 십자가에서 휘장인 자기 육체를 찢으사 새롭고 산 길을 여셨다. 성령을 따라서 주님을 순종해 나아가면 그 길이 항상 신선하고 새롭다(롬 7:6). 오늘날도 어떤 사람들은 율법에 속해서 그저 틀에 박힌 규율에 따라 예배하고 봉사하곤 한다. 그럴 때 성도들은 답답함과 지루함을 느끼게 된다. 찬양이나 기도나 모든 것에서 그러하다. 그러나 성령 안에 행하는 사람들의 제반 행동들은 신선하고 새로우며 사람들에게 기쁨과 새로운 열망을 불어넣어준다. 그리스도께서는 십자가에서 휘장을 여시어 우리로 답답하고 피곤한 옛 길을 가지 않고 새롭고 산 길을 걸어갈 수 있도록 해주셨다!

대제사장이신 그리스도로 말미암아 하나님께 나아감

21-22절, 또 하나님의 집 다스리는 큰 제사장이 계시매 22 우리가 마음에 뿌림을 받아 양심의 악을 깨닫고 몸을 맑은 물로 씻었으니 참 마음과 온전한 믿음으로 하나님께 나아가자

이 모든 말씀들이 멜기세덱의 반차를 좇는 대제사장이신 그리스도의 완전한 섬김이 있으므로 우리가 그분께 나아갈 수 있으며 온전케 될 수 있음을 계속해서 설명하고 있다. 그리스도는 휘장을 여신 분일 뿐 아니라 지성소 안에서 제사장의 직무를 이행하는 분이시다. 이 제사장 직분은 멜기세덱의 반차를 따른 것이다. 그리스도께서 하나님의 집 다스리는 큰 제사장으로 계시된 이유는 우리로 그분을 체험하게 하기 위해서이다. 그분은 자신이 완성하시고 획득하신 모든 것들을 우리에게 실제가 되고 체험이 되게 하기 위해서 하나님의 집을 다스리는 제사장이 되신 것이다. 그분의 목표는 무엇인가? 우리를 온전히 구원하시는 것이다. 그분이 영원히 계시는 이유도 우리를 온전히 구원하시기 위한 것이다(히 7:24, 25). 하나님의 집을 다스리는 제사장은 영 단번에 우리를 인도하여 그 집에 살게 하셨는데 우리 편에서 믿음이 연약하여 그 삶을 충만하게 영위하지 못하는 것이다. 그분은 여전히 성소에서 섬기는 자로서 무궁한 생명의 능력을 공급하시며 우리를 하나님 면전에 살 수 있게 도와주고 계신다.

마음에 뿌림을 받아 양심의 악을 깨달음

히브리서 기자는 여기서 유대인의 성전 예법에 따라 말하고 있다. 히브리 믿는이들에게 쓴 글이기 때문이다. 휘장 안에는 우리의 큰 제사장이 계시고 그곳에서 우리는 뿌림도 받고 물로 씻기도 한다. "마음에 뿌림을 받아 양심의 악을 깨닫고 몸을 맑은 물로 씻었으니"란 구절을 문자적으로 읽으면 "마음에 뿌려 악한 양심을 씻고 맑은 물로 몸을 씻었으니"가 된다. 무엇이 마음에 뿌려졌다는 말인가? 그리스도의 보혈이 마음에 뿌려졌다는 것이다. 이는 의심할 여지없이 보혈의 씻음을 말하는 것이다. 앞에서 말했듯이 보혈은 우리의 양심을 씻는다. 마음에 피 뿌림을 받아 양심이 씻어진 것이다. 그럴 때 우리는 여기서 한 가지 질문이 있게 된다. 10장 전반부에서 우리는 다시는 양심에 거리낌이 없을 정도로 씻음을 받았다고 배웠는데 여기서 또다시 씻음이 필요하다는 것은 무슨 말인가? 여기서 우리는 진리의 균형을 본다. 진리에는 객관적인 면이 있고 주관적이며 체험적인 면이 있다. 우리는 이미 9장에서도 이중적 씻음에 대하여 말한 바 있다(12-14절).

이전에 우리가 그리스도의 보혈에 대하여 아는 것은 너무 피상적이었다.

그러나 히브리서를 공부해볼 때 그리스도의 보혈은 대단한 효력을 발휘함을 알 수 있다. 첫째, 이 피는 하나님 앞에 있는 우리의 죄안(罪案)을 말소했다. 그것은 대제사장들이 짐승의 피를 가지고 지성소에 들어가 시은좌 위에 뿌렸듯이 그리스도께서 자신의 피를 가지고 하늘에 있는 성소에 들어가 시은좌 위에 뿌리심으로 성취된 것이다. 둘째, 이 피는 우리의 양심을 정결케 하였다. G.Deck이라는 성도가 "주 예수께서 그 창에 찔려 피를 흘리시어 우리의 양심을 씻었네"라는 찬송시를 지었는데, 이제 우리는 그 사실을 알게 되었다. 주 예수의 피가 우리의 양심을 씻었다는 것을! 성도들이여, 기뻐하라! 예수의 피는 하늘에서 하나님 앞에 있는 우리의 죄안(罪案)을 없앴을 뿐 아니라 우리의 양심의 죄책(罪責)을 제했다.

하늘에서 큰 효능을 나타내어 하늘에 있는 것들을 다 정결케 한 피는 (히 9:23-26), 오늘 우리 마음 안에서 그 씻음의 효능을 나타낸다. 우리가 하늘에서 이루어진 보혈의 큰 효능을 믿고 그 안에서 즐거워하기를 배울 때 우리는 또한 우리의 삶 가운데서 동일한 효능으로 씻어주시는 보혈의 씻음을 체험할 것이다. 항상 우리를 위해 동일한 효능을 가지고 역사하는 그 피는 아벨의 피보다 더 나은 피이며, 그분의 빛 가운데 나아가는 우리에게 계속 하늘문을 열어주며 우리의 양심 속에서도 죄로 인한 죄책감을 다 없애준다. 그 피의 효능은 하늘 아버지께 영원토록 기쁨이 되고 하나님 존전 앞에서 살고자 하는 우리의 내면에도 늘 씻음의 기쁨을 준다. 이 일은 영 단번에 이루어졌지만 또한 일상생활 가운데 계속되는 일이기도 하다. 이것이 진리의 양면이요 균형이다.

앞에서 우리는 이미 영 단번에 양심에 피 뿌림을 받았기에 다시는 정죄감을 받지 않는다고 했는데, 왜 또 악한 양심에 대해 말하는가? 이는 우리의 일상생활의 체험을 말하는 것이다. 즉 9장 13절의 붉은 암송아지의 재로 만든 물의 씻음을 말하는 것이다. 우리가 영 단번에 피 뿌림을 받은 것이 사실일지라도 생활하다보면 늘 그 씻음을 간직하는 문제가 있게 된다. 우리가 영단번에 씻음 받은 것이 사실일지라도 살다보면 체험 가운데 악해지는 양심을 체험하게 된다. 이때 우리는 보혈의 효능이 다시금 역사하지 않으면 안 된다는 것을 깨닫는다. 물론 지성소 안에는 순간의 간격도 없이 계속 존재하는 그 피가 있으며 하늘의 대제사장이신 예수는 우리를 늘 깨끗케 씻어주시고 그분의 생명 능력으로 새롭게 하신다.

그러므로 보혈을 적용하는 것에도 세 단계가 있다고 말할 수 있다. 이는 우리의 영적 생명의 단계에 있어서 그러한 것이다. 바깥마당에 들어간 사람들은 제단에 뿌려진 피를 본다. 그들은 그 피를 보고서 자신의 죄가 용서함받았다는 확신을 갖게 된다. 그 다음 성소에 들어간 제사장들은 조금 더 깊이 피를 체험할 수 있다. 바깥마당에서는 자신의 죄를 용서하는 피를 체험하지만, 성소에서는 금 향단에 뿌려진 피를 보는데 이는 다른 사람을 섬기기 위해 깨끗케 되는 것을 말한다. 이런 자들의 보혈의 씻음에 대한 체험은 확실히 더 깊다. 이들은 남을 섬기기 위해 피로 씻어지고 거룩케 되어야 할 필요를 깨닫는다. 그 다음은 그리스도께서 대제사장으로 그분의 피를 가지고 지성소에 들어가셔서 그 언약궤 위에 뿌린 것을 체험하는 단계이다. 이는 가장 깊은 단계이며, 이들은 하늘 지성소의 어린양의 피를 누리는 자들로서 지속적인 기쁨과 누림 가운데 그리스도와 함께 사는 자들이다. 하늘에는 끊임없이 어린양의 피를 찬양하는 소리가 있다. 하나님은 이러한 하늘 지성소의 피를 누리는 자들을 통해서 그분의 간증을 얻으신다.

몸을 맑은 물로 씻음

여기서 맑은 물이란 세례의 물을 가리킨다고도 하지만, 사실 이는 말씀의 물을 의미한다(엡 5:26). 에베소서 5장 26절은 주님이 교회를 말씀 안에 있는 물로 씻기시는 것(washing of water with the word)을 말한다. 히브리서 기자는 구약을 염두에 두고 말씀을 기록해 나가고 있다는 것을 알아야 한다. 특히 몸을 맑은 물로 씻는다는 표현이 그러하다. 구약에 하나님께 나아가기 위해 제사장들은 몸을 씻었다. 물론 구약 시대에는 육체의 예법이 강했고 내적인 생명의 역사는 약했다. 그러므로 외면적으로 몸의 씻는 것 등이 중요하게 여겨졌다. 주목할 만한 것은 히브리서 기자는 신약의 내면을 중요시하는데 치우쳐 외면의 몸을 씻는 것을 소홀히 하지 않았다는 점이다. 우리가 내면적인 영적인 세계에 치우쳐 외면을 소홀히 한다면 이 또한 성경적인 것이 아니다. 물론 여기의 씻음을 물질적인 물(water)로 씻는 것으로 이해하는 것은 곤란하다. 이는 영적으로 이해해야 한다. 즉 그 물로 씻는 것을 제사장들이 당시 물두멍에서 씻는 예식으로 실행하라는 뜻은 아니다. 그러나 여기서 '몸'을 단지 영적으로 이해할 수는 없는 일이다. 이 단어는 이 구절에서 마음, 양심 등과 관련되어 쓰였으므로 문자 그대로 몸으로 이해해야 한다.

우리가 하나님께 나아가기 위해서는 우리의 몸도 깨끗해야 한다. 그러면 어떻게 물로 우리의 몸을 씻을 것인가? 이는 무엇을 의미하는가? 우리가 오늘 지성소에 들어가 생활하는 것은 마음만이 아니라 몸도 포함되는 것으로 이해해야 한다. 하나님의 임재와 지성소의 생활은 오늘 우리의 몸과 함께 이 땅에서 이루어진다. 따라서 우리의 몸은 하나님의 성전이 되는 것이다. 하나님은 우리의 몸을 통해서 영광을 받으신다(고전 6:20). 우리 그리스도인의 신앙 생활은 추상적인 것이 아니다. 매우 구체적이며 몸을 가진 우리가 우리의 몸을 거룩한 산 제물로 주님께 드리는 방식으로 생활해야 한다. 우리의 먹는 것과 마시는 것, 잠자는 것, 옷 입는 것, 노동과 휴식은 우리의 삶과 하나님께 대한 예배에 큰 영향을 끼친다. 몸을 잘못 사용하면 하나님과의 교제, 지성소의 삶에 있어서 지장을 초래하게 된다. 우리의 몸이 맑은 물로 씻어지지 않으면 우리의 양심은 온전히 깨끗하여 하나님 앞에 즐거워할 수 없다. 신약에도 우리의 지체들을 성결케 하라는 명령이 많이 있다. 이는 다 몸에 관련된 말씀들이다. "죄인들아 손을 깨끗이 하라 두 마음을 품은 자들아 마음을 성결케 하라"(약 4:8). "만일 네 오른 눈이 너를 실족케 하거든 빼어 내버리라… 네 오른 손이 너를 실족케 하거든 찍어 내버리라"(마 5:29). "그러므로 너희는 죄로 너희 죽을 몸에 왕 노릇하지 못하게 하여 몸의 사욕을 순종치 말고"(롬 6:12). "만일 식물이 내 형제로 실족케 하면 나는 영원히 고기를 먹지 아니하여 내 형제를 실족치 않게 하리라"(고전 8:13). "내가 내 몸을 쳐서 복종케 하면"(고전 9:27). 오늘 우리는 이와 같이 성령의 능력의 말씀의 물로 우리의 몸을 씻는다.

또한 이 구절은 하나님의 집을 다스리는 큰 제사장이 있다고 했다. 이 하나님의 집이 무엇인가? 오늘 그것은 교회이며 그리스도의 몸이라고 생각한다. 우리 주 예수님은 그분의 몸, 집, 교회를 다스리시는 제사장이시다. 그러한 대제사장이 있기 때문에 우리가 마음에 뿌림을 받아 양심의 악을 깨닫고 몸을 맑은 물로 씻어 참 마음과 온전한 믿음으로 하나님께 나아갈 수 있다. 참 마음이란 순전하고 착한 마음을 말할 것이다. 두 마음을 품지 않은 단일한 마음(not double minded but genuine heart)을 말한다. 온전한 믿음이란 믿음의 충만한 확신(full assurance of faith)을 의미한다. 우리가 하나님께 나아가려면 이렇게 순전하고 착한 마음과 충만한 확신으로 나아가야 한다. 히브리서에는 하나님께 나아가라는 격려가 많다. 과거에 찬송시를 쓴 사람들이 '하나님께 나아가라'는 가사를 많이 썼다. '하나님께 가까이 나아가자(Let us draw near to God)'라는 곡도 그 중 하나이다.

하나님의 집 안에 있기 위해서는 영 안에 있어야 함

22절은 하나님께 나아가자고 권하고 있다. 이러한 제사장이 있기 때문에 우리는 하나님께 나아갈 수 있다. 그러나 만일 우리가 육체 안에 있다면 하나님의 집 안에 있다고 말할 수 없다. 오직 영 안에 있을 때만 우리가 하나님 안에 있는 것이며 지성소 안에 있는 것이며 하나님의 집 안에 있는 것이다. 여러분들은 새 예루살렘이 지성소와 같은 모양이라는 것을 알 것이다. 지성소가 결국 하나님의 집으로 확장되었다. 그러므로 오늘 우리가 하나님의 집 안에 있으려면 반드시 영 안에 살고 영 안에서 행해야 한다(롬 8:9-11, 갈 5:16, 25). 에베소서 2장 22절에서는 우리가 하나님의 처소가 되기 위하여 영 안에서 함께 지어져간다고 했다. 하나님의 처소가 되려면 우리 각 개인이 영 안에 있어야 한다. 영 안에 있을 때 우리는 하나님의 집이 되고 제사장의 돌봄을 받을 수 있게 된다. 그러므로 우리에게는 지성소에 들어가는 생활이 필요하다. 항상 예수의 피를 힘입고 지성소에 들어가는 영 안의 생활을 할 때 휘장 가운데로 열어 놓으신 새롭고 산 길로 나아가서 하나님의 집 안에서 살게 되며 제사장의 돌봄을 받게 된다.

대제사장이신 주님의 신약에서의 역사

제사장 되신 그리스도는 우리의 마음에 뿌림을 주시고 양심의 악을 깨닫게 해주시며 몸을 맑은 물로 씻어주신다. 이것은 다 구약에 예표로 나타나 있다. 구약에서 제사장이 맑은 물로 씻어주는 것이 있다. 이것은 구약의 예표이다. 더러운 상태로는 하나님의 거룩한 곳으로 갈 수 없기 때문에 물두멍에서 씻어야 했다. 이러한 일을 했던 구약의 제사장은 우리 주 예수님의 예표이다. 그것은 주 예수 그리스도께서 하나님의 집을 그렇게 돌보신다는 뜻이다. 주님은 대제사장으로서 씻어줄 사람은 씻어주시며, 양심에 악이 있는 사람에게는 그 악을 깨닫게 해주시고 피로 씻어주신다.

주님은 대제사장으로서 우리를 이렇게 돌보아 주신다. 때로 생활하다보면 사소한 잘못으로도 더럽혀지는데 이것을 누가 씻어줄 수 있는가? 주님이시다. 또 생활 중에 양심이 악해질 때가 있다. 누가 나에게 '당신은 왜 이렇게 악한 양심을 가지고 있습니까?'라고 책망하지 않지만 내 속에는 악을 깨닫게 하는 분이 계시다. 이것이 바로 제사장이신 주님이 하시는 일이다. 제사장이신 주님에 의해 우리는 마음에 뿌림을 받아 양심의 악을 깨닫는다. 주님이 우리 마음에 그분의 피를 뿌려주심으로 양심의 악을 깨닫게 해주시고 맑은 물로 씻어주실 때 우리는 참 마음과 충만한 확신을 갖게 된다. 온전한 믿음과 씻어 깨끗케 된 양심은 매우 관련이 있다.

하나님께 나아가기 위해서는 또한 마음이 중요하다. 양심은 영의 부분이다. 우리의 영은 보존되어야 한다. 우리의 영이 강퍅해지고 악해질 수 있으나 반드시 돌이켜져야 한다. 사람들에 대해 함부로 판단하고 여러 가지 쓴 뿌리를 내다보면 우리의 양심이 악하다는 것을 깨닫게 된다. '자신만 옳고 다른 사람들은 다 틀리다.'고 하는 중에 자신의 영이 악해졌다는 것을 알게 된다. 이것은 우리의 영이 악한 자의 공격을 당한 것이다. 이러한 양심을 가지고 있다는 것은 불행한 일이다. 우리가 생활 속에서 잠시 그럴 수 있을지라도 반드시 돌이킬 수 있어야 한다. 대제사장이 계셔서 우리의 마음에 피 뿌림을 주시면 우리는 양심의 악을 깨닫게 된다. 또 그분은 대제사장으로서 우리의 몸을 맑은 물로 씻어주시는데, 그럴 때 우리의 마음은 참된 마음이 되어 온전한 믿음을 갖게 된다. 만일 우리의 양심에 구멍이 나면 믿음을 가질 수 없다. 양심이 악해지면 믿음이 사라진다. 그러나 양심과 우리의 마음이 씻어지고 맑아질 때 믿음이 작동하게 된다. 우리에게 참 마음과 온전한 믿음이 있을 때 우리는 하나님께 나아갈 수 있다.

하나님께 나아가자

10장에는 하나님께 나아가자는 말이 있고, 4장에는 은혜의 보좌 앞에 나아가라는 말이 있다. 히브리서에는 "하나님께 나아가자, 지성소로 나아가자, 휘장 안으로 들어가자"라는 말이 많이 있다. 히브리서는 어쨌든 우리를 하나님께 인도하는 책이다. 베드로 전서 3장 18절도 "그리스도께서도 한 번 죄를 위하여 죽으사 의인으로서 불의한 자를 대신하셨으니 이는 우리를 하나님 앞으로 인도하려 하심이라"고 하였다. 그분이 우리를 대신하여 돌아가신 것은 비단 죄 사함과 영생을 위한 것만이 아니라 우리를 하나님 앞에 살도록 하기 위함이다. 데살로니가 전서 5장 10절도 "예수께서 우리를 위하여 죽으사 우리로 하여금 깨든지 자든지 자기와 함께 살게 하려 하셨느니라"고 한다. 이는 그분의 구속의 목적이 우리로 다만 천당 가도록 하기 위함이 아니라, 이 시대에도 살아가면서 늘 하나님과 함께 하기 위함임을 알 수 있다. 이에 대하여 우리에게는 온전한 믿음이 필요하다.

오늘날 하나님의 자녀들이 하나님의 말씀을 잘 모르기 때문에 하나님께 나아가는 것을 주저한다. 죄 문제로 주님이 자신을 거절하시며 받지 않으실 것이라고 생각하는 선입견과 무지 때문에 하나님의 많은 자녀들이 주춤거리고 머뭇거리며 지성소로 감히 나아가지 못한다. 그러나 여기에서 사도는 하나님께 나아가라고 우리를 격려하고 있다. "하나님께 나아가자". 하나님은 휘장의 문을 열어놓고 들어오라고 부르신다. 그러니 성도들은 죄와 허물과 정죄감 등이 결코 방해할 수 없는 담력을 당신에게 준 그 피를 바라보고 또한 그 안에서 섬기는 자가 되신 그리스도를 바라보면서 그 집 안에 살기를 바라고 사모한다고 고백하기 바란다.

이렇게 할 때 우리는 하나님과의 지속적인 교제의 상태 안으로 들어가게 된다. 이는 인간의 본성과 자아의 뜻을 부인하는 단계에 도달한 것을 의미하고 세상과의 절대적인 분리를 의미하며 하나님께 완전히 자신을 맡기는, 또한 하나님의 뜻을 전적으로 받아들이는 단계를 의미한다. 이렇게 그분의 거하시는 지성소 안에 나아가 생활하는 성도들은 그분의 임재 가운데 그분의 보호하심과 능력과 은혜를 온전히 맛보며 살 수 있다. 그러므로 그분이 계신 지성소로 나아감이 절실히 필요한 것이다.

참 마음으로

하나님께 나아갈 때 하나님이 요구하시는 것은 첫째로 참 마음이다. 사람이 하나님께 가까이 가는 것은 실제적으로 마음의 문제이다. 마음을 떠나서는 참된 경배나 하나님께 나아감의 실제가 없다. 성도가 진심으로 하나님을 마음으로 구하며 그분께 온 마음이 집중되며 오직 생의 기쁨을 하나님 안에서 구한다는 것은 매우 중요한 것이다. 사람의 마음은 하나님과 그분의 사랑을 즐거워할 수 있도록 지어졌다. 우리는 3, 4장에서 강퍅한 마음에 대하여 보았다. 주님을 좇는 문제는 진실로 마음의 문제이다. 믿는 것도 마음이다. 하나님은 그분께 나아오는 문제에 있어서 참 마음을 요구하신다. 참 마음이란 참 장막을 말할 때의 그 참과 같은 말이다. 하나님은 이제 참 장막에서 경배하는 자들에게 참 마음을 요구하시는 것 같다. 그렇다는 말은 옛 언약 하에서는 참 마음을 갖고 하나님께 나아오기가 어렵다는 것도 암시하는 것이다. 참 마음은 새 언약 안에서 하나님이 부여해주신 새 마음이다. 새 마음만이 참되게 하나님을 섬길 수 있는 것이다.

오늘날도 얼마나 많은 성도들이 옛 언약 하에서 예배하는 형태 안에 사로 잡혀 있는가? 거기에는 많은 활동과 형식과 예식이 있다. 이는 다만 하나의 외적인 종교 행사이다. 이들은 자신의 활동 안에서 활력과 사랑과 즐거움을 누리지만 최고의 기쁨과 누림과 은혜를 하나님 안에서 찾지 아니한다. 종교는 마음과 생명보다는 머리와 그 활동에 관한 일이고 하나님이 우리에게 주시는 성령의 뜻과 능력과 참 마음보다는 인간의 의지와 활동과 힘에 관한 것이다(A.M). 주님은 손 마른 자에게 '네 손을 내밀라'고 하신 것처럼 참 마음으로 지성소에 들어오라고 하신다.

온전한 믿음으로

이곳에서 우리에게 말해주는 온전한 믿음이란 무엇에 대한 믿음인가? 이는 이 땅에서 그리스도인이 사는 동안 하나님과 이 세상에 있는 어떤 친구보다도 더 가깝게, 실제적으로 깨어짐이 없는 교제를 나누며 살 수 있다는 믿음이다. 오늘 우리는 하나님의 그 영광 빛 가운데서 살 수 있다는 놀라운 복음을 듣는다(요일 1장 참조). 우리가 빛 가운데서 살면서 그분의 존전에 나아갈 때 그분은 우리에게 피의 씻음을 허락하시고 우리를 그분의 빛 가운데 항상 살도록 도와주신다. 이는 어떠한 영광인지! 지성소에 살 때 멜기세덱의 반차를 따른 제사장이신 영광의 주님은 무궁한 생명 능력으로 우리가 지치지 않도록 하시며, 우리의 길이 피곤하고 지루하지 않도록 새롭고 산 길이 되게 하신다. 다만 우리에게 필요한 것은 그리스도께서 우리의 모든 문제를 그분의 약속의 말씀대로 해결해주실 수 있다고 믿는 것이다. 그분이 모든 것을 해주실 수 있다고 여기는 그 마음이 곧 믿음의 마음이다. 온전한 믿음만이 우리로 하여금 휘장 안에 들어가 지성소에서 생활할 수 있게 해준다는 것을 아는 것은 매우 중요하다. 율법이 아닌 믿음만이 우리로 하나님을 알게 하고 하나님 또한 우리를 아시게 한다(갈 4:9).

서로 돌아보아 사랑과 선행을 격려함

23절, 또 약속하신 이는 미쁘시니 우리가 믿는 도리의 소망을 움직이지 말고 굳게 잡아

히브리서 기자는 여기서 그분의 미쁘심을 강조한다. 약속하신 이가 미쁘시다는 것이다. 미쁘다(faithful)는 것은 신실하다는 말이다. 그분은 신실하신 분으로 자기의 약속하신 말씀을 반드시 지키신다. 그분은 대제사장으로서의 그분의 일을 다 신실하게 수행하실 분이시다. 새 언약의 중보자로서도 그러하시다. 그분은 우리를 온전케 하기 위해 모든 약속하신 것을 신실하게 행하실 분이시다. 그러므로 우리가 믿는 도리의 소망을 움직이지 말고 굳게 잡아야 한다고 말한다. 우리는 약속하신, 미쁘신 이를 가지고 있다. 그러므로 흔들리지 말고 약속하신 소망을 굳게 잡아야 한다. 오늘날 믿어서 구원받았으면 그만이라고 생각하는 크리스챤들이 많다. 그것은 잘못된 가르침 때문이다. 믿고 구원받았지만 완전에 이르도록 전진하라고 쓰여진 것이 히브리서이다. 또한 믿는 도리의 소망을 굳게 잡으라고 한다. 성도들 간에 서로 돌아보아 사랑과 선행을 격려하라고도 말씀한다.

여기서 소망이란 무엇인가? 물론 소망은 우리에게 장차 가져올 은혜이다. 주님이 다시 오셔서 충성된 성도들을 상 주시는 일이다. 그러므로 너희 마음의 허리를 동이고 근신하여 예수 그리스도의 나타나실 때에 너희에게 가져올 은혜를 온전히 바랄찌어다(벧전 1:13).

이러한 소망을 가진 자는 자신을 깨끗케 하며 지성소 안의 삶을 살아야 한다(요일 3:3). 그 삶은 소망으로 충만한 삶이라야 가능하다. 실상 우리가 지성소 안의 생활을 시작할 때에서야 참된 그리스도인의 생활을 시작할 수 있고 하나님이 기뻐하시는 은혜의 역사를 시작할 수 있다. 거기서 살 때 우리는 늘 성령의 충만한 능력과 하늘 보좌의 분위기를 가져올 수 있다. 성소의 삶이 활동이 많은 삶이라면 휘장 안의 삶은 고요한 삶이다. 그곳은 다만 하나님의 임재로 충만하며 그분의 얼굴 빛을 대면하여 사는 삶인 것이다.

우리가 성소의 삶을 살 때는 많은 활동으로 만족하고 그 생활 가운데 힘을 얻고 용기를 얻었다. 거기서 우리는 말씀을 읽고 간증하며 교제하며 많은 봉사를 통해 만족과 평안을 얻었다. 그러나 이제 지성소 안에서 많은 활동이 없으나 조용히 하나님의 면전에서 그분과의 면대를 체험한다. 하나님만이 우리의 힘이요 공급이요 기쁨이 되는 것이다. 이는 매우 깊은 체험이므로 그 언약궤 속의 감추인 만나와 같은 생활이요, 새 언약의 역사로 말미암아 실제화되는 생명의 율의 생활이다. 이것이 지성소의 생활인 것이다. 그곳은 결국 죽음과 부활의 생활의 연속인 것이다. 이러한 지성소의 삶은 소망으로 충만한 삶이다. 하나님이 나의 소망과 모든 것이 되는 것이다. 이러한 하나님 한 분을 소망하는 것이 충만해야 하며 우리는 그 소망의 믿는 도리를 굳게 붙들어야 한다. 우리는 이러한 소망에 대하여 고백하는 것도 배워야 한다. 우리가 말하는 바는 우리의 믿는 바를 더욱 굳게 해준다. 무엇이 우리에게 약속한 바인가? 그분이 새 언약의 중보로서, 멜기세덱의 반차를 따른 대제사장으로서 우리의 모든 필요를 채우시고 공급하신다는 약속이다. 그분은 신실하시니 그분의 약속을 지키신다.

24절, 서로 돌아보아 사랑과 선행을 격려하며

우리에게는 서로 돌아봄이 필요하다. 우리는 먼저 이렇게 담력을 갖고 지성소로 나아감이 필요하고(19, 22절, 예수의 피를 힘입어 지성소에 들어갈 담력을 얻었나니, 참 마음과 온전한 믿음으로 하나님께 나아가자), 그 다음은 서로의 돌아봄과 격려와 자주 모이는 교회생활이 필요하다(24-25절). 하나님께 담대히 나아감과 하나님을 접촉함이 없이는 성도들에게 나아가는 것이 효력이 없다. 먼저 그분께 나아감이 필요하다. 그분께 나아가 은혜를 얻어야 하다. 그런 다음 우리에게는 서로 사랑과 선행을 격려함과 지체들 상호간의 도움이 필요하다. 지성소에 들어감은 어느 정도 우리 자신을 위한 것이지만, 더 나아가서 우리 자신만이 아니라 지성소 밖에 기다리며 우리의 도움을 필요로 하는 성도들을 위한 것이다. 우리는 자신의 영성만을 돌아보아서는 안 되고 서로 돌아봄이 필요한 것이다. 아무도 남의 도움이 필요하지 않은 지체는 없다. 우리가 지성소에서 하나님을 체험한 결과는 남을 위해 살 수 있는 사랑과 선행의 자본을 얻는 것이다. 당신이 참 지성소 안에 머문다면 하나님은 당신에게 남들에게 줄 수 있는 넘치는 사랑을 공급해주실 것이다.

우리에게 이러한 집회가 필요한 이유가 있다. 모이면 모이기 전보다 힘이 더 생긴다. 함께 모이기 전에는 뭔가를 알고는 있더라도 하나님께 나아갈 수 없었고 약함을 느끼지만 함께 모이면 서로 격려를 받는다. 여러분이 나를 돌보고 나도 여러분을 돌보며 서로 돌볼 때 함께 하나님께 더 잘 나아갈 수 있다. 또한 성도들은 사랑과 선행의 실천이 필요하다. 자칫 교리와 지식에 빠져 사랑과 선행에 대한 실천이 부족할 수 있는데, 우리의 신앙은 반드시 실천적이어야 함을 잊지 말아야 한다. 이 부분에서 사도는 우리에게 믿음과 소망과 사랑을 다시 한 번 강조하고 있다. 언제나 이 세 가지는 성도들에게 요긴한 것이다.

모이기를 폐하지 않음

25절, 모이기를 폐하는 어떤 사람들의 습관과 같이 하지 말고 오직 권하여 그 날이 가까움을 볼수록 더욱 그리하자

여기서의 모임이란 말은 데살로니가 후서 2장 1절에 나오는 것과 동일한 단어로서 단순히 모이는 것이 아니라 모이는 행위 자체를 말한다. 그러므로 이 모임에 관한 말씀은 19-22절의 말씀과 관련이 있으며 24절의 말씀의 연속으로 이해해야 한다. 영적인 생활, 휘장 안의 생활을 지속하려면 교회 모임을 중시해야 한다는 것이다. 또한 사랑과 선행을 격려하는 모임에 적극적으로 참여하는 것이 포함된다고 읽어야 한다. 즉 사랑과 선행을 격려하며 모이기를 힘쓰라는 말이 연결된다는 것이다. 모이는 것도 하나의 선하고 사랑하는 행위에 포함된다. 어떤 사람들은 개별적으로 사랑하고 선행하면 된다고 생각하겠지만 교회는 단체적으로 함께 모이는 가운데 역사가 일어난다. 우리는 자주 모이는 것이 좋다. 자주 모일 때 지성소에 있는 시간이 더 많아지고 지성소에서 살아야겠다는 도전을 받게 된다. 혹 모임에 참여하는 것에 소홀한 지체들에게는 잘 모이는 지체들이 권고해야 한다. 개인적으로 지성소 안에 늘 생활하기가 어려울지라도 교회생활과 모임을 통해 그 실제를 더욱 누릴 수 있게 된다. 또한 사랑과 선행도 더 많아지고 담대해지며 강건해진다.

'그 날'이란 주님의 재림의 날이다. 성경에서는 이 날을 주의 날이라고도 하고(고전 5:5), 인자의 날이라고도 하며(눅 17:26), 주 예수의 날이라고도 한다(고전 1:8). 그리스도인들은 주님을 만날 날을 기다리며 모이기를 힘써야 한다. 이것이 우리 그리스도인들의 삶을 지켜줄 것이며 주님을 만날 예비를 갖게 해 줄 것이다.

유대교로 돌아가는 것에 대한 경고

1. 짐짓 죄를 범한즉 다시 속죄하는 제사가 없음

26절, 우리가 진리를 아는 지식을 받은 후 짐짓 죄를 범한즉 다시 속죄하는 제사가 없고

26절부터 13장 마지막까지는 격려와 권면의 말씀이다. '짐짓(willfully)'이란 '고의적으로'라는 뜻이다. 진리를 아는 지식을 받은 후 고의적으로 죄를 범할 때 다시 속죄하는 제사가 없다는 것이다. 이것은 당시 히브리 믿는이들이 신약의 교회에서 유대교로 돌아가려는 상황에 있었다는 것을 보여준다. 이런 것이 바로 배교이다. 즉 믿었던 바를 뒤집는 행위이다. 여기서 히브리서 기자가 말하는 바는 그들이 유대교로 돌아가서는 안 된다는 것이다. 일단 진리를 아는 지식을 받았다는 것은 그들이 신약의 복음 진리를 받고 주님을 참되게 믿은 것이다. 그런데 이제 다시 죄를 범한다는 것은 그들이 다시 유대교로 돌아가는 것을 말하는데, 이것이 여기서 말하는바 짐짓 죄를 범한 것이다. 이렇게 일단 진리를 알았다가 다시 유대교의 형식과 율법과 제사로 돌아가는 것을 히브리 기자는 고의적으로 죄를 범한 것으로 보았다. 신약의 복음 진리를 안 다음에 다시 유대교로 돌아가서 그 제도를 따라 속죄제물을 드리는 것은 고의적으로 죄를 범하는 것이다.

여기의 '다시 속죄하는 제사'를 잘못 해석하여 구원받고서 죄를 지으면 완전히 멸망한다고 말하는 사람들이 있었다. 이 말씀은 그러한 의미가 아니라 속죄하는 제사는 이미 지나갔으므로 다시 속죄를 위해 드릴 제사가 없다는 뜻이다. 구약에서 염소와 황소 등으로 속죄 제사를 드리던 것은 이미 지나갔다. 구약의 모든 제물들이 참 속죄제물이신 그리스도로 대치되었기 때문이다. 그러므로 다시 예전으로 돌아가서 구약적인 제물을 드리는 것은 고의적으로 죄를 범하는 것이다.

이 구절에서 진리를 아는 지식을 받았다는 것은 그리스도의 구속의 역사로 말미암아 지성소에 나아갈 길이 열렸으며 우리가 새 언약의 축복된 언약 아래 있으므로 그리스도를 우리의 모든 것으로 누릴 수 있는 복음 진리를 받았다는 의미일 것이다. 이런 신약의 진리를 알고도 다시 돌아가 구약의 제사 예법에 따라 짐승을 제물로 드리는 것은 분명 의도적인 죄이다. 신약은 하나님의 은혜를 말하는 것이므로 심판과 형벌이 없다고 생각해서는 안 된다. 그러한 은혜를 저버리는 사람들에게는 오히려 더 크고 무서운 심판이 기다리고 있다. 그리스도께서 십자가에서 우리를 위해 열어놓으신 새롭고 산 길을 경홀히 여기고 그 피를 무효화시키는 행위야말로 하나님의 맹렬한 심판을 불러오는 것이다.

2. 심판과 맹렬한 불만 있음

27절, 오직 무서운 마음으로 심판을 기다리는 것과 대적하는 자를 소멸할 맹렬한 불만 있으리라

그런 자들에게 남아 있는 것은 무서운 마음으로 심판을 기다리는 것뿐이다. 무서운 마음으로 심판을 기다린다는 말은 문자적으로 '심판의 어떤 무시무시한 광경을 보다'로 번역할 수 있다. 유대교로 되돌아간 영혼들을 위한 속죄제사는 없고 다만 진리를 대적하는 자를 소멸할 맹렬한 불만 있다. 이는 일단 참된 신앙을 가졌다가 배교하는 자들에 대한 무서운 경고가 아닐 수 없다. 구원받았으니 아무 것도 문제가 될 것이 없다고 하여 함부로 행하고 범죄하며 배교하는 그리스도인들에게는 큰 경종이 되는 말씀이다. 심판이 있고 소멸할 맹렬한 불이 있다! 고의적으로 배교하는 자들을 하나님은 대적하는 것으로 보신다. 이러한 심판은 무서운 것이다.

3. 하나님의 아들을 밟는 것임

28-29절, 모세의 법을 폐한 자도 두세 증인을 인하여 불쌍히 여김을 받지 못하고 죽었거든 29 하물며 하나님의 아들을 밟고 자기를 거룩하게 한 언약의 피를 부정한 것으로 여기고 은혜의 성령을

욕되게 하는 자의 당연히 받을 형벌이 얼마나 더 중하겠느냐 너희는 생각하라

구약 시대에 모세의 법을 폐한 자도 불쌍히 여김을 받지 못하고 엄격하게 형벌을 받고 죽었는데 하물며 하나님의 아들을 밟고 자기를 거룩하게 한 언약의 피를 부정한 것으로 여기고 은혜의 성령을 욕되게 한 자의 받을 형벌이 어떠하겠는가? 하나님의 아들을 밟는다고 한 것은 이 땅에 오셔서 참 제물이 되시어 모든 속죄 사역을 완성하신 하나님의 아들 예수 그리스도를 구주로 받아들인 다음, 이것을 무시하고 다시 구약의 황소와 염소 같은 제물로 돌아간 것이 하나님의 아들을 밟은 것과 같다는 말이다. 그렇게 구약의 실행으로 되돌아가는 것에 대해 히브리서 기자는 하나님의 아들을 밟고 자기를 거룩하게 한 언약의 피를 부정한 것으로 여기는 것이라고 했다. 이 구절은 구약의 모세를 통한 말씀과 아들 그리고 성령을 대비한다. 모세 시대에는 하나님께서 모세를 통해 말씀하셨지만 신약에서는 아버지께서 아들과 성령을 보내셨다. 하나님께서는 그의 아들을 우리를 위한 희생제물로, 성령을 은혜로 주셨는데, 그 은혜를 저버리고 구약으로 되돌아간 사람들은 은혜의 성령을 욕되게 하는 것이다.

히브리 믿는이들은 그리스도의 보혈로 거룩하게 되었고 씻음을 받았고 온전케 되었다. 즉 진리를 아는 지식을 받은 것이다. 보혈과 그 씻음을 기본적으로 생각하여 무시하는 것도 일종의 신앙을 저버리는 것이니 두려워해야 한다. 당시 유대인들은 보혈의 씻음을 받고 따라서 은혜의 성령으로 인치심을 받았다. 그런 뒤에 그들은 다시 유대교로 돌아가서 황소와 염소의 피로 속죄제를 드렸다. 이러한 행위는 자기를 거룩하게 한 언약의 피를 부정한 것으로 여기고 은혜의 성령을 욕되게 한 것이다. 피와 성령은 연결되어 있다. 피가 있는 곳에 기름이 있다. 그러므로 그리스도의 보혈을 받아들인 자에게는 또한 은혜의 성령이 임하게 되는 것이다. 당신이 만일 그리스도의 보혈의 씻음을 무효화시키고 다시 염소와 황소의 피로 속죄제사를 드린다면 당신은 그리스도의 피를 부정한 것으로 여길 뿐 아니라 은혜의 성령도 욕되게 한 것이다. 당신은 그런 의도가 없었다고 생각할지 모른다. 당신이 생각하기에는 예수 그리스도께서 참 제물이신 것을 알고 그 피로 영원한 속죄를 받은 것을 알지만 많은 핍박 때문에 마음이 약해져서 잠시 염소와 황소의 피를 드리는 데로 돌아간 것이라고 하겠지만, 히브리서 기자는 그 일을 그렇게 간단하게 보지 않았다. 그는 '그것은 하나님의 아들을 밟는 것이다. 너희를 거룩하게 한 언약의 피를 부정한 것으로 여기는 것이며 은혜의 성령을 욕되게 하는 것이다.'라고 했다. 그러면서 '그러한 자들의 받을 형벌은 얼마나 더 중하겠는가? 구약 시대에 모세의 법을 폐한 자도 다 죽였는데 얼마나 더 엄중한 벌을 받겠느냐?'고 한 것이다. 신약은 구약보다 축복에 있어서도 넘치지만 그 형벌에 있어서도 훨씬 엄중하다.

앤드류 머레이는 다음의 예화로 이 부분을 설명했다. "악한 길을 떠나라고 타일렀지만 듣지 않는 방탕한 아들을 둔 한 늙은 아버지가 있었다. 어느 날 밤 그 아들이 다시 외출하려고 준비하고 있을 때 아버지는 간절히 다시 한 번 부탁한 뒤에 문 앞에 나가 서서 '아들아, 너를 내보내 줄 수 없구나. 네가 나가려거든 이 애비 몸을 밟고 나가거라.'고 하였다. 아들은 아버지를 옆으로 제치려고 하였다. 노인은 넘어졌고 아들은 뛰쳐나가면서 아버지를 밟았다. 하나님의 아들인 예수는 오셔서 죄인의 길을 막고 서 계시면서 죄인더러 악한 길에서 돌아서라고 간청하신다. 그분은 상하고 피 흘리는 자신의 몸을 그 길에 던져 놓으셨다. 그리하여 죄인은 자기가 하는 일이 무엇인지 유념하지 않을 때 그 몸을 밟고 넘어간다. 그는 하나님의 아들을 발로 밟는 것이다! 아들을 주신 아버지와 그 사랑에 이 어떤 죄를 짓는 것인가!"

이처럼 아버지는 그 아들과 아들의 피를 우리에게 주셨다. 그 언약의 피는 우리로 거룩함을 얻어 지성소에 계신 하나님께로 나아가게 하는 놀라운 특권을 부여했다. 하지만 죄인은 그 피를 부정한 것으로 여기고 거절한다. 하나님의 사랑을 말하는 그 피를 거절하고 자신의 옛 생활로 돌아가는 것이다. 이 어떠한 죄인가! 따라서 그 심판과 형벌을 어떻게 피할 것인가?

4. 하나님의 심판이 있음

30-31절, 원수 갚는 것이 내게 있으니 내가 갚으리라 하시고 또

다시 주께서 그의 백성을 심판하리라 말씀하신 것을 우리가 아노니 31 살아 계신 하나님의 손에 빠져 들어가는 것이 무서울진저

히브리서는 경고가 많은 책이다. 축복도 있지만 경고도 있다. 그러므로 신약의 믿는이들인 우리는 마땅히 하나님의 아들을 저버리는 것이 얼마나 큰 죄악인지 알아야 한다. 이것은 우리로 첫 번째 경고인 2장으로 돌아가게 한다. "이같이 큰 구원을 등한히 여기면 어찌 피하리요". 이 큰 구원은 바로 신성과 인성을 소유하신 아들 예수 그리스도 자신이시다. "살아 계신 하나님의 손에 빠져들어가는 것이 무서울진저". 또 주님이 말씀하시기를 "원수 갚는 것이 내게 있으니 내가 갚으리라"고 하셨다. 우리는 하나님의 심판을 생각해야 한다. 우리는 오늘 그리스도 한 분께 돌아가서 그분만을 사랑하고 그분을 우리의 모든 것으로 취하는 이것이 작은 일이 아니라는 것을 알아야 한다.

그리스도 한 분을 다른 것으로 대치하는 것을 하나님이 얼마나 미워하고 싫어하시며 엄중하게 다루시는가를 깨달아야 한다. 골로새서에는 그리스도 한분이 만유임을 가르친다. 그분 안에 모든 것이 있다고 말해준다. 그러나 그분을 만유로 취하지 않고 다른 것으로 대치하는 것에 대한 심판과 형벌은 말씀하지 않는다. 적극적인 것을 중심으로 말씀한다. 갈라디아서에도 같은 사상이 있다. 그러나 히브리서에는 배교자에 대한 무서운 심판이 있을 것을 말씀한다. 하나님은 그 아들을 우리에게 주시고 그 피와 성령을 우리에게 주셨다. 이 모두를 경홀히 여기고 무시한다면 하나님의 엄중한 심판을 피할 수 없을 것이다. 신약은 은혜이니 하나님의 심판과 진노가 없을 것이라고 생각지 말라! 사랑과 은혜가 큰 만큼 그 형벌 또한 클 것이다.

믿음의 길을 가도록 격려함

32-33절, 전날에 너희가 빛을 받은 후에 고난의 큰 싸움에 참은 것을 생각하라 33 혹 비방과 환난으로써 사람에게 구경거리가 되

고 혹 이런 형편에 있는 자들로 사귀는 자 되었으니

처음 진리를 받아들였을 때에는 히브리 신자들이 예수를 믿음으로써 비방과 환난을 당하고 사람들에게 구경거리가 되었어도 오히려 그러한 형편에 있는 자들과 함께 마음을 주고받으며 사귀는 자들이 되었다.

34절, 너희가 갇힌 자를 동정하고 너희 산업을 빼앗기는 것도 기쁘게 당한 것은 더 낫고 영구한 산업이 있는 줄 앎이라

당시 히브리 신자들 가운데는 신약의 복음 진리의 믿음을 지키다가 유대교도들에게 핍박을 당해 감옥에 갇힌 자들이 있었으며 감옥에 갇히지 않은 형제들은 갇힌 자들을 동정하며 마음을 같이했다. 그들 중 어떤 사람은 산업을 빼앗기기도 했다. 히브리 신자들 중에는 신약의 복음에 대한 신앙 때문에 이 땅의 산업을 빼앗긴 사람들이 있었고 비방과 환난을 당한 사람들도 있었지만 그들은 그 모든 것을 기쁘게 당했다.

그런데 가다가 더 힘들고 어려워지니까 많은 신자들의 마음이 약해져서 유대교 실행으로 돌아가려는 생각이 조금씩 생겨났던 것이다. '그것도 괜찮겠지.'라고 생각하다가 나중에는 '그것이 좋다.'라는 상태까지 간 사람이 있었을 것이고 급기야는 '그것이 옳다.'라고 하는 사람도 생겼을 것이다. 사람의 마음이 약해지면 비 진리 쪽으로 기울어질 뿐 아니라 비 진리를 가장 옳은 것으로 주장하는 데까지 이른다. 경제적인 문제나 장래가 적은 일이라고 생각지 말라! 나는 수많은 사람들이 자신의 경제적인 문제로 인하여 길을 바꾸고 배교하는 것을 보아왔다. 그리고 과거에 하던 말을 초개같이 버리고 엉뚱한 말을 하는 입술을 보았다. 말하는 내용이 완전히 바뀌는 것을 보았다. 자신이 과거에 알았던 성경 말씀이 다 변질된 신앙 교리에 일치되는 것처럼 느껴져 결국 그렇게 길을 가고 싶어진다는 의미이다. 주님의 길을 간다는 것은 이처럼 간단하지 않다. 당신이 아직도 이 세상에 있는 보화를 크게 생각하여 영구한 산업을 상실한다면 매우 어리석은 것이다. '더 낫고 영구한 산업'이 있음을 기억하라! 이 세상 보화와 재물은 잠시 있다가 없어질 것이지만 진리와 생명과 주 예수에 관한 것은 영원하고 더 나은 것이다. 진리를 위해, 주님을 위해, 땅에 속한 것을 기꺼이 버릴 수 있어야 한다.

담대함을 버리지 말라

35절, 그러므로 너희 담대함을 버리지 말라 이것이 큰 상을 얻느니라

과거에는 복음의 신앙으로 인한 담대함으로 비방당하고 환난당하고 감옥에 갇히고 또 감옥에 갇힌 자와 사귀고 그런 사람을 동정하며 산업을 빼앗기는 것도 기쁘게 여겼지만, 나중에는 이 담대함이 약해지는 위험에 처해 있었다. 그러므로 사도는 담대함을 버리지 말라고 격려하고 있다. 믿는이는 신앙에 대한 담대함으로 큰 상을 얻는다. 그러나 약하여져서 물러갈 때 상을 잃게 된다. 위대한 신앙은 담력(confidence, 확신 혹은 담대함)과 함께할 때 가치가 있다. 이것은 육적인 담력이 아니라 영적인 담력이다. 영적인 담력만이 하나님의 나라의 일을 위해 효용성이 있다. 예수 그리스도와 그의 보혈을 믿음으로 우리는 담대해야 한다. 우리는 늘 담대하게 하나님의 보좌 앞에 갈 수 있어야 하고 금방 무엇이 이루어지지 않는다 하더라도 그 담대함을 버려서는 안 된다. 이것이 바로 인내이다.

약속을 받기 위해 인내가 필요함

36절, 너희에게 인내가 필요함은 너희가 하나님의 뜻을 행한 후에 약속을 받기 위함이라

사람은 다 편해지고 싶어한다. 끝까지 견디고 인내하지 못하는 이유는 신앙을 지키기가 너무 힘들기 때문이다. 그러므로 처음에는 담대하다가 점점 약해져서 타협하고 굴복해버리는 것이다. 많은 사람이 진리의 길에 대하여 굳세지 못한 것을 본다. 대다수가 '그렇다' 하면 나도 '그렇다' 해야 편하다. 많은 사람이 '그렇다' 하는데 나는 '아니다'라고 하면 손가락질을 당하므로 '아니다'라고 하기가 쉽지 않은 것이다. 양심에서는 그것이 결코 진리가 아니며 참이 아니라는 것을 알지만, 모두들 '그렇다' 하는데 혼자만 '아니다'라고 하면 손가락질을 당하고 따돌림을 당하기 때문에 그냥 적당히 타협하는 마음으로 처음에는 가만히 듣고 있다가 결국에는 '그렇다'고 해버린다. 그것이 옳아서가 아니라 그렇게 하는 것이 살기에 편하기 때문에 그쪽으로 기우는 것이다. 이런 이유로 진리를 지키려는 사람들에게는 인내가 필요하다. 하나님의 뜻을 행하는 것은 하나님의 약속과 하나님의 말씀을 그대로 따르는 것이다. 또 하나님의 뜻을 행하는 것은 담대함과 관계가 있다. 진리에 대한 신앙으로 담대함을 지키는 것이다. 하나님의 뜻을 담대히 행하다 보니 힘든 일이 있고 인내가 필요한 것이다. 약속은 그렇게 인내로 하나님의 뜻을 좇는 사람들에게 주어진다.

37절, 잠시 잠깐 후면 오실 이가 오시리니 지체하지 아니하시리라

'지체하지 아니하시리라'는 말은 주님이 오시는 것을 지체하지 않으신다는 뜻도 되고 주님의 약속이 곧 이루어진다는 뜻도 된다. 물론 이 말씀은 주님이 오시는 것을 의미하지만, 만일 여러분이 하나님의 뜻을 따른다면 하나님의 약속을 받을 수 있게 된다. 결국 우리의 신앙을 끝까지 지킬 수 있는 힘은 그분의 재림의 소망에 놓여져 있다.

영혼을 구원함에 이르는 믿음의 길을 감

38절, 오직 나의 의인은 믿음으로 말미암아 살리라 또한 뒤로 물러가면 내 마음이 저를 기뻐하지 아니하리라 하셨느니라

사도는 여기서 하박국의 말씀을 인용했다. 의인은 믿음으로 말미암아 산다. 믿음으로 산다는 것은 하나님의 약속과 말씀과 하나님의 뜻만을 바라보고 사는 것이다. 보이지 않는 것을 바라보는 것이 바로 믿음이다. 이 땅에는 믿을 것이 없다. 오직 하나님의 말씀만이 믿을 만하다. 여기서 사도는 믿음의 중요성을 강조하는데, 보이는 것으로 사는 것이 아니라 믿음으로 살아야 한다는 것이다. 결국 유대교로 돌아간 사람들은 보이는 것들로 인하여 미혹된 것이다. "또한 뒤로 물러가면 내 마음이 저를 기뻐하지 아니하리라". 이 말씀을 하는 것은 길을 가다가 뒤로 물러가는 사람이 있기 때문이다. 어떤 사람들은 신앙생활을 오래 하다 보면 전진하고 자란다고 잘못 생각한다. 그렇지 않다. 세월이 오래 되었어도 뒤로 물러가는 사람이 있다. 당시 히브리 신자들 중에도 유대교로 돌아가는 사람이 있었다. 이것이 뒤로 물러가는 것이다. 원래는 하나님의 아들에 대한 지식을 갖고 그 믿음 안에서 잘 진보했는데 후에 다른 대치물로 돌아간 것이다. 하나님은 그런 자를 기뻐하지 않으신다.

39절, 우리는 뒤로 물러가 침륜에 빠질 자가 아니요 오직 영혼을 구원함에 이르는 믿음을 가진 자니라

우리는 뒤로 물러가 침륜에 빠질 자가 아니다. 뒤로 물러가는 것은 엄청난 손실이다. 앞으로 전진해야 한다. 신앙의 길에서 뒤로 물러가는 것은 퇴보인데, 이것이 침륜에 빠지는 것이다(벵겔은 '침륜'에 대하여 자기들의 영혼을 하나님께 입증하지 못하는 것이라고 해석했다). 신앙의 길에서 배교하고 뒤로 물러가는 것은 하나님 앞에서 버림을 당하는 것이다. 사도 바울은 전도하고 열심히 일한 후에 자기를 쳐서 복종시키는 절제를 하지 않으면 자기가 도리어 버림을 당할 수 있다고 경성했다(고전 9:27). 혼(목숨)을 구원한다는 것은 복음서에도 있다. 우리가 이 시대에 혼을 얻으면 다음 시대에는 잃는다. 우리가 이 시대에 육신의 안락과 편안함을 위해 명성과 부귀를 얻고 친구들과 성공을 얻는다면 그 사람은 반드시 다음 시대에는 모든 것을 잃게 된다. 그러나 만일 당신이 이 시대에 주님을 위해서, 믿음을 지키기 위해서 부귀와 명성과 친구와 번영과 안락을 잃는 그러한 길을 간다면 당신은 반드시 다음 시대에 얻게 될 것이다. 참 신앙의 길, 앞으로 진보하는 길을 걸어간다면 반드시 어려움이 있게 된다. 여러분이 순수한 신앙을 따라 간다면 반드시 잃어버리게 된다. 그러나 다음 시대에는 다 얻을 것이다.

계시록 2, 3장을 보면 서머나 교회와 빌라델비아 교회가 있는데, 이 두 교회는 계시록에 나타난 일곱 교회 중에서 주님의 칭찬을 받은 교회이다. 그 외에 다섯 교회는 주님에게서 책망을 많이 받았다. 서머나 교회와 빌라델비아 교회에 공히 유대인들이 있었다. 주님은 빌라델비아 교회에게 유대인들이 언젠가 그들의 발 앞에 와서 절하고 주님이 빌라델비아 교회를 진정으로 사랑하는 줄을 그들이 알게 될 것이라고 하셨다. 그리고 서머나 교회에게는 그곳에 있는 자칭 유대인이라 하는 자들의 훼방을 아는데, 실상은 그들이 유대인이 아니요 사단의 회라고 하셨다. 유대인에게는 어떠한 특징이 있는가? 율법의 형식과 전통을 중히 여긴다는 것이다.

우리는 갈라디아서에서도 이삭과 이스마엘에 대한 것을 읽을 수 있다. 언제나 육체에서 난 사람들은 성령으로 난 사람들을 핍박한다. 여러분이 성령을 따라 행하는 이삭이 되기를 원한다면 핍박받을 것을 준비하라. 이스마엘이 올 것이다. 우리가 만일 다른 사람들에게서 칭찬만을 듣는 사람이라면, 과연 우리의 일상생활과 믿음생활이 주님과 밀착되어 온전히 그분의 기쁨만을 얻기 위해 나아가고 있는가를 점검해 보아야 한다. 혹시 당신은 '이렇게 하면 형제들이 나를 좋게 생각할 것이고, 저렇게 하면 형제들이 나를 오해할 것이라.' 생각하여 잘 처신했기 때문에 지금 여러분의 명성과 지위가 유지되고 있는 것은 아닌가? 우리가 일부러 오해와 비방과 핍박을 받으려고 할 필요는 없겠지만, 참으로 우리가 주님의 인도를 따라 주님만을 기쁘시게 하기 위해 이 땅에서 살아가고자 한다면 우리에게는 또한 많은 어려움이 올 것이다. 그럴 때 한 번, 두 번 타협한다면 결국 우리 주님을 옆에 제쳐두고 소홀히하게 될 것이다. 남들에게 핍박을 당하더라도 주님을 놓지 않을 때 사람들의 비방거리가 되고 산업을 빼앗기는 일들이 닥칠 것이다. 우리가 이런 일을 인내로 잘 감당하며 나간다면 우리는 장래 왕국 시대에 혼을 구원하게 될 것이지만, 이 땅에서 얻는다면 그날에는 반드시 우리의 혼을 잃게 될 것이다. "자기 목숨을 얻는 자는 잃을 것이요 나를 위하여 자기 목숨을 잃는 자는 얻으리라"(마 10:39).

여기에서 '목숨'은 헬라어로 슈케(pshuche, 혼 생명)이다. 혼을 얻는다는 것은 자기 목숨을 구한다는 말과 같다. 이 시대에 우리가 혼을 잃는 길을 가는 것은 매우 중요하다. 히브리 믿는이들이 여기에서 머뭇거린 이유는 이 땅에서 좀더 편안한 길을 택하고 무언가를 얻고자 했기 때문이었다. 그들은 이 땅에서 편안함과 안일함을 얻은 대신 다음 세상에서 혼을 잃게 될 것이다. 히브리서 11장에 그토록 많은 증인들을 열거한 것은 믿음의 길을 걸었던 사람들을 보여줌으로써 그들이 간 길을 히브리 믿는이들도 갈 수 있도록 격려하려는 것이다. 앞서간 증인들은 환난과 고난을 당하고 목숨을 잃더라도 끝까지 하나님의 약속의 말씀을 붙잡음으로 상을 얻은 자들이다.

우리의 길은 분명하다. 지성소로, 하나님께로 나아가야 한다. 항상 지성소에서 생활하여 생명의 구원이 온전히 이루어질 때 하나님의 영원한 목적이 성취된다. 신약을 통해서, 지성소에 사는 생활을 통해서, 새 언약의 약속들을 통해서, 생명의 법이 우리 안에 새겨짐으로 하나님을 아는 지식이 점점 증가하며, 따라서 우리는 하나님의 형상을 본받게 되고 영화롭게 될 것이다. 이렇게 함으로써 하나님의 영원한 목적이 성취되는 것이다. 이것은 구약이 아닌 신약을 통해서만 이루어진다. 이를 위해 하나님은 그 아들을 보내시어 십자가에 죽게 하시고 믿는 우리로 하여금 그 피로 말미암아 지성소에 들어갈 담력을 얻게 하셨다. 그뿐 아니라 우리로 하여금 지성소 안에 살게 하시고 예수 그리스도는 제사장으로서 하나님의 집을 다스리시는 분이 되셔서 우리가 하나님께 나아가도록 몸과 마음을 씻어주신다. 우리가 이러한 분을 떠나서 다른 대치물로 돌아선다면 하나님의 심판이 얼마나 크겠는가! 구약의 모세의 법을 폐한 자도 하나님의 심판을 받았는데 하나님의 아들을 업신여기고 욕되게 하고 밟은 사람들은 얼마나 더 큰 심판을 받겠는가!

11장

하나님의 영원한 경륜

히브리서 1장에서는 그리스도를 특별히 '맏아들'이라고 한다. 그리스도께서 세상에 다시 들어오실 때 하나님의 맏아들로 오신다고 했다. 그리고 2장에서는 많은 아들들이 나온다. 맏아들과 많은 아들들은 관계가 있다. 하나님께 많은 아들들이 있기에 그리스도를 맏아들이라고 한 것이다. 장래 많은 아들들은 다 영광 안에 들어가게 된다. 성경은 하나님의 경륜을 우리에게 알려 준다. 하나님은 영원 가운데 많은 아들들을 얻기를 원하신다. 현재 하늘에서는 한 분 하나님의 아들이 죄를 정결케 하는 일을 하시고 하나님 보좌 우편에 앉아 계신다. 하나님의 마음의 갈망은 많은 아들들로 하여금 영광 안에 들어가게 하는 것이며 사람으로 많은 아들들이 되게 하여 보좌에 함께 참여하게 하는 것이다.

1장에서는 하나님의 아들 그리스도께서 천사보다 뛰어나다는 것을 기록한다. 그러나 우리는 2장에서 하나님의 아들 그리스도는 인성을 입은 사람으로 오셔서 잠간 동안 천사보다 못하게 하심을 입으신 것을 본다. 그것은 많은 아들들을 구속하시기 위한 것이며, 결국에는 그 많은 아들들인 우리까지도 천사보다 더 뛰어난 존재들이 된다. 하나님의 창조에서 사람 외에 가장 뛰어난 존재가 천사들이다. 그러나 하나님께서는 사람을 지으실 때 그리스도와 그분의 배필인 교회가 천사보다 뛰어난 존재가 되도록 계획하셨다. 거듭난 사람들은 결국 하나님의 많은 아들들이 되어 영광 안에 있게 되는데, 이들을 영광 안으로 이끌기 위해 많은 고난을 통해 온전케 됨으로 구원의 원수가 되신 분이 바로 예수시다. 따라서 이 구원이야말로 지극히 큰 구원이다. 이에 대한 자세한 서술이 요한계시록에 기록되어 있다.

이러한 놀라운 구원을 이루신 하나님, 또한 그 구원으로 우리를 부르셔서 신약의 축복 가운데 살 수 있게 하신 그리스도께서는 우리가 오늘 이 땅에서 믿음의 길을 갈 수 있도록 도와주신다. 우리의 사도이며 대제사장으로서, 새 언약의 중보로서 주 예수님은 지금도 하나님의 집의 사역자로서 우리를 섬기고 계신다. 하나님께서 사람을 창조하신 것은 그로 하여금 하나님의 형상을 닮도록 하기 위한 것이며, 이것이 하나님의 영원한 경륜이요 목표이다.

이 목적을 이루기 위해서 하나님의 아들 그리스도께서는 성육신하심으로 이 땅에 오셔서 십자가에 죽고 피 흘리심으로 구속을 성취하셨으며, 부활 승천하여 성령을 보내주심으로 사람 안에 거하게 하셨다. 그분은 한면으로 하늘 보좌에 계시지만 또 한면으로 우리 안에 성령으로 거하신다. 그분은 우리 안에 신약의 축복을 집행하는 집행자이시다. 그리스도의 역사의 최종 목표는 우리로 하여금 아들의 형상을 본받게 하여 맏아들과 똑같이 되게 하고 영광 가운데 이끌림받게 하려는 것이다. 이 구원의 대장이 바로 예수시다. 이 목적을 이루기 위해서 부르심받은 사람이 바로 신약의 믿는이들이다.

히브리서 3장에서는 우리를 '함께 하늘의 부르심을 입은 동반자들'이라고 말하고 있다. "함께 하늘의 부르심을 입은 거룩한 형제들아"(1절). "…그리스도와 함께 참예한 자가 되리라"(14절). 우리는 하늘의 부르심을 받은 동반자들이다. 신약의 믿는이들은 땅에 속한 종교를 형성하도록 부름받은 사람들이 아니고 하늘의 백성들로 삼기 위해서 하나님께서 부르신 자들이다.

하나님은 하늘의 질서와 하늘의 체계와 하늘의 뜻을 이 땅으로 가져오기를 원하신다. 하나님이 원래 우주를 창조하실 때 하늘과 땅은 다 하나님을 위한 것이었다. 그러나 하나님이 지으신 땅은 황폐케 되었고 공허하게 되었고 하늘과 맞지 않게 되었는데 이것은 사단과 사람의 타락으로 말미암은 것이다. 그러나 하나님은 그분의 영원한 뜻을 포기하지 않으시고 이 땅을 회복하시기를 원하신다. 창세기 1장이 겉으로는 창조와 관련된 것으로 보이나 사실 창세기는 1장부터 하나님이 회복하시는 것을 기록한 책이다. 하나님이 무언가를 회복하신다. 주로 하나님이 역사하시는 곳은 땅이다. 하나님은 땅을 위해서 역사하신다. 왜냐하면 땅의 질서가 파괴되었고 땅은 하늘과 맞지 않게 되었기 때문이다. 그래서 하나님은 그분의 형상을 따라 사람을 지으셨고 이 땅에 그리스도의 동반자들인 한 무리를 얻으셔서 그들이 이 땅을 다스리기를 원하셨다. 그분의 형상과 모양을 가진 사람들이 이 땅을 다스리고 그분을 대표하기를 원하셨다. 그러나 그러한 목적으로 지음받은 사람마저도 창세기 3장에서 타락했고, 이 땅은 다시금 완전히 흑암에 싸이게 되었다. 이후 하나님이 아브라함을 불러서 구약에서 역사하시는 과정을 볼 때, 하나님은 이 땅에서 그분의 뜻을 이루기 위해 그분과 함께할 사람을 한 사람 한 사람 불러내심을 알 수 있다. 그러나 구약은 어디까지나 그림자요 모형이므로 실제가 아니다. 실제는 그리스도께서 오심으로써 시작된 것이라고 볼 수 있다. 그러므로 오늘 신약에서 우리는 그야말로 하나님의 뜻이 성취되는 시대에 살고 있다고 할 수 있다.

전진할 것을 격려하는 책

특히 히브리서는 하나님의 백성이 유대교의 실행으로 인해 땅에 고착되어 버렸기 때문에, 그들에게 다시 한 번 하늘에 속한 부르심을 확증시키며 하나님이 원래 원하시고 뜻하셨던 대로 그들을 부르시고 그들로 전진케 하기 위해서 기록하신 책이라고 볼 수 있다.

히브리서는 계속적으로 하늘에 속한 부르심을 받은 동반자들이라고 부르면서 이 땅의 모형과 그림자에 남아 있지 말고 전진하라고 격려하고 있다. "하늘로 나아가라, 지성소로 나아가라, 하나님께 나아가라, 은혜의 보좌로 나아가라, 초보에 머무르지 말고 완전한 데로 나아가라"고 말하면서 전진할 것을 격려하고 있다. 이것이 바로 히브리서이다.

10장에서도 우리가 보았지만 히브리 그리스도인들은 '속죄제를 다시 한 번 드려야 한다, 회개해야 한다'라며 유대교의 실행으로 돌아갈 위험에 있었다. 그것은 눈에 보이고 매우 구체적인 것이었으므로 그들의 마음을 쉽게 움직일 수 있었을 것이다. 그러나 신약의 믿는이들인 우리가 믿는 것은 눈에 보이지 않는 것이므로 믿음으로써 붙잡아야 한다. 반면에 유대교적인 실행들은 다 눈에 보이고 확실해 보이며 물질적이고 땅에 속한 것이었다. 눈 앞에서 양과 소가 죽어 피가 흘려지고, 대제사장이 지성소에 들어가 피를 뿌린 후 금방울 소리가 들리면 이스라엘 백성들은 속죄제사가 열납되었다는 것을 알 수 있었다. 대제사장이 속죄제사를 드리고 밖으로 나오면 유대교도들은 제사가 열납되었다는 확증을 받고 마음에 잠시 평강을 갖게 된다. 이처럼 구약의 실행은 눈에 보이고 확실하게 손에 쥐어 줄 수 있는 것이었기 때문에, 눈에 보이지 않고 애매모호하게 느껴지는 것을 믿는 신약의 어린 믿는이들의 믿음을 흔들어 놓기에 충분했다. 더욱이 그 당시의 상황이 신약의 믿는이에 대해 핍박과 많은 환난과 비방이 있는 상황이었기 때문에, 어린 히브리 믿는이들이 유대교로 돌아갈 수 있는 위험은 상당히 높았다.

히브리서 10장 3-4절은 염소와 황소의 피로 드리는 제사는 해마다 죄를 생각나게 하는 것이 있었고 능히 죄를 없이 하지 못한다고 했다. 10장 5절은 "하나님이 제사와 예물을 원치 아니하시고 오직 나를 위하여 한 몸을 예비하셨도다"라고 했다. 이에 대한 해석은 시편 40편에 있는데, 이는 연구할 필요가 있다. 이것은 주 예수님이 제물이 되시기 위해서 성육신되어 인성을 갖고 이 땅에 오셨다는 것을 알려 주고 있다. 두루마리 책에 주를 가리켜 기록한 것과 같이 하나님의 뜻을 행하러 오신 것이다. 하나님은 과거에 드렸던 제사나 예물과 속죄제는 원치도 않고 기뻐하시지도 않으신다. 그러나 하나님은 주 예수님 자신의 몸을 단번에 드리심으로 드려진 이 제물을 기쁘게 받으셨다.

과거에 제사장들이 매일 서서 섬기며 드렸던 제사는 우리를 온전케 할 수 없었지만 그리스도의 몸을 드린 제사는 우리를 거룩케 하며 온전케 할 수 있다. 히브리 믿는이들에게는 죄 문제가 아주 컸을 것이다. 따라서 그들은 감히 지성소에 들어가는 것을 생각할 수 없었을 것이다. 지성소는 1년에 한 번씩 대제사장만 들어갈 수 있었을 뿐 일반 백성들은 제사장들을 통해서 속죄제나 드리는 것으로 생각했다. 그런데 히브리서에서 우리가 읽었듯이, 제사가 영 단번에 드려짐으로 죄 문제가 영원히 해결되었다. 이것을 사하셨은즉 다시는 죄를 위하여 제사드릴 것이 없다고 하셨다. 과거에 해마다 드리는 제사는 언제든지 온전케 할 수 없었다. 만일 과거에 섬기는 제사가 옳았다면 단번에 죄를 정결케 하여서 죄를 깨닫는 일이 없었을 것이다. 그러나 해마다 죄를 생각나게 하는 것이 있었다고 말한 것으로 구약의 제사가 사람을 온전케 할 수 없다는 것을 알 수 있다. 제사가 올바르다면 죄에 대한 깨달음이나 생각도 가질 필요가 없을 정도까지 이르는 것이 정상이다.

히브리서 10장을 읽어볼 때, 죄에 너무 매달리는 것은 신약의 믿는이들로서 합당치 않음을 알 수 있다. 믿는이들이 죄를 소홀히 해도 된다든지 죄를 지어도 된다는 것은 아니다. 우리가 만일 죄를 지었다면 요한 일서에 근거하여 자백해야 한다. 그러나 우리는 죄를 지음으로 말미암아 오는 영원한 하나님의 진노와 멸망에 대한 문제가 영 단번에 해결되었다는 것을 알아야 한다. 그러므로 다시 속죄제를 드릴 필요가 없다.

우리가 죄를 범했을 때 우리에게는 다만 하나님 아버지와의 교통에 문제가 생기는 것이다. 이것은 아버지와 그의 자녀들과의 문제이다. 그때 하나님 아버지는 우리에게 대언자가 있다고 알려 주신다. 이것은 우리에게 대언자가 있기 때문에 우리가 죄를 지어도 그 죄를 간과하거나 아무 느낌이 없어도 되며 자백을 하지 않아도 된다는 뜻이 아니라, 죄를 짓고 다시 속죄를 하는 유대교도들의 실행을 다시 할 필요가 없다는 것을 뜻한다. 또는 계속 죄에 대한 관념에 사로잡혀서 거기에 묶일 필요가 없다는 것을 알려 준다. 구약의 제물은 다만 죄를 덮을 뿐이다. 그러나 참된 하나님의 아들 그리스도의 제물되심으로 그 피가 우리의 죄를 다 사하고 씻어서 하나님께 기억도 되지 않을 정도로 용서하고 끝내버렸다는 것은 분명하다. 하나님이 우리의 모든 죄들을 다 처리하셨기 때문에 우리의 죄가 다시 사해질 필요가 없고, 하나님께서 우리의 죄를 기억하시는 것이 없으므로 우리는 죄에 묶여 있을 필요가 없다.

오늘 우리가 고생하는 이유 중의 하나는 죄에 대한 관념에서 해방되지 못하기 때문이다. 죄를 지으면 다시 속죄제를 드리려 하고 죄 때문에 상당한 시간 동안 고통을 당한 후 어떠한 과정을 거쳐야만 하나님께 나아갈 수 있다는 관념을 갖는 것은 예수 그리스도의 피의 효능과 그분의 속죄 사업의 효과를 충분히 알지 못하는 데에 그 이유가 있다. 그러므로 우리는 죄가 하나님 앞에 혐오스러운 것이고 하나님이 미워하시는 것이며 하나님과 우리 사이에 담을 세우고 가로막는 것이지만, 주 예수 그리스도가 그 몸을 드리고 피를 흘리셔서 역사하신 속죄 사역은 우리의 죄보다도 더욱 더 놀랍고 효능 있으며, 그 모든 죄를 사하고도 남는 위대한 것이라는 사실을 기억하고 깨달아야 한다. 이 사실을 알 때 우리는 하나님께 나아갈 수 있다. 우리가 혹시 범죄했다 하더라도 다시 피를 힘입어 주님 앞 지성소로 나아갈 수 있다는 것을 알아야 한다.

10장 19절은 "그러므로 형제들아 우리가 예수의 피를 힘입어 성소에 들어갈 담력을 얻었나니"라고 한다. 하나님이 원하시는 것은 우리가 제단 주위에서 머무르는 것이 아니라 둘째 장막으로 들어가는 것이다.

구약 시대에는 아직 지성소에 들어가는 길이 열리지 않았다. 대제사장이 일 년에 한 차례씩 들어가는 것으로부터 그 사실을 알 수 있다. 그러나 이제 그리스도께서 죽으셔서 그 육체가 찢기심으로 휘장이 나뉘어져 지성소에 들어가는 새롭고 산 길이 열렸다. 또한 모든 믿는이들은 다 지성소에 들어갈 수 있는 자격을 얻었다. 구약 시대에는 지성소로 들어가는 길이 아직 열리지 않았었다. 그러나 그것은 장차 많은 하나님의 자녀들이 지성소에 들어갈 수 있다는 것을 예표로 보여주는 것이었다. 그분이 휘장 안으로 먼저 들어가심으로 우리가 하나님께 나아갈 수 있는 길을 열어 주셨다. 그분이 선주자로서, 머리로서 먼저 나아가셨기 때문에 몸인 우리에게 그분이 얻으신 것을 얻을 수 있는 자격이 주어진 것이다. 신약의 사상은 그분만 휘장 안에 있고 우리는 바깥 뜰에 있어도 된다는 것이 아니다. 우리도 다 휘장 안, 지성소로 들어가야 한다.

신약의 교회

여기에서 우리가 기억해야 할 것은 안식, 지성소, 휘장 안으로 들어가는 것, 하나님께 나아가는 것, 은혜의 보좌 앞에 나아가는 것이 다 하늘과 관계가 있다는 것이다. 하나님은 우리를 하나님의 동반자들로 부르셨다. 땅에 속한 부르심이 아닌 하늘의 부르심으로 우리를 부르셨다. 그러므로 신약의 교회는 하늘의 백성이다. 원래부터 하나님은 하늘의 뜻이 있었다. 하늘의 뜻이 땅에 이루어지는 것이 그분의 뜻이다. 하늘의 질서, 체계, 하늘의 나라, 왕국이 이 땅에 임하는 것이 하나님의 역사이다. 이를 위해 우리를 부르신 것이다. 그러므로 신약의 교회는 하늘의 체계, 하늘의 질서, 하늘의 모양, 하늘의 형상을 가지고 있어야 한다. 그러므로 하나님의 백성들인 교회가 땅에 속한 조직과 단체와 같은 형상을 띠고 냄새를 갖고 있으며 이 땅의 모양을 갖고 있다면 그것은 신약의 교회가 아니다.

이제 11장에서는 선진들이 신약의 교회의 길을 어떻게 가서 우리에게 본을 남겼는가를 보여주어 우리도 그 길을 따라가도록 격려하고 있다.

1-3절, 믿음은 바라는 것들의 실상이요 보지 못하는 것들의 증거니 2 선진들이 이로써 증거를 얻었으니라 3 믿음으로 모든 세계가 하나님의 말씀으로 지어진 줄을 우리가 아나니 보이는 것은 나타난 것으로 말미암아 된 것이 아니니라

히브리서에서는 믿는이들에게 전적으로 하늘 지성소로 나아가라고 말한다. 그곳은 하나님께서 임재하신 곳으로 우리 영과 연결되어 있는데, 우리 영을 하늘과 연결해주는 것이 믿음이다. 히브리서 10장에는 히브리 믿는이들이 믿음의 길을 가면서 많은 환난과 어려움을 당하는 것이 기록되어 있다. 10장 32절, "전날에 너희가 빛을 받은 후에 고난의 큰 싸움에 참은 것을 생각하라". 많은 형제들이 어떤 일에 대해 나에게 '이것은 이런 것이다.' 해도 내 속에 '그게 아니다.'라는 음성이 있을 때가 있다. 내 속에 계시는 분이 내 발걸음을 인도하시는 것이다. 이것이 하늘 길을 걸어가는 나그네들의 특성이다. 믿음을 가진 사람들은 바람 부는 대로, 파도치는 대로 가는 사람들이 아니다. 믿음에서 장성한 사람은 견고하기 때문에 자신이 무엇을 하고 있는지를 잘 알며, 누가 뭐라고 해도 그 길을 간다. 우리 속에는 볼 수 있고 들을 수 있고 먹을 수 있고 냄새 맡을 수 있는 믿음이라는 기관이 있다. 그것으로 하늘을 인지하고 느끼는 것이다.

거듭난다는 것은 다시 태어나는 것이며 위로부터 태어나는 것이다. 그러므로 위엣 것을 인지하고 맛볼 수 있는 역량이 있는 것이다. 따라서 그리스도의 말씀, 믿음의 말씀을 들려주면 속에 '아멘'이라는 반응이 있게 된다. 이렇게 바라는 것들을 실체화할 수 있고 보이지 않는 것들을 증거할 수 있는 기관이 바로 믿음이다. 우리는 믿음이라는 기관을 통해서 온 세계가 하나님의 말씀으로 지어진 것을 알 수 있다. 직접 보지 않았어도 믿음을 통해서 그 사실을 알 수 있는 것이다. 믿음은 어떻게 생기는가? 물론 말씀을 들음으로 생긴다.

여기서 믿음은 '바라는 것들의 실상'이라고 하였는데, 다비(J. N. Darby)는 '실상'(대부분의 영문 성경은 'assurance'로 번역)이라는 단어를 '실제화(substantiating)'로 번역했다(다비 역). 즉 믿음이란 보이지 않지만 하나님 세계에 있는 영적 사실들을 실제화(substantiating)하는 것이라는 말이다. 그렇지만 다비는 그의 히브리서 강해에서 이 구절은 믿음에 대한 정의가 아니라 믿음의 결과에 대한 묘사라고 했다. 믿음의 결과는 그것이 반드시 실현된다는 완전한 확실성을 보장받는 것이다. 다비는 믿음에 대해 '하나님이 진실하시다고 인치는 것'이라고 정의했다. 나는 이 말에 매우 동의하는데, 거기에 한 마디를 추가하고 싶다. 그것은 '계시로(by revelation)'라는 말이다. 계시가 없이는 믿음을 가질 수 없기 때문이다. 믿음이란 계시를 통하여 하나님의 말씀에 대한 그분의 신실하심과 진실하심을 우리의 마음에 확신하는 것이다. 나는 하나님의 진실하심을 인치는 것이 특히 하나님의 말씀과 관련된 것이라고 본다. 주님의 말씀을 한 마디 한 마디 읽을 때 이를 하나님의 진실하심을 인치는 방식으로 읽는 것이다. 진실한 마음으로 말씀을 받아들이면서 늘 하나님의 신실함과 진실함에 대한 신뢰가 숨쉬게 하라. 이것이 말씀을 믿음으로 받는 것이다.

또한 앤드류 머레이는 "믿음이란 장래와 보이지 않는 세계의 영적 실재를 다루는 영혼의 영적 기능"이라고 했다. 마치 우리가 가시적인 우주와 교신하는 우리의 감각을 갖고 있듯이 믿음은 우리 영혼이 영적 세계와 접촉하고 영향을 입는 영적인 감각이요 기관이라는 것이다. 간단히 말해서 믿음이란 보이지 않는 것을 볼 수 있는 감각이다.

앤드류 머레이는 말씀을 믿음의 근거로 너무 독점적으로 다루는 위험도 경계해야 한다고 말했다. 이는 영적인 것보다는 지적인 믿음으로 가기가 쉽다는 것이다. 믿음은 단지 어떤 약속의 말씀에만 근거를 두는 것이 아니라 우리 주위의 보이지 않는 세계와의 끊임없는 영적인 교제도 의미한다. 이는 우리가 일상생활에서 호흡하고 보고 느끼는 일처럼 자연스럽고 쉼이 없는 것이어야 한다. 그러면서도 말씀 안의 믿음에 대한 모든 계시는 믿음에 대한 갈망을 일깨우고 충만한 믿음 안으로 가는 길을 보여주는 손가락으로 생각할 수 있다. 믿음생활이란 다른 것이 아니라 보이지 않는 것을 보는 것같이 여기며 사는 것이다(11:27). 다만 어떤 것을 확신하는 것이 아니다. 영적인 세계에서 사실인 것들을 이 현실세계에서 실상으로 증거하고 증명해내는 방식의 삶이 믿음의 삶이다. 그리고 그렇게 살 수 있도록 영적인 실제를 현실로 실제화해주는 작용을 믿음이라고 한다. 공기 중에 음파가 있지만 라디오 수신기가 없다면 그 음파는 없는 것과 마찬가지이다. 사람에게 있어서 라디오 수신기 노릇을 하는 것이 믿음이다. 믿음은 영적인 세계에서 사실인 것들을 우리의 체험으로 실제화시킨다.

이를테면 로마서 6장 6절에서는 "우리 옛 사람이 예수와 함께 십자가에 못 박힌 것은 죄의 몸이 멸하여 다시는 우리가 죄에게 종노릇하지 않는다"고 했다. 이것은 하나의 영적인 사실이다. 즉 하나님께서 그리스도 안에서 이루신 사실이라는 말이다. 이 사실은 공기 중에 전파가 사실로 존재하듯이 실재한다. 그러나 이 사실을 믿음이란 기관으로 우리에게 실제화하지 않으면 그 말씀은 나와 아무 상관이 없게 된다. 그러나 어떤 사람이 자기 옛 사람이 예수와 함께 십자가에 못 박혔다는 것을 믿을 때 죄에서 벗어나며 그 영적인 사실을 현실 생활에 실제화하게 된다. 이는 놀라운 것이다. 모든 영적인 사실들이 믿음으로 우리에게 실제화 될 수 있으니 믿음이란 얼마나 중요한 것인가!

로마서 8장 1-2절 말씀은 어떠한가? "그러므로 이제 그리스도 예수 안에 있는 자에게는 결코 정죄함이 없나니 이는 그리스도 예수 안에 있는 생명의 성령의 법이 죄와 사망의 법에서 너를 해방하였음이라". 나는 과거에 정죄함이 없으려면 그리스도 예수 안에 있으면 된다는 것을 알기는 했지만, 내 자신이 그리스도 예수 안에 있다는 확신을 갖지 못했다. '그리스도 예수 안에만 있을 수 있다면 정죄함을 갖지 않을 수 있을 텐데'라고 희망하였다. 또 '그리스도 예수 안에만 있으면 생명의 성령의 법이 죄와 사망의 법에서 나를 해방할 텐데'라고 생각하였다. 그런데 어느 날 내가 무엇을 해야 그리스도 예수 안에 있게 되는 것이 아니라, 내가 이미 그리스도 예수 안에 있는 자임을 보게 되었다. 고린도 전서 1장 30절에서는 "너희는 하나님께로부터 나서 그리스도 예수 안에 있고"라고 말씀한다. 우리가 그리스도 예수 안에 있게 된 것은 하나님이 하신 것이다(By His doing you are in Christ Jesus, NASB). 당신은 그리스도 안에 있기 위해 아무것도 할 필요가 없다. 왜냐하면 당신을 그분 안에 있게 하신 것은 하나님이시기 때문이다. 당신은 다만 믿고 감사하면 된다. 이것이 바로 믿음이다. 믿음은 다만 말씀에 기록된 대로 자신을 아는 빛이다. 갈라디아서 2장 20절은 "내가 그리스도와 함께 십자가에 못 박혔나니 그런즉 이제는 내가 산 것이 아니요 오직 내 안에 그리스도께서 사신 것이라"고 한다. 당신은 그리스도와 함께 십자가에 못박히기 위해서 아무것도 할 필요가 없다. 이것은 이천 년 전에 그리스도 안에서 이루어진 사실이기 때문이다. 우리는 다만 이 사실을 믿으면 된다. 나도 당신도 그리스도 안에서 그리스도와 함께 이미 죽은 것이다. 이 사실을 믿는 것은 아무 힘이 들지 않는다. 다만 그렇게 말씀하셨기에 그렇게 믿으면 된다. 이러한 믿음이 그 실제를 우리에게 가져다주는 것이다.

우리는 에베소서에서 교회가 그리스도의 몸이라고 배운다. 이 역시 계시를 통해 영적 사실들이 실제화될 수 있다. 우리가 그리스도의 몸이 된 것은 하나님께서 그리스도 안에서 이룬 사실들이다. 우리는 오늘 믿음으로 성경에 있는 그리스도의 몸이란 진리를 실체화해 낸다. 사람들은 성경에 있는 그리스도의 몸이란 계시를 우리의 성도들의 믿음과 삶을 통해 보게 된다. 이것이 바로 보이지 않는 것을 실제화한다는 뜻이고 그것이 바로 믿음이다. 우리는 이 믿음을 통해 하나님의 진리와 말씀을 실제화하기 위해 부르심을 받았다. 그것이 바로 우리의 증거하는 삶이다. 우리는 십자가의 진리를 증거하기 위해 이 땅에 살고 그리스도의 몸의 실제를 증거하기 위해 교회 생활한다.

믿음으로 우리는 세계가 하나님의 말씀으로 지어진 줄을 믿는다. 또 보이는 것은 나타난 것으로 말미암아 된 것이 아니라고 하였다. 우리는 만물이 어떻게 지어졌는지 본 적이 없다. 그러나 "보이는 것은 나타난 것으로 말미암아 된 것이 아니니라"는 말씀대로 그 누구도 믿음이 아니라면 확증할 길이 없는 것이 만물의 생성이다. 오늘날 진화론을 주장하는 사람들이 있지만 그 누구도 그 사실을 본 사람은 없다. 창조의 해답은 성경에 이미 기록되어 있다. 보이는 것은 나타난 것으로 말미암은 것이 아니라는 것이다. 오늘 우리는 하나님의 말씀을 믿는다. 보았기 때문에 믿는 것이 아니다. 우리는 다만 하나님의 말씀을 믿는 것이다. 이것이 믿음이다. 그러므로 믿음을 보지 못하는 것들의 증거라고 한 것이다. 우리는 보지 못했지만 하나님의 말씀을 믿을 수 있는 말씀으로 믿기에, 만물의 창조도 우리가 보지 못했지만 그분의 말씀을 통해 믿으며 의심치 않는 것이다.

아벨-믿음으로 더 나은 제사를 드림

4절, 믿음으로 아벨은 가인보다 더 나은 제사를 하나님께 드림으로 의로운 자라 하시는 증거를 얻었으니 하나님이 그 예물에 대하여 증거하심이라 저가 죽었으나 그 믿음으로써 오히려 말하느니라

4절부터는 믿음을 증거한 선진들을 소개하고 있다. 그런데 아담부터 언급하지 않고 아벨부터 하고 있다. 아담에 관한 한 믿음에 대하여 할 말이 없다. 아담은 그렇게 오래 살았지만 특별한 믿음의 증거가 없는 삶이었다. 그는 그저 아내가 건네준 선악과를 먹었을 뿐이다. 이런 삶은 참으로 유감스러운 삶이다. 그 삶에 하늘의 통제가 없다. 그러므로 믿음의 증인에 대하여 말할 때 아벨부터 언급한 것이다. 아벨과 가인이 하나님께 제사를 드릴 때 아벨은 양을 드렸고 가인은 소산의 첫 열매를 드렸다. 이때 하나님께서 가인의 제사는 열납하지 않으셨지만 아벨의 제사는 열납하셨다.

수년 전, 믿은 지 얼마 되지 않은 한 자매가 나에게 가인이 그렇게 수고를 해서 드렸는데 하나님이 왜 열납하지 않으셨는가를 물은 적이 있다. 그 자매는 그 내용이 이해가 가지 않는다고 하면서 하나님이 불공평하신 것 같다고 말했다. 겉으로 볼 때는 그런 생각이 들 것이다. 그러나 하나님께서 그렇게 하셨다면 분명 뜻이 있으실 것이므로 더 깊이 생각해보아야 한다. 그때 사람은 이미 타락했으므로 아무 일이 없는 듯이 그저 자기가 농사지어 얻은 소산물을 가지고 하나님 앞에 갈 수 없었다. 여기서 아벨은 계시로(아마도 그는 부친인 아담에게서 하나님의 명령하신 바에 대해 들었을 것이다) 그런 상태에서 하나님 앞에 가려면 피가 필요하다는 것을 알았을 것이다. 반면에 가인은 하나님의 명하심과는 관계없이 자기 생각대로 행하는 사람이었다. 그는 그저 무엇이든 하나님께 드리기만 하면 된다고 생각했을 것이다. 그러나 사람은 스스로 있는 존재가 아니며 하나님으로 말미암아 존재한다는 것을 알아야 한다. 따라서 사람은 하나님의 말씀과 뜻대로 살아야 한다. 가인의 문제는 이것을 떠난 것이었다.

믿음의 문제에 있어서 하나님의 말씀에 대한 계시가 있어야 한다. 만물은 말씀으로 창조된 것이며 말씀은 보이지 않지만 나타난 만물의 근원이다. 보이지 않는 말씀이 없다면 만물이 없는 것이다. 사람은 보이지 않는 말씀의 명령을 떠나서 행동해서는 안 되는 존재이다. 여기에 믿음이 있는 자와 없는 자의 차이가 있다. 즉 한 사람의 삶은 근거가 있는 삶이고 다른 한 사람의 삶은 아무 근거가 없는 삶이다. 믿음은 들음에서 나며 들음은 그리스도의 말씀으로 말미암는다고 하였는데, 적어도 아벨에게는 말씀과 계시가 있었다. 그는 아버지로부터 인간이 타락했다는 것을 들었을 것이다. 아담은 그가 사탄의 꾐에 넘어갔던 일, 동산에서 숨어 있을 때 하나님이 부르신 일, 부르신 후 뱀부터 심판하시고 그들도 심판을 받은 일 등을 말해주었을 것이다. 그리고서 아담은 그 아들들에게 이렇게 가르쳐주었을 것이다. '내가 죄를 범하여 벌거벗은 알고 숨었을 때 하나님께서는 내가 보는 앞에서 양을 잡아 그 피를 흘리게 하고 양의 가죽으로 옷을 지어 입혀주셨다. 이것은 타락한 사람이 제물이 없이는 하나님께 나아갈 수 없다는 의미이다. 타락한 사람에게는 반드시 대속자가 필요하다. 우리는 하나님께 나아갈 때 죽음을 가지고, 피를 가지고 나아가지 않으면 안 된다. 우리는 죽은 자의 위치에서 하나님께 나아가야 한다.' 아벨은 이런 말씀에 따라 하나님께 제물을 드렸을 것이다. 그는 하늘의 뜻을 알고 있고 하늘과 연결되어 있었다. 즉 그는 죄에 대한 하나님의 의로우신 심판을 받아들였고 피 흘림이 없이는 하나님께 나아갈 수 없다는 고백으로 하나님께 제사 드린 것이다.

우리는 로마서 10장 2, 3절에서 "저희가 하나님께 열심히 있으나 지식을 좇은 것이 아니라 하나님의 의를 모르고 자기 의를 세우려고 힘써 하나님의 의를 복종치 아니하였느니라"고 말씀하시는 것을 듣는다. 이는 무엇을 말하는 것인가? 이는 근거 없는 경배와 종교 생활을 하는 것이다. 무조건 하나님께 열심을 낸다고 되는 것이 아니다. 당시 유대인들은 열심을 내면 무엇이든지 좋을 것이라고 생각했다. 그러나 하나님은 그들이 지식을 좇지 않았다고 말씀하신다. 그들은 하늘의 지식을 좇지 않고 자신들의 생각대로의 의를 세우려고 했다. 마찬가지로 가인도 하늘의 뜻, 계시, 하늘의 음성과 관계없이 자기 생각대로 하나님을 위해서 무엇이든지 열심히 하면 된다는 생각으로 제물을 드린 것이다. 오늘날도 이런 사람들이 많을 것이다. 그들은 주를 위해 많은 일을 하겠지만 "나는 너희를 도무지 알지 못하니 불법을 행하는 자들아 내게서 떠나가라"(마 7:23)의 말을 듣게 될 것이다. 그것이 진리의 지식을 좇아 드리는 제사가 아닐진대, 당신의 열심이나 간절한 마음까지도 공허한 것이요 하나님께 열납되지 않는다는 것을 기억하기 바란다. 성경은 말하기를 아벨은 가인보다 더 나은 제사를 드렸다고 한다. 우리는 더 나은 것을 선택해야 한다. 차선을 선택하는 사람들도 있겠지만, 그러나 우리는 최상, 더 나은 것을 선택해야 하지 않겠는가! 적당히 그리스도인의 생활을 해도 된다는 것은 차선이다. 백 퍼센트 순종하며 하나님의 말씀에 따라 헌신하면서 가는 것이 최상이다. 그것이 더 나은 믿음의 생활이다.

이 히브리서에서 강조하는 것이 무엇인가? 지성소로 가는 길이 열려있다는 것이고 우리가 지속적으로 하나님의 임재 안에서 살 수 있다는 것이다.

11장에서는 그렇게 하나님께 가까이 나아가 거기 거하며 우리에게 예비된 완전한 구원을 누리는 능력이 오직 믿음에 의해서만 주어진다는 교훈을 강조하고 있다. 아벨에 대하여 이 구절은 "하나님이 그 예물에 대하여 증거하시느니라"고 하시며 "저가 죽었으나 그 믿음으로 오히려 말하느니라"고 하였다. 아벨의 믿음의 길은 그 믿음을 따르다 죽을 수도 있다는 것을 보여준다. 그러니 믿음을 위해 죽을 수도 있음을 말해주는 것이 아니고 무엇인가? 우리는 아벨을 통해서 우리의 일생에서 목숨보다 중요한 것이 믿음이라는 사실을 배울 수 있다. 그리고 그의 믿음을 하나님이 증거하신다고 한 것이다. 이런 자세로 살 때 지성소의 삶을 체험할 수 있다고 이해해도 좋다. 오직 믿음으로 사는 사람들에게만 지성소의 삶이 약속되는 것이다. 히브리인들이 왜 물러가려 했는가? 그러한 순교자의 자세가 없기 때문이었다.

신약의 경륜을 이루는 길

아벨은 가인보다 더 나은 제사를 드린 후에 형 가인에 의해 살해되어 최초의 순교자가 되었다. 아벨의 예를 통해 처음부터 우리는 신약의 길, 아들의 형상을 이루는 길, 이같이 큰 구원을 이루는 길, 휘장 안으로 들어가는 길, 안식 안으로 들어가는 길, 신약을 성취하는 길이 쉽지 않다는 것을 발견한다. 많은 선진들의 본에서 처음부터 우리가 보는 인물은 순교자이다. 아벨은 성경에서 최초의 순교자가 되었는데 그를 죽인 자는 아벨과 관계가 먼 사람이 아니라 바로 그의 형이었다. 종교적인 시기로 말미암은 것이다. 우리는 형, 가인을 완전히 이방인이라고는 볼 수 없는데, 왜냐하면 그도 하나님께 제물을 드렸기 때문이다. 그는 단지 동생의 제물은 열납되었는데 자신의 제물은 열납되지 않았기에 동생을 죽인 것이다. 아벨이 순교자의 반열에 들어갈 수 있다는 사실은 마태복음 23장을 통해서 알 수 있다. "그러므로 의인 아벨의 피로부터 성전과 제단 사이에서 너희가 죽인 바라갸의 아들 사가랴의 피까지 땅 위에서 흘린 의로운 피가 다 너희에게 돌아가리라"(마 23:35). 이는 아벨의 죽음이 순교의 죽음으로 인정되고 있음을 보여준다. 따라서 우리가 만일 주님이 원하시는 히브리인의 길, 하늘의 길, 진정한 믿음의 길, 신약의 길을 걸어가기를 원한다면, 그 길에는 어려움이 있다는 것을 알아야 한다.

우리는 히브리서 10장 후반부에서 사람들에게 비방을 받고 빼앗기기도 하고 갇힐지라도 믿음을 갖고 경주하라는 부탁을 받는다. 이 길을 가는 것에는 어려움이 따른다. 그래서 믿음이 필요하고 인내도 필요하다. 그러므로 아벨에 대한 이 말씀은 "그러나 지체하지 않고 오실 이가 오신다. 뒤로 물러서는 것을 하나님이 기뻐하시지 않는다. 의인은 믿음으로 살아야 한다"는 말씀과 함께 우리가 믿음으로, 인내로 이 경주를 경주해야 한다는 것을 알려주는 것이다.

죽음으로써 말함

"저가 죽었으나 그 믿음으로써 오히려 말하느니라". 11장에서는 많은 선진들의 본을 우리에게 보여 주고 있는데, 그 처음부터 순교자인 아벨을 소개하고 있다. 그는 죽었지만 그 죽음으로써 오히려 말한다고 하였다. 그의 죽음은 우리에게 하나의 좋은 메시지이다. 그가 죽었지만 오히려 그 죽음이 우리에게 무언가를 말해준다. 이 땅에서 이 길을 갈 때 어려움을 당하고 핍박을 당하더라도, 정말 변명 한 마디도 할 수 없는 억울한 상황이 닥친다 하더라도 우리가 진정으로 히브리인의 길을 간다면 그 사람의 고난 자체가 사람들에게 귀한 메시지가 될 수 있다. 우리는 이러한 삶을 살아야 한다. 또 이러한 죽음을 죽을 수 있어야 한다.

영국 찬송가의 아버지라 불리는 아이작 왓츠가 지은 "하나님 어린양 좇아 십자가 지려면 내 어찌 대가 두려워 세상에 굽히랴"라는 찬송이 있다. 타협하면 즉시 쉬운 길을 갈 수 있지만 그렇게 갈 수 없다는 말이다. 어려움을 감소시킬 수 있는 길은 얼마든지 있다. 조금만 굽히면 즉시 편해지고 어려움은 감소된다. 그러나 그는 그렇게 할 수 없다고 말한다. 그는 2절 가사에서 "성도들은 피땀을 흘리며 강을 건너는데 우리는 어찌 가마타고서 들리우길 기대하느냐"고 했다. 그 찬송의 후렴은 "주의 이름 위하여 어떤 고난 있어도 주 은혜 의지하면서 환난을 이기리라"고 한다. 오늘도 우리는 히브리인의 길을 가기 위해서 때로 사람들에게 오해를 받고 고난과 핍박을 당할 것을 알면서도 가야 한다. 상당한 대가를 지불하고 고난을 받게 되지만 정말 믿음으로 그렇게 행한다면 하나님은 그 행동을 의롭다 하실 것이고, 그러한 삶 자체가 사람들에게 주는 메시지가 될 것이다. 강단에서 전하는 말씀만 메시지가 아니다. 아벨의 죽음은 후세까지도 진실하게 길을 가고자 하는 사람들에게 용기를 주는 귀한 메시지인 것이다.

에녹—믿음으로 하나님과 동행하는 삶을 삶

5절, 믿음으로 에녹은 죽음을 보지 않고 옮기웠으니 하나님이 저를 옮기심으로 다시 보이지 아니하니라 저는 옮기우기 전에 하나님을 기쁘시게 하는 자라 하는 증거를 받았느니라

에녹의 특징은 하나님과 동행한 것이었다. 에녹은 이 땅에서 300년 동안 하나님과 동행한 후에 들림받았다. "에녹은… 삼백 년을 하나님과 동행하며… 에녹이 하나님과 동행하더니 하나님이 그를 데려가시므로 세상에 있지 아니하였더라"(창 5:21-24). 에녹은 이 땅에서 살았지만 하늘에 계신 하나님과 함께 살았다. 그는 이 땅에서 하늘 길을 걸어간 것이다. 유다서에는 그에 대하여 좀 더 자세한 기록이 있다. "아담의 칠세 손 에녹이 사람들에게 대하여도 예언하여 이르되 보라 주께서 그 수만의 거룩한 자와 함께 임하였나니"(유 14). 에녹은 당시에 선지자의 일을 하였다. 그는 이미 그리스도의 재림을 예언하였던 것이다. 그는 당시의 의인이었고 하나님과 동행한 사람이었다. 그는 당시의 경건치 않은 많은 사람들과 전혀 다른 방식으로 살았다. 하나님께서는 그를 신뢰하셨고 그와 동행하시면서 당시의 사람들에게 그의 입을 통하여 그분의 거룩한 뜻과 말씀을 전달하셨다.

성경을 읽을 때 한 가지 특이한 것은, 아벨 시대에는 하나님께서 마치 아벨만 기뻐하신 것 같고, 에녹 시대에는 마치 에녹만을 쳐다보신 것 같다. 아벨은 믿음의 제사를 드렸는데 이는 믿음의 삶에 있어서 문에 들어선 것과 같다. 아벨과 같은 제사를 드리는 것이 믿음의 길을 가는 자들의 첫 관문에 들어서는 것이다. 다음은 에녹으로서 그는 믿음으로 하나님과 동행하는 것을 보여준다. 우리는 에녹에게서 죽지 않는 생명을 본다. 아벨은 십자가에 죽으신 그리스도를 증거하는 삶을 살았고, 에녹은 죽었다가 부활하신 그리스도를 증거하는 삶을 산 것이다.

진정한 동행에는 주님을 위해서 살고 주님을 위해서 죽을 수 있는 아벨의 심정이 필요하다. 이 시대에 에녹처럼 이 땅에서 주님과 동행하는 것이 불가능하다고 생각하지 말라. 주님이 그의 모든 것이 된 사람이 주님과 동행하는 사람이다. 그럼에도 주님과 늘 동행한다는 것은 결코 쉬운 일이 아니다. 에녹이 300년 동안 하나님과 동행했다는 사실을 가볍게 보아서는 안 된다. 솔직히 말해서 3년 간 줄곧 동행하기도 어렵다. 이 세상에서도 십년지기우(十年知己友)라는 말이 있다. 십 년 간 변치 않고 친구로 지내기가 어렵다는 말이고, 십 년 간 사귄 사람은 또한 그만큼 믿고 신뢰할 수 있다는 말이다. 사람들은 친구와 동행하다가 그로 인해 어려움이 닥쳐서 힘들어지면 즉시 동행을 포기하게 된다. 그러므로 동행을 한다는 것 자체가 진정으로 그를 믿고 사랑한다는 것이며, 그를 알기 때문에 죽을 때까지 함께 갈 수 있다는 것을 의미한다. 서로 다른 인격이 함께 동행하기 위해서는 적지 않은 대가를 감수해야 한다. 그러므로 먼저 아벨이 있고 그 후에 에녹이 나온다. 아벨의 충성된 죽음이 에녹이 일생 동안 하나님과 동행하는 믿음에 도움이 된 것이다. 교회사가 증명하는 것은, 먼저 간 사람들의 역사는 후에 간 사람들의 믿음에 영향을 준다는 것이다. 뒤따르는 성도들이 한 발 더 나아가서 주님과 동행할 수 있는 삶을 살 수 있도록 도와주는 것이다.

6절, 믿음이 없이는 기쁘시게 못하나니 하나님께 나아가는 자는 반드시 그가 계신 것과 또한 그가 자기를 찾는 자들에게 상 주시는 이심을 믿어야 할지니라

6절은 에녹이 가진 믿음의 근간을 말하는 구절이다. 즉 에녹은 이러한 믿음을 갖고 죽음을 이긴 것이다. 그가 가진 믿음은 어떤 믿음인가? 이는 하나님께서 계신 것과 자기를 찾는 자들에게 상 주시는 자임을 믿은 것이다. 이는 언제나 어디서나 어떤 일에서나 하나님을 찾을 수 있고 만날 수 있으며 접할 수 있는 분이라고 믿는 믿음이며, 하나님은 자신을 나타내시는 분이심을 믿는 믿음이다. 또한 참으로 앙망하는 자들을 돌봐 주시고 문제를 해결해주시며 모든 일을 살펴주시는 분으로 믿는 것이다. 그리고 하나님을 찾는 자들에게 상 주신다는 것도 믿는 것이다. 그들은 하나님이 상 주실 것이고 축복하실 것을 믿는다. 이런 믿음이 하나님을 기쁘시게 하는 믿음인바, 에녹은 이런 믿음을 갖고 있었다. 그러기에 에녹은 하나님을 기쁘시게 하는 자라는 증거를 받았다. 그는 모든 일에 하나님의 임재를 인정하고 하나님을 찾았으며 오직 하나님으로부터 모든 것을 기대하고 하나님께 의탁함으로써 하나님을 영광스럽게 했다. 정상적인 믿음은 하나님께 합당한 자리와 합당한 영광을 드리는 것이다. 이렇게 사는 자들이 결국은 하나님과 동행하는 삶은 사는 것이며, 이러한 믿음으로 살 때에 지성소 안의 생활이 가능하게 되는 것이다.

믿음이 있는 사람들은 에녹과 같이 그의 모든 것 되시는 하나님과 동행하는 삶을 이 땅에서 살게 된다. 오늘 이 세상 사람들은 마치 하나님이 계시지 않은 것처럼 행동하고 생활한다. 그리스도인들조차도 하나님이 계시지 않은 것같이 사는 사람들이 많다. 그러나 참으로 신실한 그리스도인들은 하나님을 '존재하시는 분(I AM THAT I AM)'으로, 상 주시는 분으로 알고 생활한다. 그들은 하나님이 살아 계시며 그분을 찾는 자들—하나님께 나아가고 하나님의 뜻을 행하려 하며 하나님과 동행하는 자들—에게 상 주시는 분임을 믿고 살아가는 것이다.

하나님이 상 주시는 분임을 믿는 사람들은 범사에 함부로 행하지 않는다. 그들은 장래 하나님의 심판대를 주의하며 산다. 그들의 삶은 하나님이 계신 것을 증명하는 삶이다. 그것이 바로 하나님과 동행하는 삶이다. 성도들이여, 에녹과 같이 하나님과 동행하는 삶을 살라! 하나님의 임재가 여러분의 소원이 되게 하고, 하나님의 뜻이 여러분의 선택이 되게 하며, 하나님의 도우심이 여러분의 목마름이 되게 하며, 하나님의 형상이 여러분의 소망이 되게 하라! 그럴 때 하나님께서 데려가시는 삶이 무엇인지를 체험할 수 있을 것이다. 이런 사람들의 특징은 하늘의 부르심을 받은 자로서의 삶, 그리스도의 동반자로서의 삶을 사는 것이다.

노아—믿음으로 하나님과 동역함

7절, 믿음으로 노아는 아직 보지 못하는 일에 경고하심을 받아 경외함으로 방주를 예비하여 그 집을 구원하였으니 이로 말미암아 세상을 정죄하고 믿음을 좇는 의의 후사가 되었느니라

믿음이란 하나님의 말씀을 사실로 여기고 받아들이는 데서 나타난다. 노아는 당시 많은 사람들이 하나님을 주의하지 않았지만 그 시대에 하시는 하나님의 말씀을 경외하는 마음으로 듣고 순종한 사람이다. 이런 사람이 믿음이 있는 사람이다. 이 말씀에서 노아는 하나님을 경외하였다고 말한다. 경외하였다는 것은 두려워하였다는 것이다. 이 두려워하는 것이 바로 신앙의 기본이 되어야 한다. 믿음이 있으면 경외함이 있다. 믿음은 하나님께 속한 것이며 하나님을 경외함으로부터 나오는 것이다. 믿음은 하나님과의 연합이며, 믿음으로 사는 사람들은 하나님만을 의지하여 살겠다고 작정한 사람들이다. 하나님의 원하심과 기뻐하심이 믿음으로 사는 자들의 양식이요 전부이다. 그러므로 믿음 안에 사는 사람들에게서는 하나님을 두려워하는 마음이 자연스럽게 일어나게 되어 있다. 어떤 그리스도인이 하나님을 두려워하지 않은 채 마구 말하고 훼방하고 사람들을 함부로 판단한다면, 이것은 그가 믿음으로 하나님과 동행하고 있지 않음을 증거하는 것이다. 하나님과 동행하고 동역하는 사람이라면 반드시 하나님을 경외하는 것이 무엇인지 안다. 오늘날 많은 사람들에게는 하나님의 말씀을 두려워하는 마음으로 받는 것이 결여되어 있다. 당시 노아 한 사람의 경외함과 믿음이 그의 가족들에게까지 구원으로 임하였다는 것을 기억하라. 그들이 노아의 가족으로 태어난 것은 큰 축복이었다. 이와 같이 믿는이는 마땅히 다른 사람의 구원을 위해 사는 사람이 되어야 한다. 노아의 믿음은 자기의 가족을 구원하고, 인류를 구원했다.

믿음이란 언제나 장래의 일과 보이지 않는 일을 다룬다. 믿음은 하나님의 말씀을 통해서 세상이 볼 수 없는 것을 보며 하나님의 빛에 비추어 만물과 미래를 내다본다. 믿음은 경외심을 낳고 경외심은 근면을 낳아 다른 사람을 구원하는 데로 이끈다. 당시에 하나님과 동역하는 한 사람 노아가 있었기에 하나님께서 그를 통해 일을 하실 수 있었던 것이다. 한 사람의 믿음의 행동이 하나님으로 하여금 그분의 백성을 위하여 이렇게 큰 역사를 하시게 한 것이다.

하나님과 동행하고 동역함으로 세상을 정죄하는 삶을 삶

노아가 없었다면 하나님께서는 그 시대에 세상을 정죄하는 일을 하실 수 없었을 것이다. 그러나 거기에 믿음을 좇는 한 사람이 있었다. 노아는 보지 못한 일에 대하여 하나님의 경고와 음성을 들은 사람이다. 그는 당시의 모든 사람들과 같지 않았다. 그 시대 사람들은 하나님을 안중에 두지 않은 채 그저 집 짓고 시집가고 장가가는 일에 몰두하며 분주하게 살았다. 그러나 노아는 그런 죄악에서 떠나 하나님의 경고하심을 들었다. 그러므로 세상을 정죄하는 삶을 살 수 있었던 것이다. 믿음으로 사는 사람은 하나님과 연결됨으로 그 시대의 사람들과 같지 않게 된다. 그렇게 사는 것 자체가 세상 사람을 정죄하는 삶이다. 의로운 생활을 하는 사람은 불의한 사람들에게 하나의 심판이 된다.

우리가 이 땅에서 참된 히브리인의 삶을 살고 싶다면 우리는 주님과 동행하고 동역하는 사람이 되어야 한다. 그럴 때 우리는 그렇지 않은 다른 모든 사람에게 하나의 심판의 표가 될 것이다. 노아는 이러한 삶을 살았다. 육체에 속한 사람은 이러한 사람을 미워하게 되어 있다. 왜냐하면 그런 사람이 자신의 마음을 불편하게 하기 때문이다. 노아도 당시의 많은 사람들에게서 핍박과 조롱을 받았을 것이다. 그의 삶 자체가 세상을 정죄하는 삶이었기 때문이다. 그럼으로써 그는 믿음을 좇는 의의 후사가 되었다.

한 단계씩 전진되어 가는 사역

계시와 사역은 한 발씩 전진되어 간다. 아벨이나 에녹이 어떻게 생명의 길에 들어서며 주님과 동행하며 죽음을 정복하는지를 보지만 노아에 올 때에서야 하나님과 동역하며 타인을 구원하는 일을 하는 것을 본다. 노아는 하나님과 동행했을 뿐 아니라 동역하였다. 하나님과 동행하지 않으면 동역할 수 없다. 사실상 주님과의 친근한 동행, 교통을 통해서만이 진정한 동역이 이루어질 수 있다. 오랜 시간 친밀하게 동행하는 것이 상대방의 뜻과 갈망을 알게 하기 때문이다. 하나님과 오랫동안 동행하는 사람은 하나님의 뜻을 알게 되며, 그런 사람으로부터 하나님과의 동역이 나오게 된다. 사실 아벨이 희생제사를 드리고 순교했던 것은 그가 그런 계시를 보았기 때문이다. 본 사람은 그렇게 행한다. 그렇게 아벨이 본 계시가 있어서 에녹은 하나님과 동행할 수 있었고, 하나님과 동행한 에녹이 있어서 노아는 하나님과 동역할 수 있었다. 이렇게 계시와 사역은 한 단계씩의 진보가 있는 것이다.

우리는 아벨, 에녹, 노아가 아니라고 말하지 말라. 우리에게도 음성이 있다. 아들이 우리에게도 말씀하신다. 오늘 우리가 깨달은 진리와 본 이상들은 우리로 이 시대의 노아가 되도록 하기에 충분한 것들이다. 못 들었다고 말하지 말라. 하나님은 계속 말씀하신다. 이는 곧 우리가 들은 말씀대로 순종하며 살아야 하는 것을 의미한다. 우리가 만일 성실하게 주님의 음성을 듣고 순종하며 나아간다면 우리 주위의 많은 사람들이 우리를 통해 구원을 얻게 되리라 확신한다. 우리는 진정으로 이 시대의 노아가 될 수 있기 바란다.

아브라함

믿음으로 갈 바를 알지 못하고 나감

8절, 믿음으로 아브라함은 부르심을 받았을 때에 순종하여 장래

기업으로 받을 땅에 나갈새 갈 바를 알지 못하고 나갔으며

아브라함은 부르심 받았을 때에 순종하며 나아갔다. 믿음은 순종과 함께해야 한다. 살아 있는 믿음은 순종이 수반된다. 아브라함은 부르심을 받아 나아갈 때 한 걸음 한 걸음 하나님께 순종하면서 갔다. 이것이 우리의 믿음의 본이다.

하나님께서는 아브라함을 인도하실 때 보이는 것을 의지하는 데서 보이지 않는 것을 의지하는 데로 나아가게 하셨다. 본토와 친척과 아비 집은 아브라함이 의지할 수 있는 보이는 세상이었다. 사람의 타락은 무엇에서 비롯되었는가? 하나님 아닌 다른 것을 의지한 데서 비롯되었다. 당시 히브리 그리스도인들의 위험도 보이지 않는 신앙에서 보이는 것으로 배교하려는데 있었다. 그러므로 죄악의 세력에서 회복되는 길은 보이는 것에서 떠나 보이지 아니하시는 하나님께로 나아가는 것이다. 하나님은 아브라함으로 하여금 오직 하나님 자신 안에서만 그의 생명과 행복과 소망과 모든 것을 찾도록 부르셨고 아브라함은 다만 순종하여 따라 나선 것이다. 이는 얼마나 귀한 믿음인지! 하나님은 아브라함에게 그의 모든 것을 하나님 안에서만 발견하도록 그를 가르치시기 위해 그가 집착하거나 신뢰할 수 있는 모든 것을 떠나 하나님만 의뢰하고 하나님과만 함께하도록 부르신 것이다.

아브라함은 하나님께 부르심을 받았을 때 갈 바를 알지 못하였다. 하나님께서는 아브라함에게 그분이 지시하시는 곳으로 가라고 하셨을 뿐 어떤 곳을 지정하여 말씀하지 않으셨다. 그럼에도 불구하고 아브라함은 말씀에 순종하여 나아갔다. 그는 어디로 갈지 모르지만 한 발 한 발 하나님의 말씀을 따라 순종하며 나아간 것이다. 이것이 순종이다. 참 믿음은 순종을 동반한다. 결국 아브라함은 이러한 믿음으로 순종의 길을 걸음으로써 우리의 믿음의 조상이 되었다. 이렇게 즉시 순종하는 믿음만이 우리로 지성소 안에서 생활하게 한다. 오늘 우리는 아벨이고 에녹이고 노아이고 아브라함이다. 우리는 아주 긴 이름을 가지고 있다. 우리는 아벨과 에녹과 노아와 아브라함과 같아야 한다. 이들은 모두 믿음으로 산 간증을 남겨주었다. 그들은 그런 삶을 통해서 지성소의 생활이 무엇인지 본을 보여준 것이다.

아브라함은 갈 바를 알지 못하였으므로 처음에는 어느 지점에 가서 어느 정도 살다가 무슨 일이 일어나면 다른 곳으로 옮겨가 또 어느 정도 살다가 다시 무슨 일이 일어나면 다른 곳으로 옮겨가곤 했다. 우리는 아브라함과 같다. 보이지 아니하시는 하나님이 우리를 인도하고 계신다. 우리는 믿음으로 길을 가는 사람들이다. 무슨 일이 발생할 때마다 그 일은 그분에게 달려 있고 내게 달려 있지 않으므로 주님을 바라볼 뿐이다. 우리의 인도자는 누구이신가? 주님이시다. 우리는 언제나 주님께 열어드리기만 하면 된다. 주님을 따르는 발걸음은 매우 즐겁다. 그분이 인도해주실 때는 반드시 어떤 역사를 하신다. 그분은 환경을 일으키시거나 말씀을 주시거나 어떤 느낌을 주심으로 인도하신다.

아브라함이 어떤 곳에 갔을 때, 그는 처음부터 주님이 인도하신다는 느낌은 갖지 못했을 수 있다. 다만 한동안 그곳에서 생활한 것이다. 그러나 어떤 일이 일어나고 아브라함 속에 느낌이 생겨났을 때 그는 이삿짐을 싸야 했다. 당시에 아브라함은 장막에 거했고 가야 할 분명한 목적지를 알지 못한 채 그저 이 땅에서 한 걸음 한 걸음 하늘의 인도를 따라 하늘 길을 걷는 나그네였던 것이다.

믿음으로 외방에 있는 것같이 우거함

9절, 믿음으로 저가 외방에 있는 것같이 약속하신 땅에 우거하여 동일한 약속을 유업으로 함께 받은 이삭과 야곱으로 더불어 장막에 거하였으니

그는 하나님께서 그에게 주시겠다고 약속하신 땅에 거하면서도 그곳을 자기 땅이라고 생각하지 않았다. 그는 그 약속하신 땅에서도 외방에 있는 것같이 우거하였다. 마찬가지로 우리도 이 땅에 사는 동안 하나님께서 인도하신 곳에 살아도 외방에 사는 것처럼 지내야 한다. 히브리인이란 하늘에 속한 나그네이다. 본향은 하늘에 있고 이 땅에서는 나그네같이 사는 사람이다. 아브라함은 하나님이 약속하신 땅 가나안에 들어와서도 외방에 있는 것같이 우거했다. 이것이 아브라함이 우리에게 남겨준 본이다. 이를 통해 우리는 이 땅에서 어떻게 살아야 할 것인지를 알 수 있다. 이 땅에 정착해 살려는 것 같은 태도는 참 히브리인의 태도가 아니다.

나의 가정은 이사를 꽤 자주 다닌 편이다. 열 번, 스무 번 이사할 때까지만 해도 어떤 곳에 이사를 가면 짐을 잘 정리해놓고 그곳에서는 좀 안정되게 오래 살겠거니 생각했다. 그러나 얼마 안 가서 또 이사를 해야만 상황이 되곤 했다. 그래서 나중에는 어디로 이사를 가든지 그곳은 나의 영구한 거처가 아니라는 생각을 갖게 되었다. 다만 하나님께서 그곳에 거하라고 하시는 때까지 거하는 것뿐이다. 우리의 영구한 처소는 하늘이다. 아브라함은 동일한 약속을 유업으로 받은 이삭과 야곱으로 더불어 장막에 거하였다. 이삭과 야곱은 단지 아버지를 따라 그렇게 산 것이 아니라 아버지와 함께 동일한 약속을 받은 것이다. 자식이라 해서 무턱대고 아버지를 따라간 것이 아니라 그들도 개별적으로 약속을 유업으로 얻었다. 그러면서 그들은 함께 장막에 거했다. 부모의 신앙은 자녀에게 있어서 매우 중요하다. 부모들이 어떻게 사느냐가 자녀들이 어떻게 살 것인가를 결정한다. 부모의 어떠함이 자녀들에게 깊은 인상과 영향을 미치기 때문이다.

장막에 거한다는 것은 이 땅에 뿌리를 박지 않았다는 의미이다. 아브라함은 오래 참음으로 약속의 땅 가나안에 들어왔다. 오래 참음과 인내와 순종으로 약속의 땅을 유업으로 받은 것이다. 그러나 그는 거기서도 외방에 사는 것같이 우거하였다. 약속의 땅에 들어옴으로 한 가지 약속을 받았지만 거기서도 정착하지 않았다는 말이다.

아브라함은 하늘의 그리스도와 하늘에 있는 성을 바라보았기 때문에 그 땅에 있어도 외인같이 그 자식 이삭과 야곱으로 더불어 장막 안에 살 수 있었다. 장막은 언제든지 이동할 수 있는 주거 형태이다. 그것은 그들이 항상 하나님의 지시하심을 받아 이동하고 전진했다는 것을 의미한다. 그들의 나아가는 발걸음은 믿음의 발걸음이다. 그들은 그냥 이동한 것이 아니라 그 발걸음마다 다 의미가 있었다. 그들은 한 지점 한 지점을 거치면서 하나님이 예비하신 공과를 배워 나갔다. 하나님께서 원하시는 수준에 이르고 하나님의 친구가 될 때까지, 하나님을 더욱 이해할 수 있을 때까지 그들은 점점 나아가야 했다.

하나님의 경영하시고 지으실 터가 있는 성을 바람

10절, 이는 하나님의 경영하시고 지으실 터가 있는 성을 바랐음이니라

아브라함은 하나님께서 약속하신 땅에 거하면서도 외방에 사는 것같이 하였다. 사실 하나님께서 약속하신 것은 물질적인 가나안 땅이 아니다. 하나님께서 그에게 가나안 땅 일경을 유업으로 주신다고 하셨지만 아브라함은 그것이 하나님께서 진정 자신에게 주고자 하시는 것이 아니라는 것을 알았다. 사실 아브라함은 그리스도를 바라보았다. 이것은 신약에서 증명된다. "(아브라함은) 나의 때 볼 것을 즐거워하다가"(요 8:56). 이것을 구약에서 문자적으로는 읽어낼 수 없다. 성경을 피상적으로 읽는다면 알 수 없는 것이다. 그러나 아브라함은 당시 가나안 땅이 그리스도를 예표한다는 것을 알았다. 주님은 유대인들에게 이해할 수 없는 말씀을 하셨다. "아브라함이 나기 전부터 내가 있느니라"(요 8:58). 아브라함은 당시 그리스도를 만난 적이 있다. 그는 장막 문에 앉아 있다가 그에게로 오는 세 사람을 만났다(창 18:1-2). 그 중 한 사람이 누구인가? 많은 학자들이 그가 그리스도시라고 말하는 데에 주저하지 않는다. 하나님의 사자로 보내어진 그분은 바로 그리스도이셨던 것이다. 떨기나무 가운데서 모세에게 나타난 여호와의 사자도 다름 아닌 그리스도이셨다(출 3장). 사실 아브라함이 고대하고 사모했던 것은 그리스도 자신이다. 가나안 땅은 측량할 수 없이 풍성한 그리스도의 예표이다. 풍성한 그리스도, 젖과 꿀이 넘치는 그리스도, 우리에게 모든 것을 공급하실 수 있는 그리스도, 그 부요한 그리스도를 예표하는 것이 가나안 땅이다. 이들은 거기서 살며 하나님이 경영하시고 지으실 터가 있는 성을 바라보았다. 이것이 바로 지성소 안에서 생활하는 사람들이 가진 믿음이다.

'하나님의 경영하시고 지으실 터'가 있는 성은 새 예루살렘인데, 그들은 이것을 바랐기 때문에 이 땅에서는 장막에 거하였다. 사실 우리의 거할 처소는 하나님 자신이시다. "주여 주는 대대에 우리의 거처가 되셨나이다"(시 90:1). 오늘 우리가 안식할 곳은 바로 '그리스도 안'이다. 우리는 그리스도 안에 거하고 있다. 우리의 거처는 바로 그리스도이시다.

고린도 전서 7장에서는 하나님께서 부르신 그대로 하나님과 함께 거하라고 말한다. 만일 당신이 오늘 하나님과 함께 이곳에 있다면 당신은 하나님 안에 거하는 것이다. 이것은 매우 중요한 사실이다. 우리가 지금 거하고 있는 곳은 그리스도, 하나님 안이다. 이 땅에서 우리는 나그네처럼 살고 있는데, 그것은 우리에게 더 좋고 영구한 성이 있기 때문이다. 그것이 바로 우리의 영원한 거처 새 예루살렘이다.

사라 또한 약속하신 이를 믿음

11절, 믿음으로 사라 자신도 나이 늙어 단산하였으나 잉태하는 힘을 얻었으니 이는 약속하신 이를 미쁘신 줄 앎이라

아브라함 가정은 남편만이 아니라 아내 사라도 믿음이 있었다. 하나님은 아브라함에게만 아니라 사라에게도 약속을 주셨다. 사라는 아브라함을 주(主)라 부르면서 순종한 좋은 아내의 본이다. 그러나 사라는 무작정 따른 것이 아니라 사라에게도 믿음이 있었다. 그렇지 않았다면 사라의 믿음에 대해 따로 기록할 필요가 없었을 것이다. 그러므로 여기서 사라를 언급할 때 특별히 '사라 자신(Sarah herself)'이라고 했다. 사라 자신의 믿음이 있는 것이다. 아내라고 해서 남편의 믿음을 그냥 따라가는 것이 아니다. 하나님께서 아브라함과 대화하셨지만 또한 사라와도 대화하셨음을 기억하라.

하나님은 아브라함과 사라에게 각각 나타나셔서 "네 몸에서 날 자가 있다"고 말씀하셨다. 하나님께서 그렇게 말씀하실 때 아브라함은 믿기 어려웠을 것이다. 그의 나이가 거의 100세가 되었기 때문이다. 사라도 나이 들어 자신의 육체적인 힘이 끝나 아이를 낳기가 어렵다는 것을 알았지만 그래도 하나님의 말씀을 믿었다. 아브라함만 믿고 사라는 믿지 않은 것이 아니라 사라 또한 믿음을 가졌던 것이다.

"약속하신 이를 미쁘신 줄 앎이라". 사라는 나이 늙어 단산하였으나 잉태하는 힘을 얻었는데, 이는 약속을 믿었을 뿐 아니라 약속하시는 이가 미쁘신 줄을 알았기 때문이다. 이것은 단지 약속을 믿는 것보다 더 큰 것이다. 한 번 생각해 보라. 사라는 여자로서 더 이상 생산할 수 없는 나이에 이르렀다. 그런 여인에게 하나님이 그 몸에서 아들이 태어날 것이라고 하셨으니 그 약속을 믿기가 쉬웠겠는가? 그러나 사라는 나이 들어 단산하였을 때에 약속하신 이가 미쁘신 줄을 앎으로써 잉태하는 힘을 얻었다.

믿음으로 하늘을 바라봄

믿는이들은 이 땅에서 하늘을 바라보고 사는 사람들이다. 하늘의 뜻이 이 땅에 이루어지도록 하나님이 부르셔서 역사하게 하시는 사람들이 이 땅의 믿는이들이다. 그 믿음의 증거를 세우기 위해서 하나님이 우리를 부르신 것이다. 그러므로 우리는 우리의 지위를 알아야 한다. 하나님은 사라에게 "너에게서 아들이 나올 것이다"라고 약속하셨다. 사라는 경수가 끊어지고 아들을 낳을 수 없는 처지에 있는데 왜 하나님께서는 사라에게 그런 약속을 주셨겠는가? 이것은 바로 사라에게 믿음을 넣어 주기 위한 것이었다. 사람들은 90세가 넘으면 아기를 낳지 못한다는 땅에 속한 고정관념을 가지고 있다. 그러므로 이런 일이 가능하려면 전능하시며 모든 것을 초월하시는 하나님의 능력을 믿어야 한다. 믿음이 없이는 불가능하다. 이 땅에서 그러한 하나님의 능력을 믿고 의지하여 살아가는 사람들이 곧 하늘 길의 순례자들이다. 이들은 하나님께서 원하시는 것을 이 땅에서 이루실 수 있도록 자신을 통로로 내어드리는 사람들이다. 사라가 믿은 것은 다른 것이 아니라 약속하신 이가 미쁘시다는 것이다. 그녀는 하나님이 신실하시기에 약속하신 것을 반드시 이루실 분임을 믿었다. 따라서 12절은 "죽은 자와 방불한 한 사람으로 말미암아 하늘에 허다한 별과 또 해변의 무수한 모래와 같이 많이 생육하였느니라"고 말한다.

이것이 사라가 이삭을 낳은 이야기이다. 하나님께서는 우리를 통해 많은 열매가 맺히기를 원하신다. 그러나 이러한 열매가 나오려면 '죽은 자와 방불한 한 사람'이 있어야 하는데, 그래야만 그 역사를 하나님께서 하셨음을 알 수 있기 때문이다. 만일 사라가 자식을 낳을 수 있는 형편에서 이삭을 낳았다면 그것은 그녀의 힘으로 낳은 것이다. 그러나 사라는 자신의 힘으로는 도무지 불가능한 일을 오직 하나님의 약속의 말씀을 믿음으로 해낸 것이다. 사라는 그녀의 믿음으로 하나님의 능력을 증명하는 삶을 살았다. 우리도 이와 같이 하나님의 역사와 기적의 통로가 되기 바란다.

히브리서의 가르침은 결국 우리를 하늘로 이끈다. 주님은 하늘의 참 장막에서 대제사장이 되셔서 무궁한 생명 능력을 좇아 우리를 공급하고 계시기에 우리는 늘 하나님 앞에 나아갈 수 있으며, 우리 속에 생명의 성령의 법이 새겨져 있어서 우리는 능히 율법의 요구를 이룰 수 있다. 그런데 왜 성도들은 이를 체험하지 못하는가? 바로 이것을 돕기 위해 히브리서 11장이 있다. 그것은 아브라함이나 사라처럼 신실하게 믿지 않기 때문이라는 것이다. 이 믿음의 선진들은 어떻게 해서 하나님의 약속을 받았는가? 하나님의 말씀을 조금도 의심하지 않고 그분의 미쁘심을 믿은 것이다.

믿음의 길을 간 결과 하늘의 백성으로 조성됨

우리들의 과거 10여 년 간 해외사역을 되돌아 볼 때, 당시에 우리에게는 해외 선교를 위한 물질이 나올 만한 곳도 없었고 고정적인 보조도 없었다. 그런 상황에서 도대체 어떻게 해야 할 지 길이 없었다. 그때 해외 복음 전파를 위해 해외에 나가 있었던 사람은 어린아이까지 포함해서 약 30여 명쯤 되었다. 땅에 속한 관념대로라면 내가 다 책임을 져야 한다. 그러나 그것이 하늘의 일이라면 그분이 하신다. 내게 있어서 그러한 사역은 믿음을 행사할 수 있는 기회를 주님으로부터 부여받은 것이었다. 지금도 마찬가지이다. 이런 것은 우리 모두에게 적용될 수 있다. 난관, 부딪침, 갈 수 없는 길, 어려움이 닥치면 이 땅에서는 도저히 길이 없다. 이런 상황에서 어떻게 해야 하겠는가? 그러한 때 이 땅의 믿는이들은 하늘을 바라보고 하늘과 동행해야 한다. "주여, 당신이 역사하시고자 하는 것을 하십시오." 그럴 때 하나님은 그분이 원하시는 대로 놀랍게 역사하신다.

이삼백만이나 되는 이스라엘 백성의 광야에서의 여정에 대해 많은 사람들은 기적이라고 생각하지만, 그것은 기적이 아니다. 신명기에서는 그들이 다 먹고 마실 수 있었으며 의복도 헤어지지 않았다고 말씀한다. 그것은 기적이 아니라, 그들이 하나님의 백성인 것을 이스라엘로 하여금 알게 해주는 일이었다. "너희의 보호자는 나이고, 너희의 양식도 나이고, 너희의 인도도 나이며, 너희의 공급도 나이고, 너희의 즐거움도 나이고, 너희의 구원도 나이다." 이 모든 것을 알게 해주는 데 하나님의 의도가 있는 것이다.

이것의 목적은 그들을 분별하는 것이다. 거룩하게 한다는 말은 분별한다는 뜻이다. 이 세상으로부터 분별시켜 하나님의 백성, 하늘의 사람들, 하늘에 부속된 백성들로 만들겠다는 것이 하나님의 의도이다. 우리는 하나님의 백성이다. 그러므로 믿음의 길을 가려면 이러한 길을 가야 한다. 눈에 보이지는 않지만 하나님은 우리 속에서 움직이시고, 역사하시며, 말씀하시고, 인도하신다. 내적으로는 우리에게 계시로, 혹은 말씀으로, 혹은 성령의 음성으로, 혹은 생명의 느낌으로 말씀하시며, 밖으로는 기적으로 역사하시는 것이다. 그러므로 신약의 믿는이들은 참으로 기묘한 사람들이다. 히브리서는 한 사람 한 사람 예를 들면서 이것을 보여주고 있다. 지성소 안의 삶을 사는 이들은 이와 같이 믿음으로 하나님을 의지하여 그분이 초자연적으로 역사하심을 따라 그 증거를 나타내며 사는 자들이다. 그러므로 그들을 증인들이라고 하는 것이다.

하늘을 바라보게 하심으로 가르침

12절, 이러므로 죽은 자와 방불한 한 사람으로 말미암아 하늘에 허다한 별과 또 해변의 무수한 모래와 같이 많이 생육하였느니라

믿음은 큰 기적을 낳는다. 결국 백세나 다 되고 인간의 힘이 다 끝난 한 사람 아브라함으로부터 이스라엘이라고 하는 대 민족이 형성되었다. 우리는 믿음의 역사가 큰 결실을 가져온다는 일에 대하여 격려를 받아야 한다.

이제 우리는 한 가지 원리를 발견할 수 있는데, 성경은 계속 그리스도의 동반자들을 이야기하며 하나님께서는 이러한 동반자들을 얻기 원하신다는 것이다. 하나님께서는 하늘에 속한 동반자를 얻기 위해 이들을 부르시고 인도하셨다. 아브라함을 생각해 보라. 그가 이 땅의 방법대로 살았다면 그는 하늘에 속한 동반자가 될 수 없었을 것이다. 결국 아브라함 안에 조성된 믿음은 하늘에서 온 것이다. 사라도 마찬가지이다. 하나님은 오늘도 이러한 사람들을 필요로 하신다. 하늘을 바라보고 사는 사람들이 하늘의 동반자들이다. 이들이 휘장 안, 지성소 안에 생활하는 사람들이다. 사라는 나이 늙어 단산하여 생산할 수 없었지만 하나님이 말씀하시기를 "기한이 이를 때에 내가 네게로 돌아오리니 사라에게 아들이 있으리라"(창 18:14)고 하셨다. 그러므로 여기에 믿음이 필요한 것이다. 우리가 히브리인이 되는 이야기는 어려운 상황 중에서 미쁘신 분을 믿는 이야기이다.

나는 해외 여러 나라들에 교회를 세우는 일을 하고 있다. 때로는 정말 길이 없다. 사역할 사람도 없고 물질도 없다. 이 일을 위해 물질을 공급하는 근원이 하나하나 막히는 것을 본다. 때로는 '한 군데서도 들어올 데가 없네.'라는 생각이 든다. 그럼에도 우리가 부양해야 할 식구는 너무나 많다. 한두 나라가 아니다. 사실 몽골 같은 나라 한 곳만 사역하는 것도 엄청 힘이 드는데 지금 십여 나라를 사역하고 있다. 하나님께 감사하는 것은 이런 환경 가운데서 나로 하나님만을 바라보게 하신다는 것이다.

하나님께서 이스라엘 백성들을 왜 부르셨겠는가? 하나님이 그들을 광야로 부르셨을 때 그들은 하늘을 쳐다보지 않고서는 살 수가 없었다. 광야에는 어떠한 길도 없다. 그저 건조한 땅 광야일 뿐이다. 하나님이 거의 이백만 명이나 되는 사람들을 광야로 불러내신 것은 그들로 하늘의 백성이 되도록 하기 위함인데, 하늘의 백성에게는 하나님이 인도하시는 사람들이라는 표시가 있어야 한다. 하늘에 하나님이 계시지만 이 땅에 있는 사람들은 하나님을 생각하지 않으며, 하나님의 능력, 주권, 계획, 목적을 생각하지 않고 그저 땅만 바라보며 산다. 그러나 하나님은 목적을 가지고 한 무리를 부르셔서 하늘을 바라보도록 하셨다. 왜 사라가 처음부터 아이를 낳지 못했겠는가? 하나님이 이것을 가르치기 원하셨기 때문이다. 하나님은 사라가 단산할 때까지 기다리심으로 믿음을 가르치셨다. 하나님이 그렇게 하지 않으셨다면 사라는 자신에게 기력이 있어서 낳을 수 있다고 생각했을 것이다. 하나님은 하늘을 의지할 수 있는 믿음을 가르치셨다.

만일 내가 앞에서 언급한 상황에 부딪쳤을 때, "하나님, 저는 이제 끝났습니다."라고 말한다면, 나는 땅에 속한 일을 하고 있는 사람일 뿐이다. 그러나 그러한 상황에서 믿음이 조금도 약하여지지 아니하고 "하나님, 당신이 시작하셨으니 당신이 하십시오." 하면서 하나님을 의지할 때 기적은 일어나고야 만다. 나는 기적이라는 것이 지성소 안에 살고 하늘 길을 걷는 이들에게는 자연스러운 일이라고 생각한다. 이것이 땅에서는 이루어지기 어려운 법칙이지만 하늘에서는 자연스런 것이기 때문이다. 나는 해외 여러 나라를 선교하면서 이스라엘 백성 이백만 명이 광야에서 만나를 먹고 살 수 있었다는 것을 믿을 수 있게 되었다. 그것이 하늘의 역사로는 가능하다. 하나님은 쉽게 그것을 하실 수 있다. 그러나 자신이 노력한 만큼 얻는다는 땅에 속한 관념을 가진 사람에게는 그것이 불가능하다. 완전히 하나님만 믿고 의지하고 사는 사람에게만 그것이 가능하다. 믿음은 이렇게 역사하는 것이다.

나는 여러분 속에 이러한 믿음이 일어나기를 소망한다. 여러분이 길이 없다고 할 그 때가 하나님을 바라볼 수 있는 가장 좋은 때이며 믿음이 역사할 수 있는 때이다. 그 때 길이 없다고 고개를 떨구지 말라. 여러분에게 이 세상의 수분이 남아 있는 그 때가 오히려 가장 좋지 않은 때이다. 그것이 바로 애굽이다. 그 남아 있는 수분이 바로 나일의 수분인 것이다. 영양분이 아직 남아 있고 세상 물기가 남아 있을 때에는 하나님 없이도 살 수 있다. 그러나 여러분에게 있어서 모든 것이 끝났을 때는 여러분이 광야에 왔을 때이다. 그곳에는 의지할 것이라고는 없다. 광야에서 물이 다 떨어졌을 때 이스라엘 백성은 땅을 파려고 하지 않았고 모세더러 하나님께 물을 주시도록 기도하라고 했다. 그들은 하나님을 바라볼 수밖에 없었다. 백성들은 스스로는 믿음이 없지만 모세가 기도하면 하나님께서 들으신다는 것을 알았다. 그것이 그들의 최소한의 믿음이었다. 하나님은 그들을 하늘의 백성으로 만들고 싶어하셨기에 그들에게 조금씩 조금씩 믿음을 가르치셨다. 그들은 가나안까지 가면서 다른 것이 아니라 믿음을 배워야 했다. 이러한 지점으로 우리를 인도하신 하나님께 감사하자.

이 땅에 우거하면서 본향을 사모함

13절, 이 사람들은 다 믿음을 따라 죽었으며 약속을 받지 못하였으되 그것들을 멀리서 보고 환영하며 또 땅에서는 외국인과 나그네로라 증거하였으니

그들은 믿음으로 살았을 뿐 아니라 그들의 후손에게서 그 약속이 성취될 것을 믿으면서 죽었다. 그들은 죽는 날까지 믿음을 지킨 것이다. 그들이 죽으면서까지도 그 믿음을 지킨 것은 그들이 살아있을 때 믿었던 것이 참 믿음이라는 것을 증명한다. 야곱은 임종시에 "나는 죽으나 하나님이 너희와 함께 계시사 너희를 인도하여"라고 했다. 그들은 비록 자기 세대에 하나님의 약속이 다 이루어지지 않았을지라도 그것을 바라보고 믿음으로 죽었다. 그들은 가나안 땅에 들어가고 이삭을 얻기도 하면서 부분적으로 약속의 성취를 보았지만, 하늘에 속한 기업에 대한 온전한 약속은 아직 얻은 것으로 여기지 않았으며, 다만 그것을 멀리서 바라보고 환영하였던 것이다. 그들은 살아 있을 때 그 성취를 보고 기뻐하지 못했다. 다만 멀리서 바라보고 환영하였다. 믿음의 사람들은 보이는 것을 바라고 기뻐하지 않을 수 있다.

여기서 환영하였다는 말은 '환성을 지르며 환영하다'(Moffat) '품에 껴안고 환영하다'로도 해석한다(A.V.). 야곱이나 모세가 바라보고 환영하는 마음으로 지은 노래와 예언들은 그들의 기쁨과 환영을 증명한다(창 49장, 신 33장 참조). 실상 그들이 바라며 환영하던 것들이 여호수아 시대에는 이루어지지 않았다. 오히려 오늘 우리 가운데 이루어지는 교회가 그 영적인 실제이다. 또 장래 천년왕국 시대에는 가현적으로 이루어질 것이다. 오늘도 하나님의 많은 언약들과 약속들에 대하여 바라보면서 환영하는 것이 우리의 태도이다. 우리에게는 환영하는 마음이 있어야 한다. 하늘 길을 가는 순례자들의 발걸음은 마지못해 주님께 순종하는 것이 아니다. 진정한 순례자의 태도는 멀리서 바라보면서 기쁨으로 환영하는 것이다. 이것은 순례자의 발걸음을 더욱 가볍고 기쁘게 해줄 것이다.

이들의 믿음은 당시의 사람들과 그들의 삶을 다르게 만들었다. 아벨은 믿음이 있으므로 합당한 제물을 드릴 수 있었으며, 에녹은 동일한 믿음으로 하나님과 동행하다가 들림받음을 경험하였다. 노아는 믿음으로 하나님의 통치와 심판을 가져왔다. 아브라함과 이삭과 야곱에게서 우리는 하나님의 약속을 의지하는 믿음을 본다. 그들은 믿음이 있기에 하나님의 약속을 붙잡고 그 약속으로 만족했으며 이 땅에서 어떤 것도 취하려 하지 않았다. 그러므로 당시 주님을 믿은 히브리인들도 그들의 믿음의 조상들을 본받아 그렇게 해야 했다. 우리가 만일 땅에 속한 것을 소유하려 하지 않으며 우리 마음이 하늘에 있다면 우리는 이 땅에 속한 사람이 아니다. 하나님께서는 그 마음이 온전히 하늘에 있는 자들의 하나님이라 일컬음 받기를 부끄러워하지 않으신다.

오늘 날 믿는 이들의 가장 큰 실수는 무엇인가? 살아서 모든 축복을 받지 못하면 아무 소용없다고 생각하는 것이다. 그러나 히브리서 11장의 증인들 모두는 이 땅에서 그 보상과 대가를 받은 것이 아니라는 것이다. 장차 상주시는 이를 바라보고 살았다는 말이다. 이런 신앙이 정상적이고 바른 신앙이다. 뭐가 되는 것이 있어야 바른 것이 아니라는 말이다. 그 속에 말씀에 대한 믿음이 없으면 밖에 아무리 융성하게 되는 일이 있어도 아무 소용이 없다. 반대로 되는 것이 하나도 없어도 믿음으로 바라며 기쁨으로 살 수 있다면 그는 성공한 자다.

14절, 이같이 말하는 자들은 본향 찾는 것을 나타냄이라

우리의 본향은 하늘이며 우리는 이 땅에서 나그네요 외국인이다. 우리는 거듭난 자들인데, 거듭난다는 것은 위로부터 태어나는 것이다. 따라서 우리의 고향은 하늘이다. 우리는 시민권은 하늘에 있다. 한국 시민이나 미국 시민이 아니라 하늘의 시민들(heavenly citizen)이 된 것이다. 우리에게는 하늘 시민의 표시가 있는데 그것이 바로 거듭난 생명이다. 그 생명이 우리가 이 땅에서 나그네라는 느낌을 준다. 여러분에게 아직 그런 느낌이 충분치 않다면 계속 주님을 따라 가보라. 성실하게 이 길을 가다보면 결국 당신은 자신이 이 땅의 나그네라는 것을 느끼게 될 것이다. 내가 근래 몇 년 동안 한 해의 절반은 한국에 있고 나머지 절반은 외국에 있다 보니 한국에 와도 외국에 있는 것 같다. 사실 하늘에 속한 그리스도의 몸인 교회만이 우리의 참된 거처이다.

15-16절, 저희가 나온바 본향을 생각하였더면 돌아갈 기회가 있었으려니와 16 저희가 이제는 더 나은 본향을 사모하니 곧 하늘에 있는 것이라 그러므로 하나님이 저희 하나님이라 일컬음 받으심을 부끄러워 아니하시고 저희를 위하여 한 성을 예비하셨느니라

이 땅에서는 외국인과 나그네같이 살면서 하늘 본향을 사모하는 무리가 신약의 믿는이이다. 유대교는 하늘에 속한 것들을 조직화하고 형식화하고 종교화했다. 그들의 마음은 온통 이 땅의 종교 활동과 교세의 확장에 있었다. 그러나 교회는 하늘에 속한 것이다. 이 땅에 있지만 하늘에 속한 것이 교회이다. 히브리서는 신약 성경 중에서 교회가 하늘에 속했음을 가장 많이 말한 책이다.

그러므로 교회에는 땅에 속한 성분이 없어야 한다. 학교 동창회라든가 친목회 같은 성분은 땅에 속한 것이며 땅의 삶을 위한 것이다. 조직과 같은 성분도 땅에 속한 것이다. 교회는 그런 것이 아니다. 교회의 모든 것은 다 하늘에 속했다. 옳으냐 그르냐의 문제도 아니고 죄냐 아니냐의 문제는 더욱더 아니다. 오직 하늘에 속한 것인가 땅에 속한 것인가의 문제이다. 그러나 많은 성도들 속에는 여전히 하늘에 속한 관념이 적다. 그들이 땅에 속한 관념을 가지고 교회를 땅에 속한 조직으로 생각하면서 행동하기 때문에 나는 마음이 괴로울 때가 많았다. '아무개가 잘 행동하지 않으므로 교회가 잘 돌아가지 않는다.'는 등 회사 같은 곳에서나 있을 수 있는 관념이나 말들은 땅에 속한 것이다. 기도와 하나님께 대한 의뢰가 없고 성령의 역사에 대한 기대와 믿음도 없다. 다만 사람의 일뿐이다. 많은 이들이 이 세상의 회사에서 하는 여러 성공 발전 프로그램들을 접목하여, 전도나 교회 발전과 부흥전략에 그대로 적용해 보려 하고 이 세상에 속한 조직의 관념을 가져오려고 하는데 이는 다 땅에 속한 것들이고, 교회를 이 땅에 속한 단체로 만들려는 대적의 술책에 속아 넘어가는 것에 불과하다. 교회는 땅에 속한 기관이 아니다. 히브리서는 하늘 본향, 하늘 성을 바라보고 이 땅에서는 나그네와 순례자로서 생활한 사람들이 앞서간 증인들이며 신약의 교회 사람들인 것을 보여 주고 있다.

또한 이 구절에서 하나님은 아브라함, 이삭, 야곱처럼 이 땅에서 장막생활을 하며 나그네로 사는 자들의 하나님이라 일컬음 받기를 부끄러워하지 않으신다고 말한다. 이들은 어떻게 해서 그렇게 살 수 있었는가? 믿음이 있었기 때문이다. 그들은 보이지 않는 것을 볼 수 있는 감각을 갖고 있었기에 땅에 뿌리박고 살지 않을 수 있었다. 그들의 온 마음은 하늘에 있었다. 그러므로 그들은 땅에 재물을 쌓아놓고 영원히 살 것처럼 살지 않았다. 그저 잠시 머물다 고향으로 돌아갈 자들처럼 이생의 삶을 살았던 것이다. 하나님께서는 그분이 이런 자들의 하나님이시라고 선포하신다.

또한 하나님께서는 저들을 위해 한 성을 예비하셨다고 말한다. 사실 새 예루살렘은 거듭난 모든 성도들이 다 들어가는 성이다. 거듭난 성도라면 다 그 성에 들어가는데, 하나님께서는 왜 또 이런 말씀으로 격려를 하실 필요가 있으셨는가? 이것이 만일 거듭난 성도들이라면 다 참여하는 새 예루살렘을 두고 한 말씀이라면 히브리 성도들에게 그리 큰 격려가 되지 않았을 것이다. 이 성은 틀림없이 왕국 시대의 새 예루살렘일 것이다. 우리는 계시록 2, 3장을 통해서 왕국 시대의 새 예루살렘에는 이기는 자들만이 참여할 수 있음을 알게 된다. 에베소 교회의 이기는 자들에게 보상으로 주시는 생명나무는 새 예루살렘에 있는 것이다. 빌라델비아 교회의 이기는 자들에게 주시는 복은 하나님의 성 새 예루살렘의 이름을 그 이마에 새기는 것이다. 이것은 이기는 자들에게는 왕국 시대에 이미 새 예루살렘에 참여하는 것이 시작됨을 말해준다. 또한 빌라델비아의 이기는 자들은 이 땅에 교회 생활을 할 때 이미 새 예루살렘의 본질을 가지고 있었다는 뜻이다. 즉 교회가 온전히 하늘에 속한 것이며 속된 것이나 부정한 것이 전혀 없었다는 말이다.

믿음으로 이삭을 죽은 자 가운데서 도로 받음

17-19절, 아브라함은 시험을 받을 때에 믿음으로 이삭을 드렸으니 저는 약속을 받은 자로되 그 독생자를 드렸느니라 18 저에게 이미 말씀하시기를 네 자손이라 칭할 자는 이삭으로 말미암으리라 하셨으니 19 저가 하나님이 능히 죽은 자 가운데서 다시 살리실 줄로 생각한지라 비유컨대 죽은 자 가운데서 도로 받은 것이니라

아브라함은 믿음의 시험을 받았다. 그런데 아브라함이 어떻게 해서 이 시험을 통과할 수 있었는가? 믿음에 의해서이다. 그는 하나님이 이삭을 죽은 자 가운데서 다시 살리실 줄로 생각했다. 즉 이삭을 죽은 자 가운데서 도로 받을 것을 믿었던 것이다. 여기서 우리는 믿음의 행위의 문제를 잠시 보기로 하겠다. 오늘날 많은 사람들은 다만 몰랐던 어떤 것을 깨달아 알게 된 것을 믿음이라고 생각한다. 그러나 야고보는 행함이 없는 믿음은 죽은 것이라고 하면서 귀신도 하나님이 한 분이시라는 것을 믿고(believe) 떤다고 했다. 어떤 믿음은 귀신이 믿는 정도에도 못 미친다는 말이다. 그것은 믿었지만 행동의 변화가 전혀 없는 것을 뜻한다. 믿지 않았을 때와 믿었을 때, 몰랐던 것을 아는 것 외에는 행동의 차이가 없다는 말이다. 아브라함은 믿음의 시험을 받았을 때에 이삭을 드렸다. 그가 이삭을 드렸다는 것은 죽은 자 가운데서 다시 살리시는 하나님을 믿었다는 뜻이다.

어떤 사람들은 입으로는 주님이 모든 것을 다 하시고 다 채우시고 다 이루시는 분이라고 말하지만, 실지로 자기의 재물을 드리는 일에서 시험을 받으면 죽을 것같이 두려워한다. 그런 사람들은 주님이 모든 것을 다 가져가시더라도 다시 채우실 것이라는 믿음이 없다. 결국 그런 믿음은 산 믿음이 아니다. 오늘날 우리의 마음을 괴롭게 하는 것이 이것이다. 이 길을 생명을 드려 가지 않는다는 것이다. 그저 좀 아는 것으로 만족하고 순종을 수반한 믿음을 갖지 않는다. 히브리서 3-4장에 의하면 당시 이스라엘의 대다수가 복음 전함을 들었으나 들은 말씀을 믿음으로 화합하지 않았던 고로 순종이 없었으며 많은 사람이 광야에서 쓰러져 죽었다. 우리는 히브리서 11장에서 말하는 믿음의 증인들이 행동을 수반한 믿음을 가진 자들이지 이론과 지식으로만 믿은 자들이 아니라는 것을 안다. 아브라함은 그가 가진 믿음을 그 아들을 드림으로써 증명했다. 그러므로 믿음이란 보이지 않는 것이지만 증거(evidence, 스코필드 관주성경)가 있다.

아브라함이 자기 아들을 제물로 드린 것은 그가 믿음이 있었다는 것을 증거한다. 아브라함의 길은 처음부터 희생과 잃어버림을 전제로 한 것이었다. 그가 본토와 친척과 아비 집을 떠났을 때, 그것은 결국 자신이 의뢰하던 원래 영역을 죽음에 넘겼음을 의미한다. 의지하던 것, 붙잡고 있던 것을 놓을 수 있는 것이 믿음이 아닌가! 롯은 아브라함을 신뢰하여 따라 나왔지만 아브라함은 보이지 않는 하나님만 바라보고 나왔다. 그가 25년 간 이삭의 출생을 기다린 것도 자신의 생각과 의지를 희생한 것으로 보아야 한다. 그리고 마침내 이삭을 얻었을 때 그를 매우 사랑하고 의지하였는데, 하나님은 그 또한 죽음에 넘기도록 명령하셨다. 그는 믿음으로 그 시험에도 합격하여 하나님을 기쁘시게 하였다. 우리는 날마다 내주하시는 성령께서 우리를 소생시키신다는 믿음으로 우리 자신을 죽음에 두는 삶을 살아야 한다.

이삭–믿음으로 장차 오는 일에 대하여 축복함

20절, 믿음으로 이삭은 장차 오는 일에 대하여 야곱과 에서에게 축복하였으며

이삭은 장차 오는 일에 대하여 믿음으로 야곱과 에서에게 축복하였다. 믿음으로 사는 사람들은 장차 오는 일에 대한 인식이 있다. 이것이 믿음의 또 한 방면이다. 믿음이 있는 사람들은 하나님과 연결되어 있고 하나님의 말씀과 그분과의 교통 가운데서 살기 때문에 장래에 발생할 일도 믿음의 눈으로 볼 수 있다. 그래서 이삭은 장차 오는 일에 대해서 야곱과 에서에게 축복할 수 있었던 것이다. 이것은 믿음의 사람들이 자신의 느낌과 생각에 따라 사는 사람들이 아니라 하나님께서 행하고자 하시는 바를 따라 사는 사람들이라는 말이다. 성도들은 이 땅에 살고 있으나 그 눈이 장래에 있으며 주님이 하실 미래의 역사에 눈을 갖고 있는 자들이다. 현세에 급급해서 사는 사람들은 결코 믿음의 사람들이 아니다. 교회의 장래와 주님이 하실 미래의 역사를 바라보며 기도하고 소망하는 믿음을 가진 자들이 이기는 자들이다.

또한 진정한 믿음의 사람들의 믿음은 자녀들에게 영향을 미치는 것이 사실이다. 이 구절부터 야곱과 모세의 경우 모두 부모와 자녀의 믿음의 관계를 말하고 있다. 부모의 믿음은 자녀에게 영향을 미친다. 오늘날 참되게 지성소 안에서 생활하는 사람들의 믿음은 자녀들에게까지 영향을 미친다.

야곱—믿음으로 지팡이 머리에 의지하여 경배함

21절, 믿음으로 야곱은 죽을 때에 요셉의 각 아들에게 축복하고 그 지팡이 머리에 의지하여 경배하였으며

야곱은 요셉의 두 아들 중 동생이 큰 자가 될 것을 알았다. 이것이 야곱의 믿음이다. 믿음이 있기 때문에 그렇게 할 수 있었다. 야곱은 믿음으로 요셉의 각 아들에게 축복한 후에 지팡이 머리에 의지하여 경배하였다. 그가 걸어온 자취, 나그네로 살았던 삶을 대표하는 것이 지팡이다. 그는 기운이 다하여 임종이 가까웠을 때 지금까지 살아오는 동안 그와 함께 하신 주님께 경배를 드린 것이다. 우리 모두가 다 이러한 삶을 살아야 한다. 많은 사람들은 죽음에 임박하여 아쉬워하고 하나님을 만날 것을 두려워하면서 자신이 지금까지 헛되게 살았음을 시인하고 주님께 용서를 구한다. 이것은 아름답지 않다. 사람이 임종 시에 하나님께 경배할 수 있다는 것은 달려갈 길을 다 마친 다음 지금까지 지켜 주시고 함께해주신 하나님께 감사드리는 것이며, 주님이 그에게 위탁하신 것을 그를 통해 다 역사하셨다는 것을 느낀다는 것이다. 그러므로 야곱은 지팡이 머리(혹은 침상머리-맛소라 본문에 따른 번역)에 의지하여 경배할 수 있었다. 이것이 바로 믿음생활이다. 또한 이러한 표현은 야곱이 나이가 들어가면서 더욱 경건해졌다는 것을 보여준다. 나이가 들면 오히려 경건성이 떨어지는 사람들이 많다. 그래서 디도서 2장은 늙은 사람들을 향하여 절제하며 경건한 삶을 살라고 가르친다.

하나님은 역사하시는 분이다. 하나님은 노아에게나 아브라함에게나 뜻이 있어서 역사하셨다. 그러므로 여러분도 '주님이 내게서 무언가 역사하기를 원하신다'는 기대를 가져야 한다. 주님은 여러분을 통해 무언가 역사하실 것이 있을 것이다. 그것을 소홀히하지 말기 바란다.

믿음의 증인들은 다 개척자들이다. 이기는 자들은 다 개척자들이다. 실제적으로 이기는 자들이 되려면 새롭고 산 길을 가야 한다. 지금까지 가보지 않은 길을 가야 한다는 뜻이다. 갈 바를 알지 못한다는 말이 무슨 의미인가? 그것은 다음에 어디로 갈 것인지, 어떠한 체험을 할 것인지를 모른다는 뜻이다. 그러나 옛 길은 어떤가? 유대교의 길은 다 아는 길이다. 이미 다 정해진 대로 가는, 너무 편하고 안일한 길이다. 새로울 것도 없고 살아있는 것도 없다. 그러나 믿음의 증인의 길은 갈수록 길이 없으며 오직 죽음과 부활을 거쳐야만 갈 수 있다. 그래서 새롭고 산 길이다. 가보지 않은 길을 계속 걸어가는 사람, 이러한 험난한 길을 가는 사람이 바로 개척자이다. 아벨이 그러했고 노아가 그러했다. 아브라함과 이삭과 야곱이 모두 그러했다. 그들은 다 전 시대 사람들이 가지 않은 길을 걸어간 사람들이다. 그들은 모두 이전 시대보다 더 진보하여 그 무언가를 창출했다. 우리 모두도 이렇게 하나님의 역사를 진보시키고 진행시키려는 갈망을 가져야 한다. 이것이 우리의 소망이요 바람이어야 한다. 믿음이 있는가를 보려면 바라는 것이 있는가를 보면 된다.

오늘 우리가 이전 사람들이 가보지 않은 새롭고 산 길을 간다고 할 때, 그 길은 반드시 성경에서 찾아야 한다. 오늘 우리는 모든 성도가 열매 맺는 삶을 살아야 한다고 가르친다. 즉 모든 성도가 복음을 증거하여 사람들을 제자로 삼고 그들을 하나님의 말씀으로 세워야 한다고 가르친다. 과거에는 전도자나 목회자만 사람들에게 복음을 증거하고 말씀을 가르치며 대다수의 평신도는 그냥 예배에 참석하고 교회의 봉사에만 참여하면 족하다고 생각했다. 그러나 이제 우리는 그 길을 바꾸고자 하는데, 그 답은 성경에 기록되어 있다.

요한복음 15장의 포도나무 가지는 다 열매를 맺어야 한다. 거기에 두 종류의 가지가 있을 뿐이다. 하나는 과실을 맺는 가지요 다른 하나는 과실을 맺지 않는 가지이다. 모든 그리스도인들은 이 두 종류의 가지 중 하나에 속한다. 그리고 그 둘의 운명은 서로 크게 다르다. 하나는 나무에서 제해버리고, 또 하나—과실을 맺는 가지—는 아버지께서 더 열매를 맺게 하기 위해 깨끗케 하는 일을 하신다. 즉 더 열매를 맺도록 가지를 쳐서 깨끗케 하시는 것이다. 이런 열매 맺는 가지에 의해 아버지는 영광을 얻으신다.

요셉—이스라엘의 장래에 대한 인식을 갖고 믿음으로 명함

22절, 믿음으로 요셉은 임종시에 이스라엘 자손들의 떠날 것을 말하고 또 자기 해골을 위하여 명하였으며

요셉은 애굽에서 총리가 되었어도 여전히 히브리인이라는 증거를 잃지 않았다. 요셉은 궁궐에서 그가 누릴 수 있는 영화에 만족하지 않았으며, 애굽에서 총리대신이 되었다 해서 하나님 앞에서의 그의 신분을 잊어버리지 않았다. 애굽의 부와 명예가 그를 바꾸지 못했고 그의 높은 지위가 그를 바꾸지 못했다. 그가 그의 형들에 대한 태도나 말한 것을 보면 그가 여전히 하나님을 위하고 그분의 백성을 위했다는 것을 알 수 있다. 그는 언젠가 이스라엘 백성이 애굽 땅을 떠날 것과 자신이 애굽에 묻혀서는 안 된다는 것을 알았다. 이것이 믿음을 가진 사람들의 태도이다. 이와 같이 믿음이 있는 사람들은 처음 잡은 것을 변치 않고 끝까지 굳게 붙드는 특징이 있다. 누구든지 그 길을 바꾸고 신앙의 본질을 바꾸는 사람은 믿음을 지키지 않은 사람이다. 그 논리나 이유가 아무리 옳아도 소용이 없다. 문제는 처음 가졌던 믿음을 버렸다는 것이다. 어떤 사람도 결국에는 다 드러나게 된다.

요셉은 임종 시에 자기 민족에게 애굽을 떠날 것을 명했다. 그는 애굽의 총리대신이었지만 그의 마음은 자기 백성을 향한 하나님의 경륜에 있었다. 그러므로 그는 임종시에도 그의 변치 않는 믿음을 나타내었던 것이다. "나는 죽으나 하나님이 너희를 권고하시고 너희를 이 땅에서 인도하여 내시리라"(창 50:24). 족장들은 다 하나님의 인도를 받아 믿음으로 살았으며 자기의 자녀들을 믿음으로 축복하는 데까지 나아갔다. 전적으로 하나님을 위해 살며 모든 일에 있어서 하나님만을 의뢰하고 하나님에게서만 인도를 받고 그분의 음성만을 들으려 하는 것이 우리의 대제사장이신 그리스도께서 인도하시는 대로 내적인 성소로 들어가는 새롭고 산 길이다. 가나안 땅에서의 족장들의 삶과 히브리 기자가 계속 권면하는 지성소에 머무는 삶과 사도 바울이 로마서나 갈라디아서에서 말하는 늘 영 안에 거하는 삶은 다 관계가 있다.

모세

모세에 대한 부모의 믿음

23절, 믿음으로 모세가 났을 때에 그 부모가 아름다운 아이임을 보고 석 달 동안 숨겨 임금의 명령을 무서워 아니하였으며

모세에 관하여 말하면서 먼저 부모의 믿음을 말한다. 이 구절들에서는 부모의 자녀에 대한 믿음의 영향력을 계속 말하고 있다. 한 사람이 주님께 쓰임을 받기 위해서는 주위의 사람들의 믿음이 또한 역사한다는 것은 주지할 사실이다. 모든 말씀들이 하나님의 경륜과 관계가 있으며 하나님의 역사와 관계가 있다. 하나님은 그 때 그 때 필요한 그릇들을 예비하신다. 아브라함, 이삭, 야곱, 요셉은 다 하나님의 백성들을 위한 그릇들이다. 모세가 태어났을 때는 요셉이 죽은 후 요셉을 알지 못하는 왕이 일어나 이스라엘 백성이 심한 고역으로 고통을 당할 때였다. 당시 이스라엘 자손의 번성을 두려워했던 애굽 왕 바로는 산파들에게 명하여 히브리인이 아이를 낳았을 때 사내아이면 다 죽이라고 했다. 그러나 산파들은 하나님을 두려워하여 차마 그렇게 죽이지 못했다. 그 때 하나님의 백성들 중 믿음이 있어 하나님을 경외하는 사람들은 언젠가 이스라엘 백성들이 애굽을 떠나야 한다는 것을 알았고, 모세의 부모는 모세를 낳았을 때 그 아이가 이스라엘 백성을 인도하는 데 있어서 어떤 역할을 할 것이라는 주님의 암시를 받았을 것이다. 그러므로 그들은 애굽 왕 바로의 명령을 무서워하지 아니하고 모세를 갈대상자에 숨겨 살렸다. 이들은 모든 환경을 다만 운명으로 여겨 받아들이지 않았다.

오늘날 어떤 이들의 잘못된 영성은 어떤 환경이든 그대로 받아들이는 것을 십자가로 여긴다. 그렇기 때문에 마귀가 그러한 자들을 속이고 마음대로 휘두르는 것이다. 진정한 믿음은 독수리처럼 치솟아 올라 하나님의 뜻을 적극적으로 따르는 것이지 매사를 피동적으로 운명에 맡겨 사는 것이 아니다. 모세의 부모가 아무 뜻 없이 복종하는 소위 거짓된 영성을 가졌다면 어린 아이 모세를 슬피 울면서 버렸을 것이다. 그러나 그들은 하나님의 뜻과 목적을 위해 어떤 두려움도 감수하면서 아이를 살리도록 한 것이다. 이는 다 하나님의 존전 앞에서 하나님만을 위하여 사는 자들이 갖는 직관으로 말미암은 것이다. 믿음이 있는 자들에게는 주님의 뜻을 아는 것이 있다.

세상적인 습관이나 재물이나 가업이나 가풍이 자녀들에게 영향을 주는 것처럼 그리스도인의 믿음도 마찬가지이다. 기업가 가정에서 기업인들이 많이 나오고 학자 가정에는 학자들이 많이 나온다. 음악가 가정도 마찬가지이고 정치가도 마찬가지이다. 자녀들은 부모로부터 많은 것들을 전수받는다. 마틴 루터는 죽을 때 자녀들에게 "나는 너희에게 유산으로 부(富)를 물려줄 것이 없지만 부의 원천이신 하나님을 믿는 믿음을 물려준다."고 하였다. 참으로 감명 깊은 말이다. 우리 그리스도인이 자녀들에게 가장 귀한 주님을 믿음으로 물려주지 못한다면 무엇을 물려주겠는가? 아브라함의 믿음이 이삭에게, 이삭의 믿음이 야곱에게, 야곱의 믿음이 요셉에게 영향을 주었음은 분명한 사실이다. 그러한 믿음이 결국은 모세의 신앙에까지 이어진 것이다. 족장들은 죽을 때 반드시 자손들을 위하여 축복을 하였고 그 축복은 그대로 전수되었다.

믿음으로 그리스도를 추구함

24-25절, 믿음으로 모세는 장성하여 바로의 공주의 아들이라 칭함을 거절하고 25 도리어 하나님의 백성과 함께 고난 받기를 잠시 죄악의 낙을 누리는 것보다 더 좋아하고

이 구절을 읽을 때 모세는 무언가 있는 사람이라는 것을 알 수 있지 않은가? 그는 느헤미야처럼 속에 무엇인가가 있는 사람이었다. 지위와 돈에 취한 사람은 그 속에 무언가가 없는 사람이다. 한 형제가 자신은 어떤 형제를 이해하지 못하겠다고 했다. 그 형제가 자신은 이 땅에서 아무것도 갖지 못해도 상관없다고 말했다는 것이다. 어떤 단체에서 지위와 부를 얻고자 하는 사람은 그런 고백을 이해할 수 없다. 모세는 바로의 공주의 아들이라 칭함받는 것을 거절하고 잠시 죄악의 낙을 누리는 것보다 하나님의 백성과 함께 고난받기를 좋아했으며, 그리스도를 위하여 받는 능욕을 애굽의 모든 보화보다도 큰 재물로 여겼다. 믿음은 그가 어떤 선택을 하느냐는 것으로 증명된다. 선택하는 것을 보면 그가 어떤 믿음을 가졌는지 알 수 있다는 말이다.

모세 앞에도 선택이 놓여 있었다. 한 편에는 애굽의 부와 바로의 공주의 아들이라 칭함을 받는 등의 이생의 자랑이 있었으며, 다른 편에는 하나님의 백성들과 함께함으로 받게 될 고난과 능욕이 있었다. 바로의 공주의 아들로서 누릴 애굽의 부와 명예, 하나님의 백성들과 운명을 같이함으로 받을 고난과 능욕, 그는 이 두 가지 중 하나를 선택해야 했다. 하나님을 선택할 수 있는 능력은 믿음에서 온다. 그러하기에 믿음이란 보이지 않는 것이지만 그것이 곧 그 실상이며 증거라고 말한 것이다. 믿음의 증인들은 이생에서 보이지 않는 믿음의 세계를 보는 것처럼 확신하며 살았다. 그들은 어떤 대가를 치르더라도 보이지 않는 것, 그러나 그 보상이 확실하고 분명한 것을 선택함으로써 고난의 길을 갔다. 모세는 애굽의 모든 좋은 것들을 잃게 되는 기로에서 주저함이 없었다. 그는 하나님의 백성과 함께 고난을 받고 그리스도의 능욕을 짊어지는 것을 애굽의 모든 보화보다 귀하게 여겼다. 이것이 바로 모세의 특징이며, 그는 믿음의 선진 중 하나로서 달음질한 본을 남긴 것이다. 그는 그리스도를 바라보고 그분이 주실 상을 바라보았다. 그리스도께서 주실 상을 생각할 때 이 땅의 부요나 명예는 분토와 같았다. 아브라함도 그리스도를 보았고, 모세도 그리스도를 보았다. 예수 그리스도는 어제나 오늘이나 영원토록 동일하신 분이다. 그러므로 비밀은 우리 안에 계신 그리스도이다. 그 그리스도가 우리의 믿음이며 오늘도 우리 마음을 차지하여 이 길을 가게 하시는 것이다. 우리는 이런 글들을 읽음으로서 이기는 자들의 길이 무엇인지를 소개받고 있다. 이기는 자들은 선택하는 것이 다르다.

26절, 그리스도를 위하여 받는 능욕을 애굽의 모든 보화보다 더 큰 재물로 여겼으니 이는 상 주심을 바라봄이라

애굽의 모든 보화를 소유하고 세상의 향락이 있어도 모세는 그것들보다 그리스도를 위하여 능욕을 받는 것이 더 낫다고 여겼다. 내 주위에 외국에 나가 숱한 고생을 하는 형제들이 있다. 나는 한국에 있을 때 집을 꾸미고 사는 것 자체가 마음에 부담이 될 때가 있다. 너무 편안한 것이 아닌가 하는 생각이 들기 때문이다. 그러나 아프리카나 인도나 네팔의 좁은 방에 가서 짐을 풀면 마음이 그렇게 편할 수가 없다. 사람들은 인도에 가면 더워서 고생스러울 것이라고 생각하지만, 공항에 도착하여 퀴퀴한 냄새나는 차를 타면 '할렐루야! 이곳이 내 집이다.'라는 생각이 든다. 그 이유는 26절에 있다. 그리스도를 위해 당하는 일이기 때문이다.

오늘날 많은 그리스도인이 믿음이 연약한 이유가 무엇인가? 세상에서 분별되는 것이 없기 때문이다. 주님과 세상을 둘 다 붙들려고 하기 때문에 믿음이 자라지 않는다. 만일 모세가 두 가지를 다 가지려 했다면 어떻게 되었을지 생각해보라. 그는 그리스도의 영원한 기업에 분깃이 없었을 것이다. 그러나 모세는 통쾌하게 한 가지를 버리고 다른 한 가지를 선택하였다. 두 가지를 동시에 가지려 하는 사람은 모세가 애굽의 바로의 궁중에 남아 있으면서 가끔 한 번씩 이스라엘 백성들의 회합에 나가 그들의 예배에 참여하는 것과 같다. 그런 사람은 세상의 지위와 재물을 가지고 하나님의 일을 돕는다는 핑계를 대면서 세상의 향락에서 떠나려 하지 않는다. 그 결과는 영이 피폐해지는 것이다. 그러나 모세는 그런 사람이 아니었다. 그는 그 모든 애굽의 보화를 버리고 동족과 고락을 함께했다. 그리스도의 제자가 되려는 자들은 그분이 세상에 속하지 않은 것같이 그들도 세상에 속하지 말아야 한다. 둘 다 가질 수는 없는 일이다. 세상과 그리스도의 십자가는 서로 반대편에 서 있다(갈 6:14).

보이지 아니하는 자를 보는 것같이 하여 참음

27절, 믿음으로 애굽을 떠나 임금의 노함을 무서워 아니하고 곧 보이지 아니하는 자를 보는 것같이 하여 참았으며

믿음이 있으면 임금의 노함이 아니라 천만 인의 노함이라도 무섭지 않다. 많은 사람의 배척도 문제가 되지 않는다. 핍박도 오해도 문제가 안 된다. 믿음이 있기 때문이다. 믿음이 없으므로 문제가 되는 것이다. 모세는 임금의 노함을 무서워하지 아니하고 보이지 아니하는 자를 보는 것같이 하여 참았다. 참았다는 것은 많은 어려움이 있었다는 뜻이다. 그는 애굽을 떠날 때 난관이 있었고 쉽지 않은 나날을 보냈지만 하나님을 경외함으로 참을 수 있었다. 참는 것에는 믿음이 필요하다. 아무리 어려워도 믿음이 있다면 참을 수 있다. 바울은 데살로니가 성도들에게 믿음은 모든 사람의 것이 아니라고 말했다(살후 3:2). 27절부터 31절까지에는 다섯 번의 '믿음으로'가 나온다. 우리가 이 길을 갈 때 시작이나 과정이나 마침이 다 믿음이어야 한다. 모세가 처음 바로의 왕궁을 떠나서 하나님의 백성과 함께 고난받는 길을 택한 것도 믿음이 있기 때문이고, 이후에 바로 왕을 두려워하지 않고 이스라엘을 인도하여 애굽에서 담대히 나온 것도 믿음이 있기 때문이다. 믿음이 있는 사람은 장래에 대한 두려움이 없다.

앞에서 말했듯이 믿음은 첫 단계가 중요하다. 모세가 믿음으로 바로 왕궁을 떠났기에 하나님이 그를 받아주셨으며 그를 사용할 수 있으셨다. 그가 왕궁을 버린 믿음은 그의 믿음의 시작이었다. 하나님께서는 그 믿음을 보시고 그를 받아주셨으며 다음 과정으로 계속 인도해 주셨다. 나도 50세가 되어서 젊을 때부터 힘써 이룩한 모든 것을 다 버렸다. 지금 생각하면 그렇게 할 용기가 어디서 나왔을까 하지만, 다시 그런 상황이 와도 같은 결정을 내릴 수밖에 없을 것이다. 이는 하나님의 인도를 더 친근하게 따르고자 함이요 여러 나라의 성도들을 보호하고 그 간증을 주 앞에 보존하고자 함이었다. 그때 장래의 삶에 대해서는 전혀 두려움이 없었다. 이 모든 발걸음을 인도해주신 하나님께 감사한다. 그리고 그때 모든 것을 포기한 이후로 주님은 나를 받아주시고 한 걸음 한 걸음 신실하게 인도해주셨다. 내가 오늘 이 지점에 이른 것은 그 때 주님을 따라 한 걸음을 내디딘 결과이다. 믿음이 있다면 어떤 업적이나 지위나 재물도 버릴 수 있음을 주께 감사하고 찬양한다.

믿음으로 행한 이스라엘과 라합

> **28-31절, 믿음으로 유월절과 피 뿌리는 예를 정하였으니 이는 장자를 멸하는 자로 저희를 건드리지 않게 하려 한 것이며 29 믿음으로 저희가 홍해를 육지같이 건넜으나 애굽 사람들은 이것을 시험하다가 빠져 죽었으며 30 믿음으로 칠 일 동안 여리고를 두루 다니매 성이 무너졌으며 31 믿음으로 기생 라합은 정탐꾼을 평안히 영접하였으므로 순종치 아니한 자와 함께 멸망치 아니하였도다**

성경은 유월절과 피 뿌리는 예를 정한 것 역시 믿음의 일이라고 말씀한다. 애굽을 떠나는 시점에서 하나님은 다음 단계로 인도하셨는데, 이는 피를 뿌림으로 장자를 멸하는 재앙에서 지켜지도록 하는 것이었다. 모세가 그렇게 유월절 예식을 정할 수 있었던 것도 믿음이 있기에 가능했다는 것이다. 그런 다음 하나님은 모세로 하여금 홍해를 갈라 육지처럼 건너게 하셨는데, 이 역시 믿음의 일이었다. 모세는 시작부터 끝까지 계속 믿음으로 길을 걸어갔다. 일단 사람이 믿음의 길에 들어서면 주님은 그를 계속 믿음의 길로 인도하신다. 산상수훈에서 주님은 제자들에게 좁은 문으로 들어가라고 하시고 또 좁고 협착한 길을 걸어가라고 하셨다(마 7:13). 그리고 그 결국은 영생이다. 주님을 찬양하자! 당신이 아직 믿음의 문에 들어서지 않았다면 들어서기를 바란다. 이 길은 먼저 문에 들어서야만 걸어갈 수 있다. 문에 들어서야 길이 있게 된다. 모세는 먼저 애굽의 보화와 왕궁을 벗어나는 문으로 들어섰고, 그 다음에 계속 인도하시는 길을 따라 걸었다.

히브리서 기자는 그들이 홍해를 건넌 것도 믿음이라고 말한다. 믿음은 이 땅에 하늘의 능력을 가져온다. 그들은 믿음으로 그들 앞을 가로막는 홍해를 건넜다. 하나님은 믿음이 있는 그들 앞에서 바다 가운데로 길을 여셨다. 이것은 순전히 믿음의 역사이다. 그러나 애굽 사람들은 이것을 시험하다가 홍해에 빠져죽었다. 여기서 사도는 왜 애굽 사람들의 이야기를 했는가? 이 부분을 읽을 때 우리는 잘 이해가 가지 않을 수 있다. 불신자인 그들이 과연 하나님을 시험할 필요가 있었는가? 그러나 성경에서는 어떤 때 귀신들의 믿음을 들어서 성도들의 믿음을 깨우치기도 한다. 귀신들이 정말 믿음이 있는가? 그러나 성도들의 잘못되고 헛된 믿음을 말하려니까 귀신들도 하나님이 계시다는 것을 믿지만 그것은 아무 결과가 없는 믿음이라는 것을 말하는 것이다. 여기서도 마찬가지다. 애굽 사람들은 원래 하나님을 믿는 사람들이 아니다. 그러니 하나님을 시험하고 말 것도 없다. 그러나 여기서 사도는 이 구절을 삽입하여 성도들의 거짓된 믿음의 위험성을 가르치려 한 것이다. 이스라엘 백성이 홍해를 건넌 것은 믿음의 행위이다. 그러나 애굽 군대는 믿음이 있어서 건넌 것이 아니라 이스라엘 백성이 건너니 자기들도 따라서 건너본 것이다. 아마도 '이스라엘이 건너는데 우리라고 건너지 못하란 법이 있겠는가' 하면서 건넜을 것이다. 이것이 바로 하나님을 시험한 것이다. 믿음은 결코 모방할 수 없다. 다른 사람이 믿음으로 어떤 역사를 얻었다 해서 자신도 그것을 얻을 수 있는가? 결코 그렇지 않다. 믿음이 없는데 다만 다른 사람들을 따라서 해보는 것이 하나님을 시험하는 것이다. 이것이 이 구절에서 말하는 홍해에 빠져죽은 애굽 사람이 가졌던 '믿음'인데, 그것은 사실 믿음이 아니라 하나님을 시험한 것이다.

이처럼 믿음의 길을 걸어가는 것은 보이지 않는 하늘과 연결되어 행하는 것이다(27절). 이어서 사도는 여호수아의 일을 말한다. 사도는 모세의 일과 여호수아의 일을 구분하지 않았다. 여호수아가 한 일이 모세의 일을 이어서 행한 것 같은 인상을 주고 있다. 그렇다. 인도자는 바뀌었지만 그 발걸음은 계속된 하나님의 백성의 믿음의 발걸음이었다. 모세의 인도 아래 홍해를 건넌 것이나 여호수아의 인도 아래 여리고 성을 두루 다님으로 그 성이 무너진 것은 다 하나님의 기적적인 역사를 나타내고 있다. 이와 같이 믿음의 길은 하나님의 역사를 가져온다. 다만 여리고 성을 일곱 바퀴 돌았다고 해서 그 성이 무너졌겠는가? 이러한 역사의 근거는 하늘의 방법을 믿고 취하는 데 있다. 하늘의 체계, 하늘의 방법, 하늘의 질서가 이 땅에 임할 때 하나님의 목적이 이루어지는데, 그 길이 바로 믿음이다. 하나님께서는 그분의 백성이 하나님을 의지하여 이 땅에 살기를 바라신다. 하나님을 소망 삼고 하나님을 능력 삼고 살기를 바라신다. 그러므로 하나님은 이스라엘이 아무 군사력도 없이 성을 일곱 바퀴 도는 것만으로 그 성을 무너지게 하신 것이다. 이 구절에서 사도는 그들이 칠 일 동안 여리고를 두루 다녔다고 말할 뿐 몇 바퀴 돌았다는 것조차 기록하지 않았다. 그들은 다만 믿음으로 두루 돌아다닌 것뿐인데 성이 무너진 것이다. 이는 그들이 사람의 방법을 의지하지 않고 전적으로 하나님을 의지했다는 것을 가리킨다.

또 이방 여인이었던 라합은 믿음으로 정탐꾼을 평안히 영접하여 순종치 아니한 자와 함께 멸망하는 것을 면했다. 그리고 이러한 믿음으로 인해 그녀는 마태복음 1장에 기록된 그리스도의 족보에 들어갈 수 있었다. 이 말씀은 한결같이 믿음은 모든 길을 형통케 하고 하나님의 뜻을 이룬다는 것을 보여주며, 이 믿음만이 지성소에 사는 자들의 특징임을 알려준다. 또한 여기서 사도는 여리고 사람들을 복음을 들어야 할 대상으로 여겼다. 라합은 복음을 받은 자이고 다른 사람들은 복음에 순종치 않은 자들로 여긴 것이다. 저들은 이스라엘이 그 땅에 들어오는 것이 하나님께서 하시는 일이요 복음이 그곳에 들어오는 것임을 알지 못하고 저항하다가 멸망했다.

이때에도 하나님께서는 이미 이방인들을 복음을 들어야 할 자들로 보신 것이다.

기드온, 바락, 삼손, 입다, 다윗, 사무엘 및 선지자들

더 좋은 부활을 얻고자 함

32-35절, 내가 무슨 말을 더 하리요 기드온, 바락, 삼손, 입다와 다윗과 사무엘과 및 선지자들의 일을 말하려면 내게 시간이 부족하리로다 33 저희가 믿음으로 나라들을 이기기도 하며 의를 행하기도 하며 약속을 받기도 하며 사자들의 입을 막기도 하며 34 불의 세력을 멸하기도 하며 칼날을 피하기도 하며 연약한 가운데서 강하게 되기도 하며 전쟁에 용맹 되어 이방 사람들의 진을 물리치기도 하며 35 여자들은 자기의 죽은 자를 부활로 받기도 하며 또 어떤이들은 더 좋은 부활을 얻고자 하여 악형을 받되 구차히 면하지 아니하였으며

"믿음으로 나라들을 이기기도 하며". 이 부분에 올 때 믿음으로 행한 여러 선진들의 예를 말해준다. 하나님을 신뢰하는 사람들 가운데서 하나님이 행하신 다양한 역사를 말하고 있는 것이다. 이것은 다 믿음으로 인한 것이다. 믿음의 역사란 결코 한 가지 결과만 있는 것이 아니다. 어떤 사람은 믿음의 길을 감으로 고난받고 죽기도 했지만, 여호수아는 믿음으로 여리고와 아이와 많은 성들을 정복하고 이스라엘에게 기업을 분배하는 일을 했다. 또 기드온은 믿음으로 삼백 용사와 함께 미디안 대군을 쳐부수었다. 바락과 삼손이 대적들을 쳐부순 것도 믿음의 역사였다.

"의를 행하기도 하며". 의를 행한 것도 믿음을 가진 자들의 행동이다. 우리가 의를 행하려면 손실을 감당하고 핍박도 당해야 한다. 삭개오는 주님을 믿고서 그가 과거에 토색한 사람들에게는 네 배나 되는 재물을 갚아주겠다고 했으며 또 그의 소유의 절반을 가난한 자들에게 주겠다고 했다. 바울 당시 마게도냐 교회들이나 아가야 지방의 교회들은 가난했지만 기근이 심한 유대의 형제들을 위하여 많은 연보를 보냈는데, 사도는 이것이 의를 행한 것이라고 하였다. 믿음은 이렇게 극한 가난 가운데서도 풍성한 연보를 할 수 있게 한다(고후 8, 9장).

"약속을 받기도 하며". 여호수아나 기드온이나 다윗 등은 다 약속을 얻은 자들이라고 볼 수 있다. 그들은 믿음으로 크고 작은 약속들을 받았다.

"사자들의 입을 막기도 하며 불의 세력을 멸하기도 하고". 이 구절은 다니엘과 그의 세 친구의 일을 가리킬 것이다. 다니엘은 예루살렘을 향하여 하루 세 번씩 기도함으로 모함을 받아 사자굴에 던져졌으나 사자가 그를 해하지 못했고, 사드락, 메삭, 아벳느고는 우상에게 경배하지 않으므로 불 가운데 던져졌지만 불의 세력이 그들을 해하지 못했다(단 3:17-27). 하나님은 그들에게서 그을음 냄새조차 나지 않을 정도로 불 속에서 그들을 보호하셨다. 이는 다 하나님을 믿음으로 이루어진 일들이다.

"칼날을 피하기도 하며 연약한 가운데서 강하게 되기도 하며". 다윗은 사울의 칼을 피했고, 모르드개와 이스라엘 백성은 하만의 칼을 피하였다. 그들은 에스더와 함께 믿음으로 이스라엘을 구하였다. 또한 믿음은 연약한 자들을 강하게 만들기도 한다. 당신이 원래는 소심하고 연약하다 할지라도 믿음은 당신을 강하고 담대한 사람이 되게 한다. 믿음으로 전쟁에서 용맹스럽게 되어 이방 사람들의 진을 물리친 경우도 있었다.

"여자들은 자기의 죽은 자를 부활로 받기도 하며". 또 어떤 이는 어린 아이를 부활로 받기도 하였는데 이 역시 믿음으로 인한 것이다. 이는 엘리야와 엘리사 시대에 죽은 어린아이를 살린 일을 말할 것이다(왕상 17:17-24, 왕하 4:32-37).

"더 좋은 부활을 얻고자 하여 악형을 받되 구차히 면하지 아니하였으며". 악형을 받으면서도 구차히 면하려 하지 않았던 사람들도 있었다. 어떤 경우에는 받지 않아도 될 형벌이요 고난이지만 피하지 않았다는 말이다. 이는 더 좋은 부활을 얻고자 함이라고 했다. 장래에는 더 좋은 부활이 있음을 기억하기 바란다.

바울은 빌립보서 3장 11절에서 그리스도의 죽음을 본받기 원했는데, 이는 뛰어난 부활을 얻기 위한 것이라고 했다. 더 좋은 부활, 뛰어난 부활, 첫째 부활(계 20:5)은 다 상급을 얻는 부활을 가리킨다. 이러한 가장 좋은 부활을 얻는 것은 이 땅에서 어떻게 그리스도인 생활을 했는가와 밀접한 관계가 있다. .

세상이 감당치 못할 사람들

> **36-38절, 또 어떤 이들은 희롱과 채찍질뿐 아니라 결박과 옥에 갇히는 시험도 받았으며 37 돌로 치는 것과 톱으로 켜는 것과 시험과 칼에 죽는 것을 당하고 양과 염소의 가죽을 입고 유리하여 궁핍과 환난과 학대를 받았으니 38 (이런 사람은 세상이 감당치 못하도다) 저희가 광야와 산중과 암혈과 토굴에 유리하였느니라**

믿음은 환난 가운데서 구원받는 방식으로 역사하기도 하지만, 어려움 가운데서 그것을 견디는 능력으로 나타나기도 한다. 스가랴 선지자는 돌로 침을 당하였고(대하 24:21), 이사야 선지자는 므낫세 왕에 의해 톱으로 켜서 죽임을 당하였다. 또 불속에 던져져 죽임을 당한 자들도 있었다. 어떤 사람은 여기의 '시험'을 화형을 당한 것으로 해석한다. 어떤 이는 칼에 죽임을 당하기도 했는데, 이들은 하나같이 담대하게 믿음으로 죽었다. 이것이 믿음의 증인들의 발자취이다. 그들은 세상과 전혀 다르다. 그러므로 이러한 믿음의 증인들을 세상은 감당하지 못한다.

나는 외국에서 사역하면서 그곳의 형제들이 원래 그 나라의 사람들과 완전히 다르기를 바랐다. 주님을 위해서 궁핍한 데 처하더라도, 양과 염소의 가죽을 입고 유리하면서 환난과 학대를 받는 생활을 하더라도 세상이 감당할 수 없는 사람이 되는 것이 하나님께서 원하시는 이 시대의 믿음의 증인이다. 주님은 이런 무리를 얻고 싶어 하신다. 어떤 역경에 처하든지 그들이 만일 믿음으로 그러한 역경을 견딘다면 다른 이들에게 큰 본을 끼치게 될 것이다. 히브리서에 기록된 증인들이 이런 삶을 살았다. 그들은 믿음으로 암혈과 토굴에 살면서 유리하였으며, 그들에 대하여 히브리서 기자는 세상이 감당치 못할 자들이라고 했다.

신약의 믿는이들에 의해 온전케 됨

39-40절, 이 사람들이 다 믿음으로 말미암아 증거를 받았으나 약속을 받지 못하였느니 40 이는 하나님이 우리를 위하여 더 좋은 것을 예비하셨은즉 우리가 아니면 저희로 온전함을 이루지 못하게 하려 하심이니라

하나님께서는 신약의 우리를 위하여 더 좋은 것을 예비하셨다. "우리가 아니면 저희로 온전함을 이루지 못하게 하려 하심이니라". 신약의 믿는이들은 더 좋은 것을 얻은 사람들이며, 우리가 아니면 구약의 믿음의 증인들은 온전함을 이루지 못한다. 하나님께서는 그들을 하나의 그림으로 사용하시고 우리를 실제로 사용하셔서 이 둘을 합침으로 새 예루살렘을 완성하고자 하신다. 우리가 아니면 그들이 아무리 잘 달렸다 하더라도 온전하지가 않다. 그러므로 그들은 앞서 달려가 증인이 되어 우리를 기다리고 있다.

신약의 성도들인 우리를 위해 하나님은 더 좋은 것을 예비하셨는데, 더 좋은 것이란 무엇인가? 그들은 증거를 받았으나 약속을 받지 못하였다. '더 좋은 것'이란 약속의 성취들을 의미한다. 이는 하나님의 아들 그리스도로 말미암는다. 그들에게는 증거로 가나안이 주어졌다면, 우리에게는 약속으로 하나님의 안식이 주어졌다. 그들에게는 증거로 아론 지파의 대제사장이 있었지만, 우리에게는 그 약속의 성취로 멜기세덱의 반차를 따른 대제사장이신 예수 그리스도가 계신다. 그들은 증거를 위하여 땅 위에 있는 성막을 가지고 있었지만, 우리는 그 약속의 성취로 하늘의 참 성소를 갖고 있다. 그들은 증거로 황소와 염소의 피를 가졌고, 우리는 약속의 성취로 예수의 피를 가졌다. 구약의 짐승의 피는 육체를 깨끗케 할 뿐이지만, 우리가 가진 예수의 피는 우리의 양심을 깨끗케 한다. 그들은 지성소에 나아갈 길이 아직 열리지 않았다고 증거하였지만, 예수 그리스도의 피는 우리를 위해 새롭고 산 길을 열어 아버지께 나아가게 했다.

그들은 증거를 받았으나 약속은 받지 못하고 죽었다. 그들이 증거한 예수 그리스도, 그분의 구속하심, 그분의 성령 부어주심 등은 우리가 신약 안에서 받은 약속의 성취이다. 우리가 아브라함이나 다윗보다 더 큰 자라고 한 이유가 여기에 있다. 그들은 다 증거를 위해 수고하였지만 그 증거의 실체인 약속은 받지 못하였다. 그것은 신약의 성도들인 우리가 누리고 있다. 따라서 그들은 우리를 보면서 빨리 달리라고 격려한다. 우리와 그들은 다 함께 하나님의 계획을 이루는 경주를 하고 있다. 그들은 먼저 부르심을 받아서 증거하는 일을 하였고 우리는 그 약속을 받아 성취하고 있다. 그들은 잘 달려서 좋은 증거를 하였고 우리가 그 실제를 누리는 것을 보고 있다. 이제 하나님의 계획의 온전한 성취가 얼마 남지 않았다. 그 남은 경주가 얼마 남지 않았으므로 선진들은 우리에게 빨리 달려 완성하라고 격려한다. 그 완성은 우리에게 달려 있다. 그러므로 우리는 오늘 그 약속을 받은 자들로서 온전케 되며 유기적인 구원을 이루어야 한다. 이 땅에서 하나님의 거처이며 그리스도의 몸인 교회를 건축해야 한다. 우리는 이 땅에서 하늘에 속한 생활을 하며 힘들더라도 믿음을 잃어버리지 말고 오래 참음으로 믿음의 경주를 끝까지 마쳐야 한다. 구약의 증인들의 그 모든 사역과 수고가 신약의 온전케 함을 받은 우리와 합해질 때, 구약과 신약에서 하나님이 사용하신 모든 종들이 하나님의 영원한 처소인 새 예루살렘을 이루게 되는 것이다.

사랑하는 성도들이여, 옛 선진들은 다만 증거를 보고 그것을 환영하며 좋아했지만 우리는 그 실체를 갖고 있다. 그들은 다만 약속만 갖고도 그렇게 좋아하며 자신을 드렸건만 그 실제를 갖고 있는 우리는 어떠해야 하겠는가! 그 기쁨과 감사가 더욱 넘쳐야 하지 않겠는가! 우리가 오늘 그 기쁨과 누림을 모르고 헤맨다면 이는 당시의 사람들이 그 약속을 받아들이지 않아서 망한 것처럼 우리 역시 그 성취를 받아들이지 않아서 침륜하게 되는 것이다. 오늘의 모든 성취는 그리스도 안에서 다 이루어진 것이며, 그 실제를 누리게 하기 위해서 오순절 성령이 강림한 것이다. 우리는 성령으로 말미암아 그리스도의 모든 실제를 누릴 수 있다. 신약의 교회는 그리스도의 실제를 누리는 기관이다.

그러나 또 한가지 기억해야 할 것이 있다. 구약의 선진들이 증거를 받았으나 약속을 받지 못한 것은 다만 그리스도의 복음으로 완성되는 것은 아니다. 그것은 왕국까지 가야 온전히 성취된다. 그들의 증거는 그리스도의 구속을 위한 초림만을 증거한 것이 아니다. 그들은 그리스도의 재림 시에 상주실 것을 바라고 믿음을 증거하는 삶을 산 것이다. 40절에서 말하는 더 좋은 것은 왕국을 말하는 것이며 그리스도와 함께 왕노릇하는 것이다. 이는 35절의 더 좋은 부활과도 상통한다. 증인들은 그들의 믿음의 삶 자체가 그들이 왕국을 유업으로 받을 것이라는 것을 증명하는 삶을 산 것이라고 본다. 하나님은 우리 앞에 왕국을 보상으로 놓으시고 달리게 하신다. 11장의 많은 증인들이 고난의 삶을 산 것은 왕국의 상을 바라고 그 면류관을 받는 삶의 본을 증거하는 것이었다. 그들의 믿음의 노정을 보고 우리는 용기를 내어 담대히 이 길을 따라 갈 수 있는 것이다.

1—11장까지의 개략

10장 중반부까지는 하늘에 속한 동반자들의 신약에 대한 계시와 이상을 알려 주었다. 물론 곳곳에 경고가 있고 권면이 있지만 주로 신약의 믿는이들이 가져야 할 믿음의 본질을 다루었다. 1장에서는 그리스도가 신성을 가진 하나님의 아들이심을, 2장에서는 인성을 가진 분으로 천사보다 뛰어나심을, 3장에서는 모세보다 뛰어나심을, 4장부터는 여호수아보다 뛰어나시며 아론보다도 뛰어나실 뿐만 아니라 그분의 속죄 사역도 아론의 것보다 뛰어나며 신약의 사역은 구약의 사역보다 뛰어남을 말하고 있다. 신약의 믿는이들이 가져야 할 신앙에 대해서는 구약의 율법과 옛 언약에 비교해서 새 언약의 탁월함을 증명하였다. 그런 다음에 10장 후반부부터는 하늘에 속한 동반자들이 그러한 믿음을 붙잡고 어떻게 믿음의 경주를 경주하여야 하는가에 대해서 다루고 있다. 하늘에 속한 동반자로서 가져야 할 이상과 계시는 전반부에서 다루어지고 하늘에 속한 동반자들이 걸어가는 노정은 10장 후반부부터 다루어진다.

하늘에 속한 동반자들의 믿음의 경주의 노정

그러면 어떤 길을 걸어가는 자들이 그리스도의 동반자들인가? 주로 10장 후반부부터 11장까지에 계시되어 있는데 그 길은 아주 험난한 길이며 핍박과 환난이 있는 길이다. 흔들리지 아니하고 참고 인내하며 소망을 붙잡고 믿음을 지키며 끝까지 가야 하는 것이 그 길이라는 것을 알려 주고 있다. 그리스도의 동반자가 되려면 처음에 시작한 것을 끝까지 견고히 잡아야 한다. 그 믿음을 견고히 잡고 갈 때 그분과 함께 하는 자가 될 수 있다. 그런데 그러한 길을 걸어가는 데는 많은 어려움과 많은 핍박과 환난이 있다. 그러한 히브리 성도들, 하늘에 속한 동반자들을 격려하기 위해 많은 구약의 선진들을 우리에게 보여줌으로써, 그들이 어떻게 믿음의 길을 걸어갔는가를 제시해주고 본을 보여줌으로써, 우리로 하여금 그 본을 보고 잘 걸어가도록 격려하는 것이 11장이다.

아벨에서부터 에녹과 아브라함, 사라, 이삭, 야곱, 모세 등 많은 구약의 믿는이들의 믿음의 노정을 기록하여 그들이 어떻게 걸어갔는가를 제시하면서, 이를 통해서 믿음의 본질이 무엇인가를 알려주고 있는 것이다. 그들은 믿음으로 걸어갔고 믿음을 지켰으며 이로 인한 증거를 갖고서 믿음의 증거를 나타내는 삶을 살았다. 그러므로 하나님이 그들의 삶을 기뻐하시고 인정하셨다. 더 나아가 우리가 신약에서 신약의 히브리인들로서 어떻게 살아야 되는가에 대해서도 언급하고 있다.

아벨, 에녹, 노아 등의 믿음의 선진들은 동시대에 살았던 다른 사람들과는 달리, 하나님의 말씀과 계시를 붙잡고 믿음으로 살았다. 모세도 애굽의 보화를 누릴 수 있었고 낙을 누릴 수 있는 특권이 있었지만 그리스도를 위하여 그러한 모든 것들을 다 배설물로 여기고 자기의 민족과 함께 고난 받기를 자원했다. 그가 그럴 수 있었던 이유는 그 속에 믿음이 있었기 때문이다. 아브라함도 갈 바를 모른 채 약속의 땅에 우거했고 장막에 거했다. 어떻게 그들이 그런 삶을 살 수 있었겠는가? 그것은 바로 그들에게 하나님의 말씀과 그에 대한 믿음이 있었기 때문이었다고 히브리서는 말해준다. 믿음이라는 것이 무엇인가? 그들로 하여금 그렇게 살 수 있도록 하는 원동력이다. 믿음이 없었더라면 그들은 이 세상 사람들과 똑같이 살았을 것이다. 그러나 그들에게 믿음이 있었기 때문에 그들은 부귀영화도 버릴 수 있었고 이스라엘 민족과 함께 고난당하는 것을 즐거워할 수 있었다. 유월절 예를 정하고 피 뿌림을 해서 장자를 구원한 많은 것들은 다 믿음을 통한 것이다. 계시, 하나님의 밀어내시는 역사, 그 속의 주님을 사랑하는 마음, 따르고자 하는 마음, 그분을 기쁘게 하고자 하는 마음이 합해진 것을 믿음이라고 말할 수 있을 것이다.

아브라함은 갈 바를 알지 못하고 한 걸음씩 전진했다. 한 장소에서 또 다른 장소로 이동하면서 이 땅에서 나그네로 살았다. 어떻게 그렇게 살 수 있었겠는가? 그것은 아브라함 속에서 역사하는 믿음이 있었기 때문이다. 그 믿음은 말씀에 대한 신뢰와 하나님과의 교통과 연결을 의미하기도 한다. 하나님과 아브라함 사이에는 계속 믿음의 교통이 있었을 것이다. 한 장소에 있을 때 만족할 수 없고 그 장소에서 다른 장소로 이동해야 하는 그리스도인의 역사가 그 속에 있었을 것이다.

믿는 자에게는 그 안에 믿음으로 말미암는 역사가 있게 되는 것이다. 뭔가 밀어내고 나아가게 하며 전진케 하는 것이 있다. 그 속에 주님을 위해 충성을 하게 하는 것이 있고 어려움도 감당할 수 있게 하는 그 무언가가 있게 된다. 그러므로 많은 사람이 핍박과 고난과 악형과 톱으로 켜는 것을 당하고 심지어 죽임을 당하면서도 면하려고 하지 않고 기꺼이 당했다. 히브리서 11장에서는 그러한 모든 것들을 '믿음'이라는 것이 감당해주었음을 말한다. 그들은 믿음으로 말미암아 이런 것을 감당할 수 있었다. 그러므로 오늘 우리 믿는이들이 하늘의 동반자들로서 그리스도와 함께한 자들이 되어서 이 길을 가기 위해서는 반드시 히브리서에서 이야기하는 이 믿음이 무엇이며 무엇이 그들로 하여금 이렇게 살 수 있도록 하는 원동력을 부여했을는지에 대해서 생각해 보아야 한다. 이 우주 가운데 믿음이라는 것이 있다. 그렇기 때문에 그들이 그러한 어려움 속에서도 꾸준히 앞으로 나아가는 생활을 유지할 수 있었을 것이다. 우리는 그 비결을 믿음이라는 말에서 찾을 수 있다.

아무리 어린 형제자매라 하더라도 이 믿음이라는 것을 가지고 있다. 우리가 거듭날 때에 하나님은 우리에게 성령으로 인쳐주시고 그리스도의 생명을 주시고 우리로 하여금 믿을 수 있게 하는 능력과 역량을 주셨다. 이것이 믿음이다. 모든 거듭난 자들에게는 믿음이라는 기관이 생겨났다. 귀는 들을 수 있고 눈은 볼 수 있는 것과 같이, 믿음은 우리 속에서 하나님과 그분의 말씀을 믿을 수 있도록 하는 하나의 능력이며 기관이다. 이것이 우리 모두에게 있다. 그래서 많은 사람들이 우리에게 "당신은 왜 그렇게 외곬으로 믿음생활을 하는가? 왜 담배도 안 피우고 술도 마시지 않는가?"라고 한다 하더라도 우리가 그런 말을 받을 수 없는 것은 우리 속에 믿음이 있기 때문이다. "당신들은 세상 사람들처럼 저축도 별로 못하면서 기뻐하는가?"라고 해도 그런 말이 우리를 흔들 수 없다. 만일 우리 속에 믿음이 없다면 그런 말을 들을 때에 불안할 것이다. 더군다나 생활하는 것이 어렵고 돈도 없는데 어떻게 살 것인가라는 질문을 받으면 '아! 막막하다. 정말 돈이라도 벌어 놓아야 되겠구나'라는 생각이 들 법도 하지만, 우리는 아무것도 없는데도 걱정하지 않는다. 믿음이라는 것이 있기 때문에 그렇다.

많은 그리스도인들이 이렇게 믿으니까 좋고 저렇게 믿으니까 좋다는 말을 많이 해온다. 여러 가지 종교적인 실행과 의식들을 통해서 은혜를 받았다고 말하는 사람도 있다. 그러나 그런 부수적인 것에 빠질 수 없게 하는 것이 우리 속에 있다. 하나님의 역사의 중심적인 것 안에서 달려가고자 하는 마음, 부분적인 것에 치우치고 싶지 않은 갈망과 느낌이 있는 것이다. 우리 속에 이러한 것이 있기 때문에 어떤 대가가 지불되고 어려움이 있다 하더라도 하나님의 마음에 합한 음성을 들을 때 속에서 반응이 있다. '아, 그것이 좋다. 그것이 옳다. 나도 그렇게 가고 싶다.' 이런 마음이 우리 속에 있다. 이것이 무엇인가? 한 마디로 믿음이라고 말할 수 있다. 믿음이란 이와 같이 보이지 않는 것이지만 보이는 것보다 더욱 확실한 그 어떤 것이다. 이러한 믿음이 있기에 우리는 이 땅에서 좁은 길을 걸어가고 고난과 핍박도 받으며 모든 것을 버리는 체험도 하는 것이다. 히브리서 10장은 이러한 믿음의 길을 가는 사람들의 핍박과 환난을 기록하고 있다. 믿음의 길을 가려는 사람들은 각종 어려움과 핍박과 환난을 예상해야 한다. 우리가 오늘 가려는 길이 그러한 길이다. 그러나 여러분들이 뒤로 물러서면 주님은 기뻐하시지 않으신다. 잠시 잠깐 후면 오실 이가 오시기 때문이다. 우리는 믿음으로 우리의 혼을 구원하는 자가 되어야 한다.

11장에서 믿음에 대해서 말하면서 많은 믿음의 증인들에 대해 이야기했다. 히브리서를 읽으면 그리스도의 동반자들이 되기 위한 필수 경력이 환난인 것처럼 느껴진다. 그리스도의 동반자들은 히브리서 전반부에서 이상(理想)을 믿음으로 소유하고 히브리서 후반부에서 믿음의 길을 가는데 그 믿음의 길은 이렇게 험난하다. 마치 주님께서 우리에게 "나와 동반자가 되려면 이렇게 어려운 길을 걸어가야 한다"라고 말씀하신 듯하다. 11장에서는 많은 믿음의 선진들의 역사를 우리에게 들려주어 용기를 주고, 12장에서는 징계에 대해 우리에게 알려 준다. 하나님께서 사랑하시는 아들이라면 징계하시지 않겠는가? 히브리서 기자는 히브리 그리스도인들의 그러한 어려운 상황을 일종의 징계로 본 것이다. "너희들은 주님이 정말 사랑하는 자들이기 때문에 이러한 어려움이 있는 것이다. 그것은 하나님의 사랑의 표다"라고 말하는 듯하다. 이로써 우리는 참된 히브리인으로서 그리스도의 동반자의 길을 가려면 이러한 징계, 핍박, 곤란한 것들, 어려움들을 필수적으로 겪게 될 것이라는 인상을 받는다. 이러한 배경을 염두에 두고 12장을 볼 것이다.

11장의 중점

11장을 온전히 이해하려면 10장 26절부터 주의하여 읽어야 한다. 당시 히브리인들은 구원을 받은 후 구약의 제사와 예법으로 돌아가려는 위험에 있었다. 히브리서 기자는 그러한 행위를 고의적으로 범하는 죄로 여겼다. 유대교의 본질은 보이는 것에 근거를 둔 종교행위였다. 그들의 세력은 컸고 신약의 빛을 얻은 히브리 성도들은 흔들리고 있었다. 그러한 배교의 행위에 대하여 10장 26절부터 엄중한 경고를 발하고 있다(복음을 받고 그 믿은 대로 앞으로 나아가지 못하고 그림자인 유대종교의 실행으로, 곧 뒤로 돌아가려는 자들에 대한 경고는 2~4장, 6장, 11장, 12장 등 히브리서에 자주 나타난다).

그들은 믿음을 받아들인 후 고난이 임하였고 매우 어려운 상황에 처하였다. 어떤 이들은 새롭게 도를 받은 후 축복이 아니라 사람들이 보기에 저주를 받은 것 같은 상황이 임하여 비방을 당하기도 하고 환난을 당하며 재물을 몰수당하기도 하였다. 이것은 그들의 마음을 상당히 어렵게 하여 상당한 종교적 세력을 형성하고 있으며 먹고 사는 일에 지장이 없고 또 상당한 재물의 유혹이 보이는 유대교를 바라보는 상황에서 앞으로 나아가지도 못하고 뒤로 돌아가지도 못하는 중간에 머뭇거리고 있었던 것이다. 그러한 자들에게 담대함과 인내와 믿음을 강조하고 있으며 뒤로 물러가 침륜에 빠지지 말라고 경고하고 있다. 그러면서 11장에 믿음의 길이 무엇인지를 세세하게 말해주고 있다. 즉 아무리 어렵더라도 믿음의 경주를 잘해야 한다는 말씀이며 많은 믿음의 선진들의 본을 제시해주고 있다.

11장은 믿음이 무엇인가부터 정의해주고 있다. 1절은 믿음이 실상(substantiating-실제화, 다비역)이라고 말했다. 우리의 시각은 자연계의 많은 색깔이며 아름다운 만물을 실제화 한다. 눈이 없다면 만물이 존재하지만 실제화 할 수 없다. 영적 세계에 많은 귀한 진리들이 존재한다. 보혈의 씻음과 구속, 예수와 함께 십자가에 못박힘, 자아에 대하여 죽음, 그리스도의 몸의 건축 등 모든 것이 다 이루어진 사실들이요 우리가 믿음이라는 감각을 통해서 실제화할 수 있는 것이다. 유대교도들은 보이는 것을 근거로 하여 신앙생활을 영위했다. 그들의 제사며 먹는 것 마시는 예법 다 시각적이며 보이는 것을 중심으로 하였다. 그러나 신약의 모든 복음은 보이지 않는 것이지만 믿음으로 실제화 할 수 있는 것이다. 그리스도께서 우리 안에 거하시는 것도 믿음으로 할 수 있다고 말씀한다(엡3:17). 모든 세계가 하나님의 말씀으로 지어진 것도 보이는 것을 가지고 인식하는 것이 아니라 보이지 않지만 실제인 말씀으로 확증한다. 우리는 하나님께서 하신 말씀이 거짓이 아니라는 것을 알기에 만물이 그분의 말씀으로 지어졌다는 사실을 믿는다.

가인과 아벨은 무엇이 달랐나? 하나는 아버지로부터 복음을 듣고 그 말씀을 받아들여 그 안에 믿음이 있었고(아담이 타락한 후 사람은 하나님께 피를 가지고 나아가지 않을 수 없게 된 것), 그의 믿음에 따라 양을 잡아 기름으로 제사를 드렸다. 물론 양이 죽었기에 피가 흘려진 것이다. 이것은 그가 믿은 바에 따라 행한 것이다. 이에 반해 가인은 자신의 임의로 제사를 드렸고 결과적으로 하나님께 열납되지 못했다. 하나님은 아벨의 제사를 의로운 제사라고 하시며 열납하신 것이다.

에녹과 노아와 아브라함 등 믿음의 선진들은 동시대의 사람들과 달랐다. 그들은 속에 말씀이 있었고 그 말씀에 따라서 살았다. 따라서 당시 함께 살았던 사람들은 그들을 이해할 수 없었고 통할 수도 없었다. 노아가 그 멀건 대낮에 햇빛이 쨍쨍쬐는 날씨에 그렇게 큰 방주를 만드는 것이 사람들의 눈에는 어떻게 보였을까? 미친 짓으로 보였을 것이다. 그를 이렇게 만든 것은 무엇인가? 하나님으로부터 받은 말씀이다. 아브라함에 이방에서 장막생활을 하며 나그네로 일생을 산 것은 무엇이 그를 그렇게 만들었나? 하나님이 그에게 주신 말씀이었다. 그는 그의 안에 말씀을 실제화하는 삶을 산 것이다. 아브라함 이삭 야곱은 그 시대의 사람들과 다른 삶을 살게 되었는데 그것은 다 하나님께서 주신 말씀을 믿고 순종하는 삶이었던 것이다. 그들을 주장한 것은 보이는 어떤 것들이 아니었다.

모세의 삶도 동일하다. 그는 애굽의 궁중에서 부귀영화를 누릴 수 있었지만 모든 것을 내려놓았다. 그리고 그의 백성들과 함께 고난의 길을 택하였다. 무엇이 그를 그렇게 만들었나? 그것이 바로 믿음이라고 말한다. 믿음의 길이 그로 기꺼이 세상의 부요함과 복된 삶을 포기하였지만 그는 장래 그리스도께서 가져오실 영광의 상이 더 귀한 것을 알았기에 그 모든 세상의 축복을 분토로 여긴 것이다. 그들은 홍해를 믿음으로 건넜으나 애굽 사람들은 하나님을 시험하다가 빠져죽었다. 남이 하는 것을 보고 자기도 하면 되겠다고 뛰어드는 식의 믿음은 통하지 않고 빠져죽는다. 믿음은 개인적인 것이지 남의 것을 내 것으로 취하여 행할 수 없다. 그것은 하나님을 시험하는 것이다.

11장 후반의 많은 믿음의 선진들이 고난을 무수하게 겪었다. 그러나 그들은 물러서지 않고 심지어 죽음도 구차하게 면하지 않고 악형을 받아들였다. 이는 그들이 더 좋은 부활의 약속을 믿었기 때문이다. 믿음은 성도들을 광야와 산중과 암혈과 토굴로 내몰지만 그들은 약해지지 않고 세상 사람들이 감당 할 수 없는 길을 걸어갔다. 그들은 우리의 좋은 본이 되어 주었다. 히브리서는 한 번 믿음의 길을 들어선 그리스도인들이 완전에 이르고 목적지에 이르지 않는 손실이 너무나 크고 엄중한 문제임을 매우 강조하고 있다. 이 목표에 이르는 것에 관한 강조의 문제는 12장에도 계속된다.

히브리서 11장의 빛나는 계시

성경 전체에서 히브리서가 없으면 알 수 없는 빛나는 계시가 11장에 있다. 나는 히브리서를 읽는 독자들이 이 점을 주의하며 읽는지 궁금하다. 물론 베드로 전후서나 유다서 등 다른 성경에도 이런 부분들이 전혀 없는 것은 아니다(벧후 2:15 등). 그러나 히브리서 11장은 이 부분에서 두드러진다. 이를테면 에녹이 하늘로 옮기우기 전에 하나님을 기쁘시게 하는 자라는 증거를 받았다는 것에 대하여 우리는 창세기를 읽을 때 그런 구절을 발견하지 못한다. 이것은 분명 히브리서 기자가 구약 성경 전체를 읽을 때 얻은 빛일 것이다. 나는 어떤 사람들이 말하는 것처럼 히브리서 기자가 소위 외경을 읽어서 참고한 것이 아니라고 믿는다. 구약에 하나님을 기쁘시게 하는 몇몇 인물을 언급한 곳이 있다. 다니엘, 노아, 욥은 하나님 앞에 의로운 삶을 사는 데 있어서 합격한 혁혁한 인물들이라고 에스겔서에 나와 있다(겔 14:14, 20).

아브라함에 대하여도 그러하다. 아브라함이 갈 바를 알지 못하였다고 한 말이나 가나안 땅에 들어간 일에 대하여 그가 기업으로 얻을 땅에 들어갔지만 믿음으로 외방에 있는 것같이 약속하신 땅에 우거했다고 말한 점이다. 또한 이삭과 야곱도 동일한 약속을 받아 장막에 거하였는데 이는 하나님이 경영하시고 지으실 터가 있는 성을 바란 것이라고 말한다. 우리는 창세기에서 아브라함과 이삭과 야곱이 장막에 거한 것을 알지만 그것이 그 약속의 땅을 진짜 얻을 기업으로 생각한 것이 아니라 장차 올 성을 믿음으로 바라보는 모습을 증거로 남기기 위하여 집(house)이 아닌 장막(tent)에 거하는 삶을 살았다는 것을 감히 읽어내지 못한다. 이것은 히브리서 기자가 얻은 탁월한 계시라고 말할 수밖에 없다.

아브라함과 이삭과 야곱이 믿음을 따라 죽고 약속을 받지 못하였다고 담대히 말한 것도 그러하다. 그들은 약속을 받지 못하고 다만 멀리서 바라보고 환영했다고 말한다. 그래서 가나안에 거할 때 외국인과 나그네로 살았다는 것이다. 물론 어떤 성도들은 창세기를 깊이 읽을 때 그런 부분을 읽어낼 수도 있겠지만 대부분은 히브리서 기자가 말해주었기에 비로소 빛을 얻게 되는 것이다.

모세 또한 그러하다. 우리는 출애굽기에서 모세가 바로의 궁을 떠난 것을 보지만 그가 그리스도를 위하여 받는 능욕을 애굽의 모든 보화보다 더 큰 재물로 여겼다는 심리를 읽어내지 못한다. 그는 주님께서 재림하실 때 상 주실 것을 기대하면서 그의 이생의 삶을 초개와 같이 버렸다고 말한다. 이 모든 것은 히브리서 기자가 구약성서를 통해 읽어낸 보배로운 계시들로서 매우 귀하게 여겨진다.

12장

그리스도인의 노정은 경주임

1a절, 이러므로 우리에게 구름 같이 둘러싼 허다한 증인들이 있으니

11장에서 앞서 말한 많은 믿음의 선진들이 여기에서는 증인들이 되었다. 그들은 믿음을 증거하는 삶을 삶으로써 증인이 된 것이다(원문에서 증인이란 증거 혹은 간증으로 번역할 수 있다-다비역 참조). '구름같이 둘러싼'이라는 말은 수많은 관중이 꽉 들어찬 운동장을 연상케 한다. 구약의 수많은 선진들은 자기들의 경기를 성공적으로 끝내고 이제 경주장의 증인이 된 것이다. 구름과 같다고 말한 것은 그들의 수가 많다는 것이다. 그래서 허다한 증인들이라고 한 것이다. 우리에게는 신약의 제자들과 역대의 증인들이 있다. 그들은 모두 우리를 응원하며 잘 달리라고 격려한다. 원문에 따라 번역하면 그 많은 간증들이 우리에게 본으로 주어져 있다.

모든 무거운 것을 벗어버림

1b절, 모든 무거운 것과 얽매이기 쉬운 죄를 벗어버리고 인내로써 우리 앞에 당한 경주를 경주하며

무거운 것들은 헬라어 원문에서 '묶는 것'이라는 뜻이다. 이것은 죄는 아닐지라도 우리가 생활 가운데서 불필요하게 얽매이는 것들, 소유하고 있는 것들, 누리는 것들, 필요 없는데 가지고 있는 것들을 말한다. 우리가 잘 경주하려면 무거운 것이 없어야 한다. 경주자들은 최대한 가볍게 옷을 입고 경주를 한다. 일부러 몸을 무겁게 한 채 경주를 하려는 사람은 없을 것이다. 무거운 만큼 힘이 들기 때문이다. 죄는 아닐지라도 무거운 것들이 제해져야 잘 달릴 수 있다. 이 땅의 부(富)는 우리 달리는 자들에게 커다란 짐이 될 수 있다. 주님은 우리에게 "모든 소유를 버리지 않으면 나의 제자가 되지 못한다"고 하셨다(눅 14:33). 버리는 것은 달리는 자들에게 필수불가결한 것이다. 나는 이 시대에 주를 좇기 위해 모든 재산을 다 버린 사람을 보지 못하고 있다. 부디 앞으로 우리 중 이런 사람들이 나와서 세상이 감당치 못할 증거를 지니게 되기 바란다.

또한 자신이 꼭 해야만 한다는 것들, 주님을 위해서 어떠한 것을 해야 할 것 같다는 생각들, 착한 일을 하려는 것들, 이런 종류의 무거운 것도 제해야 잘 달릴 수 있다. 어떤 사람들은 심지어 주위에 넘어져 있는 사람들, 공동체를 떠나서 원망하는 사람들을 동정하기 위해서도 너무 많은 시간과 힘을 소모한다. 과거를 붙잡는 사람, 미련이 많은 사람치고 달음질을 잘하지 못한다. 바울에게서 과거의 미련에 사로잡혀 낙심하고 고민한 흔적을 찾을 수 있나? 그는 오히려 뒤엣 것은 잊어버리라고 했다. 이렇듯 우리를 달리지 못하게 하는 것들은 모두 다 무거운 것에 속한다는 것을 알아야 했다. 사무엘은 사울로 인하여 너무 슬퍼하지 말았어야 했다. 그에게는 인간적인 애정이 무거운 것으로 작용했던 것이다. 하나님이 그렇게 하신 것은 그대로 받아들여야 하는 것이다.

매튜 헨리는 육이나 현재의 생활이나 세속에 대한 과도한 애정과 염려를 무거운 것들이라고 정의했다. 그는 지나친 사랑은 영혼이 위로 올라가려하고 전진해 나아가려고 하는 것을 잡아끄는 일을 한다고 말했다. 어떤 나이 든 자매는 가족과 친지에게 너무 지나친 애정을 갖고 대하는데 이 또한 무거운 것이다. 젊은 사람들은 때로 친한 친구에게서 전화가 오면 그들의 시간과 마음을 많이 빼앗긴다. 그것 또한 무거운 것이다. 남을 도와주겠다고 하며 마음과 시간을 지나치게 쓰는 것 또한 천연적이고 인간적인 동정심의 발로이며 따라서 무거운 것이 될 수 있다. 또 여러 가지 물건들에 대해서도 마찬가지이다. 좋아하는 물건들을 많이 소유하고 있으면 거기에 시간을 소모하게 되므로 그것 역시 무거운 것들이 된다. 히브리서 기자는 무거운 것과 얽매이기 쉬운 죄를 벗어버리라고 말한다. 달리는 것을 방해하고 저지하는 것은 다 무거운 것들이다. 달리려는 사람은 자신의 주위에 무거운 것이 없나 살펴야 한다. 그리고 주님의 은혜로 그 모든 것들을 벗어버려야 한다.

성경에서는 그리스도인이 일단 예수를 믿었으면 상을 얻기 위하여 경주장에 임한 것이라고 말한다. 경주장에 임하여 일단 트랙에 들어섰으면 잘 달려서 상을 얻어야 한다. 고린도 전서 9장 24절, "운동장에서 달음질하는 자들이 다 달아날지라도 오직 상 얻는 자는 하나인줄을 너희가 알지 못하느냐", 갈라디아서 5장 7절, "너희가 달음질을 잘하더니 누가 너희를 꾀더냐", 빌립보서 3장 14절, "푯대를 향하여 그리스도 예수 안에서 하나님이 위에서 부르신 부름의 상을 위하여 좇아가노라", 디모데 후서 4장 7절, "내가 선한 싸움을 싸우고 나의 달려갈 길을 마치고 믿음을 지켰으니 이제 후로는 나를 위하여 의의 면류관이 예비되어 있으므로". 그리스도인이면서 경주하고 있다는 것을 모르는 사람들은 기름을 예비해야 할 귀한 세월을 낭비하는 어리석은 처녀와 같다.

얽매이기 쉬운 죄를 벗어버림

무거운 것만이 아니라 얽매이기 쉬운 죄들이 있다. 이는 우리로 쉽게 죄에 빠지게 하는 것들을 말한다. 우리의 습관과 취미 중에서 자칫 죄에 빠지기 쉬운 것들이 얽매이기 쉬운 죄이다. 오늘날 많은 신실한 신자들까지도 컴퓨터나 잡지들이나 각종 영상매체들과 TV로 인해 피해를 당한다. 이런 것들은 전진하는 발걸음을 뒤처지게 하는 방해물이다. 또 젊은 사람들에게 있어서 얽매이기 쉬운 것들이 특히 이성과 관련된 유혹이기에 그것들을 또한 벗어야 한다. 그래야 잘 달릴 수 있다. 그런데 그런 유혹을 벗어버리기는커녕 찾아다니는 사람도 있는데, 그들은 참으로 어리석은 짐승과 같다고 할 수 있다. 잘못 붙잡히면 일생이 끝나게 된다. 금전도 마찬가지로 무겁고 얽매이기 쉬운 것이 될 수 있다. 금전 왕래를 잘못하면 죄와 불의가 있게 된다. 불필요한 사람과의 관계도 그러하다. 이러한 일들을 벗어버려야 깨끗하게 갈 수 있다. 인터넷이나 게임 중독도 그렇고 이 세상에 소위 취미 생활이라고 하는 많은 것이 경주자에게 달리는데 방해가 되는 얽매이기 쉬운 올무가 될 수 있다.

인내로써 경주함

"인내로써 우리 앞에 당한 경주를 경주하며". 우리의 발걸음은 경주하는 것이다. '경주한다'는 말은 걸어가는 것이 아니라 달려가는(run) 것을 말한다. 여기서 우리의 경주는 복종의 경주이다(매튜 헨리). 나는 이 복종의 경주라는 말이 참으로 체험 있는 말이라고 생각한다. 결국 어떻게 하다가 이 경주에서 탈락하는가? 그것은 복종치 않는 경우이다. 이 경주는 또한 섬김의 경주요, 고난의 경주이다. 우리에게 인내가 필요함은 이 경주에는 우리 앞에 놓여진 시련과 장애물이 있기 때문이다. 우리는 우리 앞에 놓여진 장애물들을 극복하려는 의지가 있어야 한다. 달리다가 돌아서거나 물러서고자 하는 유혹을 떨치려는 의지도 필요한 것이다. 그러므로 믿음이 필요하고 인내가 필요하다. 이것은 경주이므로 잘 달린 자들에게 상이 주어진다. 나는 여러분들에게 그리스도인의 노정을 '달리고' 있는지 아니면 '걷고' 있는지 묻고 싶다. 길을 걸을 때 옆을 쳐다보며 쉬어 가면서 걷는 사람이 있다. 한참 다른 것에 주의를 기울이다가 문득 시간이 너무 지체된 것 같으면 다시 걷기 시작하는 그런 사람은 달리는 사람이 아니다. 이 구절에서 경주하는 사람은 혹 넘어졌다 하더라도 즉시 일어나 계속해서 달리는 사람이다.

히브리서에서 우리가 깊은 인상을 받아야 할 한 가지는, 그리스도인이 주님을 믿고 그리스도의 도의 초보에 머물러 있는 것에 대한 위험이다. 그리스도인이 도의 초보에 머물고 나아가지 않으면 그 자리에 그냥 있는 것이 아니고 불가불 뒤로 물러가고 죄에 빠지게 되는 것이며 침륜에 빠진다는 것이다. 그러므로 히브리서는 처음에 시작한 것을 굳게 잡고 온전함으로 나아가야 한다는 교훈을 말하고 있다. 그러려면 오래 참음과 믿음과 인내가 필요하며 담대함이 필요한 것이다. 그래야 상을 받는다. 히브리서에는 고린도 전서 9장의 사상과 같이 그리스도인이 달리는 경주임을 분명히 말하며 낙오되지 않도록 경고하며 격려한다.

그리스도인으로서 상을 받는 문제를 결코 소홀히 하지 말라! 정상적인 믿음은 하나님이 계신 것만이 아니라 그분이 상 주시는 분이심을 믿는 것이다. 그럼으로 히브리서 기자는 우리로 앞에 놓인 경주에서 승리하여 상을 받는 그리스도인들이 되도록 많은 신약의 교훈들을 말해준 다음, 그 믿음의 본에 따라 걸어간 선진들의 본을 보여주고, 그리고 나서 구름 같이 허다한 증인들을 바라보며 잘 달릴 것을 격려하는 것이다. 그리스도인의 노정에서 승리와 상은 분명히 있다. 이것을 소홀히 하여 놓친다면 그는 어리석은 사람이다. 다음 구절들에서 나오지만 그런 자는 에서같이 망령된 자이다. 히브리서 12장은 길을 가다가 겪게 되는 어려운 상황 때문에 낙심하거나 좌절하지 않고, 그 시련을 통해서 오히려 영적인 유익을 얻으며, 자기보다 연약한 다른 사람들에게 힘이 되어 줄 수 있는 기회를 삼으라고 격려하고 있다.

오늘 날 기독교 안에 믿고 영생 얻는 것에 대한 가르침은 강하게 가르쳐지고 있지만 믿는 자들이 달려야 할 경주에 대하여는 소홀히 가르치고 있음을 본다. 히브리서는 연약하여 뒤로 물러가려는 히브리 그리스도인들에게 달려가서 왕관을 얻으라는 격려로 가득하다. 사람이 구원받으면 하나님은 그를 경주의 노정 안에 두시어 달리게 하신다. 이 경주의 결과로 왕관(면류관)을 얻든지 못얻든지 한다(고전 9:24-25). 면류관은 왕이 되어 왕노릇하기에 왕관이다. 이는 다 내세를 말하는 것이며 천년왕국을 말하는 것이다. 이 시대에 달음질을 잘한 자들은 그 날에 영광을 얻고 왕이 되며 권세를 얻어 왕노릇하게 된다. 성도들은 구원을 받자 마자 왕국의 소망을 바라보고 달음질을 잘 해야 한다. 왕국을 위하여 달리려면 허다한 증인들의 증거를 참고해야 하고 많은 피해야 할 것들을 피해야 하며(히 6:18), 무거운 것들이나 얽매이기 쉬운 죄를 벗어버려야 한다. 달리는데 거추장스러운 것이나 뒷발을 잡는 것들을 처리하고 떨쳐버려야 한다. 그리고 오직 예수만을 바라보아야 한다.

믿음의 창시자요 온전케 하시는 예수를 바라봄

2a절, 믿음의 주요 또 온전케 하시는 이인 예수를 바라보자

예수 그리스도는 믿음의 주이시다. 여기의 '주(author)'라는 말은 2장에서 '고난의 주'라고 할 때 쓴 단어와 동일하며 '창시자'를 뜻한다. 즉 예수 그리스도가 믿음을 창시하신 분임을 말한다. 우리 안에서 믿음을 시작하신 분은 주님이시며 그분이 우리를 이끄신다. 그분이 우리 안에서 믿음을 시작하셨으므로 그분이 마치실 것이다. 그러므로 우리는 오직 예수만을 바라보아야 한다. 11장의 많은 믿음의 증인들은 다만 선진들이요 본(本)에 지나지 않으나, 예수 그리스도는 우리의 믿음에 있어서 주(主)이시며 온전케 하시는 분이다. 우리가 주 예수를 우리의 믿음의 대상으로 알고 따라갈 때만이 우리는 앞서 달린 선진들의 발자취를 알 수 있게 된다. 그들 자신을 따르려고 하는 사람들은 실패하지만 주님을 따라 성실하게 전진하는 사람들은 결국 그 발자취가 그들과 같아지는 것이다. 11장의 많은 선진들이 도움이 되지만 예수 그리스도는 매우 직접적이고 주관적으로 우리의 본이 되는 분이므로 "예수를 바라보라" 고 말한다.

이것이 하나의 비밀이다. 이 땅에서 대단하게 쓰임을 받았던 분들의 후예들이 앞서간 그들과 같지 않은 예를 많이 발견하는데, 그것은 많은 경우 그들이 앞선 훌륭한 분들 자신을 따라가려고 했기 때문이다. 역시 본은 본이고 선진은 선진일 뿐이며, 우리의 신앙의 대상은 오직 주 예수님이시다. 그분이 우리를 온전케 하는 분이시다. 그러므로 어떤 인물이나 어떤 단체를 바라보지 말고 오직 주 예수 그리스도만을 바라보아야 한다. 우리가 성실히 주님을 따라감으로 온전케 된다면 언젠가 우리의 영과 발걸음이 선진들의 그것과 같다는 것을 발견하게 될 것이다. 구약의 성도들은 우리의 믿음의 본이지만 그들이 곧 우리의 믿음의 주는 아니다. 오직 주님만이 우리의 믿음의 길을 여시고 이끄시는 주이시다. 우리는 주 예수의 재생산이 되어야지 선진들의 재생산을 목표로 전진하지 말아야 한다. 주님은 그분 자신의 재생산을 원하시고 그분의 많은 형제들을 원하시지 어떤 영적인 종의 재생산을 원하시는 것이 아니다.

주 예수님도 앞에 있는 즐거움을 인하여 십자가를 참으셨다. 오늘 우리가 십자가의 길을 잘 가야 하는 이유가 여기에 있다. 그분은 이 땅에서 우리를 위한 믿음의 주이셨고, 부활 승천하셔서 지금은 우리의 믿음을 온전케 하는 분이 되셨다. 예수를 바라보는 것이 우리의 믿음이 온전케 되는 비결이다. 그리스도인의 신앙의 가장 중요한 비결은 그리스도와의 개인적인 관계성에 달려 있다. 그분 자신만이 나의 인생에 가장 중요한 분이 되게 해야 한다. 어떤 놀라운 사람이 아니라 늘 우리의 구주시며 대제사장이신 주 예수를 생각하고 그분을 기쁘시게 하는 마음을 갖고 살아야 하며, 매일매일 필사적으로 경주하는 사람처럼 살아야 한다.

잘 달리려면 묵상하고 기도하는 그리스도인이 되어야 한다. '경주하라'는 말씀은 동적인 데 비하여 '바라보라'(2절), '생각하라'(3절)는 정적인 말씀이며 묵상과 기도와 관계있다. 달리는 사람이 정적인 기도와 묵상 등을 잘하는 것이 비결이라고 말할 때 맞지 않는 것 같지만 이것은 사실이다. 밖의 활동에 치중한 나머지 주님과의 연합과 기도, 성경 묵상 등에 소홀히 한다면 그는 잘 달리지 못한다.

2b절, 저는 그 앞에 있는 즐거움을 위하여 십자가를 참으사 부끄러움을 개의치 아니하시더니 하나님 보좌 우편에 앉으셨느니라

1절에서는 많은 증인들을 말하고, 2절에서는 믿음의 주를 말한다. 증인들은 우리를 격려하는 경기장의 많은 관중들과 같다. 2절의 믿음의 주는 실상 선수 자신이시다. 우리를 선수라고 생각하지 말라. 믿음의 경주를 달리려면 선수가 있어야 하는데 그 믿음의 선수가 바로 예수 그리스도이시다. 그래서 우리가 그를 바라보고 의지하는 것이다. 예수님이 경주자이시다! 그러므로 우리가 생활 가운데서 그리스도께서 시작하시게 하고 그리스도께서 역사하시게 하며 그리스도께서 마치시게 한다면 우리는 경주를 잘 하는 사람이 될 것이다. 1절에는 응원 부대와 같은 수많은 증인들이 있으며, 2절에는 뛰어난 선수가 있다. 이 세상의 가장 뛰어난 선수보다 더 뛰어난 선수가 여기 계시며, 가장 뛰어난 응원 군단이 여기 있다. 가장 잘 경주하시는 분이 온전케 하시는 분인 예수시다. 우리의 책임은 다만 주 예수님을 바라보고 의지하며 따르는 것이다. 그분이 시작하셨으므로 그분은 이 경주의 인도자이시요 개척자이시며 선주자이시다. 예수 그리스도는 지금 우리 안에 거하신다. 그러므로 우리가 바라보아야 할 분은 예수 그리스도이시다. 그분으로 싸우시게 하고 그분으로 달리시게 하라! 나는 이것이 '바라보라'는 말씀이 의미하는 바라고 믿는다.

매일 아침 나는 이렇게 기도한다. "하나님, 오늘 당신이 내 안에서 사시고 행하시고 역사하시옵소서. 내가 아니라 당신이십니다." 이런 식으로 항상 주님을 바라보며 회개하는 삶을 살아야 한다. 그럴 때 경주를 잘 할 수 있다. 주님은 이 땅에 계실 때 먼저 달리셨고 오늘 우리 안에 들어오셔서 우리로 하여금 계속 달리도록 역사하신다. 그분은 우리 앞서 달리심으로 우리의 경주의 본이 되셨는데, 그분이 달리신 길은 십자가와 고난의 길이다. 그러나 그 앞에 즐거움이 있기 때문에 그분은 십자가의 부끄러움을 개의치 않으셨다. 우리는 그리스도의 동반자로서 그분과 함께 영광을 받기 위해서는 고난도 함께 받는 것이 마땅하다. 예수 그리스도를 목표로 그분과 함께 달리는 자가 진정 승리하게 될 것이다.

자기를 거역한 일을 참으신 자를 생각함으로

3절, 너희가 피곤하여 낙심치 않기 위하여 죄인들의 이같이 자기에게 거역한 일을 참으신 자를 생각하라

달리다 보면 피곤할 때가 있고 낙심할 때도 있다. 믿음이 굳건한 사람들도 때로 피곤해지고 낙심하게 되는 경우가 있다. 시련이 오랜 시간 지속되어 힘들다보면 그러하다. 지나치게 피곤하여 낙심하다 보면 경주를 끝까지 잘 하지 못한다. 그때 우리는 주님을 생각해야 한다. "죄인들의 이같이 자기를 거역한 일을 참으신 자를 생각하라". 이것은 정말 우리에게 격려가 되는 말씀이다. 믿음의 길을 가는 사람들, 진리의 길을 가는 사람들은 언제나 핍박과 사람들의 거역을 마주하게 된다. 많은 사람들이 다 한 가지로 몰려들어 핍박하고 거스르면 낙심하여 결국 경주를 멈출 수도 있다. 그러므로 사도는 그런 처지의 그리스도인들이 피곤하여 낙심치 않도록, 죄인들의 거역을 참으신 예수를 생각하라고 말한다. 이것이 당시 히브리 그리스도인들의 상황이었다. 많은 이들이 어렵다보니 길을 바꾸게 되는 유혹을 받은 것이다.

우리의 작은 체험으로도 경주하는 사람들에게 가장 견디기 어려운 것이 거역하는 자들을 참는 일이다. 이러한 말씀이 없었다면 예수님은 하나님의 아들이시므로 거역적인 사람들을 어렵지 않게 대하셨을 것이라고 생각할 수도 있다. 그러나 주 예수님 또한 '참으셨다'. 사람들은 자신은 달리지 않으면서 달리는 사람들을 공격하고 무너뜨리려 하고 달리지 못하게 하려고 최선을 다한다. 그래서 거역이 있는 것이다. 그러나 주 예수님은 죄인들의 그러한 거역을 참으시되 십자가에 가기까지 참으셨다. 주님이 십자가를 앞에 두고 제자들에게 "이것까지 참으라"(눅 22:51)고 하신 것은 그분이 인내하셨다는 것을 시사한다. 그러한 분이 오늘 우리의 믿음의 주이시며, 지금 우리 안에서 역사하시어 끝까지 경주를 마칠 분이시다.

믿음의 길에서 처음에는 잘 시작했는데 중도에 포기하거나 길을 바꾸거나 변질되는 경우는 의외로 많다. 이는 고린도 전서 9장 후반부에서 많이 강조하고 있으며 이어서 10장 전반부에서는 이스라엘 백성이 처음에는 모세와 출발을 잘했지만 광야에서 다 쓰러져 죽었다고 말한다. 이 일은 반드시 우리에게 경고가 되어야 한다. 히브리서의 중점은 믿음의 경주를 끝까지 잘해야 한다는 것이다.

죄와 싸우되 피 흘리기까지 대항함

4절, 너희가 죄와 싸우되 아직 피 흘리기까지는 대항치 아니하고

여기의 죄는 히브리 믿는이들이 유대교로 돌아가는 것을 의미한다. 이 죄는 배도하는 죄이다. 성경은 이렇게 뒤로 되돌아가는 것을 단순한 후퇴나 변질이 아니라 죄라고 말한다. 우리는 특별히 히브리서에서 배도하는 죄(the sin of apostacy)가 얼마나 심각한 것인지를 보게 된다. 주님이 우리에게 계시해주신 길과 믿음을 저버리는 행위가 배도의 죄인데, 히브리 믿는이들은 초기에 그러한 죄와 싸웠다. 싸운다는 말 자체가 쉽지 않은 길을 걸어가고 있다는 것을 나타낸다. 따라서 우리는 믿음의 도를 지킨다는 것이 쉬운 일이 아님을 알아야 한다. 이 말씀은 믿음을 지키기 위해 피 흘리고 죽임을 당할 수도 있음을 암시한다. 이 믿음의 길을 가다 보면 피를 흘릴 수도 있으며, 또 다른 면에서 죄와 싸워서 이길 때 믿음이 자란다. 승리는 바로 이런 데서 오는 것이다.

나는 해외 선교지를 다니면서 기묘하게도 오늘 이 시대에도 히브리서를 쓸 당시와 똑같은 죄가 존재하는 것을 본다. 바른 길을 가다가 조금만 벗어나면 편해질 수 있다. 그러한 길이 바로 배도의 길이다. 이 길을 끝까지 가려면 쉽지 않은 노정을 걸어야 한다. 오늘 날도 길을 가다가 부담스럽고 힘들다 싶으면 길을 바꾸려는 유혹을 받게 된다. 물론 핑계는 다른 것으로 돌리지만 실상 길을 바꾸는 것은 편한 신앙생활을 위해서이다. 이 땅에는 편안하게 부담없이 신앙생활을 할 수 있게 많은 단체들이 우릿간을 만들고 멋진 깃발을 내걸고 어려워하는 사람들을 부르고 있다.

그런데 우리가 본 것은 오히려 교회들은 이러한 시험을 통하여 건축된다는 사실이다. 결국 그러한 시험은 도리어 교회가 굳게 되고 성도들이 자라며 세워지는 것을 돕는 역할을 했다. 우리는 이러한 기묘한 역사를 인하여 하나님께 감사드리곤 했다. 우리는 아직 피 흘리기까지 죄와 싸우거나 대항하지는 않았다. 그러나 주 예수님은 이 경주에서 앞서 달리시다가 십자가에서 피를 흘리셨고 하나님 보좌 우편에 앉으셨다. 이런 말씀을 대할 때 그리스도인이 이러한 길을 가는 것은 당연하다고 느껴진다. 1-3절에서 바라보라는 말과 생각하라는 말은 다 명령형으로 쓰였다. '바라보라', '생각하라'이다. 이는 우리가 이 경주를 잘 하기 위해서는 주 예수님을 바라보고 생각해야 한다는 뜻이다. 우리는 그분이 겪으신 고난과 거역과 어려움이 어떠했는지를 잘 생각해보아야 한다. "아직 피 흘리기까지는 대항치 아니하고"란 표현은 그리스도는 피 흘리기까지 대항하셨다는 말이다.

매일 십자가를 지고 따라야 진정 따르는 것이며, 모든 소유를 다 버리지 않으면 그리스도의 제자가 될 수 없다(눅 14:33). 아무렇게 다녀도 교회만 다니면 된다는 생각은 속이는 생각이다. 교회는 다니는 것이 아니라 우리 자신이 교회의 일부가 되는 것이요, 우리 자신이 교회의 건축재료가 되는 것이다. 우리는 교회의 손님이 아니라 그 주체요, 그 부분(지체)이요, 건축재료(산돌들)가 되는 것이다. 우리는 손님처럼 내 맘에 맞는 교회를 다니는 사람으로 여겨서는 안된다. 그렇게 되면 그리스도의 몸의 건축은 가능한 일이 아니며 하나님의 성전의 기둥으로 여겨지는 일은 없게 된다. 기둥은 견고하여 움직이지 않는 것이다(빌 3:12).

아들들에게 징계하심이 있음

5-6절, 또 아들들에게 권하는 것같이 너희에게 권면하신 말씀을 잊었도다 일렀으되 내 아들아 주의 징계하심을 경히 여기지 말며 그에게 꾸지람받을 때에 낙심하지 말라 6 주께서 그 사랑하시는 자를 징계하시고 그의 받으시는 아들마다 채찍질하심이니라 하였으니

5-6절에는 주의 징계하심을 받는 두 경우가 기록되어 있다. 이 말씀은 아들들에게 권하는 말씀이다. 우리 신약의 믿는이들은 하나님이 낳으신 하나님의 아들들이다. 히브리서 기자는 하나님의 아들들에게는 주의 징계하심이 있다고 말한다. 여기서 '주의 징계하심'이란 모든 역경을 허락하신 분이 하나님이시라는 것을 가리킨다. 이것은 주님이 사랑하시는 모든 자녀들에게는 다 징계가 있다는 암시이기도 하다. 그러므로 우리는 징계를 받지 않으려 해서는 안 되고, 징계가 올 때 왜 이런 것이 나에게 오느냐고 생각해서도 안 된다. 주님은 사랑하시는 자를 징계하시기 때문이다. 어쩌면 히브리 성도들은 혼란스럽기도 했을 것이다. 주님을 잘 믿어보려고 길을 나섰는데 어려움이 닥치고, 또 과거에는 주님을 잘 모르다가 이제 진리를 깨닫고 올바른 길에 들어섰는데 핍박과 어려움이 임하기 때문이다. 그럴

때 어떤 사람들은 자신이 택한 길이 잘못된 것이 아닌가 하고 혼란스러워 한다. 그리고 다시 돌아가려는 유혹도 받게 된다. 전에 있던 곳(유대교)에서 나왔기에 이런 징계가 임한 것이 아닌가 하고 오해도 한다.

그러나 사도는 징계를 받는 것은 곧 사랑받고 있는 아들임을 증명하는 것이라고 말한다. 징계는 아무나 받는 것이 아니고 징계받는다는 것은 사랑을 받고 있다는 표시인데, 이는 그것이 유익하기 때문이다. 사람이 볼 때는 박해라고 느껴지는 고난도 실상은 하나님께서 우리 사람을 사랑하셔서 내리시는 징계요 채찍인 것이다. 그렇다면 당시 히브리 신자들이 받는 핍박과 고난도 역시 징계의 일환이었음을 알 수 있다. 그렇게 이해할 때 그들은 그 모든 환경을 잘 받아 유익을 얻을 수 있었다.

실상 4절의 죄와 싸우는 것과 5절의 징계를 받는 것은 관련이 있다. 우리는 우리 자신이나 다른 사람의 죄와 육체를 처리하기 위해 징계가 필요하다는 사실을 알아야 한다. 징계는 결국 우리에게 있어서는 안 될 것을 처리해 준다. 그것이 순순히 떨어져 나가지 않으므로 싸움이 있게 되고 징계가 임하는 것이다. 많은 경우 죄악된 습관이나 고질적인 기질들은 징계의 형태의 고난을 통해서 제해진다. 질병도 마찬가지이고 경제적인 파탄도 그러하다. 자식들의 방탕과 불순종도 그러하다. 많은 환경의 어려움들과 고난은 징계의 형태로 우리에게 임하는데 그것은 매우 유익하다.

주님은 징계하실 때 싫어하시는 것이 두 가지 있는데, 하나는 징계를 받는 사람이 그 징계를 경히 여기는 것이다. 이런 사람은 주님이 분명히 징계를 하시는데도 그 징계의 매를 별 것 아닌 것처럼 매우 경히 여긴다. 이런 예는 많이 볼 수 있다. 그래서 주님의 징계를 통해 유익을 얻는 사람도 있지만 전혀 유익을 얻지 못하는 사람도 있는 것이다. 사실 유익을 얻는 경우보다는 유익을 얻지 못하는 경우를 더 많이 보게 된다. 특히 우월주의의 교만한 종파에 속한 사람들은 징계가 임할 때 그것을 징계로 받아들이지 않는 경우가 많다. 왜냐하면 자신들은 잘못되지 않았다는 맹목적 확신을 갖고 있기 때문이다. 그러한 사람들은 무엇이든지 자신들이 하는 일은 바르고 옳고 정당하다고 생각하기 때문에 그들에게 임하는 고난도 다 미화시켜 버린다. 따라서 주님 앞에 엎드려 회개하거나 배우려는 태도가 전혀 보이지 않는 것이다. 이는 매우 애석한 일이다. 그러니 하나님은 그들에게 더 많은 징계를 보내실 수밖에 없는 것이다.

이러한 예가 이사야 선지자 당시 유다 백성들의 상황이었다. 당시 유다는 이스라엘의 거룩한 자를 만홀히 여기고 그분에게서 멀어져 갔다. 선지자는 외쳤다. "너희가 어찌하여 매를 더 맞으려고 더욱 더욱 패역하느냐 온 머리는 병들었고 온 마음은 피곤하였으며 발바닥에서 머리까지 성한 곳이 없이 상한 것과 터진 것과 새로 맞은 흔적뿐이어늘 그것을 짜며 싸매며 기름으로 유하게 함을 받지 못하였도다 너희 땅은 황무하였고 너희 성읍들은 불에 탔고 너희 토지는 너희 목전에 이방인에게 삼키웠으며 이방인에게 파괴됨같이 황무하였고 딸 시온은 포도원의 망대같이, 원두밭의 상직막같이, 에워싸인 성읍같이 겨우 남았도다"(사 1:5-8). 당시 유다 백성들은 자주 성전에 와서 제물을 드리고 손을 펴서 기도하고 월삭과 정한 절기를 지냈지만 하나님은 그들의 제물과 기도를 돌아보지 않으시고 그 대신 징계를 내리셨다. 선지자는 그들이 외적으로는 매우 열심이고 그럴듯한 행위를 갖고 있었지만 "슬프다 범죄한 나라요 허물진 백성이요 행악의 종자요 행위가 부패한 자식이로다 그들이 여호와를 버리며 이스라엘의 거룩한 자를 만홀히 여겨 멀리하고 물러갔도다"(사 1:4)고 하였다. 그들은 징계를 받으면서도 자신들이 하나님 앞에서 잘못되었다는 생각은 조금도 하지 않았던 것이다.

많은 징계를 거쳤는데도 전혀 변한 것이 없다면 징계를 헛되이 받은 것이다. 주님이 분명히 질병으로 그를 채찍질하시는데 '이런 질병쯤은 나에게 아무 일도 아니다. 약 좀 먹으면 나을 것이다. 병원에 가서 수술하면 나을 것이다.' 하면서 경히 여기는 사람이 있다. 주님은 이러한 태도를 기뻐하지 않으신다. 우리는 징계의 채찍이 오면 그 채찍을 붙잡고 기도해야 한다. '하나님, 저에게 무엇이 잘못되었습니까? 알려 주시면 제가 회개하겠습니다. 용서하여 주십시오.'라고 한다면, 주님은 왜 이런 일이 닥쳤는지를 깨닫게 해주신다. 그러므로 징계가 임할 때에는 회개하고 진정으로 주님 앞에 무릎을 꿇어야 한다. 결코 징계를 경히 여겨서는 안 된다.

반면에 징계가 임할 때 '너무 힘들다, 왜 이런 일이 나에게 생겼는가?' 하면서 낙심하는 경우도 있다. 그들은 징계가 너무 심하여 견디기 어렵다면서 낙담하거나 의기소침해한다. 하나님께서는 이런 태도도 염려하신다. 우리는 징계하심을 경히 여기지 말며 꾸지람을 받을 때에 낙심하지 말아야 한다. 이 두 가지가 다 사람들로 경주를 잘 하지 못하게 하는 요인들이다. 히브리서 11장은 경주를 잘하도록 잘 달린 본들을 제시하고, 12장은 믿음의 주요 온전케 하시는 예수를 바라보라고 말하면서 혹 징계를 당할 때에도 물러서지 말고 잘 감당하며 달리라고 권한다. 우리는 히브리서를 읽으면서 잘 달리라고 격려하는 저자의 영을 읽지 못해서는 안 된다.

6절은 하나님께서 사랑하시는 자를 징계하시고 그의 받으시는 아들마다 채찍질하신다고 말한다. 이는 주님이 받지 않으신 자는 채찍질도 하지 않으신다는 의미도 된다. 또 주님이 징계를 주실 때는 그 시련을 극복할 수 있는 역량도 주신다. 어찌하든 우리는 주님의 손길을 믿어야 한다. 또한 아무리 훌륭한 자녀일지라도 징계가 필요하다는 것을 알아야 한다. 어려움이 하나도 없는 것을 축복의 표시라고 생각해서는 안 된다. 죄를 지었는데 아무런 징계도 없이 지나간다면 오히려 그것은 버림받은 표시가 아닌가 하고 두려워해야 한다.

"주께서 그 사랑하시는 자를 징계하시고 그의 받으시는 아들마다 채찍질하시느니라". 이 구절에서 '받으시는 아들마다 채찍질하신다'는 말씀은 매우 인상적이다. 고난과 역경을 통한 징계는 우리에게 온전케 됨을 가져다준다. 주 예수님은 하나님의 아들이시라도 받으신 고난을 통해서 온전케 되셨다고 했다. 하물며 우리 같은 자들은 어떠하겠는가? 나는 과거에 어떤 주의 종이 평안한 나날이 지속되면 뭔가 불안하였다는 말을 들었다. 그것이 반드시 축복의 표시는 아니라는 것을 느꼈기 때문이다. 이것이 하나님을 아는 자의 신앙이다. 나는 또 어떤 사람들이 많은 어려움을 겪는 사역자에 대하여 하나님의 저주가 임한 것이라고 판단하고 비평하는 말을 들은 적이 있다. 그리고 자신들의 넉넉한 재물과 번창함을 축복의 표시라고 여기는 것이다. 그러나 주님은 '그 사랑하시는 자를 징계하시고 그의 받으시는 아들마다 채찍질하신다'는 것을 알아야 한다.

참음은 징계를 받기 위함임

7절, 너희가 참음은 징계를 받기 위함이라 하나님이 아들과 같이 너희를 대우하시나니 어찌 아비가 징계하지 않는 아들이 있으리요

징계는 아버지께서 아들에게 주시는 연단의 과정이다. 또한 징계가 있다는 것은 아들이라는 표시이다. 따라서 징계에 대한 참된 복종은 자녀다운 인격을 형성하고 증거한다. 하나님은 그분의 자녀들에게 징계를 사용하셔서 그분의 거룩함에 참여케 하신다. 또한 이 구절에서 징계는 우리로 참게 하려는 것이라고 한다. 여러분이 뭔가 참고 있다면 징계 아래 있는 것이다. 사람들은 그렇게 참는 것이 어렵기 때문에 돌아서고 배도한다. 믿음의 길을 갈 때 우리에게는 반드시 인내와 참는 것이 있게 된다. 여러분이 참아야 할 일이 있다면 여러분에게 하나님의 징계가 임했다는 것을 알면 된다. 여러분은 어떠한가? 참아야 할 일이 있는가, 없는가? 이것은 아주 비밀스럽다. 참는 사람에게는 바로 그 참음이 하나님의 사랑이요 징계이다. 성경은 참으면 왕 노릇 한다고 말한다(딤후 2:12a). 그리스도인이 주를 위해 오래 참고 견딜 때 상이 있는 것이다. 징계를 가볍게 여기거나 혹은 징계를 받을 때 낙심하고 뒤로 물러가는 것은 자녀의 올바른 태도가 아니다. 우리는 징계를 받을 때 경외하고 복종하는 마음으로 온전히 받아들여야 한다. 9절은 징계받는 자녀의 합당한 태도를 말해준다. 하나님께서 사랑하심으로 고난과 징계를 주셨을 때 우리는 공경함과 복종함으로 우리에게 주시고자 하는 유익을 온전히 얻어야 할 것이다.

7b-8절, 하나님이 아들과 같이 너희를 대우하시나니 어찌 아비가 징계하지 않는 아들이 있으리요 8 징계는 다 받는 것이거늘 너희에게 없으면 사생자요 참 아들이 아니니라

하나님께서는 아들과 같이 우리를 대우하셔서 징계하시는 것이다. 그러므로 징계를 받을 때 우리는 하나님께서 우리를 아들로 대우하신다는 것을 알고 감사해야 한다. 왜냐하면 징계가 없는 자는 사생자요 참 아들이 아니기 때문이다. 히브리 그리스도인들은 예수를 믿고 당하는 많은 어려움과 손실들에 대하여 그것이 저주가 아니라 아버지의 사랑의 징계임을 알아야 했다.

전에 어떤 앞선 성도의 이야기를 읽은 적이 있는데, 그는 자신이 어느 곳에서 잘못을 범했고 그때 심한 병에 걸렸다고 하면서 그것이 주님의 심판이었다는 알았다고 했다. 징계가 없는 사람은 사생자요 참 아들이 아니라는 것을 기억하라. 그러나 징계가 있는 사람은 참 아들 대우를 받고 있는 것이다. 때로는 징계가 지속되어 오래 참아야 할 때도 있지만 우리가 이런 징계 아래서 유익을 얻을 수 있다면 참으로 아름답고 좋을 것이다. 오늘도 우리는 이곳저곳에서 하나님의 징계가 임하는 것을 볼 때가 있다. 물론 우리는 함부로 어떤 일이 어떤 형제나 자매에게 징계로 임하였다고 말할 수는 없을지라도 깊은 속에서 그것을 느낄 때가 있다. 히브리서의 말씀대로 우리는 살아계신 하나님의 손에 떨어지는 것을 두려워해야 한다. 그분은 강한 자요 두려운 분이시다.

하나님 아버지의 거룩하심에 참여하도록 징계하심

9절, 또 우리 육체의 아버지가 우리를 징계하여도 공경하였거든 하물며 모든 영의 아버지께 더욱 복종하여 살려 하지 않겠느냐

이 구절은 징계를 받는 합당한 태도를 말해준다. 하나님의 아들이 이 땅에 오셔서 하나님 아버지의 뜻에 온전히 복종하시고 고난받으시면서 여전히 아버지를 공경하신 본은 우리가 아들로서 배워야 할 본이다. 즉 예수 그리스도께서 아버지의 뜻에 따라 고난의 인생을 사시면서 여전히 아버지를 공경하신 것이 우리의 본이 되어야 한다는 것이다. 오늘 우리가 예수님과 같은 마음과 태도를 가져야만 하나님을 기쁘시게 할 수 있다. 성도들은 고난을 받을 때 여전히 아버지를 공경하며 복종하신 아들의 본을 배우기 바란다. 그래야 징계를 보내신 아버지의 뜻을 이루게 된다. 조금만 힘든 환경이 오면 낙심하고 원망하고 뒤로 물러가는 것은 경주를 잘하는 태도가 아니다.

또한 이 구절은 우리가 징계를 잘 받아야 하는 두 번째 이유를 말해준다. 첫 번째 이유는 사랑하는 아들로 대우하여 징계하시는 것이기 때문이고, 두 번째 이유는 영의 아버지께 더욱 복종해야 하기 때문이다. 육신의 아버지는 혹 자기의 분노나 자기의 뜻대로 징계할 수 있어도, 모든 영의 아버지께서는 실수가 없으시며 오직 우리의 유익을 위하여 진리를 본위로 하여 징계하신다. 따라서 징계하시는 우리 영의 아버지께 더욱 공경함으로 복종해야 하는 것이다. '모든 영의 아버지'란 그분이 우리의 육신을 창조하지 않으셨다는 말이 아니라, 하나님께서 우리와 관계하시고 교통하시는 기관이 영이기 때문에 그렇게 말한 것이다. 여기서 육의 아버지와 영의 아버지를 구분한 것은 매우 의미가 있다. 우리가 육신적으로 부모님과 관계가 있듯이 영적으로는 하나님과 관계가 있다. 하나님은 성도의 영을 거듭나게 하여 현세와 내세에 영원한 아버지가 되셨다.

10a절, 저희는 잠시 자기의 뜻대로 우리를 징계하였거니와

육신의 부모는 자신의 뜻에 따라 자녀를 징계하는데, 물론 자녀의 유익을 위해서 징계하기도 하지만 때로는 자신의 감정을 다스리지 못하여 징계하기도 한다. 육신의 부모는 이러한 약점을 지니고 있다. 그러므로 부모가 자녀들을 징계하려 할 때에는 세심한 주의가 필요하다. 또 자녀들은 육신의 부모가 징계할 때 공경함으로 받는 것이 유익하다. 불순종과 거역은 자녀들에게 복이 되지 못한다. 그렇다 하더라도 여기에 '잠시'라는 표현이 있다. 육신의 부모의 견책과 징계는 어디까지나 잠시이다. 부모와 함께하는 시간은 금세 지나가기 때문이다. 그러므로 자녀들은 부모님과 함께 있는 시간 동안 그 가르침과 징계를 귀히 여길 수 있기 바란다. 시편 30편 5절에서 "그 노여움은 잠깐이요 그 은총은 평생이로다 저녁에는 울음이 기숙할지라도 아침에는 기쁨이 오리로다"라고 하였다. 육신의 부모의 노여움도 결국은 우리에게 축복과 유익을 준다. 부모님의 노여움은 잠깐이지만 그 은총은 평생에 미칠 수 있다. 저녁에는 부모님의 책망으로 인하여 눈물을 흘리며 슬퍼할지라도 아침에는 그로 인한 유익으로 인하여 기뻐할 수 있다. 어떤 부모든지 자녀에 대한 노여움을 장기간 품고 있는 경우는 극히 드물다. 자녀들은 반드시 이것을 알아야 한다. "저희는 '잠시' 자기의 뜻대로 우리를 징계하였거니와".

미국의 초대 대통령 워싱톤이 독립전쟁에 승리한 후에 모든 장교들과 함께 연회석에 모였을 때에 한 유명한 프랑스 장교가 워싱톤의 모친에게 "어떻게 이런 아들을 길렀습니까?"라고 물었다. 그때 그의 모친이 "나는 그에게 복종을 가르쳤습니다(I taught him to obey)."라고 대답했다고 한다. 부모의 권위를 알고 복종한 것이 옳은 일이었기에 그것으로 말미암아 전쟁의 위대한 승리를 할 수 있었다는 것이다. 하물며 하나님의 명령을 순종하는 자는 더욱더 큰 축복을 받지 않겠는가!

10b절, 오직 하나님은 우리의 유익을 위하여 그의 거룩하심에 참예케 하시느니라

하나님께서 징계하시는 이유는 우리로 그분의 거룩하심에 참예케 하려는 것이다. '거룩'의 원뜻은 분리(separation)이다. 이는 하나님 아닌 것으로부터 하나님께로 분별되는 것을 말한다. 또한 거룩은 하나님의 성질이다. 그분의 본성이 거룩이시다. 징계는 불을 동반하여 우리를 태우는데, 특히 우리의 거룩하지 않은 부분들을 제한다. 징계를 거칠 때 태워져야 할 부분들이 태워진다. 우리가 주님을 섬긴다고 하나 우리의 섬김의 성분 속에는 불순한 것과 거친 것들과 자신의 욕심에 속한 것들이 섞여 있다. 이런 것들이 주를 위한 사역이나 일이나 언행 속에 섞여져 주님의 일의 거룩성을 훼손시킨다. 또한 그런 것들은 다른 사람들에게도 상처와 어려움을 준다. 우리의 그러한 불순한 자아는 징계의 불로 태워져야 한다. 우리는 이러한 징계를 받을 때 심판하시는 하나님과 동역해야 하며, 그렇게 할 때 우리에게 있는 자아의 성분이 떨어져 나간다. 누가 나에게 영적 노정에서 어떤 일로 가장 큰 유익을 얻었느냐고 묻는다면 그것은 징계라고 서슴없이 말할 수 있다. 나의 하나님은 나를 성실하게 대하시며 때때로 끊지 못하는 육체의 실행들을 징계를 통해 처리해주셨음을 감사하고 찬양한다.

거룩한 분은 오직 하나님 한 분이시다. 히브리서의 목표는 믿는이들을 지성소로 이끄는 것이며, 지성소는 하나님이 계신 곳이다. 하나님 외의 것으로부터 하나님 자신에게로 우리를 분별하는 것이 히브리서의 의도이다. 그리고 우리를 하나님께서 임재하신 지성소 안으로 인도하는 가장 필수적인 방법 중 하나가 징계라는 것이다. 징계를 통과할 때 우리는 그리스도 외의 많은 것들을 벗어버리고 그리스도 자신에게로 돌아가 그분의 거룩하심에 참예케 된다.

징계를 통해서 산출된 열매—의와 평강

11절, 무릇 징계가 당시에는 즐거워 보이지 않고 슬퍼 보이나 후에 그로 말미암아 연달한 자에게는 의의 평강한 열매를 맺나니

육신에 질병이 있고 가정에 이런저런 어려움이 있을 때에 당시에는 즐겁게 느껴지지 않는다. "무릇 징계가 당시에는 즐거워 보이지 않고 슬퍼 보이나 후에 그로 말미암아 연달한 자에게는 의의 평강한 열매를 맺나니". 거룩이 있고 다음에 의가 있고 그 다음에 평강이 있다. 거룩이란 하나님께로 분별되는 것이고 하나님의 본성에 참여하는 것이다. 징계를 통과할 때 우리는 하나님 아닌 것들에서 더욱 하나님께로 분별된다. 의의 반대는 불의이다. 우리에게 뭔가 거룩하지 않은 어떤 것들이 있을 때 거룩케 하려고 징계가 임한다.

또한 우리에게 불의한 것들이 있을 때에도 징계가 있다. 우리는 때로 불의한 일 가운데 있지만 보지 못하고 깨닫지 못할 때가 있다. 우리의 욕심에 눈이 가려져 영이 혼탁하기 때문이다. 뭔가 이뤄내려는 마음이 가득한 것도 눈을 멀게 하는 요인이 된다. 그렇게 되면 불의가 그 가운데 있어도 보지 못한다. 그때 하나님께서 징계를 보내시면 우리는 즉시 우리의 불의를 보게 된다. 그러므로 징계를 통해 우리는 의의 열매를 맺게 되며 따라서 평강이 있게 된다. 이처럼 징계가 우리에게 가져다주는 유익은 너무나 크다.

그러므로 하늘에 속한 동반자들에게 아주 필수적이고 유익한 것이 있는데, 그것은 바로 히브리서 10장 후반부부터 있는, 믿음의 길에 수반되는 많은 환난과 핍박과 어려움이다. 그것이 12장에서는 징계로 표현되며 다 우리의 유익을 위한 것이라고 했다. 징계는 우리를 아들로 대우하시는 영의 아버지께서 자녀들의 유익을 위해서 주시는 매우 귀한 것이다. 그것은 결국 우리로 하여금 거룩함에 참여케 하고 의와 평강을 얻게 한다. 징계를 통해서 평강이 온다는 것은 매우 체험적이고 비밀스럽다. 징계는 우리 육체 속에 존재하는 불의를 제하고 의를 가져다주며, 의가 있을 때 비로소 진정한 평강이 있다. 우리 영에 기쁨이 있고 하나님과 화목된 상태가 평강이다. 우리는 흔히 고난과 징계가 우리에게 낙망과 좌절과 불안만을 가져다 줄 것으로 생각하지만, 이 말씀에 의하면 성도들은 징계를 거쳐서 더 의롭고 평화로운 사람이 된다. 그러기에 이것은 매우 비밀스럽다.

12-13절, 그러므로 피곤한 손과 연약한 무릎을 일으켜 세우고 13 너희 발을 위하여 곧은 길을 만들어 저는 다리로 하여금 어그러지지 않고 고침을 받게 하라

피곤한 손과 연약한 무릎, 저는 다리 등은 당시의 낙오자나 배교자들로 인해 성도들의 보행이 흐트러져 절룩거리며 흐느적거리는 모습을 잘 표현하고 있다. 길을 잘 가는 사람들이나 이기는 자들은 피곤하다느니 힘들다느니 하면서 넋두리를 하지 않는다. 낙심을 잘 하는 사람들, 툭하면 뒤로 물러서는 사람들, 조금 일하고 피곤해하는 사람들은 이 경주를 잘 할 수 없는 유형의 사람들이다. 그러나 하나님은 징계들을 통해서 그러한 자의 약한 무릎을 일으켜 세워주시고 곧은길을 만들어 주신다. 곧은길을 만들어주시는 것은 그 자신을 위해서나 다른 성도들을 위해서나 다 유익하다. 힘든 길, 외로운 길, 괴로운 길을 믿음으로 잘 걸어갔을 때 다른 사람들도 그 길을 따라 곧게 갈 수 있다.

나는 이탈리아의 안토니오라는 목사가 간증하는 것을 들었는데, 그의 간증이 많은 성도들에게 곧은 길을 만들어 주었다고 믿는다. 암이 허파에까지 전이되었고 얼마 안 있으면 뇌까지 전이될 거라는 진단을 받았는데도 그 목사는 그렇게 평안할 수가 없었다. 같이 식사하고 기도하고 또 간증을 했는데 그에게 기쁨이 충만함을 느낄 수 있었다. 그는 자신에게 두 가지 소원이 있는데, 그 중 하나는 끝까지 온전한 정신으로 하나님을 찬미하면서 가고 싶다는 것이었고, 다른 하나는 그가 살아 있을 때 몇몇 나라의 교회들이라도 방문하고 싶다는 것이었다(그는 결국 한국에 왔었고 몽골도 방문했다). 그는 한국에 와서 기쁨의 눈물을 흘렸고, 몽골에서 떠날 때에도 공항에 배웅 나온 형제들을 바라보며 눈물지으면서 찬송을 불렀다. "주의 사랑으로 사랑합니다/ 주의 사랑으로 사랑합니다/ 형제 안에서 주의 영광을 보네/ 주의 사랑으로 사랑합니다" 그의 이러한 태도를 보면서 확실히 그의 간증이 다른 믿는이들에게 곧은길을 만들어 준다는 것을 느낄 수 있었다.

화평함과 거룩함을 좇음

14절, 모든 사람으로 더불어 화평함과 거룩함을 좇으라 이것이 없이는 아무도 주를 보지 못하리라

13절까지의 말씀과 14절은 연결이 되는가? 완전히 다른 구절인가? 나는 연결이 있다고 본다. 즉 징계를 잘 거쳤을 때 화평화고 거룩한 사람이 될 수 있다. 그리고 주님의 얼굴을 더욱 밝게 대할 수 있다. 사도는 우리에게 모든 사람으로 더불어 화평함과 거룩함을 좇으라고 했다. 이것이 없이는 아무도 주님을 보지 못한다는 것이다. 로마서 12장에서도 "할 수 있거든 너희로서는 모든 사람으로 더불어 평화하라"(18절)고 했으며, 마태복음 5장에서 주 예수님도 "화평케 하는 자는 복이 있나니 저희가 하나님의 아들이라 일컬음을 받을 것임이요"(9절)라고 하셨다. 또한 거룩함이란 죄와 세상과 육체에서 분별된 것이다. 거룩함을 주의하지 않은 채 화평함만 좇아서는 안 되며 또 거룩함만 주의하고 성도들과의 화평을 주의하지 않아서도 안 된다. 거룩함과 화평함을 동시에 추구해야 한다. 나는 이것이 진정한 그리스도의 몸의 하나라고 생각한다. 우리는 죄와 육체를 용납해서는 안 된다. 그리스도께서 십자가에서 끝내신 것들을 우리도 함께 동역해서 끝내야 한다. 그럴 때 거기에 거룩함이 있게 된다.

화평함과 거룩함이 없이는 아무도 주를 보지 못한다고 했는데, 주님을 보지 못한다는 것은 주님의 임재를 잃어버리는 것이다. 지성소 안에서 생활하라는 것이 히브리서의 요점이다. 지성소의 생활과 거룩함을 추구하는 것은 긴밀한 관계가 있다. 우리가 여러 가지 거룩하지 않은 것들에서 분별되지 않을 때 우리는 주님을 볼 수 없고 주님의 얼굴 앞에서 생활할 수도 없다. 앞 구절들에서 말한 징계는 우리가 거룩한 삶으로 이끌리는 데 도움이 된다. 거룩함은 삼위일체 하나님 자신이시니 우리가 진정으로 거룩함을 추구한다면 늘 성령의 교통 안에 머물며 그리스도 안에 거하는 삶을 살아야 하고 아버지의 징계 또한 잘 받아들여 더욱 거룩함에 참여해야 한다.

여기서 우리는 불의함과 부정함 자체와 불의하고 부정한 사람들과의 차이점을 생각해보기로 하자. 우리는 결코 불의하거나 부정한 것에 연루되어서는 안 되며 거룩함을 추구해야 한다. 그럼에도 비록 어떤 사람들이 불의하고 부정할지라도 그러한 사람들과 화평을 추구하는 것은 훈련해야 한다. 어떤 사람들이 고의로 우리와 불화하려 할지라도 우리로서는 최선을 다해 화평한 심령을 유지해야 한다. 그들이 지속적으로 우리를 적대시하며 화평의 관계를 깨뜨릴지라도 적어도 우리 편에서는 최선을 다하여 화평하기를 힘써야 한다. 이것은 매우 중요한 것이다. 여기에서 우리는 말과 표현은 매우 중요하다. 자신으로서 철저하게 거룩을 실행하되 다른 사람들의 부족함에 대하여는 관용의 태도가 필요하다.

히브리인의 길을 가는 데 있어서 주의해야 할 것들

15절, 너희는 돌아보아 하나님 은혜에 이르지 못하는 자가 있는가 두려워하고 또 쓴 뿌리가 나서 괴롭게 하고 많은 사람이 이로 말

미암아 더러움을 입을까 두려워하고

15절 역시 경주자들에게 주시는 경고의 말씀이다. 우리는 여기에서 자신의 상태만을 주의할 것이 아니라 서로 돌아보라는 명령을 받는다. "너희는 돌아보아 하나님 은혜에 이르지 못하는 자가 있는가 두려워하고". 우리는 구원받을 때 받는 시작의 은혜가 있지만 그리스도인의 경주를 완주함으로 받는 상급의 은혜가 있음도 알아야 한다. "그러므로 너희 마음의 허리를 동이고 근신하여 예수 그리스도의 나타나실 때에 너희에게 가져올 은혜를 온전히 바랄찌어다"(벧전 1:13)

하나님의 은혜에 이르지 못하는 자가 있는지 서로 돌아보라고 말한다. 우리는 자신이 길을 잘 가고 경주를 잘 하는 것만 관심해서는 안 된다. 달음질하는 성도들은 반드시 주위 사람들을 돌아보아 함께 하나님 은혜에 도달하도록 격려해야 한다. 그뿐 아니라 혹 쓴 뿌리가 나서 사람들이 악한 영향을 받지 않도록 경계해야 한다. 이는 사람들이 자기만 어두움에 떨어질 뿐 아니라 주위 사람들을 어두운 일에 끌어들이려는 속성이 있기 때문이다. 우리는 주위의 사람들이 악해질 때 우리의 경주에 영향을 받을 수 있고 합당한 길을 떠나고 바꿀 위험도 있게 된다.

쓴 뿌리를 냄

은혜란 무엇인가? 은혜는 삼위일체 하나님 자신이시다. 은혜가 있는 사람에게는 원망이나 쓴 뿌리나 마음 상함이나 실망이나 고통의 흔적이 없다. 그런데 어떤 이는 이러한 은혜에 이르지 못한다는 것이다. 히브리서 기자는 그런 사람들이 있을까 두려워하고 또 쓴 뿌리가 나서 괴롭게 하고 많은 사람이 이로 말미암아 더러움을 입을까 두려워하라고 했다. 쓴 뿌리란 그릇된 비밀을 은밀히 전하는 자들을 가리킨다. 원래 구약에서 쓴 뿌리는 이스라엘 가운데 잠재적으로 존재하다가 하나님의 백성을 비밀히 유인하여 우상과 다른 신을 따르게 하는 악인을 가리켰다(신 29:18). 이런 자들을 독초와 쑥의 뿌리라고 한 것이다. 신약에서는 주님의 종들이나 사역자들에 대한 은밀한 훼방의 말이나 성도들을 자기에게 이끌기 위해 당을 짓는 이간의 말들이 쓴 뿌리에 해당한다. 또 악한 말로 자기의 지난날의 원망과 과거의 받은 상처를 주위의 사람들에게 쏟아내는 것도 쓴 뿌리에 해당한다. 이런 말들은 사람들을 괴롭게 하고 더럽히게 된다.

은혜가 있는 사람은 그 속에 쓴 것이 없다. 물론 사람은 다 상처가 되거나 원망스러운 일을 만날 수 있지만 은혜가 있는 사람은 기도하고 회개하면서 자신을 심판한다. 그 모든 환경을 하나님 아버지의 사랑의 채찍과 징계로 받아들여 유익을 얻고 그분의 거룩함에 참예한다. 그러나 어떤 사람들은 어려운 상황에 처할 때 그 속에서 도리어 쓴 뿌리가 생겨난다. 쓴 뿌리는 다른 사람에게 유익이나 은혜를 끼치지 못하고 도리어 다른 사람을 더럽히고 넘어지게 한다. 입에서 나오는 것이 다 금, 은, 보석이어야 하는데 개구리, 전갈, 두꺼비 같은 것이어서 사람들을 더럽힌다. 이것이 은혜가 없는 상태이다. 그러므로 서로 돌아보라고 했다. 그러한 사람을 도우려면 우리에게 은혜가 있어야 한다. 은혜가 있는 사람은 그 입을 통해 다른 사람들에게 진리와 생명을 나눠준다. 생명을 얻을 때 사람들은 씻어지고 맑아진다. 당신은 사람들을 신선하게 씻어주는 일을 하는가(요13장 발씻음의 가르침 참조), 쓴 뿌리를 내서 괴롭게 하고 더럽히는 일을 하는가?

은혜란 무엇인가? 은혜는 하나님 자신이요, 그리스도 자신이요, 성령이시다. 그리스도께서 오실 때 은혜가 왔다(요 1:17). 따라서 그리스도 자신을 얻는 것이 은혜이다. 은혜가 있으면 돈, 명예, 지위가 없어도, 욕을 먹고 손해를 보더라도 문제가 되지 않는다. 그러나 은혜가 없으면 모든 것이 다 문제가 된다. 다른 사람이 자신을 바라보는 눈초리, 자신에게 말하는 방식 등 모든 것이 문제가 된다. 그리스도는 측량할 수 없는 풍성을 가진 분으로서 우리에게 은혜가 되신다. 우리는 돌아보아 주위에 이러한 은혜에 이르지 못하는 자가 있을까 두려워해야 한다. 히브리서 기자는 쓴 뿌리가 나서 많은 사람이 이로 말미암아 더러움을 입을까 두려워하라고 했다. 여기서 '하나님 은혜에 이르지 못하는 자'가 있을까 두려워하라고 했는데, 단번에 얻는 은혜도 있지만(구원의 은혜, 엡 2:8), 오랜 시간 길을 걸어감으로써 이르게 되는 은혜가 있다는 것을 시사한다. 많은 고난과 징계의 어려움 가운데 겸손히 복종하면서 은혜에 이르는 자가 되는 것이다. 그럴 때 사람들에게 은혜를 끼칠 수 있다. 속에 쓴 뿌리가 있는 사람은 이 길을 끝까지 완주하기가 어렵다. 쓴 뿌리를 제거하는 일이 매우 필요하다(눅 17:5-6절 참조). 우리 속에 아무리 깊은 뿌리가 박혀 있어도 한 마디 믿음의 명령으로 뽑아낼 수 있다!

망령된 자

16절, 음행하는 자와 혹 한 그릇 식물을 위하여 장자의 명분을 판 에서와 같이 망령된 자가 있을까 두려워하라

이 부분의 말씀은 신약의 축복을 최대한도로 받지 못하는 사람들의 위험성을 경고한다. 이런 사람이 대표적으로 경주장에서 낙오하는 사람이다. 히브리인이 되지 못하게 하고 하늘에 속한 동반자들이 되지 못하게 하는 것 중 첫째는 쓴 뿌리가 나서 은혜에서 떨어지는 것이다. 실패와 어려움의 책임을 타인에게 돌리며, 상처받은 마음으로 원망과 불평과 불만을 쏟아내는 것은 다 은혜가 없는 행위들이다. 은혜는 그리스도 자신이며, 그리스도께서는 결코 그렇게 하신 적이 없으시다. 이유를 막론하고 쓴 뿌리를 내는 것은 죄를 짓는 것이다. 둘째는 음행하는 것이다. 셋째는 망령되게 행하며 경거망동하는 것이다. 영적인 노정에서 자세히 주의 깊게 행하지 않고, 충동적으로 감정에 휩쓸려 가던 길이나, 하던 일을 확 결정하고 바꾸는 사람들이 있는데 이것은 망령된 사람이라고 볼 수 있다.

이 두 세 가지는 모두 우리로 신약의 축복과 왕국의 축복을 상실하게 한다. 음행함으로 죄를 지은 대표적인 사람이 르우벤인데, 그는 원래 장자의 명분을 받을 수 있는 위치에 있었으나 음행으로 인해 그 모든 귀한 것들을 다 잃어버렸다. 여기서 르우벤과 에서는 둘 다 경거망동하는 자들로서 자신의 정욕을 제어하지 못하는 자들의 대표라고 할 수 있다. 한 사람은 순간의 성적 충동을 이기지 못하여 음행을 범함으로 귀한 장자의 명분을 잃어버렸고, 한 사람은 순간의 배고픔을 견디지 못하여 장자의 명분을 잃어버렸다.

장자로서 르우벤이 얻을 수 있었던 제사장 직분은 레위에게로, 왕의 직분은 유다에게로, 두 배의 기업을 얻을 수 있는 축복은 요셉에게로 돌아갔다. 오늘 우리에게 약속된 축복을 얻으려면 항상 은혜가 족하고 은혜 안에 있어야 하며 반드시 음행과 망령된 행실을 피해야 한다. 그리스도인의 길에서 미혹되고 잘못되는 일은 결국 음행이나 망령된 행실들이다. 순간적이고 충동적인 거역이나 죄악에 빠짐이 일생을 망칠 수 있으니 두려워해야 한다.

17절, 너희의 아는 바와 같이 저가 그 후에 축복을 기업으로 받으려고 눈물을 흘리며 구하되 버린 바가 되어 회개할 기회를 얻지 못하였느니라

어떤 일들은 치명적이어서 다시는 돌이킬 수 없는 상태에 떨어지게 한다. 때때로 단 한 번의 행위가 선악 간에 막대한 결과를 가져오는 수가 있다(Bengel). 음행을 피하고 망령된 말이나 행실을 피해야 한다. 앞선 성도들, 하나님의 종들, 사역자들에 대해서 함부로 비방하거나 판단하지 말고 거스르지 말고 거역하지 말아야 한다. 나는 이러한 것에서 한 번 잘못 행함으로 다시는 영적으로 회복되지 못한 경우를 여러 번 보았다. 그릇으로 말하면 깨져서 다시는 못쓰게 되는 것이다. 우리의 영적 일생을 지키고 우리의 믿음을 지키려면 이러한 것들을 매우 주의해야 한다.

히브리서는 신실한 성도로서 신앙을 고백하고 믿음의 길을 가기 시작했지만 하나님의 은혜에 이르지 못하는 자들이 있다고 경고한다. 이는 신실함과 성실함이 결여되었기 때문이다. 이스라엘 백성은 다 함께 희망차게 애굽을 떠나 출발하였지만 목적지에 이른 자들은 단 두 명뿐이었다. 나머지는 처음에 은혜를 받았지만 헛되이 받았다(고후 6:1). 갈라디아 성도들은 성령으로 시작하였지만 율법주의의 교사들에게 미혹되어 은혜에서 떨어질 위기에 놓여 있었다. 이렇게 은혜에 이르지 못하고 중도에 탈락하는 자들의 표식으로 쓴 뿌리와 음행과 장자의 명분을 소홀히하여 한 그릇 식물에 팔아버린 망령된 언급인 것이다.

오늘날도 많은이들이 주님을 믿었지만 세속적인 삶에 빠져 하늘에 속한 장자권과 장래의 기업을 소홀히한다. 그런 식으로 시간이 오래 흐르다보면 나중에 주님이 주신 가장 귀한 것들을 얻고자 해도 돌이키기에는 너무 늦다. 이는 매우 슬픈 일이 아닐 수 없다. 그러므로 사도는 성도들에게 간곡히 권면한다. "보라 지금은 은혜 받을만한 때요 보라 지금은 구원의 날이로다", "오직 오늘이라 일컫는 동안에 매일 피차 권면하여 너희 중에 누구든지 죄의 유혹으로 강퍅케 됨을 면하라"(히 3:13). 중요한 것은 오늘이다. 다음이나 내일로 미루며 경성하기를 더디하는 자는 다 위험한 길을 걷고 있다는 것을 기억하라.

옛 언약의 광경과 새 언약의 광경의 대조

18절부터는 옛 언약과 새 언약을 대조하면서 새 언약의 복음을 거스르지 말 것을 경고한다. 히브리서는 비교의 책이라는 것을 이미 말한 바 있다. 1장부터 10장 18절까지에서 이미 구약과 신약의 대조 및 신약의 우월성을 증명하였다. 이제 다음 구절들에서는 옛 언약과 새 언약이 주어지던 광경과 그 영광을 비교함으로 신약의 우월성을 다시 한 번 강조하면서 이 복음을 떠나지 말 것을 당부한다. 구약의 언약도 두려움으로 받았을진대 새 언약은 얼마나 엄중히 받아야 할 것인가를 말해준다.

옛 언약을 받을 때의 광경

18-20절, 너희의 이른 곳은 만질 만한 불 붙는 산과 흑운과 흑암과 폭풍과 19 나팔 소리와 말하는 소리가 아니라 그 소리를 듣는 자들은 더 말씀하지 아니하시기를 구하였으니 20 이는 짐승이라도 산에 이르거든 돌로 침을 당하리라 하신 명을 저희가 견디지 못함이라

이것은 하나님께서 이스라엘 백성에게 옛 언약을 주실 때의 광경이다. 당시 이스라엘 백성들은 그 분위기가 무시무시하고 두렵고 어둡고 불붙는 광경이었으므로 하나님이 더 말씀하시지 않기를 구했다. 이것이 구약의 광경, 즉 옛 언약을 주실 때의 시내 산의 분위기이다. 여기서 다시 한 번 새 언약의 은혜롭고 아름다운 광경과 옛 언약의 두렵고 무시무시한 광경을 대비해줌으로써 우리가 추구할 것이 무엇인지를 알게 한다.

21절, 그 보이는 바가 이렇듯이 무섭기로 모세도 이르되 내가 심히 두렵고 떨린다 하였으나

모세조차도 옛 언약을 받을 때의 광경이 너무 두렵고 떨린다고 했다. 출애굽기나 구약 어느 곳에 모세가 이렇게 말했다는 것을 명시하여 기록한 부분은 없지만, 신명기 9장 19절에서 모세가 "내가 심히 두려워하였었노라"고 했던 것에서 그 상황을 상상해볼 수 있다. 구약이 주어진 배경은 이처럼 두렵고 떨리는 분위기였다.

새 언약의 광경—모든 항목들이 영원함

22-23절, 그러나 너희가 이른 곳은 시온 산과 살아 계신 하나님의 도성인 하늘의 예루살렘과 천만 천사와 23 하늘에 기록한 장자들의 총회와 교회와 만민의 심판자이신 하나님과 및 온전케 된 의인의 영들과

구약의 어둡고 두려운 광경에 대비하여 신약의 밝고 영광스러운 모습을 소개한다. "그러나 너희가 이른 곳은"이란 18절에서 옛 언약이 주어질 때 이른 곳과 비교하는 말씀이다. 이 구절의 시온 산은 하늘의 시온 산인데, 천상의 시온은 곧 하나님의 좌소(座所)이다(이상근). 우리가 이른 곳은 바로 이 시온 산이다. 계시록에 의하면 새 예루살렘, 하늘의 시온은 장래 천년왕국 후에 임하지만, 히브리서는 우리가 지성소 안에서 생활하는 자들이므로 이미 그 도성의 중심지에 이르렀다고 말한다. 우리는 여기서 천군 천사에 둘러싸인 우리의 모습을 발견하게 된다. 우리는 이미 그 성에서 사는 실제를 누리고 있다! 신약의 성도들은 영적인 실제 안에서 천년왕국이나 새 예루살렘까지도 미리 누리는 자들이다. 이는 얼마나 놀라운 사상인지!

히브리서는 하나님께서 사람을 두 시대적인 경륜에 따라 다루신다는 것을 분명히 하고 있다. 하나는 그림자와 예비와 실패의 시대요, 다른 하나는 실제와 성취, 온전함과 생명의 능력, 즉 무궁한 생명의 능력으로 역사하는 시대이다. 히브리서는 우리가 신약을 누릴 수 있는 시대에 살고 있지만 그에 대한 불신앙과 무관심은 더 좋은 언약과 생명의 능력과 온전함에 이르는 길을 얻지 못하게 할 수 있다고 경고한다. 다시 말하면, 옛 언약 시대의 사람들처럼 여전히 죄 짓고 회개하는 식의 생활을 반복하면서 영원한 속죄, 심지어 우리 양심에까지 완전한 피 뿌림을 받은 죄 사함의 은총을 누리지 못한 채 여전히 양심의 정죄감에 시달리며 사는 신자들이 많다는 말이다. 이는 매우 한탄스러운 상황이다. 이 구절들에서는 우리가 이른 곳이 불붙는 산이 아니라 하늘의 시온산이라고 한다. 갈라디아서에도 동일한 것을 말하고 있다. "이것은 비유니 이 여자들은 두 언약이라 하나는 시내 산으로부터 종을 낳은 자니 곧 지금 있는 예루살렘과 같은 데라 그러나 위에 있는 예루살렘은 우리의 어머니라"(갈 4:22-26).

이 말씀도 우리가 이른 곳이 하늘의 예루살렘임을 말하고 있다. 확실히 신약의 기독교는 하늘의 종교이지 땅에 속한 종교가 아니다. 우리는 이미 하늘의 지성소에 나아가 항상 하나님 앞에서 생활하는 자들이다. 우리는 땅에 있는 예루살렘과 같은 지상에 센터를 둔 지상 종교 조직이 아니라 하늘의 예루살렘을 중심 삼는 기묘한 유기체이다. 모세는 그가 이르렀던 산이 무시무시한 산이며 심히 두렵고 떨린다고 했다. 그러나 신약의 성도들이 이른 곳은 시온 산이다. 시내 산은 하나님의 율법의 요구를 받는 곳이다. 그러나 시온 산은 우리에게 값없고 완전한 용서를 주는 곳이다. 그리고 그곳에 이른 성도들은 마음에 새긴 법과 순종할 수 있도록 주시는 무궁한 생명의 능력을 얻을 수 있는 곳이다.

우리는 체험적으로도 시내 산을 떠나 시온 산에 이르러야 한다. 그곳은 천사들이나 장자들이나 다 함께 있다. 장래 하늘에서 하나님의 아들들과 천만 천사가 구속을 찬미하는 하늘의 장면을 이야기하고 있다. 하늘에 속한 예루살렘, 하나님의 도성에 우리는 이미 이른 것이다. "너희가 이른 곳은". 여러분은 지금 우리가 하늘의 예루살렘, 장자들의 총회, 하늘의 시온 산에 이미 이른 것을 아는가? 계시록에는 구속받은 믿는이들의 찬미와 천사들의 찬미가 있다. 우리는 다 첫 열매인 하늘에 기록한 장자들의 총회이다. 장자란 무엇인가? 원래 장자는 그리스도를 가리킨다. 그런데 여기에 '장자들'이라는 복수가 사용되었다. 하늘에 기록된 장자들의 총회라고 한 것이다. 따라서 이들은 이 땅에 있는 장자들을 말할 것이다.

에서가 이 장자의 명분을 소홀히 하였다고 하였는데, 에서와 같이 어떤 믿는이는 장자권을 소홀히 하여 장자의 권리를 잃어버리는 경우가 있다는 것이다. 장자들이란 장자이신 그리스도의 형상을 온전히 이룬 자들로서 그리스도의 동반자들을 의미할 것이다. 만일 우리가 앞에서 말한 경고들을 받지 않고 타락한다면 우리는 어떻게 되겠는가? 장자들의 총회에 참여할 수 없게 된다. 이 말씀은 신약의 교회를 가리킨다. '장자들의 총회'란 진정한 의미에서의 교회이다. 장자들의 총회와 교회는 다소 차이는 있을 것이다. 장자들의 총회가 교회보다 범위가 작을 수도 있다. 그럼에도 우리는 영적 실제 안에서 하늘의 예루살렘이나 장자들의 총회에 이미 이른 것이다.

주님은 신약의 믿는이들인 우리를 이미 장자들의 총회에 이르게 하셨다. 그러므로 이 땅에서 교회생활하는 우리들은 교파주의와 분열주의를 철저히 배격해야 한다. 우리는 개인주의나 당파주의를 실행하도록 부르심 받은 것이 아니라 한 몸으로 부르심을 받았기 때문이다(골 3:15). 그러므로 교회를 개인의 소유물로 여기는 행위나 당파적인 분열 행위나 자기 교회만이 유일한 교회인양 다른 그리스도인들과의 교제를 단절하고 시기와 분쟁을 일삼는 행위들은 다 죄이다. 우리는 성경에서 교회가 우주적으로 하나이며(엡 4:4, 고전 12:12), 오늘처럼 수많은 종파로 나뉘어진 것이 아니라 각각 그들이 사는 곳에서 하나의 교회로 세워졌다는 것을 잊어서는 안 된다(행

8:1, 13:1, 고전 1:2, 계 1:11). 거기에는 네 교회, 내 교회가 없고 당신들의 교회, 우리들의 교회가 없다. 다 하나의 교회였고 주님의 교회만 존재했던 것이다. 오늘 우리가 당파주의와 교파주의를 주장한다면 우리의 영은 신약의 장자의 총회의 영이나 온전케 된 의인들의 영과 다른 것이다. 여기에 각기 다른 종류의 종파적이거나 분열적인 영이 없다. 모두가 하나이다. 한 무리의 장자들의 총회, 한 무리의 온전케 된 의인들의 영, 오직 하나의 하늘의 예루살렘이다.

결국 천년왕국에서 왕 노릇하는 사람들은 장자들의 총회인데, 그들은 오늘 이 땅에서의 삶을 통해서 결정지어진다. 에서나 르우벤은 장자의 명분을 빼앗긴 사례이다. 그리스도인이 되었다 해서 장자의 명분을 다 얻을 수 있는 것이라면 이런 말씀을 왜 하셨겠는가? 오늘 이 시대에 장자이신 그리스도를 먼저 닮는 이들이 장차 총회의 구성원들이 될 것이다. 그날 장자들의 총회에 참여하는 것은 오늘 이 땅에서 어떻게 교회생활을 하는가에 달려있다. 우리는 성도들이 이 땅에서 장자들의 총회에 들어가기 바란다. 우리는 이 땅에서 장자들의 총회의 위치에서 모이며 주님을 섬길 수 있다. 그러므로 우리는 성경 진리에 따라 교회의 정당한 위치에서 모이고 바르게 생활해야 한다. 참된 그리스도인이라면 누구도 배제하지 않고 다 받으며 주 안에서 하나의 교통과 사랑을 실행해야 한다(롬 14—15장 참조). 하나님께서 각자에게 주신 직분을 소중히 여기며 주님이 주신 장자의 명분을 소홀히 하지 말아야 한다. 오늘 우리는 그러한 자들의 모임이 되기 바란다. 주님께 충성을 다하고 은혜가 넘치며 신약의 진실한 믿는이들의 모습이 그대로 나타나는 모임을 가질 때 우리는 즉시 이것이 하늘에 있는 장자들의 총회라는 것을 느끼게 될 것이다.

하늘의 도성인 새 예루살렘도 여기서 미리 맛볼 수 있다. 하나님께서는 이 시대에 이러한 놀라운 실제를 누리도록 우리를 하늘에 속한 동반자로 부르셨다. 그분이 시내 산으로 부르신 것과 시온 산으로 부르신 것은 대조를 이룬다. 구약 성도들은 시내 산으로 부르심 받았으며 두려워하는 분위기로 부르심 받았다. 그곳은 흑암과 나팔 소리와 흑운이 있는 곳이다. 신약의 성도들인 우리는 오늘날 하늘의 시온 산에 부르심 받았는데, 우리에게는 장자들의 총회와 천만 천사와 하늘의 도성인 예루살렘과 교회와 만민의 심판자이신 하나님과 온전케 된 의인의 영들과 새 언약의 중보이신 예수가 계신다. 만민의 심판자이신 하나님이란 표현은 우리가 살아 계신 하나님께 이른 것만이 아니라 만민의 심판자 되신 하나님께도 이르렀다는 말이다. 온전케 된 의인들의 영이란 하늘에 있는 성도들을 의미할 것이다(앤드류 머레이). 어떤 학자는 온전케 된 의인들의 영을 구약의 성도들로 본다(J. N. Darby). 온전케 된 의인들이 과연 구약의 성도들인지, 이미 죽은 성도들인지, 하늘의 성도들인지는 정확히 알 수 없다. 신구약의 모든 온전케 된 의인들을 말하는 것 같기도 하다(이상근 주석). 분명한 것은 이 또한 천년왕국과 영세에 있을 상황이라는 것이다. 이 구절은 장래 우리가 이곳에 이를 것이라고 말하지 않고 이미 이르렀다고 말한다. 우리가 이미 이러한 곳에 이르렀다는 것을 아는 것은 매우 중요하다.

24절, 새 언약의 중보이신 예수와 및 아벨의 피보다 더 낫게 말하는 뿌린 피니라

이 모든 말씀들은 신약의 교회가 하늘의 속성을 지녔음을 가르치고 있다. 23절과 24절의 많은 항목들이 하늘에 속한 것들이다. 시온 산도 하늘에 있는 것이며 예루살렘도 하늘에 있는 것이고 장자들의 총회나 새 언약의 중보이신 예수님이나 다 하늘에 있다. 여기서 사도는 신약의 교회를 하늘에 있는 존재로 보았다. 그러기에 이 구절에서 하늘에 있는 많은 항목들과 교회를 함께 나열하고 있는 것이다. 즉 사도의 생각에 이 구절의 교회는 하늘에 있는 실체이다. 나는 수년 전 한 지방에 있는 교회 사역자에게 "나는 오늘날 교회들이 하늘의 속성을 잃어가는 것이 슬프다."고 편지한 적이 있다.

오늘날 성도들이 교회를 유대교와 같이 이 땅의 어떤 종교 조직이나 단체로 여긴다면 큰 문제가 아닐 수 없다. 여러분에게 사도가 있는가? 여러분에게 대제사장이 있는가? 새 언약의 중보자가 있는가? 유대교도들은 '너희에게는 대제사장이 없지만 우리에게는 있다.'고 말할 것이다. 여러분은 이런 말에 어떻게 답변하겠는가? 새 언약은 영적이고 비밀한 것이며 하늘에 속한 것이다. 그곳에서 우리 주 예수님은 새 언약의 중보가 되시고 우리의 대제사장과 사도가 되셨다. 그뿐 아니라 우리에게는 아벨의 피보다 더 낫게 말하는 뿌린 피가 있다. 그 피는 하나님 앞에서 지속적으로 우리의 죄를 용서하라고 말하며 대제사장 되신 주님은 그 피를 근거로 하여 우리를 위해 대언하신다(요일 2:1-2).

이 말씀에도 비교의 사상이 있다. 구약의 아벨의 피도 귀하다. 그것은 순교자의 피로서 신원해달라고 호소한다. 그러나 예수의 피는 하늘에서 우리를 위해 더 낫게 말하고 있다. 아벨의 피는 복수해달라고 호소했지만 예수의 피는 죄인을 용서해달라고 말한다. 아벨의 피는 공의에 근거하여 신원해달라고 호소하지만, 예수 그리스도의 피는 "하나님, 내가 모든 죄인을 위하여 피를 흘렸습니다. 나를 믿는 모든 자를 용서하십시오."라고 말한다. 예수 그리스도의 피는 공의와 사랑을 겸한 용서의 피이다. 이 모든 항목들이 다 영원하다. 시온 산, 하늘의 예루살렘, 장자들의 총회, 교회—다 영원한 것이다. 이곳에 우리가 이미 이르렀다.

우리가 기차나 버스를 타고 어느 곳에 갈 때, 이미 목적지에 도착했는데도 잘 몰라서 가만히 있는 경우가 있다. 그럴 때는 이미 도착했음을 알려주어야 한다. 당신은 이미 시온산에 도착했으니 시편 기자처럼 시온을 편답하며 망대를 계수하며 시온의 정취를 마음껏 누리라! 성도들이여, 우리의 교제는 마땅히 하늘의 시온 산 위에서의 교제가 되어야 하지 않겠는가!

25절, 너희는 삼가 말하신 자를 거역하지 말라 땅에서 경고하신 자를 거역한 저희가 피하지 못하였거든 하물며 하늘로 좇아 경고하신 자를 배반하는 우리일까 보냐

구약의 약속과 경고는 땅에서 한 것이다. 그러나 신약의 경고는 하늘로 좇아 하신 것이다. 장자들의 총회, 교회 등은 다 하늘에 속한 것이다. 따라서 이 구절은 신약을 배반하는 사람들에 대한 경고이다. 신약의 복음을 거역하지 말라는 것이다. 히브리 신자들이 유대교로 돌아가는 것은 신약을 거역하는 것이었다. 25-29절은 결국 신약의 교회와 구약의 유대교가 하늘과 땅의 문제라는 것을 분명히 말해주고 있다. 그러므로 땅과 하늘이 계속 대비되어 나오는 것이다. 사도는 옛 언약 아래서의 거역보다 새 언약 아래서의 거역이 더 큰 형벌을 초래할 것임을 재삼재사 경고한다. 시내 산에서의 경고를 거절한 것보다 시온 산에서의 경고를 거절한 것이 훨씬 형벌이 크다는 것이다. "너희는 삼가 말하신 자를 거역하지 말라 땅에서 경고하신 자를 거역한 저희가 피하지 못하였거든 하물며 하늘로 좇아 경고하신 자를 배반하는 우리일까 보냐".

새 언약에 대해서는 땅만 아니라 하늘도 진동할 것이라는 경고

26-29절, 그 때에는 그 소리가 땅을 진동하였거니와 이제는 약속하여 가라사대 내가 또 한 번 땅만 아니라 하늘도 진동하리라 하셨느니라 27 이 또 한 번이라 하심은 진동치 아니하는 것을 영존케 하기 위하여 진동할 것들 곧 만든 것들의 변동될 것을 나타내심이니라 28 그러므로 우리가 진동치 못할 나라를 받았은즉 은혜를 받자 이로 말미암아 경건함과 두려움으로 하나님을 기쁘시게 섬길지니 29 우리 하나님은 소멸하는 불이심이니라

영국의 펜 루이스의 젊은 동역자였던 오스틴 스팍스는 이 부분을 A. D. 70년에 있었던 예루살렘 파괴를 미리 암시하는 경고라고 했다. 예루살렘과 이스라엘 백성의 형편없는 상황, 유대교로 전락하여 땅에 속한 종교가 되어 버린 상태를 하나님이 싫어하시므로 진동하게 하실 것을 경고한 것이라고 본 것이다. 구약을 선포하신 하나님의 음성은 땅을 진동케 하셨으나 복음 시대를 위해서는 하늘도 진동시키신다. 즉 율법을 주신 때는 땅만 진동시키셨으나 복음을 위해서는 하늘과 땅을 진동시키실 것이다. 유대인들은 구약 시대에 임한 하나님의 나라(그 중심이 예루살렘)가 영존할 줄로 믿었지만 로마 타이터스 장군에 의하여 철저히 파괴되었다. 하늘로 좇아 경고하신바 '이같이 큰 구원'을 등한시하는 자들, 새 언약을 저버리고 하늘에 속한 동반자들 되기를 거절한 사람들에 대한 엄중한 심판이 A. D. 70년에 예루살렘의 초토화로 임했는데, 이는 신약의 믿는이들이 유대교로 전락한 혼탁한 상황 때문이었다는 것이다. 신약의 교회를 함부로 대한 사람들은 그때 하늘과 땅의 흔들림을 맛보았다. 그러므로 우리는 신약의 은혜의 길을 저버리는 것을 결코 작은 일로 보아서는 안 된다.

많은 사람이 은혜만 생각하는데 이 길을 벗어날 때에는 또한 엄중한 심판이 있음을 기억해야 한다. 은혜가 큰 만큼 심판도 크다. 구약을 땅에서 경고한 것이라고 했고, 신약을 하늘로 좇아 경고하신 것이라고 했다. "내가 또 한 번 땅만 아니라 하늘도 진동하리라 하셨느니라". 땅만 아니라 하늘도 진동하는 사건이 벌어진다는 것이다. 여기서 진동하는 것을 만물로 보는 견해도 있으나 이를 만물에 적용하기보다는 유대교의 붕괴로 보는 것이 합당하다. 유대교는 철저히 붕괴되나 신약의 교회는 결국 변동치 않을 실체를 가지고 왕국을 향해 나아간다. 신약의 진리를 받은 우리는 진동치 않을 나라를 받은 것이다. 신약 교회는 복음 나팔에 의해 파괴되지 않는 새 왕국이 임한 것으로 보아야 한다. 우리는 '흔들리거나 교체되지 않는 나라'를 받았으니 은혜를 얻어서 하나님을 기쁘시게 섬겨야 할 것이다. 교회가 길을 잘못 갈 때 하늘이 움직이는 두려운 상황이 발생할 수 있으니 두려워하며 섬겨야 할 것이다.

"우리 하나님은 소멸하는 불이심이니라". 우리가 만일 신약의 길을 벗어나서 복음으로 우리를 부르신 분을 거역한다면 소멸하는 불로 태워질 것이다. 이 일은 고린도 전서 3장에도 언급되어 있다. 그날에 금과 은과 보석 외의 것들은 다 불로 태워질 것이다. 즉 하나님께서 신약의 은혜의 복음을 소홀히 여긴 자들을 불로 소멸하신다는 것이다. 여기에 엄중한 경고가 있다. 이 말씀은 2장 1-4절 말씀과 맥을 같이 한다. 천사들로 하신 말씀도 공변된 보응을 받았는데 이같이 큰 구원을 등한히 여기면 어떻게 되겠는가? 소돔과 고모라는 경건치 않고 불순종하다가 불의 심판을 받았다. 우리는 이 경고를 소홀히 듣지 말고 경건함과 두려움으로 하나님을 기쁘시게 섬겨야 한다. 경건함과 두려움을 갖는 것은 위대하시고 선하시며 사랑이 많으신 하나님 앞에서 마땅히 가져야 할 예배의 태도이다.

왕국을 기업으로 얻기 위해 은혜가 필요함

이 시대에 우리가 얻어야 할 것은 은혜이며, 사실상 은혜는 그리스도 자신이시다. 지금 주님의 보좌는 은혜의 보좌이다. 하늘에 속한 동반자들이 이 땅에서 핍박을 당하면서도 이 길을 잘 가기 위해 필요한 것은 은혜이다. 11장과 12장을 보면 하늘에 속한 동반자들은 다 핍박과 징계를 당하게 되어 있는 것처럼 보인다. 따라서 이런 어려움이 없다면 자신이 과연 새 언약의 길 위에, 하늘에 속한 동반자의 길 위에, 히브리인의 길 위에 있는지를 점검해 보아야 한다. 만일 우리가 이러한 길을 가는 정상적인 히브리인이요 그리스도의 동반자라면, 우리는 많은 고통을 겪을 것이다. 그렇기 때문에 이러한 길을 걸어갈 때 우리에게 은혜가 필요한 것이다.

사도는 우리가 진동치 못할 왕국을 얻었으므로 은혜를 받자고 했다. 하늘도 땅도 다 진동하지만 그리스도의 왕국은 진동치 않는다. 이는 새 언약으로 이루어지는 실지 하나님의 나라이기 때문이다. 흔들리지 않고 실망하거나 넘어지지 않고 계속 이 경주를 하기 위해서는 우리에게 하늘의 은혜가 필요하다. 은혜가 더할수록 우리는 하늘에 속한 그리스도의 동반자로서 이 땅에서 경주를 잘할 것이다.

우리 모두는 마지막 시대에 살고 있다. 하나님은 이 시대에 그리스도의 동반자를 부르신다. 구약 시대에 살았던 아브라함, 이삭, 야곱, 모세와 같은 많은 선진들은 이 나라에 대한 약속을 아직 얻지 못했으나 믿음으로 그리스도를 바라보며 이 땅에서는 외국인과 나그네와 같이 핍박을 당하면서 세상이 감당할 수 없는 삶을 살았다. 그러나 바울, 베드로 등과 더불어 신약의 믿는이들인 우리는 복음에 의해 이 크신 약속, 진동치 못할 나라를 이미 받았으니 믿음으로 끝까지 이 경주를 잘할 때 장자권을 잃지 않고 그리스도와 더불어 왕 노릇하는 사람들이 될 것이다.

히브리서를 통하여 배우는 은혜에 대한 더 깊은 이해

오늘 날 많은 성도들은 은혜에 대하여 복음서에 있는 것만으로 이해한다. 즉 구원받는 은혜만을 은혜로 이해한다. 그러나 히브리서에 언급하는 은혜는 왕국에 이르도록 달리기 위한 필요한 은혜를 말한다. '우리가 진동치 못할 나라를 받았은즉 은혜를 받자'라고 한다. 진동치 못할 나라는 오늘 우리가 누리고 있는 생명의 왕노릇을 말하며 장차 우리가 권세를 잡고 다스릴 왕국을 말한다. 오늘 날 우리가 놀라운 죄사함의 구원의 은혜를 받았으니 더 이상 무슨 은혜가 필요하냐고 말하는 사람들이 있다. 그러나 히브리서에는 하늘에 속한 경주를 완주하기 위해 은혜를 얻어야 한다고 말한다. 히브리서 기자가 은혜받는 문제와 더불어 두려우신 하나님을 언급한 것은 매우 의미가 있다. 우리는 이미 족한 은혜를 받았으니 다 되었다고 말하지 말라! 우리는 히브리서를 통해 우리의 하나님께서 은혜의 보좌에 앉아 계심을 배우며 계속해서 매일 은혜를 얻어 생활해야 함을 배운다.

또한 우리는 신약의 말씀을 통해 은혜를 얻지 못하는 사람에 대한 경고를 들으며 은혜를 얻지 못하는 사람이 있을까 두려워해야 함을 배운다. 또한 은혜를 받았다 하지만 헛되이 받는 수도 있다고 말씀한다(15절, 고후 6:1-2). 이러한 말씀은 우리에게 신약에서 은혜에 대한 새로운 관점을 제공해준다. 우리는 두려워하며 떨며 하나님의 은혜에서 떨어지지 않도록 조심해야 한다. 하나님의 은혜는 복음 안에서 죄가 더한 곳에 은혜가 넘치는 것도 사실이지만(롬 5:20), 갈라디아 성도들과 같이 율법과 할례 등 잘못된 가르침을 따르며 두려움 없이 행하다가는 은혜를 얻지 못하는 수가 있고 은혜에서 떨어지는 수도 있음을 조심해야 한다(갈 5:4). 하나님의 말씀을 따라 두려움으로 순종하며 생활하는 길이 계속해서 은혜를 얻을 수 있는 길임을 히브리서의 말씀을 통해 배울 수 있다.

히브리서는 신약의 성도들이 이미 구원의 은혜를 얻었으니 아무렇게나 생활해도 천국에 갈 수 있고 아무 문제가 없다고 생각하는 많은 사람들에게 경종을 주는 가르침이라는 것을 기억해야 한다. 주님의 은혜로 길에 들어섰지만 목적지에 이르지 못하는 것은 주로 믿음과 순종함이 지속적으로 유지되지 않는 것임을 히브리서 3-6장에서 또한 10장 후반의 이어지는 장에서 계속해서 가르쳐주고 있다. 히브리서를 많은 시간 읽고도 이러한 주요 강조점을 놓치고 다른 지엽적인 것들만 붙들고 읽는 것이 얼마든지 가능한 일이기에 하나님의 말씀을 읽을 때 우리는 두려움으로 조심하며 은혜와 빛을 구하는 심령으로 읽어야 한다.

또한 은혜에 대하여 알아야 할 것이 있다. 은혜는 얻을 수 있는 것이며 더욱 많이 얻을 수 있는 것이다. 요한 사도도 은혜 위에 은혜러라(grace upon grace)고 했다(요 1:16) "그러나 더욱 큰 은혜를 주시나니 그러므로 일렀으되 하나님이 교만한 자를 물리치시고 겸손한 자에게 은혜를 주신다 하였느니라"(약 4:6) 우리가 은혜의 필요를 더 느낀다면 더욱 큰 은혜를 구할 것이다. 구원받는 것으로 족하다고 느끼는 사람과 주님의 영광에 참여하며 그 날에 그리스도와 함께 왕노릇하기 위해 경주를 잘 해야 한다고 느끼는 사람과의 은혜의 필요성의 감각은 크게 차이가 발생한다. 끝까지 순종하며 주님을 기쁘시게 하고 면류관을 얻고자 경주하고자 하는 자들은 더욱 두려워하며 떨며 마음을 비우고 겸손히 하나님께 은혜를 구할 것이다. 히브리서는 하나님의 보좌를 은혜의 보좌로 소개하며 그 보좌 앞에 언제나 나와서 은혜를 얻을 수 있다고 가르쳐 준다. "그러므로 우리가 긍휼하심을 받고 때를 따라 돕는 은혜를 얻기 위하여 은혜의 보좌 앞에 담대히 나아갈 것이니라"(히 4:16)

12장의 개요

12장은 세 부분으로 나눌 수 있다. 첫 부분은 1-13절로 고난과 어려움을 당하더라도 낙심하지 말고 우리 앞에 당한 경주를 인내로 완주할 것을 격려하는 내용이다. 성도들이 진리의 길에 들어선 후 닥치는 환난에 대하여 로마서 8장은 영광의 후사가 되게 하려고 주시는 고난들이니 소망으로 견디라고 권하며 결국은 맏아들의 형상을 본받게 하는 과정이며 그리스도의 사랑으로 넉넉히 이길 것을 격려한다. 히브리서 12장은 그 모든 것이 사랑하는 아들에게 주시는 아버지의 연단이니 낙심치 말고 감당하며 달리라고 힘을 부축해주며 결국은 하나님의 거룩함에 참여케 하며 의의 평강의 열매를 맺는 것이라고 격려한다. 그러니 연약한 무릎을 일으켜 세우고 다른 사람들도 힘을 내어 따라 갈 수 있도록 곧은 길을 만들어주라고 말한다. 히브리 그리스도인들은 그들이 예수를 믿고 신약의 교회의 길에 들어선 후 당하는 고난에 대하여 낙심스럽게 잘못 해석하고 있었을 것이다. 사도는 그것이 매우 유익한 것이고 사랑하는 아들에 대한 아버지의 징계니 낙심하지 말고 달리라고 격려한다.

둘째는 14-17절까지이며 달릴 때 주의해야 할 사항들이다. 고난의 길에서 서로 거룩함과 화평함을 추구하라고 권한다. 르우벤과 에서 등을 예로 들면서 힘들고 어려울 때 은혜를 얻어야지 결코 쓴 뿌리를 내지 말며 한 번의 실수로 크게 경거망동하여 대사를 그르친 자들을 본받지 말라고 경고한다.

18-20절은 구약의 성도들과 신약의 성도들이 이른 곳을 비교하면서 구약의 성도들도 시내산에서 두려움으로 경고를 받았고 그 경고를 어긴 보응을 철저히 받았는데 신약의 성도들이 이른 곳은 훨씬 더 영광스러운 하늘의 시온이며 장자들의 총회에 이르렀는데 그 복음의 경고를 소홀히 한다면 그 배반한 자들이 당할 형벌이 얼마나 큰 것인지에 대하여 말하고 있다. 결국은 두려우신 하나님을 알아야 한다고 강조하는 말씀이며 따라서 경건함과 두려움으로 하나님을 섬겨야 한다고 말한다. 오늘 날 복음에 나타난 하나님의 사랑과 은혜는 많이 말하지만 히브리서에서 강조한 은혜의 복음을 소홀히 하고 순종치 아니한 자들에 대한 두려우신 하나님의 보응에 대하여 말하는 자가 적다. 히브리서에는 이에 대한 경고를 재삼재사 강조하고 있다(2:1-4, 6:1-8, 10:26-39, 12:18-29). 히브리서 기자는 하나님은 소멸하는 불이라고 결론을 맺는다.

13장

신약의 믿는이들이 이른 곳

12장에서 신약의 믿는이들인 우리가 이른 곳은 옛 언약이 주어진 무시무시하고 두려운 곳인 시내 산이 아니라 시온 산이다. 우리가 이러한 말씀을 깨닫는다면 다시는 옛 언약으로 돌아가지 않을 것이다. 갈라디아서 4장에 있는 말씀과 히브리서 12장의 이 부분의 말씀은 매우 일치한다. 즉 율법주의로 돌아가려고 하는 히브리인과 갈라디아인에게, 하나님은 율법 아래에 있는 자들을 기뻐하지 않으시며 그들에게는 축복이 없고 끔찍한 결과만이 기다릴 뿐이라는 것을 알려주는 것이다. 히브리 믿는이들이 다시 유대교로 돌아가려고 하는 위험이 있었기 때문에, 히브리서 기자는 옛 언약의 상황을 그려주면서 우리가 신약 안에서 이른 곳은 구약의 그러한 곳이 아니라 하나님이 기뻐하시고 사랑하시는 시온이라는 것을 말해주고 있다. 우리는 장래에 시온에 이른다고 생각해서는 안 된다. 이미 그곳에 이르렀다는 것을 알아야 한다.

다비(J. N. Darby)역 성경에서는 22절에서 현재 시제가 아니라 현재완료 시제를 사용하여 이미 이르렀다(have come)고 말한다. "너희가 이른 곳은 시온 산과 살아 계신 하나님의 도성인 하늘의 예루살렘과 천만 천사와 하늘에 기록한 장자들의 총회와 교회와 만민의 심판자이신 하나님과 및 온전케 된 의인의 영들과 새 언약의 중보이신 예수와 및 아벨의 피보다 더 낫게 말하는 뿌린 피니라"(12:22-24). 우리는 심판자이신 하나님 앞에서 흰옷을 입고 하나님께 열납되고 받아들여진 존재들이다.

우리는 오늘 새 언약의 중보이신 예수를 가지고 있으며 아벨의 피보다 더 낫게 말하는 예수의 피를 가지고 있다. 이것은 아주 비밀스럽다. 주 예수 그리스도께서는 골고다에서 속죄의 피를 흘리신 후 우리를 속죄한 구속의 보혈을 가지고 하늘로 가셔서 그 피를 뿌리셨다. 그 피는 하늘에서 뿌려져 지금도 하나님 앞에서 우리를 위해서 말하고 있다. 이러한 피를 우리가 오늘 가지고 있다는 것은 얼마나 큰 기쁨이요 긍휼인지! 이것은 우리의 죄를 다 사했다고 증거하는 피이다. 그 피는 지금 우리를 위하여 말하고 있으며, 그 효력은 여전하며, 지금도 우리를 위해 하늘에 간직되어 있다.

신약에 계시된 교회의 길을 감

우리가 이른 곳은 이렇게 놀랄 만한, 하나님이 기뻐하시고 축복하시는 시온산, 곧 교회이다. 그러므로 히브리서는 오늘날 우리가 신약의 축복 안으로 인도된 위치에서 벗어나지 말아야 한다는 것을 강조하고 있다. 옛 언약을 배반한 사람들도 큰 심판을 받았는데 하나님이 신약 안에서 베푸신 놀라운 약속과 축복을 가볍게 여기고 또 우리에게 경고하신 말씀들을 어기고 배반한 사람들에게 미칠 심판은 얼마나 큰 것이겠느냐는 것이다. 어떤 사람은 신약의 모든 것이 은혜인데 새 언약의 약속을 소홀히 여기고 새 언약의 길을 가지 않는 것이 뭐 그리 큰 문제가 되겠느냐고 하겠지만, 히브리서는 이러한 관념을 뒤집는다. 하나님은 이 길에서 벗어나는 것을 너무나 싫어하시고 심판하신다.

하나님이 기뻐하시는 것은 무엇인가? 그것은 신약의 교회이다. 하나님은 삼위일체 하나님(Triune God)의 유기체인 그리스도의 몸인 교회가 이 땅에 나타나기를 간절히 원하신다. 많은 성경학자들이 A. D. 70년에 로마 장군 타이터스에 의해 예루살렘이 완전히 파괴된 것은 하나님께서 유대교와 신약의 교회가 혼합된 상황을 더 이상 참으실 수 없었기 때문이라고 했다. 하나님께서 섞인 것을 원치 않으시고 순수한 그리스도의 간증을 얻기 원하신다는 것은 분명하다. 혼잡한 바벨론이 아니라 거룩한 성 새 예루살렘을 얻고자 하시는 것이다.

시작할 때 그리스도의 유기체인 교회 모습으로 출발했다고 해서 끝까지 그렇게 간다는 보장이 없다는 것을 알아야 한다. 끝까지 견고히 잡지 않으면 부지불식간에 유대교적인 땅에 속한 것들이 교회 중에 들어온다. 율법에 속한 것과 조직적인 성분이 들어오는 것이다. 오늘날 성도들은 자신들이 몸담고 있는 교회가 땅에 속한 유대교처럼 조직화된 것에 대해 위기의식이 없다. 약간 남아 있는 은혜의 성분으로 만족하면서 전체적으로 누룩이 되어버린 것에 대한 위험을 느끼지 않는 것 같다. 그러나 갈라디아 교회들이나 히브리서에서 발견되는 유대주의는 조금씩 들어와서 전체를 부풀게 하는 것이지 처음부터 온통 유대주의를 들고 들어오는 것이 아니다. 갈라디아 교회들에게 온 유대주의자들은 성도들에게 믿음을 전면적으로 부정하자고 말한 것이 아니라 믿기도 하지만 할례도 받아야 한다고 주장했던 것이다. 그런데 옛 언약일지라도 범하여 엉뚱한 상황으로 변질시킨 예루살렘을 초토화했다면, 심지어 신약의 은혜를 받은 성도들과 교회들이 변질되고 조직화했을 때, 즉 바벨론화했을 때의 징계와 심판은 그에 비할 수 없이 심각한 것임을 알아야 한다는 뜻이다(계 17, 18장 참조).

새 예루살렘은 금과 진주와 보석뿐임으로 거기에 섞인 것이 없다. 요한계시록 18장 후반부와 19장을 보면 섞인 것은 심판받게 된다. 아주 비참할 정도로 심판받는 것이 바벨론이다. 그것은 옛 것과 새 것이 섞인 것이다. 주 예수님은 옛 것과 새 것이 섞일 수 없음을 분명히 말씀하셨다. 새 포도주를 낡은 가죽부대에 넣으면 안 되고, 새 포도주는 새 부대에 넣어야 한다고 하셨다(마 9:17, 막 2:22, 눅 5:36). 하나님이 이 시대에 그리스도의 순수한 간증, 그리스도의 몸, 금 등대, 새 예루살렘을 얻기 원하신다는 것을 우리는 12장 후반부에서 느낄 수 있다.

교회는 너무나도 영광스러운 것이다. 교회는 하늘에 속한 것으로 시온산이며 하늘에 기록된 장자들의 총회이다. 이것이 교회이다. 그러므로 우리가 오늘 신약에 계시된 교회를 이루기 위해서 부르심 받았고 그 몸의 영광스러운 지체가 되기 위해서 부르심 받았다고 말할 때에 우리의 느낌은 마땅히 높아져야 하며, 하나님께 감사와 찬미가 많아야 한다. 여기에 순수함은 너무나 필수적인 것이다. 우리는 그리스도의 몸을 말할 때 그 이상에 있어서 온전히 순수해야 함을 잊어서는 안된다(고전 3:11-13, 17, 5:6-8). 그러나 그러한 순수한 교회를 더럽고 세속적인 단체인 음녀로 만들었을 때의 심판의 비극은 말로 다 할 수 없이 크고 비참한 것이다.

히브리서를 하늘의 동반자들에 대해서 쓴 책으로 생각할 뿐 교회에 대해서 말하지 않았다고 생각하기 쉽다. 그러나 히브리서에도 교회가 있다. 2장에서 "내가 주의 이름을 내 형제들에게 선포하고 내가 주를 교회 중에서 찬송하리라 하셨으며"라고 말하는 구절 중에 교회가 나오며(12절), 12장에서도 "하늘에 기록한 장자들의 총회와 교회와"라고 말하는 구절 중에 분명히 교회를 언급한다(23절). 또 10장에서는 "모이기를 폐하는 어떤 사람들의 습관과 같이 하지 말고" 하면서 교회 집회에 대해 이야기하고 있다(25절). 그러므로 히브리서 안에 교회에 관한 사상이 없다고 생각해서는 안 된다. 히브리서가 단지 개별적인 그리스도인의 나그네 길을 잘 가도록 격려하기 위해 씌어진 책이라고 생각해서는 안 된다. 여기에 교회가 들어 있다. 하나님이 원하시는 것은 신약의 교회이다.

그러므로 10장에서 우리는 서로 돌아보아야 하며 서로 사랑과 선행을 격려해야 한다고 말한다. 10장 22-24절은 믿음과 소망과 사랑에 대해서 말한다. 이 믿음과 사랑과 소망은 사도의 교회생활의 필수 요소임을 일관적으로 말하는 요소이다. 11장은 믿음을, 12장은 소망을, 13장은 사랑을 강조하는 장으로 보아도 좋다. 12장에서도 '너희는 돌아보아'라고 했는데 돌아보라는 것은 옆에 사랑할 지체들이 있다는 것을 나타내는 말이다. 이와 같이 히브리서에는 개별적으로 좋은 그리스도인이 되어야 한다는 사상이 아니라 교회에 대한 사상이 있다.

이제 히브리서 13장에 들어갈 때, 유대교를 벗어나서 신약의 교회의 구성원이 된 사람으로서 어떻게 교회생활을 하는가에 대해 구체적으로 많은 권면을 받게 된다.

1절, 형제사랑하기를 계속하고

이 마지막 권면은 매우 중요하다. 이 모든 권면은 이 땅에서 성도들이 어떻게 살아야 하는지 합당한 길을 보여준다. 그들은 지성소에서 생활하지만 세상에서 살기에 세세한 지침이 필요한 것이다. 첫째 중요한 것은 형제

사랑이다. 주님이 주신 가장 중요한 신약의 계명은 서로 사랑하라는 것이다. 요한 서신에서 사도 요한이 반복적으로 계속 권면하는 것이 형제사랑이다. 이것이 이루어지지 않으면 다른 것이 아무리 좋다고 해도 주님이 눈에 합격하지 못한다(계 3장 7절 이하 빌라델비아 교회 참조)

"형제를 사랑함으로 사망에서 옮겨 생명으로 들어간 줄을 알거니와"(요일 3:14), "누구든지 하나님을 사랑하노라 하고 그 형제를 미워하면 이는 거짓말 하는 자니 보는바 그 형제를 사랑치 아니하는 자가 보지 못하는바 하나님을 사랑할 수가 없느니라"(요일 4:20)고 했다. 성경은 형제를 사랑하는 것을 매우 중요시한다. 베드로 후서 또한 그리스도인의 미덕을 언급하면서 "이러므로 너희가 더욱 힘써 너희 믿음에 덕을, 덕에 지식을, 지식에 절제를, 절제에 인내를, 인내에 경건을, 경건에 형제 우애를, 형제 우애에 사랑을 공급하라"(벧후 1:5-7)고 했다. 이처럼 형제 우애와 사랑은 그리스도인들이 실행해야 할 가장 크고 중요한 덕목이며 지성소 안에 사는 믿는이들의 교회생활의 첫 번째 특징이다. 갈라디아서 5장을 보더라도 성령의 첫 번째 열매는 사랑이다. 만일 우리가 성령을 따라 행한다면 형제를 더욱 뜨겁게 사랑할 것이다.

형제 사랑하기를 계속하라는 말씀은 히브리 믿는이들이 이미 형제 간에 사랑하는 것이 있었음을 말해준다. 이것은 히브리서 6장 10절에도 나타나 있다. "하나님이 불의치 아니하사 너희 행위와 그의 이름을 위하여 나타낸 사랑으로 이미 성도를 섬긴 것과 이제도 섬기는 것을 잊어버리지 아니하시느니라". 그럼에도 사도는 그들 간에 형제 사랑이 약화될 위험이 있기 때문에 이런 말로 권면했을 것이다. 교회 안에 유대주의가 들어오고 세상적인 조직이 들어오면 첫째로 약화되는 것이 형제 사랑이다. 하나님이 가장 기뻐하시는 교회는 형제 사랑의 교회인 빌라델비아 교회이다. '빌라델비아'라는 이름 자체가 '형제 사랑'을 뜻한다. 계시록의 일곱 교회 중에서 하나님의 책망이 없는 교회는 빌라델비아 교회뿐이었다. 교회생활 안에서 우리가 해야 할 일은 다른 것이 아니라 오직 형제를 사랑하는 것이다. 형제자매들이 아무리 부족하고 눈에 거슬리며 잘못이 많고 연약하더라도, 우리는 그리스도께서 보여주신 그 사랑으로 형제자매들을 사랑해야 한다. 그들은 우리의 사랑의 대상이지 타도나 심판의 대상이 아니다. 사랑 안에 거하는 자는 하나님 안에 거하고 하나님도 그 안에 거하신다(요일 4:16).

형제를 사랑할 수 없는 이유

1. 자아 중심적 사고

형제를 사랑하지 못하는 몇 가지 이유가 있는데 그것은 주로 육체 안에 생활하고 자아 중심으로 생활하기 때문이다. 우리 주님같이 자아를 버린 사람만이 다른 사람을 사랑할 수 있다. 주 예수님은 제자들에게 서로 사랑하라고 하시면서 '내가 너희를 사랑한 것같이'라는 단서를 붙이셨다(요 13:34). 즉 예수님은 우리에게 새 계명인 '서로 사랑하라'는 계명을 주시면서 "내가 너희를 사랑한 것같이 너희도 서로 사랑하라"고 하신 것이다. 주 예수는 자신보다 남을 더욱 사랑하셨다. 당신은 주 예수님처럼 자신보다 다른 사람을 더 사랑할 수 있는가? 이것이 그분의 사랑의 표준이다. 그곳에 도달하지 않은 사랑은 표준에 미치지 못한 사랑이다. 그분은 자신의 생명을 희생하여 남을 구원하기 원하셨다. 늘 자신을 중심 삼는 사람이 어떻게 형제를 사랑할 수 있겠는가? 이러한 그리스도의 사랑이 우리의 표준이 되어야 한다. 자신보다 남을 사랑할 수 있는 사람만이 진정 형제를 사랑할 수 있다. 여러분이 진정으로 형제를 사랑하는 그리스도인이 되기를 원한다면 자기를 중심삼아 살지 않고 남을 중심삼아 살며 자신을 위해 살지 않고 남을 위해 살 수 있게 해달라고 기도해야 한다. 즉 자아 중심적 사고에서 이타적 사고로 바뀌지 않으면 안 된다는 것이다.

2. 교만

둘째, 교만한 사람은 형제를 사랑할 수 없다. 교만은 어디에서 오는가? 교만도 근본적으로는 자기중심적인 사고에서 오는 것이다. 고린도 전서 8장에서 교만은 지식에서 온다는 것을 알 수 있다. 사람들이 필요 이상의 지식을 추구하는 것은 결국 남보다 우월하고자 하는 자아중심적인 진보욕이라고 볼 수 있다. 지식의 노선을 향하는 사람은 냉랭해지고 형제를 사랑할 수 없다. 지식은 사람을 교만하게 하고 사랑은 덕을 세운다는 말씀을 기억하기 바란다. 여러분들이 추구하는 것은 무엇인가? 형제를 사랑하고 주님을 더 사랑하는 것인가? 아니면 그저 성경 지식을 더 알고자 하는 것인가? 형제를 사랑하는 것은 교회생활에서 가장 중요한 덕목이다. 믿음, 소망, 사랑, 세 가지가 있으나 그 중에 제일은 사랑이다. 지금 우리의 영적 상태가 하나님 앞에서 좋은가를 확인할 수 있는 가장 좋은 길은 자신이 형제자매들을 사랑하는가를 점검해보는 것이다.

3. 종파주의

셋째로는 종파주의이다. 종파에 대해서 존 오웬은 "형제사랑이 부패하고 상실되는 어떤 계기들이 있는데 그것은 종교에 속한 일들에 대한 의견상의 차이와 실제 실행의 차이이다."라고 했다. 또 아더 핑크는 "형제사랑에 있어서 큰 원수는 종파주의 정신이다. 이 악은 많은 사람들이 생각하는 것보다 훨씬 더 많이 확산되어 있다. 안타깝게도 그러한 편파정신이 형제사랑에 얼마나 큰 해를 끼치는지 모른다. 누군가 자신들의 교리를 믿고 그 교회에 가입하기를 원한다면 두 팔 벌려 환영할 것이다. 반면에 아무리 믿음이 건전하고 행실이 경건한 사람일지라도 그가 만일 자신들이 속한 그룹과 친밀한 관계를 유지하기 싫어한다면 의심의 눈초리로 냉대한다. 이것은 그들의 저급한 영성을 드러내는 것뿐이다."라고 했다. 그러므로 우리는 무엇이 형제사랑을 해치는지 생각해 보아야 한다. 오늘 날 많은 사람들은 단체주의에 빠져 소위 교회를 위하지만 형제를 사랑하지 않는다. 비교한다면 전체주의나 공산주의 국가와 같다. 그들은 소위 국가 권력을 위해 인민들을 쉽게 희생시킨다. 교회가 무엇인가? 우리는 교회와 형제 자매 한 사람 한 사람이 다른 존재가 아니라고 믿는다. 형제 자매가 합해진 것이 곧 교회이다. 교회 따로 있고 형제 자매가 따로 있는 것이 아니다. 형제를 사랑한다는 것은 단순히 형제를 사랑하는 것만이 아니다. 모든 것을 포함한다. 그 안에 십자가와 자아의 부인과 부활과 성령과 모든 것이 다 있다. 주님의 말씀을 전체적으로 지키지 못하는 범위에서는 진정한 형제 사랑이 있을 수 없다. 형제 사랑의 교회를 단순한 것으로 보지 말라! 사랑은 율법의 완성이라고 했다(롬 13:10).

왜 형제를 사랑하지 못하는가? 첫째 자신을 너무 사랑하기 때문이며, 둘째 지식주의이기 때문이며, 셋째 종파주의적이기 때문이다. 즉 집단이기주의적 영성, 자신의 단체 중심적인 사고가 형제를 사랑할 수 없게 만드는 것이다. 이런 것이 바로 유대교적인 요소이며 신약의 교회와 반대적 개념이다. 그 이외의 요인도 있겠지만, 그리스도인들이 서로 사랑하지 못하는 것은 주로 이 세 가지 요인 때문인 경우가 많다. 우리가 이 시대에 하나님이 원하시는 신약의 교회가 되기 원한다면 교회생활에서 이 세 가지를 조심해야 한다. 실행이나 교리의 해석이 조금 다르다고 해서 서로 받지 못하고 사랑이 결여되는 일이 없어야 한다. 더욱이 단체주의적 교회를 이루게 되면 자신의 단체를 위하지 않는 성도나 타 단체의 사람들에 대하여는 매우 냉담하게 된다. 이것이 바로 히브리서에서 경고하는 구약과 신약의 차이라는 것을 이해하는 그리스도인은 과연 얼마나 될 것인지! 이것이 결국 계시록 마지막에서 큰 성 바벨론과 새 예루살렘을 구분하게 된다. 바벨론의 특징은 거룩한 것과 속된 것이 섞인 것이요, 큰 것이며 새 예루살렘의 특징은 거룩하고 순수한 것이다.

손님 대접하기를 잊지 말라

교회생활에서 중요한 것 중 두 번째는 손님 대접하기를 잊지 않는 것이다.

2절, 손님 대접하기를 잊지 말라 이로써 부지중에 천사들을 대접한 이들이 있었느니라

형제를 사랑한다면 구체적인 실행이 나오게 되는데, 그것은 바로 손님을 대접하는 것이다. 어떤 사람들이 그리스도의 이름으로 우리에게 왔을 때 우리는 어떻게 해야 하는가? 예전에 이탈리아에 갔을 때 한 형제가 다만 그리스도의 이름으로 문을 두드리고 재워주기를 요청하는 사람들을 기꺼이 재워주었다고 말하는 것을 들었다. 그 말은 나에게 아주 깊은 인상을 주었다. 그 형제는 그 일로 인해 상당한 어려움을 겪기도 했다. 영접해 들인 그 손님이 오랫동안 떠나지 않고 머물렀기 때문이다. 그러나 그 형제는 끝까지 그를 사랑으로 접대하였다. 지금도 그는 누구든지 오면 거절하지 않고 접대하는 일을 계속하고 있다.

사도는 손님 대접하기를 잊지 말라고 했다. 우리는 사랑하는 그리스도 안의 형제자매들을 접대하기를 즐겨야 한다. 이것 또한 교회생활에서 부족해서는 안 될 미덕이다. 우리 가정에는 성도들이 자주 방문한다. 조금 쉬다가도 문을 두드리면 일어나야 한다. 그러나 나는 이러한 상황이 싫지 않음을 고백한다. 손님을 접대하는 것이 우리의 삶이 될 정도로 우리 몸에 배이게 해야지 무슨 큰 일 하는 것처럼 생각해서는 안 된다.

오래 전 신학자였던 존 오웬은 이렇게 말했다. "당시에 회심한 히브리인들 가운데는 특별히 복음을 전파하기 위해서 이 성에서 저 성으로, 이 나라에서 저 나라로 다녀야 했던 사람들이 있었다. 그들은 오직 그리스도를 위하여 나아갔기 때문에 그들에게서 복음을 받는 이방인들로부터 아무것도 취하지 않았다. 요한 삼서 7절을 보면 이들은 형제들이었을 뿐 교회의 직분 있는 사람들이 아니었다. 그들이 어떤 교회나 어떤 지역에 나그네로 갔을 때 거기서 그들을 영접하고 유숙하도록 도와준 것에 대해서 사도는 심히 기뻐하며 사랑하는 가이오에게 높이 치하했다. 그런 자들이 나그네로서 그들에게 나아갈 때 사랑하며 대접하라고 권하고 있는 것이다. 그런 형제들을 영접하여 대접하지 않는 자는 복음이나 그리스도의 영광에 대해서 별로 관심을 갖지 않고 있음을 나타내는 것이다."

이처럼 그리스도인으로서 손님들을 접대하는 것은 매우 중요하다. 디모데 전서 3장 2절에서는, "감독은 책망할 것이 없으며 한 아내의 남편이 되며 절제하며 근신하며 아담하며 나그네를 대접하며 가르치기를 잘 하며"라고 말하여 장로들도 그러한 미덕이 있어야 한다고 했다. 나그네를 대접하는 것은 교회 장로들에게 아주 필요한 미덕 중의 하나이다. "이로써 부지중에 천사들을 대접하는 이들이 있었느니라". 구약에 있는 아브라함이나 롯은 접대를 즐겨하다 보니 어느 날 천사를 맞아들이게 되었던 것이다. 어거스틴 등 많은 성경학자들이 창세기 18장의 세 사람을 하나님의 현현(顯

現)이라고 말했다. 아브라함은 손 대접하기를 좋아하므로 상상을 초월한 커다란 축복과 은혜를 얻게 되었다. 바로 하나님을 영접하게 된 것이다. 하나님은 때로 손님의 형태로 우리를 방문하신다는 것을 잊지 말자! 오늘날에도 우리는 외국에서 온 형제자매를 접대할 기회가 많은데, 조금 힘들더라도 접대함으로 얻는 유익이 많다. 주 예수님은 제자들을 보내시면서 "너희를 영접하는 것은 나를 영접하는 것이요 나를 영접하는 자는 나 보내신 이를 영접하는 것이니라"(마 11:40)고 하셨다.

어려움 가운데 있는 성도들을 생각함

3절, 자기도 함께 갇힌 것같이 갇힌 자를 생각하고 자기도 몸을 가졌은즉 학대받는 자를 생각하라

이 역시 우리 교회생활에서 체험할 수 있는 항목이다. 다른 사람들, 특히 핍박을 당하고 어려움 가운데 있는 성도들을 생각하라는 것이다. 히브리서의 마지막 부분에 올 때 정당한 성도들이 반드시 해야 할 미덕들을 가르치고 권한다. 나는 엊그제 캄보디아에 다녀왔다. 우리는 거기서 심한 어려움에 처해 있는 성도들을 보았다. 몇몇 자매들이 태국에 일하러 갔다 오는 길에 기한이 넘은 여권 때문에 2-3개월 간 감옥에 구류되었다고 한다. 우리는 그들을 동정하지 않을 수 없었다. 우리가 그리스도의 몸 안에서 서로 지체가 되었기 때문에 그들의 고생스런 느낌을 우리도 느낄 수밖에 없는 것이다. 얼마 전 중국의 한 형제가 공안에게 체포되어 1년이 넘게 옥살이를 하고 나왔다. 엄청난 고생을 했다는 말을 들었다. "자기도 함께 갇힌 것같이 갇힌 자를 생각하고 자기도 몸을 가졌은즉 학대받는 자를 생각하라". 이와 같은 말씀을 통해서도 히브리서에 여전히 교회에 대한 이상, 그리스도의 몸에 대한 이상이 있다는 것을 알 수 있다.

사랑을 말하기 위해서 고린도 전서 13장 전체가 할애된 것처럼 형제사랑은 그리스도의 몸에 없어서는 안 될 것이다. 또 그리스도의 몸에 없어서는 안 될 두 번째는 손님을 대접하는 것이며, 그 다음은 다른 지체들이 어려움을 당할 때 내 몸이 어려움 당하는 것같이 생각하는 것이다. 이것은 다 몸의 지체들과의 관계에서 일어나는 일들이다. 자기도 함께 갇힌 것같이 갇힌 자를 생각하는 것은 고린도 전서 12장 26-27절의 "만일 한 지체가 고통을 받으면 모든 지체도 함께 고통을 받고 한 지체가 영광을 얻으면 모든 지체도 함께 즐거워하나니 너희는 그리스도의 몸이요 지체의 각 부분이라"는 말씀과 상통한다. 한 지체가 어려움에 봉착하고 힘든 상황에 처했을 때 성도들은 서로 돌아보아야 한다. 그가 겪는 것이 남의 일이라고 말할 수 없는데, 이는 우리가 이미 한 몸의 지체가 되었기 때문이다.

혼인을 귀히 여김

4a절, 모든 사람은 혼인을 귀히 여기고

다음은 혼인의 문제이다. 결혼 생활은 1-3절까지의 이웃에 대한 것보다 더 작은 범위요 내적인 범주이다. 지성소 안에서 생활하는 사람들은 가정생활의 거룩함이 필수적이다. 특히 앞으로 혼인을 할 젊은 형제자매들을 위해 이 혼인 문제에 대해 조금 이야기하고 싶다.

여러분은 반드시 혼인을 귀히 여겨야 한다. 하나님께서는 남자와 여자를 창조하시고 복을 주시면서 생육하고 번성하라고 하셨다. 혼인 제도는 하나님이 정하신 것이므로 영광스럽게 여겨야 하지만 또 함부로 결혼해서도 안 된다. 생명의 유업을 함께 얻을 자요 일생토록 동거하며 서로 도와야 할 동반자를 성급하게 판단하여 섣불리 결정해서는 안 된다는 것이다. 혼인을 귀히 여기라는 하나님의 말씀을 엄중하게 받기 바란다. 주님 앞에서 기도하며 여러분을 관심하는 다른 성도들의 견해도 들어보고 모든 것을 고려한 뒤에 주님의 인도가 있을 때 결혼해야 한다. 배우자를 선택하는 문제에 있어서 사람들은 "서로 사랑해야 한다. 매력이 있어야 한다. 편안해야 한다." 등 많은 조건을 말하지만, 내가 확실하게 아는 한 가지는 주 안의 성도여야 하고 목표와 갈망이 같아야 한다는 것이다. 이에 대해서는 나의 저서 '그리스도인의 결혼생활'이란 책을 추천하고 싶다. 이 서적은 결혼하신 분들에게 매우 유익한 책이지만, 특히 젊은이들은 결혼하기 전에 꼭 한 번 읽어보기를 권한다. 교회는 오늘날 부서지고 깨진 가정생활을 보수하고 치유하여 성경의 표준으로 들어올리는 사명을 감당해야 한다.

4b절, 침소를 더럽히지 않게 하라 음행하는 자들과 간음하는 자들을 하나님이 심판하시리라

여기서의 침소는 기혼자의 침소를 말한다(이상근 주석). 침소를 더럽히면 안 된다는 것은 남녀의 결합에 있어서 절제 없이 천하고 불결해서는 안 된다는 뜻이다. 이는 정당한 혼인 관계 이외의 간음을 행하는 것이 아닐지라도, 그리스도인 부부에게 있어서 서로를 배려하고 소중하게 여기는 방식이 아닌 음란한 성적 행위는 침소를 더럽히는 것으로 보신다는 뜻이다. 하나님께서는 이런 일들을 음행과 간음으로 보시며 심판하신다고 말씀하신다. 하나님은 신약의 교회 사람들이 서로 사랑하고, 나그네를 대접하며, 다른 사람들의 고통을 함께 나눌 뿐 아니라, 침소를 더럽히지 말고 거룩한 삶을 살라고 말씀하신다. 이러한 삶이 지성소 안의 삶이라는 것이다.

돈을 사랑치 않음

5절, 돈을 사랑치 말고 있는 바를 족한 줄로 알라 그가 친히 말씀하시기를 내가 과연 너희를 버리지 아니하고 과연 너희를 떠나지 아니하리라 하셨느니라

지성소 안의 성도들은 또한 돈에 대해 합당한 태도를 가져야 한다. 사랑과 거룩을 추구하지만 여전히 돈을 사랑하는 데서 벗어나지 못했다면 수준에 미치지 못한 것이다. 이 돈에 대한 유혹은 돈을 많이 갖고 있는 사람이나 돈을 사랑하여 추구하는 자들이나 다 있다. 돈이 많은 것은 우리가 믿음의 경주를 달리는 데 있어서 해가 될 뿐 결코 도움이 되지 않는다는 것을 명심해야 한다. 물론 돈 자체에 문제가 있는 것은 아니다. 정직하게 일하고 근면하게 생활하여 돈을 모은 것은 그 성도가 근면하고 성실하다는 증거일 수 있다. 하나님께서 축복하셔서 그렇게 돈을 모았다면 그것으로 사람들을 돕고 선행을 할 수 있다. 또 사람이 너무 궁핍한 것은 태만과 게으름의 증거가 되기도 한다. 성도가 세상과 쾌락을 이길 수 있다면 돈은 하나님의 목적을 이루는 데 요긴한 수단이 될 수도 있다. 그럼에도 불구하고 돈은 위험한 요소를 지니고 있으니 조심해서 다루어야 한다. 사도는 "돈을 사랑함이 일만 악의 뿌리가 된다"고 하였다(딤전 6:9-18). 성도들의 금전에 대한 가장 바른 태도는 '있는 바를 족한 줄로 아는' 것이다.

아마 당시 대부분의 히브리 성도들이 그들을 핍박하는 사람들에게 산업을 빼앗겨 돈이 없고 궁핍했을 것이다. 그런데 히브리서 기자는 그들에게 돈을 사랑하지 말라고 한다. 가난하고 돈이 없어도 돈을 사랑할 수 있으며, 돈이 많은 사람이라도 돈을 사랑하지 않을 수 있다. 그래서 믿는이들에게 돈을 사랑하지 말고 있는 바를 족한 줄로 알라고 한 것이다. 돈을 사랑하여 추구하는 것이 믿는이들을 믿음에서 벗어나게 하는 것들 중 하나이기 때문이다. 나는 돈을 위해서 자기 신앙생활의 방향을 180도 바꾸는 경우들을 보았다. 그리고 그렇게 하는 것을 보고서도 많은 이들이 대수롭지 않게 여기는 것을 보았다. 발람이 누구인가? 나는 오늘날 민수기에 나오는 이방 선지자 발람보다 훨씬 '발람적'인 사람들을 많이 보았다. 그러나 그 심각성을 느끼는 사람이 별로 없다는 것에 다시 한 번 놀라기도 하였다.

당시 히브리 믿는이들은 유대교로 돌아가면 먹고 살기가 편하기 때문에 천국을 이생의 편안함과 안일함으로 바꾸어 버릴 수 있는 위험에 처해 있었다. 그러나 주님은 "내가 과연 너희를 버리지 아니하고 과연 너희를 떠나지 아니한다"고 말씀하신다. 마태복음 6장에서 주님은 말씀하셨다. "공중의 새를 보라 심지도 않고 거두지도 않고 창고에 모아들이지도 아니하되 너희 천부께서 기르시나니 너희는 이것들보다 귀하지 아니하냐 또 너희가 어찌 의복을 위하여 염려하느냐 들의 백합화가 어떻게 자라는가 생각하여 보라 수고도 아니하고 길쌈도 아니하느니라"(마 6:26, 28).

우리는 이방인과 같지 않다. 우리에게는 우리를 기르시는 아버지, 우리를 버리지 않으시고 우리를 떠나지 않으시는 아버지가 있다. "내가 결코 너를 떠나지 아니하리라"는 말씀은 야곱에게 주신 적이 있으며, 여호수아에게 주신 적이 있고, 솔로몬에게도 주신 적이 있다. 아브라함보다 조금 부족한 듯 보이는 어린 야곱에게, 모세보다 조금 부족할 것 같아 보이는 후계자 여호수아에게, 다윗보다 어리고 연약해 보이는 솔로몬에게 하나님께서는 특별히 격려하며 말씀하신다. "내가 과연 너희를 버리지 아니하고 과연 너희를 떠나지 아니하리라". 당신이 다른 사람보다 좀 부족하게 느껴진다면, 이 약속은 바로 당신같이 부족한 자들을 위한 말씀이다. 하나님은 우리를 돌보시겠다는 자신의 약속의 말씀에 신실하시다. 그분이 우리의 물질적인 필요를 채우시는 분임을 인해 감사하고 찬양한다.

나는 1983년도에 직장을 내려놓고 주님을 섬기기 시작할 때 어떻게 살아야 할지 몰랐다. 당시에 정식 사역자로서 섬기기 시작한 것도 아니고, 교회에서 그저 이 일 저 일 맡겨지는 대로 섬기기 위해 직장을 나왔다. 그때는 교회에서 전임으로 섬기는 사람을 부양하고 공급하는 제도가 따로 없었으므로 먹을 것이 없으면 굶을 수밖에 없다고 생각했다. 나는 참으로 부족하고 약한 자였지만 기도를 많이 했고 어떤 상황이 와도 주님이 우리를 버리지 않고 떠나지 않으실 것이라는 말씀을 믿었다. 우리가 믿은 대로 지금까지 주님이 우리를 이렇게 지켜주신 것을 여러분과 내가 보고 있다. 우리는 결코 돈이 문제 되어 믿음의 길을 바꿀 수 없다. 주님이 인도하신다면 어떠한 길이라도 갈 수 있어야 한다. 왜냐하면 주님은 우리를 돕는 분이시기 때문이다.

6절, 그러므로 우리가 담대히 가로되 주는 나를 돕는 자시니 내가 무서워 아니하겠노라 사람이 내게 어찌 하리요 하노라

이 구절은 시편 118편 6절의 인용이다. 주님은 우리를 돕는 자이시다. 하나님께서 성도의 빈궁함을 돌아보시므로 우리는 염려해서는 안 된다. 또 다른 시편 말씀에 "나의 도움이 어디서 올꼬 나의 도움이 천지를 지으신 여호와에게서로다 "(121:1b-2)라고 했다. 우리를 돕는 분은 천지를 지으신 하나님이시다. 다윗은 "여호와는 나의 목자시니 내가 부족함이 없으리로다 그가 나를 푸른 초장에 누이시며 쉴 만한 물가으로 인도하시는도다"라고 했다. 주님을 신뢰하는 자를 주님은 이렇게 섬세하게 공급하며 돌보아주신다. 여기에 중요한 것이 믿음과 신뢰이다. 주님은 마태복음 6장에서 염려하지 말라고 하시면서 "믿음이 적은 자들아" 하고 책망하셨다. 그리고 "너희에게 이 모든 것이 있어야 할 줄을 천부께서 아신다"고 하셨다.

인도자들을 주의함

7절, 하나님의 말씀을 너희에게 이르고 너희를 인도하던 자들을 생각하며 저희 행실의 종말을 주의하여 보고 저희 믿음을 본받으라

이제 인도자들과의 관계를 말한다. 여기서 인도자란 교회의 지도자들을 전반적으로 가리킨다. 여기에는 앞서간 주 안의 많은 성도들도 포함된다. 그들이 어떻게 걸어갔는지 우리는 그들의 행실의 종말을 주의해 보아야 한다. 주님 앞에서 끝까지 수고하면서 좋은 경주를 하고 주님께 간 인도자들이 많이 있었다. 그들을 회상해보고 살피는 것은 우리의 믿음 생활에 매우 도움이 된다.

"지도자는 하나이시니 곧 그리스도니라"(마 23:10). 한 면으로 우리의 진정한 인도자는 주님 한 분이시지만 또 한 면으로 우리에게는 교회의 인도자들이 있다. 우리는 어느 한편으로 치우쳐서는 안 된다. 하나님의 교회에는 우리에게 말씀을 일러주고 인도하고 다스리는 자들이 있다. 성도들은 마땅히 이러한 인도자들의 행실의 종말을 주의하고 저희 믿음을 본받을 필요가 있다. '생각하며 주의하여 보고 믿음을 본받으라'는 것은 매우 섬세하고도 강한 권면의 말이다.

8절, 예수 그리스도는 어제나 오늘이나 영원토록 동일하시니라

옛 언약은 성공할 수 없다. 그러나 새 언약 안에서 우리는 끝까지 온전히 이룰 수 있다. 이 새 언약은 조금도 불완전하거나 결함이 있는 것이 아니다. 그것을 이루는 힘이 무궁한 생명으로부터 나온다. 그러므로 하나님과의 관계나 교제가 영원하고 자유롭다. 언제나 똑같이 지속되고 전진할 수 있는 것이다. 이런 거룩하고 귀한 새 생명으로 살다 간 앞선 인도자들 속에서 역사하신 주님은 오늘도 여전히 변함이 없으시다는 뜻으로 이 말씀을 기록한 것 같다. 또 신약의 성도들이 그들을 본받는 데 있어서 용기를 가지라는 말도 된다. 앞선 영적 위인들의 전기를 읽을 때 우리는 그들이 우리와 다르다고 생각하여 감히 본받을 엄두를 내지 못하곤 한다. 그러므로 사도는 말하기를, "예수 그리스도는 어제나 오늘이나 영원토록 동일하시니라"고 한다. 사도 바울이나 루터나 존 번연에게서 역사하셨던 주님, 귀용 여사나 허드슨 테일러나 조지 뮬러에게서 역사하셨던 주님, 근래까지 앞서간 믿음의 선진들에게서 역사하셨던 주님, 오늘 우리에게서 역사하시며 인도하시는 주 예수 그리스도는 어제나 오늘이나 영원토록 변함이 없으시다. 예수 그리스도의 인격 자체가 동일하시며 믿는이들에게서 역사하시는 그 주님도 동일하시다. 그러니 우리도 믿고 따르기만 하면 앞서간 그들의 발자취를 능히 따를 수 있다는 말이다.

다른 교훈을 주의함

9a절, 여러 가지 다른 교훈에 끌리지 말라

히브리서에서 우리는 '여러 가지'와 '하나'의 대조를 볼 수 있다. 대개 구약의 예표는 여러 가지 방면으로 되어 있고 신약은 유일하신 아들 안에서 성취된다(1:1, 7:23, 10:1-5). 그러므로 가르침에 있어서도 '여러 가지 다른 가르침'과 '한 가르침'이 대비되는 것이다. 사도 바울은 여러 차례 다른 가르침을 주의하라는 말을 했다(딤전 1:3 등). 우리에게는 유일하고 건강한 가르침이 있다. 이 가르침을 잘 지켜야 한다. 당시 유대주의적인 가르침은 여러 가지 가르침의 범주에 속한 가르침이었다. 오늘날에도 수많은 다른 가르침들이 존재한다.

우리는 여러 다른 가르침들을 주의해야 하는데, 특히 분열을 일으키는 가르침을 주의해야 한다. 가르침을 받은 결과 다른 그리스도인들과 나누어지고 교만하게 되는 가르침이 바로 그것이다. 믿는이들의 하나는 성령의 하나이다. 그러므로 이 땅의 많은 가르침들을 함부로 받아들여서는 안 된다. 어떤 가르침 속에는 분열의 영이 있을 수 있다. 분열적인 가르침을 전하는 사람은 때로 매우 매혹적이고 놀라운 것을 가르쳐주지만, 그렇게 해서 결국 자신의 무리를 형성한다. 이것은 매우 위험한 것이다. 특히 성경의 어떤 인물이나 사실을 자신들의 교주나 자신들의 단체에 일치시켜서 사람들을 따르게 하는 것이 오늘날 이단의 추세이다. 감람나무가 자신들의 교주라고 한다든가, 일곱 영의 교회에 하시는 말씀이 자신들의 교주에게서 나온다고 한다든가, 계시록에 나오는 인 맞은 십사만사천이 자신들의 단체에서 이루어져 간다고 한다든가, 그리스도의 몸은 유일하게 자신들의 단체뿐이라고 하는 등의 가르침은 다 분열적이고 이단적인 가르침이다. 참되고 건강한 가르침은 그리스도 안의 모든 성도들을 하나 되게 하고 한 몸을 건축한다. 왜냐하면 성령과 몸은 하나이기 때문이다(엡 4:4). 성령은 몸의 내용이고, 몸은 성령의 표현이라고 할 수 있다. 따라서 한 영이라면 한 몸을 건축해야 한다. 우리는 미혹되지 말아야 하며, 주님이 십자가의 피로써 하나 되게 한 주 안의 성도들을 나누는 다른 교훈들을 조심하라는 사도의 가르침에 귀기울여야 한다.

9b절, 마음은 은혜로써 굳게 함이 아름답고 식물로써 할 것이 아니니 식물로 말미암아 행한 자는 유익을 얻지 못하였느니라

성도들의 마음은 은혜로 굳게 함이 아름답다. 식물로써 굳게 한 자들은 은혜를 얻지 못했다. 당시 유대교도들에게는 오순절, 초막절, 유월절과 같은 여러 절기들이 있었으며 유교병, 무교병, 양고기, 염소고기 등 먹을 것이 많았지만 신약의 그리스도인들에게는 아무 절기도 없었고 식물도 없었다. 그러므로 유대교도들은 그들의 잔치를 자랑했을 것이다. 상황이 이러한데 신약의 어린 성도들이나 외롭게 길을 가는 성도들이 미혹되지 않았겠는가? 또한 구약의 하나님의 말씀에도 예물을 드린 후 자신들도 먹고 하나님과 함께 기뻐하라는 가르침이 있다. 화목제물은 특히 풍성해서 많은 사람들이 나누어 먹을 수 있었다. 그런 잔치를 누리면서 화기애애한 분위기 속에서 하나님을 최고도로 경배하는 듯이 보이는 종교의식을 거행하며 자랑할 때, 외로운 길을 걸어가는 신약의 어린 성도들은 부러운 마음을 금할 수 없었을 것이다. 그러므로 사도는 성도들에게 이러한 외적인 것들로 마음을 굳게 하지 말라고 권하고 있다.

우리 마음에 필요한 것은 은혜이다. 은혜는 보이지 않지만 우리에게 가장 필요한 것이다. 지금 주 예수님은 은혜의 보좌에 앉아 계신다. 성도들이 은혜를 얻어서 믿음이 굳게 되는 것이 우리가 받아야 할 신약의 유일한 가르침이다. 우리가 은혜를 더 많이 받을수록 다른 형제를 사랑하고 섬길 수 있으며, 다른 사람을 용서하고 불화가 제해질 수 있으며, 서로 간에 더욱 순종할 수 있다. 은혜는 우리에게 아무것이 없다 해도 조금도 부족함을 느끼지 않고 강건하게 전진하게 한다. 바울은 그 몸의 질병이 그대로 있었지만 은혜가 족하다고 말했다(고후 12장).

10-11절, 우리에게 제단이 있는데 그 위에 있는 제물은 장막에서 섬기는 자들이 이 제단에서 먹을 권이 없나니 11 이는 죄를 위한 짐승의 피는 대제사장이 가지고 성소에 들어가고 그 육체는 영문 밖에서 불사름이니라

"우리에게 제단이 있는데"란 말이 왜 갑자기 나왔는지에 대하여 이해하기란 쉽지 않다. 이 제단이 유대교적인 희생제사의 제단을 가리키지 않는 것은 옳은 것 같다. 많은 학자들이 공인하는 바이다. 벵겔, 알포드, 부르스 등이 그리스도의 십자가를 상징한다고 말했다. 물론 유대교적인 제단을 비유하면서 말하는 것이다. 우리 신약의 교회 안에도 제단이 없는 것이 아니다. 구약의 성막이든 성전은 다 예표이다. 교회 안에 제단이 없다고 말하지 말라! 성도들은 주의 날 자신을 드리고 예물을 드린다. 다 제단에 드리는 것이다. 보이지 않는다고 해서 없는 것이 아니다. 구약의 성막의 제단은 보이는 것이지만 신약의 교회의 제단은 보이지 않지만 실제이다. 그 위에 실제로 많은 것들이 드려지는 것이다. 제단이 없는 교회도 있을 수 있다. 그런 곳에서 성도들은 드리는 축복을 누리지 못한다. 제단이 세워진 교회도 있다. 그곳에서 성도들은 하나님께 자신과 예물을 드리며 축복을 얻는다. "나의 왕, 나의 하나님, 만군의 여호와여 주의 제단에서 참새도 제 집을 얻고 제비도 새끼 둘 보금자리를 얻었나이다"(시 84:3) 성도들이 제단에 참되게 자신을 드릴 때 하늘의 불은 그들을 불사르며 성령으로 충만케 하실 것이다.

히브리인들은 유대교의 옛 제사 방식으로 돌아가 보이는 제단을 실제 삼고 그 제사를 통해 먹고 마시는 것들을 실행함으로서 그들의 종교 생활을 강화하고 있었다. 그러나 사도는 구약의 주된 제사인 속죄제사(신약의 그리스도의 속죄사역을 예표함)는 그 제물을 먹을 수 없고 그 제물의 고기가 영문 밖에서 불살라졌다는 것을 상기시키면서 그들의 종교 예식의 헛됨을 이야기했다. 9절에 있는 음식이 특히 유대교의 여러 절기에 제물로 드려진 것임이 10절과 11절에 암시되어 있다. 따라서 여러 가지 다른 교훈이란 구약적인 제사 음식에 관한 교훈이었을 가능성이 있다. 즉 절기에 관련된 많은 교훈들인 것이다. 여기서 사도는 가장 기본적인 제사인 속죄제를 언급함으로써 구약의 실행도 먹고 마시는 것이 주종이 아님을 말하고 있다. 구약에서 속죄제를 드리는 자들은 그것을 먹을 권이 없었다. 히브리서에서 예수 그리스도의 제물 되심은 주로 속죄에 관한 것이었다(따라서 많은 학자들이 이 절의 제단을 십자가로 말하는 바이다). 그러므로 여기서 사실상 유대교도들이 제물을 먹는 것은 아무 유익이 되지 않는다고 말하는 것이다. 실제적으로 구약의 예표에서 속죄제를 드릴 때에 섬기는 자들은 제단에서 제물을 먹을 권이 없었다. 우리 신앙은 먹고 마시는 데 있지 않다. 이에 대하여 바울이 로마서에서 말한 바 있다("하나님의 나라는 먹는 것과 마시는 것이 아니요 오직 성령 안에서 의와 평강과 희락이라"—롬 14:17).

12절, 그러므로 예수도 자기 피로써 백성을 거룩케 하려고 성문

밖에서 고난을 받으셨느니라

우리가 주의해야 할 것은 음식이 아니라 피의 효능을 아는 것이다. 구약에서 속죄제를 위해 많은 짐승이 죽임을 당했는데, 이것의 실제가 그리스도를 통하여 이루어졌다. 예수 그리스도께서는 참 속죄제물로서 자신의 피로 백성을 거룩케 하려고 성문 밖에서 고난을 받으셨다. 여기서 예수 그리스도께서 십자가에 못 박히신 예루살렘 성문 밖과 광야에서의 진영(영문) 밖이 대비된다. 저들은 성문 안에서 먹고 마시는 등의 실행을 통해서 믿음을 강화하고자 했지만, 사도는 속죄제의 어린양이나 황소처럼 예수님은 예루살렘 성문 밖 골고다에서 십자가에 높이 달리시어 만백성의 죄를 대속하셨으며, 구약의 예표적인 제사법은 그리스도에 의해 완전히 성취되었다고 말한다. 그러므로 구약의 의식을 아직도 고집하는 자들은 사실은 그리스도를 부인하는 자들이다. 교회가 십자가를 중심으로 한 복음 진리 위에 서 있는 한 그곳은 성도들이 자신을 드릴 귀한 제단이 세워진다.

13절, 그런즉 우리는 그 능욕을 지고 영문 밖으로 그에게 나아가자

광야에서 이스라엘 백성의 삶은 진영(陣營)을 중심으로 이루어졌다. 당시 그 진영을 떠나 밖으로 나가는 것은 수치스런 일이요 죄를 범한 사람들이 당하는 처벌이었다. 그런데 히브리서에서는 신약의 믿는이들이 휘장 안으로 들어가야 하며 또 영문 밖으로 나가야 한다고 말한다. 당시 진정한 그리스도인으로서 길을 가려면 그러한 능욕을 지고 영문 밖으로 나가지 않으면 안 되었다. 영문(camp)은 땅에 속한 인간 조직인 종교 체제이며, 우리는 이러한 곳에서 나와 휘장 안으로 들어가야 한다. 영문 밖으로 나오지 않으면 휘장 안으로 들어가지 못한다. 하나님의 경륜은 휘장 안에서 이루어진다. 휘장 안에는 지성소가 있고, 지성소 안에는 언약궤가 있으며, 언약궤 안에는 싹 난 지팡이와 언약의 비석들과 감추인 만나가 있다. 우리가 만일 휘장 안에 생활한다면 우리는 영광의 하나님 안에서 생명의 율을 따라 생활하므로 주 안에서 성장하게 될 것이며, 감추인 만나이신 더 깊은 그리스도를 음식으로 먹고 마실 것이다. 뿐만 아니라 싹 난 지팡이이신 그리스도의 죽음과 부활을 체험함으로 우리에게 생명의 권위가 주어져 우리는 그리스도의 간증으로 나타날 것이다.

그래서 히브리서 전반부에서는 휘장 안으로 들어가라 하고 후반부에서는 영문 밖으로 나오라고 한다. 예배를 위해서는 휘장 안으로 들어가야 하고, 증거를 위해서는 영문 밖으로 나가야 한다. 사람의 생각으로는 먼저 진영(영문)에서 나와서 휘장 안으로 들어가야 할 것 같지만, 사실은 먼저 휘장 안에 생활해야만 자연히 이 땅의 종교 조직에서 벗어날 수 있다. 휘장 안에 생활하지 않으면 은혜와 공급이 없기 때문에 영문 밖으로 걸어 나아갈 힘이 없다. 우리의 길은 영문 밖에 계신 그분께 나아가는 것인데 그러기 위해서는 능욕을 감당해야 한다. 그리스도께서는 영문 밖에서 불살라지는 고통을 당하셨다. 그러므로 우리도 능욕을 지고 영문 밖으로 나아가는 것이 마땅하다. 하늘에 속한 동반자들의 길이 바로 이러한 길이다. 우리는 사람들이 "당신들은 이상하다. 왜 그러한 길을 가는가?" 하고 비방하면서 오해와 편견을 가지고 대하는 것을 받을 수밖에 없는데, 이는 우리가 능욕을 지고 영문 밖에 계신 그분께 나아가야 하기 때문이다.

출애굽기 32장 19절, "진에 가까이 이르러 송아지와 그 춤추는 것을 보고 대노하여 손에서 그 판들을 산 아래로 던져 깨뜨리니라". 여기에 진(陣)이 나오는데, 진(陣)은 이들이 우상 숭배를 하고 죄를 지었던 곳이다. 그들은 이 진 안에서 우상을 만들고 죄를 범했다. 출애굽기 33장 7절에서 "모세가 항상 장막을 취하여 진 밖에 쳐서 진과 멀리 떠나게 하고 회막이라 이름하니 여호와를 앙모하는 자는 다 진 바깥 회막으로 나아가며"라고 말한 것과 같이 구약에서도 주님을 섬기기 위해서는 진 밖으로, 영문 밖으로 나아갔다. 당시 모세는 거역적인 그들과 자신을 분별하여 진 바깥으로 나아갔던 것이다. 주님께 나아가기 위해서는 진을 떠나야 한다는 뜻이다. 히브리서에서는 능욕을 지고 영문 밖에 계신 주님께 나아가야 한다고 말한다. "그분처럼 우리에게도 이 땅에서의 극한 수치와 저 하늘에서의 극한 영광이 주어져 있다."(J. N. Darby)

주님이 먼저 능욕을 지고 성문 밖으로 나가 십자가에서 못 박혀 죽으셨다. 그분이 십자가에서 죽으신 것이 능욕을 당하신 것이 아닌가? 그러므로 오늘 우리도 그 능욕을 지고 그분께 나아가는 것이 마땅하다. 히브리서는 두 가지를 말하는데 첫째는 휘장 안으로 들어가라는 것이고, 둘째는 휘장 안에서 생활하는 사람들에게 영문 밖으로 나아가라는 것이다. 먼저 들어가야 나가는 삶을 살 수 있다.

1. 휘장 안에 들어감

휘장 안에 들어가는 것은 지성소 안에서, 영 안에서 사는 것이다. 사실 주님은 하늘의 지성소 안에서 살도록 우리를 부르셨다. 하늘의 지성소가 참 가나안이요 참 안식의 장소이다. 우리는 항상 하늘의 지성소 안에 머물러야 하는데, 그곳이 바로 오늘날 우리의 영이다. 대부분의 그리스도인들이 하늘의 지성소와 우리의 영이 연결되어 있다는 것을 잘 생각지 않는다. 즉 하늘에 대한 생각이 부족한 것이다. 지성소 안의 생활은 영적인 부분과 실제적인 부분이 있다. 생명율 안에 사는 것이며 부활의 권능 안에 살며 감추인 만나를 누리는 방식의 삶은 다 지성소 안의 생활이다. 그리고 13장에는 형제 사랑과 손 대접하는 생활 등 금전에 대한 태도, 인도자를 귀히 여김 등 모두가 지성소 안에 생활하는 자들의 실제적인 삶이다. 또한 주 예수를 따라 영문 밖으로 나아가는 사람들이 지성소의 사람들이다.

2. 영문 밖으로 나아감

하늘의 지성소에서 생활하는 사람들은 영문 밖으로 나아갈 준비를 해야 한다. 그렇기 때문에 하나님은 히브리서 10장 32절에서 "전날에 너희가 빛을 받은 후에 고난의 큰 싸움에 참은 것을 생각하라"고 말씀하신 것이다. 우리가 빛을 받은 후에는 고난이 오게 된다. 만일 우리가 휘장 안에 생활하고 항상 성령 안에서 주님과 동행하는 삶을 산다면 우리에게 고난과 비방과 환난이 올 것이다. 어린 히브리 그리스도인들이 왜 유대교로 돌아가려고 했겠는가? 비방과 환난과 핍박으로 그들이 약화되었기 때문이 아니겠는가?

나는 여러분에게 다시 한 번 히브리서 3장 1절을 상기시키고 싶다. “함께 하늘의 부르심을 입은 거룩한 형제들아”. 우리는 하늘의 부르심을 받는 자들이요 그리스도의 동반자들이다. 하늘에 계신 그리스도의 동반자가 되려면 우리도 그분의 능욕을 짊어져야 한다. 그리스도께서 이 땅에서 가신 길과 삶이 우리 것이 되어야 한다. 주님은 종이 상전보다 못함을 우리에게 알려 주셨다. 이것은 상전이 어떠한 길을 갔다면 종도 반드시 상전과 같은 길을 가야 한다는 뜻이다. 그분은 갈릴리 길을 걸으셨고 나사렛에서 고난을 받으며 사셨다. 주님은 시편에서 자신을 가리켜 “나는 벌레요 사람이 아니라”(시 22:6)고 하셨다. 주님은 사람들에게 싫어 버린 바 되셨고 아무도 그분을 귀히 여기지 않았다. 이것이 주님이 가신 길이다. 그러나 오늘 우리는 사람들에게서 좋은 평판을 받고 높임받기를 원한다. 혹은 사람들에게 높임을 받지는 않더라도 사람들에게 오해와 비방은 당하지 말아야 한다고 생각할 것이다. 그러나 주님은 그러한 길을 이미 가셨다. 그러한 상황이 우리에게 임할 때 많은 믿는이들의 마음은 오지 말아야 할 것이 온 것처럼 이상하게 생각한다. 그러나 우리가 항상 모든 사람들에게 칭찬만 듣는 사람이라면 나는 우리의 길이 과연 주님이 가시는 길과 같은지를 점검해야 할 것이라고 믿는다.

만일 우리가 진정으로 이 길을 가고자 하고 경건하게 살고자 한다면 반드시 핍박을 받게 되어 있다. 사도 바울은 “내가 지금까지 할례를 너희에게 전하였더라면 십자가의 거치는 것이 그쳤으리라”고 말한 바 있다. 그는 어떻게 전파할 때 어려움과 핍박이 오고 또 어떻게 전파할 때 자신의 평판이 좋아지는지 잘 알고 있었지만, 그의 선택은 분명했다. 그는 주님이 그에게 계시하시는 대로 전하고 그대로 길을 갔으며, 그로 인해 사방에서 그를 죽이려고 했던 것이다.

오늘 이 땅에서 주님을 신실하게 따라가는 사람이라면 주님과 같은 길을 걷고 있을 것이다. 우리는 그리스도의 동반자들이 되기 위해 능욕을 지고 영문 밖으로 나아가는 길을 걸어야 한다. 한국 기독교 초기에 한 목사님이 지은 찬송시에 우리의 갈 길이 십자가의 길이고 영문 밖의 길이라는 구절이 있다. 오늘 많은 그리스도인들은 이러한 초기의 그리스도인의 길을 잃어버리고 편한 길, 안주하는 길, 사람들에게 인정받는 길을 가려고 한다. 그러나 히브리서 기자는 우리에게 제단이 있지만 섬기는 자들에게 먹을 권이 없다는 것을 알려준다. 먹는 게 있어야 즐거운데 그것이 없다는 말이다. 그대신 고난과 능욕과 수치가 있었다. 유대교도들에게는 고난과 능욕과 수치가 없었다. 그들은 그저 먹고 마시고 즐기면서 아주 만족했을 것이다. 감추인 만나는 하늘에 속한 만나이고 하늘에 속한 양식이며 하늘에 속한 공급이다. 하나님께서는 이러한 공급을 얻게 하려고 우리를 부르신 것이다. 진정한 믿는이는 세상이 감당치 못할 자이며, 그들이 세상에서 얻을 것은 박해와 능욕과 고난뿐이다. 이를 위해 우리를 부르신 하나님께 감사하고 찬미한다. 이것이 바로 하늘 길을 걷는 나그네들의 삶이요 지성소 안에서 사는 자들의 삶이다.

14-15절, 우리가 여기는 영구한 도성이 없고 오직 장차 올 것을 찾나니 15 이러므로 우리가 예수로 말미암아 항상 찬미의 제사를 하나님께 드리자 이는 그 이름을 증거하는 입술의 열매니라

아마도 예루살렘에 있는 유대교도들은 유대교의 절기와 제사 의식 등을 즐기면서 별 부족함 없이 지냈을 것이다. 그러나 하늘의 동반자들로 부르심받은 그리스도인들에게는 이 땅에 영구한 도성이 없다. 하늘의 동반자들의 길에 대한 성경의 가르침은 이 땅에는 영구한 도성이 없고 장차 올 것을 찾는다는 것이다. 우리 신약의 믿는이들은 이 땅에서 하늘의 나그네들이며 우리의 마음은 하늘 본향을 향하고 있다. 믿음의 조상 아브라함이 이 땅에서 그러한 길을 갔다. 그는 이 땅에서 나그네로 살면서 하늘의 기업을 바라보았던 것이다.

당시 영문 밖으로 나간 자들은 영문 안에 그들이 거할 곳이 없었다. 영문 안이 편안하고 안주할 만하게 보이지만, 실상 그 성은 임시적인 것이요 장차 멸망할 도성일 뿐이다. '영문 밖으로'란 당시 유대교의 분위기로 팽배한 예루살렘을 떠나는 것을 말한다. 이에 대하여 사도 바울은 갈라디아서에서 강하게 말했다. 당시 유대교도들은 예루살렘을 거룩한 도성으로 말했을 것인데, 바울은 그곳을 하갈로 비유하고 시내 산에 비유하였다(갈 4:25). 예수님을 영문 밖으로 내쫓고 죽인 예루살렘은 더 이상 거룩한 도성이 아니며 영구한 도성은 더더욱 아니다. 우리는 오히려 그러한 진영을 떠나는 사람들이 되어야 한다.

14절에서는 이 땅에 우리의 영구한 도성이 없고 오직 장차 올 것을 찾는다고 말한다. 그러므로 우리는 이 땅에 있으면서 하늘의 영구한 도성을 바라보며 예수로 말미암아 항상 하나님께 찬미의 제사를 드리자고 했다. 제사에는 희생이 있지만 찬미도 있다. 이 땅에서는 능욕을 지고 사람들에게 비방당하며 버림받지만 이것이 주님을 따라가는 우리의 길이다. 거기에는 희생이 있고 그러하기에 제사가 있는 것이다. 그 길을 걷는 우리의 입술에는 찬미가 있다. 히브리서 기자는 이러한 찬미 또한 제사라고 했다. 이것이 또한 지성소의 삶을 사는 그리스도인들의 생활이다. 비방과 능욕을 당하지만 그들의 입술에는 늘 찬미의 제사가 있는 것이다.

우리는 영구한 도성을 바라보며 소망이 있기 때문에 우리의 입술에는 항상 찬미가 있다. 이러한 찬미는 제사의 성분을 가지고 있다. 제사란 우리 편에서 뭔가 대가를 지불하고 희생하는 것이 있는데, 그것은 곧 능욕을 지고 영문 밖으로 나아가는 것이다. 이 길은 우리에게 고달픈 길이요 희생이 요구되는 길이다. 그러한 길을 가면서도 여전히 찬미할 수 있는 것은 우리가 이 땅에서 영구한 도성을 찾는 사람이 아니라 장차 올 왕국, 하나님의 영원한 성을 바라보는 사람이기 때문이다. 우리의 입술은 항상 이러한 종류의 찬미의 제사를 드려야 한다. 이것이 하나님의 이름을 증거하는 입술의 열매라고 했다. 이 구절은 호세아 14장 2절의 "우리가 입술로 수송아지를 대신하여 주께 드리리이다"라는 말씀과 맥을 같이 한다. 그 이름은 하나님의 인격 자체를 가리킨다(이상근). 우리가 찬미하는 것은 다름 아닌 그분의 인격이요 그분의 이름이다. 그분의 능욕을 지고 영문 밖의 길을 걸으면서 우리의 입술은 그분의 이름으로 채워져 있어야 한다.

만일 여러분이 신실하게 성령을 따르고 어린양이 인도하는 대로 가다 보면 반드시 도달하는 곳이 있는데, 곧 히브리서 10장 후반부와 11장—13장이다. 사람들에게 비방당하고 핍박과 오해를 받기 시작한다. 히브리서 기자는 이러한 일들이 하나님 아버지께서 사랑하는 자녀들을 징계하시는 것이라고 말한다. 그러므로 만일 우리에게 징계가 없고 어려움이 없다면 우리가 하나님의 사랑하시는 참 아들인가를 물어보아야 한다. 이러한 상황은 반드시 우리에게 발생하는데 이는 주님이 우리를 그렇게 이끄시기 때문이다. 이것이 구약 아가서에 기록되어 있다. 우리가 주님을 따라가면서 "주님, 저를 이끌어 주십시오. 제가 당신을 따라 달려가겠습니다."라고 할 때 결국 주님은 주님이 가신 그 십자가의 길로 우리를 이끄신다. "나의 사랑하는 자의 소리가 들리는구나 문을 두드려 이르기를, 나의 누이, 나의 사랑, 나의 비둘기, 나의 완전한 자야 문 열어다고 내 머리에는 이슬이, 내 머리털에는 밤이슬이 가득하였다 하는구나"(아 5:2). 이것이 그리스도인의 길이다.

고난이 없고 핍박이 없는데 어떻게 찬미의 제사가 있을 수 있겠는가? 고통 가운데 상한 심령으로 찬미의 제사를 드릴 수 있는 것이다. 이 부분에 대해서 스펄전의 글을 읽어보겠다. "마음이 죄로 인해 애통해할 때 하나님께서는 도끼로 살육당한 황소가 피를 흘리고 있을 때보다도 더 기뻐하신다. 상한 마음은 슬픔을 암시하는 것이고 산다는 것 자체를 비통하게 여긴다는 표현이다. 하나님께는 유쾌해 하는 마음이 저주받은 마음이다." 이것이 무슨 말인가? 하나님께서는 상한 심령을 제물로 받으신다는 뜻이다. "그러나 주께서는 사람이 보는 바대로 보시지 않는다. 그분은 사람이 높게 평가하는 것을 멸시하시고 사람이 경멸하는 것들을 높게 평가하신다. 하나님께서는 겸손하고 애통해하며 죄를 회개하는 사람을 결코 내어쫓지 않으신다." 하나님께서는 우리가 고난받고 대가를 지불하는 상황에서 여전히 하나님을 찬미하는 찬미의 제사장이 되기를 기뻐하신다.

교회생활을 위한 권면들

선을 행함과 서로 나눠줌

16절, 오직 선을 행함과 서로 나눠주기를 잊지 말라 이같은 제사

는 하나님이 기뻐하시느니라

우리 그리스도인들에게는 영적 수양만 있어서는 안 되고, 찬미만 있어서도 안 된다. 지성소 안에 사는 성도들은 실제 섬김에서도 구체적이어야 한다. 우리에게는 마땅히 선을 행하는 생활이 있어야 하며 나눠주기를 잊지 말아야 한다. 선을 행하는 것도, 나눠주는 것도 다 제사이다. 여기서 사도는 신약의 제사들을 유대교의 제사들과 비교하고 있다. 유대교인들은 자신들이 드리는 제사를 자랑하며 그들의 음식으로 성도들을 미혹했다. 그러나 참된 제사는 능욕을 지고 영문 밖으로 걸어가는 순례자의 찬미의 제사요, 오직 선을 행하며 나눠주는 일임을 사도는 말하고 있다. 이런 것들이 실제의 제사이다. 여기서 신약의 성도들의 갈 길을 분명히 밝혀주심을 감사한다. 신약의 성도들은 구약의 예표적 제사보다 훨씬 실제적인 찬미와 나눠주는 섬김의 제사를 드리는 것이다. 필요한 사람들에게 물질을 나눠주고 드리는 일은 가장 귀한 제사이다.

최근 장마로 수해가 있었다. 이렇게 어려운 시기에 우리 그리스도인들이 어려움에 빠진 성도들과 가난한 사람들, 수해를 당한 사람들에게 조금이라도 나누어주는 것을 하나님께서는 매우 기뻐하신다. 열심히 벌어서 자신만 배부르게 먹고 사는 것은 그리 의미가 없다. 우리는 자신의 소유를 가져다 필요한 사람들에게 나누어줄 수 있어야 한다. 우리 가운데는 가난한 선교지의 교회들이 있다. 언제든지 우리가 하고자 하면 그들을 지원할 수 있다(이번 2013년 해외 지도자 세미나에도 많은 물질을 각 나라로 내보냈다). 이는 주님이 우리에게 뭔가를 나눠줄 통로를 주신 것이니 얼마나 감사한 일인가! 이것이 참된 제사요 희생이다.

당시 유대교도들은 성경에 따라 한다면서 형식적인 구약의 제사법을 주장하며 음식으로 성도들을 미혹하고 있었다. 그러나 사도는 말하기를 참된 제사는 능욕을 지고 걸어가는 순례자들의 입에서 나오는 찬미, 곧 '입술로 수송아지를 드리는 것'이며, 또한 선행을 하고 궁핍한 자들에게 나눠주는 것이라고 했다.

확실히 신약 시대는 성취와 실제의 시대이다. 구약의 제사들은 다만 예표에 불과했는데, 당시 유대교도들은 그러한 그림자와 예표를 붙잡고 성도들을 미혹한 것이다. 10절의 "우리에게는 제단이 있는데"라는 말은 16절까지 연결된 사상으로 보아야 할 것이다. 신약의 교회에 제단이 없다고 생각지 말라! 사도는 다만 그 제단이 무엇을 먹기 위한 제단이 아니라고 말할 뿐이다. 오히려 그 제단에 드리는 제물들은 찬미요, 헌신이요, 섬김이다. 사도 바울은 로마서 12장 1절에서 "너희 몸을…거룩한 산 제사로 드리라"고 말했다. 또 빌립보서 4장 18절에서는 빌립보 성도들이 사도에게 드린 연보를 '향기로운 제물'이라고 했으며, 빌립보 성도들이 믿음으로 달려가는 길을 '믿음의 제물'이라고 했고, 자신의 달려감과 순교를 '관제'로 표현했다(빌 2:17, 딤후 4:6). 따라서 신약의 교회에도 제단이 있다. "우리에게 제단이 있는데". 이 구절은 매우 귀한 사상을 전달하며, 성도들이 형식적인 제사가 아닌 실제의 제사와 예배를 드려야 함을 암시한다. 아멘.

인도하는 자들에게 순종하고 복종함

> **17절, 너희를 인도하는 자들에게 순종하고 복종하라 저희는 너희 영혼을 위하여 경성하기를 자기가 회계할 자인 것같이 하느니라 저희로 하여금 즐거움으로 이것을 하게 하고 근심으로 하게 말라 그렇지 않으면 너희에게 유익이 없느니라**

사도는 각지 교회를 초월하여 섬기는 종들이다. 이것의 구절에서 사도는 각 교회에게 교회들을 인도하는 인도자들에게 순종하고 복종할 것을 권면한다. 7절에 나오는 인도하는 자들은 먼저 주님께 갔거나 오래 전에 인도했던 사람들일 것이며, 여기서 말하는 인도하는 자들은 현재 인도하는 자들을 말할 것이다. 현재 여러분들을 인도하는 자들에게 순종하고 복종하라는 것이다. 순종이란 교훈과 지도에 따라가는 것을 말하고, 복종이란 아프게 책망하는 말에 굴종함을 말한다(박윤선). 나는 오늘날 교회에 가장 부족한 것이 이것이라고 생각한다. 순종하고 복종하는 성도들을 보기가 어렵고, 성도들을 개인적으로 또는 단체적으로 교훈하고 지도하는 사람들을 보기가 어려우며, 합당한 영으로 바르게 책망하는 사역자들을 보기가 어렵다는 것이 안타깝다. 엄하게 책망하는 교훈을 단 마음으로 순종하는 자들은 너무나 드물다. 오히려 유감스럽게도 성도들이 인도자들에 대하여 거역하고 훼방하는 말 하는 것을 많이 듣는다. 신약에는 하나님과 사람 사이의 중간계급이 없다. 모두가 다 제사장이다. 그럼에도 서신서들에는 분명히 하나님이 세우신 은사와 직분이 있다. 그러나 은사자나 직분 있는 자들은 교회 안에서 위임을 수행할 때 계급적으로 수행하는 것이 아니고, 다만 받은 은혜로서 성도들 모두가 하나님을 순종하고 따르며 섬기도록 협력하고 돕는 것이다.

성도들이 순종하고 복종해야 하는 사람은 현재 성도들 앞에 존재하는 인도자이다. 현재 이 땅에 없는 사람에게는 순종하고 복종할 수 없다. 그러면 누가 인도하는 자인가? 성도들을 가슴으로 짊어진 사람이다. 그들의 영혼을 위하여 마치 자기가 회계할 사람인 것처럼 그들의 아픔을 같이 아파하고 그들의 어려움을 같이 어려워하는 사람이다. 성도들이 잘못되고 미혹되고 후퇴해도 마음에 전혀 부담이 없는 사람이라면 인도자라고 할 수 없다. 인도자는 성도들이 잘못될 때 가장 마음 아파한다. 사도는 성도들에게 그러한 인도자들에게 순종하고 복종하라고 했으며, 그럴 때에 자신에게 유익이 있을 것이라고 했다. 인도하는 자들에게 순종하고 복종하지 않음으로 그들로 하여금 근심으로 이 일을 하게 한다면 그들에게 유익이 없을 것이다. 우리는 이 모든 말씀을 깊이 생각하고 받아들여야 할 것이다.

사도들을 위하여 기도함

18절, 우리를 위하여 기도하라 우리가 모든 일에 선하게 행하려 하므로 우리에게 선한 양심이 있는 줄을 확신하노니

"우리를 위하여 기도하라!" 교회는 마땅히 사도를 위하여 기도해야 한다. 여기서 사도의 이름을 밝히고 있지는 않지만, 아마도 그는 사도 바울일 것이다. 바울과 그의 일행들은 하나님의 경륜, 사역, 복음을 위하여 계속 나아가고 전파하고 싸우는 자들이었다. 교회는 마땅히 하나님의 복음을 전파하는 자들을 위해, 온 땅의 하나님의 역사를 위해 기도해야 한다. 성도들은 사도들을 위한 기도가 반드시 필요하다(엡 6:19, 살전 5:25). 주의 종들을 위한 기도가 부족한 교회는 하나님 앞에 부족함과 결여가 있다는 것을 알아야 한다. 성도들은 주의 종 홀로 전장에 나가게 해서는 안된다. 반드시 기도의 동역과 부축을 해야 한다.

선한 마음이 있어야 함

모든 성도들도 마찬가지이지만 특히 하나님의 종들에게는 선한 마음이 있어야 한다. 무엇이든지 선하게 행하려는 마음은 그리스도인에게 매우 중요한 미덕이다. 악한 데에는 미련해야 하고 선한 데에는 지혜로워야 한다.

여기서 이렇게 계시가 출중한 사도가 기도를 부탁하고 선한 양심을 언급한 것은 매우 의미심장하다. 이는 성도들이 진리를 알고 모든 면에서 진보했다 하더라도 끝까지 선한 양심을 주의해야 함을 암시한다. 선한 양심이 없는데 어떻게 선한 일을 행할 수 있겠는가! 우리는 모든 일에서 일의 성공과 실패를 볼 뿐 아니라 선한 양심을 주의해야 하며, 형제를 위하고 교회를 위한 일이라 하더라도 그 동기와 의도 속에 불순한 것이 섞이지는 않았는지 점검하고 조심해야 한다. 사도는 그가 모든 일을 선하게 행하려 함으로 자신에게 선한 양심이 있음을 확신한다고 하였다. 우리 또한 사도와 같이 선한 양심 갖기를 소원해야 한다. 우리의 섬김은 결국 양심에서 비롯되는 것이기 때문이다. 우리가 성도들이나 교회를 위해 일하기 전에 우리의 양심의 소리를 들어야 하는데, 이는 그것이 섬김에서 가장 중요한 것이기 때문이다. 우리는 사람들에게 우리의 선한 양심의 증거를 보일 수 있기 바란다.

어떻게 해서든지 사람에게 보복하고 방해하려는 생각을 해서는 안 된다. 이것은 악한 생각이다. 여러분은 적어도 어떤 것이 선한 것이며 어떤 것이 악한 것인지는 알 것이다. 사도행전은 주님이 사용하시는 종 바나바가 착한 사람이요 성령과 지혜가 충만한 사람이라고 말하고 있다. 거기서 그를 착한 사람이라고 한 것은 착한 것이 중요함을 뜻한다. 어떤 사람은 영적인 것을 이야기하고 진리를 말하지만 그 속에 선한 것을 좋아하는 게 없다. 일이 안 되면 수단과 방법을 가리지 않고 밀어붙인다. 그런 것은 결코 선한 게 아니다. 그리스도인은 선해야 한다. 어찌하든지 형제를 도우려 하고 적극적인 일에 협력하려고 하며 누군가 어려우면 도와주려고 하는 것이 선한 것이다. 언제든지 자신을 위해 형제를 생각하지 말고 형제의 유익과 구원을 위해 생각해야 한다. 심지어 주를 위한 일일지라도 형제를 일의 도구로 이용하려 관계를 가지려고 해서도 안된다. 모든 것은 가장 참되게 주님과 형제를 위해서 해야 한다.

어떤 형제가 질병에 걸렸는데, 그 형제가 예전에 자신을 아주 속상하게 했기 때문에 속으로 그 형제에게 '당신이 예전에 나를 그렇게 속상하게 했기 때문에 지금 징계를 받는 것이다. 징계를 받으면서 옛날에 나에게 했던 것을 생각해보고 나한테 회개를 해야 한다.'고 생각한다면 이것은 선한 것이 아니다. 우리 그리스도인에게는 마땅히 사람이 넘어질 때 일으켜 세우려고 하는 선한 마음이 있어야 한다. 우리가 높은 영적 진리를 말하는데 우리에게서 선함을 발견할 수 없다면 부끄러운 일이다. 우리 모두가 이러한 하나님의 말씀 앞에서 배워야 한다. 그리스도인은 깊고 높은 진리는 알고 있는데 선함과 아름다운 미덕들이 부족하다는 말을 들어서는 안 된다.

19절, 내가 더 속히 너희에게 돌아가기를 위하여 너희 기도함을 더욱 원하노라

당시에는 여행할 때 길이나 모든 상황이 그리 순탄하거나 수월하지 않았다. 따라서 어떤 곳에 가고자 하는 마음이 있어도 쉽게 갈 수 없었으므로 성도들의 기도가 필요했던 것이다. 교회는 마땅히 사도들을 위해서 기도해야 하며 돌아올 수 있기를 기도해야 한다. 나는 이번에 미얀마에서 온 형제로부터 그곳에 있는 인도하는 형제들이 우리를 간절히 사모하고 속히 와주기를 바란다는 말을 들었다. 형제의 입을 통해서 그들의 마음이 전달될 때 나는 너무 기뻤다. 주님의 종이 돌아오기를 기도하는 것은 성도들의 아름다운 모습이다.

20절, 양의 큰 목자이신 우리 주 예수를 영원한 언약의 피로 죽은 자 가운데서 이끌어 내신 평강의 하나님이

20-21절은 사도의 마지막 기도이다. 20절에서 언약의 피를 언급한 이유는 무엇이며, 하나님을 평강의 하나님으로 칭한 이유는 무엇이며, 양의 큰 목자를 언급한 이유는 무엇인가? 우리 주님은 양의 큰 목자이시다. 사도는 가서 그들을 돕기 원했지만 여전히 주님께 기도하고 주님을 바라보았다. 그것이 20절과 21절에 나타나 있다. 하나님께서 그렇게 해주시기를 기대하는 것이다. 그는 그들을 돕기를 바랐지만 반드시 도울 수 있다고 확신하지는 않았으며 주님이 양의 큰 목자이시므로 그분께 의뢰한 것이다. 양의 큰 목자가 그들을 돌보아 주셔야 한다는 것이다. 즉 하나님께서 목자이신 예수 그리스도를 통하여 그들로 선한 일을 하게 하시고, 하나님의 뜻을 이루게 하시며, 그 속에 하나님이 기뻐하시는 것이 이루어지도록 역사하시기를 기도하고 기대한 것이다.

이 모든 구절이 구약과 연결되어 있다. 영원한 언약, 평강의 언약이라는 말이 다 구약에 있다. 사도는 이 말씀으로 마지막 축복의 인사를 한 것이다. 에스겔 37장 26절, "내가 그들과 화평의 언약을 세워서 영원한 언약이 되게 하고 또 그들을 견고하고 번성케 하며 내 성소를 그 가운데 세워서 영원히 이르게 하리니". 이사야 54장 10절, "산들은 떠나며 작은 산들은 옮길지라도 나의 인자는 네게서 떠나지 아니하며 화평케 하는 나의 언약은 옮기지 아니하리라 너를 긍휼히 여기는 여호와의 말이니라". 스가랴 9장 11절, "또 너로 말할진대 네 언약의 피를 인하여 내가 너의 갇힌 자들을 물 없는 구덩이에서 놓았나니". 여기에 언약의 피가 나온다. 이것은 모두 구약에 기록된 말씀들이다.

우리는 작은 목자들에 불과하지만 그분은 우리의 큰 목자이시다. 신약에서 우리의 목자는 주 예수님이시다. 그분이 우리의 큰 목자이시다. 구약의 피는 그 효력이 영원하지 않지만 주 예수님의 피는 영원한 언약의 피이다. 그리스도의 흘리신 피는 우리의 죄 사함만을 위한 것이 아니라 영원한 언약을 세우기 위한 피인 것을 기억해야 한다. 물론 그 언약 안에는 죄 사함이 포함되어 있지만 그 언약의 축복은 광대하여 모든 것을 포함한다. 그분이 골고다에서 피를 흘리심으로 그분의 모든 약속과 축복은 유산과 유증이 되어 우리의 것이 되었다. 그 약속이 분명히 우리 것이 되도록 인치신 것이 그분의 피이다. 그 피는 언약을 인쳤고 양심의 모든 거리낌을 제하였으며 우리 속에 기록된 생명의 법과 하나님과의 교제를 확보해주었다. 피는 우리의 죄를 대속하였고 우리 마음속의 죄 의식을 정결케 했다. 그분의 피가 없었다면 하늘 문은 열리지 않았을 것이며 또한 그분은 부활할 수 없으셨을 것이다. 하나님은 그분의 영원한 언약의 피로 그리스도를 죽음에서 일으키신 것이다. 그러므로 이제 우리는 그분의 언약의 내용들에 대하여 믿음으로 권리행사를 잘 할 줄만 알면 그분의 모든 약속의 말씀과 축복들이 우리의 것이 된다. 히브리서가 언약을 강조한 책이라는 것을 아는 것은 이 책을 이해하는 데 있어서 매우 중요하다. 신실하신 하나님이 우리와 세우신 새 언약을 인하여 감사하고 찬미하자!

21절, 모든 선한 일에 너희를 온전케 하사 자기 뜻을 행하게 하시고 그 앞에 즐거운 것을 예수 그리스도로 말미암아 우리 속에 이루시기를 원하노라 영광이 그에게 세세무궁토록 있을지어다 아멘

우리는 하나님께서 우리를 온전케 하시어 그분의 뜻을 이루는 도구들이 되어야 한다. 또한 그분이 우리 속에 그분이 보시기에 좋은 것을 이루셔야 한다. 이는 우리가 신약의 성도들이 되었다는 면에서 매우 중요하다. "우리 속에 이루시기를 원하노라"의 구절은 매우 의미있다. 하나님의 뜻이 이루어지는 곳은 주로 바깥이 아니라 우리 안이다. 우리 안에 하나님의 뜻이 이루어질 때 하나님의 왕국이 이루어지게 되는데, 이 모든 것은 사실상 하나님 자신이 우리 속에 더 역사되시는 것이다.

"영광이 그에게 세세 무궁토록 있을지어다"라는 송영은 지성소 안에 사는 자들의 진정한 찬미의 제사가 되어야 하리라! 계시록에는 하늘에서 보좌를 향하여 쉬지 않고 하나님께 영광을 돌리는 찬미가 있다. 이 땅에서는 우리가 영문 밖으로 나가면서 늘 입술로 찬미의 제사를 드리자. 그 찬미는 언제나 하나님을 향한 영광의 찬미여야 한다. 하나님의 성전에서 해야 할 가장 귀하고도 중요한 일은 그분을 찬미하는 일임을 잊어서는 안 된다.

교회 생활과 지성소 안의 생활

히브리서는 휘장 안의 생활을 강조한다(히 7:26-8:2, 10:19-21, 12:22-24). 과연 하늘에 속한 생활, 지성소에 나아가 휘장 안에 사는 사람들의 삶은 과연 어떤 것인가? 우리는 히브리서 13장에서 매우 깊은 인상을 받게 된다. 그것은 놀랍게도 평범한 일상생활 가운데 하늘에 속한 삶의 실제가 있다는 것이다. 즉 정상적이고 합당한 교회 생활을 함이 지성소의 생활인 것이다. 나는 로마서를 강해할 때 6-8장의 옛 사람이 죽고 새 생명 안에 사는 사람들의 생활이 12장의 교회 생활임을 말한 적이 있다. 히브리서는 지성소에 들어가 그 안에 생활하는 생활이 13장에서 교회 생활임을 말해주고 있다. 형제 사랑이라든지 손접대, 인도자들을 순종하는 것 등은 다 교회 생활 안에서 체험할 수 있는 것들이다. 우리는 지성소 안의 생활과 하늘 보좌 앞의 생활이 이 땅에서 교회 생활 안에서 실천되어야 함에 깊은 인상을 받아야 한다.

"형제 사랑하기를 계속하고" 나는 여러분이 형제를 사랑하는 것이 하늘에 속한 지성소에 사는 사람들의 정상적인 생활이라는 것을 생각해본 적이 있는가 묻고 싶다. 주 안에서 사랑으로 손 대접하는 일이 지성소의 생활이라는 것을 생각해보았는가? 돈을 사랑치 않고 있는 바를 족한 줄로 아는 것도 마찬가지이며 선을 행하며 나눠주기를 잘 하는 것도 그러하다. 인도하는 자들에게 순종하고 복종하는 것도 마찬가지이다. 교회를 인도하는 자들을 근심으로 섬기게 하지 않고 기쁨으로 섬기게 함이 하늘에 속한 삶이다. 하늘에 속한 삶이 이 땅의 일상생활을 초월하여 기이한 영성적 삶이 아님을 아는 것이 필요하다. 지성소의 삶은 매우 정상적이고 일상적인 삶 가운데서 그리스도의 생명을 살아내는 가운데 이루어지는 것이다. 이전의 장들에서 다룬 서로 돌아보아 사랑과 선행을 격려하는 것과 모이기를 힘쓰는 것도 동일한 것이다(히 10:24-25). 이러한 합당하고 정상적인 교회 생활과 섬김 속에 하늘에 속한 지성소의 생활이 연결되어 있음을 아는 것은 매우 중요하다. 우리의 영은 매우 높아서 하늘에 있으나 우리의 발걸음은 이 세상에서 늘 예수의 능욕을 지고 영문 밖으로 나아가는 것이다. 신약의 성도들은 수치를 지고 영문 밖으로 나아가며 고난의 길을 가지만 입술에는 항상 하늘을 향한 찬미의 제사가 있다.

저자가 바울일 가능성인 큰 이유

1. 간단히 너희에게 썼다는 표현

22절, 형제들아 내가 너희를 권하노니 권면의 말을 용납하라 내가 간단히 너희에게 썼느니라

사도는 성도들에게 보낸 권면의 말을 잘 용납하도록 다시 한 번 당부하고 있다. 히브리서에는 책망도 있고 경고도 있다. 이런 말씀은 잘 받아들여야 한다. 이렇게 긴 편지를 쓰고도 간단히 썼다고 하는 것으로 보아 이 서신의 기자는 사도 바울일 것이다. 로마서 15장에서도 그 심오한 진리를 상세하게 기록하고서도 대강 썼다고 했다. 히브리서도 마찬가지이다. 성경에 히브리서라는 책이 있음을 인해 주님께 감사한다.

2. 바울의 동역자인 디모데

23절, 우리 형제 디모데가 놓인 것을 너희가 알라 그가 속히 오면 내가 저와 함께 가서 너희를 보리라

여기에서 사도는 디모데가 감옥에 갇혔다가 석방이 되었다는 것을 성도들에게 알려 준다. 우리는 성경에서 바울 외에 디모데를 동역자로 말하는 사람을 발견할 수 없다. 히브리서를 쓴 사람이 여기서 디모데를 언급한 것으로 보아 저자가 바울일 것이라고 짐작하는 것이다. 바울은 히브리 그리스도인들, 유대인들에게는 '내가 너희의 사도다'라고 하지 않고 자신이 이방인의 사도인 것을 영광스럽게 생각한다고 했다. 하나님께서 이방인을 위해서는 바울을, 할례자들을 위해서는 야고보와 베드로를 세우셨다. 그러나 바울은 이방인의 사도로 부르심을 받았을지라도 늘 자기의 동족 유대인들을 생각했으며, 이방인과 유대인이 그리스도 안에서 한 몸을 이룬다는 것을 알았다. 사도행전을 읽어보면, 그는 이방에 가서 교회를 세웠지만 예루살렘의 소식을 알고 싶어했고, 예루살렘에 가고 싶어했으며, 최종적으로 예루살렘에 가서 죄수로 잡혀 로마까지 가게 되었다. 예루살렘에 가면 붙잡혀서 어려움을 당할 것을 잘 알았으면서도 왜 굳이 예루살렘에 가려고 했는지는 모르지만, 우리가 한 가지 느낄 수 있는 것은 사도 바울 속에 유대인들에 대한 간절함이 있었다는 것이다. 사도 바울이 쓴 서신서를 읽어보면 군데군데에서 자기 동족을 언급한 것을 본다. 사도 바울이 열세 개의 서신을 이방인들을 위해 썼다면 적어도 한 서신은 동족을 위한 것이며 그것이 바로 히브리서일 것이다. 필자가 히브리서를 강해하기 위해 많이 참고한 다비(J.N.Darby)나 앤드류 머레이의 저서에서도 이 서신의 저자를 바울이라고 확신했다는 것을 밝혀두는 바이다.

3. 은혜로 구절을 마침

24-25절, 너희를 인도하는 자와 및 모든 성도에게 문안하라 이달리야에서 온 자들도 너희에게 문안하느니라 25 은혜가 너희 모든 사람에게 있을지어다.

다른 사도들의 서신서는 은혜로 마치는 경우가 드물지만, 오직 사도 바울만은 매 서신서 마지막에 서명을 하듯이 은혜를 언급한다. 오늘 우리에게 필요한 것은 은혜이다. 이 서신을 마치면서 여러분 모두에게 은혜가 가득하기 바란다. 주님께서 히브리서의 모든 말씀들을 강해할 수 있도록 인도하시고 축복해주심을 다시 한 번 감사드린다. 여러분 모두를 끝까지 이 말씀들을 통해서 은혜와 유익을 얻도록 하신 주님께 감사드린다. 아멘.

히브리서 강해

초판 발행 | 2007년 4월 10일
2판 1쇄 | 2013년 6월 7일

저자 | **유동근**

발행처 | 벧엘서원.IMC
발행인 | 유병헌
신고번호 | 제 387-2012-000037 호

420-867 | 경기도 부천시 원미구 부일로 123 그린프라자 III 2F
TEL 032) 322-3095
FAX 0303-3440-3452
홈페이지 : www.bethelbook.co.kr
E-mail : btbook.imc@gmail.com

값 25,000원

ISBN 987-89-92014-39-7 94230
ISBN 987-89-92014-01-4 94230 (세트)